Theodor W. Adorno
Soziologische Schriften I

Herausgegeben von
Rolf Tiedemann

Suhrkamp

Diese Ausgabe von *Soziologische Schriften I*
ist text- und seitenidentisch mit
Band 8 der Gesammelten Schriften Adornos.

suhrkamp taschenbuch wissenschaft 306
Erste Auflage 1979

Suhrkamp Taschenbuch Verlag

Druck: Nomos Verlagsgesellschaft, Baden-Baden
Printed in Germany
Umschlag nach Entwürfen von
Willy Fleckhaus und Rolf Staudt

Inhalt

I

II

Anhang

I

Gesellschaft

Wie wenig, nach Nietzsches Einsicht, Begriffe eine Verbaldefinition gestatten, »in denen sich ein ganzer Prozeß semiotisch zusammenfaßt«, dafür ist exemplarisch der der Gesellschaft. Sie ist wesentlich Prozeß; mehr über sie sagen ihre Bewegungsgesetze als herauspräparierte Invarianten. Davon zeugen auch die Anstrengungen, sie zu umschreiben. Faßte man etwa ihren Begriff als den der Menschheit samt all den Gruppen, in welche sie zerfällt und aus welchen sie sich bildet, oder, simpler noch, als die Totalität der in einem Zeitabschnitt lebenden Menschen, so würde verfehlt, was im Wort Gesellschaft mitgedacht ist. Die höchst formal klingende Definition präjudizierte, daß die Gesellschaft eine von Menschen, daß sie menschlich sei, unmittelbar eins mit ihren Subjekten; als bestünde nicht das spezifisch Gesellschaftliche im Übergewicht von Verhältnissen über die Menschen, deren entmächtigte Produkte diese nachgerade sind. In vergangenen Epochen, wo das vielleicht anders war – der Steinzeit –, wird man kaum von Gesellschaft so reden können wie im Hochkapitalismus. Der Staatsrechtler J. C. Bluntschli charakterisierte Gesellschaft vor mehr als hundert Jahren als »Drittenstandesbegriff«. Er ist das nicht nur wegen der egalitären Tendenzen, die in ihn eingesickert sind und ihn von der feudal-absolutistischen »guten Gesellschaft« unterscheiden, sondern auch, weil seine Konstruktion dem Modell der bürgerlichen Gesellschaft gehorcht.

Überhaupt ist er kein klassifikatorischer Begriff, nicht die höchste Abstraktion der Soziologie, die alle anderen sozialen Gebilde unter sich beschlösse. Solche Auffassung würde das gängige szientifische Ideal kontinuierlicher und hierarchischer Ordnung der Kategorien verwechseln mit dem Gegenstand der Erkenntnis. Der mit Gesellschaft gemeinte ist nicht in sich rational kontinuierlich. Er ist auch nicht das Universum seiner Elemente; nicht bloß eine dynamische Kategorie, sondern eine funktionale. Zur ersten, noch allzu abstrakten Annäherung sei an die Abhängigkeit aller Einzelnen von der Totalität erinnert, die sie bilden. In dieser sind auch alle von allen abhängig. Das Ganze erhält sich nur vermöge der Einheit der von seinen Mitgliedern erfüllten Funktionen. Generell muß jeder Einzelne, um sein Leben zu fristen, eine Funktion auf sich nehmen und wird gelehrt, zu danken, solange er eine hat.

Um seiner funktionalen Bestimmung willen ist der Begriff der Gesellschaft weder unmittelbar zu greifen noch, wie naturwissenschaftliche Gesetze, drastisch zu verifizieren. Positivistische Strömungen der Soziologie möchten ihn deshalb als philosophisches Relikt aus der Wissenschaft verbannen. Derlei Realismus ist unrealistisch. Denn während Gesellschaft weder aus Einzeltatsachen sich ausabstrahieren noch ihrerseits wie ein Faktum dingfest machen läßt, gibt es kein soziales Faktum, das nicht durch Gesellschaft determiniert wäre. In den faktischen sozialen Situationen erscheint die Gesellschaft. Konflikte wie die typischen zwischen Vorgesetzten und Abhängigen sind nicht ein Letztes und Irreduzibles an dem Ort, an dem sie sich zutragen. Vielmehr sind sie die Masken tragender Antagonismen. Diesen sind die einzelnen Konflikte nicht als Allgemeinerem zu subsumieren. Vorgängig, gesetzlich zeitigen sie die Konflikte jetzt und hier. So richtet sich die sogenannte Lohnzufriedenheit, vielfach thematisch in der gegenwärtigen Betriebssoziologie, nur scheinbar nach den Bedingungen innerhalb eines bestimmten Werkes und innerhalb einer bestimmten Branche. Darüber hinaus hängt sie ab von allgemeinen Tarifordnungen, deren Verhältnis zu der besonderen Branche; vom Kräfteparallelogramm, dessen Resultante die Tarifordnung ist und das weiter reicht selbst als die miteinander kämpfenden, institutionell eingegliederten Organisationen von Unternehmern und Arbeitern, weil in den letzteren Rücksichten auf ein organisatorisch definiertes Wählerpotential sich niedergeschlagen haben. Maßgebend, auch für Lohnzufriedenheit, sind am Ende, sei's auch indirekt, die Machtverhältnisse, die Verfügung der Unternehmer über den Produktionsapparat. Ohne das artikulierte Bewußtsein davon ist keine Einzelsituation zulänglich zu begreifen, will nicht die Wissenschaft dem Teil zurechnen, was einzig im Ganzen seinen Stellenwert hat. So wenig die gesellschaftliche Vermittlung ohne das Vermittelte, ohne die Elemente: Einzelmenschen, Einzelinstitutionen, Einzelsituationen existierte, so wenig existieren diese ohne die Vermittlung. Wo die Details, wegen ihrer tangiblen Unmittelbarkeit, als das Allerrealste genommen werden, verblenden sie zugleich.

Weil Gesellschaft weder als Begriff nach der gängigen Logik sich definieren noch »deiktisch« sich demonstrieren läßt, während doch die sozialen Phänomene unabweislich ihren Begriff fordern, ist dessen Organ die *Theorie*. Bloß eine ausgeführte der Gesellschaft könnte sagen, was Gesellschaft ist. Neuerlich wurde der Einwand laut, es sei unwissenschaftlich, auf Begriffen wie dem der Gesellschaft zu insistieren, denn es könne nur über die Wahrheit oder Falschheit von Sätzen, nicht von Begriffen geurteilt werden. Der Einwand verwechselt einen emphatischen Begriff wie den der Gesellschaft mit einem herkömmlich-definitorischen. Er ist zu entfalten, keiner vermeintlichen Sauberkeit zuliebe willkürlich terminologisch festzusetzen.

Das Verlangen, Gesellschaft durch Theorie zu bestimmen – das nach einer Theorie der Gesellschaft –, exponiert sich weiter dem Bedenken, es sei hinter dem stillschweigend als verbindlich supponierten Vorbild der Naturwissenschaften zurückgeblieben. In ihnen beträfe Theorie einen durchsichtigen Zusammenhang wohldefinierter Begriffe und wiederholbarer Experimente. Eine emphatische Theorie der Gesellschaft aber kümmere sich nicht um das imponierende Vorbild, unter Berufung auf die mysteriöse Vermittlung. Der Einwand mißt den Begriff der Gesellschaft am Kriterium ihrer unmittelbaren Gegebenheit, dem sie gerade als Vermittlung wesentlich sich entzieht. Konsequent wird daraufhin das Ideal einer Erkenntnis des Wesens der Dinge von innen her angegriffen, hinter dem Gesellschaftstheorie sich verschanze. Es behindere nur den Fortgang der Wissenschaften und sei in den erfolgreichen längst liquidiert. Gesellschaft jedoch ist beides, von innen zu erkennen und nicht zu erkennen. In ihr, dem menschlichen Produkt, vermögen stets noch die lebendigen Subjekte trotz allem und wie aus weiter Ferne sich wiederzufinden, anders als in Chemie und Physik. Tatsächlich ist Handeln innerhalb der bürgerlichen Gesellschaft, als Rationalität, weitgehend objektiv ebenso »verstehbar« wie motiviert. Daran hat die Generation von Max Weber und Dilthey zu Recht erinnert. Einseitig war das Verstehensideal, indem es ausschied, was an der Gesellschaft der Identifikation durch den Verstehenden konträr ist. Darauf bezog sich Durkheims Regel, man solle die sozialen Tatsachen wie Dinge behandeln, prinzipiell darauf verzichten, sie zu verstehen. Er hat es sich nicht ausreden lassen, daß Gesellschaft auf jeden Einzelnen primär als Nichtidentisches, als »Zwang« stößt. Insofern hebt die Reflexion auf Gesellschaft dort an, wo Verstehbarkeit endet. Bei Durkheim registriert die naturwissenschaftliche Methode, die er verficht, die Hegelsche »zweite Natur«, zu der Gesellschaft den Lebendigen gegenüber gerann. Die Antithesis zu Weber indessen bleibt so partikular wie dessen Thesis, weil sie bei der Nichtverstehbarkeit sich beruhigt wie jener beim Postulat der Verstehbarkeit. Statt dessen wäre die Nichtverstehbarkeit zu verstehen, die den Menschen gegenüber zur Undurchsichtigkeit verselbständigten Verhältnisse aus Verhältnissen zwischen Menschen abzuleiten. Heute vollends hätte Soziologie das Unverstehbare zu verstehen, den Einmarsch der Menschheit in die Unmenschlichkeit.

Im übrigen sind auch die theoriefeindlichen Begriffe der von der Philosophie abgesprungenen Soziologie Bruchstücke vergessener oder verdrängter Theorie. Der deutsche Verstehensbegriff der ersten Dezennien des zwanzigsten Jahrhunderts säkularisiert den Hegelschen Geist, das zu begreifende Ganze, in singuläre Akte oder idealtypische Gebilde, ohne Rücksicht auf die Totalität der Gesellschaft, von der allein die zu verstehenden Phänomene jenen Sinn empfangen. Begeisterung fürs Unverstehbare dagegen übersetzt den überdauernden gesellschaftlichen Antagonismus in quaestiones facti. Der unversöhnte Zustand wird durch die Askese gegen seine Theorie bloß hingenommen und das Hingenommene schließlich glorifiziert, Gesellschaft als kollektiver Zwangsmechanismus.

Nicht weniger, und nicht minder verhängnisvoll, sind auch die in der heutigen Soziologie vorherrschenden Kategorien Fragmente theoretischer Zusammenhänge, die sie aus positivistischer Gesinnung verleugnen. Vielfach wird neuerdings die »Rolle« als einer der Schlüssel zur Soziologie verwandt, der Einsicht in soziales

Handeln schlechthin eröffne. Abgezogen ist der Begriff von jenem Füranderessein der einzelnen Menschen, das sie unversöhnt, und jeden unidentisch mit sich selbst, unter der contrainte sociale aneinanderkettet. Rollen haben die Menschen in einem Strukturzusammenhang der Gesellschaft, der sie sowohl zur puren Selbsterhaltung dressiert wie die Erhaltung ihres Selbst ihnen verweigert. Das allherrschende Identitätsprinzip, die abstrakte Vergleichbarkeit ihrer gesellschaftlichen Arbeit, treibt sie bis zur Auslöschung ihrer Identität. Nicht umsonst ist der als wertfrei sich gerierende Begriff der Rolle vom Theater erborgt, wo Schauspieler nicht real die sind, welche sie spielen. Gesellschaftlich drückt solche Divergenz den Antagonismus aus. Theorie der Gesellschaft hätte von dessen unmittelbaren Evidenzen fortzuschreiten zur Erkenntnis seines sozialen Grundes: warum die Menschen immer noch auf Rollen vereidigt sind. Der Marxsche Begriff der Charaktermaske, der jene Kategorie nicht nur antezipiert, sondern gesellschaftlich deduziert, hat das tendenziell geleistet. Operiert die Wissenschaft von der Gesellschaft mit derlei Begriffen, schreckt aber vor der Theorie zurück, deren Momente sie sind, so leistet sie Dienste für die Ideologie. Der Begriff der Rolle, unanalysiert von der sozialen Fassade bezogen, hilft, das Unwesen der Rolle zu perpetuieren.

Ein Begriff von Gesellschaft, der damit nicht zufrieden ist, wäre *kritisch*. Er überschritte die Trivialität, daß alles mit allem zusammenhängt. Die schlechte Abstraktheit jenes Satzes ist nicht sowohl dünnes Denkprodukt wie schlechter Grundbestand der Gesellschaft an sich: der des Tausches in der modernen Gesellschaft. In dessen universalem Vollzug, nicht erst in der wissenschaftlichen Reflexion, wird objektiv abstrahiert; wird abgesehen von der qualitativen Beschaffenheit der Produzierenden und Konsumierenden, vom Modus der Produktion, sogar vom Bedürfnis, das der gesellschaftliche Mechanismus beiher, als Sekundäres befriedigt. Primär ist der Profit. Noch die als Kundenschaft eingestufte Menschheit, das Subjekt der Bedürfnisse, ist über alle naive Vorstellung hinaus gesellschaftlich präformiert, und zwar nicht nur vom technischen Stand der Produktivkräfte, sondern ebenso von den wirtschaftlichen Verhältnissen, so schwer das auch empirisch sich kontrollieren läßt. Die Abstraktheit des Tauschwerts geht vor aller besonderen sozialen Schichtung mit der Herrschaft des Allgemeinen über das Besondere, der Gesellschaft über ihre Zwangsmitglieder zusammen. Sie ist nicht, wie die Logizität des Reduktionsvorgangs auf Einheiten wie die gesellschaftlich durchschnittliche Arbeitszeit vortäuscht, gesellschaftlich neutral. In der Reduktion der Menschen auf Agenten und Träger des Warenaustauschs versteckt sich die Herrschaft von Menschen über Menschen. Das bleibt wahr trotz all der Schwierigkeiten, denen mittlerweile manche Kategorien der Kritik der politischen Ökonomie konfrontiert sind. Der totale Zusammenhang hat die Gestalt, daß alle dem Tauschgesetz sich unterwerfen müssen, wenn sie nicht zugrunde gehen wollen, gleichgültig, ob sie subjektiv von einem »Profitmotiv« geleitet werden oder nicht.

Die Tauschgesetzlichkeit wird keineswegs durch zurückgebliebene Gebiete und gesellschaftliche Formen eingeschränkt. Schon die ältere Imperialismustheorie hat dargetan, daß zwischen der ökonomischen Tendenz der hochkapitalistischen Länder und den seinerzeit »nichtkapitalistische Räume« genannten auch ihrerseits ein Funktionszusammenhang waltet. Sie sind nicht bloß nebeneinander, erhalten vielmehr durch einander sich am Leben. Nach Abschaffung des Kolonialismus alten Stils ist das ins unmittelbar politische Interesse übergegangen. Rationale Entwicklungshilfe wäre kein Luxus. Inmitten der Tauschgesellschaft sind die vorkapitalistischen Rudimente und Enklaven keineswegs nur ein dieser Fremdes, Relikte der Vergangenheit: sie bedarf ihrer. Irrationale Institutionen kommen der hartnäckigen Irrationalität einer in den Mitteln, aber nicht den Zwecken rationalen Gesellschaft zustatten. Eine vom Naturalverband sich herleitende und in ihrer Binnenstruktur nicht durch den Äquivalententausch regulierte Institution wie die Familie dürfte ihre relative Resistenzkraft dem verdanken, daß ohne den Beistand ihrer irrationalen Momente spezifische Produktionsverhältnisse wie etwa die kleinbäuerlichen kaum fortbestehen könnten, die ihrerseits nicht zu rationalisieren wären ohne Erschütterung des bürgerlichen Gesamtgefüges.

Der Vergesellschaftungsprozeß vollzieht sich nicht jenseits der Konflikte und Antagonismen oder trotz ihrer. Sein Medium sind die Antagonismen selbst, welche gleichzeitig die Gesellschaft zerreißen. Im gesellschaftlichen Tauschverhältnis als solchem wird der Antagonismus gesetzt und reproduziert, der organisierte Gesellschaft jeden Tag mit der totalen Katastrophe auslöschen könnte. Einzig durch das Profitinteresse hindurch und den immanent-gesamtgesellschaftlichen Bruch erhält sich, knirschend, stöhnend, mit unsäglichen Opfern, bis heute das Getriebe. Alle Gesellschaft ist noch Klassengesellschaft wie in den Zeiten, da deren Begriff aufkam; der unmäßige Druck in den Oststaaten indiziert, daß es dort nicht anders ist. Obwohl die Prognose der Verelendung über eine lange Periode hin nicht sich bewahrheitete, ist das Verschwinden der Klassen Epiphänomen. In den hochkapitalistischen Ländern mag das subjektive Klassenbewußtsein abgeschwächt werden, das in Amerika stets fehlte. Aber es war nirgends gesellschaftlich schlechthin gegeben, der Theorie zufolge erst von dieser hervorzubringen. Je mehr die Gesellschaft auch die Formen des Bewußtseins integriert, desto schwerer fällt das. Noch die vielberufene Angleichung der Konsumgewohnheiten und der Bildungschancen jedoch rechnet zum Bewußtsein der Vergesellschafteten, nicht zur Objektivität der Gesellschaft, deren Produktionsverhältnisse den alten Gegensatz prekär konservieren. Auch subjektiv ist das Klassenverhältnis nicht so durchaus beseitigt, wie es der herrschenden Ideologie gefiele. Die jüngste empirische Sozialforschung vermag wesentliche Differenzen von Grundanschauungen der nach gröbsten statistischen Merkmalen als Oberklasse und Unterklasse Bezeichneten herauszuarbeiten. Die minder illusionären, minder »idealistischen« sind die der Unterklasse. Das werfen dieser die happy few als Materialismus vor. Die Arbeiter sehen nach wie vor die Gesellschaft als gespalten nach oben und unten. Bekannt ist, daß der formalen Gleichheit der Bildungschancen keineswegs etwa der Anteil der Arbeiterkinder an der Studentenschaft entspricht.

Subjektiv verschleiert, wächst objektiv der Klassenunterschied vermöge der unaufhaltsam fortschreitenden Konzentration des Kapitals an. Real wirkt er in die Existenz der einzelnen Menschen entscheidend hinein; sonst allerdings wäre der Klassenbegriff ein Fetisch. Während die Konsumgebräuche einander sich annähern – von je bändigte die bürgerliche Klasse, im Gegensatz zur feudalen, außer in gelegentlichen Gründerzeiten die Ausgaben zugunsten der Akkumulation –, ist die Differenz von gesellschaftlicher Macht und Ohnmacht größer wohl als je zuvor. Jeder fast kann an sich erfahren, daß er seine gesellschaftliche Existenz kaum mehr aus eigener Initiative bestimmt, sondern nach Lücken, offenen Stellen, »jobs« suchen muß, die ihm den Unterhalt gewähren, ohne Rücksicht auf das, was ihm als seine eigene menschliche Bestimmung vor Augen steht, wenn anders er von einer solchen noch etwas ahnt. Der von der Biologie auf die sogenannten Wissenschaften vom Menschen zurückübertragene und normativ gewandte Begriff der Anpassung, zuinnerst sozialdarwinistisch, drückt das aus und ist dafür die Ideologie. Außer Betracht bleiben mag, ob und in welchem Umfang das Klassenverhältnis umgelegt wurde auf das zwischen den technisch voll entwickelten und den zurückgebliebenen Ländern.

Daß es trotz allem in schwacher Balance weitergeht, ist der längst in allen Ländern der Erde ausgebildeten Kontrolle des gesellschaftlichen Kräftespiels zuzuschreiben. Sie aber verstärkt notwendig die totalitären Tendenzen der gesellschaftlichen Ordnung, die politische Anpassung an die totale Vergesellschaftung. Damit vermehrt sich die Drohung, welche die Kontrollen und Interventionen zumindest in den Ländern diesseits des sowjetischen und chinesischen Machtbereichs bannen wollen. All das ist nicht der Technik als solcher aufzubürden. Sie ist nur eine Gestalt menschlicher Produktivkraft, verlängerter Arm noch in den kybernetischen Maschinen, und darum selber einzig ein Moment in der Dialektik von Produktivkräften und Produktionsverhältnissen, kein Drittes und dämonisch Selbständiges. Im Bestehenden fungiert sie zentralistisch; an sich vermöchte sie es anders. Wo die Menschen am nächsten dabei zu sein glauben, wie im Fernsehen, das ihnen in die Wohnung geliefert wird, ist die Nähe vermittelt durchs sozial Ferne, die konzentrierte Macht. Nichts könnte eindringlicher symbolisieren, daß ihnen ihr Leben, das sie besitzen und zu erwerben wähnen und das sie für das Nächste und Wirklichste halten, seinem konkreten Inhalt nach in weitem Maß von oben her zuerteilt wird. Die einzelmenschliche Existenz ist, über alle Imagination hinaus, bloße Reprivatisierung; das Wirklichste, woran die Menschen sich klammern, zugleich ein Unwirkliches. »Das Leben lebt nicht.«

Eine rational durchsichtige, wahrhaft freie Gesellschaft könnte so wenig der Verwaltung entraten wie der Arbeitsteilung überhaupt. Wohl aber tendieren auf der gesamten Erde die Verwaltungen unter Zwang dazu, sich gegen die Verwalteten zu verselbständigen und sie zu Objekten abstrakt normierter Verfahren herabzusetzen. Diese Tendenzen deuten, nach Max Webers Einsicht, auf die Zweck-Mittel-Rationalität der Wirtschaft zurück. Weil und solange diese wider ihren Zweck, eine rationale Gesellschaft, gleichgültig ist, wird sie irrational für die Subjekte. Als rationale Gestalt dieser Irrationalität figuriert vielfach der Experte. Seine Rationalität wird mit der Spezialisierung der technischen und der diesen angeglichenen Prozesse begründet, hat aber auch ihre ideologische Seite. Die in immer kleinere Einheiten zerlegten, tendenziell entqualifizierten Arbeitsprozesse nähern einander sich an.

Angesichts der Tatsache, daß noch die übermächtigen sozialen Prozesse und Institutionen in menschlichen entsprangen, wesentlich vergegenständlichte Arbeit lebendiger Menschen, hat die Selbständigkeit des Übermächtigen zugleich den Charakter von Ideologie, eines gesellschaftlich notwendigen Scheins, der zu durchschauen und zu verändern wäre. Aber solcher Schein ist fürs unmittelbare Leben der Menschen das ens realissimum. Die Schwerkraft der gesellschaftlichen Verhältnisse tut alles dazu, jenen Schein zu verdichten. In schroffem Gegensatz zu der Zeit um 1848, als das Klassenverhältnis sich als Konflikt zwischen der gesellschaftsimmanenten Gruppe, der bürgerlichen, und der halb draußen befindlichen, dem Proletariat manifestierte, hat die von Spencer, als Grundgesetz von Vergesellschaftung überhaupt, konzipierte Integration das Bewußtsein derjenigen ergriffen, die Objekt der Gesellschaft sind. Integration und Differenzierung sind nicht länger, wie nach Spencers Entwurf, verschwistert. Automatisch sowohl wie planvoll sind die Subjekte daran verhindert, sich als Subjekte zu wissen. Das Warenangebot, das sie überflutet, trägt dazu ebenso bei wie die Kulturindustrie und ungezählte direkte und indirekte Mechanismen geistiger Kontrolle. Die Kulturindustrie ging aus der Verwertungstendenz des Kapitals hervor. Sie hat sich unter dem Marktgesetz entwickelt, dem Zwang, ihren Konsumenten sich anzupassen, ist dann aber

umgeschlagen zu der Instanz, welche Bewußtsein in seinen je bestehenden Formen, dem geistigen status quo, fixiert und verstärkt. Der unermüdlichen geistigen Verdopplung dessen, was ohnehin ist, bedarf die Gesellschaft, weil anders als bei Anpreisung des Immergleichen, bei nachlassendem Bestreben, Daseiendes damit zu rechtfertigen, daß es da sei, die Menschen es am Ende doch abschüttelten.
Integration reicht noch weiter. Die Anpassung der Menschen an die gesellschaftlichen Verhältnisse und Prozesse, welche die Geschichte ausmacht und ohne die es den Menschen schwer geworden wäre, fortzuexistieren, hat sich in ihnen derart sedimentiert, daß die Möglichkeit, daraus ohne unerträgliche Triebkonflikte auch nur im Bewußtsein auszubrechen, schrumpft. Sie sind, Triumph der Integration, bis in ihre innersten Verhaltensweisen hinein, mit dem identifiziert, was mit ihnen geschieht. Subjekt und Objekt sind, in höhnischem Widerspiel zur Hoffnung der Philosophie, versöhnt. Der Prozeß zehrt davon, daß die Menschen dem, was ihnen angetan wird, auch ihr Leben verdanken. Die affektive Besetzung der Technik, der Massenappell des Sports, die Fetischisierung der Konsumgüter sind Symptome dieser Tendenz. Der Kitt, als der einmal die Ideologien wirkten, ist von diesen einerseits in die übermächtig daseienden Verhältnisse als solche, andererseits in die psychologische Verfassung der Menschen eingesickert. Wurde der Begriff des Menschen, auf den es ankomme, zur Ideologie dafür, daß die Menschen nur noch Anhängsel der Maschinerie sind, so ließe ohne viel Übertreibung sich sagen, in der gegenwärtigen Situation seien buchstäblich die Menschen selber, in ihrem So- und Nichtanderssein, die Ideologie, die das falsche Leben trotz seiner offenbaren Verkehrtheit zu verewigen sich anschickt. Der Zirkel schließt sich. Es bedürfte der lebendigen Menschen, um die verhärteten Zustände zu verändern, aber diese haben sich so tief in die lebendigen Menschen hinein, auf Kosten ihres Lebens und ihrer Individuation, fortgesetzt, daß sie jener Spontaneität kaum mehr fähig scheinen, von der alles abhinge. Daraus ziehen die Apologeten des Bestehenden neue Kraft für das Argument, die Menschheit sei noch nicht reif. Bereits den Zirkel zu demonstrieren, verletzt ein Tabu der integralen Gesellschaft. Je weniger sie duldet, was entscheidend an-

ders wäre, desto strenger wacht sie darüber, daß, was immer in ihr gedacht und gesagt wird, auch ja zur partikularen Veränderung tauge oder, wie sie es nennen, einen positiven Beitrag leiste. Denken wird der subtilen Zensur des terminus ad quem unterworfen: es müsse, wofern es kritisch auftritt, das Positive angeben, das es wolle. Finde es solche Positivität versperrt, so sei es resigniert, müde, als ob die Versperrtheit seine Schuld wäre und nicht die Signatur der Sache. Erst einmal jedoch wäre die Gesellschaft als universaler Block, um die Menschen und in ihnen, zu erkennen. Hinweise zur Änderung vorher helfen nur dem Block, entweder als Verwaltung des Unverwaltbaren, oder indem sie sogleich die Widerlegung durchs monströse Ganze herausfordern. Begriff und Theorie der Gesellschaft sind nur dann legitim, wenn sie zu beidem nicht sich verlocken lassen, sondern die Möglichkeit, die sie beseelt, negativ festhalten: aussprechen, daß die Möglichkeit erstickt zu werden droht. Solche Erkenntnis, ohne Vorwegnahme dessen, was darüber hinausführte, wäre die erste Bedingung dafür, daß der Bann der Gesellschaft einmal doch sich löse.

1965

Die revidierte Psychoanalyse

Seit etwa fünfundzwanzig Jahren macht in der Psychoanalyse die Tendenz sich bemerkbar, auf Kosten der verborgenen Mechanismen des Unbewußten jenen Motivationen sozialer oder kultureller Art, die dem Bewußtsein ohne Umstände zugänglich sind, eine maßgeblichere Rolle als bisher zuzubilligen. Angestrebt wird etwas wie eine Soziologisierung der Psychoanalyse. Man wirft Freud vor, er habe gesellschaftliche und ökonomische Strukturen als bloße Wirkung psychologischer Impulse angesehen, die selber einer mehr oder minder geschichtslosen trieblichen Konstitution des Menschen entsprängen. Daß Charakterzüge wie Narzißmus, Masochismus oder das anale Syndrom nicht weniger Produkte von Gesellschaft und Milieu sind, als sie diese bedingen, wird solchen Erklärungsversuchen vorgehalten wie dem der Kriege aus destruktiven Impulsen oder dem des kapitalistischen Systems aus dem analerotischen Sammeltrieb. Aus der übrigens unbestreitbaren Insuffizienz jener Ableitungen wird gefolgert, daß echte Wissenschaft unverwandt auf die Wechselwirkung sozialer und psychologischer Faktoren zu blicken habe, daß also nicht die atomistisch isolierte Triebdynamik innerhalb des Individuums Gegenstand der Analyse sein solle sondern vielmehr der Lebensprozeß in seiner Totalität.

In der Tat kann Psychologie, als ein Sektor der arbeitsteiligen Wissenschaft, die gesellschaftliche und ökonomische Problematik nicht insgesamt bewältigen. Um jeden Preis solche Borniertheiten zu verteidigen wie die von Laforgue, der in seinem Buch über Baudelaire den Dichter als einen Neurotiker behandelt, dessen Leben ganz anders und glücklicher sich hätte wenden können, wenn er nur seine Mutterbindung gelöst hätte, kann die Psychoanalyse selber kaum ein Interesse haben. Vielmehr muß ihr daran liegen, daß das methodologische Problem ihrer Beziehung zur Theorie der Gesellschaft grundsätzlich aufgerollt wird. Darauf hingewiesen zu haben, ist das Verdienst der neofreudschen oder revisionistischen Schule[1]. Ob aber ihr Versuch, die Psychoanalyse geradeswegs zu soziologisieren, tatsächlich auch zu den kritischen Einsichten ins Wesen der Gesellschaft führt, welche die Psychoanalyse beistellen könnte, soll erörtert werden. Dabei wird auf die eigentlich soziologischen Aspekte der soziologisierten Psychoanalyse die Kritik angewandt, welche die Analytiker, die am Grundsätzlichen der Freudschen Theorie festhalten, bereits im psychologischen Bereich an ihr geübt haben: daß sie in Adlers Oberflächlichkeiten zurückfällt, indem sie Freuds dynamische, aufs Lustprinzip gegründete Theorie ersetzt durch bloße Ichpsychologie.

Der erste Teil diskutiert einige der Motive und Argumentationszusammenhänge, die den revisionistischen Ansatz maßgeblich charakterisieren. Der zweite beschäftigt sich mit der revisionistischen Theorie der Beziehungen zwischen Kultur und Individuum und ihren Implikationen und zeigt einige Konsequenzen für die Lehre von der Gesellschaft auf. Im dritten wird eine kurze soziologische Beurteilung der Neofreudianer und ihres Verhältnisses zu Freud selbst versucht.

I

Den Kern der neofreudschen Abweichung von Freud spricht Horney aus, wenn sie sagt, »daß die Psychoanalyse über die Grenzen hinauswachsen sollte, die ihr dadurch gesetzt sind, daß sie eine Psychologie der Triebe und eine genetische Psychologie ist«[2]. Als Anathema fungiert der Begriff der Triebpsychologie, der mehrdeutig einmal eine Psychologie bezeichnet, welche die Seele, wie es in einigen Schulen des späten neunzehnten Jahrhun-

1 Die folgenden Erörterungen beziehen sich nur auf diejenigen revisionistischen Schriftsteller, mit deren Publikationen der Autor sich näher auseinandersetzte. Es handelt sich vor allem um Karen Horney, Neue Wege in der Psychoanalyse, übers. von Heinz Neumann, Stuttgart 1951. Beträchtliche theoretische Differenzen, die zwischen den revisionistischen Autoren bestehen, mußten vernachlässigt werden. Allen gemeinsam ist jedoch die Tendenz, die Psychoanalyse in jene »realistische« Richtung zu drängen, von der im Text die Rede sein wird.

2 Karen Horney, Neue Wege in der Psychoanalyse, a. a. O., S. 9.

derts geschehen ist, mehr oder minder mechanisch in eine Anzahl von Trieben aufteilt, zum anderen ein psychologisches Verfahren, das sich nicht damit zufrieden gibt, Vernunft und gesellschaftlich bestimmte Verhaltensweisen unaufgelöst stehenzulassen, sondern selbst differenzierte seelische Verhaltensweisen noch aus dem Streben nach Selbsterhaltung und Lust abzuleiten versucht. Daß eine starre Unterteilung der Psyche in irreduzible Triebe unmöglich sei und daß die konkrete Erscheinung der Triebe in weitestem Maß Variationen und dynamische Abwandlungen erfahren könne, wird durch den zweiten Ansatz in keiner Weise ausgeschlossen, und nur in diesem Sinn wäre Freuds Libidotheorie triebpsychologisch zu nennen.

Nichts nun charakterisiert die Position der Revisionisten schärfer, als daß sie selber, während sie Freud wegen seiner angeblichen Befangenheit in mechanistischen, dem neunzehnten Jahrhundert entstammenden Denkgewohnheiten attackieren, der Theorie Kategorien zugrunde legen, die nichts sind als bloße Resultate psychologischer Dynamik, die man hypostasiert und als absolute sich vorgegeben hat. Was Freud mit den Trieben getan haben soll, tut die neofreudsche Schule mit Charakterzügen. Daß sie auf ihren historischen Sinn pocht und Freud vorwirft, er habe naiv an naturwissenschaftlichen Methoden festgehalten, ist wohl Projektion: sie sieht bei Freud ein rationalistisches Schema, das die Seele in ein Arrangement fest vorgegebener Triebe zerlegt, und verfährt selber rationalistisch, indem sie das Ich von seiner genetischen Beziehung zum Es abtrennt und dem Inbegriff der »rationalen« Seelenvermögen, als ob er vom Himmel gefallen sei, ein Sein an sich zuschreibt.

Anstelle von Libido will Horney »emotionelle Antriebe, Impulse, Bedürfnisse oder Leidenschaften einsetzen«[3]. Wenn diese Kategorien, die unanalysiert passieren, etwas anderes sein sollen als einfach andere Wörter für Libido oder dogmatisch postulierte Entitäten, dann könnte ihr Ursprung, da sie angeblich auch nicht abgeleitet auf libidinöse Energie zurückgehen, nur in einem Ich liegen, das nicht auf Libido genetisch bezogen wäre, sondern als gleichgeordnete Instanz neben ihr stünde. Aber nur weil in der

3 a. a. O., S. 21.

entwickelten Zivilisation das Ich in der Tat zu einer selbständigen Instanz geworden ist, scheinen die psychologischen Kategorien der Revisionisten der geschichtlichen Dimension der Psychologie eher gerecht zu werden als die Freuds. Dafür ist zu zahlen: ihre unmittelbare Orientierung am Bild der gegenwärtigen Situation geht auf Kosten einer Analyse dessen, was man ihre innere Historizität nennen könnte. Die Ablehnung der Triebpsychologie Freuds läuft konkret auf die Leugnung dessen hinaus, »daß die Kultur, indem sie den libidinösen und besonders den Zerstörungstrieben Einschränkungen aufzwingt, dazu beiträgt, Verdrängungen, Schuldgefühle und Bedürfnisse nach Selbstbestrafung entstehen zu lassen. Daher seine (Freuds) allgemeine Überzeugung, daß wir die kulturellen Segnungen mit Unbefriedigt- und Unglücklichsein bezahlen müssen.«[4] Als ob nicht Freuds Einsicht in die Unentrinnbarkeit kultureller Konflikte, in die Dialektik des Fortschritts also, mehr vom Wesen der Geschichte zutage gefördert hätte als die eilfertige Berufung auf Milieufaktoren, die den Revisionisten zufolge die Entstehung der neurotischen Konflikte erklären sollen.

Als schwerstwiegende Konsequenz aus der Polemik gegen Freuds Triebpsychologie wird die zentrale Rolle der Kindheitserinnerungen, die zum Kern der pychoanalytischen Theorie gehört, bestritten. Insbesondere Freuds Annahme, »daß Erlebnisse im späteren Lebensalter zum großen Teil eine Wiederholung von Kindheitserlebnissen sind«[5], erregt Anstoß. Während Freud, orientiert am Modell des Traumas, neurotische und andere Charakterzüge so weit wie möglich auf einzelne Vorgänge im Leben des Kindes, Erlebnisse, zurückzudatieren sucht, nimmt Horney an, »daß bestimmte Triebe und Reaktionen bei einem Menschen wiederholt die gleichen Erlebnisse mit sich bringen müssen. So kann z. B. ein Hang zur Heldenverehrung von folgenden widerstreitenden Trieben bestimmt sein: grenzenloser Ehrgeiz von so destruktiver Art, daß sich der Betreffende fürchtet, ihm nachzugeben, oder die Neigung, erfolgreiche Menschen zu vergöttern, sie zu lieben und an ihrem Erfolg teilzunehmen, ohne selbst etwas zustande bringen zu müssen, gleichzeitig aber ein äußerst de-

4 a. a. O., S. 173.
5 a. a. O., S. 31.

struktiver und versteckter Neid auf sie.«[6] Benennungen, die einzig das Problem stellen, wie »grenzenloser Ehrgeiz« oder »Vergötterung erfolgreicher Menschen«, werden so ausgesprochen, als ob sie die Erklärung wären. Zugleich wird ein entscheidendes Moment der Freudschen Theorie unterschlagen. Was Freud eigentlich dazu veranlaßt, einzelnen Vorgängen in der Kindheit besonderes Gewicht beizumessen, ist, obzwar unausdrücklich, der Begriff der Beschädigung. Eine Totalität des Charakters, wie sie die Revisionisten als gegeben voraussetzen, ist ein Ideal, das erst in einer nicht traumatischen Gesellschaft zu verwirklichen wäre. Wer, wie die meisten Revisionisten, die gegenwärtige Gesellschaft kritisiert, darf sich nicht dem verschließen, daß sie in Schocks erfahren wird, in jähen, abrupten Stößen, die durch eben die Entfremdung des Individuums von der Gesellschaft bedingt sind, die von einigen Revisionisten, wenn sie soziologisch reden, zu Recht hervorgehoben wird. Der Charakter, den sie hypostasieren, ist in weit höherem Maße die Wirkung solcher Schocks als von kontinuierlicher Erfahrung. Seine Totalität ist fiktiv: man könnte ihn beinahe ein System von Narben nennen, die nur unter Leiden, und nie ganz, integriert werden. Die Zufügung dieser Narben ist eigentlich die Form, in der die Gesellschaft sich im Individuum durchsetzt, nicht jene illusorische Kontinuität, zu deren Gunsten die Revisionisten von der schockhaften Struktur der einzelnen Erfahrung absehen. Mehr als ihr behender Seitenblick auf soziale Umstände hat Freud vom Wesen der Vergesellschaftung gewahrt, indem er gerade bei der atomistischen Existenz des Individuums beharrlich verweilte.

Im Licht solcher Einsicht offenbaren scheinbar recht plausible Feststellungen einen fraglos ungewollten Zusatz von selbstzufriedenem Optimismus und Konformismus: »Es gibt nicht so etwas wie eine isolierte Wiederholung isolierter Erlebnisse, sondern die Gesamtheit der infantilen Erlebnisse trägt zur Formung einer bestimmten charakterlichen Struktur bei, und aus eben dieser Struktur erwachsen spätere Schwierigkeiten.«[7] Daß es psychologische Züge und Impulse gibt, die nicht unmittelbar Wiederholung von Kindheitserlebnissen sind, sondern durch die

6 a. a. O., S. 138.
7 a. a. O., S. 9.

verfestigte Charakterstruktur vermittelt, schließt nicht aus, daß diese Struktur selber auf isolierte Ereignisse im Leben des Kindes zurückgehe. Hinzu kommt, daß die eigentlich kritischen Erscheinungen der Psychologie, die Symptome im weitesten Sinn, stets dem Schema des Wiederholungszwangs gehorchen, das durch die Überwertung der Charakterologie apologetisch in ein Positives umgefälscht wird. Die Insistenz auf der Totalität, als dem Gegensatz zum einmaligen, bruchstückhaften Impuls, impliziert einen harmonistischen Glauben an die Einheit der Person, die in der bestehenden Gesellschaft unmöglich, vielleicht überhaupt nicht einmal zu ersehnen ist. Daß Freud den Mythos von der organischen Struktur der Psyche zerstört hat, zählt zu seinen größten Verdiensten. Er hat dadurch vom Wesen der gesellschaftlichen Verstümmelung mehr erkannt, als irgendein direkter Parallelismus von Charakter und sozialen Einflüssen es könnte. Die sedimentierte Totalität des Charakters, welche die Revisionisten in den Vordergrund schieben, ist in Wahrheit das Resultat einer Verdinglichung realer Erfahrungen. Setzt man sie absolut, so mag leicht genug daraus ein ideologischer Schlupfwinkel für den psychologischen status quo des Individuums werden. Sobald von der Theorie das verhärtete Resultat des psychologischen Kräftespiels als ursprüngliche Kraft inthronisiert ist, werden die primären traumatischen Erfahrungen, deren bloßes Derivat der keineswegs »natürliche« Charakter bildet, ins Bereich des Irrelevanten und Harmlosen verwiesen: »Der entscheidende Faktor bei Entstehung von Neurosen ist dann weder der Ödipus-Komplex noch irgendeine Art kindlichen Lust-Strebens, sondern entscheidend sind alle jene widrigen Einflüsse, die einem Kind das Gefühl der Hilflosigkeit und Wehrlosigkeit geben und es die Welt als potentiell bedrohlich empfinden lassen.«[8] Mehr oder minder vag vorgestellte »widrige Einflüsse«, unter denen besonders hoch Mangel an elterlicher Liebe rangiert, werden für schreckhafte und unmißverständliche Phänomene wie die Kastrationsdrohung untergeschoben. Indem aber die neofreudsche Schule diese aus der Psychoanalyse austreibt, kastriert sie die Psychoanalyse selber. Ihr Begriff vom Charakter ist eine bequeme Abstraktion, die gerade von dem absieht, was den Stachel der

8 a. a. O., S. 10.

psychologischen Erkenntnis ausmacht. Die Allgemeinbegriffe, die dann die Oberhand bekommen, verdecken wenn nicht die Wunden selber, durch welche die Charakterzüge entstehen, so doch ihren schmerzhaften Ernst. Das zeigt vor allem Horneys Erörterung der Analität: »Mit anderen Worten: sollte nicht die beim Essen oder Trinken gezeigte Gier eher eine der vielen Äußerungen einer allgemeinen Gier sein als deren Ursache? Sollte nicht eine funktionelle Verstopfung eine der vielen Äußerungen einer allgemeinen Tendenz zum Besitzen- und Herrschen-Wollen sein?«[9] So werden eben die Phänomene, die wegen ihrer Irrationalität der psychologischen Erklärung am dringendsten bedürfen, als Prinzipien der Erklärung wieder eingeführt und in Selbstverständlichkeiten verflacht. Das gleiche Schema liegt übrigens Horneys Angriff auf die Libidotheorie zugrunde. Sie setzt dem Lustprinzip Freuds »zwei leitende Prinzipien: Sicherheit und Befriedigung«[10] entgegen, ohne sich um dessen Einsicht, daß Sicherheit nichts anderes ist als eine Objektivierung des Luststrebens in der Zeit, weiter zu kümmern.

II

Anstelle der Triebdynamik, deren Resultat der Charakter ist, wird von den Revisionisten das Milieu eingeführt: »Das ganze Schwergewicht liegt auf den charakterbildenden Lebensbedingungen, und wir müssen erneut die für die Entstehung neurotischer Konflikte verantwortlichen Faktoren der Umgebung erforschen.«[11] Das läuft darauf hinaus, daß »Störungen im Bereiche der Beziehungen zum Mitmenschen zum Hauptfaktor bei der Entstehung von Neurosen«[12] werden. So fragwürdig wie der psychologische Aspekt dieser Konstruktion, die notwendig das Ich als ein wenigstens in gewissem Grade Vorgegebenes in Ansatz bringen muß, auf dem die Außenwelt ihre Spuren abdrückt, ist auch der soziologische, und zwar insbesondere die unkritische Vorstellung vom »Einfluß«. Voraussetzung der Milieutheorie,

9 a. a. O., S. 59.
10 a. a. O., S. 72.
11 a. a. O., S. 9.
12 a. a. O.

die durch Taine berühmt wurde, ist ein naiver Individualismus. Sie nimmt, den Denkgewohnheiten des neunzehnten Jahrhunderts folgend, das Individuum als unabhängige, autonome und subsistente Monade an, die von angeblich äußeren Kräften affiziert werde. Ganz ähnlich fassen die Revisionisten die Trennung von Individuum und Gesellschaft, die zu ihren Hauptthemen gehört, unkritisch nach der Art einer primitiv realistischen Erkenntnistheorie. Während sie unablässig über den Einfluß der Gesellschaft aufs Individuum reden, vergessen sie, daß nicht nur das Individuum, sondern schon die Kategorie der Individualität ein Produkt der Gesellschaft ist. Anstatt erst das Individuum aus den gesellschaftlichen Prozessen herauszuschneiden, um dann deren formenden Einfluß zu beschreiben, hätte eine analytische Sozialpsychologie in den innersten Mechanismen des Einzelnen bestimmende gesellschaftliche Kräfte aufzudecken. Überhaupt von gesellschaftlichen Einflüssen zu reden, ist fragwürdig: bloße Wiederholung der ideologischen Vorstellung der individualistischen Gesellschaft von sich selber. Meist werden durch äußere Beeinflussung nur Tendenzen, die im Individuum bereits präformiert sind, verstärkt und zum Vorschein gebracht. Je tiefer Psychologie die kritischen Zonen innerhalb des Individuums sondiert, desto adäquater kann sie der sozialen Mechanismen innewerden, die die Individualität produziert haben. Und um so scheinhafter dagegen wird die Anwendung gesellschaftstheoretischer Erwägungen auf Psychologie, je unbedenklicher die Wechselwirkung von innerer und äußerer Welt auf die Oberfläche verlagert wird. Es ist Horneys Grundüberzeugung, daß der Charakter nicht so sehr von sexuellen Konflikten determiniert sei wie vom Druck der Kultur. Aber was sie als die Vereinigung der Determinanten von Kultur und Individualpsychologie ausgibt, perpetuiert ihre Trennung, während die radikale Psychoanalyse, indem sie sich auf Libido als ein Vorgesellschaftliches richtet, phylogenetisch wie ontogenetisch jene Punkte erreicht, wo das gesellschaftliche Prinzip der Herrschaft mit dem psychologischen der Triebunterdrückung koinzidiert. Die neofreudsche Schule jedoch bringt beide Prinzipien erst zusammen, nachdem sie sie zuvor verharmlost hat: Herrschaft erscheint als Familiendisziplin, Mangel an Liebe und andere Epiphänomene, Triebunterdrükkung als eine Ängstlichkeit, die in den äußeren Schichten des Narzißmus ihren Ort hat, und in Konflikten, die sich mehr im Vorbewußten als im Unbewußten zutragen. Je mehr die Psychoanalyse soziologisiert wird, um so stumpfer wird ihr Organ für die Erkenntnis der sozial verursachten Konflikte. Die gleiche Tendenz zeigt sich auch im Ausschluß aller eigentlich somatischen Vorstellungen. So wird die Psychoanalyse in eine Art höherer Sozialfürsorge verwandelt. Statt die Sublimierung zu analysieren, sublimieren die Revisionisten die Analyse selber. Das macht sie allgemein akzeptabel.

Mehr als alles andere zeigt das ihre Haltung zur Sexualität. Sie prätendiert nach alter Sitte den unbefangenen Blick des vorurteilsfreien, objektiven Wissenschaftlers, der vielfach in Phänomenen, die Freud zufolge sexuell sind, nichts Sexuelles konstatieren könne. Sie ist grundsätzlich theoriefeindlich. Sie paktiert mit dem gesunden Menschenverstand gegen die Unterscheidung der Erscheinung vom Wesen, ohne welche die Psychoanalyse ihrer kritischen Impulse beraubt ist. Als im Namen der Soziologie unternommene Desexualisierung bestätigt sie gesellschaftliche Vorurteile: »Es ist nicht erwiesen, daß eine Zuneigung nicht aus verschiedenen nichtlibidinösen Quellen erwachsen kann, daß es z. B. nicht ein Ausdruck mütterlichen Sorgens und Behütens sein kann.«[13] Solche Feststellungen sind kaum noch zu unterscheiden von der rechtschaffenen Entrüstung dessen, der durch die Rede von der Existenz edlerer Triebe nicht nur den Sexus verunglimpft, sondern zugleich auch die Familie in ihrer bestehenden Form glorifiziert. Vom gleichen Schlag ist Horneys Behauptung, daß »ein sadistisches Machtbegehren aus Schwäche, Angst und Racheimpulsen erwächst«[14].

Als diese Theorie des Sadismus, die ihn zu einer rein gesellschaftlichen Verhaltensweise verdünnt, von Horney aufgestellt wurde, führte die faschistische Ausrottungspolitik den grausamen Beweis für die Identität des angeblich nur gesellschaftlichen Machtstrebens mit sexuellen Impulsen, und gerade die Vernebelung dieser Identität trug nicht wenig zur Entfesselung der Barbarei bei. Es mag mit der theoretischen Unterschätzung der Rolle von

13 a. a. O., S. 57
14 a. a. O.

Sexualität zusammenhängen, wenn sich in den späteren Publikationen der Revisionisten, die sich ursprünglich gegen die puritanischen Elemente der Freudschen Konzeption gewehrt hatten, eine Tendenz zur abschätzigen Behandlung der Sexualität einschleicht. Bei den Perversionen findet sie den Punkt des geringsten Widerstandes: »Solche Betätigungen sind nicht nur auf sexuell Perverse beschränkt, man findet Anzeichen davon auch bei sonst gesunden Personen.«[15] Es ist eine charakteristische Fehlleistung, wenn Horney, die sonst durchaus die Problematik kennt, mit der der Begriff der Normalität belastet ist, von der sexuell normalen Person so unvermittelt spricht, als wäre sie ein selbstverständliches Ideal. An einer anderen Stelle wird dem Leser ostentativ beigebracht, daß mit der Rede von Glück im Liebesleben nicht sexuelle Beziehungen gemeint seien[16]. In solchen Äußerungen verrät sich als wesentliches Moment der neofreudschen Konzeption gesellschaftlicher Konformismus. Er erklärt vor allem die Einteilung der psychoanalytischen Begriffe in konstruktive und nichtkonstruktive. Virtuell eliminiert ist alles, worüber ein ordentlicher Mensch sich nicht den Kopf zerbricht, und belassen nur, was zur sozialen Anpassung ermutigt.

Das gilt wie für die Atmosphäre des Revisionismus so auch für seine maßgebenden soziologischen Begriffe. Dazu gehört, mit der Bewertung des Geschlechts eng zusammenhängend, die Einschätzung der Moral. In früheren Stadien hatten einige Revisionisten, unter ihnen Fromm, an der Theorie Freuds den Widerspruch bezeichnet, daß einerseits die Moral genetisch abgeleitet wird, andererseits aber die offiziellen moralischen Standards, die Vorstellung gesellschaftlicher Nützlichkeit und Produktivität etwa, unangetastet stehenbleiben. Diese Kritik enthält Wahrheit insofern, als Freud an die bestehende Arbeitsteilung zwischen den Wissenschaften nicht gerührt hat und sich von den kritischen Einsichten, zu denen er als Spezialist vorgedrungen war, kaum stören ließ, wo nicht unmittelbar seine spezifischen psychologischen Theorien angegriffen waren. Die Revisionisten versuchen über den Widerspruch durch einfache Umkehrung hinwegzukommen. Während Freud die moralischen Normen so bedenkenlos hinge-

15 a. a. O., S. 47.
16 Vgl. a. a. O., S. 116.

nommen hatte, wie jeder Physiker des neunzehnten Jahrhunderts es auch getan hätte, erzeugen jene die vorgegebenen moralischen Normen nochmals, als dogmatische Postulate, aus scheinbar freier Reflexion. Vom moralischen Vorurteil haben sie sich freigemacht, zugleich aber auch von der Analyse, die es aufgelöst hatte. Mit ihr haben sie einen der maßgebenden Impulse des psychologischen Fortschritts abgestoßen und proklamieren nun die Notwendigkeit moralischer Normen im Namen der Wohlfahrt von Individuum und Gesellschaft, ohne sich noch darum zu kümmern, ob sie an sich wahr sind oder nicht. Blindlings unterschreiben sie die konventionelle Moral von heute: »Moralische Probleme gewinnen andererseits an Bedeutung. Jene Moralprobleme, mit denen der Patient sich angeblich herumschlägt (›Über-Ich‹, neurotische Schuldgefühle), wichtig zu nehmen, scheint in eine Sackgasse zu führen. Das sind pseudo-moralische Probleme und sie müssen als solche aufgedeckt werden. Aber man wird auch dem Patienten helfen müssen, den echten moralischen Problemen, die in jeder Neurose stecken, ehrlich ins Gesicht zu sehen und zu ihnen Stellung zu nehmen.«[17] Die Unterscheidung pseudo-moralischer Probleme von echten erfolgt autoritativ und abstrakt, ohne daß ein objektives Kriterium oder eine sinnvolle Methode der Unterscheidung benannt würde. Daß es fehlt, ist Horney nicht vorzuwerfen; wohl aber, daß sie dem Denken Einhalt tut, indem sie eine Distinktion absolut setzt, die zum Gegenstand der Analyse werden müßte, nicht als Lösung ausgegeben werden dürfte. Ihr einziger Versuch, das moralische Ideal inhaltlich zu bestimmen, schlägt fehl: »ein Zustand innerer Freiheit, in dem alle Fähigkeiten voll nutzbar sind«. Das ist nicht nur verschwommen sondern auch dubios. Volle Nutzbarkeit hat mehr mit dem industriellen Begriff der Vollbeschäftigung zu tun als mit der Reflexion auf die Zwecke, für welche die Fähigkeiten da sind. Unbestreitbar ist der Aspekt der Dialektik des Fortschritts, daß Individuum und Gesellschaft um so mehr von totaler Regression bedroht sind, je mehr Ideen durch die Enthüllung ihres mythischen Charakters aufgelöst werden. Diese Antinomie aber, an der die Psychoanalyse als ein Stück Aufklärung teilhat, muß begriffen werden: zur Entfaltung philosophischen Denkens heute gehört

17 a. a. O., S. 10 f.

vor allem die Explikation der beiden antagonistischen Momente. Intellektueller Defaitismus wäre es, die Sackgasse zu lassen, wie sie ist, und eine Art doppelter Moral zu verkünden: auf der einen Seite psychologisch-genetische Auflösung der moralischen Vorstellungen, durch Reduktion auf den Ursprung des Über-Ichs und der neurotischen Schuldgefühle, auf der anderen abstrakte, von den psychologischen Einsichten unberührte Proklamation moralischer Werte. Die neofreudsche Konzeption führt ihrem eigenen objektiven Sinn nach auf eine solche Bestätigung des konventionellen Kodex mit schlechtem Gewissen, die doppelte Moral der Moral. Sie dürfte sich wechselnden Umständen fügsam anpassen.

Ebenso problematisch ist soziologisch die revisionistische Theorie von den Ursachen jener Konflikte, die Horney unter dem fragwürdigen Titel »Die neurotische Persönlichkeit unserer Zeit«[18] auf den Markt brachte. Als den Hauptgrund für die Verbiegungen des Charakters in der gegenwärtigen Gesellschaft betrachtet sie die Konkurrenz. Unter den Faktoren der westlichen Zivilisation, die potentielle Feindseligkeit erzeugen, rangiere wahrscheinlich zuoberst der Umstand, daß unsere Kultur auf individueller Konkurrenz errichtet ist[19]. Das hört sich um so befremdlicher an, als zumindest Fromms »Escape from Freedom«[20] die Einbuße an Autonomie und Spontaneität, die das Individuum heute erleidet, hervorgehoben hatte – Fakten also, die offenbar etwas zu tun haben mit der zunehmenden Minderung der freien Konkurrenz durch Mammutkonzerne. Die Hypothese eines psychologischen »cultural lag«: daß das Individuum am Geist der Konkurrenz noch festhalte, während in der gesellschaftlichen Realität die Konkurrenz im Schwinden ist, wäre nur schwer zu halten. Die Ideologien mögen sich langsamer umwälzen als die tragenden wirtschaftlichen Strukturen: nicht aber die seelischen Reaktionsformen. Eher müht sich der frühere Konkurrenzgeist der Mittelschicht verzweifelt um Zulassung in die neue technolo-

18 Karen Horney, The Neurotic Personality of Our Time, New York 1937; deutsch: Der neurotische Mensch unserer Zeit, Stuttgart 1951.

19 Vgl. a. a. O., S. 284.

20 Vgl. Erich Fromm, Escape from Freedom, New York, Toronto 1941; deutsch: Die Furcht vor der Freiheit, Zürich 1945.

gische Hierarchie. Gerade die Ich-Psychologie, auf welche die Revisionisten sich versteifen, hätte daraus Konsequenzen zu ziehen. Aber diese jüngste Verschiebung dürfte nicht einmal entscheidend sein. Auch in der hochliberalen Gesellschaft war nicht Konkurrenz das Gesetz, nach dem sie funktionierte. Diese war stets ein Fassadenphänomen. Die Gesellschaft wird zusammengehalten durch die wenn auch vielfach mittelbare Drohung körperlicher Gewalt, und auf diese geht die »potentielle Feindseligkeit« zurück, die sich in Neurosen und Charakterstörungen auswirkt. Anders als Freud selbst, der bei jedem Schritt der Theorie dessen eingedenk blieb, daß es Gewalt ist, was vom Individuum verinnerlicht wird, hat die revisionistische Schule anstelle der unsublimierten Drohungen, welche von der Gesellschaft heute nicht weniger als von der archaischen ausgehen, den zahmen Begriff der Konkurrenz substituiert. Freud, der nicht von soziologischen Kategorien ausging, begriff den Druck der Gesellschaft aufs Individuum in seinen konkreten Formen mindestens ebensogut wie seine soziologisierenden Nachfolger. Für die soziale Realität ist in der Epoche der Konzentrationslager Kastration charakteristischer als Konkurrenz. Kein Moment der revisionistischen Konzeption trägt so unverkennbar den Stempel der Harmlosigkeit wie ihr Pluralismus, der unbefangen Oberflächenphänomene und essentielle Bestimmungen der Gesellschaft nebeneinander herzählt: »Bekanntlich beherrscht der Konkurrenzkampf nicht nur unsere beruflichen Beziehungen, sondern durchsetzt auch unsere gesellschaftlichen Verhältnisse, unsere Freundschaften, unsere sexuellen Beziehungen sowie die Beziehungen innerhalb der Familie und trägt so die Keime destruktiver Rivalität, der Herabsetzung, des Argwohns, der Mißgunst und des Neides in jede menschliche Beziehung. Die starke Ungleichheit, nicht nur im Besitz, sondern in den Möglichkeiten, die dem Einzelnen für die Erziehung, die Erholung, für die Erhaltung und Wiedererlangung der Gesundheit gegeben sind, trägt weiterhin zur Bildung potentieller Feindseligkeit bei. Schließlich liegt noch ein weiterer Faktor in der Möglichkeit gegenseitiger Ausbeutung, sei es einer Gruppe oder eines Einzelnen.«[21] Während die klassische ökono-

21 Karen Horney, Neue Wege in der Psychoanalyse, a. a. O., S. 175 f.

mische Theorie stets noch sich angestrengt hatte, den ökonomischen Prozeß als immanent-gesetzmäßige Totalität zu begreifen, erscheinen bei Horney »Herabsetzung und Argwohn« auf der gleichen Ebene wie ökonomische Gruppenbeziehungen. Das Schema ähnelt dem, das die kritischen Phänomene der Sexualpsychologie neutralisiert.

Nicht wenige neofreudsche Formulierungen liegen tatsächlich auf dem Niveau jener Zeitungsbriefkästen und Populärschriften, in denen Psychologie als Mittel zum Erfolg und zur sozialen Anpassung gehandhabt wird: »Wenn man den Narzißmus nicht genetisch, sondern im Hinblick auf seinen eigentlichen Sinn betrachtet, so sollte er, nach meiner Meinung, im wesentlichen als Ich-Überschätzung oder Selbstverherrlichung beschrieben werden. Also als eine Art seelischer Inflation, die, wie die wirtschaftliche Inflation, größere Werte vortäuscht als in Wirklichkeit vorhanden sind.«[22] Trotz aller Klagen über die Hemmung der individuellen Entwicklung durch die Gesellschaft halten es solche Äußerungen mit der Gesellschaft gegen das Individuum; jene habe recht gegen dieses, wenn es sich den geltenden Werten nicht beugt. Die Einsicht, daß der Narzißmus in seiner heutigen Form nichts anderes ist als eine verzweifelte Anstrengung des Individuums, wenigstens zum Teil das Unrecht zu kompensieren, daß in der Gesellschaft des universalen Tauschs keiner je auf seine Kosten kommt, wird durch Horneys biologisch-soziologisch-ökonomischen Pluralismus verbaut. Sie verkennt die soziologische Wurzel des Narzißmus: daß das Individuum durch die fast unüberwindlichen Schwierigkeiten, die sich jeglicher spontanen und direkten Beziehung zwischen Menschen heute in den Weg legen, dazu gezwungen wird, seine ungenutzten Triebenergien auf sich selbst zu lenken. Die Gesundheit, die ihr vorschwebt, ist vom Schlag der gleichen Gesellschaft, die sie für die Entstehung der Neurosen verantwortlich macht: »Ein gesundes und sicheres Selbstvertrauen ruht auf einer breiten Grundlage menschlicher Qualitäten, wie Entschlußkraft, Mut, Unabhängigkeit, Begabung, erotischer Wert und auf der Fähigkeit, Situationen zu meistern.«[23]

22 a. a. O., S. 87.
23 a. a. O., S. 116.

Mit der Sympathie für Anpassung hängt eng Horneys Abneigung zusammen, sich allzusehr mit der Vergangenheit einzulassen. Sie ist dem herrschenden Geist verschworen, der alles verbannen möchte, was nicht positives, hier und jetzt greifbares Faktum ist. Ihr Widerstand gegen Freuds insistente Betonung der Notwendigkeit, daß das Bewußtsein von der eigenen Kindheit wiedergefunden werden müßte, gleicht dem Pragmatismus, der die Vergangenheit abblendet, soweit sie nicht zur Kontrolle der Zukunft taugt: »Es erscheint mir nutzbringender, solche Bemühungen (um die Rekonstruktion der Kindheit) aufzugeben und das Interesse auf die Kräfte zu richten, die einen Menschen wirklich treiben und hemmen; diese nach und nach zu erkennen, ist doch wohl möglich, selbst ohne Einblick in die Kindheit ... Man betrachtet jedoch die Vergangenheit nicht als den lange gesuchten Schatz, sondern sieht darin nur eine willkommene Hilfe für das Verständnis der Entwicklung des Patienten.«[24] La recherche du temps perdu est du temps perdu. Horneys frisch-fröhlicher Vorschlag annulliert eben die Individualität, der er angeblich dienen soll. Wollte man ihm folgen, so müßte man am Ende alles eliminieren, was über unmittelbare Präsenz hinausgeht und damit alles, was das Ich konstituiert. Das Kurierte wäre nichts mehr als ein Brennpunkt von bedingten Reflexen.

III

Auflehnung gegen gewisse despotische Züge des Freudschen Denkens war ursprünglich das gesellschaftstheoretische Motiv, aus dem die neofreudsche Bewegung von der Orthodoxie sich abspaltete. Die Existenz solcher Züge oder ihr Bedenkliches ist nicht einfach zu leugnen. Ein Moment der Wahrheit jedoch tritt an ihnen hervor, sobald man sie ins Licht der Entwicklung rückt, die die Revision genommen hat. Deren Ausgangsidee, die Psychoanalyse aus ihrer Verstrickung ins Autoritäre zu lösen, hat zum genau entgegengesetzten Ergebnis geführt und die Psychoanalyse mit Repression enger verquickt als es bei Freud, der die Gesellschaft nicht ausdrücklich herausforderte, der Fall war. Dieser

24 a. a. O.

Funktionswechsel geschah nicht zufällig. Die eifrige Verteidigung von Zärtlichkeit und menschlicher Zuneigung gegen den Verdacht, sie könnten in Sexualität wurzeln, bezeugt, daß die Tabus über die Revisionisten größere Macht haben als über Freud. Wenn sie im Namen der Liebe gegen seine Sexualtheorie protestierten, so haben sie von allem Anfang an zugleich die konventionelle Unterscheidung von sexueller und sublimer Liebe gegen ihn aufgegriffen und nicht so sehr der Unterdrückung der sexuellen sich erwehren wollen wie der Attacke auf die erlogene Unvermischtheit der sublimen. Überhaupt war die Inkonsistenz in Freuds Denken, über die sie sich aufregen, daß nämlich Freud einerseits Sexualität zum Zentrum macht, andererseits aber an den Sexualtabus festhält, keineswegs ein bloßer Denkfehler. Sie entspricht dem objektiven Tatbestand, daß Lust und Verbot nicht mechanisch auseinandergenommen werden können, sondern sich gegenseitig bedingen. Sie müssen in ihrer Wechselwirkung begriffen werden: Lust ohne Verbot ist ebenso schwer vorzustellen wie Verbot ohne Lust. Wenn Psychoanalyse diese Verschränkung leugnet, reduziert sie sich auf eine Art sozialer Therapie zur gesunden Lösung der Ichkonflikte und terminiert in der Bestätigung eben der patriarchalischen Gesellschaft, von der die Sezession sich abwenden wollte.

Freud hatte recht, wo er unrecht hatte. Die Gewalt seiner Theorie zehrt von seiner Verblendung gegenüber der Trennung von Soziologie und Psychologie, die allerdings das Resultat jener gesellschaftlichen Prozesse ist, die manche Revisionisten, in der Sprache der deutschen philosophischen Tradition, die Selbstentfremdung des Menschen nennen. Haben diese sich gerade durch kritische Einsicht in die destruktiven Seiten der Trennung dazu verführen lassen, so zu tun, als ob durch Psychotherapie der Antagonismus zwischen privatem und gesellschaftlichem Sein des Individuums zu heilen sei, so hat Freud eben durch seine psychologische Atomistik einer Realität, in der die Menschen tatsächlich atomisiert und durch eine unüberbrückbare Kluft voneinander getrennt sind, adäquat Ausdruck verliehen. Das ist die sachliche Rechtfertigung seiner Methode, in die archaischen Tiefen des Individuums einzudringen und es als ein Absolutes zu nehmen, das nur durch Leiden, Lebensnot an die Totalität gebunden ist. Zwar hatte er die monadologische Struktur der Gesellschaft naiv akzeptiert, während die neofreudsche Schule sich das kritische Bewußtsein von ihr zu eigen machte. Anstatt aber konsequent darin zu verbleiben, will sie das Negative überwinden, indem sie die unmenschlichen Beziehungen so behandelt, als wären sie schon menschliche. In der bestehenden Verfassung des Daseins gehen die Beziehungen zwischen den Menschen weder aus ihrem freien Willen noch aus ihren Trieben hervor, sondern aus sozialen und ökonomischen Gesetzen, die sich über ihren Köpfen durchsetzen. Wenn in ihr die Psychologie sich menschlich oder gesellschaftsfähig macht, indem sie so tut, als wäre die Gesellschaft die der Menschen und von ihrem innersten Selbst bestimmt, so leiht sie einer inhumanen Realität den Glanz des Humanen. Jene finsteren Denker, die sich auf die Schlechtigkeit und Unverbesserlichkeit der Menschennatur versteifen und pessimistisch die Notwendigkeit der Autorität verkünden – Freud steht darin neben Hobbes, Mandeville und Sade –, lassen sich nicht als Reaktionäre bequem abfertigen. Ihrer eigenen Schicht waren sie nie willkommen. Daß man von der lichten und nicht von der finsteren Seite von Individuum und Gesellschaft reden solle, ist genau die offiziell genehme und respektable Ideologie. Ihr verfallen die Neofreudianer, die über den Reaktionär Freud indigniert sind, während sein unversöhnlicher Pessimismus die Wahrheit bezeugt über die Verhältnisse, von denen er nicht spricht.

Dieser Aspekt der Kontroverse tritt zutage besonders dort, wo die Revisionisten den Begriff des Neuen diskutieren. Horney zufolge ist Freuds Denken »evolutionistisch, aber in einer mechanistischen Form. Schematisch gesehen besagt seine Auffassung, daß in unserer Entwicklung nach dem fünften Lebensjahre nichts ausgesprochen Neues mehr eintritt und daß Reaktionen oder Erfahrungen der späteren Jahre nur die des frühen Lebensalters wiederholen.«[25] »Der allgemeinste Ausdruck des mechanistisch-evolutionistischen Denkens von Freud findet sich in seiner Theorie vom Wiederholungszwang.«[26] In der Tat gibt es für Freud nach den ersten Entwicklungsphasen nichts eigentlich Neues mehr. Die identische Wiederholung psychologischer Reaktionen

25 a. a. O., S. 42.
26 a. a. O., S. 43.

kennzeichnet ein geschichtliches Stadium, in dem die archaischen Züge der Zivilisation wieder hervortreten. Das übersieht Horney. Wenn sie Freud vorwirft, daß ihm der Glaube ans Neue mangle, scheint sie zu glauben, daß das Neue zu jeder Zeit möglich sei, gleichsam auf Bestellung gemacht werden könne. Ihr Begriff vom Neuen ist der der Massenproduktion, die von jedem standardisierten gadget verkündet, es sei noch nie dagewesen: »Das Vergangene ist stets in irgendeiner Form im Gegenwärtigen enthalten ... ich würde sagen, daß es dabei nicht um die Frage ›Gegenwärtiges contra Vergangenes‹, sondern um das Prinzip der Entwicklung gegenüber dem der Wiederholung geht.«[27] Aber nur wenn die Theorie Wiederholung beim Namen nennt und auf dem negativen Immergleichen im scheinbar Neuen besteht, kann sie vielleicht dem Immergleichen das Versprechen des Neuen abzwingen. Das aber wird von Horney als neurotisch oder mechanistisch verfemt. Wo sie versichert, daß die Dinge doch nicht so schlimm seien, ist der Optimismus pseudoradikal, der Glaube an die unbegrenzten Möglichkeiten des Menschen ein Lippenbekenntnis. Fragte man die Revisionisten geradezu, was sie denn im Grunde gegen ihren Lehrer hätten, so würden sie vermutlich sagen, ihm fehle die Liebe. Man hat einmal der Großherzigkeit Groddecks und der mitfühlenden Zartheit Ferenczis Freuds Kälte und Distanziertheit kontrastiert. Kein avancierter Denker oder Künstler entgeht diesem Vorwurf. Weil er die Utopie und ihre Verwirklichung bitter ernst nimmt, ist er kein Utopist, sondern faßt die Realität ins Auge, wie sie ist, um sich nicht von ihr verdummen zu lassen. Er will die Elemente des Besseren, die in ihr beschlossen sind, aus ihrer Gefangenschaft befreien. Er macht sich so hart wie die versteinerten Verhältnisse, um sie zu brechen. Die Möglichkeit einer Wendung wird nicht befördert durch die Lüge, daß wir doch alle Brüder sind, sondern einzig indem die bestehenden Antagonismen ausgetragen werden. Freuds Kälte, die jede fingierte Unmittelbarkeit zwischen Arzt und Patient von sich weist und das beruflich vermittelte Wesen der Therapie offen bekennt, tut der Idee von Menschlichkeit, indem sie deren Schein unerbittlich ausschließt, mehr Ehre an als

27 a. a. O., S. 154.

tröstlicher Zuspruch und Wärme auf Kommando. In einer Welt, wo Liebe zu einem psychotechnischen Instrument unter anderen geworden ist, wird der Liebe die Treue gehalten durch ein Denken, das darauf besteht, daß der Arzt den Patienten heilen müsse, ohne »menschliches Interesse« zu heucheln. Die Gesellschaft hat zu einem Extrem sich entfaltet, wo Liebe vielleicht nur als Resistenz gegen das Bestehende noch Liebe sein kann: »Wenn ich das Böse nicht hasse, kann ich das Gute nicht lieben!«[28], heißt es in Strindbergs »Schwarzen Fahnen«. Ein Blick auf die konkrete Anwendung des revisionistischen Liebespostulats ist lehrreich. Persönliche Sympathie für den Patienten wird als Mittel zur Herstellung einer guten Übertragung verordnet, und die asexuelle Natur der Liebe wird gepriesen. Sobald aber Liebe nicht mehr praktisch ist, das heißt, sobald sie nicht mehr zu einer glücklichen, realen Objektbeziehung führt, wird sie geschmäht. In ihrem Buch über »Selfanalysis«[29] hat Horney den Begriff der krankhaften Abhängigkeit eingeführt. Das Phänomen, das sie damit bezeichnet, erotische Bindung an einen Menschen über die Befriedigung hinaus, hält sie für ganz und gar neurotisch. Eine solche Bindung gilt ihr als Erkrankung, die sich »hinter solchen prätentiösen Begriffen wie ›Liebe‹ und ›Treue‹ versteckt«. Gesund und wohlangepaßt ist nach ihrem Schema der, der nie mehr Gefühl hergibt, als er einstreicht. Liebe soll auch psychologisch werden, was sie gesellschaftlich ohnehin wird, ein Äquivalententausch. Es bleibt die Frage, ob nicht Liebe, die den Zirkel der herrschenden Tauschverhältnisse transzendiert, notwendig jenen Zusatz von Hoffnungslosigkeit enthält, den die Revisionisten austreiben wollen. Vielleicht ist Freuds Menschenfeindlichkeit nichts anderes als solche hoffnungslose Liebe und der einzige Ausdruck von Hoffnung, der noch bleibt.

Das komplexe Denken Freuds enthält einen Aspekt, welcher der Gesamtintention der neofreudschen Bewegung verwandter ist, als es zunächst scheint. Ihn brauchte sie nur einseitig zu urgieren, um zu Konsequenzen zu gelangen, die mit dem Kern der Freudschen Theorie unvereinbar sind. In seinen »technischen« Schriften hat Freud für die Therapie Postulate der Schmiegsam-

28 August Strindberg, Schwarze Fahnen, München und Berlin 1917, S. 254.

29 Vgl. Karen Horney, Selfanalysis, New York 1942.

keit, dauernden Modifikation und praktischen Einstellung formuliert, die von den Revisionisten zur Rechtfertigung ihres Ansatzes bequem zitiert werden könnten. Wenn Horney unglückliche Liebe in die Kategorie des Neurotischen verbannt, dann versündigt sie sich gegen den Geist Freuds mehr durch den Tenor ihrer unkritischen Anpreisung seelischer Gesundheit als durch den Inhalt des Gedankens. So ging Freud in seinen »Bemerkungen über die Übertragungsliebe« so weit zu sagen, daß jede Verliebtheit »aus Neuauflagen alter Züge besteht und infantile Reaktionen wiederholt ... Es gibt keine, die nicht infantile Vorbilder wiederholt. Gerade das, was ihren zwangshaften, ans Pathologische mahnenden Charakter ausmacht, rührt von ihrer infantilen Bedingtheit her.«[30] Nennt Freud Verliebtheit infantil, ohne ihre primär libidinösen Züge von den durch Unterdrückung erzeugten zu unterscheiden, dann können die Revisionisten auch Liebe, die mit dem Realitätsprinzip unvereinbar ist, pathogen schimpfen.

Die Aporie weist auf die Psychoanalyse als solche zurück. Einerseits gilt ihr Libido als die eigentliche psychische Realität; Befriedigung als positiv, Versagung, weil sie zur Erkrankung führt, als negativ. Andererseits aber nimmt sie die Zivilisation, welche die Versagung erzwingt, wenn nicht geradezu unkritisch, so doch resigniert hin. Im Namen des Realitätsprinzips rechtfertigt sie die seelischen Opfer des Individuums, ohne das Realitätsprinzip selber einer rationalen Prüfung auszusetzen. Eine Zwieschlächtigkeit in der Einschätzung der Libido wird notwendig hervorgetrieben von dieser Zwieschlächtigkeit, die an die Problematik der Erziehung mahnt. Als Methode medizinischer Behandlung innerhalb gegebener sozialer Verhältnisse muß sie die gesellschaftliche Anpassung des Patienten befördern, ihn zur Arbeit und Freude innerhalb dieser Verhältnisse animieren. Dabei aber kann sie es nicht umgehen, gewisse Verhaltensweisen und Befriedigungsformen hinzunehmen oder sogar zu verstärken, die, gemessen am Kern der psychoanalytischen Lehre, der Libidotheorie, zweifelhafte Substitute sind. Freud selbst wurde oft zu Formulierungen getrieben, die diesen Zwiespalt prägnant hervortreten lassen. In

30 Sigmund Freud, Gesammelte Werke, Bd. 10, London 1946, S. 317.

einem Passus der »Bemerkungen über die Übertragungsliebe« warnt er die Analytiker davor, den erotischen Wünschen ihrer weiblichen Patienten nachzugeben, und fährt dann fort: »So hoch er die Liebe schätzen mag, er muß es höher stellen, daß er die Gelegenheit hat, seine Patientin über eine entscheidende Stufe ihres Lebens zu heben. Sie hat von ihm die Überwindung des Lustprinzips zu lernen, den Verzicht auf eine naheliegende, aber sozial nicht eingeordnete Befriedigung zugunsten einer entfernteren, vielleicht überhaupt unsicheren, aber psychologisch wie sozial untadeligen.«[31] Was »untadelig« sei, wird nicht analysiert. Daß die verlangte Form der Befriedigung die unsichere ist, weckt Zweifel an dem Prinzip, in dessen Namen sie gefordert wird.

Die Größe Freuds besteht wie die aller radikalen bürgerlichen Denker darin, daß er solche Widersprüche unaufgelöst stehen läßt und es verschmäht, systematische Harmonie zu prätendieren, wo die Sache selber in sich zerrissen ist. Er macht den antagonistischen Charakter der gesellschaftlichen Realität offenbar, soweit innerhalb der vorgezeichneten Arbeitsteilung seine Theorie und Praxis reicht. Die Unsicherheit des eigentlichen Zwecks der Anpassung, die Unvernunft vernünftigen Handelns also, die die Psychoanalyse aufdeckt, spiegelt etwas von objektiver Unvernunft wider. Sie wird zur Anklage der Zivilisation. Die Revisionisten brauchen nur die praktisch-realistische Seite der Freudschen Konzeption zu isolieren und die psychoanalytische Methode ohne jeden Vorbehalt in den Dienst der Anpassung zu stellen, um zugleich sich als die Vollstrecker der Freudschen Intentionen zu fühlen und ihnen das Rückgrat zu brechen. Es handelt sich bei ihnen nicht so sehr um häretische Abweichungen von Freuds Lehren als um eine bequeme Glättung ihrer Widersprüche. Unter ihren Händen wird die Freudsche Theorie zu einem weiteren Mittel, die seelischen Regungen dem gesellschaftlichen status quo zu integrieren. Aus der Analyse des Unbewußten machen sie einen Teil der industrialisierten Massenkultur, aus einem Instrument der Aufklärung ein Instrument des Scheins, daß Gesellschaft und Individuum, Anpassung an die allmächtige Realität und Glück sich deckten. Dieser Schein wird immer mehr zur allgegenwärti-

31 a. a. O., S. 319.

gen Ideologie einer Welt, die das Individuum ohne Rest in lückenlose Organisation einfängt, dabei jedoch nicht minder zwangshaft und irrational bleibt, als die psychologischen Schäden des Individuums je es waren.

Deutsch von Rainer Koehne

1952

Zum Verhältnis von Soziologie und Psychologie

Seit mehr als dreißig Jahren zeichnet unter den Massen in den hochindustriellen Ländern die Tendenz sich ab, anstatt rationale Interessen und allen voran das der Erhaltung des eigenen Lebens zu verfolgen, sich der Katastrophenpolitik zu überantworten. Es werden ihnen zwar Vorteile versprochen, es wird aber zugleich die Idee ihres Glücks nachdrücklich durch Drohung und Gewalt ersetzt, unmäßige Opfer ihnen aufgeladen, unmittelbar ihre Existenz gefährdet und an latente Todeswünsche appelliert. Manches davon liegt für die betroffenen Subjekte so offen zutage, daß es dem um Verständnis Bemühten schwer fällt, mit dem Entscheidenden, dem Aufweis der objektiven Bedingungen der Massenbewegungen, sich zu begnügen und nicht der Suggestion zu erliegen, daß keine objektiven Gesetze mehr gelten. Die alte Erklärung allein, daß die Interessenten alle Mittel der öffentlichen Meinung kontrollieren, reicht nicht aus. Denn die Massen ließen kaum von plumper und augenzwinkernd unwahrer Propaganda sich einfangen, wenn nicht in ihnen selber etwas den Botschaften vom Opfer und vom gefährlichen Leben entgegenkäme. Darum hat man es angesichts des Faschismus für notwendig erachtet, die Theorie der Gesellschaft durch Psychologie, zumal analytisch orientierte Sozialpsychologie zu ergänzen. Das Zusammenspiel der Erkenntnis gesellschaftlicher Determinanten und der in den Massen vorherrschenden Triebstrukturen versprach volle Einsicht in den Zusammenhalt der Totalität. Während die willfährige Wissenschaft des Ostblocks die analytische Psychologie, die einzige, die im Ernst den subjektiven Bedingungen der objektiven Irrationalität nachforscht, als Teufelswerk exorzierte und, wie Lukács es über sich brachte, Freud samt Spengler und Nietzsche dem Faschismus zurechnete, verschob man diesseits des Vorhangs nicht ohne einiges Behagen den Akzent aufs Seelische und den Menschen und seine sogenannten Existentialien, und entzog sich damit einer verbindlichen Theorie der Gesellschaft. Am Ende wird jene, wie freilich schon in der Freudschen Spätschrift über das Unbehagen in der Kultur, skeptisch auf untriftige, bloß subjektive Motivationen nivelliert. Wo man dabei über das Verhältnis von Gesellschaftstheorie und Psychologie überhaupt nachsinnt, hat man lediglich den beiden Disziplinen ihren Ort in der Systematik der Wissenschaften angewiesen und die Schwierigkeiten, die ihr Verhältnis bereitet, als Fragen der je zu verwendenden begrifflichen Modelle behandelt. Ob gesellschaftliche Phänomene aus objektiven Bedingungen oder dem Seelenleben der vergesellschafteten Individuen abzuleiten seien oder aus beidem; ob die zwei Typen der Erklärung sich ergänzen, sich ausschließen, oder ob ihr Verhältnis selbst erst der weiteren theoretischen Erwägung bedarf – all das reduziert sich auf Methodologie. Mit Recht hebt der für solche Intentionen charakteristische Talcott Parsons in der Studie »Psychoanalysis and the Social Structure«[1], darin mit der älteren deutschen Tradition und auch mit Durkheim einig, die Unabhängigkeit und Abgesetztheit des gesellschaftlichen Systems hervor, das auf seiner eigenen Ebene, nicht als bloße Resultante der Handlungen von Individuen begriffen werden müsse[2]. Aber die Unterscheidung heftet sich auch bei ihm an das, woran der Soziologe »interessiert« ist: Verhaltensweisen und Attitüden von Relevanz fürs gesellschaftliche System. Einzig daher verlangt er, soziologische Motivationsprobleme müßten in Kategorien des »frame of reference of the social system« und nicht der »personality« formuliert werden. Nur sollten die soziologischen Denkmodelle mit der etablierten psychologischen Einsicht übereinstimmen[3]. Unbekümmert darum, ob die Differenz in der Sache selbst gelegen sei, wird die Wahl gesellschaftlicher oder psychologischer Blickrichtung der Willkür der arbeitsteiligen Disziplinen vorbehalten. Parsons sperrt sich, im Gegensatz zur Primitivität der Einheitswissenschaft, nicht dagegen, daß »die typischen Probleme des Psychologen und des Soziologen verschieden seien«. Eben darum jedoch müßten »bei-

1 Vgl. Talcott Parsons, Psychoanalysis and the Social Structure, in: The Psychoanalytic Quarterly, Vol. XIX, 1950, No. 3, S. 371 ff.

2 Vgl. a. a. O., S. 372.

3 Vgl. a. a. O., S. 375.

de die gleichen Begriffe auf verschiedenen Abstraktionsniveaus und in verschiedenen Kombinationen verwenden«[4]. Das ist möglich nur, indem die Divergenz von Soziologie und Psychologie unabhängig von der Beschaffenheit des Gegenstandes soll überwunden werden können. Wenn bei fortschreitender Organisation die beiden Wissenschaften die logische Struktur ihrer Begriffe klärten, dann ließen sie dieser Auffassung gemäß bruchlos sich verbinden. Hätte man endlich eine ganz adäquate dynamische Theorie der menschlichen Motivationen, wäre es Parsons zufolge wahrscheinlich, daß der Unterschied der »Abstraktionsniveaus« verschwände. Wie objektiv-gesellschaftliche und seelisch-individuelle Momente sich zueinander verhalten, soll von dem bloßen begrifflichen Abguß abhängen, den diese Momente im akademischen Betrieb erfahren, mit der üblichen Einschränkung, daß es für die Synthese noch zu früh sei, daß man mehr Fakten sammeln, die Begriffe schärfer schleifen müsse. Während Parsons, an Max Weber geschult, scharfsinnig die Inadäquatheit vieler der üblichen psychologischen Erklärungen von Gesellschaftlichem gewahrt, argwöhnt er hinter dieser Unangemessenheit keinen realen Widerstreit von Besonderem und Allgemeinem, keine Ungleichnamigkeit des an sich seienden Lebensprozesses und des bloß für sich seienden Individuellen, sondern ihm wird der Antagonismus zu einem Problem wissenschaftlicher Organisation, das bei stetigem Fortschritt harmonisch sich löste. Das von den Naturwissenschaften abgezogene Ideal der begrifflichen Vereinheitlichung gilt jedoch nicht ohne weiteres einer Gesellschaft gegenüber, die ihre Einheit daran hat, nicht einheitlich zu sein. Die Wissenschaften von der Gesellschaft und von der Psyche, soweit sie unverbunden nebeneinander herlaufen, verfallen gemeinhin der Suggestion, die Arbeitsteilung der Erkenntnis auf deren Substrat zu projizieren. Die Trennung von Gesellschaft und Psyche ist falsches Bewußtsein; sie verewigt kategorial die Entzweiung des lebendigen Subjekts und der über den Subjekten waltenden und doch von ihnen herrührenden Objektivität. Aber diesem falschen Bewußtsein läßt sich nicht durchs methodologische Dekret der Boden entziehen. Die Menschen vermögen sich selbst in der Gesellschaft nicht wiederzuerkennen und diese nicht in sich,

4 a. a. O., S. 376.

weil sie einander und dem Ganzen entfremdet sind[5]. Ihre vergegenständlichten gesellschaftlichen Beziehungen stellen ihnen notwendig als ein Ansichsein sich dar. Was die arbeitsteilige Wissenschaft auf die Welt projiziert, spiegelt nur zurück, was in der Welt sich vollzog. Das falsche Bewußtsein ist zugleich richtiges, inneres und äußeres Leben sind voneinander gerissen. Nur durch die Bestimmung der Differenz hindurch, nicht durch erweiterte Begriffe, wird ihr Verhältnis angemessen ausgedrückt. Die Wahrheit des Ganzen steht bei der Einseitigkeit, nicht bei der pluralistischen Synthese: eine Psychologie, die von der Gesellschaft nichts hören will und idiosynkratisch auf dem Individuum und dessen archaischem Erbe beharrt, spricht mehr von der gesellschaftlichen Fatalität aus als eine, die sich durch Berücksichtigung gesellschaftlicher »Faktoren« oder einen »wholistic approach« der nicht mehr existenten universitas literarum eingliedert.

Die Vereinheitlichung von Psychologie und Gesellschaftslehre durch Verwendung der gleichen Begriffe auf verschiedenen Abstraktionsebenen läuft inhaltlich notwendig auf Harmonisierung hinaus. Parsons zufolge gelingt etwa die von ihm stillschweigend und generell als positiv unterstellte Integration einer Gesellschaft, wenn deren funktionelle Bedürfnisse – als objektiv-soziales Moment – mit den Schemata des »durchschnittlichen Überichs« übereinstimmen[6]. Dies Ineinanderpassen der Menschen und des Systems wird zur Norm erhoben, ohne daß der Stellung jener beiden »Maßstäbe« im Ganzen des gesellschaftlichen Prozesses, ohne daß zumal dem Ursprung und Rechtsanspruch des »durchschnittlichen Überichs« nachgefragt wäre. Auch schlechte, repressive Zustände können in einem solchen Überich normativ sich niederschlagen. Der Preis, den Parsons für die begriffliche Harmonie zu entrichten hat, ist, daß sein Begriff der Integration, positivistisches Nachbild der Identität von Subjekt und Objekt, einem unvernünftigen Zustand der Gesellschaft

5 Die empirische Soziologie hat daraus die »Personalisierung« hergeleitet, die Neigung, objektiv verursachte gesellschaftliche Vorgänge sich als Handlungen guter oder schlechter Personen zurechtzulegen, mit deren Namen die öffentlichen Informationsmittel jene Vorgänge assoziieren. (Vgl. Theodor W. Adorno u. a., The Authoritarian Personality, New York 1950, S. 663 ff.)

6 Vgl. Talcott Parsons, a. a. O., S. 373.

Raum ließe, wofern er nur Macht genug hätte, die ihm Angehörigen vorweg zu modellieren. Die Koinzidenz des durchschnittlichen Überichs und der funktionellen Bedürfnisse eines sozialen Systems, nämlich der seiner eigenen Perpetuierung, ist in Huxleys Brave New World triumphal erreicht. Solche Konsequenz wird freilich nicht von Parsons' Theorie gemeint. Empiristische Gesinnung behütet ihn davor, jene Identität als verwirklicht zu unterstellen. Er betont die Divergenz zwischen den Menschen als psychologischen Wesen – »Persönlichkeitsstruktur« – und der objektiven Einrichtung – »institutioneller Struktur« – der Welt heute[7]. In Übereinstimmung mit der soziologischen Tradition gibt der psychoanalytisch orientierte Parsons Rechenschaft von nicht-psychologischen Motivationen, Mechanismen, die bewirken, daß Menschen objektiv-institutionellen Erwartungen entsprechend handeln auch im Gegensatz zu dem, was in der Psychologie Persönlichkeitsstruktur heißt[8]. Den gesellschaftlich-zweckrational vermittelten allgemeinen Zielsetzungen der Individuen käme gegenüber ihren je subjektiven Tendenzen der Primat zu. Die entscheidende Vermittlung freilich, die Vernunft der Selbsterhaltung, wird dabei weniger hervorgehoben als bei Max Weber[9]. Offenbar faßt Parsons jene sozialen Normen selber als sedimentierte Schemata der Anpassung, also, wenn man will, schließlich doch wiederum als wesentlich psychologisch auf. Auf jeden Fall jedoch durchschaut er, im Gegensatz zur herrschenden subjektiven Ökonomie, daß wirtschaftliche Motivationen nicht in psychologischen wie dem »Gewinnstreben« aufgehen[10]. Sicherlich kommt das rationale ökonomische Verhalten des Individuums nicht bloß durch den ökonomischen Kalkül, das Gewinnstreben, zustande. Das hat man viel eher nachträglich konstruiert, um durch eine dem Sachverhalt wenig Neues hinzufügende Formel sich die vom Individuum aus keineswegs selbstverständliche Rationalität des durchschnittlichen wirtschaftlichen Verhaltens einigermaßen zurechtzulegen. Wesentlicher als subjektives

7 Vgl. a. a. O.

8 Vgl. a. a. O., S. 374.

9 Vgl. Max Weber, Über einige Kategorien der verstehenden Soziologie, in: Gesammelte Aufsätze zur Wissenschaftslehre, Tübingen 1922, S. 412.

10 Vgl. Talcott Parsons, a. a. O., S. 374.

Motiv der objektiven Rationalität ist die Angst. Sie ist vermittelt. Wer sich nicht nach den ökonomischen Regeln verhält, wird heutzutage selten sogleich untergehen. Aber am Horizont zeichnet die Deklassierung sich ab. Sichtbar wird die Bahn zum Asozialen, zum Kriminellen: die Weigerung, mitzuspielen, macht verdächtig und setzt selbst den der gesellschaftlichen Rache aus, der noch nicht zu hungern und unter Brücken zu schlafen braucht. Die Angst vorm Ausgestoßenwerden aber, die gesellschaftliche Sanktionierung des wirtschaftlichen Verhaltens hat sich längst mit andern Tabus verinnerlicht, im einzelnen niedergeschlagen. Sie ist geschichtlich zur zweiten Natur geworden; nicht umsonst bedeutet Existenz im philosophisch unverderbten Sprachgebrauch ebenso das natürliche Dasein wie die Möglichkeit der Selbsterhaltung im Wirtschaftsprozeß. Das Überich, die Gewissensinstanz, stellt nicht allein dem einzelnen das gesellschaftlich Verpönte als das An-sich-Böse vor Augen, sondern verschmilzt irrational die alte Angst vor der physischen Vernichtung mit der weit späteren, dem gesellschaftlichen Verband nicht mehr anzugehören, der anstatt der Natur die Menschen umgreift. Diese aus atavistischen Quellen gespeiste und vielfach weit übertriebene gesellschaftliche Angst, die freilich neuerdings wieder jeden Augenblick in Realangst übergehen kann, hat solche Gewalt akkumuliert, daß der schon ein moralischer Heros sein müßte, der ihrer sich entledigte, selbst wenn er das Wahnhafte daran noch so gründlich durchschaute. Vermutlich klammern die Menschen wohl sich so desperat an die längst fragwürdigen, weithin absurden Güter der Zivilisation, die ihnen wirtschaftlich vernünftiges Verhalten garantieren soll, weil es ihnen einmal so unsäglich schwer ward, zur Zivilisation sich selber zu bringen, und die Kommunikationsmittel tun das ihre, sie bei der Stange zu halten. Die Triebenergie des homo oeconomicus, der da dem homo psychologicus befiehlt, ist die zwangshafte, eingebleute Liebe zu dem, was man einmal haßte. Solche »Psychologie« bezeichnet die Grenze des rationalen Tauschverhältnisses an der Gewalt, aber sie schränkt zugleich die Macht der je eigenen Psychologie der Subjekte ein. Die Überzeugung von der durchsichtigen Rationalität der Ökonomie ist eine Selbsttäuschung der bürgerlichen Gesellschaft nicht weniger als die von der Psychologie als zureichendem

Grund des Handelns. Jene Rationalität gründet im physischen Zwang, der leiblichen Qual, einem materiellen Moment, das innerökonomische »materielle Beweggründe« ebenso übertrifft, wie es die psychologische Triebökonomie sprengt. In der entfalteten Tauschgesellschaft hat diese Angst angesichts des Mißverhältnisses zwischen der Macht der Institutionen und der Ohnmacht des einzelnen sich derart verallgemeinert, daß es übermenschlicher Kräfte bedürfte, um sich draußen zu halten, während zugleich das Getriebe die Kräfte des Widerstandes in jedem einzelnen unablässig reduziert. Aber es bleibt, trotz des unbestreitbaren Primats der Ökonomie über die Psychologie im Verhalten des einzelnen, so ungewiß wie nur je, ob dessen Rationalität überhaupt rational ist und nicht von der Psychologie jederzeit als unmäßige Rationalisierung entlarvt werden könnte. Solange die wirtschaftliche ratio partiell, die Vernunft des Ganzen fragwürdig ist, werden zu ihrer Perpetuierung irrationale Kräfte eingespannt. Die Irrationalität des rationalen Systems kommt zum Vorschein in der Psychologie des eingefangenen Subjekts. Die Lehre vom rationalen Verhalten führt auf Widersprüche. Wie das immanent unvernünftig ist, was die Vernunft des Systems von seinen Angehörigen verlangt, insofern als die Totalität der wirtschaftlich zweckmäßigen Handlungen aller samt der Reproduktion des Ganzen den Zusammenbruch befördert, so transzendierte umgekehrt das absolute τέλος von Rationalität, die Erfüllung, die Rationalität selber. Rationalität ist immer ein Maß an vergeblichem Opfer und damit ebenso irrational wie ein opferloser Zustand es wäre, der keiner ratio mehr bedürfte.

Parsons erreicht die Alternative, die nur durch die Kritik des antagonistischen Zustands wegzuschaffen wäre: die Wahl zwischen zwei Gestalten des falschen Bewußtseins, welche endlos gegeneinander recht behalten, zwischen einer rationalistischen Psychologie und einer psychologistischen Gesellschaftstheorie. Hier jedoch bricht die Reflexion ab. An Stelle der inhaltlichen Bestimmung der Motivation tritt die Wahl des »frame of reference«, des wissenschaftlichen Bezugssystems, ähnlich dem Belieben des Forschers überlassen wie die des Idealtypus bei Max Weber[11].

11 Vgl. Max Weber, Die Objektivität sozialwissenschaftlicher und sozialpolitischer Erkenntnis, a. a. O., S. 190ff.

Das Postulat, es müßten die soziologischen Motivationstheorien übereinstimmen mit der je gewonnenen Kenntnis der Persönlichkeitsstruktur, substituiert um der Einheit der wissenschaftlichen Erklärung willen einen einstimmigen Gegenstand für den gespaltenen; so sehr die Individuen Produkte des gesellschaftlichen Ganzen sind, so sehr treten sie als solche Produkte notwendig zum Ganzen in Widerspruch. Wo Parsons mit der Leistung ausgleichenden wissenschaftlichen Takts sich begnügt, deutet die Inkompatibilität der Kategorien, die er vereinigen will, auf die Inkompatibilität zwischen dem System und den Menschen, aus denen es besteht. Soziologie wird resigniert hingenommen als das, was sie nun einmal ist: »The sociologist's problems are different.«[12] Dann läßt sich aber auch kaum mehr einsehen, warum Psychologen dieselben Begriffe auf verschiedenen Abstraktionsniveaus und in verschiedenen Kombinationen[13] gebrauchen sollten. Es handelt sich überhaupt nicht um bloße Abstraktionsniveaus, zwischen denen lediglich um der Unvollständigkeit unserer empirischen Kenntnisse willen noch Lücken klaffen[14]. Objektive Widersprüche sind keine Vorläufigkeiten des Intellekts, die mit der Zeit verschwinden. Spannungen, die in der bestehenden Gesellschaft über kurze Intervalle hin und in begrenzten Sektoren sich mildern, aber nicht abschaffen lassen, werden schief auf das statische Schema allgemeinerer – gesellschaftlicher – und speziellerer – psychologischer – Begriffe projiziert, die nur einstweilen kein Kontinuum bildeten, weil es an quantitativ zureichenden Daten für die Generalisierung des Individuellen fehle. Aber der Unterschied von Individuum und Gesellschaft ist nicht nur quantitativ: so wird er einzig im Bann eines gesellschaftlichen Prozesses visiert, der die einzelnen Subjekte vorweg als Träger ihrer Funktion im Gesamtprozeß prägt. Keine zukünftige wissenschaftliche Synthese kann unter einen Hut bringen, was prinzipiell mit sich entzweit ist.

Während die gesellschaftlichen Gesetze nicht aus psychologischen Befunden »extrapoliert« werden können, ist am Gegenpol das Individuum nicht einfach Individuum und Substrat der Psycho-

12 Talcott Parsons, a. a. O., S. 376.
13 Vgl. a. a. O.
14 Vgl. a. a. O.

logie, sondern immer zugleich, solange es irgend sich rational verhält, Träger der gesellschaftlichen Bestimmungen, die es prägen. Seine »Psychologie« als Zone der Irrationalität weist nicht weniger als die ratio auf soziale Momente zurück. Die spezifischen Differenzen der einzelnen sind ebenso Male des gesellschaftlichen Drucks wie Chiffren menschlicher Freiheit. Der Gegensatz der beiden Bereiche darf nicht durch ein Schema wissenschaftlicher Verallgemeinerung eskamotiert werden, aber er ist auch nicht zu verabsolutieren. Sonst nähme man das Selbstbewußtsein des einzelnen, selbst ephemeres Produkt einer individualistischen Gesellschaft, buchstäblich. Die Divergenz von Individuum und Gesellschaft ist wesentlich gesellschaftlichen Ursprungs, wird gesellschaftlich perpetuiert, und ihre Äußerungen sind vorab gesellschaftlich zu erklären. Noch der vulgäre Materialismus, der den individuellen Reaktionsformen handfeste Profitinteressen zugrunde legt, hat recht gegen den Psychologen, der wirtschaftliche Verhaltensweisen von Erwachsenen aus ihrer Kindheit ableitet, die objektiven ökonomischen Gesetzen folgen, und in welche die individuelle Beschaffenheit der Kontrahenten überhaupt nicht oder nur als bloßes Anhängsel hineinreicht. Selbst wenn, wie Parsons es verlangt, eine Anpassung psychologischer Begriffe an die präzisen Erfordernisse der Theorie der Gesellschaft möglich wäre, hülfe das wenig. Denn die spezifisch gesellschaftlichen Phänomene haben sich durch die Einschaltung abstrakter Bestimmungen zwischen die Personen, zumal des Äquivalententauschs, und durch die Herrschaft eines nach dem Modell solcher von den Menschen abgelöster Bestimmungen gebildeten Organs, der ratio, von der Psychologie emanzipiert. Daher ist die »subjektive« Ökonomie ideologisch: die psychologischen Momente, die sie zur Erklärung der Marktvorgänge heranzieht, sind deren bloße Akzidentien, und die Akzentverschiebung präsentiert die Erscheinung als Wesen. Parsons' berechtigter Verdacht, die psychoanalytischen Experten seien unfähig, von sich aus die analytischen Begriffe adäquat auf soziale Probleme anzuwenden, trifft nicht nur die universale Neigung von Fachleuten, ihre partiellen Begriffe auf eine Totalität auszudehnen, die jenen entrückt ist, sondern die Unmöglichkeit, überhaupt psychologisch das zu erklären, was gar nicht dem Seelenleben einzelner Menschen entspringt. Die Kommensurabilität individueller Verhaltensweisen, die reale Vergesellschaftung, beruht darauf, daß sie als Wirtschaftssubjekte überhaupt nicht unmittelbar sich gegenüberstehen, sondern nach dem Maß des Tauschwertes agieren. Das schreibt dem Verhältnis der Wissenschaften zueinander die Regel vor. Ihre Spezialisierung ließe sich nicht durchs Ideal des Polyhistors korrigieren, der gleichviel von Soziologie und Psychologie verstünde. Das Feldgeschrei nach der Integration der Wissenschaften ist Ausdruck der Hilflosigkeit, nicht des Fortschritts. Eher ist darauf zu hoffen, daß die Insistenz auf einem Besonderen, Abgespaltenen, dessen monadologischen Charakter sprengt und in seinem Kern des Allgemeinen gewahr wird, als daß die begriffliche Synthesis des real Zerfallenen dem Zerfall Einhalt geböte. Erkenntnis ist keiner anderen Totalität mächtig als der antagonistischen, und nur kraft des Widerspruchs vermag sie Totalität überhaupt zu erreichen. Daß die spezifisch psychologische Begabung fast stets ein irrationales, jedenfalls antisystematisches Moment enthält, ist selber keine psychologische Zufälligkeit, sondern leitet sich her vom Gegenstand, von der abgespaltenen Irrationalität als dem Komplement der herrschenden ratio. Freuds wissenschaftsstrategischer Erfolg beruht nicht zum letzten darauf, daß in ihm zu der psychologischen Einsicht ein systematischer Zug sich gesellte, der mit Ausschließlichkeit und Herrschaftsdrang verfilzt war. Während genau die Intention, seine Funde ins Totale zu treiben, das Moment der Unwahrheit an der Psychoanalyse zeitigte, dankt sie ihre Suggestivkraft eben diesem Totalitären. Sie wird rezipiert als Zauberformel, die alles zu lösen verspricht. Große geistige Wirkungen sind stets einem Moment der Gewaltsamkeit, der Herrschaft über Menschen, verschworen; gerade das Narzißtische und Isolierte von Befehlenden lockt, wie Freud selbst wußte[15], das Kollektiv. Die Ideologie der großen und starken Persönlichkeit neigt dazu, dieser als menschlichen Rang das Unmenschliche, die brutale Verfügung

15 »Noch heute bedürfen die Massenindividuen der Vorspiegelung, daß sie in gleicher und gerechter Weise vom Führer geliebt werden, aber der Führer selbst braucht niemand anderen zu lieben, er darf von [?] Herrennatur sein, absolut narzißtisch, aber selbstsicher und selbständig.« (Sigmund Freud, Gesammelte Werke, Bd. 13, London 1940, Massenpsychologie und Ich-Analyse, S. 138.)

über Ungleichnamiges gutzuschreiben. Es gehört zur Ohnmacht der Wahrheit im Bestehenden, daß sie, um Wahrheit zu sein, eben dieses Zwangsmoments sich entschlagen muß.
Der Psychoanalytiker Heinz Hartmann, der zur Studie von Parsons sich äußerte, teilt mit diesem die Sympathie für eine gemeinsame Begriffssprache der beiden Disziplinen, konzediert aber, im unausdrücklichen Gegensatz zum vorwaltenden Psychologismus der Freudschen Orthodoxie, daß die Sozialwissenschaften gültige Voraussagen ohne Rücksicht auf individuelle Persönlichkeitsstrukturen machen könnten[16]. Er rekurriert dabei auf den inner-analytischen Unterschied zwischen Handlungen des bewußten oder vorbewußten Ichs und des Unbewußten. Anstatt, wie die Revisionisten, für die gesellschaftliche Interpretation das Unbewußte auf direkte soziale Einflüsse zurückzuführen, knüpft er an die Freudsche Distinktion von Ich und Es an. Das Ich, die von der ursprünglichen Triebenergie abgespaltene Instanz, deren Aufgabe es ist, die Realität zu »prüfen«[17], und die wesentlich das Geschäft der Anpassung besorgt, sondert sich der impliziten Logik Hartmanns zufolge von der psychologischen Motivation ab und übt als Realitätsprinzip die logisch-objektivierende Funktion aus. Die strenge Psychoanalyse, die vom Gegeneinander der psychischen Kräfte weiß, kann eher die Objektivität zumal der ökonomischen Bewegungsgesetze gegenüber den subjektiven Triebregungen geltend machen als Lehren, die, um nur ja ein Kontinuum zwischen Gesellschaft und Psyche herzustellen, den Kern der analytischen Theorie, den Widerstreit von Ich und Es, verleugnen[18]. Hartmann hält an einer psychologischen Sphäre sui generis fest. In der Tat ist das Verhalten eines Psycho-

16 Vgl. Heinz Hartmann, The Application of Psychoanalytic Concepts to Social Science, in: The Psychoanalytic Quarterly, Vol. XIX, 1950, No. 3, S. 385.
17 »Die Realitätsprüfung werden wir als eine der großen Institutionen des Ichs neben die uns bekannt gewordenen Zensuren zwischen den psychischen Systemen hinstellen und erwarten, daß uns die Analyse der narzißtischen Affektionen andere solcher Institutionen aufzudecken verhilft.« (Freud, Gesammelte Werke, Bd. 10, London 1946, Metapsychologische Ergänzung zur Traumlehre, S. 424.)
18 Vgl. Theodor W. Adorno, Zum Verhältnis von Psychoanalyse und Gesellschaftstheorie, in: Psyche 6 (1952), S. 17 f. [jetzt: Die revidierte Psychoanalyse, oben S. 39 ff.].

tikers, aber auch bereits das eines an einer Charakterneurose Leidenden, der trotz des an sich »normalen« Funktionierens der Intelligenz sich in der Welt unablässig schadet, unvergleichlich viel »psychologischer« als das eines Geschäftsmannes, der die Charakterzüge der Rolle, in der er sich bewegt, besitzen oder nicht besitzen mag, der aber, nachdem er einmal die Rolle akzeptiert hat, von Situation zu Situation kaum anders sich verhalten könnte, als er es tut, solange er sich nicht als Neurotiker qualifiziert. Gewiß ist selbst die vollendet narzißtische Verhaltensweise des Psychotikers nicht ohne ihren gesellschaftlichen Aspekt. Man kann wohl bestimmte Typen geistiger Erkrankung selber nach dem Modell einer erkrankten Gesellschaft konstruieren. Schon vor dreißig Jahren hat Lukács die Schizophrenie als äußerste Konsequenz der gesellschaftlichen Entfremdung des Subjekts von der Objektivität aufgefaßt. Aber wenn die Abdichtung der psychologischen Sphäre bei autistischen Menschen selbst gesellschaftlichen Ursprungs ist, so setzt sie doch, einmal konstituiert, eine in sich relativ einstimmige und geschlossene psychologische Motivationsstruktur. Das seiner mächtige Ich dagegen wird in der einsichtigen Beziehung auf die Realität motiviert; seine Psychologie erscheint meist einzig noch als Störung und wird durch die drastische Vormacht der ratio, in der sich objektiv gesellschaftliche Interessenlagen verkörpern, immer wieder abgewehrt. Die Ziele des Ichs sind mit den primären Triebzielen nicht mehr identisch, lassen in solche nicht mehr sich zurückübersetzen und widersprechen ihnen vielfach. Keine Sache der bloßen Nomenklatur ist es, ob man den Begriff des Psychologischen so ausweitet, daß er noch die »Logisierung« von psychischer Energie einschließt. Er hat einzig am Gegensatz der Irrationalität zum Rationalen als einem Außerpsychologischen seine Substanz. Nicht zufällig ist die Psychoanalyse im Bereich des Privatlebens, der Familienkonflikte, ökonomisch gesprochen der Konsumsphäre, konzipiert worden: diese ist ihre Domäne, weil das eigentlich psychologische Kräftespiel selbst auf den privaten Bezirk eingeschränkt ist und kaum Macht hat über die Sphäre der materiellen Produktion.

Die Trennung der gesellschaftlichen Akte, in denen das Leben der Menschen sich reproduziert, von ihnen selber, verhindert sie daran, das Getriebe zu durchschauen, und überantwortet sie der Phrase, es käme alles bloß auf den Menschen an, die kaum zuvor im gleichen Umfang konsumiert worden ist wie zur Zeit des Fließbandes. Daß die gesellschaftlichen Tendenzen sich über den Köpfen der Menschen durchsetzen, daß sie jene Tendenzen nicht als ihre eigenen wissen, macht den gesellschaftlichen Schleier aus. Zumal jene, deren Arbeit sie und das Ganze am Leben erhält, und deren Leben doch von dem Ganzen undurchsichtig abhängt, vermögen nicht zu erkennen, daß die Gesellschaft sowohl ihr Inbegriff wie ihr Gegenteil ist. Die Undurchsichtigkeit der entfremdeten Objektivität wirft die Subjekte auf ihr beschränktes Selbst zurück und spiegelt ihnen dessen abgespaltenes Für-sich-sein, das monadologische Subjekt und dessen Psychologie, als das Wesentliche vor. Der Kultus der Psychologie, die man der Menschheit aufschwatzt, und der unterdessen in Amerika aus Freud ein fades Volksnahrungsmittel bereitet hat, ist das Komplement der Entmenschlichung, die Illusion der Ohnmächtigen, ihr Schicksal hinge von ihrer Beschaffenheit ab. Ironisch genug verwandelt dabei eben die Wissenschaft, in der sie sich selbst als Subjekten zu begegnen hoffen, der eigenen Gestalt nach sie nochmals in Objekte, im Auftrage einer Gesamtverfassung, die keine Schlupflöcher mehr duldet, in denen eine nicht gesellschaftlich präparierte, irgend unabhängige Subjektivität sich verstecken könnte. Psychologie als ein dem Außen gegenüber relativ selbständiges Innen ist einer Gesellschaft, die sie unablässig bemüht, eigentlich zur Krankheit geworden: daher trat Psychotherapie ihr Erbe an. Das Subjekt, in dem Psychologie als ein der gesellschaftlichen Rationalität Entzogenes überwog, galt von je als Anomalie, als Kauz; im totalitären Zeitalter ist seine Stätte das Arbeits- oder Konzentrationslager, wo es »fertig gemacht«, erfolgreich integriert wird. Der Rest der Psychologie aber, der Mensch, auf den es ankommt, verzieht sich an die Spitze der totalitären Hierarchien, wohin leicht Narren oder seelisch Verkrüppelte gelangen, weil ihr Defekt, eben das eigentlich Psychologische, genau harmoniert mit der Irrationalität der Zwecke, der obersten Entscheidungen, für die dann alle Rationalität ihrer nur noch durch leere Deklamation unterschiedenen Systeme als Mittel aufgeboten wird. Auch diese letzte Reservatsphäre des Unerfaßten, die es Diktatoren erlaubt oder vorschreibt, sich auf dem Boden zu wälzen, Weinkrämpfe zu bekommen oder imaginäre Verschwörungen aufzudecken, ist bloße Maske des gesellschaftlichen Wahnsinns[19]. Nicht nur schrumpft das psychologische Bereich um so mehr ein, je mehr es in der Ideologie an Stelle der Einsicht in die Objektivität tritt, sondern die Reste des Psychologischen werden zur Karikatur und Fratze pervertiert. Daß Psychologie zur Krankheit ward, drückt nicht nur das falsche Bewußtsein der Gesellschaft von sich selbst aus, sondern zugleich auch, was aus den Menschen in dieser tatsächlich geworden ist. Denn das Substrat der Psychologie, das Individuum, reflektiert selber die heute überholte Form der Vergesellschaftung. Wie das reine τόδε τι der Philosophie, der Konkretionspol der Erkenntnis, als Unbestimmtes ganz abstrakt ist, so auch das vorgebliche gesellschaftliche Konkretum, der je einzelne als Kontrahent, der seine Bestimmtheit einzig an dem von seiner spezifischen Bestimmung losgelösten, abstrakten Tauschakt, einem Dinghaften, hat. Dieser war der Kern, um den der individuelle Charakter sich kristallisierte, und die verdinglichende Psychologie mißt ihn mit seinem eigenen Maß. Das vereinzelte Individuum, das reine Subjekt der Selbsterhaltung, verkörpert im absoluten Gegensatz zur Gesellschaft deren innerstes Prinzip. Woraus es sich zusammensetzt, was in ihm aufeinanderprallt, seine »Eigenschaften«, sind allemal zugleich Momente der gesellschaftlichen Totalität. Monade ist es in dem strengen Sinn, daß es das Ganze mit seinen Widersprüchen vorstellt, ohne doch je dabei des Ganzen bewußt zu sein. Aber in der Gestalt seiner Widersprüche kommuniziert es nicht stets und durchgängig mit dem Ganzen, sie rührt nicht unmittelbar von dessen Erfahrung her. Die Gesellschaft hat ihm die Vereinzelung aufgeprägt, und diese hat als ein gesellschaftliches Verhältnis teil an seinem Schicksal. »Psychodynamik« ist die Reproduktion gesellschaftlicher Konflikte im Individuum, aber nicht derart, daß es die aktuellen gesellschaftlichen Spannungen bloß abbildete. Sondern es entwickelt auch, indem es als ein von der Gesellschaft Abgedichtetes, Abgespaltenes existiert, nochmals

19 »Der Irrsinn ist bei Einzelnen etwas Seltenes – aber bei Gruppen, Parteien, Völkern, Zeiten die Regel.« (Nietzsche, Jenseits von Gut und Böse, Aph. 156.)

die Pathogenese einer gesellschaftlichen Totalität aus sich heraus, über der selber der Fluch der Vereinzelung waltet.

Der Psychologismus jeglicher Gestalt, der umstandslose Ansatz beim Individuum ist Ideologie. Er verzaubert die individualistische Form der Vergesellschaftung in eine außergesellschaftliche, naturhafte Bestimmung des Individuums. Mit anderen Konzeptionen der Aufklärung hat er seine Funktion gründlich verändert. Sobald die in Wahrheit den Einzelspontaneitäten entrückten, zwischen abstrakten Subjekten anhängigen Prozesse aus der Seele erklärt werden, vermenschlicht man tröstlich das Verdinglichte. Aber die sich selbst Entfremdeten sind trotzdem noch Menschen, die geschichtlichen Tendenzen realisieren sich nicht nur gegen sie, sondern in und mit ihnen, und ihre durchschnittlichen psychologischen Qualitäten gehen selbst in ihr durchschnittliches gesellschaftliches Verhalten ein. Sie und ihre Motivationen erschöpfen sich nicht in der objektiven Rationalität, und zuweilen handeln sie ihr entgegen. Gleichwohl sind sie deren Funktionäre. Selbst die Bedingungen des Rückfalls in Psychologie sind gesellschaftlich vorgezeichnet als Überforderungen des Subjekts durch die Realität. Sonst findet sich das manifeste oder verdrängte Triebmoment in der gesellschaftlichen Objektivität nur als eine Komponente, die des Bedürfnisses, und sie ist heute vollends zur Funktion des Profitinteresses geworden. Die subjektive ratio und ihre raison d'être treten auseinander. Selbst der, dem die kalkulierende Vernunft alle Vorteile abwirft, die sie verheißt, vermag diese Vorteile nicht als Glück zu genießen, sondern muß als Konsument nochmals dem gesellschaftlich Vorgezeichneten, dem Angebot derer sich fügen, welche die Produktion kontrollieren. Stets waren die Bedürfnisse gesellschaftlich vermittelt; heute werden sie ihren Trägern ganz äußerlich, und ihre Befriedigung geht in die Befolgung der Spielregeln der Reklame über. Der Inbegriff der selbsterhaltenden Rationalität der je einzelnen ist zur Irrationalität verdammt, weil die Bildung eines vernünftigen gesellschaftlichen Gesamtsubjekts, der Menschheit, mißlang. Daran laboriert umgekehrt auch wieder jeder einzelne. Das Freudsche Gebot: »Wo Es war, soll Ich werden«[20], behält etwas stoisch Lee-

20 Freud, Gesammelte Werke, Bd. 15, London 1944, Neue Folge der Vorlesungen zur Einführung in die Psychoanalyse, 31. Vorlesung, S. 86.

res, Unevidentes. Das realitätsgerechte, »gesunde« Individuum ist so wenig krisenfest wie das rational wirtschaftende Subjekt ökonomisch. Die gesellschaftlich irrationale Konsequenz wird auch individuell irrational. Insofern wären in der Tat die Neurosen der Form nach aus der Struktur einer Gesellschaft abzuleiten, in der sie nicht abzuschaffen sind. Noch die gelungene Kur trägt das Stigma des Beschädigten, der vergeblichen und sich pathisch übertreibenden Anpassung. Der Triumph des Ichs ist einer der Verblendung durchs Partikulare. Das ist der Grund der objektiven Unwahrheit aller Psychotherapie, welche die Therapeutiker zum Schwindel animiert. Indem der Geheilte dem irren Ganzen sich anähnelt, wird er erst recht krank, ohne daß doch der, dem die Heilung mißlingt, darum gesünder wäre.

Die Trennung von Soziologie und Psychologie ist unrichtig und richtig zugleich. Unrichtig, indem sie den Verzicht auf die Erkenntnis der Totalität giriert, die noch die Trennung befiehlt; richtig insofern, als sie den real vollzogenen Bruch unversöhnlicher registriert als die vorschnelle Vereinigung im Begriff. Die Soziologie im spezifischen, freilich stets wieder, auch bei Max Weber, subjektiv aufgeweichten Sinn hält das objektive Moment des gesellschaftlichen Prozesses fest. Je strikter sie aber von den Subjekten und ihrer Spontaneität absieht, desto ausschließlicher hat sie es mit einem verdinglichten, gleichsam naturwissenschaftlichen caput mortuum zu tun. Daher die Versuchung, naturwissenschaftliche Ideale und Verfahrensweisen nachzuahmen, die doch des gesellschaftlichen Gegenstandes selber niemals habhaft werden. Während sie ihrer strengen Objektivität sich rühmen, müssen sie sich abfinden mit dem bereits durch die szientifische Veranstaltung Vermittelten – mit Sektoren und Faktoren –, als wären sie unmittelbar die Sache selbst. Es resultiert eine Soziologie ohne Gesellschaft, Konterfei eines Zustandes, in dem die Menschen sich selber vergessen. Die Feststellung von Einzelbefunden, die erst vom Wesensgesetz des Ganzen her zu sprechen begänne, schiebt sich vor das Wesensgesetz. Die Psychologie dagegen nimmt das Interesse des Subjekts wahr, aber ebenfalls isoliert, »abstrakt«. Sie sieht vom gesellschaftlichen Produktionsprozeß ab und setzt auch ihrerseits ein Produziertes absolut, das Individuum in seiner bürgerlichen Gestalt. Beide Disziplinen werden ihrer Unzulänglichkeit inne, ohne doch der Korrektur mächtig zu sein. Ihr unvermeidlicher Dualismus kann sich nicht rein erhalten. Soziologie sucht den »subjektiven Faktor« in sich hineinzuziehen und meint dadurch gegenüber der bloßen Tatbestandsaufnahme sich zu vertiefen. Dabei gerät sie allenthalben in Aporien. Weil sie ihren eigenen Begriff von Objektivität am geronnenen Resultat hat und nicht an dem Prozeß, der es zeitigt, und der als Totalität nicht dingfest zu machen ist, läßt sie sich verführen, umstandslos ihren statistischen Befunden die einzelnen Individuen und ihre Bewußtseinsinhalte als abermals eindeutige Daten zugrunde zu legen. Nun droht ihr allerorten der Psychologismus: sie muß das Bewußtsein der Menschen von sich selber, ihre wie immer auch trügerische »Meinung«, zur Erhellung ihres Handelns dort heranziehen, wo es objektiv determiniert ist, und wo jene selbst der Erhellung bedürfte, oder muß nach jenen unbewußten Triebkräften fahnden, welche auf die gesellschaftliche Totalität reagieren, aber sie nicht motivieren. Der Nationalsozialismus konnte vielleicht den Todestrieb seiner Anhänger ausnutzen, gewiß jedoch entsprang er im materiellen Lebenswillen der mächtigsten Gruppen. Umgekehrt findet sich die Psychologie damit konfrontiert, daß die Mechanismen, die sie aufdeckt, nicht das gesellschaftlich relevante Verhalten erklären. Wie triftig auch deren Supposition in der individuellen Dynamik sein mag, gegenüber Politik und Ökonomie nehmen sie oftmals den Charakter des Absurden und Wahnhaften an. Daher sieht sich die selbstkritisch beunruhigte Tiefenpsychologie zu sozialpsychologischen Erweiterungen gedrängt. Diese verstärken nur noch die Unwahrheit, indem sie einerseits die psychologische Einsicht, vor allem die Distinktion von bewußt und unbewußt verwässern, andererseits die gesellschaftlichen Triebkräfte in psychologische, und zwar solche einer oberflächlichen Ichpsychologie, umfälschen. In der Tat ist die Rationalität im Verhalten der einzelnen Menschen keineswegs sich selbst durchsichtig, sondern weithin heteronom und erzwungen und muß darum mit Unbewußtem sich vermischen, um nur einigermaßen funktionsfähig zu werden. Kaum einer kalkuliert sein Leben als Ganzes oder auch nur durchwegs die Folgen der eigenen Handlungen, obwohl in den fortgeschrittensten Ländern ein jeglicher fraglos mehr kalkuliert, als die psychologische Schulweisheit sich träumen läßt. In der durchvergesellschafteten Gesellschaft sind die meisten Situationen, in denen Entscheidungen stattfinden, vorgezeichnet, und die Rationalität des Ichs wird herabgesetzt zur Wahl des kleinsten Schritts. Durchwegs handelt es sich um nichts als um minimale Alternativen, ums Abwägen des geringeren Nachteils, und »realistisch« ist, wer solche Entscheidungen korrekt fällt. Demgegenüber fallen die individuellen Irrationalitäten wenig ins Gewicht. Auch die Auswahlmöglichkeiten des Unbewußten sind so reduziert, wenn nicht schon ursprünglich so karg, daß maßgebende Interessengruppen mit den von der psychologischen Technik längst in totalitären und nicht-totalitären Staaten erprobten Methoden sie in wenige Kanäle lenken. Durch Manipulation vor dem Blickstrahl des Ichs sorglich abgeschirmt, findet das Unbewußte in seiner Armut und Undifferenziertheit sich glücklich mit Standardisierung und verwalteter Welt zusammen. Daher sind denn auch die totalitären Propagandisten keineswegs jene Genies, als die sie von ihren Unterpropagandisten angepriesen werden. Sie arbeiten im Bunde nicht nur mit den stärkeren Bataillonen der Realität und nicht nur mit zahlreichen kurzfristigen Interessen der Individuen, sondern auch mit jenen psychologischen Neigungen, die mit dem rücksichtslosen Realitätsprinzip am besten sich vertragen. Was einer abstrakten Ansicht vom Individuum als das Leichtere scheint, dem Instinkt nachzugeben, ist konkret gesellschaftlich das Schwerere, weil es von der Gesellschaft geahndet wird und heute eben die Kraft voraussetzt, die gerade dem irrational Handelnden abgeht. Es und Überich gehen die Verbindung ein, die schon die Theorie visierte, und genau dort, wo die Massen instinkthaft handeln, sind sie durch Zensur präformiert und haben den Segen der Macht. So ist denn jene These, daß im totalitären Zeitalter die Massen gegen das eigene Interesse handeln, kaum die ganze Wahrheit und gilt jedenfalls nur ex post facto. Die einzelnen Handlungen, zu denen die Gefolgsleute veranlaßt werden, und deren Übergang in den Wahnsinn einen Grenzwert darstellt, gewähren stets zunächst einmal Befriedigungen auf Vorschuß. Die Enttäuschung erfolgt erst, wenn die Rechnung präsentiert wird. In actu sehen die totalitären Taten für die Täter ebenso vernünftig aus wie für ihre Konkurrenten unvernünftig. Der Dialektik verfallen sie erst kraft der Vernunft selber.

Diese Dialektik affiziert aber nicht nur das Verhalten des Subjekts zur Außenwelt, sondern auch das Subjekt als solches. Der Mechanismus der Anpassung an die verhärteten Verhältnisse ist zugleich einer der Verhärtung des Subjekts in sich: je realitätsgerechter es wird, desto mehr wird es sich selbst zum Ding, desto weniger lebt es überhaupt noch, desto unsinniger wird sein ganzer »Realismus«, der all das zerstört, um dessentwillen eigentlich die selbsterhaltende Vernunft ins Spiel kam, und der in der Konsequenz noch das nackte Leben bedroht. Das Subjekt zerlegt sich in die nach innen hin fortgesetzte Maschinerie der gesellschaftlichen Produktion und einen unaufgelösten Rest, der als ohnmächtige Reservatsphäre gegenüber der wuchernden »rationalen« Komponente zur Kuriosität verkommt. Schließlich erscheint nicht erst der unterdrückte, verdrängte Trieb, sondern gerade der ursprüngliche, der die eigene Erfüllung will, als »krank«, die Liebe als die Neurose. Die Praxis der Psychoanalyse, die, ihrer Ideologie nach, noch die Neurosen zu heilen beansprucht, gewöhnt bereits im Einverständnis mit der allherrschenden Praxis und ihrer Tradition den Menschen die Liebe und das Glück zugunsten von Arbeitsfähigkeit und healthy sex life ab. Glück wird zur Infantilität und die kathartische Methode zu einem Bösen, Feindlichen, Unmenschlichen. So affiziert gesellschaftliche Dynamik auch die jüngste Gestalt der psychologischen Wissenschaft. Trotz der Disparatheit von Psychologie und Gesellschaft, die tendenziell sich stets mehr voneinander entfernen, erstreckt sich doch in alles Psychologische hinein die Gesellschaft als verdrängende, als Zensur und Überich. Im Zug der Integration wird gesellschaftlich-rationales Verhalten mit den psychologischen Residuen verschmolzen. Nur beschreiben die Revisionisten, die das sehen, die Kommunikation der einander entfremdeten Instanzen Ich und Es allzu simpel. Sie behaupten einen direkten Zusammenhang von Triebleben und gesellschaftlicher Erfahrung. Diese vollzieht sich aber topologisch nur auf jener Außenschicht des Ichs, der Freud zufolge die Realitätsprüfung obliegt. Im Innern der Triebdynamik jedoch wird die Realität in die Sprache des Es »übersetzt«. So viel ist wahr an Freuds Ansicht von der Archaik, wo nicht gar »Zeitlosigkeit« des Unbewußten, daß konkrete gesellschaftliche Verhältnisse und Motivationen nicht unverwandelt, nur »reduziert« in jenes Bereich eingehen. Die Ungleichzeitigkeit von Unbewußtem und Bewußtem ist selbst ein Stigma der widerspruchsvollen gesellschaftlichen Entwicklung. Im Unbewußten sedimentiert sich, was immer im Subjekt nicht mitkommt, was die Zeche von Fortschritt und Aufklärung zu bezahlen hat. Der Rückstand wird zum »Zeitlosen«. In ihn ist auch die Forderung von Glück geraten, die in der Tat »archaisch« sich ausnimmt, sobald sie einzig auf die verzerrte, von der ganzen Erfüllung abgespaltene Gestalt einer somatisch-lokalisierten Befriedigung zielt, die sich um so gründlicher in »some fun« verwandelt, je beflissener das Bewußtseinsleben der Erwachsenheit zustrebt. Wie die Gesellschaft von der Psychologie, so kapselt sich auch die Psychologie von der Gesellschaft ab und wird läppisch. Unterm gesellschaftlichen Druck spricht die psychologische Schicht nur noch aufs Immergleiche an und versagt vor der Erfahrung des Spezifischen. Das Traumatische ist das Abstrakte. Darin ähnelt das Unbewußte der Gesellschaft, von der es nichts weiß, und die selber dem abstrakten Gesetz gehorcht, und taugt zu ihrem Kitt. Freud ist nicht vorzuwerfen, daß er das konkret Gesellschaftliche vernachlässige, sondern daß er sich allzuleicht beim gesellschaftlichen Ursprung jener Abstraktheit beruhigt, bei der Starrheit des Unbewußten, die er mit der Unbestechlichkeit des Naturforschers erkennt. Die Verarmung durch endlose Tradition des Negativen hatte er als eine anthropologische Bestimmung hypostasiert. Geschichtliches wird invariant, Seelisches dafür zur historischen Begebenheit. Beim Übergang von den psychologischen imagines zur geschichtlichen Realität vergißt er die von ihm selbst entdeckte Modifikation alles Realen im Unbewußten und schließt darum irrig auf faktische Begebenheiten wie den Vatermord durch die Urhorde. Der Kurzschluß zwischen Unbewußtem und Realität verleiht der Psychoanalyse ihre apokryphen Züge. Mit ihnen, etwa mit der krud buchstäblichen Auffassung von der Moseslegende, hat die Abwehr durch die offizielle Wissenschaft so leichtes Spiel. Was Kardiner Freuds »Mythen« genannt hat, der Umschlag des Intramentalen in ungewisse Faktizität, ereignet sich überall dort, wo auch er Ichpsychologie betreibt, nur eben Ichpsychologie des Unbewußten, und das Es traktiert, als besäße es die ausgespitzte Vernunft eines Wiener Bankdirektors, der es übrigens zuweilen wirklich ähnelt. In dem nur allzu widerleglichen Bestreben, an unwiderleglichen Fakten Halt zu finden, manifestiert sich in Freud ein unbesehen bejahtes Gesellschaftliches, der Glaube an die üblichen Kriterien der gleichen Wissenschaft, die er herausforderte. Diesen Kriterien zuliebe ist das Freudsche Kind ein kleiner Mann und seine Welt die des Mannes. So wird die autarkische Psychologie, obwohl sie es sich verbietet, nach der Gesellschaft hinzublinzeln, kaum weniger von dieser geäfft als die soziologisch versierte.

Die aus der gesellschaftlichen Dialektik herausgelöste, abstrakt für sich und unter die Lupe genommene Psyche paßt als »Forschungsobjekt« trefflich in die Gesellschaft, welche die Subjekte als bloße Bezugspunkte abstrakter Arbeitskraft »einsetzt«. Gern hat man Freud mechanistisches Denken vorgeworfen. Sowohl sein Determinismus mahnt an die Naturwissenschaft als auch implizite Kategorien wie die Erhaltung der Energie, die Umsetzbarkeit einer Energieform in die andere, die Subsumtion sukzessiver Ereignisse unter allgemeine Gesetze. Inhaltlich resultiert seine »naturalistische« Gesinnung im prinzipiellen Ausschluß des Neuen, der Reduktion des seelischen Lebens auf die Wiederholung von schon einmal Gewesenem. All das hat seinen eminent aufklärerischen Sinn. Bei Freud erst ist die Kantische Kritik der Seelenontologie, der »rationalen Psychologie«, eingeholt: das Seelische, das er bearbeitet, wird als ein Stück der je schon konstituierten Welt dem Ordnungsschema der empirischen Begriffsbildung unterworfen. Freud hat der ideologischen Verklärung des Seelischen als einem Rudiment des Animismus ein Ende bereitet. Am energischsten wohl wird die Seelenideologie durch die Lehre von der kindlichen Sexualität erschüttert. Die analytische Theorie denunziert die Unfreiheit und Erniedrigung der Menschen in der unfreien Gesellschaft ähnlich wie die materialistische Kritik einen von der Wirtschaft blind beherrschten Zustand. Aber unter ihrem mit dem Tode verschworenen Medizinerblick gerinnt die Unfreiheit zur anthropologischen Invariante, und damit versäumt die quasi-naturwissenschaftliche Begriffsapparatur an ihrem Gegenstand, was nicht nur Gegenstand ist: das Potential der Spontaneität. Je strikter der psychologische Bereich als in sich geschlossenes, autarkisches Kraftfeld gedacht wird, um so vollständiger wird Subjektivität entsubjektiviert. Die auf sich selbst zurückgeworfene, gleichsam objektlose Seele erstarrt zum Objekt. Sie kann aus ihrer Immanenz nicht ausbrechen, sondern erschöpft sich in ihren energetischen Gleichungen. Die streng nach den eigenen Gesetzen studierte Seele wird unbeseelt: Seele wäre erst das Tasten nach dem, was sie nicht selbst ist. Das ist kein bloß erkenntnistheoretischer Sachverhalt, sondern setzt sich fort bis ins Resultat der Therapie hinein, jene verzweifelt realitätsgerechten Menschen, die sich buchstäblich zu Apparaturen umgeschaffen haben, um sich in ihrer beschränkten Interessensphäre, ihrem »Subjektivismus«, mit mehr Erfolg durchsetzen zu können.

Sobald die psychologische Begriffsbildung einmal so konsequent verfährt wie bei Freud, rächt sich an ihr die vernachlässigte Divergenz von Psychologie und Gesellschaft. Man kann das etwa am Begriff der Rationalisierung demonstrieren, den Jones ursprünglich einführte[21], und der dann in die gesamte analytische Theorie überging. Er umfaßt alle die Aussagen, die unabhängig von ihrem Wahrheitsgehalt Funktionen im seelischen Haushalt des Redenden erfüllen, meist solche der Abwehr unbewußter Tendenzen. Psychoanalytisch stehen durchwegs diese Aussagen zur Kritik, nach einer oft bemerkten Analogie mit der marxistischen Ideologienlehre: sie haben objektiv verdeckende Funktion, und der Analytiker ist darauf aus, sie ihrer Falschheit wie ihrer Notwendigkeit zu überführen und das Verdeckte ans Licht zu fördern. Aber die psychologisch-immanente Kritik der Rationalisierung befindet sich keineswegs in prästabilierter Harmonie mit ihrem sachlichen Gehalt. Die gleiche Aussage kann wahr und falsch sein, je nachdem, ob sie an der Realität oder an ihrem psychodynamischen Stellenwert gemessen wird; ja solcher Doppelcharakter ist den Rationalisierungen wesentlich, weil das Unbewußte die Linie des geringsten Widerstandes verfolgt, also sich anlehnt an das, was ihm die Realität vorgibt, und überdies um so unangefochtener operiert, je triftiger die realen Momente

21 Vgl. Ernest Jones, Rationalization in Every-Day Life, in: Journal of Abnormal Psychology, 1908.

sind, auf die es sich stützt. In der Rationalisierung, die beides ist, ratio und Manifestation von Irrationalem, hört das psychologische Subjekt auf, bloß psychologisch zu sein. Darum wird der auf seinen Realismus stolze Analytiker zum sturen Dogmatiker, sobald er die realen Momente der Rationalisierung zugunsten des geschlossenen psychologischen Immanenzzusammenhanges wegschiebt. Ebenso fragwürdig aber wäre umgekehrt eine Soziologie, welche Rationalisierungen à la lettre akzeptierte. Die private Rationalisierung, der Selbstbetrug des subjektiven Geistes, ist nicht dasselbe wie die Ideologie, die Unwahrheit des objektiven. Immer wieder jedoch werden die Abwehrmechanismen des einzelnen Verstärkungen suchen bei den bereits etablierten und vielfach bekräftigten der Gesellschaft. In den Rationalisierungen, also darin, daß das objektiv Wahre in den Dienst des subjektiv Unwahren treten kann, so wie es in der Sozialpsychologie typischer zeitgenössischer Abwehrmechanismen vielfach sich konstatieren läßt, kommt nicht nur die Neurose, sondern die falsche Gesellschaft zutage. Notwendig ist selbst objektive Wahrheit so lange auch Unwahrheit, wie sie nicht die ganze Wahrheit des Subjekts ist, und taugt durch ihre Funktion wie durch ihre Indifferenz gegen die subjektive Genesis dazu, das bloß partikulare Interesse zu decken. Rationalisierungen sind die Narben der ratio im Stande der Unvernunft.

Ferenczi, vielleicht der unbeirrteste und freieste unter den Psychoanalytikern, hat nicht anders als die Rationalisierungen das Überich behandelt, jene kollektiven Normen des individuellen Verhaltens, welche die psychologisch unreflektierte Moral Gewissen nennt. Kaum an anderer Stelle zeigt sich die geschichtliche Veränderung der Psychoanalyse, ihr Übergang von einem radikalen Medium der Aufklärung zu einem der praktischen Anpassung an bestehende Verhältnisse, so schlagend wie hier. Einst hat man am Überich die Zwangszüge hervorgehoben und von der Analyse verlangt, daß sie es liquidiere. Die aufklärerische Intention duldet keine unbewußte Kontrollinstanz, wäre es auch die zur Kontrolle des Unbewußten. Davon ist in der gegenwärtigen psychoanalytischen Literatur kaum mehr etwas übrig geblieben. Nachdem Freud einmal, von den Schwierigkeiten der ursprünglichen »Systeme« Bewußt, Vorbewußt, Unbewußt veranlaßt, die analytische Topologie unter die Kategorien Es, Ich, Überich brachte, war es bequem, das analytische Bild richtigen Lebens an der Harmonie dieser Instanzen zu orientieren. Insbesondere die Psychopathen, deren Begriff heute tabu ist, hat man aus dem Mangel eines gut entwickelten Überichs erklärt, dessen es gewissermaßen in vernünftigen Grenzen doch bedürfe. Irrationalitäten zu tolerieren nur darum, weil sie aus der Gesellschaft stammen, und weil organisierte Gesellschaft ohne sie nicht soll gedacht werden können, spottet aber des analytischen Prinzips. Die neuerdings beliebte Differenzierung zwischen einem »neurotischen«, also zwangshaften, und einem »gesunden«, also bewußten Überich, trägt die Spuren der Hilfskonstruktion. Ein »bewußtes« Überich verlöre mit seiner Undurchsichtigkeit eben die Autorität, um derentwillen die apologetische Theorie daran festhält. Die Kantische Ethik, in der der ganz unpsychologisch gedachte, dem intelligiblen Charakter zugeordnete Begriff des Gewissens im Zentrum steht, ist nicht mit der revidierten Psychoanalyse zu vermengen, die der Aufklärung des Psychischen Einhalt gebietet aus Angst, daß es sonst dem Gewissen an den Kragen gehe. Kant wußte wohl, warum er die Freiheitsidee der Psychologie kontrastierte: das Kräftespiel, um das es der Psychoanalyse zu tun ist, gehört ihm zur »Erscheinung«, dem Reich der Kausalität. Kern seiner Freiheitslehre ist die mit Empirischem unversöhnliche Idee, daß moralische Objektivität – hinter der der Gedanke an die richtige Einrichtung der Welt steht – nicht am Zustand der nun einmal so seienden Menschen gemessen werden kann. Die schonende psychologische Duldung des Gewissens zerstört gerade jene Objektivität, indem sie es als bloßes Mittel verwertet. Das Ziel der »gut integrierten Persönlichkeit« ist verwerflich, weil es dem Individuum jene Balance der Kräfte zumutet, die in der bestehenden Gesellschaft nicht besteht und auch gar nicht bestehen sollte, weil jene Kräfte nicht gleichen Rechtes sind. Man lehrt den einzelnen die objektiven Konflikte vergessen, die in jedem notwendig sich wiederholen, anstatt ihm zu helfen, sie auszutragen. Der integrale Mensch, der die private Divergenz der psychologischen Instanzen und die Unversöhnlichkeit der Desiderate von Ich und Es nicht mehr spürte, hätte damit die gesellschaftliche Divergenz nicht in sich aufgehoben.

Er verwechselte die zufällige Chance seiner seelischen Ökonomie mit dem objektiven Zustand. Seine Integration wäre die falsche Versöhnung mit der unversöhnten Welt, und sie liefe vermutlich auf die »Identifikation mit dem Angreifer« hinaus, bloße Charaktermaske der Unterwerfung. Der heute zumal in der Therapie immer mehr sich vordrängende Integrationsbegriff verleugnet das genetische Prinzip und hypostasiert vorgeblich ursprüngliche Seelenkräfte wie Bewußtsein und Instinkt, zwischen denen ein Gleichgewicht hergestellt werden müsse, anstatt daß sie als Momente einer Selbstentzweiung verstanden würden, die nicht im seelischen Bezirk sich schlichten läßt. Die schneidende Polemik Freuds gegen den Begriff der Psychosynthese[22], einen Prestigeausdruck, den geschäftstüchtige Akademiker erfanden, um für sich den Aufbau zu reklamieren und die Erkenntnis als mechanistisch, wo nicht als Zersetzung zu brandmarken, wäre auf das Integrationsideal auszudehnen, das fadenscheinige Nachbild der schlechten alten Persönlichkeit. Ob der Begriff des ganzen, vollen, allseitig entwickelten Menschen überhaupt zur Nacheiferung taugt, läßt sich bezweifeln. Schon Benjamin hat das Ideal des Genitalcharakters, das vor etwa zwanzig Jahren unter den Psychoanalytikern im Schwange war, die ihm mittlerweile ausgegli-

22 »Ich kann aber nicht glauben ..., daß uns in dieser Psychosynthese eine neue Aufgabe zuwächst. Wollte ich mir gestatten, aufrichtig und unhöflich zu sein, so würde ich sagen, es handelt sich da um eine gedankenlose Phrase. Ich bescheide mich zu bemerken, daß nur eine inhaltsleere Überdehnung eines Vergleichs, oder . . . eine unberechtigte Ausbeutung einer Namensgebung vorliegt . . . Das Psychische ist etwas so einzig Besonderes, daß kein vereinzelter Vergleich seine Natur wiedergeben kann . . . Der Vergleich mit der chemischen Analyse findet seine Begrenzung darin, daß wir es im Seelenleben mit Strebungen zu tun haben, die einem Zwang zur Vereinheitlichung und Zusammenfassung unterliegen . . . Der neurotisch Kranke bringt uns ein zerrissenes, durch Widerstände zerklüftetes Seelenleben entgegen, und während wir daran analysieren, die Widerstände beseitigen, wächst dieses Seelenleben zusammen, fügt die große Einheit, die wir sein Ich heißen, sich alle die Triebregungen ein, die bisher von ihm abgespalten und abseits gebunden waren. So vollzieht sich bei dem analytisch Behandelten die Psychosynthese ohne unser Eingreifen, automatisch und unausweichlich . . . Es ist nicht wahr, daß etwas in dem Kranken in seine Bestandteile zerlegt ist, was nun ruhig darauf wartet, bis wir es irgendwie zusammenzetzen.« (Freud, Gesammelte Werke, Bd. 12, London 1947, Wege der psychoanalytischen Therapie, S. 185 f.)

chene Leute mit well developed superego vorziehen, einen blonden Siegfried getauft. Der im Sinn des Freudschen Entwurfs »richtige«, also von Verdrängungen unverstümmelte Mensch sähe in der bestehenden acquisitiven Gesellschaft dem Raubtier mit gesundem Appetit zum Verwechseln ähnlich, und damit wäre die abstrakte Utopie eines unabhängig von der Gesellschaft verwirklichten Subjekts getroffen, die heute als »Menschenbild« sich solcher Beliebtheit erfreut. Die Vorwürfe der Psychologie gegen den Sündenbock Herdentier kann die Kritik der Gesellschaft dem Herrenmenschen mit Zinseszins zurückzahlen, dessen Freiheit falsch, neurotische Gier, »oral« bleibt, solange sie die Unfreiheit voraussetzt. Jedes Menschenbild ist Ideologie außer dem negativen. Wird heute etwa gegenüber den mit der Arbeitsteilung verfilzten Zügen der Spezialisierung an den Vollmenschen appelliert, so verspricht man dem Undifferenzierteren, Gröberen, Primitiveren eine Prämie und verherrlicht am Ende die Extroversion des go-getters, jene, die abscheulich genug sind, um im abscheulichen Leben ihren Mann zu stehen. Was immer menschlich heute wahrhaft auf einen höheren Zustand vordeutet, ist nach dem Maß des Bestehenden immer zugleich auch das Beschädigte, nicht etwa das Harmonischere. Mandevilles These, daß die privaten Laster öffentliche Tugenden seien, läßt für das Verhältnis von Psychologie und Gesellschaft sich abwandeln: das charakterologisch Fragwürdige vertritt vielfach das objektiv Bessere: nicht der Normale, eher noch der resistenzfähige Spezialist ist Statthalter der Entfesselung. Wie schon zu Beginn der bürgerlichen Ära nur die Verinnerlichung der Repression die Menschen zu jener Steigerung der Produktivität befähigte, die ihnen heute und hier jede Fülle schenken könnte, so stellen die psychologischen Defekte im vertrackten Ganzen etwas radikal Anderes dar als im seelischen Haushalt des einzelnen. Leicht könnte die Psychologie etwa die Verhaltensweise des Sammlers von ehedem als neurotisch diagnostizieren und mit dem analen Syndrom zusammenbringen; aber ohne Fixierung der Libido an Dinge wäre Tradition, ja Humanität selber kaum möglich. Eine Gesellschaft, die jenes Syndroms sich entledigt, um alle Dinge wie Konservenbüchsen wegzuwerfen, springt kaum anders mit den Menschen um. Man weiß auch, wie sehr die libidinöse Besetzung der Technik heute das Verhalten Regredierter ist, aber ohne ihre Regressionen würden schwerlich die technischen Erfindungen gemacht, die einmal Hunger und sinnloses Leiden aus der Welt vertreiben mögen. Psychologen können nichtkonformistischen Politikern souverän vorhalten, sie hätten den Ödipuskomplex nicht bewältigt, aber ohne ihre Spontaneität bliebe die Gesellschaft auf ewig jene, die in jedem ihrer Angehörigen den Ödipuskomplex reproduziert. Was immer sich übers Bestehende erhebt, ist mit dem Zerfall bedroht und damit dem Bestehenden meist erst recht ausgeliefert. Gegenüber dem unbeschränkt anpassungsfähigen, dem subjektlosen Subjekt, ist freilich das Gegenteil, der Charakter, archaisch. Er offenbart sich am Ende nicht als Freiheit, sondern als überholte Phase der Unfreiheit: amerikanisch heißt »he is quite a character« dasselbe wie komische Figur, Sonderling, armer Kerl. Zu kritisieren sind heute nicht nur, wie noch zu Nietzsches Zeiten, die psychologischen Ideale, sondern das psychologische Ideal als solches in jeglicher Gestalt. Nicht länger ist der Mensch der Schlüssel zur Menschlichkeit. Die approbierten Weisen und Gütigen von heutzutage aber sind bloße Spielarten der Führerpropaganda.

Die Pflege des Überichs schneidet willkürlich die psychoanalytische Aufklärung ab. Aber die Proklamation der Gewissenlosigkeit in der Gesellschaft sanktioniert das Grauen. So schwer wiegt der Konflikt der gesellschaftlichen und psychologischen Einsicht. Ohnmächtig blieb die Tröstung, die freilich schon in Kant vorgebildet war: daß die bislang irrational und mit unsäglichen psychologischen faux frais vollbrachten Leistungen des Gewissens durch bewußte Einsicht in die Lebensnotwendigkeiten der Allgemeinheit ohne das Unheil zu vollbringen seien, in dessen Denunziation Nietzsches Philosophie besteht. Die Idee der Aufhebung der Antinomie von Allgemeinem und Besonderem ist so lange bloße Ideologie, wie der dem Individuum gesellschaftlich zugemutete Triebverzicht sich weder objektiv in seiner Wahrheit und Notwendigkeit legitimiert noch dem Subjekt das vertagte Triebziel später verschafft. Solche Irrationalität wird von der Gewissensinstanz übertäubt. Die Desiderate der seelischen Ökonomie und die des Lebensprozesses der Gesellschaft sind schlechterdings auf keine gemeinsame Formel zu bringen. Was die Gesellschaft, um sich am Leben zu erhalten, von jedem Individuum mit Recht erheischt, ist für jedes Individuum immer zugleich auch unrecht und schließlich selbst für die Gesellschaft; was der Psychologie bloße Rationalisierung dünkt, ist vielfach gesellschaftlich notwendig. In der antagonistischen Gesellschaft sind die Menschen, jeder einzelne, unidentisch mit sich, Sozialcharakter[23] und psychologischer in einem, und kraft solcher Spaltung a priori beschädigt. Nicht umsonst hat die bürgerliche realistische Kunst zum Urthema, daß ungeschmälerte, unverstümmelte Existenz mit der bürgerlichen Gesellschaft sich nicht vereinbaren läßt: vom Don Quixote über Fieldings Tom Jones bis zu Ibsen und zur Moderne. Das Richtige wird falsch, zur Narrheit oder Schuld.

Was dem Subjekt als sein eigenes Wesen erscheint, und worin es gegenüber den entfremdeten gesellschaftlichen Notwendigkeiten sich selbst zu besitzen meint, ist gemessen an jenen Notwendigkeiten bloße Illusion. Das verleiht allem Psychologischen das Moment der Eitelkeit und Nichtigkeit. Wenn die große idealistische Philosophie in Kant und Hegel die Sphäre, die heute Psychologie genannt wird, gegenüber der transzendentalen, der objektiven des Geistes, als zufällig und irrelevant abwertete, so hat sie die Gesellschaft besser durchschaut als der Empirismus, der sich skeptisch dünkt, aber an die individualistische Fassade hält. Fast ließe sich sagen, daß man, je genauer man die Menschen psychologisch versteht, sich um so weiter von der Erkenntnis ihres gesellschaftlichen Schicksals und der Gesellschaft selbst entfernt und damit von der der Menschen an sich, ohne daß doch darum die psychologische Einsicht ihre eigene Wahrheit einbüßte. Aber die gegenwärtige Gesellschaft ist »totalitär« auch darin, daß in ihr vielleicht vollkommener als ehedem die Menschen als solche mit der Energie ihres Ichs nochmals dem Zug der Gesellschaft sich angleichen; daß sie ihre Selbstentfremdung verblendet bis zum Trugbild der Gleichheit dessen treiben, was sie für sich und was sie an sich sind. Weil es der objektiven Möglichkeit nach der Anpassung nicht mehr bedürfte, genügt einfache Anpassung nicht mehr, um es im Bestehenden auszuhalten. Die Selbsterhal-

23 Vgl. Walter Benjamin, Zum gegenwärtigen gesellschaftlichen Standort des französischen Schriftstellers, in: Zeitschrift für Sozialforschung 3 (1934), S. 66.

tung glückt den Individuen nur noch, soweit ihnen die Bildung ihres Selbst mißglückt, durch selbstverordnete Regression.

Das Ich fällt als Organisationsform aller seelischen Regungen, als das Identitätsprinzip, welches Individualität überhaupt erst konstituiert, auch in die Psychologie. Aber das »realitätsprüfende« Ich grenzt nicht bloß an ein Nichtpsychologisches, Auswendiges, dem es sich anpaßt, sondern konstituiert sich überhaupt durch objektive, dem Immanenzzusammenhang des Seelischen entzogene Momente, die Angemessenheit seiner Urteile an Sachverhalte. Obwohl selber ein ursprünglich Seelisches, soll es dem seelischen Kräftespiel Einhalt gebieten und es kontrollieren an der Realität: das ist ein Hauptkriterium seiner »Gesundheit«. Der Begriff des Ichs ist dialektisch, seelisch und nichtseelisch, ein Stück Libido und der Repräsentant der Welt. Diese Dialektik hat Freud nicht behandelt. Daher widersprechen seine immanentpsychologischen Bestimmungen des Ichs unfreiwillig einander und durchbrechen die von ihm angestrebte Geschlossenheit des Systems. Von den Widersprüchen ist der eklatanteste, daß das Ich zwar einschließt, was das Bewußtsein vollbringt, seinerseits aber wesentlich als unbewußt vorgestellt wird. Dem wird die äußerliche und simplifizierende Topologie nur höchst unvollkommen gerecht, indem sie das Bewußtsein an den äußeren Rand des Ichs, die unmittelbar der Realität zugewandte Grenzzone verweist[24]. Der Widerspruch resultiert aber darin, daß das Ich sowohl als Bewußtsein der Gegensatz zur Verdrängung sein soll wie als selbst unbewußtes die verdrängende Instanz. Man darf wohl die Einführung des Überichs auf die Intention zurückführen, die unübersichtlichen Verhältnisse einigermaßen zu ordnen. Im Freudschen System fehlt es insgesamt an jedem ausreichenden Kriterium für die Unterscheidung der »positiven« und »negativen« Ichfunktionen, zumal der Sublimierung und der Verdrängung. Statt dessen wird von außen her der Begriff des gesellschaftlich Nützlichen oder Produktiven einigermaßen vertrauensselig herbeizitiert. Aber in einer irrationalen Gesellschaft kann das Ich seine ihm selbst von dieser Gesellschaft zugewiesene Funktion gar nicht adäquat erfüllen. Notwendig fallen dem Ich psychische Aufgaben zu, die mit der psychoanalytischen Konzep-

24 Vgl. Freud, Gesammelte Werke, Bd. 15, a. a. O., S. 63 und 81.

tion des Ichs unvereinbar sind. Um in der Realität sich behaupten zu können, muß das Ich diese erkennen und bewußt fungieren. Damit aber das Individuum die ihm aufgezwungenen, vielfach unsinnigen Verzichte zuwege bringt, muß das Ich unbewußte Verbote aufrichten und selber weithin sich im Unbewußten halten. Freud hat nicht verschwiegen, daß dem vom Individuum geforderten Triebverzicht nicht die Kompensationen entsprechen, mit denen sie vom Bewußtsein allein gerechtfertigt werden könnten[25]. Da aber das Triebleben nicht der stoischen Philosophie seines Durchforschers gehorcht – niemand wußte das besser als er selbst – so reicht offenbar nach dem von Freud statuierten seelischen Ökonomieprinzip das rationale Ich nicht aus. Es muß selbst unbewußt werden, zu einem Stück der Triebdynamik, über die es sich doch wiederum erheben soll. Die Erkenntnisleistung, die vom Ich um der Selbsterhaltung willen vollzogen wird, muß das Ich um der Selbsterhaltung willen immer wieder zugleich auch sistieren, das Selbstbewußtsein sich versagen. Der begriffliche Widerspruch, der sich gegen Freud so elegant demonstrieren läßt, ist also nicht die Schuld mangelnder logischer Sauberkeit, sondern der Lebensnot.

Zu seiner Doppelrolle aber wird das Ich, das als Träger der Realität immer zugleich auch Nichtich ist, prädisponiert durch sein eigenes Gefüge. Insofern es die libidinösen Bedürfnisse ebenso wie die mit diesen unvereinbaren der realen Selbsterhaltung zu vertreten hat, ist es unablässig überfordert. Es verfügt keineswegs über jene Festigkeit und Sicherheit, auf die es dem Es gegenüber pocht. Große Psychologen des Ichs wie Marcel Proust haben gerade dessen Hinfälligkeit, die der psychologischen Identitätsform, herausgestellt. Schuld trägt freilich weniger die fließende Zeit als die inhaltliche Dynamik des Seelischen. Wo dem Ich sein Eigenes, Differenziertes mißlingt, wird es regredieren, zumal auf die ihm nächstverwandte, von Freud so genannte Ichlibido[26], oder zumindest seine bewußten Funktionen mit unbewußten verschmelzen. Was eigentlich übers Unbewußte hin-

25 Vgl. Freud, Gesammelte Werke, Bd. 7, London 1941, Die »kulturelle« Sexualmoral und die moderne Sexualität, S. 143 ff.

26 Vgl. Freud, Gesammelte Werke, Bd. 13, a. a. O., Kurzer Abriß der Psychoanalyse, S. 420 und passim.

auswollte, wird dann nochmals in den Dienst des Unbewußten treten und damit dessen Impulse womöglich verstärken. Das ist das psychodynamische Schema der »Rationalisierungen«. Die bisherige analytische Ichpsychologie ist der Rückbezogenheit des Ichs aufs Es nicht energisch genug nachgegangen, weil sie von der Freudschen Systematik die handfesten Begriffe Ich und Es sich vorgeben ließ. Das ins Unbewußte sich selbst zurücknehmende Ich verschwindet nicht einfach, sondern bewahrt manche der Qualitäten, die es als gesellschaftliches agens erworben hatte. Aber es unterwirft sie dem Primat des Unbewußten. So kommt der Schein einer Harmonie zwischen Realitätsprinzip und Lustprinzip zustande. Mit der Transposition des Ichs ins Unbewußte verändert sich wiederum die Qualität des Triebs, der seinerseits abgelenkt wird auf eigentlich ichliche Ziele, die dem widersprechen, worauf die primäre Libido geht. Die Gestalt der Triebenergie, an die nach dem Freudschen anaklitischen Typus das Ich sich anlehnt, wenn es zum obersten Opfer, dem des Bewußtseins selber schreitet, ist der Narzißmus. Auf ihn deuten mit unwiderstehlicher Beweiskraft alle Befunde der Sozialpsychologie[27] über die heute vorherrschenden Regressionen, in denen das Ich zugleich negiert und in falscher, irrationaler Weise verhärtet wird. Der sozialisierte Narzißmus, wie er die Massenbewegungen und -dispositionen jüngsten Stils charakterisiert, vereint durchwegs rücksichtslos partielle Rationalität des Eigeninteresses mit jenen irrationalen Mißbildungen destruktiver und selbstzerstörerischer Art, deren Deutung Freud an die Befunde von MacDougall und Le Bon angeschlossen hat. Die Einführung des Narzißmus rechnet zu seinen großartigsten Entdeckungen, ohne daß die Theorie ihr bis heute sich ganz gewachsen gezeigt hätte. Im Narzißmus ist die selbsterhaltende Funktion des Ichs, zumindest dem Schein nach, bewahrt, aber von der des Bewußtseins zugleich abgespalten und der Irrationalität überantwortet. Narzißtisches cachet haben alle Abwehrmechanismen: das Ich erfährt seine Schwäche dem Trieb gegenüber wie seine reale Ohnmacht als »narzißtische Kränkung«. Die Leistung der Abwehr wird aber nicht bewußt, kaum überhaupt vom Ich selber vollbracht, son-

27 Vgl. William Buchanan and Hadley Cantril, How Nations See Each Other, Urbana 1953, S. 57.

dern von einem psychodynamischen Derivat, einer gleichsam verunreinigten, aufs Ich gerichteten und dabei unsublimierten und undifferenzierten Libido. Fraglich selbst, ob das Ich die Verdrängungsfunktion, die wichtigste der sogenannten Abwehr, ausübt. Vielleicht wäre das »Verdrängende« selbst als von ihren realen Zielen abgeprallte und darum aufs Subjekt gerichtete, narzißtische Libido anzusehen, die dann freilich mit spezifischen Ichmomenten fusioniert wird. Dann wäre die »Sozialpsychologie« nicht, wie man es heute gern hätte, wesentlich Ichpsychologie, sondern Libidopsychologie.

Verdrängung und Sublimierung galten Freud für gleich prekär. Er hielt das Libidoquantum des Es für so viel größer als das des Ichs, daß jenes im Konfliktfall stets wieder die Oberhand behaupte. Nicht nur sei, wie Theologen von je lehrten, der Geist willig und das Fleisch schwach, sondern die Mechanismen der Ichbildung selber fragil. Daher verbündet es sich so leicht mit eben den Regressionen, die dem Trieb durch dessen Unterdrückung angetan wurden. Das verleiht den Revisionisten einiges Recht, wenn sie Freud die Unterschätzung der gesellschaftlichen, durchs Ich vermittelten und doch psychologisch relevanten Momente vorwerfen. Karen Horney etwa meint gegen Freud, es sei illegitim, das Gefühl der Ohnmacht aus früher Kindheit und Ödipussituation abzuleiten; es stamme aus der realen gesellschaftlichen Ohnmacht, wie sie schon in der Kindheit erfahren sein mag, an der freilich Horney sich desinteressiert zeigt. Nun wäre es gewiß dogmatisch, wollte man das allgegenwärtige und gerade von den Revisionisten recht subtil beschriebene Gefühl der Ohnmacht[28] abtrennen von seinen aktuellen sozialen Bedingungen. Aber die Erfahrungen der realen Ohnmacht sind alles andere als irrational; ja kaum eigentlich psychologisch. Sie allein ließen eher den Widerstand gegen das soziale System erwarten, als daß die Menschen es nochmals sich zu eigen machen. Was sie von ihrer Ohnmacht in der Gesellschaft wissen, gehört dem Ich, freilich dem ganzen Geflecht seiner Beziehungen zur Realität, nicht erst dem voll bewußten Urteil an. Sobald aber die Erfahrung auch zum »Gefühl« der Ohnmacht wird, tritt das spezifisch

28 Vgl. Erich Fromm, Zum Gefühl der Ohnmacht, in: Zeitschrift für Sozialforschung 6 (1937), S. 95 ff.

Psychologische erst hinzu: daß nämlich die Individuen ihre Ohnmacht eben nicht zu erfahren, ihr nicht ins Auge zu sehen vermögen. Solche Verdrängung der Ohnmacht deutet nicht nur aufs Mißverhältnis zwischen dem einzelnen und seiner Kraft im Ganzen, sondern mehr noch auf die Verletzung des Narzißmus und auf die Angst, einzusehen, daß die falsche Übermacht, vor der zu ducken sie allen Grund haben, eigentlich aus ihnen selber sich zusammensetzt. Sie müssen die Erfahrung von der Ohnmacht zum »Gefühl« verarbeiten und psychologisch sedimentieren, um über die Ohnmacht nicht hinauszudenken. Sie verinnerlichen sie wie von je die gesellschaftlichen Gebote. Die Espsychologie wird von der Ichpsychologie erweckt mit Hilfe von Demagogie und Massenkultur. Diese verwalten bloß, was ihnen als Rohmaterial die Psychodynamik derer liefert, aus denen sie die Massen kneten. Dem Ich ist kaum mehr etwas übrig, als entweder die Realität zu verändern oder sich wiederum ins Es zurückzunehmen. Das wird von den Revisionisten als simpler Tatbestand der vordergründigen Ichpsychologie mißverstanden. In Wahrheit werden selektiv diejenigen infantilen Abwehrmechanismen mobilisiert, welche in das Schema der sozialen Konflikte des Ichs je nach der geschichtlichen Lage am besten hineinpassen. Erst das, nicht die vielzitierte Wunscherfüllung, erklärt die Gewalt der Massenkultur über die Menschen. Es gibt keine »neurotische Persönlichkeit unserer Zeit« – der bloße Name ist ein Ablenkungsmanöver –, aber die objektive Situation weist den Regressionen ihre Richtung. Konflikte in der Zone des Narzißmus fallen mehr auf als vor sechzig Jahren, während die Konversionshysterie zurücktritt. Desto unverkennbarer sind die Manifestationen paranoider Tendenzen. Ob es wirklich mehr Paranoiker gibt als früher, steht dahin; Vergleichszahlen fehlen schon für die nahe Vergangenheit. Wohl aber lädt eine Situation, die alle bedroht und mit manchen Errungenschaften die paranoiden Phantasien übertrifft, die Paranoia spezifisch ein, der die dialektischen Knotenstellen der Geschichte vielleicht überhaupt besonders günstig sind. Gegenüber dem Fassaden-Historismus der Revisionisten gilt Hartmanns Einsicht, daß eine gegebene Sozialstruktur spezifische psychologische Tendenzen auswählt[29] und nicht etwa

29 Vgl. Heinz Hartmann, a. a. O., S. 388.

»ausdrückt«. Gewiß gehen im Gegensatz zur kruden Freudschen Lehre von der Zeitlosigkeit des Unbewußten konkrete geschichtliche Komponenten bereits in die frühkindliche Erfahrung ein. Aber die mimetischen Reaktionsformen kleiner Kinder, die am Vater gewahren, daß er ihnen nicht den Schutz verbürgt, nach dem sie bangen, sind keine des Ichs. Gerade ihnen gegenüber ist selbst Freuds Psychologie allzu »ichlich«. Seine großartige Entdeckung der infantilen Sexualität wird erst dann des Gewalttätigen sich entäußern, wenn man die unendlich subtilen und dabei doch durchaus sexuellen Regungen von Kindern verstehen lernt. Ihre perzeptive Welt ist von der erwachsenen so verschieden, daß in ihr ein flüchtiger Geruch oder eine Gebärde jener Größenordnung angehört, die der Analytiker nach dem Maß der erwachsenen Welt einzig der Beobachtung des elterlichen Coitus zusprechen möchte.

Nirgends werden die Schwierigkeiten, vor welche das Ich die Psychologie stellt, deutlicher als in Anna Freuds Theorie der sogenannten Abwehrmechanismen. Sie geht aus von dem, was die Analyse zunächst als Widerstand gegen die Bewußtmachung des Es kennt. »Da es die Aufgabe der analytischen Methode ist, den Vorstellungen, welche den verdrängten Trieb repräsentieren, Zugang zum Bewußtsein zu verschaffen, also solche Vorstöße zu fördern, wird die Abwehrhandlung des Ichs gegen die Triebrepräsentanz automatisch zum aktiven Widerstand gegen die analytische Arbeit.«[30] Der von Freud schon in den »Studien über Hysterie« hervorgehobene Begriff der Abwehr[31] wird dann auf die gesamte Ichpsychologie angewendet und eine Liste von neun aus der Praxis bekannten Abwehrmechanismen zusammengestellt, die allesamt unbewußte Maßnahmen des Ichs gegen das Es darstellen sollen: »Verdrängung, Regression, Reaktionsbildung, Isolierung, Ungeschehenmachen, Projektion, Introjektion, Wendung gegen die eigene Person, Verkehrung ins Gegenteil.«[32] Zu ihnen »kommt dann noch eine zehnte, die mehr dem Studium der Normalität als dem der Neurose angehört, nämlich die Sublimie-

30 Anna Freud, Das Ich und die Abwehrmechanismen, London 1946, S. 36 f.
31 Vgl. Sigmund Freud, Gesammelte Werke, Bd. 1, London 1952, Zur Psychotherapie der Hysterie, S. 269.
32 Anna Freud, a. a. O., S. 52.

rung oder die Verschiebung des Triebziels«[33]. Der von der Zählbarkeit dieser säuberlich geschiedenen Mechanismen erweckte Zweifel bestätigt sich der näheren Betrachtung. Bereits Sigmund Freud hatte aus dem ursprünglich zentralen Begriff der Verdrängung einen bloßen »Spezialfall der Abwehr«[34] gemacht. Fraglos aber spielen Verdrängung und Regression, die er weise niemals strikt voneinander abhob, bei all den von Anna Freud aufgeführten »Ichtätigkeiten« mit, während andere dieser Tätigkeiten, wie das »Ungeschehenmachen« oder die von Anna Freud sehr plausibel beschriebene »Identifikation mit dem Angreifer«[35] mit dem Verdrängungs- und Regressionsmechanismus, als dessen Spezialfälle, kaum auf dieselbe logische Ebene gehören. In der Juxtaposition der recht ungleichnamigen Mechanismen kündigt leise eine gewisse Entmutigung der strengen Theorie gegenüber dem empirischen Beobachtungsmaterial sich an. Grundsätzlicher noch als Freud verzichtet seine Tochter darauf, Verdrängung und Sublimierung voneinander abzuheben, indem beide unter dem Begriff der Abwehr subsumiert werden. Was bei Freud noch als »Kulturleistung« passieren darf: die psychische Leistung, die nicht unmittelbar der Triebbefriedigung oder Selbsterhaltung des je einzelnen zugute kommt, gilt ihr, und keineswegs ihr allein, eigentlich für pathisch. So glaubt die heutige psychoanalytische Theorie die Musik, auf Grund klinischer Beobachtungen, durch die These von der Abwehr der Paranoia zu erschöpfen und müßte, wenn sie nur konsequent wäre, alle Musik ächten[36]. Von dort ist es nicht mehr weit zu jenen biographischen Psychoanalysen, die Wesentliches über Beethoven meinen aussagen zu können, wenn sie auf die paranoischen Züge der Privatperson hinweisen, und dann staunend sich fragen, wieso ein solcher Mensch eine Musik habe schreiben können, deren Ruhm ihnen eher imponiert als ein Wahrheitsgehalt, den aufzufassen

33 a. a. O.

34 Vgl. Sigmund Freud, Gesammelte Werke, Bd. 14, London 1948, Hemmung, Symptom und Angst, S. 196, und Anna Freud, a. a. O., S. 51.

35 Anna Freud, a. a. O., S. 125 ff.

36 Zur psychoanalytischen Kontroverse über die Musik vgl. insbesondere Heinrich Racker, Contribution to Psychoanalysis of Music, in: American Imago, Vol. VIII, No. 2 (June 1951), S. 129 ff., insbesondere S. 157.

ihr System sie verhindert. Solche Beziehungen der Abwehrtheorie zur Nivellierung der Psychoanalyse auf ein konformistisch interpretiertes Realitätsprinzip fehlen selbst in Anna Freuds Schrift nicht durchaus. Sie widmet ein Kapitel dem Verhältnis von Ich und Es in der Pubertät. Ihr ist Pubertät wesentlich der Konflikt zwischen dem »Libidovorstoß ins Psychische«[37] und der Abwehr des Es durch das Ich. Dem wird auch die »Intellektualisierung in der Pubertät«[38] unterstellt. »Es gibt einen Typus von Halbwüchsigen, bei denen der Sprung nach vorwärts in der intellektuellen Entwicklung nicht weniger auffällig und überraschend ist als der Entwicklungsprozeß auf den anderen Gebieten ... Die konkreten Interessen der Latenzperiode können sich nun von der Vorpubertät angefangen immer auffälliger ins Abstrakte verwandeln. Besonders die Jugendlichen, die Bernfeld in seinem Typus der ›verlängerten Pubertät‹ geschildert hat, haben ein unstillbares Verlangen, über abstrakte Themen zu denken, zu grübeln und zu reden. Sehr viele Jugendfreundschaften werden auf der Basis dieses Bedürfnisses nach gemeinsamem Grübeln und gemeinsamer Diskussion begründet und unterhalten. Die Themen, die diese Jugendlichen beschäftigen, und die Probleme, die sie zu lösen versuchen, sind sehr weitreichende. Es handelt sich ihnen gewöhnlich um die Formen der freien Liebe oder um Ehe und Familiengründung, um Freiheit oder Beruf, Wanderschaft oder Niederlassung, um weltanschauliche Fragen wie Religion oder Freidenkertum, um die verschiedenen Formen der Politik, um Revolution oder Unterwerfung, um die Freundschaft selbst in allen ihren Formen. Wenn wir in der Analyse Gelegenheit haben, die Gespräche der Jugendlichen wahrheitsgetreu berichtet zu bekommen oder – wie viele Pubertätsforscher es getan haben – die Tagebücher und Aufzeichnungen Jugendlicher zu verfolgen, so sind wir nicht nur überrascht von der Weite und Uneingeschränktheit des jugendlichen Denkens, sondern auch voll Respekt für das Maß an Einfühlung und Verständnis, die scheinbare Überlegenheit und gelegentlich fast die Weisheit in der Behandlung schwierigster Probleme.«[39] Aber dieser Respekt

37 Anna Freud, a. a. O., S. 167.
38 a. a. O., S. 182.
39 a. a. O., S. 183 f.

schwindet rasch: »Unsere Einstellung ändert sich dann, wenn wir unsere Beobachtung von der Verfolgung der intellektuellen Vorgänge selbst auf ihre Einreihung in das Leben des Jugendlichen richten. Wir finden dann mit Erstaunen, daß alle diese hohe Verstandesleistung mit dem Verhalten des Jugendlichen selbst wenig oder gar nichts zu tun hat. Seine Einfühlung in fremdes Seelenleben hält ihn von den gröbsten Rücksichtslosigkeiten gegen seine nächsten Objekte nicht ab. Seine hohe Auffassung der Liebe und der Verpflichtung des Liebenden hat keinen Einfluß auf die ständigen Treulosigkeiten und Gefühlsroheiten, die er sich bei seinen wechselnden Verliebtheiten zuschulden kommen läßt. Die Einreihung in das soziale Leben wird auch nicht im mindesten dadurch erleichtert, daß das Verständnis und Interesse für den Aufbau der Gesellschaft das der späteren Jahre oft weit überschreitet. Die Vielseitigkeit seiner Interessen hält den Jugendlichen nicht davon ab, sein Leben eigentlich auf einen einzigen Punkt zu konzentrieren: auf die Beschäftigung mit seiner eigenen Persönlichkeit.«[40] Mit solchen Urteilen hat die Psychoanalyse, die einmal die Macht der Vaterimago über die Menschen zu brechen auszog, sich entschlossen zu den Vätern geschlagen, die, sei es die hochfliegenden Ideen der Kinder mit herabhängenden Mundwinkeln belächeln, sei es darauf vertrauen, daß das Leben sie mores lehrt, und die es für wichtiger halten, Geld zu verdienen als sich dumme Gedanken zu machen. Der Geist, der sich von den unmittelbaren Zwecken distanziert, und dem dazu jene paar Jahre die Möglichkeit geben, in denen er über seine Kräfte verfügt, ehe diese der Zwang zum Erwerb des Lebens absorbiert und abstumpft, wird als bloßer Narzißmus verleumdet. Aus der Ohnmacht und Fehlbarkeit derer, die noch glauben, es wäre möglich, wird die Schuld ihrer Eitelkeit gemacht; ihrer subjektiven Insuffizienz wird aufgebürdet, woran weit mehr die Ordnung Schuld trägt, die es ihnen immer wieder verwehrt und in den Menschen bricht, worin sie anders sind. Die psychologische Theorie von den Abwehrmechanismen reiht sich in die Tradition der alten bürgerlichen Geistfeindschaft ein. Aus deren Arsenal wird selbst jenes Stereotyp herbeigeholt, das wegen der Ohnmacht des

40 a. a. O., S. 184 f.

Ideals nicht die Bedingungen anklagt, die es ersticken, sondern das Ideal selbst und jene, die es hegen. Mag immer, was Anna Freud das »Verhalten der Jugendlichen« nennt, und zwar aus realen nicht weniger denn aus psychologischen Gründen, vom Inhalt ihres Bewußtseins differieren, so enthält doch eben diese Differenz das höhere Potential als die Norm der unvermittelten Identität von Sein und Bewußtsein: daß einer nur so denken dürfe, wie seine Existenz es einlöst. Als ob es bei den Erwachsenen an der Rücksichtslosigkeit, Treulosigkeit und Gefühlsroheit fehlte, welche Anna Freud den »Jugendlichen« vorwirft – nur daß der Brutalität später jene Ambivalenz abhanden kommt, die ihr wenigstens noch eignet, solange sie mit dem Wissen um das mögliche Bessere in Konflikt liegt und wohl gar gegen das sich kehrt, womit sie sich später identifiziert. »Wir erkennen«, sagt Anna Freud, »daß es sich hier gar nicht um Intellektualität im gewöhnlichen Sinn handelt«[41]. Intellektualität »im gewöhnlichen Sinn«, wie gewöhnlich sie auch sein mag, wird der schimärischen Jugend entgegengehalten, ohne daß die Psychologie darauf reflektierte, daß selbst die »gewöhnliche« von der minder gewöhnlichen Intellektualität abstammt und daß kaum ein Intellektueller als Gymnasiast oder junger Student schon so gemein war, wie wenn er dann im Konkurrenzkampf den Geist an den Betrieb verschachert. Der Jugendliche, der, wie Anna Freud ihm vorrechnet, »offenbar schon Befriedigung fühlt, wenn er überhaupt denkt, grübelt und diskutiert«[42], hat zu seiner Befriedigung allen Grund: er muß das Privileg, anstatt wie ein Spießbürger »eine Richtschnur für sein Handeln zu finden«[43], sich rasch genug abgewöhnen. »Die Idealbilder von Freundschaft und ewiger Treue müssen nichts anderes sein als eine Spiegelung der Besorgnisse seines eigenen Ichs, das spürt, wie wenig haltbar alle seine neuen und stürmischen Objektbeziehungen geworden sind«[44], heißt es etwas später, und es wird Margit Dubowitz, Budapest, für den Hinweis gedankt, »daß das Nachgrübeln der Jugendlichen über den Sinn des Lebens und Sterbens eine Spiege-

41 a. a. O., S. 185.
42 a. a. O., S. 186.
43 a. a. O., S. 185 f.
44 a. a. O., S. 187.

lung der Arbeit der Destruktion im eigenen Innern bedeutet«[45]. Es steht dahin, ob die Atempause des Geistes, welche die bürgerliche Existenz wenigstens den besser Situierten gönnt, die sich als Beweismaterial der Psychoanalyse hergeben, in der Tat so eitel und zur Tat unfähig ist, wie sie in dem assoziierenden Patienten auf der Couch erscheint; sicherlich aber gäbe es weder Freundschaft und Treue selbst, noch Gedanken über irgendein Wesentliches ohne diese Atempause. Sie einzusparen, schickt freilich die gegenwärtige Gesellschaft, im Sinn und mit Hilfe der eingegliederten Psychoanalyse, sich an. Die Bilanz des Seelenhaushalts verbucht notwendig als Abwehr, Illusion, Neurose, womit das Ich die Bedingungen angreift, die es zu Abwehr, Illusion und Neurose nötigen; der konsequente Psychologismus, der die Genese des Gedankens für dessen Wahrheit substituiert, wird zur Sabotage an der Wahrheit und leistet dem negativen Zustand Sukkurs, dessen subjektive Spiegelungen der Psychologismus zugleich verurteilt. Das spätere Bürgertum ist unfähig, Geltung und Genese in ihrer Einheit und Differenz zugleich zu denken. Ihm ist die Mauer der geronnenen Arbeit, das vergegenständlichte Resultat, undurchschaubar und zu einem Ewigen geworden, während es die Dynamik, die in Wahrheit, als Arbeit, selbst ein Moment der Objektivität bildet, von dieser abzieht und in die isolierte Subjektivität verlegt. Damit aber wird der Anteil der subjektiven Dynamik zum bloßen Schein herabgesetzt und gleichzeitig gegen die Einsicht in die Objektivität gewandt: jede solche Einsicht macht sich als bloße Spiegelung des Subjekts der Nichtigkeit verdächtig. Der Husserlsche Kampf gegen den Psychologismus, der zeitlich genau mit der Entstehung der Psychoanalyse zusammenfällt, die Lehre vom logischen Absolutismus, welche die Geltung geistiger Gebilde auf allen Stufen von ihrer Genesis trennt und jene fetischisiert, bildet das Komplement eines Verfahrens, das am Geistigen nur noch die Genesis, nicht seine Beziehung auf Objektivität gewahrt und schließlich die Idee der Wahrheit selbst zugunsten der Reproduktion des Bestehenden abschafft. Die beiden einander extrem entgegengesetzten Ansätze, beide übrigens im Österreich eines obsoleten und apolo-

45 a. a. O., S. 187, Fußnote.

getischen Halbfeudalismus ersonnen, terminieren im Gleichen. Was einmal so ist, wird entweder als Inhalt von »Intentionen« verabsolutiert oder vor jeder Kritik dadurch behütet, daß diese Kritik ihrerseits der Psychologie unterstellt wird.

Die von der Psychoanalyse peinlich getrennten Ichfunktionen sind unauflöslich ineinander verschränkt. Ihre Differenz ist in Wahrheit die zwischen dem Anspruch der Gesellschaft und dem des Individuums. Daher lassen sich nicht in der Ichpsychologie Schafe von Böcken sondern. Die ursprüngliche kathartische Methode verlangt, daß das Unbewußte bewußt werde. Da aber die Freudsche Theorie das Ich, das in der Tat Widersprechendes zu bewältigen hat, zugleich auch als verdrängende Instanz definierte, soll gleichzeitig die Analyse – ebenfalls der totalen Konsequenz nach – das Ich abbauen, nämlich die in den Widerständen sich kundgebenden Abwehrmechanismen, ohne die doch die Identität des Ichprinzips gegenüber der Vielheit der andrängenden Impulse nicht zu denken wäre. Daraus folgt die praktisch-therapeutische Absurdität, daß je nachdem die Abwehrmechanismen durchbrochen oder gestärkt werden sollen – eine Anschauung, die Anna Freud ausdrücklich billigt[46].

Bei Psychotikern sei die Abwehr zu pflegen, bei Neurotikern zu überwinden. Bei jenen soll die Abwehrfunktion des Ichs das Instinktchaos und den Zerfall verhindern, und man begnügt sich mit »supportive therapy«. Bei den Neurosen hält man an der herkömmlich-kathartischen Technik fest, weil hier das Ich mit dem Trieb fertig werden könne. Diese ungereimt dualistische Praxis setzt sich hinweg über die von der Psychoanalyse gelehrte

46 »Die Situation der Abwehr aus Angst vor der Triebstärke ist die einzige, in der der Analytiker seine Versprechungen nicht halten kann. Dieser ernsthafteste Kampf des Ichs gegen die Überschwemmung vom Es her, wie etwa beim psychotischen Schub, ist vor allem eine quantitative Angelegenheit. Das Ich verlangt zu seiner Hilfe in diesem Kampf nur nach Stärkung. Wo die Analyse sie ihm durch Bewußtmachung unbewußter Es-Inhalte geben kann, wirkt sie auch hier als Therapie. Wo die Analyse aber durch Bewußtmachung der unbewußten Ich-Tätigkeiten die Abwehrvorgänge aufdeckt und außer Tätigkeit setzt, wirkt sie als Schwächung des Ichs und befördert den Krankheitsprozeß.« (Anna Freud, a. a. O., S. 76 f.) Aber der Theorie zufolge wäre diese »einzige Situation«, die Angst vor der Triebstärke, der Grund jeglicher Abwehr.

prinzipielle Verwandtschaft der Neurosen und Psychosen. Wenn man sich wirklich ein Kontinuum zwischen Zwangsneurose und Schizophrenie vorstellt, ist nicht zu verantworten, dort auf Bewußtwerden zu drängen und hier zu versuchen, den Patienten »funktionsfähig« zu erhalten und ihn vor dem als größter Gefahr zu behüten, was andererseits als das Rettende angesprochen wird. Rechnet man neuerdings die Ichschwäche zu den wesentlichsten neurotischen Strukturen[47], so scheint ein jedes Verfahren fragwürdig, welches das Ich noch weiter beschneidet. Der gesellschaftliche Antagonismus reproduziert sich im Ziel der Analyse, die nicht mehr weiß und wissen kann, wozu sie den Patienten bringen will, zum Glück der Freiheit oder zum Glück in der Unfreiheit. Sie zieht sich aus der Affäre, indem sie den wohlhabenden Patienten, der es bezahlen kann, langwierig kathartisch behandelt, den armen aber, der schnell wieder erwerbsfähig sein muß, bloß psychotherapeutisch stützt – eine Zweiteilung, die aus dem Reichen einen Neurotiker macht und aus dem Armen einen Psychotiker. Dazu paßt die Statistik, welche Korrelationen zwischen Schizophrenie und niedrigem sozialem Status nachgewiesen hat[48]. Ob im übrigen das tiefere Verfahren dem oberflächlichen wirklich vorzuziehen ist; ob nicht gar die Patienten besser wegkommen, die wenigstens arbeitsfähig bleiben und sich nicht mit Haut und Haaren dem Analytiker verschreiben müssen, auf die vage Aussicht hin, daß eines Tages die Übertragung sich löse, die sich von Jahr zu Jahr verstärkt, ist offen. Am Widerspruch von Soziologie und Psychologie krankt selbst die psychologische Therapie: was immer sie beginnt, ist falsch. Löst die Analyse die Widerstände auf, so schwächt sie das Ich, und die Fixierung an den Analytiker ist mehr als ein bloß transitorisches Stadium, nämlich der Ersatz für die Instanz, die man den Patienten entzieht; stärkt man das Ich, so stärkt man nach orthodoxer Theorie vielfach auch die Kräfte, durch die es das Unbewuß-

47 Vgl. Herrmann Nunberg, Ichstärke und Ichschwäche, in: Internationale Zeitschrift für Psychoanalyse, Bd. 24, 1939.

48 Vgl. August B. Hollingshead and Frederick C. Redlich, Social Stratification and Schizophrenia, in: American Sociological Review, Vol. 19, No. 3, S. 302 ff.

te drunten hält, die Abwehrmechanismen, die es dem Unbewußten gestatten, weiter sein destruktives Wesen zu treiben.

Psychologie ist kein vorm Allgemeinen behütetes Reservat des Besonderen. Je mehr die gesellschaftlichen Antagonismen anwachsen, desto mehr verliert offenbar der durch und durch liberale und individualistische Begriff der Psychologie selber seinen Sinn. Die vorbürgerliche Welt kennt Psychologie noch nicht, die total vergesellschaftete nicht mehr. Ihr entspricht der analytische Revisionismus. Er ist der Kräfteverschiebung zwischen Gesellschaft und einzelnem adäquat. Die gesellschaftliche Macht bedarf kaum mehr der vermittelnden Agenturen von Ich und Individualität. Das manifestiert sich dann gerade als ein Anwachsen der sogenannten Ichpsychologie, während in Wahrheit die individuelle psychologische Dynamik durch die teils bewußte, teils regressive Anpassung des einzelnen an die Gesellschaft substituiert wird. Die irrationalen Rudimente werden eben noch als Schmieröl der Menschlichkeit in die Maschinerie gespritzt. Zeitgemäß sind jene Typen, die weder ein Ich haben noch eigentlich unbewußt handeln, sondern reflexartig den objektiven Zug widerspiegeln. Gemeinsam üben sie ein sinnloses Ritual, folgen dem zwangshaften Rhythmus der Wiederholung, verarmen affektiv: mit der Zerstörung des Ichs steigen der Narzißmus oder dessen kollektivistische Derivate. Der Differenzierung gebietet die Brutalität des Außen, die gleichmachende totale Gesellschaft, Einhalt, und sie nutzt den primitiven Kern des Unbewußten aus. Beide stimmen mit der Vernichtung der vermittelnden Instanz sich aufeinander ab; die triumphalen archaischen Regungen, der Sieg des Es über das Ich, harmonieren mit dem Triumph der Gesellschaft über den einzelnen. Die Psychoanalyse in ihrer authentischen und geschichtlich bereits überholten Gestalt gewinnt ihre Wahrheit als Bericht von den Mächten der Zerstörung, die inmitten des zerstörenden Allgemeinen im Besonderen wuchern. Unwahr an ihr bleibt, was sie doch selber dem geschichtlichen Zug abgelernt hat, ihr Totalitätsanspruch, der entgegen den Versicherungen des früheren Freud, die Analyse wolle einzig dem bereits Bekannten etwas hinzufügen, im Diktum des späten gipfelt, daß »auch die Soziologie, die vom Verhalten der Menschen in der Gesellschaft handelt, nichts anderes als angewandte Psychologie sein kann«[49]. Es gibt oder gab ein Heimatbereich des Psychoanalytischen von spezifischer Evidenz; je weiter sie davon sich entfernt, um so mehr droht ihren Thesen die Alternative der Verflachung oder des Wahnsystems. Wenn einer sich verspricht und ein Wort sexueller Färbung herauskommt; wenn einer Platzangst hat oder wenn ein Mädchen schlafwandelt, dann hat die Analyse nicht nur ihre besten therapeutischen Chancen, sondern auch ihren angemessenen Gegenstand, das relativ selbständige, monadologische Individuum als Schauplatz des unbewußten Konflikts zwischen Triebregung und Verbot. Je weiter sie von dieser Zone sich entfernt, desto diktatorischer muß sie umspringen, desto mehr muß sie, was der Realität angehört, ins Schattenreich der psychischen Immanenz hineinreißen. Ihre Illusion dabei ist gar nicht unähnlich der von der »Allmacht der Gedanken«, die sie selbst als infantil kritisierte. Schuld daran trägt nicht etwa, daß das Ich dem Es gegenüber, auf das sie mit Recht sich konzentrierte, solange sie noch ihren adäquaten Gegenstand hatte, eine selbständige zweite Quelle des Psychischen wäre, sondern daß es im Guten wie im Schlechten gegenüber der puren Unmittelbarkeit der Triebregungen sich verselbständigt hat, wodurch übrigens die Domäne der Psychoanalyse, jene Konfliktzone, erst zustande kam. Das Ich, als entsprungenes, ist ein Stück Trieb und zugleich ein anderes. Das kann die psychoanalytische Logik nicht denken und muß alles auf den Nenner dessen bringen, was das Ich einmal war. Indem sie die Differenzierung, die Ich heißt, revoziert, wird sie selber, was sie am letzten wollte: ein Stück Regression. Denn das Wesen ist nicht das abstrakt Wiederholte, sondern das Allgemeine als Unterschiedenes. Das Humane bildet sich als Sinn für die Differenz überhaupt an deren mächtigster Erfahrung, der von den Geschlechtern. Psychoanalyse scheint in der Nivellierung alles dessen, was ihr unbewußt heißt, und schließlich alles Menschlichen, einem Mechanismus vom Typus der Homosexualität zu unterliegen: nichts sehen, was anders ist. So zeigen Homosexuelle eine Art Farbenblindheit der Erfahrung, die Unfähigkeit zur Erkenntnis von Individuiertem; ihnen sind alle Frauen im doppelten Sinne »gleich«. Dies Schema: die Unfähigkeit, zu lieben – denn Lieben meint unauflöslich das Allgemeine im Be-

49 Sigmund Freud, Gesammelte Werke, Bd. 15, a. a. O., S. 194.

sonderen – ist der Grund der von den Revisionisten viel zu oberflächlich attackierten analytischen Kälte, die sich amalgamiert mit einer Aggressionstendenz, welche die wahre Triebrichtung verbergen soll. Nicht erst in ihrer Verfallsform auf dem Markt, schon im Ursprung paßt die Psychoanalyse in die herrschende Verdinglichung. Wenn ein berühmter analytischer Pädagoge den Grundsatz aufstellt, man müsse asozialen und schizoiden Kindern versichern, wie gern man sie habe, so verhöhnt der Anspruch, ein abstoßend aggressives Kind zu lieben, alles, wofür die Analyse stand; gerade Freud hatte einmal das Gebot der unterschiedslosen Menschenliebe verworfen[50]. Sie paart sich mit Menschenverachtung: darum taugt sie so gut zur Branche des Seelenhelfers. Sie tendiert ihrem Prinzip nach dazu, die spontanen Regungen, die sie freisetzt, einzufangen und zu kontrollieren: das Unterschiedslose, der Begriff, unter den sie die Abweichungen subsumiert, ist allemal zugleich ein Stück Beherrschung. Die Technik, welche konzipiert war, um den Trieb von seiner bürgerlichen Zurichtung zu heilen, richtet ihn durch seine Emanzipation selber zu. Sie trainiert die Menschen, die sie ermutigt, sich zu ihrem Trieb zu bekennen, als nützliche Mitglieder des destruktiven Ganzen.

1955

50 »Eine Liebe, die nicht auswählt, scheint uns einen Teil ihres eigenen Werts einzubüßen, indem sie an dem Objekt ein Unrecht tut . . . es sind nicht alle Menschen liebenswert.« (Freud, Gesammelte Werke, Bd. 14, a. a. O., Das Unbehagen in der Kultur, S. 461.)

Postscriptum

Am 6. November 1965 fand, im Zusammenhang mit der Mitgliederversammlung und der Vorstandssitzung der Deutschen Gesellschaft für Soziologie, eine interne Arbeitstagung statt. Sie galt dem Verhältnis von Soziologie und Psychologie; die Anregung war von dem Ehrenvorsitzenden Leopold von Wiese ausgegangen, der über sozialen und privaten Charakter sprach. Das Korreferat von Alexander Mitscherlich, das hier abgedruckt ist*, schloß sich an; eine ungemein lebhafte Diskussion folgte.

Wenn ich es mir gestatte, einige Überlegungen hinzuzufügen, so veranlassen mich vor allem Mitscherlichs Ausführungen. Ich selbst hatte zu dem gleichen Gegenstand in dem ersten Band der »Sociologica« eine Abhandlung unter dem Titel »Zum Verhältnis von Soziologie und Psychologie« veröffentlicht. Sie bedarf um so mehr der Konfrontation mit Mitscherlichs Text, als sie in verschiedener Hinsicht mich nicht länger befriedigt. Ich formuliere thesenhaft.

1. Angesichts der gegenwärtigen Ohnmacht des Individuums – aller Individuen – hat bei der Erklärung gesellschaftlicher Vorgänge und Tendenzen die Gesellschaft, und die mit ihr befaßten Wissenschaften Soziologie und Ökonomie, den Vorrang. Auch wo das Individuum individuell, doch im Sinne Max Webers gesellschaftlich handelt, ist das Organ solchen Handelns, die ratio, wesentlich gesellschaftliche, nicht psychologische Instanz. Darum hat die Webersche Verstehenslehre den Begriff der Zweckrationalität ins Zentrum gerückt. Als Medium gesellschaftlicher Erkenntnis wird die Psychologie relevant erst angesichts irrationaler Verhaltensweisen von Einzelnen und vor allem von Gruppen. Das freilich ist in den zeitgenössischen Massenbewegungen wie in

* *Vgl. Alexander Mitscherlich, Das soziale und das persönliche Ich, in: Kölner Zeitschrift für Soziologie und Sozialpsychologie 18 (1966), S. 21–36. (Anm. d. Hrsg.)*

vergangenen der Fall. Soweit Interessen weniger Mächtiger sich gegen die rationalen der Vielen durchsetzen, geschieht es nicht ohne weiteres gegen die Vielen sondern durch diese hindurch. Dazu taugen manipulierbare psychologische Mechanismen, eben weil die Verhaltensweisen, deren die Tendenz der Herrschaft in solchen Situationen bedarf, irrational sind. Die Gründe dafür, daß diese Prozesse, obzwar sie die Individuen zum Schauplatz haben und von individueller Triebenergie gespeist werden, so unheilvoll uniform verlaufen, sind der analytischen Psychologie selber bekannt. Der Form nach harmonieren die individuellen Prozesse mit dem allgemeinen gesellschaftlichen Zug nur allzugut. Dabei ist ebenso an die vorindividuelle, undifferenzierte Beschaffenheit des Unbewußten eines jeden zu denken, die Freud beschrieb, wie daran, daß die Konflikte, die das Individuum in der entscheidenden Frühphase seiner Entwicklung erfährt, als solche zwischen ihm und gesellschaftlichen Agenturen wie der Familie typischen Wesens sind. Freud hat das am Ödipusmodell dargetan. Während kein Kollektivbewußtsein oder -unbewußtsein zu hypostasieren ist; während die Konflikte fensterlos gleichsam in den Einzelnen sich zutragen und aus ihrer individuellen Triebökonomie nominalistisch herzuleiten sind, haben sie doch in zahllosen Individuen identische Gestalt. Deswegen ist der Begriff Sozialpsychologie nicht so abwegig, wie das geklitterte Wort und sein Allerweltsgebrauch es vermuten läßt. Der Primat der Gesellschaft wird, rückwirkend, von jenen typischen psychologischen Prozessen verstärkt, ohne daß darin Gleichgewicht oder Harmonie zwischen den Individuen und der Gesellschaft sich bekundete.

2. Die Trennung von Psychologie und Soziologie, welche die Landkarte der Wissenschaften verzeichnet, ist kein Absolutes, aber auch kein Nichtiges und beliebig Widerrufliches. In ihr drückt ein perennierend falscher Zustand sich aus, die Divergenz zwischen dem Allgemeinen und seiner Gesetzlichkeit hier, dem Individuellen in der Gesellschaft dort. Wäre Gesellschaft einmal nicht mehr repressiv, so verschwände der Unterschied der Soziologie und des spezifisch Psychologischen, obwohl der Überbau – dem, während der Vormacht der Ökonomie, der gesamte psychologische Bereich zuzurechnen ist – langsamer sich umwälzt; viel

Zeit würde vergehen, bis das gesellschaftlich Allgemeine wahrhaft der Inbegriff der individuellen Bedürfnisse wäre und bis das Individuum die Züge los würde, die Male seiner äonenalten Repression sind. Insofern die wissenschaftliche Arbeitsteilung jener realen Divergenz sich anmißt, ist sie legitim. Auch die vollkommenste interdepartementale Zusammenarbeit würde die Divergenz in der Sache nicht beseitigen. Ihr modischer Begriff setzt dort, nach gängigem Wissenschaftsideal, einstimmige Kontinuität voraus, wo real der Bruch herrscht. Darum erfüllt er leicht ideologische Funktionen.

3. Zur Kritik steht die Arbeitsteilung der Wissenschaften Soziologie und Psychologie, insoweit sie ihrerseits den Zustand sanktioniert, in dem Individuum und Gesellschaft unversöhnt auseinanderklaffen, und das Getrennte als ein an sich natürlich Verschiedenes vorstellt. Unter den Verdiensten Freuds ist nicht das kleinste, daß er die von Le Bon abgehandelten Phänomene nicht auf Massensuggestion, Massenbewußtsein, gar ein kollektives Unbewußtes zurückführt, sondern die angebliche Massensuggestion aus der individuellen Triebdynamik ableitet. Gerade dadurch hat sich gezeigt, wie wenig in der Psychologie Gesellschaftliches und Individuelles chemisch rein zu trennen sind. Freud, der, nicht ohne den Expansionsdrang des Spezialisten, schließlich die Soziologie als angewandte Psychologie verstanden wissen wollte, ist paradoxerweise in den innersten psychologischen Zellen auf Gesellschaftliches wie das Inzestverbot, die Verinnerlichung der Vaterimago und primitiver Hordenformen gestoßen. Wer Psychologie und Soziologie starr auseinanderhält, eliminiert wesentliche Interessen beider Disziplinen: das der Soziologie an ihrem wie immer auch vermittelten Rückbezug auf lebendige Menschen, das der Psychologie an dem gesellschaftlichen Moment noch ihrer monadologischen Kategorien. Selbst bei Freud erscheint dies gesellschaftliche Moment nur einigermaßen abstrakt, als ein der Psychologie Äußerliches, die »Lebensnot«. Stillschweigend hat er erkannt, daß die Trieblehre allein soziales Verhalten nicht begründet, daß die Menschen für sich ein anderes sind denn die Menschen als gesellschaftliche Wesen. In der Unterscheidung von Ichtrieben und Objekttrieben ist diese Differenz noch innerhalb der Psychologie kodifiziert. Folgerecht jedoch hat die Psy-

choanalyse vorab mit den Objekttrieben sich befaßt; und die Vernachlässigung der Ichpsychologie hat sie zuweilen beeinträchtigt, wenn sie aktuellen sozialen Phänomenen sich zuwandte.

4. Wer die Soziologie mit Freud als angewandte Psychologie dächte, verfiele, trotz aller aufklärerischen Intention, der Ideologie. Denn die Gesellschaft ist keine von Menschen unmittelbar, sondern die Beziehungen zwischen diesen haben sich verselbständigt, treten allen Einzelnen übermächtig entgegen und dulden die psychologischen Regungen kaum eben als Störungen des Getriebes, die womöglich integriert werden. Wer die Psychologie eines Konzernherrn für die Betriebssoziologie fruchtbar machen wollte, geriete offensichtlich in Unsinn.

5. Ebensowenig ist die Psychoanalyse zu soziologisieren. Die Versuche dazu, welche die revisionistischen Schulen, im Namen von Erfahrung und wider die Theorie, veranstalteten, haben die Psychoanalyse kastriert: durch Überwertung der Ichpsychologie gegenüber dem Sexus, und als Technik erfolgreicher Anpassung, gesellschaftlich eingegliedert. Das tangiert auch die herangezogenen gesellschaftlichen Kategorien. Das soziale Prinzip des Prestiges etwa, den Revisionisten so wichtig, orientiert sich am Konkurrenzmechanismus der bürgerlichen Gesellschaft; in ihr aber ist Konkurrenz, gegenüber der Produktionssphäre, ein Epiphänomen. Gesellschaftliche und psychologische Erkenntnis sind um so eingreifender, und können für einander um so mehr bedeuten, je weniger die eine unmittelbare Anleihen bei der anderen macht.

6. Der Vorrang der Gesellschaft über die Psychologie hat wesentlich darin sich durchgesetzt, daß die gesellschaftlich eingebaute Psychoanalyse die Funktionsfähigkeit der Menschen innerhalb der funktionalen Gesellschaft verstärkt; nach Horkheimers Wort zur Massage wird. In der Freudschen Forderung, daß, wo Es sei, Ich werde, ist das zumindest angelegt. Das andere Potential der Psychoanalyse ist das zur Entfesselung des Triebes. Dem dient die strenge Sexualtheorie; an ihr ist festzuhalten. Ihre Verfemung als Orthodoxie ebenso wie der Eifer, sie ins neunzehnte Jahrhundert zurückzudatieren, bezeugt, wie übrigens dergleichen Topoi insgesamt, den Widerstand gegen Aufklärung. Insbesondere Bestrebungen, die Analyse mit der Existentialphilosophie zu fusionieren, verkehren sie in ihr Gegenteil. Freud wird

nach wie vor in Deutschland verdrängt; einen Ausdruck von Lukács aufzunehmen: durch Tiefe verflacht. Die Behauptung, er sei überholt, ist in Deutschland bloßer Ausdruck des Obskurantismus; erst wäre er einmal einzuholen.

7. Daß die Trennung der beiden Bereiche nicht absolut sei, wird heute mit Grauen bewiesen. Was bereits in den Techniken des brain washing, der Integration Abweichender durch Tortur, sich ankündigt, scheint in den chinesischen Phänomenen, die Mitscherlich heranzieht, seine volle Konsequenz zu erreichen. Die Versuche der Wissenschaft, Psychologie und Soziologie zu synthesieren, sind daran gescheitert, daß man dabei soziale Momente wie die Geltung des Einzelnen in seiner Gruppe unmittelbar als psychologische Determinanten interpretierte, während sie, psychologisch gesehen, lediglich in die der Realität zugewandten Außenschichten der Person hineinreichen, nicht jedoch in die eigentlich unbewußten Tiefenprozesse, an denen denn auch die psychoanalytischen Revisionisten sich desinteressierten. Die Praxis der radikalen Kollektivierung dagegen, welche die historisch längst fortschreitende Auflösung des Individuums in Regie nimmt und schockhaft beschleunigt, geht aufs Ganze. Die Greuel der Sozialerziehung, die Mitscherlich beschreibt, lassen darum alle gewohnte soziale »Beeinflussung« der Psyche hinter sich, weil sie sich nicht mit der Injektion von Inhalten und der Minderung der Resistenzkraft des Ichs begnügen, sondern dessen formale Konstituentien bis hinab ins unbewußte Leben in die Gewalt nehmen. Wollte einmal Psychoanalyse Nacherziehung sein, so wird die auf den Kopf gestellte zur buchstäblichen Wiederherstellung frühkindlicher Situationen, um die Bildung des Ichs überhaupt zu widerrufen. Solche integrale Seelenbeherrschung setzt kraß die Tendenz zu gesteuerter Regression durch, wie sie etwa in der kumulativen Wirkung der sogenannten Massenmedien im Umriß, und harmlos angesichts des Neuen, sich andeutete. Individuum und Gesellschaft werden eines, indem die Gesellschaft in die Menschen unterhalb ihrer Individuation einbricht und diese verhindert. Daß aber diese Einheit keine höhere Gestalt der Subjekte sei, sondern sie auf ein archaisches Stadium zurückwirft, zeigt sich an der barbarischen Repression, die dabei ausgeübt wird. Die heraufdämmernde Identität ist nicht Versöh-

nung des Allgemeinen und Besonderen, sondern das Allgemeine als Absolutes, in dem das Besondere verschwindet. Die Einzelnen werden planvoll den blinden biologischen Verhaltensweisen angeähnelt, werden so wie die Figuren der Romane und Stücke von Beckett. Das angeblich absurde Theater ist realistisch.

8. Daß das Individuum, wie der geschichtliche Verlauf und die psychologische Genese es lehren, ein Entsprungenes ist; daß das Individuum nicht jene Invarianz für sich behaupten kann, deren Schein es in Epochen einer individualistischen Gesellschaft annahm, mag das historische Verdikt über das Individuum begründen. Aber dies Urteil ist kein absolutes. Das Entsprungene kann, nach Nietzsches Einsicht, gegenüber seinem Ursprung das Höhere sein. Kritik am Individuum meint nicht dessen Abschaffung. Sonst wird der Weltlauf, im allzu realistischen Idealismus, zum Weltgericht, institutionell angestellte Primitivität verwechselt mit der Realisierung des zoon politikon. Die Identität von Gesellschaft und Individuum in der Form, in der sie sich anbahnt, ist das vollendet Negative: so erfährt sie der Einzelne, durch ein Äußerstes an physischem Schmerz und psychischem Leiden.

Die theoretische Konstruktion der ihrerseits aus dem herrschenden gesellschaftlichen Prinzip folgenden Trennung von Soziologie und Psychologie, die, nachdem sie auseinandertraten, relativ unabhängig voneinander sich entwickelten wie Diadochenstaaten, ist zu berichtigen, weil sie die kritischen Zonen allzusehr vernachlässigt, wo das Getrennte im Ernst sich berührt. Das antagonistische Eine bleibt Einheit auch in seinem Antagonismus. So wenig Psychologie und Gesellschaft derart unmittelbar aufeinander einwirken, wie man nach einem Modell es sich vorstellt, das die Spaltung als ein logisch Äußerliches und zugleich als eine in dinghafte Gegenstände faßt, anstatt strukturell, so wenig verläuft, was nach dem einen Prinzip sich entzweite, tatsächlich nun unabhängig voneinander. Nicht nur abstrakte Einheit des Prinzips bindet Gesellschaft und Individuum und ihre wissenschaftlichen Reflexionsformen, Soziologie und Psychologie, aneinander, sondern beides kommt nie choris vor. So gehen die wichtigsten, nämlich bedrohlichsten und darum verdrängten Momente der sozialen Realität in Psychologie, in das subjektive Unbewußte ein. Aber verwandelt in kollektive imagines, so wie Freud in den Vorlesungen am Zeppelin es demonstrierte. Er reihte ihn unter jene archaischen Bilder ein, deren Entdeckung Jung von ihm übernahm, um sie aus der psychologischen Dynamik gänzlich herauszulösen und normativ zu wenden. Solche imagerie ist die gegenwärtige, Soziales verschlüsselnde Gestalt des Mythos: Benjamins Konzeption der dialektischen Bilder wollte sie theoretisch durchdringen. Mythen sind es im strengen Sinn. Denn die Verwandlung des Gesellschaftlichen in ein Inwendiges und scheinbar Zeitloses macht es unwahr. Die imagerie ist, wörtlich verstanden und akzeptiert, notwendiges falsches Bewußtsein. Die Schocks der Kunst, die solcher imagerie gelten, möchten nicht zuletzt jene Unwahrheit zur Explosion bringen. Andererseits sind die Mythen der Moderne soweit die Wahrheit, wie die Welt selber noch der Mythos, der alte Verblendungszusammenhang ist. Dies Wahrheitsmoment läßt sich wohl an manchen Träumen ablesen. Noch in den verzerrtesten weiß man zuweilen über Menschen, die man gut kennt, Wahreres, nämlich Negatives, Ideologiefreieres als unter den Kontrollen des wachen Zustandes. Sie sind wie in den Träumen, so ist die Welt.

Gesellschaftlich ist eine Zone der Berührung die der Spontaneität. Relevant wird die Psychologie nicht allein als Medium der Anpassung, sondern auch dort, wo die Vergesellschaftung im Subjekt ihre Grenzen findet. Dem gesellschaftlichen Bann opponiert es mit Kräften aus jener Schicht, in der das principium individuationis, durch welches Zivilisation sich durchsetzte, noch gegen den Zivilisationsprozeß sich behauptet, der es liquidiert. Nicht in den kapitalistisch fortgeschrittensten Ländern war die résistance am stärksten. Ob die Prozesse der Integration, wie es den Anschein hat, einzig das Ich zu einem Grenzwert schwächen, oder ob, wie in der Vergangenheit, die Integrationsprozesse stets noch, oder erneut, das Ich kräftigen können, danach ist mit Schärfe bislang kaum gefragt worden. An einer Sozialpsychologie, die in den sozialen Kern der Psychologie eindringt, nicht ihr einen kargen Zusatz soziologischer Begriffe beimischt, wäre es, diese Frage aufzunehmen; mit Rücksicht auf die Subjekte dürfte sie entscheiden.

1966

Theorie der Halbbildung

Was heute als Bildungskrise offenbar wird, ist weder bloß Gegenstand der pädagogischen Fachdisziplin, die unmittelbar damit sich zu befassen hat, noch von einer Bindestrichsoziologie – eben der der Bildung – zu bewältigen. Die allerorten bemerkbaren Symptome des Verfalls von Bildung, auch in der Schicht der Gebildeten selber, erschöpfen sich nicht in den nun bereits seit Generationen bemängelten Unzulänglichkeiten des Erziehungssystems und der Erziehungsmethoden. Isolierte pädagogische Reformen allein, wie unumgänglich auch immer, helfen nicht. Zuweilen mögen sie, im Nachlassen des geistigen Anspruchs an die zu Erziehenden, auch in argloser Unbekümmertheit gegenüber der Macht der außerpädagogischen Realität über jene, eher die Krise verstärken. Ebensowenig reichen isolierte Reflexionen und Untersuchungen über soziale Faktoren, welche die Bildung beeinflussen und beeinträchtigen, über deren gegenwärtige Funktion, über die ungezählten Aspekte ihres Verhältnisses zur Gesellschaft, an die Gewalt dessen heran, was sich vollzieht. Ihnen bleibt die Kategorie der Bildung selbst, ebenso wie jeweils wirksame, systemimmanente Teilmomente innerhalb des gesellschaftlichen Ganzen, vorgegeben; sie bewegen sich im Rahmen von Zusammenhängen, die selber erst zu durchdringen wären. Was aus Bildung wurde und nun als eine Art negativen objektiven Geistes, keineswegs bloß in Deutschland, sich sedimentiert, wäre selber aus gesellschaftlichen Bewegungsgesetzen, ja aus dem Begriff von Bildung abzuleiten. Sie ist zu sozialisierter Halbbildung geworden, der Allgegenwart des entfremdeten Geistes. Nach Genesis und Sinn geht sie nicht der Bildung voran, sondern folgt auf sie. Alles ist darin von den Maschen der Vergesellschaftung eingefangen, nichts mehr ungeformte Natur; deren Roheit aber, das alte Unwahre, erhält zäh sich am Leben und reproduziert sich erweitert. Inbegriff eines der Selbstbestimmung entäußerten Bewußtseins, klammert sie sich unabdingbar an approbierte Kulturelemente. Aber unter ihrem Bann gravitieren sie, als Verwesende, zum Barbarischen. Das ist nicht erst aus jüngsten Entwicklungen, ganz gewiß nicht mit dem Schlagwort Massengesellschaft zu erklären, das überhaupt nichts erklärt, sondern lediglich einen blinden Fleck anzeigt, an dem die Arbeit der Erkenntnis anheben müßte. Daß Halbbildung, aller Aufklärung und verbreiteten Information zum Trotz und mit ihrer Hilfe, zur herrschenden Form des gegenwärtigen Bewußtseins wird – eben das erheischt weiter ausgreifende Theorie.

Ihr darf die Idee der Kultur nicht, nach den Gepflogenheiten der Halbbildung selber, sakrosankt sein. Denn Bildung ist nichts anderes als Kultur nach der Seite ihrer subjektiven Zueignung. Kultur aber hat Doppelcharakter. Er weist auf die Gesellschaft zurück und vermittelt zwischen dieser und der Halbbildung. Nach deutschem Sprachgebrauch gilt für Kultur, in immer schrofferem Gegensatz zur Praxis, einzig Geisteskultur. Darin spiegelt sich, daß die volle Emanzipation des Bürgertums nicht gelang oder erst zu einem Zeitpunkt, da die bürgerliche Gesellschaft nicht länger der Menschheit sich gleichsetzen konnte. Das Scheitern der revolutionären Bewegungen, die in den westlichen Ländern den Kulturbegriff als Freiheit verwirklichen wollten, hat die Ideen jener Bewegungen gleichsam auf sich selbst zurückgeworfen und den Zusammenhang zwischen ihnen und ihrer Verwirklichung nicht nur verdunkelt, sondern mit einem Tabu belegt. Kultur wurde selbstgenügsam, schließlich in der Sprache der ausgelaugten Philosophie zum »Wert«. Wohl sind ihrer Autarkie die große spekulative Metaphysik und die mit ihr bis ins Innerste verwachsene große Musik zu danken. Zugleich aber ist in solcher Vergeistigung von Kultur deren Ohnmacht virtuell bereits bestätigt, das reale Leben der Menschen blind bestehenden, blind sich bewegenden Verhältnissen überantwortet. Dagegen ist Kultur nicht indifferent. Wenn Max Frisch bemerkte, daß Menschen, die zuweilen mit Passion und Verständnis an den sogenannten Kulturgütern partizipierten, unangefochten der Mordpraxis des Nationalsozialismus sich verschreiben konnten, so ist das nicht nur ein Index fortschreitend gespaltenen Bewußtseins, sondern straft objektiv den Gehalt jener Kulturgüter, Humanität und alles, was ihr innewohnt, Lügen, wofern sie nichts sind als Kulturgüter. Ihr eigener Sinn kann nicht getrennt werden von der Einrichtung der menschlichen Dinge. Bildung, welche davon absieht, sich selbst setzt und verabsolutiert, ist schon Halbbildung geworden. Zu belegen wäre das an den Schriften Wilhelm Diltheys, der mehr wohl als jeder andere den Begriff von Geisteskultur als Selbstzweck dem gehobenen deutschen Mittelstand schmackhaft gemacht und den Lehrern überantwortet hat. Sätze aus seinem berühmtesten Buch, wie der über Hölderlin: »Wo ist ein anderes Dichterleben aus so zartem Stoff gewebt, wie aus Mondenstrahlen! Und wie sein Leben, so war seine Dichtung«[1], sind bei aller Gelehrsamkeit des Autors von kulturindustriellen Erzeugnissen im Stil Emil Ludwigs bereits nicht mehr zu unterscheiden.

Umgekehrt hat Kultur, wo sie als Gestaltung des realen Lebens sich verstand, einseitig das Moment der Anpassung hervorgehoben, die Menschen dazu verhalten, sich aneinander abzuschleifen. Dessen bedurfte es, um den fortdauernd prekären Zusammenhang der Vergesellschaftung zu stärken und jene Ausbrüche ins Chaotische einzudämmen, die offenbar gerade dort periodisch sich ereignen, wo eine Tradition autonomer Geisteskultur etabliert ist. Die philosophische Bildungsidee auf ihrer Höhe wollte natürliches Dasein bewahrend formen. Sie hatte beides gemeint, Bändigung der animalischen Menschen durch ihre Anpassung aneinander und Rettung des Natürlichen im Widerstand gegen den Druck der hinfälligen, von Menschen gemachten Ordnung. Die Philosophie Schillers, des Kantianers und Kantkritikers, war der prägnanteste Ausdruck der Spannung beider Momente, während in Hegels Bildungslehre, unterm Namen Entäußerung, ebenso wie beim späten Goethe das Desiderat der Anpassung inmitten des Humanismus selber triumphiert. Ist jene Spannung einmal zergangen, so wird Anpassung allherrschend, ihr Maß das je Vorfindliche. Sie verbietet, aus individueller Bestimmung übers Vorfindliche, Positive sich zu erheben. Vermöge des Drucks, den sie auf die Menschen ausübt, perpetuiert sie in diesen das Ungestalte, das sie geformt zu haben wähnt, die Aggression. Das ist, nach Freuds Einsicht, der Grund des Unbehagens in der Kultur.

1 Wilhelm Dilthey, Das Erlebnis und die Dichtung, Leipzig und Berlin 1919, S. 441.

Die ganz angepaßte Gesellschaft ist, woran ihr Begriff geistesgeschichtlich mahnt: bloße darwinistische Naturgeschichte. Sie prämiiert das survival of the fittest. – Erstarrt das Kraftfeld, das Bildung hieß, zu fixierten Kategorien, sei es Geist oder Natur, Souveränität oder Anpassung, so gerät jede einzelne dieser isolierten Kategorien in Widerspruch zu dem von ihr Gemeinten und gibt sich her zur Ideologie, befördert die Rückbildung.

Der Doppelcharakter der Kultur, dessen Balance gleichsam nur augenblicksweise glückte, entspringt im unversöhnten gesellschaftlichen Antagonismus, den Kultur heilen möchte und als bloße Kultur nicht heilen kann. In der Hypostasis des Geistes durch Kultur verklärt Reflexion die gesellschaftlich anbefohlene Trennung von körperlicher und geistiger Arbeit. Das alte Unrecht wird gerechtfertigt als objektive Superiorität des herrschenden Prinzips, während es freilich wiederum nur durch die Trennung von den Beherrschten die Möglichkeit zeitigt, der sturen Wiederholung von Herrschaftsverhältnissen ein Ende zu bereiten. Anpassung aber ist unmittelbar das Schema fortschreitender Herrschaft. Nur durch ein der Natur sich Gleichmachen, durch Selbsteinschränkung dem Daseienden gegenüber wurde das Subjekt dazu befähigt, das Daseiende zu kontrollieren. Diese Kontrolle setzt gesellschaftlich sich fort als eine über den menschlichen Trieb, schließlich über den Lebensprozeß der Gesellschaft insgesamt. Zum Preis dafür aber triumphiert Natur gerade vermöge ihrer Bändigung stets wieder über den Bändiger, der nicht umsonst ihr, einst durch Magie, schließlich durch strenge szientifische Objektivität, sich anähnelt. In dem Prozeß solcher Anähnelung, der Eliminierung des Subjekts um seiner Selbsterhaltung willen, behauptet sich das Gegenteil dessen, als was er sich weiß, das bloße unmenschliche Naturverhältnis. Schuldhaft verflochten, setzen seine Momente einander notwendig sich entgegen. Geist veraltet angesichts der fortschreitenden Naturbeherrschung und wird vom Makel der Magie ereilt, den er einmal dem Naturglauben aufprägte: er unterschiebe subjektive Illusion anstelle der Gewalt der Tatsachen. Sein eigenes Wesen, die Objektivität von Wahrheit, geht in Unwahrheit über. Anpassung aber kommt, in der nun einmal existenten, blind fortwesenden Gesellschaft, über diese nicht hinaus. Die Gestaltung der Verhältnisse stößt auf die Grenze von Macht; noch im Willen, sie menschenwürdig einzurichten, überlebt Macht als das Prinzip, welches die Versöhnung verwehrt. Dadurch wird Anpassung zurückgestaut: sie wird ebenso zum Fetisch wie der Geist: zum Vorrang der universal organisierten Mittel über jeden vernünftigen Zweck, zur Glätte begriffsloser Pseudorationalität; sie errichtet ein Glashaus, das sich als Freiheit verkennt, und solches falsche Bewußtsein amalgamiert sich dem ebenso falschen, aufgeblähten des Geistes von sich selber.

Diese Dynamik ist eins mit der der Bildung. Sie ist keine Invariante; nicht nur ihrem Inhalt und ihren Institutionen nach in verschiedenen Epochen verschieden, sondern selbst als Idee nicht beliebig transponierbar. Ihre Idee emanzipierte sich mit dem Bürgertum. Sozialcharaktere des Feudalismus wie der gentilhomme und der gentleman, vor allem aber die alte theologische Erudition lösten von ihrem traditionalen Dasein und ihren spezifischen Bestimmungen sich ab, verselbständigten sich gegenüber den Lebenszusammenhängen, in die sie zuvor eingebettet waren. Sie wurden reflektiert, ihrer selbst bewußt und auf den Menschen schlechthin übertragen. Ihre Verwirklichung sollte der einer bürgerlichen Gesellschaft von Freien und Gleichen entsprechen. Zugleich aber sagte sie von den Zwecken, von ihrer realen Funktion sich los, so wie es radikal etwa in Kants Ästhetik der Zweckmäßigkeit ohne Zweck gefordert ist. Bildung sollte sein, was dem freien, im eigenen Bewußtsein gründenden, aber in der Gesellschaft fortwirkenden und seine Triebe sublimierenden Individuum rein als dessen eigener Geist zukäme. Sie galt stillschweigend als Bedingung einer autonomen Gesellschaft: je heller die Einzelnen, desto erhellter das Ganze. Ihre Beziehung auf eine ihr jenseitige Praxis jedoch erschien, widerspruchsvoll, als Herabwürdigung zu einem Heteronomen, zum Mittel der Wahrnehmung von Vorteilen inmitten des ungeschlichteten bellum omnium contra omnes. Fraglos ist in der Idee der Bildung notwendig die eines Zustands der Menschheit ohne Status und Übervorteilung postuliert, und sobald sie davon etwas sich abmarkten läßt und sich in die Praxis der als gesellschaftlich nützliche Arbeit honorierten partikularen Zwecke verstrickt, frevelt sie an sich selbst. Aber sie wird nicht minder schuldig durch ihre Reinheit; diese zur Ideologie. Soweit in der Bildungsidee zweckhafte Momente mitklingen, sollten sie ihr zufolge allenfalls die Einzelnen dazu befähigen, in einer vernünftigen Gesellschaft als vernünftige, in einer freien Gesellschaft als freie sich zu bewähren, und eben das soll, nach liberalistischem Modell, dann am besten gelingen, wenn jeder für sich selber gebildet ist. Je weniger die gesellschaftlichen Verhältnisse, zumal die ökonomischen Differenzen dies Versprechen einlösen, um so strenger wird der Gedanke an die Zweckbeziehung von Bildung verpönt. Nicht darf an die Wunde gerührt werden, daß Bildung allein die vernünftige Gesellschaft nicht garantiert. Man verbeißt sich in die von Anbeginn trügende Hoffnung, jene könne von sich aus den Menschen geben, was die Realität ihnen versagt. Der Traum der Bildung, Freiheit vom Diktat der Mittel, der sturen und kargen Nützlichkeit, wird verfälscht zur Apologie der Welt, die nach jenem Diktat eingerichtet ist. Im Bildungsideal, das die Kultur absolut setzt, schlägt die Fragwürdigkeit von Kultur durch.

Der Fortschritt von Bildung, den das junge Bürgertum gegenüber dem Feudalismus sich zuschrieb, verlief denn auch keineswegs so geradlinig, wie jene Hoffnung suggerierte. Als das Bürgertum im England des siebzehnten und im Frankreich des achtzehnten Jahrhunderts politisch die Macht ergriff, war es ökonomisch weiter entwickelt als die Feudalität, und doch wohl auch dem Bewußtsein nach. Die Qualitäten, die dann nachträglich den Namen Bildung empfingen, befähigten die aufsteigende Klasse zu ihren Aufgaben in Wirtschaft und Verwaltung. Bildung war nicht nur Zeichen der Emanzipation des Bürgertums, nicht nur das Privileg, das die Bürger vor den geringen Leuten, den Bauern, voraus hatten. Ohne Bildung hätte der Bürger, als Unternehmer, als Mittelsmann, als Beamter und wo auch immer kaum reüssiert. Anders stand es um die neue Klasse, die von der bürgerlichen Gesellschaft hervorgebracht ward, kaum daß diese sich nur recht konsolidiert hatte. Das Proletariat war, als es die sozialistischen Theorien zum Bewußtsein seiner selbst zu erwecken suchten, subjektiv keineswegs avancierter als das Bürgertum; nicht umsonst haben die Sozialisten seine geschichtliche Schlüsselposition aus seiner objektiven ökonomischen Stellung gefolgert, nicht aus seiner geistigen Beschaffenheit. Die Besitzenden verfügten über das Bildungsmonopol auch in einer Gesellschaft formal Gleicher; die Entmenschlichung durch den kapitalistischen Produktionsprozeß verweigerte den Arbeitenden alle Voraussetzungen zur Bildung, vorab Muße. Versuche zur pädagogischen Abhilfe mißrieten zur Karikatur. Alle sogenannte Volksbildung – mittlerweile ist man hellhörig genug, das Wort zu umgehen – krankte an dem Wahn, den gesellschaftlich diktierten Ausschluß des Proletariats von der Bildung durch die bloße Bildung revozieren zu können.

Aber der Widerspruch zwischen Bildung und Gesellschaft resultiert nicht einfach in Unbildung alten Stils, der bäuerlichen. Eher sind die ländlichen Bezirke heute Brutstätten von Halbbildung. Dort ist, nicht zuletzt dank der Massenmedien Radio und Fernsehen, die vorbürgerliche, wesentlich an der traditionellen Religion haftende Vorstellungswelt jäh zerbrochen. Sie wird verdrängt vom Geist der Kulturindustrie; das Apriori des eigentlich bürgerlichen Bildungsbegriffs jedoch, die Autonomie, hat keine Zeit gehabt, sich zu formieren. Das Bewußtsein geht unmittelbar von einer zur anderen Heteronomie über; anstelle der Autorität der Bibel tritt die des Sportplatzes, des Fernsehens und der »Wahren Geschichten«, die auf den Anspruch des Buchstäblichen, der Tatsächlichkeit diesseits der produktiven Einbildungskraft sich stützt[2]. Das Bedrohliche darin, das sich im Reich des Hitler als weit drastischer erwies denn bloß bildungssoziologisch, ist wohl bis heute kaum recht gesehen worden. Ihm zu begegnen wäre eine dringliche Aufgabe gesellschaftlich reflektierter Kulturpolitik, wenn auch kaum die zentrale angesichts der Halbbildung. Deren Signatur bleibt zunächst bürgerlich wie die Idee der Bildung selbst. Sie trägt die Physiognomie der lower middle class. Aus ihr ist Bildung nicht einfach verschwunden, sondern schleppt sich fort vermöge der Interessen auch derer, die am Bildungsprivileg nicht teilhaben. Ein nach traditionellen Kriterien ungebildeter Radioreparateur oder Autoschlosser bedarf, um seinen Beruf ausüben zu können, mancher Kenntnisse und Fertigkeiten, die ohne alles mathematisch-naturwissenschaftliche Wis-

2 Vgl. Karl-Guenther Grüneisen, Landbevölkerung im Kraftfeld der Stadt, in: Gemeindestudie des Instituts für sozialwissenschaftliche Forschung, Darmstadt 1952.

sen nicht zu erwerben wären, dem übrigens, wie bereits Thorstein Veblen beobachtete, die sogenannte Unterklasse näher ist, als der akademische Hochmut sich eingesteht.

Die Phänomenologie des bürgerlichen Bewußtseins allein reicht indessen zur Erklärung des neuen Zustands nicht aus. Konträr zur Vorstellung der bürgerlichen Gesellschaft von sich selbst war das Proletariat zu Beginn des Hochkapitalismus gesellschaftlich exterritorial, Objekt der Produktionsverhältnisse, Subjekt nur als Produzent. Die frühen Proletarier waren depossedierte Kleinbürger, Handwerker und Bauern, sowieso jenseits der bürgerlichen Bildung beheimatet. Der Druck der Lebensbedingungen, die unmäßig lange Arbeitszeit, der erbärmliche Lohn in den Dezennien, die im »Kapital« und in der »Lage der arbeitenden Klassen in England« behandelt sind, haben sie zunächst weiter draußen gehalten. Während aber am ökonomischen Grund der Verhältnisse, dem Antagonismus wirtschaftlicher Macht und Ohnmacht, und damit an der objektiv gesetzten Grenze von Bildung nichts Entscheidendes sich änderte, wandelte die Ideologie sich um so gründlicher. Sie verschleiert die Spaltung weithin auch denen, welche die Last zu tragen haben. Sie sind während der letzten hundert Jahre vom Netz des Systems übersponnen worden. Der soziologische Terminus dafür lautet: Integration. Subjektiv, dem Bewußtsein nach, werden, wie längst in Amerika, die sozialen Grenzen immer mehr verflüssigt. Die Massen werden durch zahllose Kanäle mit Bildungsgütern beliefert. Diese helfen als neutralisierte, versteinerte die bei der Stange zu halten, für die nichts zu hoch und teuer sei. Das gelingt, indem die Gehalte von Bildung, über den Marktmechanismus, dem Bewußtsein derer angepaßt werden, die vom Bildungsprivileg ausgesperrt waren und die zu verändern erst Bildung wäre. Der Prozeß ist objektiv determiniert, nicht erst mala fide veranstaltet. Denn die gesellschaftliche Struktur und ihre Dynamik verhindert, daß die Kulturgüter lebendig, daß sie von den Neophyten so zugeeignet werden, wie es in ihrem eigenen Begriff liegt. Daß die Millionen, die früher nichts von ihnen wußten und nun damit überflutet werden, kaum, auch psychologisch nicht darauf vorbereitet sind, ist vielleicht noch das Harmloseste. Aber die Bedingungen der materiellen Produktion selber dulden schwerlich jenen Typus von Erfahrung, auf den die traditionellen Bildungsinhalte abgestimmt waren, die vorweg kommuniziert werden. Damit geht es der Bildung selbst, trotz aller Förderung, an den Lebensnerv. Vielerorten steht sie, als unpraktische Umständlichkeit und eitle Widerspenstigkeit, dem Fortkommen bereits im Wege: wer noch weiß, was ein Gedicht ist, wird schwerlich eine gutbezahlte Stellung als Texter finden. Die unablässig weiter anwachsende Differenz zwischen gesellschaftlicher Macht und Ohnmacht verweigert den Ohnmächtigen – tendenziell bereits auch den Mächtigen – die realen Voraussetzungen zur Autonomie, die der Bildungsbegriff ideologisch konserviert. Gerade dadurch nähern die Klassen ihrem Bewußtsein nach einander sich an, wenn auch, nach jüngsten Forschungsergebnissen, kaum so sehr, wie es vor wenigen Jahren schien. Ohnehin kann von nivellierter Mittelstandsgesellschaft bloß sozialpsychologisch, allenfalls mit Hinblick auf personelle Fluktuation die Rede sein, nicht objektiv-strukturell. Aber auch subjektiv erscheint beides: der Schleier der Integration zumal in Konsumkategorien, die fortdauernde Dichotomie jedoch überall dort, wo die Subjekte auf hart gesetzte Antagonismen der Interessen stoßen. Dann ist die underlying population »realistisch«; die anderen fühlen sich als Sprecher der Ideale[3]. Weil die Integration Ideologie ist, bleibt sie selbst als Ideologie brüchig.

All das schießt gewiß übers Ziel. Aber theoretischen Entwürfen ist es eigentümlich, daß sie mit den Forschungsbefunden nicht blank übereinstimmen; daß sie diesen gegenüber sich exponieren, zu weit vorwagen, oder, nach der Sprache der Sozialforschung, zu falschen Generalisationen neigen. Eben darum war, abgesehen von den administrativen und kommerziellen Bedürfnissen, die Entwicklung der empirisch-soziologischen Methoden notwendig. Ohne jenes Sich-zu-weit-Vorwagen der Spekulation jedoch, ohne das unvermeidliche Moment von Unwahrheit in der Theorie wäre diese überhaupt nicht möglich: sie beschiede sich zur bloßen Abbreviatur der Tatsachen, die sie damit unbegriffen, im eigentlichen Sinn vorwissenschaftlich ließe. Wohl wären der These vom

3 Vgl. Zum politischen Bewußtsein ausgewählter Gruppen der deutschen Bevölkerung. Unveröffentlichtes Manuskript im Institut für Sozialforschung, Frankfurt a. M. 1957.

Absterben der Bildung ebenso wie von der Sozialisierung der Halbbildung, ihrem Übergreifen auf die Massen, triftige empirische Befunde entgegenzuhalten. Das Modell von Halbbildung ist auch heute noch die Schicht der mittleren Angestellten, während ihre Mechanismen in den eigentlich unteren Schichten offenbar so wenig eindeutig nachgewiesen werden können wie nivelliertes Bewußtsein insgesamt. Gemessen am Zustand jetzt und hier ist die Behauptung von der Universalität der Halbbildung undifferenziert und übertrieben. Sie möchte aber gar nicht alle Menschen und Schichten unterschiedslos unter jenen Begriff subsumieren, sondern eine Tendenz konstruieren, die Physiognomik eines Geistes entwerfen, der auch dann die Signatur des Zeitalters bestimmt, wenn sein Geltungsbereich quantitativ und qualitativ noch so sehr einzuschränken wäre. Zahllose Arbeiter, kleine Angestellte und andere Gruppen mögen, nicht zuletzt dank dem stets noch lebendigen, wenngleich sich abschwächenden Klassenbewußtsein, noch nicht von den Kategorien der Halbbildung erfaßt sein. Aber diese sind von der Produktionsseite her so übermächtig, ihre Etablierung stimmt so sehr mit maßgebenden Interessen überein, sie prägen so sehr die allgegenwärtigen kulturellen Erscheinungsformen, daß ihnen Repräsentanz gebührt, auch wenn diese nicht als statistische zu erhärten ist. Taugt jedoch als Antithese zur sozialisierten Halbbildung kein anderer als der traditionelle Bildungsbegriff, der selber zur Kritik steht, so drückt das die Not einer Situation aus, die über kein besseres Kriterium verfügt als jenes fragwürdige, weil sie ihre Möglichkeit versäumte. Weder wird die Restitution des Vergangenen gewünscht, noch die Kritik daran im mindesten gemildert. Nichts widerfährt heute dem objektiven Geist, was nicht in ihm selbst in hochliberalen Zeiten schon gesteckt hätte oder was nicht wenigstens alte Schuld eintriebe. Aber was jetzt im Bereich von Bildung sich zuträgt, läßt nirgends anders sich ablesen als an deren wie immer auch ideologischer älterer Gestalt. Denn potentiell haben die versteinerten Verhältnisse abgeschnitten, womit der Geist über die herkömmliche Bildung hinausginge. Maß des neuen Schlechten ist einzig das Frühere. Es zeigt in dem Augenblick, da es verurteilt ist, gegenüber der jüngeren Form des Bestürzenden, als Verschwindendes versöhnende Farbe. Allein um ihretwillen, keiner laudatio temporis acti zuliebe, wird auf traditionelle Bildung rekurriert.

Im Klima der Halbbildung überdauern die warenhaft verdinglichten Sachgehalte von Bildung auf Kosten ihres Wahrheitsgehalts und ihrer lebendigen Beziehung zu lebendigen Subjekten. Das etwa entspräche ihrer Definition. Daß heute ihr Name den gleichen antiquierten und arroganten Klang angenommen hat wie Volksbildung, bekundet nicht, daß das Phänomen verschwand, sondern daß eigentlich sein Gegenbegriff, der der Bildung selber, an dem allein es ablesbar würde, nicht mehr gegenwärtig ist. An ihm partizipieren nur noch, zu ihrem Glück oder Unglück, einzelne Individuen, die nicht ganz in den Schmelztiegel hineingeraten sind, oder professionell qualifizierte Gruppen, die sich gern selbst als Eliten feiern. Die Kulturindustrie im weitesten Umfang jedoch, all das, was der Jargon als Massenmedien bestätigend einordnet, verewigt jenen Zustand, indem sie ihn ausbeutet, eingestandenermaßen Kultur für jene, welche die Kultur von sich stieß, Integration des gleichwohl weiter Nichtintegrierten. Halbbildung ist ihr Geist, der mißlungener Identifikation. Die bestialischen Witze über Emporkömmlinge, welche Fremdwörter verwechseln, sind darum so zählebig, weil sie mit dem Ausdruck jenes Mechanismus alle die, welche darüber lachen, im Glauben bestärken, die Identifikation wäre ihnen geglückt. Ihr Mißlingen ist aber so unvermeidlich wie der Versuch dazu. Denn die einmal erreichte Aufklärung, die wie sehr auch unbewußt in allen Individuen der durchkapitalisierten Länder wirksame Vorstellung, sie seien Freie, sich selbst Bestimmende, die sich nichts vormachen zu lassen brauchen, nötigt sie dazu, sich wenigstens so zu verhalten, als wären sie es wirklich. Das scheint ihnen nicht anders möglich als im Zeichen dessen, was ihnen als Geist begegnet, der objektiv zerfallenen Bildung. Die totalitäre Gestalt von Halbbildung ist nicht bloß zu erklären aus dem sozial und psychologisch Gegebenen, sondern ebenso aus dem besseren Potential: daß der in der bürgerlichen Gesellschaft einmal postulierte Bewußtseinsstand auf die Möglichkeit realer Autonomie des je eigenen Lebens vorverweist, die von dessen Einrichtung verweigert und auf die bloße Ideologie abgedrängt wird. Mißlingen aber muß jene Identifikation, weil der Einzelne von der durch die Allherrschaft des Tauschprinzips virtuell entqualifizierten Gesellschaft nichts an Formen und Strukturen empfängt, womit er, geschützt gleichsam, überhaupt sich identifizieren, woran er im wörtlichsten Verstand sich bilden könnte; während andererseits die Gewalt des Ganzen über das Individuum zu solcher Disproportion gediehen ist, daß das Individuum in sich das Entformte wiederholen muß. Was einmal selbst so gestaltet war, daß die Subjekte ihre wie immer problematische Gestalt daran gewinnen mochten, ist dahin; sie selber aber bleiben gleichwohl derart in Unfreiheit verhalten, daß ihr Miteinanderleben aus Eigenem sich erst recht nicht als wahrhaftes artikuliert. Das fatale Wort Leitbild, dem die Unmöglichkeit dessen einbeschrieben ist, was es meint, drückt das aus. Es zeugt vom Leiden unter der Absenz eines sozialen und geistigen Kosmos, der, nach Hegels Sprachgebrauch, »substantiell«, ohne Gewaltsamkeit, fürs Individuum fraglos verbindlich wäre, eines richtigen, mit den Einzelnen versöhnten Ganzen. Zugleich aber bekundet jenes Wort die Gier, dies Substantielle aus Willkür – so wie schon Nietzsche seine neuen Tafeln – aufzurichten, und das sprachliche Sensorium ist bereits zu abgestumpft, um zu fühlen, daß eben der Gewaltakt, auf den das Verlangen nach Leitbildern hindrängt, genau die Substantialität Lügen straft, nach der man die Hände ausstreckt. Dieser Zug des Faschismus hat ihn überlebt. Er reicht aber in die Idee der Bildung selber zurück. Sie ist in sich antinomischen Wesens. Sie hat als ihre Bedingung Autonomie und Freiheit, verweist jedoch zugleich, bis heute, auf Strukturen einer dem je Einzelnen gegenüber vorgegebenen, in gewissem Sinn heteronomen und darum hinfälligen Ordnung, an der allein er sich zu bilden vermag. Daher gibt es in dem Augenblick, in dem es Bildung gibt, sie eigentlich schon nicht mehr. In ihrem Ursprung ist ihr Zerfall teleologisch bereits gesetzt.

Die gegenwärtig in Wahrheit wirksamen Leitbilder sind das Konglomerat der ideologischen Vorstellungen, die in den Subjekten sich zwischen diese und die Realität schieben und die Realität filtern. Sie sind affektiv derart besetzt, daß sie nicht ohne weiteres von der ratio weggeräumt werden können. Halbbildung faßt sie zusammen. Unbildung, als bloße Naivetät, bloßes Nichtwissen, gestattete ein unmittelbares Verhältnis zu den Objekten und konnte zum kritischen Bewußtsein gesteigert werden kraft ihres Potentials von Skepsis, Witz und Ironie – Eigenschaften, die im nicht ganz Domestizierten gedeihen. Der Halbbildung will das nicht glücken. Unter den gesellschaftlichen Bedingungen von Bildung war, neben anderem, wesentlich Tradition – nach Sombarts und Max Webers Lehre ein Vorbürgerliches, essentiell unvereinbar mit bürgerlicher Rationalität. Der Traditionsverlust durch die Entzauberung der Welt aber terminiert in einem Stand von Bilderlosigkeit, einer Verödung des zum bloßen Mittel sich zurichtenden Geistes, die vorweg mit Bildung inkompatibel ist. Nichts verhält mehr den Geist zur leibhaften Fühlung mit Ideen. Autorität vermittelte, mehr schlecht als recht, zwischen der Tradition und den Subjekten. Wie, Freud zufolge, die Autonomie, das Prinzip des Ichs, in der Identifikation mit der Vaterfigur entspringt, während dann die an dieser gewonnenen Kategorien gegen die Irrationalität des familialen Verhältnisses gewandt werden, so entfaltete gesellschaftlich sich Bildung. Die Schulreformen, an deren humaner Notwendigkeit kein Zweifel ist, haben die veraltete Autorität beseitigt; damit aber auch die ohnehin schwindende Zueignung und Verinnerlichung von Geistigem weiter geschwächt, an der Freiheit haftete. Bis heute verkümmert diese, Gegenbild des Zwanges, ohne ihn, während doch wiederum kein Zwang der Freiheit zuliebe sich empfehlen ließe. Wer, der noch ein Gymnasium besuchte, hätte nicht zuweilen unter den Schillergedichten und Horazoden gestöhnt, die er auswendig lernen mußte; wem wären nicht ältere Anverwandte auf die Nerven gefallen, die dergleichen aus ihrer Erinnerung ungebeten und unaufhaltbar rezitierten. Kaum jemand wäre wohl noch zum Memorieren zu bringen; aufs Geistlose, Mechanische daran beriefe sich bereits der Geistloseste. Aber durch solche Prozesse wird dem Geist etwas von der Nahrung entzogen, an der er sich erst bildet. Der Glaube an den Geist mag den theologischen ins Wesenlose säkularisiert haben, und wenn ihn die sogenannte junge Generation verschmäht, so zahlt sie ihm heim, was er seit je verübte. Aber wo er, seinerseits Ideologie, fehlt, dämmert eine schlimmere herauf. Der Sozialcharakter, den man mit einem selber höchst anrüchigen Wort auf deutsch geistiger Mensch nennt, stirbt aus. Der vermeintliche Realismus jedoch, der ihn beerbt, ist nicht näher zu den Sachen, sondern lediglich bereit, unter Verzicht auf toil and trouble, die geistige Existenz komfortabel einzurichten und zu schlucken, was in ihn hineingestopft wird. Weil kaum mehr ein Junge sich träumt, einmal ein großer Dichter oder Komponist zu werden, darum gibt es wahrscheinlich, übertreibend gesagt, unter den Erwachsenen keine großen ökonomischen Theoretiker, am Ende keine wahrhafte politische Spontaneität mehr. Bildung brauchte Schutz vorm Andrängen der Außenwelt, eine gewisse Schonung des Einzelsubjekts, vielleicht sogar die Lückenhaftigkeit der Vergesellschaftung. »Ich verstand die Sprache des Äthers, die Sprache der Menschen verstand ich nie«, schrieb Hölderlin; ein Jüngling, der so dächte, würde hundertfünfzig Jahre später verlacht oder seines Autismus wegen wohlwollender psychiatrischer Betreuung überantwortet. Wird aber der Unterschied zwischen der Sprache des Äthers, also der Idee einer wahren Sprache, der der Sache selbst, und der praktischen der Kommunikation nicht mehr gefühlt, so ist es um Bildung geschehen. Ganz gewiß hat die deutsche Bildung in ihrer großen Epoche nicht durchweg die Kenntnis der gleichzeitigen Philosophie eingeschlossen, die selbst in den Jahren zwischen 1790 und 1830 wenigen reserviert war. Aber jene Philosophie war doch der Bildung immanent. Nicht nur hat sie genetisch Figuren wie Humboldt und Schleiermacher zu ihren Konzeptionen des Bildungswesens veranlaßt. Sondern der Kern des spekulativen Idealismus, die Lehre vom objektiven, über die bloße psychologische Einzelperson hinausgehenden Charakter des Geistes, war zugleich das Prinzip der Bildung als das eines Geistigen, das nicht unmittelbar einem anderen dienstbar, nicht unmittelbar an seinem Zweck zu messen ist. Der unwiderrufliche Sturz der Geistesmetaphysik hat die Bildung unter sich begraben. Das ist kein Tatbestand isolierter Geistesgeschichte sondern auch ein gesellschaftlicher. Geist wird davon affiziert, daß er und seine Objektivation als Bildung überhaupt nicht mehr erwartet werden, damit einer gesellschaftlich sich ausweise. Das allbeliebte Desiderat einer Bildung, die durch Examina gewährleistet, womöglich getestet werden kann, ist bloß noch der Schatten jener Erwartung. Die sich selbst zur Norm, zur Qualifikation gewordene, kontrollierbare Bildung ist als solche so wenig mehr eine wie die zum Geschwätz des Verkäufers degenerierte Allgemeinbildung. Das Moment der Unwillkürlichkeit, wie es zuletzt in den Theorien Bergsons und dem Romanwerk Prousts glorifiziert ward, und wie es Bildung als ein von den Mechanismen gesellschaftlicher Naturbeherrschung Unterschiedenes bezeichnet, verdirbt im grellen Licht der Überprüfbarkeit. Bildung läßt sich, dem Spruch aus dem Faust entgegen, überhaupt nicht erwerben; Erwerb und schlechter Besitz wären eines. Eben dadurch aber, daß sie dem Willen sich versagt, ist sie in den Schuldzusammenhang des Privilegs verstrickt: nur der braucht sie nicht zu erwerben und nicht zu besitzen, der sie ohnehin schon besitzt. So fällt sie in die Dialektik von Freiheit und Unfreiheit. Als Erbschaft alter Unfreiheit mußte sie hinab; unmöglich aber ist sie unter bloßer subjektiver Freiheit, solange objektiv die Bedingungen der Unfreiheit fortdauern.

In Amerika, dem bürgerlich fortgeschrittensten Land, hinter dem die anderen herhinken, läßt Bilderlosigkeit des Daseins als gesellschaftliche Bedingung universaler Halbbildung kraß sich beobachten. Der religiöse Bilderschatz, der dem Daseienden die Farben des mehr als Daseienden einhauchte, ist verblaßt, die mit den religiösen Bildern zusammengewachsenen irrationalen imagines des Feudalismus fehlen überhaupt. Was an nicht selber schon synthetischer archaischer Folklore überlebte, kann dagegen nicht an. Das freigesetzte Dasein selber aber ward nicht sinnvoll; als entzaubertes blieb es prosaisch auch im negativen Verstande; das bis in die letzten Verästelungen nach dem Äquivalenzprinzip gemodelte Leben erschöpft sich in der Reproduktion seiner selbst, der Wiederholung des Getriebes, und seine Forderungen ergehen an den Einzelnen so hart und gewalttätig, daß er weder dagegen als ein sein Leben aus sich heraus Führender sich behaupten, noch sie als eins mit seiner menschlichen Bestimmung erfahren kann. Daher bedarf die trostlose Existenz, die Seele, der im Leben ihr göttlich Recht nicht ward, des Bilderersatzes durch Halbbildung. Die bis ins Chaotische gesteigerte Disparatheit von deren Elementen, der Verzicht auf volle Rationalität selbst der einzelnen membra disiecta leistet der Magisierung durchs darbende Bewußtsein Vorschub[4].

4 Vgl. u. a. Ernst Lichtenstein im Handbuch für Sozialkunde, Berlin und München 1955, Abteilung A II, S. 1 ff.

Aus dem wilden Westen haben die Massenmedien eine Ersatzmythologie zubereitet, die keiner mit den Fakten einer keineswegs fernen Vergangenheit konfrontiert. Die Filmstars, Schlager, Schlagertexte und Schlagertitel spenden ähnlich kalkulierten Glanz. Worte, unter denen der selber schon mythologische man on the street sich kaum mehr etwas zu denken vermag, erlangen eben darum Popularität; ein beliebter Schlager sagte von einem Mädchen »You are a rhapsody«, ohne daß es jemandem eingefallen wäre, wie wenig schmeichelhaft der Vergleich mit der Rhapsodie war, einer potpourrihaft ungeformten Kompositionsweise. Zuweilen enträtseln sich selbst die gepflegten, oftmals bestürzend schönen Erscheinungen der Frauen als Bilderschrift der Halbbildung, Gesichter wie die der Montespan oder der Lady Hamilton, die keinen eigenen Satz mehr hervorbringen können, sondern reflexhaft plappern, was jede Situation von ihnen erwartet, um möglichst günstig abzuschneiden: Evelyn Waugh hat das registriert. Halbbildung beschränkt sich längst nicht mehr bloß auf den Geist, sondern entstellt das sinnliche Leben. Sie antwortet auf die psychodynamische Frage, wie das Subjekt es unter einer selber schließlich irrationalen Rationalität aushalten könne.

Während die ursprünglich sozialen Differenzierungsmomente kassiert werden, in denen Bildung bestand – Bildung und Differenziertheit sind eigentlich dasselbe –, gedeiht an ihrer Stelle ein Surrogat. Die perennierende Statusgesellschaft saugt die Reste von Bildung auf und verwandelt sie in Embleme des Status. Das war der bürgerlichen Bildung nie fremd. Sie hat von je dazu sich erniedrigt, ihre sogenannten Träger, früher jene, die Latein konnten, vom Volk zu trennen, so wie es noch Schopenhauer in aller Naivetät aussprach. Nur konnten hinter den Mauern ihres Privilegs auch die humanen Kräfte sich regen, die, auf die Praxis zurückgewandt, einen privileglosen Zustand verhießen. Solche Dialektik der Bildung ist durch ihre gesellschaftliche Integration, dadurch also, daß sie unmittelbar in Regie genommen wird, stillgestellt. Halbbildung ist der vom Fetischcharakter der Ware ergriffene Geist. So wie der Sozialcharakter des Handlungsangestellten, des Kommis alten Stils, mittlerweile als Angestelltenkultur überwuchert – noch bei Karl Kraus, der die Ursprünge dieses Prozesses verfolgte, ist von der ästhetischen Diktatur des

Kommis die Rede –, so haben die ehrwürdigen Profitmotive der Bildung wie Schimmelpilze die gesamte Kultur überzogen. Daß sie das von ihr Abweichende kaum mehr durchläßt, einzig dies Totalitäre ist am neuen Zustand das Neue. Mit fortschreitender Integration hat dabei Halbbildung ihrer Einfalt sich entäußert, nicht anders als die Angestelltenkultur den Kommis liquidierte. Sie umklammert auch den Geist, der es einmal war, und stutzt ihn nach ihren Bedürfnissen zurecht. Dadurch hat sie nicht nur parasitär an seinem zunächst ungeminderten Prestige teil, sondern beraubt ihn der Distanz und des kritischen Potentials, schließlich selbst des Prestiges. Modell dafür ist das Schicksal der sogenannten Klassiker. In Deutschland war in den Ausgaben von deren Werken durchs neunzehnte Jahrhundert hindurch – wie sehr auch damals schon von Verlagsinteressen gesteuert und fragwürdigen gesellschaftlichen Selektionsmechanismen unterworfen – wenigstens gesammelt, worin der Bildungskanon bestand, der freilich damit bereits zum Vorrat verkam; Schiller war der Inbegriff der auf Sentenzen abgezogenen Bildung. Selbst mit dieser dünnen Autorität ist es vorbei; der jungen Generation sind vermutlich selbst die Namen vieler goldener Klassiker kaum mehr bekannt, denen man einmal die Unsterblichkeit voreilig bescheinigte. Aus den Ideen, auf welche Bildung sich erstreckte und die ihr Leben einhauchten, ist die Energie entwichen. Sie ziehen die Menschen weder als Erkenntnisse mehr an – als solche dünken sie hinter der Wissenschaft zurückgeblieben –, noch gebieten sie ihnen als Normen. Freiheit und Humanität etwa haben innerhalb des zum Zwangssystem zusammengeschlossenen Ganzen ihre Strahlkraft verloren, weil sich ihnen gar nicht mehr nachleben läßt; auch ihre ästhetische Verbindlichkeit überdauert nicht: die geistigen Gebilde, die sie verkörpern, sind weithin als fadenscheinig, phrasenhaft, ideologisch durchschaut. Nicht bloß für die nicht mehr Gebildeten sind die Bildungsgüter zerbröckelt sondern an sich, ihrem Wahrheitsgehalt nach. Dieser ist nicht, wie der Idealismus es wollte, zeitlos invariant, sondern hat sein Leben in der geschichtlich-gesellschaftlichen Dynamik wie die Menschen und kann vergehen.

Selbst der manifeste Fortschritt, die allgemeine Steigerung des Lebensstandards mit der Entfaltung der materiellen Produktivkräfte, schlägt den geistigen nicht durchaus zum Segen an. Die Disproportionen, die daraus resultieren, daß der Überbau langsamer sich umwälzt als der Unterbau, haben zum Rückschritt des Bewußtseins sich gesteigert. Halbbildung siedelt parasitär im cultural lag sich an. Daß Technik und höherer Lebensstandard ohne weiteres der Bildung dadurch zugute komme, daß alle von Kulturellem erreicht werden, ist pseudodemokratische Verkäuferideologie – »Music goes into mass production« –, und sie wird es darum nicht weniger, weil man den, der an ihr zweifelt, snobistisch schilt. Sie ist widerlegbar von der empirischen Sozialforschung. So hat in Amerika Edward Suchmann in einer ingeniösen Studie dargetan, daß von zwei Vergleichsgruppen, die sogenannte ernste Musik hörten und von denen die eine diese Musik durch lebendige Aufführungen, die andere nur vom Radio her kannte, die Radiogruppe flacher und verständnisloser reagierte als die erste. Wie für die Radiogruppe die ernste Musik virtuell in Unterhaltungsmusik sich verwandelte, so frieren allgemein die geistigen Gebilde, welche die Menschen mit jener Plötzlichkeit anspringen, die Kierkegaard dem Dämonischen gleichsetzte, zu Kulturgütern ein. Ihre Rezeption gehorcht nicht immanenten Kriterien, sondern einzig dem, was der Kunde davon zu haben glaubt. Zugleich aber wächst mit dem Lebensstandard der Bildungsanspruch als Wunsch, zu einer Oberschicht gerechnet zu werden, von der man ohnehin subjektiv weniger stets sich unterscheidet. Als Antwort darauf werden immense Schichten ermutigt, Bildung zu prätendieren, die sie nicht haben. Was früher einmal dem Protzen und dem nouveau riche vorbehalten war, ist Volksgeist geworden. Ein großer Sektor der kulturindustriellen Produktion lebt davon und erzeugt selbst wiederum das halbgebildete Bedürfnis; die Romanbiographien, die über Bildungstatsachen berichten und gleichzeitig billige und nichtige Identifikationen bewirken; der Ausverkauf ganzer Wissenschaften wie der Archäologie oder Bakteriologie, der sie in grobe Reizmittel verfälscht und dem Leser einredet, er sei au courant. Die Dummheit, mit welcher der Kulturmarkt rechnet, wird durch diesen reproduziert und verstärkt. Frisch-fröhliche Verbreitung von Bildung unter den herrschenden Bedingungen ist unmittelbar eins mit ihrer Vernichtung.

Zweifel an dem unbedingt aufklärenden Wert der Popularisierung von Bildung unter den gegenwärtigen Bedingungen setzen dem Verdacht des Reaktionären sich aus. Man könne nicht etwa der Publikation bedeutender philosophischer Texte der Vergangenheit in Taschenbüchern mit dem Hinweis darauf opponieren, daß durch deren Form und Funktion die Sache beschädigt werde; sonst mache man sich zum lächerlichen Festredner einer geschichtlich verurteilten Bildungsidee, die nur noch dazu diene, einigen Dinosauriern ihre Größe und Herrlichkeit zu bestätigen. In der Tat wäre es unsinnig, jene Texte in kleinen und kostspieligen wissenschaftlichen Auflagen sekretieren zu wollen zu einer Zeit, da der Stand der Technik und das ökonomische Interesse in Massenproduktion konvergieren. Darum soll man aber nicht aus Angst vor dem Unausweichlichen sich gegen das verblenden, was es impliziert, und vor allem: wodurch es mit dem immanenten Anspruch der Demokratisierung von Bildung selbst in Widerspruch gerät. Denn das Verbreitete verändert durch seine Verbreitung vielfach eben jenen Sinn, den zu verbreiten man sich rühmt. Nur eine geradlinige und ungebrochene Vorstellung von geistigem Fortschritt gleitet über den qualitativen Gehalt der zur Halbbildung sozialisierten Bildung unbekümmert hinweg. Ihr gegenüber täuscht die dialektische Konzeption sich nicht über die Zweideutigkeit von Fortschritt inmitten der repressiven Totalität. Daß die Antagonismen anwachsen, besagt, daß alle partikularen Fortschritte im Bewußtsein der Freiheit auch am Fortbestand der Unfreiheit mitwirken. Licht auf die gesamte Sphäre wirft der in einer von Benjamins geschichtsphilosophischen Thesen als Motto zitierte, rührend illusionäre Satz aus dem alten sozialdemokratischen Vorstellungsschatz: »Wird doch unsere Sach alle Tage klarer und das Volk alle Tage klüger.«[5] Wie es in der Kunst keine Approximationswerte gibt; wie eine halbgute Aufführung eines musikalischen Werkes seinen Gehalt keineswegs zur Hälfte realisiert, sondern eine jegliche unsinnig ist außer der voll adäquaten, so steht es wohl um geistige Erfahrung insgesamt. Das Halbverstandene und Halberfahrene ist nicht die Vorstufe der Bildung sondern ihr Todfeind: Bildungselemente, die

5 Josef Dietzgen, Die Religion der Sozialdemokratie, in: Walter Benjamin, Schriften I, Frankfurt a. M. 1955, S. 502.

gegen die 'Meinung'

ins Bewußtsein geraten, ohne in dessen Kontinuität eingeschmolzen zu werden, verwandeln sich in böse Giftstoffe, tendenziell in Aberglauben, selbst wenn sie an sich den Aberglauben kritisieren – so wie jener Oberküfer, der im Drang nach Höherem zur Kritik der reinen Vernunft griff, bei der Astrologie endete, offenbar weil er einzig darin das Sittengesetz in uns mit dem gestirnten Himmel über uns zu vereinen vermochte. Unassimilierte Bildungselemente verstärken jene Verdinglichung des Bewußtseins, vor der Bildung bewahren soll. So nehmen für den Unvorbereiteten, der an die Ethik Spinozas gerät und sie nicht im Zusammenhang der Cartesianischen Substanzlehre und der Schwierigkeiten der Vermittlung zwischen res cogitans und res extensa sieht, die Definitionen, mit denen das Werk anhebt, etwas dogmatisch Undurchsichtiges, den Charakter abstruser Willkür an. Er zergeht erst, wenn Konzeption und Dynamik des Rationalismus samt der Rolle der Definitionen in ihm verstanden sind. Der Unbefangene wird weder wissen, was diese Definitionen sollen, noch, welcher Rechtsgrund ihnen innewohnt. Er wird sie entweder als Galimathias verwerfen und danach leicht in subalternen Hochmut gegen Philosophie überhaupt sich vermauern, oder er wird sie, unter der Autorität des berühmten Namens, telles quelles schlucken und so autoritär wenden, wie etwa in weltanschaulichen Manuskripten von Dilettanten Zitate sogenannter großer Denker zur Bekräftigung ihrer unmaßgeblichen Meinung umgeistern. Historische Einleitungen und Erläuterungen allein, welche die Sache vorweg fernrücken, werden jenen Definitionen im Bewußtsein dessen kaum den rechten Stellenwert verleihen, der nach der »Ethik« greift, ohne daß er in der spezifischen Problematik zu Hause wäre, auf die Spinoza antwortet. Verwirrung und Obskurantismus sind die Folge; vor allem aber ein blindes Verhältnis zu den nicht eigentlich apperzipierten Kulturprodukten, das eben den Geist lähmt, dem jene als Lebendige zum Ausdruck verhelfen. Das aber ist in flagrantem Widerspruch zum Willen einer Philosophie, die als letzte Quelle der Erkenntnis, zu Recht oder Unrecht, nur das unmittelbar Einsichtige anerkannte. Analoges gilt wie für alle Philosophen für die gesamte Kunst. Die Vorstellung, daß das Geniale und Große unmittelbar aus sich selbst wirke und verständlich werde, der Abhub einer auf dem Geniekult basierenden Ästhetik, täuscht darüber, daß nichts, was mit Fug Bildung heißen darf, voraussetzungslos ergriffen werden kann.

Ein Extremes mag das erläutern. In Amerika existiert ein außerordentlich verbreitetes Buch, »Great Symphonies«, von Sigmund Spaeth[6]. Es ist hemmungslos auf ein halbgebildetes Bedürfnis zugeschnitten: das, dadurch sich als kultiviert auszuweisen, daß man die im Musikbetrieb ohnehin unausweichlichen Standardwerke der symphonischen Literatur sofort erkennen kann. Die Methode ist die, daß den symphonischen Hauptthemen, zuweilen auch nur einzelnen Motiven daraus, Sätze unterlegt werden, die sich darauf singen lassen und die nach Schlagerart die betreffenden musikalischen Phrasen einprägen. So wird das Hauptthema der Beethovenschen Fünften Symphonie gesungen auf die Worte: »I am your Fate, come, let me in!«; das Hauptthema der Neunten Symphonie entzweigeschnitten, weil sein Anfang nicht singbar genug sei, und nur das abschließende Motiv betextet: »Stand! The mighty ninth is now at hand!« Dem ehedem oft freiwillig parodierten Seitensatzthema aus der Symphonie Pathétique von Tschaikowsky aber widmet Spaeth die Zeilen:

> This music has a less pathetic strain,
> It sounds more sane and not so full of pain.
> Sorrow is ended, grief may be mended,
> It seems Tschaikowsky will be calm again!

An dieser Explosion von Barbarei, die sicherlich das musikalische Bewußtsein von Millionen von Menschen beschädigt hat, läßt viel auch über die diskretere mittlere Halbbildung sich lernen. Die idiotischen Sätze, die da gesungen werden, haben mit dem Gehalt der Werke nichts zu tun, sondern saugen sich wie Blutegel an deren Erfolg fest, bündige Zeugnisse des Fetischismus der Halbbildung im Verhältnis zu ihren Gegenständen. Die Objektivität des Kunstwerks wird verfälscht durch Personalisierung: ein stürmischer Satz, der zu einer lyrischen Episode sich beruhigt, wäre danach ein Porträt Tschaikowskys. Während dieser in

6 Sigmund Spaeth, Great Symphonies, How to Recognize and Remember Them, New York 1936.

Wahrheit selbst schon Kulturindustrie betrieb, wird seine Musik, nach dem Cliché des langmähnigen Slawen, auf den Begriff eines rasenden Halbirren abgezogen, der immerhin auch seine ruhigen Phasen hat. Überdies sind die Themen in symphonischer Musik nicht die Hauptsache sondern weithin bloß Material; die Popularisierung, welche die Aufmerksamkeit auf die Themen verlagert, lenkt vom Wesentlichen, dem strukturellen Verlauf der Musik als ganzer, aufs Atomistische, die stückhafte Einzelmelodie ab. So sabotiert das Hilfsmittel der Verbreitung das Verbreitete. Schließlich aber – und das ist ein Aspekt, dem kaum ein milderer Name als satanisch gebührt – wird es Menschen, die einmal jene Themen mit den Greuelworten auswendig gelernt haben, schwer möglich sein, je wieder von den Worten sich zu befreien und die Musik überhaupt noch als das zu hören, was sie ist. Die als Kunstliebe getarnte kulturelle Information enthüllt sich als destruktiv. Etwas von Spaeth trägt aber potentiell noch die unschuldigste Taschenbuchausgabe in sich. Keine Aufklärung verdient den Namen, die zu eingeschüchtert wäre, um Reflexionen dieses Typus in sich hineinzunehmen.

Subjektiv ist der Mechanismus, der das Prestige einer nicht mehr erfahrenen und kaum überhaupt mehr gegenwärtigen Bildung und die verunglückte Identifikation mit ihr befördert, einer von kollektivem Narzißmus[7]. Halbbildung hat das geheime Königreich zu dem aller gemacht. Kollektiver Narzißmus läuft darauf hinaus, daß Menschen das bis in ihre individuellen Triebkonstellationen hineinreichende Bewußtsein ihrer sozialen Ohnmacht, und zugleich das Gefühl der Schuld, weil sie das nicht sind und tun, was sie dem eigenen Begriff nach sein und tun sollten, dadurch kompensieren, daß sie, real oder bloß in der Imagination, sich zu Gliedern eines Höheren, Umfassenden machen, dem sie die Attribute alles dessen zusprechen, was ihnen selbst fehlt, und von dem sie stellvertretend etwas wie Teilhabe an jenen Qualitäten zurückempfangen. Die Bildungsidee ist dazu prädestiniert, weil sie – ähnlich wie der Rassewahn – vom Individuum bloß ein Minimum verlangt, damit es die Gratifikation des kollektiven Narzißmus gewinne; es genügt schon der Besuch einer höheren Schule, gelegentlich bereits die Einbildung, aus gu-

7 Vgl. Theodor W. Adorno, Aberglaube aus zweiter Hand, unten S. 155 ff.

ter Familie zu stammen. Die Attitüde, in der Halbbildung und kollektiver Narzißmus sich vereinen, ist die des Verfügens, Mitredens, als Fachmann sich Gebärdens, Dazu-Gehörens. Die Phänomenologie der Sprache in der verwalteten Welt, die Karl Korn jüngst entworfen hat, zumal die »Sprache des Angebers«, ist geradezu die Ontologie von Halbbildung, und die sprachlichen Monstrositäten, die er interpretierte, sind die Male der mißlungenen Identifikation mit dem objektiven Geist an diesem. Um überhaupt noch den Anforderungen zu genügen, welche die Gesellschaft an die Menschen richtet, reduziert Bildung sich auf die Kennmarke gesellschaftlicher Immanenz und Integriertheit und wird unverhohlen sich selber ein Tauschbares, Verwertbares. Die vergleichsweise unschuldige Lüge der Einheit von Bildung und Besitz, mit der man im Wilhelminischen Preußen das Klassenwahlrecht verteidigte, wurde zur aberwitzigen Wahrheit. Damit aber ist der Geist von Halbbildung auf den Konformismus vereidigt. Nicht nur sind ihr die Fermente der Kritik und der Opposition entzogen, die Bildung im achtzehnten Jahrhundert gegen die etablierten Mächte in sich trug, sondern die Bejahung und geistige Verdoppelung dessen, was ohnehin ist, wird zu ihrem eigenen Gehalt und Rechtsausweis. Kritik aber ist zur puren Schlauheit erniedrigt, die sich nichts vormachen läßt und den Kontrahenten drankriegt, ein Mittel des Vorwärtskommens.

Der Halbgebildete betreibt Selbsterhaltung ohne Selbst. Worin nach jeglicher bürgerlichen Theorie Subjektivität sich erfüllte, Erfahrung und Begriff, kann er sich nicht mehr leisten: das höhlt die Möglichkeit von Bildung subjektiv ebenso aus, wie ihr objektiv alles entgegen ist. Erfahrung, die Kontinuität des Bewußtseins, in der das Nichtgegenwärtige dauert, in der Übung und Assoziation im je Einzelnen Tradition stiften, wird ersetzt durch die punktuelle, unverbundene, auswechselbare und ephemere Informiertheit, der schon anzumerken ist, daß sie im nächsten Augenblick durch andere Informationen weggewischt wird. Anstelle des temps durée, des Zusammenhangs eines in sich relativ einstimmigen Lebens, das ins Urteil mündet, tritt ein urteilsloses »Das ist«, etwa so, wie im Schnellzug jene Fahrgäste reden, die bei jedem vorbeiflitzenden Ort die Kugellager- oder Zementfabrik oder die neue Kaserne nennen, bereit, jede ungefragte Frage konsequenzlos zu beantworten. Halbbildung ist eine Schwäche zur Zeit[8], zur Erinnerung, durch welche allein jene Synthesis des Erfahrenen im Bewußtsein geriet, welche einmal Bildung meinte. Nicht umsonst rühmt sich der Halbgebildete seines schlechten Gedächtnisses, stolz auf seine Vielbeschäftigtheit und Überlastung. Vielleicht wird in der gegenwärtigen philosophischen Ideologie nur deshalb so viel Aufhebens von der Zeit gemacht, weil sie den Menschen verlorengeht und beschworen werden soll. Der vielbemerkte Konkretismus und der Abstraktismus aber, der das Einzelne überhaupt nur noch als Repräsentanten des Allgemeinen gelten läßt, mit dessen Namen es benannt wird, ergänzen sich. Der Begriff wird von der dekretorischen Subsumtion unter irgendwelche fertigen, der dialektischen Korrektur entzogenen Clichés abgelöst, die ihre verderbliche Gewalt unter totalitären Systemen enthüllen: auch ihre Form ist das isolierende, aufspießende, einspruchslose »Das ist«. Weil jedoch Halbbildung gleichwohl an die traditionellen Kategorien sich klammert, die sie nicht mehr erfüllt, so weiß die neue Gestalt des Bewußtseins unbewußt von ihrer eigenen Deformation. Darum ist Halbbildung gereizt und böse; das allseitige Bescheidwissen immer zugleich auch ein Besserwissen-Wollen. Ein halbgebildetes Slogan, das einmal bessere Tage gesehen hat, ist Ressentiment; Halbbildung selber aber ist die Sphäre des Ressentiments schlechthin, dessen sie jene zeiht, welche irgend noch einen Funken von Selbstbesinnung bewahren. Unverkennbar das destruktive Potential der Halbbildung unter der Oberfläche des herrschenden Konformismus. Während sie fetischistisch die Kulturgüter als Besitz beschlagnahmt, steht sie immerzu auf dem Sprung, sie zu zerschlagen.

Sie gesellt sich der Paranoia, dem Verfolgungswahn. Die auffällige Affinität eines Bewußtseinsstandes wie der Halbbildung zu unbewußten, psychotischen Prozessen wäre aber rätselhafte, prästabilierte Harmonie, hätten nicht die Wahnsysteme, außer ihrem Stellenwert in der psychologischen Ökonomie des Einzelnen, auch ihre objektive gesellschaftliche Funktion. Sie ersetzen jene wesentliche Einsicht, die von der Halbbildung versperrt wird. Wer der Kontinuität von Urteil und Erfahrung enträt, wird von

8 Vgl. Theodor W. Adorno, Über Statik und Dynamik als soziologische Kategorien, unten S. 230.

solchen Systemen mit Schemata zur Bewältigung der Realität beliefert, welche an diese zwar nicht heranreichen, aber die Angst vorm Unbegriffenen kompensieren. Die Konsumenten psychotischer Fertigfabrikate fühlen sich dabei gedeckt von all den ebenso Isolierten, die in ihrer Isoliertheit, unter radikaler gesellschaftlicher Entfremdung, durch den gemeinsamen Wahn verbunden sind. Die narzißtische Gratifikation, im Geheimnis zu sein und mit anderen Erlesenen einig, befreit, sobald es über die nächsten Interessen hinausgeht, von der Realitätsprüfung, an welcher das Ich alten Stils, laut Freud, seine vornehmste Aufgabe hatte. Die wahnhaften Systeme der Halbbildung sind der Kurzschluß in Permanenz. Man hat die kollektive Neigung zu jenen Bewußtseinsformen, welche Sorel und Rosenberg einmütig Mythen tauften, gern damit erklärt, daß die gegenwärtige soziale Realität an sich, schwierig, komplex und unverständlich, zu dergleichen Kurzschlüssen herausfordere. Aber gerade diese scheinbar objektive Deduktion zielt zu kurz. In vieler Hinsicht ist die Gesellschaft, durch den Wegfall ungezählter, auf den Markt zurückweisender Mechanismen, durch die Beseitigung des blinden Kräftespiels in breiten Sektoren, durchsichtiger als je zuvor. Hinge Erkenntnis von nichts ab als der funktionellen Beschaffenheit der Gesellschaft, so könnte wahrscheinlich heute die berühmte Putzfrau recht wohl das Getriebe verstehen. Objektiv produziert ist vielmehr die subjektive Beschaffenheit, welche die objektiv mögliche Einsicht unmöglich macht. Das Gefühl, an die Macht des Bestehenden doch nicht heranzureichen, vor ihm kapitulieren zu müssen, lähmt auch die Triebregungen der Erkenntnis. Fetischisiert, undurchdringlich, unverstanden wird, was dem Subjekt als unabänderlich sich darstellt. Man denkt zweiwertig, nach dem Schema von vorweg Geretteten und vorweg Verdammten. Der Halbgebildete zählt sich allemal zu den Geretteten, verdammt ist alles, was sein Reich – und damit das jeweils Bestehende, zu dem dies Reich vermittelt ist – in Frage stellen könnte. Im Gericht über den vielfach selbstgewählten oder erst konstruierten Gegner schlägt eben jenes Moment von Roheit durch, das objektiv gesetzt ist durch das Scheitern der Kultur an dem, der auf sie pocht. Halbbildung ist defensiv; sie weicht den Berührungen aus, die etwas von ihrer Fragwürdigkeit zutage fördern könnten.

Nicht Komplexität, sondern Entfremdung schafft die psychotischen Formen der Reaktion auf Gesellschaftliches: Psychose selbst ist die vom Subjekt bis ins Innerste zugeeignete objektive Entfremdung. Die kollektiven Wahnsysteme der Halbbildung vereinen das Unvereinbare: sie sprechen die Entfremdung aus, sanktionieren sie, als sei's wie immer auch finsteres Geheimnis, und bringen sie scheinhaft nahe, trügende Ersatzerfahrung anstelle der zerfallenen. Dem Halbgebildeten verzaubert alles Mittelbare sich in Unmittelbarkeit, noch das übermächtige Ferne. Daher die Tendenz zur Personalisierung: objektive Verhältnisse werden einzelnen Personen zur Last geschrieben oder von einzelnen Personen das Heil erwartet. Ihr wahnhafter Kult schreitet mit der Depersonalisierung der Welt fort. Andererseits kennt Halbbildung, als entfremdetes Bewußtsein, wiederum kein unmittelbares Verhältnis zu irgend etwas, sondern ist stets fixiert an die Vorstellungen, welche sie an die Sache heranbringt. Ihre Haltung ist die des taking something for granted; ihr Tonfall bekundet unablässig ein »Wie, das wissen Sie nicht?«, zumal bei den wildesten Konjekturen. Kritisches Bewußtsein ist verkrüppelt zum trüben Hang, hinter die Kulissen zu sehen: Riesman hat das am Typus des inside dopesters beschrieben. Die obersten Antworten und Theoreme der Halbbildung jedoch bleiben irrational: daher ihre Sympathien mit dem Irrationalismus jeglicher Farbe, zumal dem depravierten, der Verherrlichung von Natur und Seele. Sie ist geistig prätentiös und barbarisch anti-intellektuell in eins. Die Wahlverwandtschaft von Halbbildung und Kleinbürgertum liegt auf der Hand; mit der Sozialisierung der Halbbildung aber beginnen auch ihre pathischen Züge die ganze Gesellschaft anzustecken, entsprechend der Instauration des auf Touren gebrachten Kleinbürgers zum herrschenden Sozialcharakter. Der soziale Zusammenhang von Wahn und Halbbildung ist von der Wissenschaft kaum, dagegen von einer Literatur sehr wohl gesehen worden, die es nie zu rechten Ehren brachte. Die Beschreibung der allzerstörenden Schwiegermutter in dem verstaubten Lustspiel »Der Störenfried« von Benedix entwirft die vollständige Physiognomik der Halbbildung. Soziologie vermöchte wahrscheinlich deren gesamte Ontologie, einen Strukturzusammenhang all ihrer tragenden und zugleich aus gesellschaftlichen Bedingungen stammenden Kategorien zu entfalten. Als von Kultur Ausgeschlossener und gleichwohl sie Bejahender verfügt der Halbgebildete über eine zweite Kultur sui generis, eine inoffizielle, die unterdessen freilich mit der von der Kulturindustrie zubereiteten echte Begegnung feiert: die Welt der Bücher, die nicht in den Bücherschrank gestellt, aber gelesen werden und die so geschichtslos, so unempfindlich gegen geschichtliche Katastrophen zu sein scheinen wie das Unbewußte selber. Gleich diesem ist Halbbildung tendenziell unansprechbar: das erschwert so sehr ihre pädagogische Korrektur. Ihr entgegenwirken könnte man wohl einzig tiefenpsychologisch: dadurch, daß man schon in frühen Entwicklungsphasen ihre Verhärtungen löst und kritische Besinnung stärkt.

Forderungen dieser Art jedoch stoßen rasch genug auf einen Block. Die Erkenntnis des gesellschaftlichen Unwesens von Halbbildung bestätigt, daß isoliert nicht geändert werden kann, was von objektiven Gegebenheiten produziert und reproduziert wird, welche die Bewußtseinssphäre zur Ohnmacht verhalten. Im widerspruchsvollen Ganzen verstrickt auch die Frage nach der Bildung in eine Antinomie. Die ungebrochene Rede von Kultur ist weltfremd und ideologisch angesichts der objektiv und über alle Grenzen der politischen Systeme hinweg sich manifestierenden Tendenz zu ihrer Liquidation. Vollends läßt Kultur in abstracto darum nicht sich zur Norm oder zum sogenannten Wert erheben, weil Beteuerungen solchen Tenors das Verhältnis alles Kulturellen zur Herbeiführung menschenwürdigen Lebens durch seiner selbst mächtiges Selbstbewußtsein durchschneiden und zu jener Neutralisierung des Geistes beitragen, die ihrerseits Bildung zerstört. Umgekehrt aber kann auch die Theorie der Gesellschaft und eine irgend an ihr orientierte Praxis nicht mit dem Mut der Verzweiflung sich auf die Seite der stärkeren Tendenz schlagen, stoßen, was fällt, und die Liquidation der Kultur sich zu eigen machen: sonst wird sie unmittelbar mitschuldig am Rückfall in die Barbarei. Unter den Versuchungen des an sich selbst irre gewordenen Geistes ist nicht die harmloseste jene, die in der Psychologie Anna Freud die Identifikation mit dem Angreifer[9] genannt hat: willfährig das vermeintlich Unab-

9 Vgl. Theodor W. Adorno, Aberglaube aus zweiter Hand, unten S. 168.

wendbare zu unterschreiben. Gegenwärtig gedeiht weniger der kritische Intellektuelle als der, welcher die Mittel des Intellekts, oder was er damit verwechselt, zur Verdunklung benutzt. Eitel aber wäre auch die Einbildung, irgend jemand – und damit meint man immer sich selber – wäre von der Tendenz zur sozialisierten Halbbildung ausgenommen. Was mit Fug Fortschritt des Bewußtseins heißen darf, die illusionslos kritische Einsicht in das, was ist, geht mit Bildungsverlust zusammen; Nüchternheit und traditionelle Bildung sind unvereinbar. Kein Zufall, daß schon, als Marx und Engels die kritische Theorie der Gesellschaft konzipierten, jene Sphäre, auf welche der Begriff der Bildung primär zielt, Philosophie und Kunst, vergröbert und primitiviert ward. Solche Simplifizierung ist unvereinbar geworden mit der gesellschaftlichen Intention, endlich doch aus der Barbarei hinauszuführen: sie hilft unterdessen im Osten zum nackten Schrecken. Fortschreitendes Bewußtsein, das der angehorteten, zum Besitz verschandelten Kultur widersteht, ist nicht nur über, sondern immer zugleich auch unter der Bildung. Stets ist die hervortretende neue Qualität mehr und weniger als das Versinkende. Dem Fortschritt selber, der Kategorie des Neuen ist als Ferment ein Zusatz von Barbarei beigemischt: man fegt aus. Zu visieren wäre ein Zustand, der weder Kultur beschwört, ihren Rest konserviert, noch sie abschafft, sondern der selber hinaus ist über den Gegensatz von Bildung und Unbildung, von Kultur und Natur. Das aber erheischt, daß nicht nur die Verabsolutierung von Kultur gebrochen wird, sondern auch, daß ihre Auffassung als die eines Unselbständigen, als bloßer Funktion von Praxis und bloßer Anweisung auf sie, nicht hypostasiert werde, nicht zur undialektischen These gerinne. Die Einsicht, daß, was entsprang, nicht auf seinen Ursprung reduziert, nicht dem gleichgemacht werden kann, woraus es kam, bezieht sich auch auf den Geist, der so leicht dazu sich verführen läßt, sich selber als Ursprung aufzuwerfen. Wohl ist ihm, wo er diesen Anspruch zur eigenen Erhöhung anmeldet, mit dem Hinweis auf seine Abhängigkeit von den realen Lebensverhältnissen und seine Untrennbarkeit von deren Gestaltung, schließlich auf seine eigene Naturwüchsigkeit zu entgegnen. Wird Geist aber blank auf jene Abhängigkeit reduziert und fügt er sich von sich aus in die Rolle des bloßen Mittels, so ist an das Umgekehrte zu erinnern. Insofern hat die Sorge um Bildung in der gegenwärtigen geschichtlichen Stunde ihr Recht. Daß der Geist von den realen Lebensverhältnissen sich trennte und ihnen gegenüber sich verselbständigte, ist nicht nur seine Unwahrheit, sondern auch seine Wahrheit; keine verbindliche Erkenntnis, kein geratenes Kunstwerk wäre durch den Hinweis auf seine soziale Genese zu widerlegen. Wenn die Menschen den Geist entwickelten, um sich am Leben zu erhalten, so sind die geistigen Gebilde, die sonst nicht existierten, doch keine Lebensmittel mehr. Die unwiderrufliche Verselbständigung des Geistes gegenüber der Gesellschaft, die Verheißung von Freiheit, ist selber so gut ein Gesellschaftliches, wie die Einheit von beidem es ist. Wird jene Verselbständigung einfach verleugnet, so wird der Geist unterdrückt und macht dem, was ist, nicht weniger die Ideologie, als wo er ideologisch Absolutheit usurpiert. Was ohne Schande, jenseits des Kulturfetischismus, kulturell heißen darf, ist einzig das, was vermöge der Integrität der eigenen geistigen Gestalt sich realisiert und nur vermittelt, durch diese Integrität hindurch, in die Gesellschaft zurückwirkt, nicht durch unmittelbare Anpassung an ihre Gebote. Die Kraft dazu aber wächst dem Geist nirgendwoher zu als aus dem, was einmal Bildung war. Tut indessen der Geist nur dann das gesellschaftlich Rechte, solange er nicht in der differenzlosen Identität mit der Gesellschaft zergeht, so ist der Anachronismus an der Zeit: an Bildung festzuhalten, nachdem die Gesellschaft ihr die Basis entzog. Sie hat aber keine andere Möglichkeit des Überlebens als die kritische Selbstreflexion auf die Halbbildung, zu der sie notwendig wurde.

1959

Kultur und Verwaltung

Wer Kultur sagt, sagt auch Verwaltung, ob er will oder nicht. Die Zusammenfassung von so viel Ungleichnamigem wie Philosophie und Religion, Wissenschaft und Kunst, Formen der Lebensführung und Sitten, schließlich dem objektiven Geist eines Zeitalters unter dem einzigen Wort Kultur verrät vorweg den administrativen Blick, der all das, von oben her, sammelt, einteilt, abwägt, organisiert. Das Wort Kultur selbst, in seinem spezifischen Gebrauch, ist kaum älter als Kant, und sein zumal in Deutschland beliebter Widerpart, Zivilisation, bürgerte erst im neunzehnten Jahrhundert sich ein, wurde zum Slogan durch Spengler. Wie nah heute jedenfalls Kulturbegriff und Verwaltung einander sind, wäre etwa an dem Sprachgebrauch zu erkennen, der im Rundfunk einem Ressort den Titel »Kulturelles Wort« vorbehält, worunter alles Mögliche läuft, wofern es nur einer mehr oder minder genauen Vorstellung von Niveau und Gepflegtheit entspricht, im Gegensatz zu der Sphäre U, dem Verwaltungsressort, das jenem Geist reserviert ist, der kein Geist, sondern Dienst am Kunden sein soll, also der leichten Musik und ihren literarischen und dramatischen Pendants.

Aber Kultur ist zugleich, gerade nach deutschen Begriffen, der Verwaltung entgegengesetzt. Sie möchte das Höhere und Reinere sein, das, was nicht angetastet, nicht nach irgendwelchen taktischen oder technischen Erwägungen zurechtgestutzt ward. In der Sprache der Bildung heißt das ihre Autonomie. Gern assoziiert damit die gängige Meinung Persönlichkeit. Kultur sei die Manifestation reinen Menschenwesens, ohne Rücksicht auf Funktionszusammenhänge in der Gesellschaft. Daß man das Wort Kultur trotz seines selbstgerechten Beiklangs nicht vermeiden kann, bezeugt, wie sehr die hundertmal zu Recht kritisierte Kategorie der Welt wie sie ist, der verwalteten, verschworen und angemessen ist. Gleichwohl wird kein einigermaßen Empfindlicher das Unbehagen an der Kultur als einer verwalteten los. Je mehr für die Kultur geschieht, desto schlechter für sie, formulierte Eduard Steuermann. Diese Paradoxie wäre zu entfalten: daß sie Schaden nehme, wenn sie geplant und verwaltet wird; daß aber, wenn sie sich selbst überlassen bleibt, alles Kulturelle nicht nur die Möglichkeit der Wirkung, sondern die Existenz zu verlieren droht. Weder ist der naive, längst mit ressorthaften Vorstellungen durchsetzte Kulturbegriff unkritisch zu übernehmen, noch bei dem konservativen Kopfschütteln über das zu verharren, was im Zeitalter integraler Organisation der Kultur widerfährt.

Die Abneigung gegen das Wort, die übrigens von Barbarischem, dem Drang, den Revolver zu entsichern, nicht frei ist, darf nicht darüber betrügen, daß ihm auch seine Wahrheit zukommt. Sie erlaubt es, Kultur derart als Einheit zu behandeln, wie etwa die Kulturdezernate von Städten es zu tun pflegen, die in den Händen eines Referenten eine Reihe von Gegenständen vereinen, die zunächst einmal tatsächlich etwas miteinander gemein haben. Dies Gemeinsame ist der Gegensatz zu all dem, was der Reproduktion des materiellen Lebens, überhaupt der buchstäblichen Selbsterhaltung der Menschen dient, der Erhaltung ihres bloßen Daseins. Jeder weiß, daß die Grenzen verfließen. Von je hat man darüber gestritten, ob etwa die Sphäre des Rechts und die der Politik der Kultur zuzurechnen sei – in den Kulturdepartements der Verwaltungen jedenfalls kommen sie nicht vor. Man wird weiter nur schwer bestreiten können, daß unter der heutigen Gesamttendenz viele der traditionell der Kultur zugerechneten Sparten der materiellen Produktion sich annähern: die Naturwissenschaften bis in ihre obersten theoretischen, nach älterem Sprachgebrauch »philosophischen« Disziplinen hinein, die ja wohl nicht aus der Idee der Kultur herauszunehmen wären, bedingen in stets wachsendem Maße das reale Schicksal der Menschen, und der Fortschritt jener Wissenschaften hängt unmittelbar wiederum von den Mächten des materiellen Lebens, von der Wirtschaft ab. Was heute vor Augen steht und beunruhigt, wird aber verfehlt, wenn man es aus der Welt diskutiert, indem man sich an vermeintliche Übergangsphänomene hält. Zu widerstehen ist der gegenwärtigen Neigung, peinliche Widersprüche in der Sache durch begriffliche Distinktionen und Manipulationen, eine

Art vulgarisierte Erkenntnistheorie, zu verleugnen. Zunächst wird man das Simple festhalten müssen, daß das spezifisch Kulturelle eben das der nackten Notdurft des Lebens Enthobene ist.

Das dispensiert nicht von Erwägungen darüber, was mit Verwaltung gemeint sei: nicht länger nämlich bloß die staatliche oder kommunale, als vom freien gesellschaftlichen Kräftespiel säuberlich getrennte Institution. Die Tendenz einer jeglichen, sich – quantitativ und qualitativ – zu expandieren, ist im Bürokratiespiel aus Max Webers »Wirtschaft und Gesellschaft«[1] der formal-definitorischen Methode seines Spätwerks gemäß als immanent bezeichnet worden: Bürokratien sollen von sich aus, dem eigenen Gesetz folgend, sich ausbreiten. Für die These bietet die Geschichte der SS das furchtbarste Beispiel aus jüngster Vergangenheit. Weber begründet sie wesentlich mit der technischen Überlegenheit des Organisationstypus der Verwaltung gegenüber traditionalistischen: »Der entscheidende Grund für das Vordringen der bürokratischen Organisation war von jeher ihre rein technische Überlegenheit über jede andere Form. Ein voll entwickelter bürokratischer Mechanismus verhält sich zu diesen genau wie eine Maschine zu den nicht mechanischen Arten der Gütererzeugung. Präzision, Schnelligkeit, Eindeutigkeit, Aktenkundigkeit, Kontinuierlichkeit, Diskretion, Einheitlichkeit, straffe Unterordnung, Ersparnisse an Reibungen, sachlichen und persönlichen Kosten sind bei streng bürokratischer, speziell: monokratischer Verwaltung durch geschulte Einzelbeamte gegenüber allen kollegialen oder ehren- und nebenamtlichen Formen auf das Optimum gesteigert.«[2] Gerade an der SS aber läßt sich erkennen, wie sehr der von Weber unterstellte formale Rationalitätsbegriff, beschränkt auf die Zweck-Mittel-Relation, das Urteil über die Rationalität der Zwecke selbst behindert; in Webers eigener Rationalitätstheorie mag man den Niederschlag von Verwaltungsdenken argwöhnen. Der Mechanismus der Verselbständigung von Organisationen wäre spezifischer zu bestimmen als bei Weber oder auch in

1 Vgl. Max Weber, Wirtschaft und Gesellschaft. Grundriß der verstehenden Soziologie, 4. Aufl., hrsg. von Johannes Winckelmann, Tübingen 1956, 2. Halbbd., S. 559 ff.

2 a. a. O., 569 f.

der formalen Soziologie Simmels, der soziale Erstarrungsphänomene dem Leben entgegensetzt als metaphysische Gegebenheit schlechthin. Zweckorganisationen in der antagonistischen Gesellschaft müssen notwendig partikulare Zwecke verfolgen: auf Kosten der Interessen anderer Gruppen. Daher sind sie zur Verhärtung und Vergegenständlichung genötigt. Hielten sie sich nach unten, ihren Mitgliedern und deren unmittelbaren Ansprüchen gegenüber, stets ganz offen, so wären sie nicht aktionsfähig. Je fester gefügt sie sind, um so größer die Aussicht, anderen gegenüber sich durchzusetzen. Was heute international im machtpolitischen Vorsprung der totalitären, »monolithischen« Staaten über die liberalistischen sich zeigt, gilt auch für die Struktur von Organisationen im kleineren. Ihre Wirksamkeit nach außen ist Funktion ihrer Geschlossenheit nach innen, und diese hängt davon ab, daß das sogenannte Ganze den Primat über die Einzelinteressen gewinnt, daß die Organisation qua Organisation sich an deren Stelle setzt. Ihre Verselbständigung wird der Organisation von der Selbsterhaltung aufgezwungen, während sie gleichzeitig durch diese Verselbständigung ihren Zwecken und den Menschen, aus denen sie sich zusammensetzt, sich entfremdet. Schließlich tritt sie, um ihren Zweck angemessen verfolgen zu können, notwendig in Widerspruch zu diesen.

Schwerlich erklärt die immanente Expansions- und Verselbständigungstendenz von Verwaltung als bloßer Herrschaftsform allein den Übergang von Verwaltungsapparaturen älteren Wortsinns in solche der verwalteten Welt; ihren Eintritt in früher nicht verwaltete Bereiche. Verantwortlich sein dürfte die Expansion des Tauschverhältnisses über das gesamte Leben bei zunehmender Monopolisierung. Denken in Äquivalenten produziert von sich aus insofern eine der Verwaltungsrationalität prinzipiell verwandte, als es Kommensurabilität aller Gegenstände, ihre Subsumierbarkeit unter abstrakte Regeln herstellt. Qualitative Differenzen zwischen den Bereichen wie innerhalb jedes einzelnen Bereichs werden herabgesetzt, und damit vermindert sich ihr Widerstand gegen Verwaltung. Zugleich bewirkt die anwachsende Konzentration Einheiten von solchem Umfang, daß mit traditionalistischen, irgend »irrationalen« Methoden nicht mehr durchzukommen ist. Ökonomisch wächst mit der Größe der

Einheit auch die der Risikos und erzwingt Planung, wie sie bis heute jedenfalls den Herrschaftstypus verlangt, den Max Weber als den »monokratischen« definiert. Allein schon die unmäßige Größe selbst nicht auf Profit gerichteter Institutionen wie Erziehungswesen oder Rundfunk befördert, mit dem Verlangen nach organisatorischer Gestuftheit, Verwaltungspraktiken. Sie verstärken sich durch die technologische Entwicklung: daß im Rundfunk etwa das zu Kommunizierende aufs äußerste sich konzentriert und aufs weiteste gestreut wird. Max Weber konnte sich noch wesentlich auf Verwaltungen im engeren Sinn, auf Beamtenhierarchien, beschränken. Analoge Tendenzen hat er nur – in Übereinstimmung mit Robert Michels – am Parteiwesen, freilich dann auch bereits am Sektor von Erziehung und Unterricht notiert. Unterdessen hat die Tendenz all das weit hinter sich gelassen und total, keineswegs nur in ökonomischen Monopolen, sich entfaltet. Das Anwachsen der Quantität von Verwaltungsapparaten hat eine neue Qualität erzeugt. Nicht länger wird ein nach liberalistischem Modell vorgestelltes Getriebe von Verwaltungen überdacht oder durchwachsen, sondern sie haben gegenüber den Bereichen der Freiheit so sehr das Übergewicht angenommen, daß diese nachgerade nur noch geduldet erscheinen; bereits in der Ära des Vorfaschismus hat Karl Mannheim gerade das antezipiert.

Auch Kultur ist dieser Tendenz nicht tabu. Weber erwägt im wirtschaftlichen Sektor, ob den Befugnissen der Verwaltenden ihr Verständnis für die objektiven Probleme, die sie zu lösen haben, angemessen sei. »Überlegen ist«, ihm zufolge, »der Sachkenntnis der Bürokratie nur die Sachkenntnis der privatwirtschaftlichen Interessenten auf dem Gebiet der ›Wirtschaft‹. Diese deshalb, weil für sie die genaue Tatsachenkenntnis auf ihrem Gebiet direkt wirtschaftliche Existenzfrage ist: Irrtümer in einer amtlichen Statistik haben für den schuldigen Beamten keine direkten wirtschaftlichen Folgen, – Irrtümer in der Kalkulation eines kapitalistischen Betriebes kosten diesem Verluste, vielleicht den Bestand.«[3] Die Frage nach der Kompetenz von Bürokratien jedoch, die Weber mit Rücksicht auf die Wirtschaft aufwirft, hat unterdessen ebenso sich ausgebreitet wie die Verwaltung selber in

3 a. a. O., S. 582.

der Gesellschaft. Sie wird kritisch in der kulturellen Sphäre. Was heraufdämmert, streift Weber in einem beiläufigen Satz, ohne daß er die Tragweite seiner Beobachtung bei der Konzeption seines großen Werkes, vor mehr als vierzig Jahren, hätte absehen können. Im höchst speziellen Zusammenhang der bildungssoziologischen Anmerkungen des Bürokratie-Kapitels spricht er davon, daß der Besitz von Bildungspatenten die Begabung – das »Charisma« – zunehmend zurückdränge; »denn die ›geistigen‹ Kosten der Bildungspatente sind stets geringe und nehmen mit der Massenhaftigkeit nicht zu sondern ab«[4]. Demnach wird dem Geist selber zunehmend jene irrationale, nicht zu planende Bestimmung entzogen, die ihm nach traditioneller Ansicht eignet. Weber pointierte das in einem Exkurs: »Hinter allen Erörterungen der Gegenwart um die Grundlagen des Bildungswesens steckt an irgendeiner entscheidenden Stelle der durch das unaufhaltsame Umsichgreifen der Bürokratisierung aller öffentlichen und privaten Herrschaftsbeziehungen und durch die stets zunehmende Bedeutung des Fachwissens bedingte, in alle intimsten Kulturfragen eingehende Kampf des ›Fachmenschen‹-Typus gegen das alte ›Kulturmenschentum‹.«[5] Dem »Fachmenschentum« opponiert Weber hier so, wie es in der spätliberalen Gesellschaft seit Ibsens Hedda Gabler üblich war. Untrennbar davon jedoch ist die zwangsläufige Zunahme von Verwaltungsbefugnissen dort, wo ihnen sachlich keine Zuständigkeit entspricht. Fachmenschen müssen Autorität ausüben in Bereichen, in denen sie fachlich nicht qualifiziert sein können, während man ihrer besonderen, abstrakt-verwaltungstechnischen Eignung bedarf, damit der Betrieb funktioniert und in Gang bleibt.

Die Dialektik von Kultur und Verwaltung drückt keineswegs so sehr die sakrosankte Irrationalität von Kultur aus – diese dünkt durchweg denen am irrationalsten, die am wenigsten von ihr erfahren haben –, als daß die Verwaltung, sowohl ihren objektiven Kategorien wie ihrer personellen Zusammensetzung nach, dem Kulturellen immer weiter sich entfremdet. Die Verwaltung ist dem Verwalteten äußerlich, subsumiert es, anstatt es zu begreifen. Eben das liegt im Wesen von verwaltender Ratio-

4 a.a.O., S. 585.
5 a.a.O., S. 586.

nalität selber, die bloß ordnet und überspinnt. Schon im Amphibolie-Kapitel der Kritik der reinen Vernunft hat Kant, gegen Leibniz, dem Verstand die Fähigkeit abgesprochen, das »Innere der Dinge« zu erkennen. Die Aporie waltet zwischen der unabdingbaren Bestimmung des Kulturellen und der unabdingbaren Rationalität der Verwaltung, die keine andere ist als der szientifische Verstand. Was mit Grund kulturell heißt, muß erinnernd aufnehmen, was am Wege liegen bleibt bei jenem Prozeß fortschreitender Naturbeherrschung, der in anwachsender Rationalität und immer rationaleren Herrschaftsformen sich spiegelt. Kultur ist der perennierende Einspruch des Besonderen gegen die Allgemeinheit, solange diese unversöhnt ist mit dem Besonderen. Das war mit der wie immer auch problematischen Unterscheidung des Nomothetischen und des Idiographischen in der südwestdeutschen Schule wenigstens visiert, der Max Weber philosophisch selber anhing. Verwaltung aber repräsentiert notwendig, ohne subjektive Schuld und ohne individuellen Willen, das Allgemeine gegen jenes Besondere. Das Gefühl des Windschiefen, Unvereinbaren im Verhältnis von Kultur und Verwaltung heftet sich daran. Es bezeugt den stets noch antagonistischen Charakter einer stets weiter sich vereinheitlichenden Welt. Die Forderung der Verwaltung an die Kultur ist wesentlich heteronom: sie muß Kulturelles, was immer es auch sei, an Normen messen, die ihm nicht innewohnen, die nichts mit der Qualität des Objekts zu tun haben, sondern lediglich mit irgendwelchen abstrakt von außen herangebrachten Maßstäben, während gleichzeitig nach seinen Vorschriften und der eigenen Beschaffenheit nach der Verwaltende meist ablehnen muß, auf Fragen der immanenten Qualität, der Wahrheit der Sache selbst, ihrer objektiven Vernunft überhaupt sich einzulassen. Solche Ausdehnung der Verwaltungskompetenz auf einen Bereich, dessen Idee jener Art durchschnittlicher Allgemeinheit widerspricht, die im Begriff der Verwaltungsnorm liegt, ist selber irrational, ein der immanenten Vernunft der Sache, etwa der Qualität des Kunstwerks Fremdes, ihr gegenüber Zufälliges. Das Selbstbewußtsein dieser Antinomie und die Konsequenzen daraus wären wohl als erstes von einer im Kantischen Sinne mündigen, aufgeklärten Verwaltungspraxis zu verlangen.

Früh schon, seit der Mitte des neunzehnten Jahrhunderts, hat Kultur gegen jene Zweckrationalität sich gesträubt. Im Bewußtsein dessen haben zur Zeit des Symbolismus und des Jugendstils Künstler wie Wilde provokativ Kultur das Nutzlose genannt. Zwischen dem Nützlichen und dem Unnützen aber herrscht in der bürgerlichen Gesellschaft, und wahrhaft nicht erst seit heute, ein überaus komplexes Verhältnis. Der Nutzen des Nützlichen selber ist keineswegs über allem Zweifel, und das Unnütze okkupiert den Platz dessen, was nicht mehr vom Profit entstellt wäre. Viel unter den nützlichen Gütern Eingereihtes geht hinaus über die unmittelbar biologische Reproduktion des Lebens. Diese selbst ist kein Jenseits der Geschichte, sondern abhängig von dem, was als Kultur rangiert; sollten Menschen der industriellen Ära unter den Bedingungen ihr Dasein fristen, die ihnen in der Steinzeit dahinzuvegetieren gestatteten, so gingen sie wohl zugrunde. Die kritische Theorie der Gesellschaft hat dem Ausdruck verliehen in dem Satz, daß die Reproduktion der Arbeitskraft nur auf dem jeweils historisch erreichten kulturellen Standard erfolge, keine statische Naturkategorie sei. Dem wohnt ein Potential inne, das zum Antagonismus fortschritt. Man braucht nicht dem amerikanischen Ökonomen Veblen, auf den die Technokratie zurückdatiert, zu folgen, der tendenziell alle Güter, die nicht drastisch notwendig sind, für den Ausdruck von Herrschaft, Status und Ostentation, die ganze Kultur für das hielt, was im saloppen Jargon der verwalteten Welt »Angabe« heißt. Aber man wird doch nicht dagegen sich verblenden, daß dem Profit gegenüber im Gesamtsystem das Nützliche an sich, das niemals ein den Menschen unmittelbar zugute Kommendes war, zu einem Sekundären, von der Maschinerie Mitgeschleiften wurde. Kaum anderswo aber ist das Bewußtsein der Gesellschaft so allergisch wie hier. Gerade weil es dubios bestellt ist um die Nützlichkeit des Nützlichen, ist es dem Apparat doppelt wichtig, sich als ein Nützliches, um der Konsumenten willen Ablaufendes zu präsentieren. Darum wird in der Ideologie die Demarkationslinie von Nützlichem und Unnützem so streng gezogen. Zur Inthronisierung der Kultur als einem an sich Seienden, von den materiellen Bedingungen Unabhängigen, ja diese Vergleichgültigenden schickt sich korrelativ der Glaube an die reine Nützlichkeit des

Nützlichen selbst. Kultur soll durchaus unnütz, darum auch jenseits der Planungs- und Verwaltungsmethoden der materiellen Produktion sein, damit der Rechtsanspruch des Nützlichen ebenso wie der des Unnützen um so mehr Relief gewinnt.
In solcher Ideologie hat sich ein Reales sedimentiert, die Trennung der Kultur vom materiellen Lebensprozeß, schließlich der gesellschaftliche Bruch zwischen körperlicher und geistiger Arbeit. Er erbt sich fort an die Antinomie von Kultur und Verwaltung. Der Geruch des Banausischen, der der Verwaltung anhaftet, ist, nicht bloß philologisch, vom gleichen Schlag wie das Odium niedriger, nützlicher – schließlich körperlicher Arbeit in der Antike. Die starre Entgegensetzung von Kultur und Verwaltung im Denken, Produkt einer gesellschaftlichen und geistigen Lage, die beides zugleich auch zusammenbiegt, war indessen stets fragwürdig. Vertraut ist zumal der Kunstgeschichte, daß in der Vergangenheit überall dort, wo Artefakte kollektive Arbeit erforderten, aber auch bis tief in die individuelle Produktion bedeutender Architekten, Bildhauer und Maler hinein Verwaltungen mitgeredet haben. Ihr Einfluß blieb nicht äußerlich, sondern teilte der Sache selbst sich mit. Daher standen die Verwaltungen auch in der Vergangenheit keineswegs mit denen, die heute unbedenklich Kulturschaffende sich nennen, in jener glücklichen Harmonie, welche der romantische Wunsch nur allzu gern nach rückwärts projiziert. Unter dem Aspekt ihrer Beziehung zu den Kulturbereichen stellten die Kirche, später die Regenten der italienischen Stadtstaaten und dann des Absolutismus Verwaltungsinstanzen dar. Vermutlich war ihre Beziehung zur kulturellen Produktion vielfach substantieller als die zwischen der gegenwärtigen Verwaltung und der verwalteten Kultur. Die unbestrittene Vorgegebenheit der Religion milderte den Gegensatz des Kulturellen zum praktischen Leben, und die verfügenden großen Herren von ehedem, oft genug freilich Condottieri, mochten der Kultur näher sein als manche Verwaltungsspezialisten unter radikal arbeitsteiliger Gesellschaft. Um so unmittelbarer aber auch und rigoroser kontrollierten sie das Kulturelle, unbehindert von Zuständigkeiten und rationalen Verfahrensordnungen. Das Verhältnis der immanenten Wahrheit kultureller Gebilde zu dem, was man heutzutage zwielichtig »Auftrag« getauft hat, war je-

denfalls damals kaum weniger leidvoll als heute. Große Künstler selbst eines Typus, der mit dem zu seiner Zeit objektiv verbindlichen Geist weithin zusammenzustimmen scheint, wie Bach, haben in permanentem Konflikt mit ihren Verwaltungen gelebt. Aus dem Hochmittelalter weiß man wohl nur darum weniger von derartigen Konflikten, weil diese damals prinzipiell zugunsten der verwaltenden Macht vorentschieden waren, der gegenüber Ansprüche, die ihrer selbst erst im modernen Begriff des Individuums recht innewurden, kaum Chance hätten.

Trotz all dem hat im Verhältnis von Kultur und organisierter Macht etwas Wesentliches sich verändert. Kultur, als das über das System der Selbsterhaltung der Gattung Hinausweisende, enthält allem Bestehenden, allen Institutionen gegenüber unabdingbar ein kritisches Moment. Es ist keineswegs die bloße Tendenz, wie manche kulturellen Gebilde sie verkörpern, sondern Protest gegen die Integration, die durchweg dem qualitativ Verschiedenen gewalttätig widerfährt: in gewisser Weise gegen die Idee der Vereinheitlichung selber. Indem überhaupt etwas gedeiht, was anders, was nicht zu verwerten ist, belichtet es zugleich die herrschende Praxis in ihrer Fragwürdigkeit. Nicht erst durch manifeste praktische Intentionen, sondern durch ihre bloße Existenz, ja gerade durch ihr Unpraktischsein hat zumal die Kunst einen polemischen, insgeheim praktischen Zug. Der ist aber unvereinbar damit, daß Kultur als eine Sparte, als »cultural activities« der Totalität herrschender Praxis eingefügt wird, so bruchlos vollends wie unter den gegenwärtigen Bedingungen. Einst war die Demarkationslinie zwischen Realität und Kultur nicht so scharf und tief gegraben; die Kunstwerke etwa reflektierten noch nicht auf ihre Autonomie, ihr je eigenes Formgesetz, sondern hatten a priori auch in Zusammenhängen ihren Ort, in denen sie eine wie sehr auch mittelbare Funktion erfüllten. Gerade daß sie noch gar nicht so sehr als Kunstwerke sich setzten, wie es danach fast selbstverständlich dünkte, ist ihrem runden, umfangenden Gelingen, ja ihrer künstlerischen Gewalt zugute gekommen. Paul Valéry hat das herausgearbeitet, ohne der salbungsvollen Phrase vom Menschen zu verfallen, für den angeblich alles da sei; der Mensch ist erst Mode, seit er gänzlich fungibel wurde. Liest man heute etwa die Künstlerbiographien von

Vasari, so gewahrt man mit Staunen, wie oft er an den Malern der Renaissance ihre Fähigkeit, die Natur nachzuahmen, also ähnliche Porträts zu liefern, als besonders rühmlich hervorhebt. Seit der Erfindung der Photographie ist diese mit praktischen Zwecken verfilzte Fähigkeit in der Malerei stets gleichgültiger geworden; auch an älterer. Aber schon Valéry hegte den Verdacht, als dankte jene Malerei ihre ästhetische Authentizität eben dem, daß sie noch nicht auf einen chemisch reinen Begriff des Ästhetischen vereidigt war; als gedeihe Kunst als Kunst am Ende nur dort, wo sie gar nicht sich selber als Kunst ambitioniert; ohne daß doch, aus eingebildetem Gemeinschaftswillen, solche Unschuld sich wiederherstellen ließe.

Jedenfalls hat der Begriff der Kultur durch die Emanzipation von den realen Lebensprozessen, die er mit dem Aufstieg des Bürgertums und der Aufklärung durchmachte, in weitem Maße sich neutralisiert. Seine Spitze gegenüber dem Bestehenden ist abgeschliffen. Die Theorie des späten, resignierten Hegel, die den Begriff des absoluten Geistes, im Gegensatz zur »Phänomenologie«, einzig den Kultursphären im engeren Sinn vorbehält, ist der erste, wohl auch bis heute noch der bedeutendste theoretische Niederschlag dieses Sachverhalts. Der Neutralisierungsvorgang, die Verwandlung der Kultur in ein Eigenständiges und der Beziehung auf mögliche Praxis Entäußertes, macht es dann möglich, sie dem Betrieb, von dem sie unermüdlich sich reinigt, widerspruchslos und ohne Gefahr einzupassen. Daran, daß heute extreme künstlerische Manifestationen von offiziellen Institutionen gefördert und vorgestellt werden können, ja daß sie es müssen, um überhaupt noch hervorgebracht zu werden und gar ein Publikum zu erreichen, während sie doch das Institutionelle, Offizielle denunzieren – daran läßt sich etwas von der Neutralisierung des Kulturellen ebenso wie von der Vereinbarkeit des Neutralisierten mit der Verwaltung ablesen. Indem der Kulturbegriff seine mögliche Beziehung auf Praxis einbüßt, wird er selbst ein Moment des Betriebs; das herausfordernd Unnütze daran wird zum toleriert Nichtigen oder gar zum schlechten Nützlichen, zum Schmieröl, zu einem für Anderes Seienden, zur Unwahrheit, den für Kunden kalkulierten Waren der Kulturindustrie. Das wird vom Unbehagen am Verhältnis von Kultur und Verwaltung heute registriert.

Daß die radikal vergesellschaftete Gesellschaft nichts draußen läßt und damit das erfaßte Kulturelle affiziert, läßt sich simpel verdeutlichen. Vor einiger Zeit erschien eine kleine Schrift, ein »pamphlet«, offenbar für die Bedürfnisse solcher verfaßt, die Kulturreisen durch Europa unternehmen, wozu immer das gut sein mag. Alle wichtigeren künstlerischen Feste des Sommers und wohl auch des Herbstes waren darin übersichtlich verzeichnet. Die Vernunft eines solchen Schemas liegt auf der Hand: es ermöglicht den Kulturreisenden, ihre Zeit einzuteilen, das sich auszusuchen, wovon sie etwas zu haben glauben, kurz ebenso zu planen, wie alle diese Feste von einer Dachorganisation umfangen und disponiert sein könnten. Der Idee eines Festes aber, auch eines künstlerischen Festivals, wohnt, sei es noch so säkularisiert und abgeschwächt, der Anspruch des Einmaligen, nicht Fungiblen, des emphatischen Augenblicks inne. Man soll die Feste feiern, wie sie fallen; nicht sie einteilen und Überschneidungen verhüten. Die verwaltende Vernunft, die ihrer sich bemächtigt und sie rationalisiert, löst ihre Festlichkeit auf. Etwas von dem damit ins Groteske Gesteigerten werden aber sensiblere Nerven an allen sogenannten kulturellen Veranstaltungen, auch an den avantgardistischen, spüren. Man läßt zwar, in absichtlich aufrechterhaltenem Gegensatz zum streamlining, Kultur in einer Art von Zigeunerwagen noch herumfahren, die Zigeunerwagen tummeln sich aber insgeheim in einer monströsen Halle und merken es selber nicht. Der Verlust an Innenspannung, der an den verschiedensten Stellen auch der progressiven kulturellen Produktion heute zu beobachten ist, von der übrigen gar nicht zu reden, dürfte wohl daraus zu nicht geringem Teil sich erklären. Was von sich aus autonom, kritisch, antithetisch zu sein beansprucht, und was freilich diesen Anspruch nie ganz rein bewähren kann, muß verkümmern, wenn seine Impulse in ein ihnen Heteronomes, von oben her Vorgedachtes bereits eingegliedert sind; wenn es womöglich den Raum zum Atmen von der Gnade dessen empfängt, wogegen es rebelliert.

Dabei handelt es sich nicht um die billig kritisierten Auswüchse eines wild gewordenen Managertums. In der verwalteten Welt sind die Manager kaum weniger Sündenböcke als die Bürokraten; die Verschiebung objektiver Funktions- und Schuldzusammenhänge auf Personen ist selbst ein Stück der herrschenden Ideologie. Die paradoxalen Entwicklungen sind unumgänglich. Die gesellschaftliche und wirtschaftliche Gesamttendenz zerfrißt die materielle Basis der traditionellen Kultur liberalen oder individualistischen Stils. Der Appell an Kulturschaffende, sie möchten dem Prozeß der Verwaltung sich entziehen und draußen sich halten, klingt hohl. Nicht nur würde ihnen damit die Möglichkeit abgeschnitten, ihren Unterhalt zu erwerben, sondern auch jegliche Wirkung, der Kontakt zwischen Werk und Gesellschaft, auf den das integerste Werk nicht verzichten kann, wenn es nicht verdorren soll. Die ihrer Reinheit vom Betrieb sich rühmen, die Stillen im Lande, sind des Provinziellen, kleinbürgerlich Reaktionären überaus verdächtig. Der beliebte Hinweis darauf, daß für den produktiven Geist – und das war stets der nicht konformierende – die materielle Basis immer prekär gewesen sei, und daß er seine Kraft in trotziger Selbstbehauptung bewährt hätte, ist fadenscheinig. Daß ein schlechter Zustand nicht erst von heute sei, gibt nicht das Recht, ihn zu perpetuieren, wenn er nicht mehr notwendig wäre; und daß das Bessere aus eigener Kraft sich durchsetze, ist nichts mehr als ein erbaulicher Lebkuchenspruch. »Manches bleibt in Nacht verloren.« Gelegentlich lassen Zufallsentdeckungen wie die von Georg Büchner durch Karl Emil Franzos ahnen, wieviel in der Geschichte der Menschheit auch an geistigen Produktivkräften sinnlos vernichtet wurde. Überdies aber hat in dieser Zone etwas Qualitatives sich geändert. Es gibt keine Schlupfwinkel mehr, auch in Europa nicht; keine Armut in Würde, nicht einmal mehr die Möglichkeit des bescheidenen Überwinterns für den, der aus der verwalteten Welt herausfällt. Man braucht sich nur eine Existenz wie die von Paul Verlaine ins Gedächtnis zu rufen, am Ende des neunzehnten Jahrhunderts: die des deklassierten Alkoholikers, der noch, als er out and down war, freundliche und verständnisvolle Ärzte in Pariser Spitälern fand, die ihn mitten im Äußersten vorm Äußersten bewahrten. Ähnliches wäre heute wohl undenkbar. Nicht, daß es an solchen Ärzten, daß es überhaupt an freundlichen Menschen fehlte; in gewissem Sinn ist in der verwalteten Welt die Humanität vielfach angestiegen, als Sorge aller um alle. Allein solche Ärzte hätten vermutlich schon gar nicht mehr ihren Administrationen gegenüber die Befugnis, den vagabundierenden Genius zu beherbergen, zu ehren, Demütigungen ihm zu ersparen. Statt dessen würde er zum Objekt der Sozialfürsorge, betreut, sorgfältig gepflegt und ernährt, gewiß, aber seiner Lebensform entrissen und damit vermutlich auch der Möglichkeit auszudrücken, wozu er sich nun einmal in der Welt fühlte, wie fragwürdig es auch um die Produktion des endgültig deklassierten, ausgestoßenen Verlaine schon bestellt war. Der Begriff gesellschaftlich nützlicher Arbeit ist von der integralen Vergesellschaftung nicht zu trennen; er würde notwendig auch dem präsentiert, dessen Nützlichkeit einzig in deren Negation sich ausweist, und die Rettung schlüge dem Geretteten schwerlich zum Segen an.

Um sich derlei Zusammenhänge zu vergegenwärtigen, braucht man sich keineswegs auf das zu besinnen, was man seit dem zweiten Krieg mit einem selbst fatal neutralisierenden Wort Grenzsituationen zu nennen pflegt, obwohl man weiß, daß diese, das Extrem, selber bis heute untrennbar sind von der Substantialität des Kulturellen: in seinem Bereich hat der Begriff des Durchschnittlichen keine Stätte. Aber die Veränderungen in der gesellschaftlichen Grundschicht der Kultur, um die es geht, reichen bis ins Harmlosere hinein. Im Schönberg-Kreis des Wien der zwanziger Jahre überraschte die Stärke der Tradition bei den Antitraditionalisten, der künstlerischen und auch der der Lebensführung. Der Geist, der dort lockte, war zugleich der artistischere, gewähltere, empfindlichere; er trug mehr an Geschichte und Diskriminierungsvermögen in sich. Die zur Auflösung vorgegebener Ideen und Normen bereiten Künstler existierten mit einer gewissen Naivetät und Selbstverständlichkeit in der selbst nach dem Sturz der Monarchie noch halb geschlossenen, noch halb feudalen österreichischen Gesellschaft. Gerade ihr verdanken sie jene sinnliche Kultur und unduldsame Subtilität, die sie mit dem Wiener Konformismus in Konflikt brachte. Kühnheit künstlerischer Neuerungen verband sich mit hochmütiger Lässigkeit. Zahlreiche Kategorien einer noch fest gefügten gesellschaftlichen und geistigen Ordnung wurden trotz aller Ironie und Skepsis akzeptiert. Sie gaben eine nicht unbeträchtliche Voraussetzung des Unbotmäßig-Zarten ab. Man mußte gleichsam gesättigt sein mit der Tradition, um sie wirksam negieren, um ihre eigene lebendige Kraft gegen das Erstarrte und Selbstzufriedene wenden zu können. Nur wo das Gewesene stark genug ist, um die Kräfte des Subjekts zu formen und zugleich ihnen sich entgegenzusetzen, scheint die Produktion des noch nicht Gewesenen möglich. Konstruktivismus und Glashäuser sind nur in Wärme und psychologisch geschützten Wohnungen zu konzipieren; und das ist nicht bloß wörtlich gemeint.

Der Spannungsausgleich zwischen der Kultur und ihren objektiven Bedingungen jedoch, der heute sich spüren läßt, bedroht die Kultur mit dem geistigen Kältetod. In ihrem Verhältnis zur Realität gibt es eine Dialektik des Ungleichzeitigen. Nur wo die Entwicklung zur verwalteten Welt, zum gesellschaftlich Modernen, noch nicht so recht sich durchsetzte, wie in Frankreich und Österreich, gedieh das ästhetisch Moderne, die Avantgarde. Wo jedoch die Realität ganz auf dem gegenwärtigen Standard ist, wird das Bewußtsein tendenziell nivelliert. Je reibungsloser es sich an die integrale Realität anpaßt, desto mehr wird es entmutigt, über das hinauszugehen, was nun einmal ist.

Selbstverständlich werden keineswegs alle kulturellen Bereiche von jener Dialektik des Ungleichzeitigen betroffen, und manche bedürfen geradezu des jüngsten administrativen Standards. So die gesamten Naturwissenschaften, die heute vielleicht die stärksten Produktivkräfte absorbieren und auch produzieren: anders als unter planender Verwaltung könnten sie ihren gegenwärtigen Aufgaben nicht gerecht werden; ihre eigene Rationalität gleicht der verwaltenden. Ähnliches gilt, wo immer team work, kollektive Arbeit, weitschichtige Untersuchungen vonnöten sind, wie in der empirischen Sozialforschung. Diese hat nicht nur sich selbst an Verwaltungskategorien geschult, sondern müßte ohne Verwaltung ins Chaotische, vor allem ins zufällig Partikulare und Unverbindliche abgleiten. Auch die Kunst wäre nicht en bloc all dem gegenüberzustellen. Ein Sektor wie der der Architektur, der, vermöge seiner Fundierung im praktischen Bedürfnis, in manchem heute besser daran ist als die autonomen Kunstgattungen, war nie ohne Verwaltung zu denken. Vollends der Film ist durch den Umfang der erforderlichen Investitionskosten auf eine der öffentlich-administrativen Planung analoge angewiesen. Bei ihm freilich zeichnet der Widerspruch zwischen dem unabweisbar

Kalkulatorischen und der Wahrheit der Sache erschreckend sich ab: das Läppische des Films rührt nicht so sehr von individuellem Versagen her als von jenem Widerspruch. Sein Prinpiz ist die planende, den Betrachter mitkalkulierende Absicht, die verstimmt.

Verwaltung aber wird dem angeblich produktiven Menschen nicht bloß von außen angetan. Sie vervielfacht sich in ihm selbst. Daß eine Zeitsituation die ihr zubestimmten Subjekte hervorbringt, ist sehr buchstäblich zu nehmen. Vor der »anwachsenden organischen Zusammensetzung der Menschen« – davor, daß in ihnen selbst der Anteil der Apparatur gegenüber dem Spontanen ähnlich sich ausbreitet wie in der materiellen Produktion, sind auch diejenigen, die Kultur produzieren, nicht sicher. Wer für solche Tendenzen ein flair besitzt, kann verkappten Verwaltungskategorien bis in die avantgardistischen Kunstprodukte, bis in die nuanciertesten Regungen der Person hinein, bis in Tonfall und Gestik begegnen. Aufmerksam gemacht sei auf die ästhetisch vielerorten konstatierbaren Tendenzen zur integralen Konstruktion. Sie visieren eine Art Planung von oben her, deren Analogie zur Verwaltung sich aufdrängt. Solche Gebilde möchten total vorherbestimmt sein. Wie, nach Max Webers These, Verwaltung dem Wesen nach individuelle Willkür zugunsten eines objektiv geregelten Verfahrens weithin ausschließt, so ist in solcher Kunst der individuelle Eingriff der Idee nach verpönt. Dabei sind die angewandten Verfahrensweisen nicht willkürlich ausgedacht – und das verleiht dem Phänomen sein Gewicht –, sondern immanent-künstlerisch konsequent entwickelt; sie lassen historisch sich sehr weit zurückverfolgen. Nur eben stellt in der Kunst, die insgesamt dem Stimme leiht, was für die fortschreitende Integration den Preis zu zahlen hat, das scheinbar Individuelle und Zufällige, das nunmehr auch ästhetisch geächtet werden soll, etwas gänzlich anderes dar als in der eigentlichen Verwaltung. Diese verhindert in gewissen Grenzen tatsächlich durch rationale Verfahrensordnungen den schlechten Zufall, die blinde Verfügung über Menschen, Nepotismus und Begünstigung. Freilich weiß man seit der Aristotelischen Politik, daß der Schatten von Ungerechtigkeit auch in der Ordnung der Realität dem gerechten rationalen Gesetz gesellt ist, so daß die Rationalität der Verwaltungsakte jener Korrektur bedarf, die Aristoteles als »Billigkeit« einbaute. Ebenso wenig will die Rationalität des Kunstwerks ohne Rest gelingen. Sie bleibt behaftet mit einem Moment des von außen Angeordneten, Veranstalteten – insgeheim jenes Subjektivismus, der anathema ist. Das Spannungsfeld aller fortgeschrittenen Kunst heute ist geradezu definiert durch die Pole radikaler Konstruktion und ebenso radikaler Auflehnung gegen sie: oft geht beides ineinander über. Nicht zuletzt unter solcher Perspektive ist der Tachismus zu begreifen.

Die Negation des Begriffs des Kulturellen selber bereitet sich vor. Seine Konstituentien: Begriffe wie Autonomie, Spontaneität, Kritik werden kassiert. Autonomie: weil das Subjekt, anstatt sich bewußt zu entscheiden, in das je Vorgeordnete sich einfügen muß und will; weil der Geist, der dem traditionellen Kulturbegriff zufolge sich selbst das Gesetz geben soll, in jedem Augenblick seine Ohnmacht gegenüber den überwältigenden Anforderungen des bloß Seienden erfährt. Spontaneität schwindet: weil die Planung des Ganzen der einzelnen Regung vorgeordnet ist, diese prädeterminiert, zum Schein herabsetzt und jenes Kräftespiel gar nicht mehr duldet, von dem man das freie Ganze erwartet. Kritik schließlich stirbt ab, weil der kritische Geist in jenem Ablauf, der immer mehr das Modell von Kulturellem abgibt, stört wie Sand in der Maschine. Er erscheint antiquiert, »arm chair thinking«, unverantwortlich und unverwertbar. Skurril verkehrt sich das Generationsverhältnis; die Jugend beruft sich aufs Realitätsprinzip, das Alter schweift aus in intelligible Welten. Die Nationalsozialisten, welche all das gewalttätig vorweggenommen und dadurch parodistisch bloßgestellt haben, waren gerade der Kategorie des Kritischen gegenüber Boten einer kommenden Entwicklung, als sie Kritik durch ihre Kunstbetrachtung, eigentlich durch Information über Tatsächliches ersetzten, wie sie immer mehr den kritischen Geist verdrängt: schon trägt eine durchaus avantgardistische Schriftenreihe stolz den Untertitel »Information«.

Während in manchen – von den gesellschaftlich mächtigsten Tendenzen isolierten oder entlegenen, freilich durch solche Abspaltung keineswegs nur begünstigten – Sektoren die Rechnung immer noch nicht aufgeht, stimmt sie in der offiziellen Kultur um so genauer. Leibhaftige Unesco-Dichter schießen ins Kraut, die etwa dafür sich begeistern, daß auch inmitten der unmenschlichsten Situationen das Menschliche blühe, und im Namen einer Humanität, die keine »controversial issues« anpackt, internationale Leitbilder von Verwaltungsgremien mit ihrem Herzblut auspinseln; gar nicht zu reden von dem infantilen Schund, zu dem in den Ostblockstaaten amtliche Stellen, die der Partei, die Künstler terroristisch anhalten. Niemand wäre erstaunt, wenn man im Westen Projekte zur Ermittlung allgemein verbindlicher, wertbeständiger Werte, mit einem Seitenblick auf die unterentwickelten Länder, finanzierte. Willfährige Intellektuelle, welche mit der Lebensbejahung aus Heiratsofferten den kritischen Geist der Intellektuellen verdächtigen, finden sich übergenug. Den offiziellen Humanismus ergänzt, daß, was immer an Humanem, nicht Offiziellem, laut wird, darum der Unmenschlichkeit geziehen wird. Denn Kritik nimmt den Menschen ihren kargen geistigen Besitz, den Schleier, den sie selber als wohltätig empfinden. Ihre Wut wird vom Verschleierten auf die abgelenkt, welche jenen Schleier zerreißen, dem Satz des alten Aufklärers Helvétius gemäß, daß die Wahrheit niemals jemandem schadet außer dem, der sie ausspricht. Jüngst wird die keineswegs neue Beobachtung, daß auch das Abweichende nicht gefeit ist gegen Standardisierung, dazu mißbraucht, die polemische Anwendung des Begriffs Konformismus zu diskreditieren, als ob dadurch, daß es einen Konformismus zweiten Grades gibt, dem immerhin ein Akt von Resistenz vorausgeht, der widerstandslose erste, das Mitschwimmen mit dem Strom, die Einreihung in die stärkeren Bataillone, besser würde. In Wahrheit schilt man, nach einem Wort von Heinrich Regius, das Wort Konformismus, weil man mit der Sache einig ist.

Auch das unter dem Namen des Musischen affichierte, spezifisch deutsche Phänomen hat seinen Ort in der verwalteten Kultur als massenpsychologisch wirksamer Versuch, die von Verwaltung bedrohte Spontaneität durch Verwaltung oder, wie es in jenen Kreisen heißt, »Erfassung« zu retten: alle Pädagogisierung von Geistigem entspricht diesem Desiderat. Regression, blinde Willfährigkeit der zur Spontaneität ermunterten Subjekte ist die sichtbare Folge. Nicht zufällig wird überall in dieser Sphäre der

Jargon der Eigentlichkeit gesprochen. Jener Jargon ist nicht identisch mit der Verwaltungssprache alten Stils, wie sie heute nur noch in rührend subalternen Aktennotizen herumgeistert. Jene alte Verwaltungssprache, staubig und zopfig, bezeugt vielmehr gerade die relative Trennung von Verwaltung und Kultur und tut dieser damit, wider ihren Willen, Ehre an. Der Jargon der Eigentlichkeit aber bringt das Heterogene unter einen Hut. Sprachbestandteile aus dem individuellen Bereich, aus der theologischen Tradition, der Existentialphilosophie, der Jugendbewegung, dem Barras, dem Expressionismus werden institutionell aufgesogen und dann, gewissermaßen reprivatisiert, an die einzelne Person zurückerstattet, die nun leicht, frei und freudig vom Auftrag und der Begegnung, von der echten Aussage und dem Anliegen redet, als redete sie selber; während sie in Wahrheit bloß sich aufplustert, als wäre jeder Einzelne sein eigener Ansager über UKW. Steht in so einem Brief »in etwa«, so darf man darauf vertrauen, ein paar Zeilen weiter zu lesen, daß der Unterschreibende die Absicht hege, demnächst auf einen zuzukommen. Der damit stipulierte persönliche Kontakt ist nichts als die Maske vor einem Verwaltungsvorgang, der den dergestalt Angesprochenen in seine Funktion hineinzieht: angedrehte Menschlichkeit soll den Adressaten zu unbezahlten Leistungen veranlassen.

Was solche Modelle demonstrieren, ist jedoch nicht hochfahrend der Verwaltung aufzubürden, der gegenüber man sich mit einem philosophisch überaus anrüchigen Begriff von Innerlichkeit, mit reiner, garantiert echter Kultur trösten könnte. Die sie im Munde führen, fallen als erste entrüstet über das Unreglementierte her. In Wahrheit wird der Kultur selber die Rechnung präsentiert. Auch als von der Realität abgehobene ist sie dieser gegenüber nicht isoliert, sondern sei's noch so ferne und vermittelte Anweisung auf reale Verwirklichung. Ist dies Moment ganz abgeschnitten, wird sie nichtig. Verwaltung wiederholt an der Kultur nur, was diese selber gefrevelt hat, indem sie von je zu einem Stück Repräsentation, zur Betriebsamkeit, schließlich zu einem Sektor der Massenbehandlung, der Propaganda, des Fremdenverkehrs sich macht. Begreift man Kultur nachdrücklich genug als Entbarbarisierung der Menschen, die sie dem rohen Zustand enthebt, ohne ihn durch gewalttätige Unterdrückung erst recht zu perpetuieren, dann ist Kultur überhaupt mißlungen. Sie hat es nicht vermocht, in die Menschen einzuwandern, solange ihnen die Voraussetzungen zu menschenwürdigem Dasein mangeln: nicht umsonst sind sie stets noch, aus verdrückter Rancune über ihr Schicksal, die tief gefühlte Unfreiheit, zu barbarischen Ausbrüchen bereit. Daß sie dem Schund der Kulturindustrie, von dem sie halbwegs selber wissen, daß es Schund ist, zulaufen, ist ein anderer Aspekt des gleichen Sachverhalts, harmlos wahrscheinlich nur an der Oberfläche. Kultur ist längst zu ihrem eigenen Widerspruch, zum geronnenen Inhalt des Bildungsprivilegs geworden; darum gliedert sie nun in den materiellen Produktionsprozeß als dessen verwalteter Anhang sich ein.

Auch wer sich nicht aufschwatzen läßt, man müßte sogleich das ominöse Positive bringen, wird sich nicht bei der Konstatierung all jener Schwierigkeiten bescheiden, um kopfschüttelnd beiseite zu treten, weil die objektive Möglichkeit zum Besseren verstellt sei. Der Radikalismus, der sich alles von einer Veränderung des Ganzen erwartet, ist abstrakt: auch in einem veränderten Ganzen kehrt die Problematik des Einzelnen hartnäckig wieder. Solcher Radikalismus verliert an Gewicht, sobald seine Idee ins Schimärische sich verflüchtigt und von jeglicher Anstrengung zum Besseren dispensiert. Dann wird sie selber zur Sabotage des Besseren. Überforderung ist eine sublime Gestalt der Sabotage. Andererseits ist nicht zu verkennen, daß in der Frage, was jetzt und hier zu tun sei, eine Art gesamtgesellschaftliches Subjekt vorgestellt wird, eine Gemeinschaft von hommes de bonne volonté, die sich nur um einen gigantischen runden Tisch zu setzen brauchten, um das Mißratene in Ordnung zu bringen. Aber die Schwierigkeiten des Kulturellen, an welche der billige Begriff der Krise längst nicht mehr heranreicht, gründen so tief, daß der individuellen bona voluntas enge Grenzen gesetzt sind. Nicht darf dort ein einstimmiger Wille fingiert werden, wo objektive und subjektive Antagonismen das Unheil hervorrufen. Schließlich verweist die Drohung, welche der Geist von der Rationalisierung erfährt, darauf, daß die Irrationalität des Ganzen unverändert fortbesteht, und daß jede partikulare Rationalisierung dieser Irrationalität zugute kommt, indem sie den Druck eines blinden und unversöhnten Allgemeinen aufs Besondere verstärkt.

Die Antinomie von Planung und Kulturellem zeitigt den dialektischen Gedanken, das Nichtgeplante, Spontane selber in die Planung aufzunehmen, ihm Raum zu schaffen, seine Möglichkeiten zu verstärken. Er enträt nicht des gesellschaftlichen Rechtsgrundes. Die Möglichkeiten der Dezentralisierung, die gerade bei dem ins Utopische entwickelten Stand der technischen Produktivkräfte absehbar werden, kommen ihm entgegen. Planung des Nichtgeplanten in einem spezifischen Sektor, dem des Bildungswesens, ist von Hellmut Becker nachdrücklich vertreten worden; auch in anderen Bereichen drängt Analoges sich auf. Bei aller Plausibilität aber ist das Gefühl eines Unwahren nicht ganz zu beschwichtigen: daß das Ungeplante zum Kostümstück seiner selbst, Freiheit fiktiv werde. Man braucht nur das synthetische Künstlerviertel von New York, Greenwich Village, mit der Pariser rive gauche aus vor-Hitlerischen Zeiten zu vergleichen. Dadurch, daß in jenem New Yorker Quartier Ungebundenheit als offiziell tolerierte Institution fortgedeiht, wird sie, was man auf amerikanisch phoney nennt; übrigens verbarg sich in der zumindest das gesamte neunzehnte Jahrhundert durchherrschenden Tendenz, den Künstlern einen besonderen Lebensstil reservieren, ihnen zu gestatten, was in der bürgerlichen Gesellschaft, von der sie leben, anstößig ist, schon der Schwindel, den Murgers Bohème-Roman zuerst vielleicht exploitierte.

Planung des Ungeplanten hätte vorweg auszumachen, wie weit sie mit dem spezifischen Gehalt des Ungeplanten vereinbar, wie weit sie insofern »rational« ist. Darüber hinaus wirft die Frage nach dem »man«: wer also die Instanz sei, die darüber entscheidet, die größten Schwierigkeiten auf. Zunächst wird man nichts anderes fordern dürfen als eine in sich durchreflektierte, all jener Schwierigkeiten bewußte Kulturpolitik, die nicht den Begriff Kultur dinghaft, dogmatisch als fixiertes Wertgefüge sich vorgibt, sondern kritische Erwägungen in sich aufnimmt und weitertreibt; eine Kulturpolitik, die weder sich als gottgewollt verkennt, noch den Kulturglauben unbesehen unterschreibt, noch sich mit der Funktion des bloßen Verwaltungsorgans bescheidet. Der schlechten Naivetät von Kultur, die sich gegen ihre Verflochtenheit in die Gesamtgesellschaft verblendet und dadurch erst recht sich verstrickt, entspräche die schlechte Naivetät der Verwaltung als Glaube: wem Gott ein Amt gibt, dem gibt er auch den Verstand. Verwaltung, die das ihre tun will, muß sich ihrer selbst entäußern. Sie bedarf der geschmähten Figur des Experten. Keine Stadtverwaltung etwa kann entscheiden, von welchen Malern sie Bilder ankaufen soll, wenn sie nicht auf Menschen sich stützen kann, die ernsthaft, objektiv und fortgeschritten etwas von Malerei verstehen. Indem man die Notwendigkeit des Experten einräumt, setzt man sich jedoch sogleich wieder allen erdenklichen Einwänden aus; etwa dem mittlerweile anrüchigen, daß das Expertenurteil ein Urteil für Experten bleibe und die Gemeinschaft darüber vergesse, von der, nach der gängigen Phrase, die öffentlichen Institutionen ihren Auftrag empfingen; oder daß der Experte, selber notwendig Verwaltungsmann, von oben her entscheide und die Spontaneität abwürge; zuweilen auch, daß seine Zuständigkeit nicht stets gesichert sei; daß es mitunter schwer falle, ihn vom Apparatschik zu scheiden. Manches davon mag man konzedieren, wird freilich dem Allerweltsargument mißtrauen, Kulturelles habe den Menschen schlechterdings etwas zu geben: der Bewußtseinsstand, nach dem man dieser Argumentation zufolge sich richten muß, ist in Wahrheit eben derjenige, den eine Kultur, die ihrem eigenen Begriff genügt, durchbrechen sollte. Gar zu gern werden Angriffe gegen exponierte moderne Kunst gekoppelt mit Angriffen gegen Verwaltungen, welche angeblich die Groschen der Steuerzahler für Experimente vergeudeten, die jenen gleichgültig wären oder von ihnen abgelehnt würden. Diese Argumentation ist scheindemokratisch, Ableger jener totalitären Technik, welche unter Ausnutzung plebiszitärer Formen der Demokratie ans Leben will; was solche Sprecher der Volksseele hassen, ist freien Geistes; sie sympathisieren mit muffiger Reaktion. Während die gesellschaftliche Gesamtverfassung formale Gleichheit der Rechte garantiert, konserviert sie stets noch das Bildungsprivileg und gewährt die Möglichkeit differenzierter und fortgeschrittener geistiger Erfahrung nur wenigen. Die Binsenweisheit, daß der Fortschritt geistiger Dinge, zumal der Kunst, zunächst gegen die Majorität sich anbahnt, erlaubt es den tödlichen Feinden allen Fortschritts, sich hinter jene zu verschanzen, die, gewiß ohne ihre Schuld, ausgeschlossen sind vom lebendigen Ausdruck ihrer eigenen Sache. Gesellschaftlich unnaive Kulturpolitik muß diesen Zusammenhang durchschauen, ohne Angst vorm Aufgebot von Mehrheiten. Wohl kann der Widerspruch zwischen der demokratischen Ordnung und dem tatsächlichen Bewußtsein derer, die durch die Verhältnisse nach wie vor zur Unmündigkeit verhalten sind, nicht durch bloße Kulturpolitik weggeschafft werden. Aber die Demokratie durch Repräsentation, der schließlich auch die Experten in der Verwaltung kultureller Angelegenheiten ihre Legitimation verdanken, gestattet doch einen gewissen Ausgleich; erlaubt es, Manöver zu verhindern, die der Barbarei dienen, indem sie den Gedanken objektiver Qualität korrumpieren durch den abgefeimten Appell an die volonté de tous. Auf Kulturpolitik ist Benjamins Wort vom Kritiker anzuwenden, welcher die Interessen des Publikums gegen das Publikum zu vertreten habe. Dem dient der Experte. Die Sehnsucht nach solchen, die über das Expertentum hinaus wären, markiert meist nur den Rückschritt oder den Wunsch nach Technikern der Kommunikation, mit denen, eben weil ihnen das Verständnis der Sache selbst abgeht, bequemer auszukommen ist und die in der eigenen Politik konformistischer sich verhalten. Es gibt keine reine Unmittelbarkeit der Kultur: wo sie von den Menschen als Konsumgut beliebig sich konsumieren läßt, manipuliert sie die Menschen. Das Subjekt wird zu dem von Kultur einzig durch die Vermittlung der sachlichen Disziplin hindurch, und ihr Fürsprech in der verwalteten Welt jedenfalls ist der Experte. Freilich wären Experten zu finden, deren Autorität wirklich die der Sache ist und nicht bloß personelle Prestige- oder Suggestivkraft. Der müßte selber ein Experte sein, der entscheidet, wer Experten sind – ein fataler Zirkel.

Die Beziehung zwischen Verwaltungen und Experten ist Not nicht nur sondern auch Tugend. Sie eröffnet die Perspektive, kulturelle Dinge vorm Kontrollbereich des Marktes oder Pseudomarktes zu schützen, der sie heute unweigerlich fast verstümmelt. Geist, in seiner autonomen Gestalt, ist den gesteuerten und nachgerade eingefrorenen Bedürfnissen der Konsumenten nicht weniger entfremdet als den Verwaltungen. Deren autoritäre Verselbständigung erlaubt ihnen, durch Kooption solcher, denen die Sachen nicht fremd sind, etwas am Diktat jener Bedürfnisse zu korrigieren. Kaum wäre das möglich, wenn die Kultursphäre dem

Mechanismus von Angebot und Nachfrage widerstandslos überantwortet bliebe, von der direkten Befehlsgewalt totalitärer Machthaber zu schweigen. Das Fragwürdigste der verwalteten Welt, eben die Verselbständigung der exekutiven Instanzen, birgt das Potential des Besseren; die Institutionen sind derart gekräftigt, daß sie, wenn sie und ihre Funktion sich selbst durchsichtig sind, das Prinzip des bloßen für Anderes Seins, die Anpassung an jene trügerisch plebiszitären Wünsche durchbrechen können, welche alles Kulturelle, indem sie es aus seiner vermeintlichen Isolierung herausholen, unerbittlich herunterdrücken. Ist die verwaltete Welt als eine zu verstehen, in der die Schlupfwinkel verschwinden, so vermöchte sie dafür auch wiederum, kraft der Verfügung Einsichtiger, Zentren von Freiheit zu schaffen, wie sie der blinde und bewußtlose Prozeß bloßer gesellschaftlicher Selektion ausmerzt. Jene Irrationalität, die in der Verselbständigung der Verwaltung gegenüber der Gesellschaft zum Ausdruck kommt, ist das Refugium des Nichtaufgehenden an Kultur selbst. Einzig in der Abweichung von der herrschenden Rationalität hat sie ihre ratio. Allerdings gehen derlei Hoffnungen von einem Bewußtseinsstand der Verwaltenden aus, der nicht durchweg supponiert werden kann: ihrer kritischen Unabhängigkeit von der Macht und dem Geist jener Konsumgesellschaft, die identisch ist mit der verwalteten Welt selbst.

In den ventilierten Vorschlägen jedoch steckt noch ein Denkfehler, er mag ihre Lahmheit verschulden. Allzusehr bequemt man sich der herrschenden Überzeugung an, wenn man die Kategorien Kultur und Verwaltung bloß als das nimmt, wozu sie historisch tatsächlich in weitem Maß geworden sind, als statische, diskret gegeneinander abgesetzte Blöcke, bloße Gegebenheiten. Man verharrt dabei selber im Bann jener Verdinglichung, deren Kritik allen triftigeren Besinnungen über Kultur und Verwaltung innewohnt. So verdinglicht beide Kategorien real sind, beide sind es nicht gänzlich; beide weisen, wie noch die abenteuerlichste kybernetische Maschine, auf lebendige Subjekte zurück. Darum kann das spontane, noch nicht ganz erfaßte Bewußtsein die Institutionen, innerhalb deren es sich äußert, immer wieder umfunktionieren. Einstweilen hat, in der liberal-demokratischen Ordnung, das Individuum Raum genug, auch in der Institution und mit ihrer Hilfe zu deren Korrektur ein Weniges beizutragen. Wer der Verwaltungsmittel und Institutionen unbeirrbar, kritisch bewußt sich bedient, vermag stets noch etwas von dem zu realisieren, was anders wäre als bloß verwaltete Kultur. Die minimalen Unterschiede vom Immergleichen, die ihm offen sind, vertreten, wie immer auch hilflos, den ums Ganze; in den Unterschied selber, die Abweichung, hat Hoffnung sich zusammengezogen.

1960

Aberglaube aus zweiter Hand

Seit geraumer Zeit werden in allen Teilen der Welt Massenbewegungen angedreht, deren Gefolgsleute offensichtlich wider ihr vernünftiges Interesse an Selbsterhaltung und Glück handeln. Man wird darin kein schlechthin Irrationales erblicken dürfen, bar jeglicher Beziehung auf die objektiv-gesellschaftlichen oder die subjektiven Zwecke des Ichs. Jene Bewegungen beruhen weniger auf der Preisgabe als auf der Übertreibung und Verzerrung solcher Zwecke: bösartige Wucherungen, in welche die Rationalität einer Lebenspraxis überging, die den gesellschaftlichen Organismus zu zerstören droht, indem sie sich in ihrer beschränkten Gestalt zu perpetuieren trachtet. Was eine Zeitlang aus den vernünftigsten Erwägungen zu geschehen scheint, arbeitet vielfach der Katastrophe vor. So bereitete die schlaue und über Jahre hin erfolgreiche Expansionspolitik des Hitler durch die eigene Logik sich selber den Untergang und dem, was vom alten Europa fortlebte. Noch wo ganze Nationen zu Nutznießern der Realpolitik werden, mögen die einleuchtenden Motive im Resultat als dubios sich enthüllen. Während Berechnungen, die dem eigenen Interesse gelten, präzis vorwärts getrieben werden, bleibt das Bewußtsein der übergreifenden Zusammenhänge, zumal der Konsequenzen der eigenen Realpolitik fürs gesellschaftliche Ganze, in das man auch selber verstrickt ist, borniert. Irrationalität wirkt nicht allein jenseits von Rationalität: sie bringt mit der rücksichtslosen Entfaltung subjektiver Vernunft selbst sich hervor.

Der gesellschaftlichen Forschung obliegt das Studium der dialektischen Wechselwirkung von rationalen und irrationalen Momenten. Mechanismen und Schemata, die weder als voll realitätsgerecht noch als neurotisch oder gar psychotisch zu fassen sind, wären Gegenstand einer psychoanalytisch erfahrenen Soziologie. Sie verweisen auf Strukturen der Subjekte, ohne doch durch Psychologie allein sich erklären zu lassen. Die fast universale Anfälligkeit für Irrationalität läßt vermuten, daß jene Mechanismen nicht allein im Umkreis der Politik wirken, die wenigstens an der Oberfläche realistisch sich gibt, sondern ebenso, wenn nicht handgreiflicher, in anderen Bereichen. Auch dort wird das Moment von Realitätsnähe, von Pseudorationalität selten fehlen – am wenigsten gerade bei Bewegungen, die mit der eigenen Irrationalität sich brüsten. Der Chemismus von Massenbewegungen wäre an ihnen wie im Reagenzglas, in kleinem Maßstab und zu einem Zeitpunkt zu analysieren, da sie noch nicht ihre drohende Gewalt angenommen haben; solange Zeit bliebe, das Erkannte auf die Praxis anzuwenden.

Als charakteristisches Modell für derlei Bewegungen taugt die Astrologie. Wohl ist ihre unmittelbare soziale Wichtigkeit nicht zu überschätzen. Aber ihr Gehalt ist mit Gesellschaftlichem fusioniert. Das eigentlich Okkulte und dessen von Freud entworfene Psychologie spielt in der Sphäre der organisierten Astrologie nur eine bescheidene Rolle. Analog zu der Unterscheidung Cooleys zwischen primären und sekundären Gruppen dürfte die gegenwärtige Astrologie als Massenphänomen sekundärer Aberglaube heißen, Aberglaube aus zweiter Hand. Okkulte Erlebnisse einzelner Personen, wie immer es mit ihrem psychologischen Sinn, ihren Wurzeln, ihrer Stichhaltigkeit bestellt sein mag, werden selten bemüht. Vielmehr ist in der konsumierten Astrologie das Okkulte zur Institution geronnen, vergegenständlicht, in weitem Maße vergesellschaftet. Wie in den »sekundären Gemeinschaften« die Menschen nicht länger in direkte Beziehung zueinander treten, sich nicht mehr von Angesicht zu Angesicht kennen, sondern durch entfremdete Vermittlungsprozesse wie den Austausch von Gütern miteinander kommunizieren, so scheinen die Menschen, die auf die astrologischen Stimuli ansprechen, jener Erkenntnisquelle entfremdet, die angeblich hinter ihren Entscheidungen steht. Sie partizipieren am vermeintlichen Geheimnis durch Magazine und Zeitschriften, in denen es zum offenen ward – die Konsultation von Berufsastrologen wäre meist zu kostspielig –, und schlucken lieber ungeprüft vorgekaute Informationen aus der Presse, als daß sie irgend noch auf eigene, wie sehr auch phantastische Offenbarungen sich beriefen. Dazu sind sie zu nüchtern. Sie halten sich an die Astrologie, weil es sie gibt, und

verschwenden wenig Gedanken an ihre Legitimation vor der Vernunft, solange nur das psychologische Bedürfnis mit dem Angebot einigermaßen übereinstimmt.
Die Ferne von eigener Erfahrung, das Verschwommene und Abstrakte des kommerzialisiert Okkulten stimmt zusammen mit handfester Skepsis, mit einer Gewitztheit, welche die Irrationalität weniger durchschaut als ergänzt. Moderne okkultistische Bewegungen vom Schlag der Astrologie sind Formen eines mehr oder minder künstlich wieder erweckten Aberglaubens aus längst vergangenen Epochen. Die Empfänglichkeit dafür hielt aus gesellschaftlichen und psychologischen Gründen bis heute sich lebendig; die aufgewärmten Inhalte jedoch sind unvereinbar mit der erreichten Stufe universaler Aufklärung. Der anachronistische Aspekt des Aberglaubens aus zweiter Hand ist diesem wesentlich. Er färbt das Verhalten zur Astrologie, ohne im übrigen ihre Wirkung zu beeinträchtigen.
Man mag einwenden, die organisierte Wahrsagerei sei von jeher Aberglaube aus zweiter Hand gewesen. Arbeitsteilung, welche den Haruspices die Mysterien vorbehielt, hätte sie Jahrtausende lang von aller primären Erfahrung getrennt. Stets schon sei ihr das Moment des Schwindelhaften gesellt gewesen, auf welches das lateinische Wort vom Augurenlächeln anspielt. Wie meist Argumente, die das Interesse am spezifisch Neuen eines Phänomens diskreditieren wollen, ist auch jener Einwand richtig zugleich und falsch. Richtig, sofern tatsächlich der Aberglaube seit Menschengedenken departementalisiert ist; falsch, sofern er nun durch Massenproduktion und -reproduktion in eine neue Qualität umschlägt. Auf früheren Stufen war Aberglaube der wie immer unbeholfene Versuch, mit Fragen fertig zu werden, die damals anders und vernünftiger nicht sich hätten lösen lassen. Die Abspaltung der Chemie von der Alchimie, die der Astronomie von der Astrologie ereignete sich verhältnismäßig spät. Heute aber widerspricht der fortgeschrittene Stand der Naturwissenschaften, etwa der Astrophysik, kraß dem Glauben an Astrologie. Wer beides nebeneinander toleriert oder gar zu vereinen trachtet, hat bereits eine intellektuelle Regression vollzogen, die einst nicht vonnöten war. Daher ist anzunehmen, daß sehr starke Triebbedürfnisse die Menschen noch immer, oder wieder, dazu

vermögen, der Astrologie sich zu überantworten. Auf ihren sekundären Charakter ist aber darum der Akzent zu legen, weil an ihm Pseudorationalität, die zugleich berechnende und nichtige Anpassung an reale Bedürfnisse hervortritt, die den totalitären Bewegungen innewohnt. Die Nüchternheit und übertriebene Realitätsgerechtigkeit charakteristischen astrologischen Materials, die Askese gegen die leiseste Reminiszenz ans Übernatürliche markiert seine Physiognomik. Zur Pseudorationalität fügt sich der Zug abstrakter Autorität.

Untersucht wird die astrologische Spalte einer großen amerikanischen Tageszeitung, der rechtsrepublikanischen Los Angeles Times. Das Material wurde, 1952–1953, über drei Monate hinweg vollständig gesammelt und einer »content analysis«, der inhaltlichen Deutung unterworfen, wie sie Massenkommunikationen gegenüber vor allem seit der Initiative von H. Lasswell als eigenes Verfahren sich ausgebildet hat[1]. Doch ist, im Unterschied zu Lasswells Methode, nicht quantifiziert. Es wird nicht die Häufigkeit von Motiven und Formulierungen der astrologischen Spalte ermittelt. Die quantitative Analyse ließe leicht an deutschem Material sich nachholen. Die astrologische Infektion ist international; die astrologischen Spalten der deutschen Zeitungen dürften die amerikanischen imitieren. Allenfalls hervortretende Differenzen könnten für die vergleichende Kultursoziologie etwas besagen. Entworfen werden soll ein Begriff der Reize, denen die präsumtiven Anhänger der Astrologie durch derlei Zeitungsspalten exponiert werden. Die Wirkungen, auf welche jene Stimuli vermutlich klug kalkuliert sind, werden herausgearbeitet. Maßgebend für die Stoffwahl war, daß die Astrologie unter den Praktiken des manipulierten Aberglaubens wahrscheinlich den größten Anhang findet. Die Pseudorationalität der Spalte läßt freilich psychotische Aspekte nicht so grell hervortreten wie manche anderen, sektiererischen Publikationen. Die tieferen, unbewußten Schichten des Neo-Okkultismus werden nicht unmittelbar angerührt. Eher betreffen die Befunde Ichpsychologie und gesellschaftliche Determinanten. Das Interesse gilt eben der Pseudorationalität, dem zwielichtigen Bereich zwischen Ich und Es, Ver-

1 Auf die Belege, die der amerikanische Originaltext ausbreitet, ist mit wenigen Ausnahmen verzichtet.

nunft und Wahn. Vernachlässigte die Analyse gesellschaftlicher Implikationen bewußte oder halbbewußte Schichten, so verfehlte sie die Stimuli selber, die vorweg nur auf das bereits rationalisierte Unbewußte abzielen. Häufig werden an der Oberfläche liegende Ziele mit unbewußten Ersatzbefriedigungen verschmolzen. Im Bereich der Massenkommunikationen kann, was nicht manifest gesagt wird, die verborgene Intention, der im Freudischen Sinn »latente Traumgedanke« nicht schlechterdings mit dem Unbewußten identisch gesetzt werden. Jene Kommunikationen richten sich auf eine Zwischenschicht des weder ganz Durchgelassenen noch ganz Unterdrückten, verwandt der Zone der Anspielung, des Augenzwinkerns, des »Du weißt schon, was ich meine«.

Die Wirkung der astrologischen Spalte auf die tatsächliche geistige und psychische Verfassung der Leser ist nur hypothetisch zu unterstellen. Wahrscheinlich jedoch wissen die Verfasser von dergleichen Texten, wen sie vor sich haben. Auch sie dürften nach der Maxime verfahren, man müsse nach dem Geschmack der Kunden sich richten, während doch das Produkt der Geist derer bleibt, welche es aushecken und lancieren. Die Verantwortung ist nicht von den Manipulatoren ab- und den Manipulierten zuzuschieben. Man wird sich hüten müssen, die Horoskope nur als Spiegelbild der Leser zu betrachten. Umgekehrt aber sind auch keine Schlüsse auf den subjektiven Geist, die Psychologie derer zu ziehen, die sie verfertigen. Die Horoskope sind wesentlich kalkuliert; Ausdruck allenfalls beider. Die Sprache der Spalte ist nicht die des Verfassers, sondern darauf zugeschnitten, gelesen und verstanden zu werden. – Zu interpretieren ist die Textur als ganze, nicht nur die Details, die in jene mehr oder minder mechanisch verwoben sind. Die zahllosen Hinweise auf die Familienverhältnisse einer Person etwa, die unter einem bestimmten Zeichen geboren ist, wirken, isoliert betrachtet, trivial und harmlos. Ihr Stellenwert im Gesamtzusammenhang jedoch bedeutet weit mehr.

Das Tageshoroskop der Los Angeles Times bemüht sich, wie die Zeitung insgesamt, um Respektabilität. Man ist sparsam mit Äußerungen wilden Aberglaubens. Das irrational waltende Prinzip wird im Hintergrund gehalten. Ohne Erörterung ist supponiert, daß die Vorhersagen und Ratschläge den Sternen sich verdanken. Spezifisch astrologische Details aber, ausgenommen die zwölf Tierkreiszeichen, fehlen. Vermieden ist der astrologische Fachjargon ebenso wie sinistre Reden von bevorstehenden Katastrophen und drohendem Weltuntergang. Was immer vorgebracht wird, klingt solid und gesetzt. Geflissentlich wird Astrologie als etwas behandelt, das ein für allemal feststeht, gesellschaftlich anerkannt ist, als unbestrittener Bestandteil von Kultur. Kaum je gehen die praktischen Ratschläge über das hinaus, worauf man in den ähnlich beliebten Spalten stößt, die sich den sogenannten human relations, populärer Psychologie widmen. Von ihnen unterscheidet sich einzig der Gestus stillschweigend magischer Autorität, mit dem der Schreiber seine Weisheiten vorbringt. Beziehungslos sticht er vom hausbackenen Inhalt ab. Solche Diskrepanz hat ihren Grund. Die vernünftig sich gebärdenden Ratschläge wirken, ihres apokryphen Ursprungs wegen, nur, wenn sie mit Autorität sich unterstreichen; die Spalte scheint davon überzeugt zu sein, es müßten ihre Leser zur Vernünftigkeit gezwungen werden. Das autoritäre Moment begegnet auch in der Allerweltspsychologie der Zeitungen auf Schritt und Tritt. Nur ist Autorität dort die des Experten, nicht des Magiers, während dieser, im Horoskop, als Experte zu reden bemüßigt sich fühlt. Gleichwohl läßt er auf nichts so Tangibles sich ein wie theologische Dogmen. Das waltende Prinzip ist, wenn überhaupt, als Unpersönliches, dinghaft vorgestellt. Der Horizont ist der eines naturalistischen Supranaturalismus. Das unerbittlich Anonyme, kopflos Verhängte des abstrakten Schicksalsgrundes setzt in dem untergründig Drohenden sich fort, das dem dort geschöpften Rat anhaftet. Nach dem Zusammenhang beider und der Quelle selbst wird vom astrologischen Raisonnement nicht gefragt. Er bleibt ein namenloses Vakuum. Darin reflektiert sich gesellschaftliche Irrationalität: die Undurchsichtigkeit und Zufälligkeit des Ganzen fürs Einzelindividuum. Nicht nur naive Menschen trachten vergebens, die Konsequenzen der durchorganisierten und doch ihrer selbst unbewußten Gesamtverfassung für ihre eigene Existenz zu durchschauen; die objektiven Antagonismen als solche steigern sich bis zum Unbegreiflichen, zur Drohung der losgelassenen Technik, der alle Anstrengung der ratio galt. Aus dem Mittel, das Dasein zu verbessern, schickt jene sich an, in den

Selbstzweck seiner absoluten Negation umzuschlagen. Wer unter der gegenwärtigen objektiven Unvernunft des Ganzen überleben will, gerät in Versuchung, es einfach hinzunehmen, ohne über Absurditäten wie das Verdikt der subjektlosen Sterne viel zu staunen. Die Verhältnisse trotz allem rational zu durchdringen, wäre unbequem nicht bloß der intellektuellen Anstrengung wegen. Astrologie zeigt sich wahrhaft verschworen mit den Verhältnissen selbst. Je mehr den Menschen das System ihres Lebens als Fatum erscheinen muß, das blind über ihnen waltet und gegen ihren Willen sich durchsetzt, um so lieber wird es mit den Sternen in Verbindung gebracht, als ob dadurch das Dasein Würde und Rechtfertigung erlangte. Zugleich setzt die Einbildung, die Sterne böten Rat, wenn man nur in ihnen zu lesen vermöchte, die Furcht vor der Unerbittlichkeit der sozialen Prozesse herab. Diese Furcht wird von den Sternkundigen gelenkt und ausgebeutet. Der Zuspruch, den die unerbittlichen Sterne auf ihr Geheiß spenden, läuft darauf hinaus, daß nur, wer vernünftig sich verhält: sein inneres wie äußeres Leben völliger Kontrolle unterwirft, irgend die Chance hat, den irrationalen und widersprüchlichen Forderungen des Daseins gerecht zu werden. Das heißt aber: durch Anpassung. Die Diskrepanz von rationalen und irrationalen Momenten in der Konstruktion des Horoskops ist Nachhall der Spannung in der gesellschaftlichen Realität selbst. Vernünftig sein heißt in ihr nicht: irrationale Bedingungen in Frage stellen, sondern aus ihnen das Beste machen.

Ein eigentlich unbewußtes, vielleicht entscheidendes Moment freilich darf im Horoskop nicht zutage treten. Die Nachgiebigkeit gegenüber dem Anspruch der Astrologie kann sehr wohl den allzu willigen Konsumenten Ersatz für passive sexuelle Lust gewähren. Beschäftigung mit Astrologie wäre dann primär: der Stärke eines übermächtigen Wesens sich preisgeben. Kraft und Stärke, Attribute der Vaterimago, treten aber in der Astrologie streng isoliert vom Gedächtnis an Personalität auf. Der Umgang mit den Sternen als Symbol einer sexuellen Vereinigung ist das fast unkenntliche und deshalb geduldete Deckbild für die tabuierte Beziehung zur omnipotenten Vaterfigur. Er ist gestattet, weil jene Vereinigung alles Menschliche abgestreift hat. Die Phantasien über den Untergang der Welt und das Jüngste Gericht, in denen die minder vorsichtigen Astrologica schwelgen, mögen aus jenem sexuellen Moment sich erklären: in ihnen mag die letzte Spur individuellen Schuldgefühls sichtbar werden, so verdunkelt wie ihr libidinöser Ursprung. Die Sterne bedeuten Sexus ohne Drohung. Vorgestellt als allmächtig, sind sie zugleich unerreichbar fern – unerreichbarer noch als die narzißtischen Führerfiguren aus Freuds »Massenpsychologie und Ichanalyse«. Wenden zahlreiche spezialisierte Magazine sich an Adepten, so sieht der Zeitungsastrologe, der für den Tag schreibt, einer weniger scharf umgrenzten, dafür vermutlich weit zahlreicheren Leserschaft mit den divergentesten Interessen und Sorgen sich gegenüber. Der Rat muß bereits an sich den Lesern etwas wie stellvertretende Hilfe und Tröstung gewähren; im Innersten erwarten sie kaum, daß der Schreiber des Horoskops ihnen wirklich hilft. Nicht unähnlich dem Demagogen, der jedem etwas verspricht und herauszufinden hat, was seine Zuhörer jeweils am meisten bedrückt, kennt der Zeitungsastrolog nicht die Einzelnen, für die er schreibt, nicht ihre besonderen Wünsche und Klagen. Die Autorität jedoch, aus der er redet, nötigt ihn, so zu tun, als kenne er sie alle, und als gewähre die Konstellation der Sterne hinreichende, unzweideutige Antwort. Er kann es sich einerseits nicht erlauben, seine Leser zu enttäuschen, indem er überhaupt auf nichts sich festlegt; andererseits darf er die magische Autorität, auf der sein Verkaufswert beruht, nicht durch allzu unsinnige Auskünfte kompromittieren. So steht er vor der Quadratur des Zirkels. Er muß ein Risiko eingehen und zugleich die Gefahr danebenzugreifen auf ein Minimum einschränken. Das verweist ihn auf starre Wendungen und Stereotypien. Häufig etwa werden Ausdrücke verwandt wie »Folgen Sie Ihrer Eingebung« oder »Beweisen Sie Ihren scharfen Verstand«. Sie suggerieren, daß der Schreiber, wohl durch astrologische Intuition, genau wisse, was für ein Mensch der Einzelne, der zufällig das Horoskop liest, ist oder zu einer bestimmten Zeit war. Aber solche scheinbar spezifischen Bestimmungen sind kunstvoll zugleich so allgemein gehalten, daß sie auf einen jeden in jedem Augenblick einigermaßen sich beziehen lassen. Der Schreiber entwindet sich seiner Aporie durch Pseudo-Individualisierung. Tricks wie dieser allein vermögen freilich die grundsätzlichen Schwierigkeiten des Zeitungsastrologen nicht fortzuräumen. Durchweg muß er ebenso mit typischen Konflikten in der modernen Gesellschaft vertraut sein wie mit charakterologischen Faustregeln. Er konstruiert eine Reihe von Standardsituationen, die der überwiegende Teil seiner Anhänger jederzeit durchleben mag. Vor allem muß er Probleme ausfindig machen, die der Leser aus eigener Kraft nicht bewältigen kann, so daß er nach Hilfe von außen späht. Besonders geeignet sind Fragen, die vernünftigerweise gar nicht sich lösen lassen: aporetische Situationen, in die ein jeder geraten kann. Ihrer Irrationalität entspricht die der astrologischen Quelle. Verstelltheit zeitigt die Hoffnung auf rettendes Eingreifen von oben. Stets jedoch muß der Schreiber, der darauf spekuliert, soweit verschwommen sich ausdrücken, daß selbst falsche Behauptungen zu den Lebensumständen des Lesers einigermaßen stimmen und nicht gar zu leicht desavouiert werden. Dabei verläßt sich der Astrologe auf eine eingeschliffene Verhaltensweise. Menschen, die irgend dem Okkultismus zuneigen, sind gewöhnlich bereit, die Informationen, auf die sie aus sind, in ihr eigenes Bezugssystem einzubauen, ob sie nun zutreffen oder nicht. Der Horoskopschreiber vermag solange ungestraft sich zu ergehen, wie er den tatsächlichen Bedürfnissen und Wünschen seiner Leser geschickt sich anschmiegt. Er rechnet mit so intensiven Erwartungen, daß er auch deren Konfrontation mit der Wirklichkeit nicht zu scheuen braucht, wofern sie nur im Medium des bloßen Gedankens stattfindet und dem Leser keine harten praktischen Konsequenzen zumutet. Der Schreiber teilt imaginäre Gratifikationen mit vollen Händen aus. Er muß sein, was man auf amerikanisch einen homespun philosopher nennt. Die verblüffende Ähnlichkeit zwischen dem Zeitungshoroskop und seinen popularpsychologischen Pendants erklärt sich aus der Marktkenntnis beider und der empirisch-charakterologischen. Von authentischer Psychologie unterscheidet wie die populäre so die des Horoskops sich vorab durch die Richtung, in die sie den Leser dirigiert: sie bestärkt unablässig seine Abwehrhaltung, statt an deren Auflösung zu arbeiten; sie würfelt mit dem Unbewußten und Vorbewußten herum, statt es irgend ins Bewußte zu heben.

Genährt wird insbesondere der Narzißmus. Wenn der Zeitungsastrolog die Qualitäten und die Chancen seiner Leser rühmt, sie als außerordentliche Persönlichkeiten hinstellt, riskiert er Albernheiten, von denen es schwerfällt, sich vorzustellen, daß sie vom Dümmsten für bare Münze genommen werden könnten; aber der Schreiber spekuliert auf die mächtigen libidinösen Ressourcen der Eitelkeit. Ihr ist jedes Mittel der Befriedigung recht. An nächster Stelle steht die Angst, die er dem Leser mehr oder minder versteckt suggeriert. Daß jeder stets von etwas bedroht werde, muß aufrechterhalten werden: sonst verkümmert das Hilfsbedürfnis. Drohung und Beistand sind dabei so ineinander verflochten wie bei manchen Geisteskrankheiten. Das Moment der Drohung findet sich freilich bloß angedeutet: sonst empfinge der Leser einen Stoß, den er am wenigsten vom Horoskop wünscht. Die lauernde Gefahr etwa, die Stellung zu verlieren, findet im Horoskop zum lösbaren Konflikt mit Vorgesetzten oder zum kleinen Ärger im Beruf sich abgeschwächt. Kündigung oder Entlassung werden in dem analysierten Material nicht ein einziges Mal erwähnt. Beliebt dagegen sind Verkehrsunfälle. Sie beeinträchtigen den Narzißmus des Lesers nicht, sind ein ihm Äußerliches, dem er fast ohne sein Zutun verfällt, unbeseeltes Unglück. Verkehrssünder werden denn auch von der öffentlichen Meinung nur selten als Verbrecher gebrandmarkt. Zugleich fügen Verkehrsunfälle einer zentralen Intention des Horoskops sich ein: eben der, angeblich irrationale Vorgefühle in den Ratschlag zu übersetzen, man solle vernünftig sein. Die Sterne werden aufgeboten, um harmlosen, wohlgemeinten aber höchst trivialen Ermahnungen wie der, bedächtig zu fahren, Glanz und Gewicht zu verleihen. In vereinzelten, ernsthaften Drohungen wie der, daß man an einem bestimmten Tag besonders vorsichtig sich verhalten müsse, wolle man nicht in Gefahr geraten, knallt die Peitsche, aber nur wie zur erinnernden Mahnung. Der psychische Gewinn, den der Leser aus alldem ziehen soll, liegt, abgesehen von der Möglichkeit unbewußter Befriedigung des Destruktionstriebes durch die angedeutete Drohung selber, in dem Versprechen von Hilfe und Linderung durch eine übermenschliche Instanz. Der Gehorsam ihr gegenüber erspart ihm, wie ein autonomes Wesen sich zu verhalten: er kann dabei sich beruhigen, daß ihm das Schicksal alles abnimmt. Betrogen wird er um die eigene Verantwortlichkeit. Das Horoskop meint Leser, die abhängig sind oder abhängig sich fühlen. Es setzt Ichschwäche voraus und reale gesellschaftliche Ohnmacht.

Unausdrücklich bleibt weiter vorausgesetzt, daß alle Schwierigkeiten, die aus objektiven Verhältnissen erwachsen, vorab wirtschaftliche, durch private Initiative oder psychologische Einsicht ohne weiteres sich meistern ließen. Popularpsychologie wird zum sozialen Opiat. Den Menschen wird zu verstehen gegeben, daß das Übel an ihnen liege; mit der Welt selber sei es so schlimm nicht bestellt. Schlau modifiziert das Horoskop die Vorstellung universaler Abhängigkeit und Schwäche, in der es selber den Leser befestigt. Auf der einen Seite sollen die objektiven Mächte jenseits der Sphäre individuellen Verhaltens, individueller Psychologie beheimatet und aller Kritik entzogen sein, Wesen von metaphysischer Dignität. Auf der andern sei nichts von ihnen zu befürchten, wenn nur die objektiv vorgezeichneten Konstellationen befolgt, Gehorsam und Anpassung geübt werden. So wird die Gefahr aufs Individuum verlagert, Macht doch wiederum den Ohnmächtigen zugesprochen, an deren Über-Ich der Astrolog immerzu appelliert. Die fortgesetzte Aufforderung, sich selbst zu kritisieren und nicht die gegebenen Bedingungen, entspricht einem Aspekt des gesellschaftlichen Konformismus, zu dessen Sprachrohr das Horoskop insgesamt sich macht. Deuten die individuellen Nöte, die es aufgreift, wie schwächlich und verdünnt auch immer, aufs schadhafte Ganze, so suchen sogleich die Ratschläge, wie man ihnen begegne, den Glauben ans Bestehende wieder zusammenzuflicken. Die Irrationalität des Schicksals, das alles vorschreibe, und der Sterne, die Hilfe versprächen, ist der Schleier der Gesellschaft, die den Einzelnen bedroht zugleich und erhält. Die Botschaften des Horoskops künden nichts als den status quo. Sie wiederholen die Anforderungen, welche die Gesellschaft ohnehin an den Einzelnen stellt, damit er funktioniere. Unaufhörlich beschwört es die, denen es schwerfällt, vernünftig zu sein. Das Unvernünftige, die unbewußten Bedürfnisse, wird überhaupt nur zugelassen um der Vernünftigkeit willen: damit der halbwegs befriedigte Einzelne um so besser konformiere. Das Horoskop propagiert den planen common sense, eine Haltung, die ungetrübt von Zweifel als anerkannt vorgestellte Werte akzeptiert. Ausgemacht und unabänderlich sei die Geltung des ökonomisch längst unterhöhlten Konkurrenzprinzips; Maßstab ist allein der Erfolg. Alles irgend Unverantwortliche, auch das Schrullige oder Verspielte wird verpönt. Der pejorative Ausdruck »Traumfabrik«, von den Gebietern der Filmindustrie längst selber affirmativ verwendet, sagt nur die halbe Wahrheit: er trifft allenfalls auf den »manifesten Trauminhalt« zu. Was aber der synthetische Traum dem Belieferten antun will, was der Film hieroglyphisch verschlüsselt, ist keineswegs vom Stoff zu Träumen. Auch die verwaltete Astrologie serviert ihren Anhängern nichts, woran sie nicht durch ihre tägliche Erfahrung gewöhnt wären, und was ihnen, sei's bewußt, sei's unbewußt, Tag für Tag beigebracht wird. Der Spruch »Sei, der du bist« wird zum Hohn: die gesellschaftlich manipulierten Stimuli verewigen den ungeplant schon hergestellten Geisteszustand. Aber die tautologische Mühe ist nicht verschwendet. Freud hat betont, wie unsicher die Wirkung psychologischer Abwehrmechanismen bleibe. Wird dem Trieb die Befriedigung verweigert, oder wird sie verzögert, so kann er selten verläßlich unter Kontrolle gehalten werden, sondern tendiert zum Ausbruch. Denn problematisch ist jene Rationalität selber, welche die Versagung jetzt und hier als Garantie dauernder und vollkommener Erfüllung in der Zukunft gebietet. Immer wieder betrügt ratio ums gestundete Glück: sie ist nicht so rational wie ihr Anspruch. Daher das Interesse, unermüdlich den Menschen Ideologien und Verhaltensweisen einzuhämmern, die sie ohnehin von früh an geformt haben und mit denen sie gleichwohl niemals ganz sich identifizieren können. Daher auch ihre Bereitschaft, nach irrationalen Panazeen in einer Gesamtverfassung zu greifen, die das Vertrauen in die Kraft eigener Vernunft und in die mögliche Vernunft des Ganzen zerstörte, ohne daß doch die im Bann gehaltenen Subjekte die Unvernunft zu durchschauen vermöchten.

Die Horoskopspalte, die ihre Leser zur Unmündigkeit verhält, vergißt nicht, daß sie von deren Erlebnissen immer wieder Lügen gestraft wird. Wohl begegnet sie dem mit der Konstruktion des Anzusprechenden als eines zugleich Wichtigen und Abhängigen. Das allein aber genügt nicht. Die Triebkonflikte müssen durchscheinen, wenn die Spalte nicht alles Interesse verlieren soll. Die widerstreitenden Pflichten und Bedürfnisse des Lesers werden im

Gleichgewicht gehalten durch den formalen Aufbau der Spalte, und zwar in ihrem eigentlichen Medium, der Zeit. Astrologie beansprucht, aus den Sternen zu lesen, was auf der Erde geschehen wird. In der Sprache des astrologischen Konsums von heute heißt das: Auskunft darüber erteilen, was an einem bestimmten Tag, zu einer bestimmten Stunde zu tun sich empfiehlt, oder was zu vermeiden wäre. – Häufig bezieht der Astrolog einen ganzen Tag auf eine einheitliche Grundkonstellation. Damit wird der Primat von Zeit in abstracto angemeldet. Aber auch die potentiellen Konflikte werden ins Medium der Zeit übersetzt: ihr wird die Rolle des Schiedsrichters zugewiesen. Die Technik, widersprechende Postulate auf einen gemeinsamen Nenner zu bringen, ist so einfach wie ingeniös. Das Kontradiktorische wird auf verschiedene Zeiten, meist desselben Tags, verteilt. Das reale Modell dafür ist der Rhythmus von Arbeit und Muße oder von öffentlicher und privater Existenz. Ihn hypostasiert das Horoskop, als drückte er eine naturhafte Dichotomie aus. Versäumt man nur nicht den richtigen Zeitpunkt, gibt es insgeheim zu verstehen, so löse jede Schwierigkeit sich auf. Widrigenfalls hat man gegen den kosmischen Rhythmus verstoßen. Durchweg wird der Vormittag, auf den die Hauptarbeit des Tages fällt, als der Zeitraum behandelt, der astral das Realitäts- und Ichprinzip repräsentiere. Der Nachmittag und Abend dagegen, der tatsächlich im allgemeinen eine gewisse Spanne Zeit der Muße vorbehält, steht für tolerierte Gestalten des Lustprinzips. Dann soll man das genießen, was das Horoskop die einfachen Freuden des Lebens nennt – zumal jene Befriedigungen, welche die Massenmedien gewähren. So gelingen der Spalte Scheinlösungen: das Entweder/Oder von Lust und Versagung verwandelt sich in ein Erst/Dann. Lust aber wird ein anderes als Lust, nämlich bloßer Lohn der Arbeit, und umgekehrt Arbeit nur der Preis des Vergnügens.

Nach dem bürgerlichen Convenu »Work while you work, play while you play« werden Arbeit und Vergnügen in Schubfächern auseinander gehalten. Trieb und Gefühl sollen nicht von der ernsthaft vernünftigen Tätigkeit ablenken; kein Schatten von Pflicht soll die Ausspannung trüben. Die wirtschaftliche Zweiteilung nach Produktion und Konsumtion wird auf die Lebensform der Individuen projiziert. Zwangshafte Züge sind dabei offenbar: Reinlichkeit wird zum Ideal nach der Ordnung der Existenz, keine der beiden Sphären darf durch die andere befleckt werden. Das mag für die Ausnutzung der Arbeitskraft gut sein; kaum darüber hinaus. Die alles Spielerischen entäußerte Arbeit wird trist und monoton; Vergnügen, ebenso schroff vom Gehalt der Realität isoliert, sinnlos, läppisch, zur bloßen Unterhaltung. Damit aber zum nackten Mittel, die Arbeitskraft der Menschen zu reproduzieren, während substantiell zweckenthobenes Tun sich bewährt, indem es der Last des Daseins standhält und sie zu sublimieren trachtet. Res severa verum gaudium. In der extremen Trennung von Arbeit und Spiel als einem Verhaltensschema der Person gipfelt fraglos ein Desintegrationsprozeß. – Der Schreiber des Horoskops ist sich des grauen Einerleis untergeordneter Funktionen ebenso bewußt wie des inneren Widerstands gegen entfremdete Arbeit, die von jedem beliebigen anderen ebensogut getan werden könnte. Dennoch werden die Leser ohne Unterlaß ermahnt, solcher Arbeit ihre ganze Aufmerksamkeit zuzuwenden. Keineswegs bewertet das Horoskop Arbeit und Vergnügen gleich hoch. Nirgends wird am Vorrang nützlicher Arbeit gerüttelt. Axiomatisch ist, daß Lust und Vergnügen dem Fortkommen, dem praktischen Erfolg als höherem Zweck dienen müssen. Vielleicht besteht daran ein ideologisches Interesse, weil der technische Fortschritt virtuell bereits körperlich harte und monotone Arbeit überflüssig macht, während die Produktionsverhältnisse sie weiter den Widerstrebenden zumuten. Überdies kennt die Spalte die Schuldgefühle, welche unreglementiertes Vergnügen dem bürgerlichen Charakter bereitet. Sie beschwichtigt sie durch die Parole, ein vernünftiges Maß an Erholung sei erlaubt und zuträglich. Es gebe zudem wirtschaftlich unmittelbar nützliche Vergnügungen genug. Bizarr ist der Widerspruch im Begriff des Vergnügens um des praktischen Vorteils willen. Als moralische Norm wird ausposaunt, man solle glücklich sein. Während die Spalte anscheinend den Leser ermuntert zu überwinden, was in der Sphäre der Popularpsychologie »Hemmungen« heißt, subsumiert sie zugleich libidinöse Bedürfnisse, deren Sinn dem zuwiderläuft, dem Kommando rationaler Interessen. Spontaneität, Unwillkürlichkeit selber wird der Kontrolle unterworfen und verfügbar gemacht, wie zur Parodie auf das Freudische Diktum, wo Es ist, solle Ich werden. Man muß das Vergnügen sich auferlegen, zur Lust sich zwingen können, will man angepaßt sein oder wenigstens dafür gelten.

Während das Verhältnis des Einzelnen zu seiner privaten Umwelt vielfach am psychologischen Konflikt zwischen Wunsch und Gewissen leidet, läßt der Antagonismus zwischen dem Einzelnen und dem gesellschaftlichen Ganzen nicht wesentlich auf triebdynamische Strukturen sich reduzieren, sondern trägt sich in der objektiven gesellschaftlichen Dimension zu. Auch auf sie wird das biphasische Schema angewandt. Den Lesern wird einmal empfohlen, im Kampf ums Dasein wie starke, unnachgiebige Individuen sich zu verhalten; dann wieder, sich zu fügen, nicht eigensinnig zu sein. Die traditionell liberalistische Idee von der unbeschränkten Entfaltung des Individuums, seiner Freiheit und Unnachgiebigkeit ist nicht länger vereinbar mit einer Stufe der Entwicklung, die das Individuum zunehmend zwingt, den organisatorischen Forderungen der Gesellschaft widerstandslos sich zu unterwerfen. Von der nämlichen Person kann schwerlich erwartet werden, daß sie zu gleicher Zeit reibungslos angepaßt und rücksichtslos individualistisch sei. Auf dem mittlerweile zur Ideologie verblaßten Individualismus wird um so nachdrücklicher bestanden. Er wird zum Trost. Das Horoskop wiederholt psychologisch am Individuum die Verdinglichung, der es ökonomisch ohnehin unterliegt, und zerlegt es in Komponenten: solche der Anpassung und solche der Autonomie, unfreiwillig bestätigend, daß die vielberufene Integration unmöglich ist. Freilich widersprechen real die beiden Forderungen der Adaption und der Autonomie einander nicht nur, sondern sind zugleich verflochten. Selbst heute hängt der Erfolg von individuellen Qualitäten ab, die, seien sie noch so verschieden von denen des Subjekts früherer Epochen, alles andere sind als Ichschwäche. Anpassung verlangt eine Wendigkeit, die von Individualität nicht zu trennen ist. Umgekehrt werden individuelle Qualitäten heute a priori nach dem potentiellen Erfolg, als Sein für Anderes bewertet. So gilt es in kapitalistisch fortgeschrittenen Ländern als selbstverständlich, daß eine »originelle Idee« etwas ist, was sich gut verkauft. Die Situation ist einigermaßen paradox: wer den herrschenden Lebensbedingungen sich anpassen will, muß die eigenen, partikularen Interessen – die des Individuums – rücksichtslos verfolgen, er muß sich anpassen durch Nicht-Anpassung. Andererseits erheischt die Entfaltung spontaner Individualität notwendig auch Anpassung, Identifikation mit dem Nicht-Ich. Individualität, emphatisch als solche genommen, bliebe abstrakt. Indem sie von der Objektivität sich abkapselt, verkümmert sie. Man verfehlt den Charakter einer Gesellschaft, die den Begriff der Anpassung zum Fetisch macht, sobald man die Begriffe Individualität und Anpassung voneinander isoliert und undialektisch den einen gegen den anderen ausspielt. Diese Komplexion aber gestattet dem Horoskop, eine universale Formel für seine schwer zu vereinbarenden Forderungen auszutüfteln: man soll individuell und doch, wie es euphemistisch heißt, kooperativ sein. Oft wird in der Terminologie der Popularpsychologie Extraversion auf Kosten von Introversion gepriesen. In Wahrheit erwartet das Horoskop gar nicht, daß einer die sozialen Normen ganz sich zu eigen macht, sondern begnügt sich damit, daß er den Forderungen, die von außen ergehen, soweit sich unterwerfe, wie es nun einmal nötig sei, während es ihn zu gleicher Zeit dazu ermuntert, bedenkenlos in den Zustand einer gewissen anarchischen Roheit sich zurückfallen zu lassen, sobald er keine Strafe zu fürchten hat. Starrer Gehorsam und mangelnde Introjektion von Normen treten zusammen.

An der übertrieben praktischen Gesinnung, welche die Spalte verkauft, kommen selber Irrationalismen, psychische Narben zutage: es fehlt der Sinn für Proportionen. Das Praktische wird zur überwertigen Idee. Die reale Wirkung mancher emphatisch als praktisch empfohlener Handlungen und Verhaltensweisen ist unverhältnismäßig gering; so die der Pflege des Äußeren, die im Horoskop eine Hauptrolle spielt, oder von kleinlich-betulichen Beschäftigungen, wie daß man »Besitzangelegenheiten ordnet oder finanzielle Fragen mit der Familie bespricht« – vermutlich das Haushaltungsbuch. Neben der analen Besetzung greifbaren Eigentums kommen dabei soziale Momente ins Spiel. Die Möglichkeiten, unabhängiges Eigentum zu erwerben, sind heute für die Mehrzahl weitaus begrenzter, als man während der Hochblüte des Liberalismus, zu Recht oder Unrecht, glauben mochte. Die Spalte zieht sich aus der Affäre. Sind

Besitztümer einmal nicht mehr zu erwerben wie in alten Tagen, dann könne, so läßt sie durchblicken, der nämliche Erfolg erzielt werden, der wagemutigem Unternehmertum sich versagt, wenn man nur geschickt mit dem wuchert, was man hat – plant, überlegt, Berechnungen anstellt. Darauf sprechen zwangshafte Menschen ohnehin an. Kurven zeichnen, Tabellen entwerfen, kühne Unternehmungen auf dem Papier durchspielen wird zum Ersatz für expansive Spekulation. Vom Geldmachen überlebt nur die Leerform. Das Horoskop übt unrealistischen Realismus ein. Der fiktive Angesprochene, etwa ein imaginärer Prokurist, soll, da er nun einmal Chef nicht sein kann, diesen wenigstens vor sich und den Seinen mimen dürfen. Aber die alte Ideologie unbeschränkten Erwerbsstrebens läßt sich nicht reibungslos in Pseudoaktivität überführen. Deshalb nutzt der Horoskopschreiber gelegentlich die sonst versteckte abergläubische Basis der Astrologie aus. Er geizt nicht mit Hinweisen auf ansehnlichen materiellen Gewinn. Dieser soll jedoch kaum je der eigenen Arbeit des Lesers oder seinem Unternehmungsgeist sich verdanken, sondern durchweg unwahrscheinlichen Akten der Vorsehung, wie bei der Kartenschlägerin. Charakteristisch die »unerwartete Hilfe aus verborgenen Quellen«. Zuweilen greifen auch geheimnisvolle Freunde ein und überhäufen den Adepten mit Wohltaten wie im Märchen. Weder wird vom Leser erwartet, daß er glaubt, er könne je selbst Reichtümer verdienen, noch daß er damit sich abfindet, daß sie ihm nie zuteil werden. Der Schreiber ist der heftigen Wünsche seiner Leser so sicher, daß er sie momentan, infantil durch absurde Versprechungen zu befriedigen wagt. Bisweilen finden sie sich verknüpft mit Anspielungen auf die »geheimsten Wünsche« und »liebsten Hoffnungen« des Lesers; Blankoschecks, die jener je nach emotionellem Bedarf sich selber ausschreibt. Bei all dem läßt es das Horoskop nicht sein Bewenden haben. Den Sternen wird nachgeholfen. Hin und wieder, wenn auch nur vorsichtig und verschleiert, wird der Konsument ermutigt, nicht ohne weiteres auf sein Glück sich zu verlassen, sondern zu tun, was Lessings Riccaut de la Marlinière tat: corriger la fortune. Einmal etwa heißt es:

»Dies ist der Tag, die Dinge hinter den Kulissen geschickt zu manipulieren, um Ihr Glück zu fördern.«

Real steht die dämmernde Erfahrung dahinter, daß man in der Geschäftshierarchie nur noch durch persönliche Beziehungen und schlaue Diplomatie, nicht durch Leistung vorankomme. Das Bedenkliche des Rats aber, man solle intrigieren, wird nach dem biphasischen Schema revoziert durch die auf dem Fuß folgende Ermahnung, nichts Ungesetzliches zu tun, in den Grenzen des Erlaubten sich zu halten. Die Sünde wird buchstäblich und im psychoanalytischen Sinn ungeschehen gemacht.

»Strikte Befolgung von Geist und Buchstaben des Gesetzes befriedigt einen beunruhigten Vorgesetzten außerordentlich«, heißt es wörtlich sogleich. Moral wird veräußerlicht: man ist für seine Handlungen nicht sich selber, sondern anderen, den Vorgesetzten verantwortlich. Die Idee abzulegender Rechenschaft wird nicht als Pflicht vorgestellt, sondern nach dem Maß praktischen Interesses, als Drohung:

»Sehen Sie zu, daß jede Einzelheit in Ihren Angelegenheiten genau in Ordnung ist, so daß sich keine Kritik gegen Sie erhebt.«

Neben den zehn Geboten verkündet das Horoskop auch das elfte. Es weiß wohl, wie dicht Anarchie unterm Konformismus liegt; wie ambivalent beides ist, wie wenig die Integration der integralen Gesellschaft gelang. Schließlich fehlt unter den Irrationalitäten des gesunden Menschenverstands der Spalte nicht die Versicherung, die gute Familie, das Milieu des Angesprochenen weise ihm den rechten Weg und verbürge den Erfolg. Überhaupt werden individuelle Eigenschaften vom Horoskop als natürliche Monopole angesehen. Solche Topoi wollen mit dem drohenden Verschwinden freien Wettbewerbs versöhnen, vielleicht auch bereits das Bild einer aufs neue geschlossenen Gesellschaft vorbereiten. Hinter dem traditionsbewußten Lob der guten Familie lauert der numerus clausus und das Rassevorurteil, das der Majorität zugute kommen soll.

Die Lebensweisheit des Horoskops beschränkt sich keineswegs auf Popularpsychologie, sondern schließt die Ökonomie mit ein. So in Alternativen wie der, man solle je nachdem »konservativ« oder »modern« sein. Gemeint sind technische und geschäftliche Methoden. Nach individualistischer Ideologie hat nur derjenige, der mit Neuem aufwartet, Erfolg. Aber wer mit beschränkten Mitteln Neuerungen einführt, wird von wirtschaftlich Mächtigeren ruiniert. Die imago des verhungernden Erfinders ist unvergessen. Aus der realen Sackgasse sucht das Horoskop sich und den Leser biphasisch herauszumanövrieren: zuzeiten soll er »modern«, zuzeiten »konservativ« sich verhalten. Was allein in der Produktionssphäre seinen Sinn hätte, über die der präsumtive Leser nichts vermag, wird auf die der Konsumtion übertragen, in der er eben noch die Illusion freier Wahl zwischen der aufregenden Novität und der behaglich ausgefallenen Antiquität hegen mag. Häufiger noch wird der Ausdruck konservativ in der vageren Bedeutung gebraucht, man soll »konservative Finanzpolitik« treiben, will sagen: unnötige Ausgaben vermeiden. Rät das Horoskop dagegen zur »Modernität«, dann geht es etwa darum, daß der Leser moderne Möbel erwerbe. Während die gegenwärtige Überproduktion von Gebrauchsgütern Käufer verlangt, die längst trainiert sind, nur das Neueste gelten zu lassen, beeinträchtigt gerade diese Mentalität der Käufer die Bildung von finanziellen Rücklagen. Um das Richtige zu treffen, muß das Horoskop Kauflust und Zurückhaltung gleichermaßen advozieren. – Der Ausdruck »modern« fungiert in seinem Sprachgebrauch häufig als Äquivalent für »wissenschaftlich«. Man wirtschafte sparsamer, wenn man durchdachte Neuerungen einführe. Zugleich plädiert das Horoskop in eigener Sache, indem es mit Wissenschaftlichkeit auf gutem Fuß sich zeigt. Astrologie, wie der Okkultismus insgesamt, hat das entschiedenste Interesse, inmitten hochgesteigerter Rationalisierung den Verdacht magischer Praktiken abzuwehren. Wissenschaftlichkeit ist ihr schlechtes Gewissen. Je irrationaler ihr Anspruch, desto beflissener wird betont, nichts Schwindelhaftes sei daran.

Unter den Kategorien menschlicher Beziehungen, die das Horoskop urgiert, denen der privaten und gesellschaftlichen Verhältnisse des Lesers, entscheiden die von Familie, Nachbarschaft, von Freunden und Vorgesetzten. Zur Familie verhält sich das Horoskop weitgehend gemäß dem offiziellen, konventionellen Optimismus, dem die Familie als Inbegriff der ingroup unantastbar ist; der krampfhaft leugnet, in der kleinen Gemeinschaft der angeblich einander am nächsten Stehenden könnte etwas fragwürdig sein. Spannungen seien ephemer, im Grund alles Liebe und

Harmonie. Nur negativ kommt das Problematische an der Familie heraus: durch Verschweigen. Ausgespart sind die eigentlich affektiven Aspekte des Familienlebens – wie allerorten ist auch in seiner Sphäre Extraversion das Ideal der Spalte. Die Familie spendet Sukkurs in den Nöten des äußeren Lebens; allenfalls meldet sie Ansprüche und Klagen an, denen einigermaßen Rechnung zu tragen sei, wenn das Leben nicht unerträglich werden soll. Unabsichtlich resultiert ein Bild von Kälte. Alles Familienleben wird ins Bereich der Freizeit verwiesen: die biphasische Konstruktion lokalisiert sie im Zeitraum des Nachmittags, wie die Reparaturen der Leser am Auto und in der Wohnung. Vom Mann wird unterstellt, er gebe zuviel aus – etwa für Alkohol oder beim Spiel. Da schließlich die Frau mit dem vorhandenen Geld auskommen muß, soll der Leser seine finanziellen Angelegenheiten mit ihr besprechen. Von der Frau ist meist abstrakt als von »der Familie« die Rede, wohl um dem männlichen Leser die Demütigung zu ersparen, er sei ein Pantoffelheld. – Die Familie vertritt die soziale Kontrolle über die Triebbedürfnisse. Die ängstlich nüchterne Vorsicht der Frau soll den Mann davon abhalten, im Beruf aufzumucken und seine Stellung zu gefährden. All das freilich bleibt verschwommen. Der Rat, finanzielle Dinge mit der Familie zu besprechen, kann auch das Gegenteil involvieren: Kontrolle der Ausgaben einer verschwenderischen Frau. Diese wird dann als von Waren verlockte Konsumentin für unvernünftiger angesehen denn der Mann als schwer arbeitender Versorger. Beide Male wird die Familie als team mit starken gemeinsamen Interessen gedacht. Fast werden Ehepartner, nicht unrealistisch, zu Verschworenen in einer potentiell feindlichen Umwelt. Ihre Kleinstorganisation beruht allein auf dem Grundsatz von Geben und Nehmen; kaum irgendwo erscheint die Familie als Form spontanen Zusammenlebens. Der Leser soll denn auch sein Verhältnis zu ihr sorgfältig berechnen. Er hat für die Solidarität, die er erwartet, zu zahlen. Immerfort droht nörgelnde Unzufriedenheit; der Klügere gibt nach und vermeidet den Zorn des archaisch vorgestellten Clans. Darin ist registriert, daß die Aufteilung in die Sphären von Produktion und Konsumtion, von Arbeit und Muße nicht bruchlos gelingt. Von der Absurdität dessen, daß Leben selber mehr und mehr zum bloßen Anhängsel

eben des Berufslebens wird, das Mittel, nicht Zweck des Lebens sein sollte, ist noch das Dasein der eifrigsten Jasager geschlagen. Bei interfamilialen Zusammenstößen verhalten Frauen im allgemeinen sich naiver, ungefaßter als Männer: darum wird an deren Vernunft appelliert. Die Zusammenstöße sind vielfach darin begründet, daß der Mann während der Arbeitszeit seine Aggressionen unterdrücken muß und sie dann auf die ihm Nahestehenden entlädt, die abhängigen Schwächeren. Die Schuld dafür schreibt das Horoskop dem Zeitelement zu, als ob, uneinsichtig warum, gerade an diesem bestimmten Nachmittag oder Abend zu Hause Unheil brüte und der Leser deshalb besonders vorsichtig sein müsse. Beschworen wird die Erfahrung dessen, was volkstümlich dicke Luft heißt. Zusätzlich wird dem Leser positiv geraten, »die Familie auszuführen« oder »ihr ein paar schöne Stunden zu bereiten«, indem er Freunde einlädt. Das rechnet unter die Versuche, institutionalisierte Freuden und erzwungene menschliche Nähe anstelle spontaner einzuschmuggeln, nach dem Rezept etwa des Mutter- oder Vatertags. Da gespürt wird, die wärmende und hegende Kraft der Familie schwinde dahin, deren Institution doch aus praktischen wie aus ideologischen Gründen festgehalten werden muß, so wird das emotionelle Element von Wärme und Zusammengehörigkeit synthetisch beigestellt. Menschen werden angehalten und gestoßen, das zu tun, was angeblich natürlich ist – einer soll seiner Frau Blumen schenken, nicht weil es ihr und ihm Freude macht, sondern weil sie sich ärgert, wenn er es vergißt.
Häufiger noch als die Familie wird von der Spalte die Kategorie der »Freunde« bemüht. Sie fordert den Versuch einer Erklärung selbst dann noch heraus, wenn man konzediert, daß der Begriff des Freundes weithin seinen Sinn eingebüßt hat und in Amerika, unbelasteter als in Deutschland, meist nur noch als Synonym für den »Bekannten« gebraucht wird. Nach einer traditionellen Grundvorstellung der Astrologie senden die freundlichen und feindlichen Konjunktionen menschliche Boten aus. Unter diesen hebt das Horoskop die Freunde hervor, kaum je die Feinde. Die starre Einteilung in Freunde und Feinde, die der biphasischen Disposition förmlich sich aufdrängen müßte und die auch dem paranoiden Denken des Abergläubischen entspricht, wird offenbar vom Zeitungshoroskop besonderer sozialer Kontrolle unter-

worfen. – Die Segen spendenden Freunde im Horoskop kommen unerwartet von draußen – wohl im Einklang mit dem mehr oder minder unbewußten Antagonismus der Individuen zur Familie und zum stumpf gewohnten Milieu, den der offizielle Optimismus übertäuben möchte. Jäh und grundlos überschütten die Freunde das Glückskind mit Wohltaten, flüstern ihm zu, wie es mit Sicherheit sein Einkommen erhöht, oder vermitteln ihm ansehnliche Posten. Dahinter steht das von Fromm beschriebene Gefühl der Ohnmacht. Man soll, um die Wohltaten sich zu verdienen, den Freunden folgen; sie seien stärker als der Leser und wüßten besser Bescheid. Zugleich wird der Angst und dem Haß vorgebeugt, die aus der Abhängigkeit entstehen könnten. Das Bild derer, von denen der Angesprochene abhängt, ist makellos positiv. Deutlich wird der parasitäre Aspekt der Abhängigkeit im ständigen Hinweis auf jenen Begriff der Wohltat. Er ist vorkapitalistisch; gehört in den Horizont von Werkgerechtigkeit und toleriertem Bettel. Sozialpsychologisch rückt die Beziehung zu den Freunden in die Nähe des Phänomens der Identifikation mit dem Angreifer. Oft sind die Freunde nur schonende Masken für die Vorgesetzten. Rationale, berufliche Beziehungen werden in emotionale verwandelt; die, zu denen man im äußerlichen Verhältnis der Unterordnung steht, die man zu fürchten hat, sollen es am besten mit einem meinen, und man soll sie lieben. Der Angesprochene soll fühlen, daß, wenn er, der beliebig Ersetzbare, eine gesellschaftliche Funktion erfüllen darf, er es der unerforschlichen Gnadenwahl eines ewigliebenden Vaters zu verdanken hat. Die Vorschriften, die vom Vorgesetzten an den Untergebenen ergehen, werden ausgelegt, als wollten sie einzig diesem in seiner Schwäche beistehen.

»Prominente Persönlichkeit, erfahrener als Sie, gibt bereitwillig guten Rat. Hören Sie aufmerksam zu und folgen Sie dem besseren Plan.«

Die Vagheit der Horoskop-Kategorie des Freundes erlaubt es, in ihm die Gesellschaft schlechthin zu personifizieren. Die Härte der gesellschaftlichen Normen, die das Horoskop vermittelt, scheint gemildert, indem die Normen nicht als solche, objektiv, sondern vermenschlicht auftreten. Das mag damit zusammenhängen, daß real Autorität von den Vaterfiguren auf Kollektive, den big brother übergeht. Die Freunde erzwingen nichts, sie lassen den Angesprochenen spüren, daß er bei aller Isolierung dennoch einer der Ihren ist, und daß jene Wohltaten, die sie ihm erweisen, die sind, welche die Gesellschaft selber zu vergeben hat. Vielfach auch ist der Freund eine Projektion des Ichideals des Angesprochenen. Der innere Dialog, in dem dieser die Momente eines Konfliktes gegeneinander abwägt, wird von der Spalte entfaltet. Der Leser selbst spielt den Part des Kindes, während der Erwachsene in ihm, das Ego, diesem Kind als erfahrener Freund, beruhigend eher als drohend, zuspricht. Dennoch repräsentieren die Freunde auch wieder das Es, indem sie angeblich Wünsche erfüllen, die der Leser selbst sich nicht erfüllen darf oder kann. Daß die Freunde fast immer in der Mehrzahl auftreten, deutet darauf, daß sie entweder für Geschwister oder eben, wahrscheinlicher, für die Gesellschaft im ganzen stehen; auch auf Mangel an Individuation und darauf, daß jeder durch jeden auszuwechseln sei. – Zuweilen wird der Fremde oder der »interessante Ausländer« aus Groschenromanen zum Substitut des Freundes. Wendet sich das Horoskop an Menschen, die mit der ingroup sich identifizieren und exogame Wünsche sich versagen müssen, so hilft der mysteriöse Fremde ihren verdrängten Bedürfnissen auf. Unterschieden wird sorgfältig zwischen »alten« und »neuen« Freunden. Überraschenderweise fällt der positive Akzent auf die neuen. Sie passen in die Gegenwart; »history is bunk«. Die alten Freunde dagegen werden gelegentlich als Last denunziert, als Leute, die das Recht prätendieren, irgendwelche Ansprüche aus einer nicht mehr aktuellen Beziehung abzuleiten. Das Horoskop macht sich zum Sprecher der universalen Tendenz zum Vergessen. Das Vergangene wird abgewiesen. Was nicht mehr da, nicht mehr Tatsache ist, greifbar vor Augen liegt, gilt schlechthin als nichtexistent. Damit sich befassen, heißt so viel, wie von den Forderungen des Tages sich ablenken lassen. Bei aller konventionellen Moral und Wohlanständigkeit kündigt das Horoskop, in Konsequenz des Tauschprinzips, die Idee der Treue: das hier und jetzt Unnütze wird liquidiert.

Gelegentlich sieht der ratsuchende Leser, anstatt an den Freund oder den Fremden, an den »Fachmann« sich verwiesen: den Inbegriff unbestechlichen, allein durch Sachkenntnis motivierten

Verhaltens. Seine Idee, die scheinbar für Rationalität steht, hat selber etwas Magisches angenommen. Ihm blind zu vertrauen, kann nicht schwer fallen, da Fachkenntnis ihrerseits in rationalen Prozessen fundiert sein soll, die nur eben der Laie selbst nicht nachzuvollziehen vermag. Die Autorität des Experten verletzen, verstieße gleichermaßen gegen Rationalität *und* unbewußte Tabus. Darauf baut das Horoskop. – Gelegener noch kommt ihm der Vorgesetzte, der in eins den fähigen Berufsmenschen repräsentiert und die Vaterfigur. Ihm gelten die meisten Hinweise auf persönliche Beziehungen. Sein ambivalentes Bild paßt besser ins biphasische Schema als das des Freundes. Ständig fordern, der Spalte zufolge, die Vorgesetzten Rechenschaft. Man muß ihnen gehorchen. Sie verpflichten zu Aufgaben, die oft die Kräfte des Untergebenen übersteigen. Nicht selten werden sie als anmaßend und hochtrabend getadelt. Das wird aber fast im gleichen Atemzug zurückgenommen – das objektiv Bedrohliche durch den Hinweis auf das höhere moralische Recht oder die bessere Einsicht des Vorgesetzten; das subjektiv Bedrohliche: Launen und Unvernunft, durch die Erinnerung daran, daß auch jene ihre Probleme, Sorgen und Schwächen hätten, für die man Verständnis aufbringen sollte, als wäre der Untere der Obere. Überaus häufig wird geraten, sie zu beschwichtigen, nach dem Muster des Kindes, das seine grollenden Eltern durch liebes Wesen versöhnen möchte. Weniger geht es um die Erfüllung von Pflichten als um geschicktes, elastisches Lavieren in der Hierarchie: man müsse die Vorgesetzten mit gleichsam höfischer Schmeichelei traktieren, um ihre Gunst sich zu bewahren. Gelegentlich tritt an der Erbötigkeit, die das Horoskop empfiehlt, paradox der Aspekt von Bestechung hervor: der Schwächere soll den Stärkeren zu sich einladen, ihn ausführen. Das wird retouchiert durch den Euphemismus, es komme auf eine »zufriedenstellende menschliche Beziehung« zwischen Untergebenen und Vorgesetzten an. So sind die human relations. Allgemein fällt der euphemistische Charakter der astrologischen Gebrauchssprache auf. Er zehrt vom alten Aberglauben, nichts dürfe berufen, nichts auch bei seinem wahren und gefährlichen Namen genannt werden. Das verschafft dem Ratsuchenden zwar die Schonung, die er vom Horoskop sich erhofft, vorweg aber wird die Einsicht kastriert, um derentwillen er überhaupt, irrend, an Astrologie sich wendet. – Trotz der Emphase, die auf den menschlichen Beziehungen liegt, fehlt selten die Andeutung, Ergebenheit und Dienst am Vorgesetzten würden sich auszahlen. Dessen imago ist jenem Typ Vater nachgebildet, der zwischen tyrannischen Ausbrüchen, über sich selbst gerührt, den Kindern versichert, er sei ihr bester Freund und züchtige sie nur zu ihrem Besten. Erfolg und Position verdankt der Vorgesetzte dem Horoskop zufolge allein seinen inneren Qualitäten. Wem Gott ein Amt gibt, dem gibt er auch Verstand: hierarchische Strukturen werden glorifiziert und fetischisiert zugleich. Oft winden sich Floskeln marktgängigen Prestiges wie die »wichtige Persönlichkeit«, wie »prominent« oder »einflußreich« als Heiligenschein um die höhere Position. Das wichtigste in den menschlichen Beziehungen sei, daß man reden, gut zureden kann. Darin wird das Horoskop ebenso der passiven Nachgiebigkeit wie den aggressiven Impulsen der Angesprochenen gerecht. Das Bestreben, den Stärkeren zu erweichen, ihn freundlich zu stimmen, nährt sich vom unbewußten Wunsch, durch Offenheit gleichsam um den Kopf sich zu reden. Tatsächlich haben die Unterdrückten zuinnerst das Bedürfnis, sich freizusprechen, müssen es aber verdrängen oder durch überbrückendes Geschwätz regulieren. Die Praxis, zu welcher das Horoskop die Menschen anhält, umschifft vielfach tragende Widersprüche durch schlaue Unterwürfigkeit, vergleichbar der Taktik einer Frau, die den Mann übervorteilen möchte, von dem sie abhängt. Das Horoskop lehrt die Menschen, auf ihr Interesse zugunsten ihrer Interessen zu verzichten.

Die astrologische Mode dürfte während der letzten Dezennien zugenommen haben: nicht allein als wirtschaftliches Neuland für Schamanen sondern auch wegen steigender Anfälligkeit der Bevölkerungen. Jene ist psychologisch und gesellschaftlich weit fataler als die Astrologie selber. Sie hat ihre Basis am Phänomen der universalen und entfremdeten Abhängigkeit, der inneren und der äußeren. Von ihr geht das Horoskop aus: es vertuscht, nährt und exploitiert sie. Dabei handelt es sich nicht einfach um die traditionelle Abhängigkeit der Mehrzahl der Menschen von der organisierten Gesellschaft, sondern um die anwachsende Vergesellschaftung des Lebens, die Erfassung des Einzelnen durch unzählige Fangarme der verwalteten Welt. Im Liberalismus des früheren Bürgertums, zumindest in seiner Ideologie, blieb für die meisten die grundsätzliche Abhängigkeit von der Gesellschaft verhüllt, etwa wie in der Theorie vom Individuum als der autonom konstituierten und frei sich erhaltenden Monade. Heute ist die Hülle gefallen. Die Prozesse der sozialen Kontrolle sind nicht länger solche eines anonymen Marktes, von dessen Gesetzlichkeit der Einzelne nichts weiß. Die vermittelnden Instanzen zwischen der Direktion der Gesellschaft und den Dirigierten schwinden zusehends, die Einzelnen sehen wieder unmittelbar den Verfügungen sich gegenüber, die von der Spitze ergehen. Die dergestalt sich offenbarende Abhängigkeit macht die Menschen anfällig für totalitäre Ideologie. Als Vortrab dient ihr auch die Astrologie. Aber die Einsicht in die steigende Abhängigkeit wird ungemildert nur schwer ertragen. Gäben die Menschen sie offen zu, so könnten sie einen Zustand kaum länger aushalten, den zu ändern sie doch weder die objektive Möglichkeit sehen noch die psychische Kraft in sich fühlen. Darum projizieren sie die Abhängigkeit auf etwas, das von Verantwortung dispensiert: seien es die Sterne, sei's die Verschwörung der internationalen Bankiers. Man könnte darauf verfallen, zur Einübung im Unvermeidlichen *spielten* die Bekenner der Astrologie ihre Abhängigkeit, übertrieben sie vor sich selbst, wie denn viele von ihnen die eigene Überzeugung nicht ganz ernst nehmen, sie mit leiser Selbstverachtung ironisieren. Astrologie ist nicht nur einfacher Ausdruck der Abhängigkeit sondern auch deren Ideologie für die Abhängigen. Die unentrinnbaren Verhältnisse ähneln objektiv so offenkundig dem Wahnsystem sich an, daß sie zwangshaftes, selbst paranoides geistiges Verhalten herausfordern. Nicht allein Geschlossenheit verbindet Wahnsystem und System der Gesellschaft miteinander, sondern auch, daß die meisten insgeheim das Systematische ihres Tuns, ihre Arbeit, als irrational und unvernünftig erfahren. Sie begreifen nicht länger den Zweck des Mechanismus, von dem sie selber einen Teil bilden. Sie argwöhnen, daß der Koloß weniger um ihrer Bedürfnisse als um des eigenen Fortbestands willen existiert und funktioniert. Der lückenlosen Organisation wird das Mittel fetischistisch zum Zweck, ein jeder spürt die Selbstentfremdung des Ganzen auf der eigenen Haut.

Selbst solche, die für normal gelten, und vielleicht sie besonders, akzeptieren Wahnsysteme: weil diese immer weniger von dem ihnen ebenso undurchsichtigen der Gesellschaft zu unterscheiden, aber einfacher sind.

Zum Gefühl, erfaßt zu sein und nichts über das eigene Schicksal zu vermögen, tritt das hinzu, das System treibe ungeachtet seiner funktionalen Rationalität der Zerstörung durch sich selbst entgegen. Seit dem ersten Weltkrieg ist das Bewußtsein der permanenten Krise nicht geschwunden. Weder die Reproduktion der Gesamtgesellschaft noch die des Einzelnen gelingt mehr durch die nach traditioneller Theorie normalen ökonomischen Prozesse sondern durch die versteckte und widerrufliche Zuwendung, wenn nicht durch allseitige Aufrüstung. Die Aussicht ist um so verzweifelter, je weniger am Horizont eine höhere Form der Gesellschaft sich abzeichnet. Darauf spricht Astrologie an. Ihre Leistung ist es, das wachsende Grauen in pseudorationale Formen zu kanalisieren, die flutende Angst in festen Mustern zu binden, sie sozusagen selbst noch zu institutionalisieren. Das sinnlos Unausweichliche wird zum leer grandiosen Sinn überhöht, dessen Leere die Trostlosigkeit ausdrückt, Parodie von Transzendenz. Die Substanz von Astrologie erschöpft sich in der Spiegelung der empirischen Welt, deren Undurchsichtigkeit sie trifft, wo sie Transzendenz vorgaukelt. Zugeschnitten ist sie gerade auf Typen, die sich in illusionsloser Skepsis gefallen. Den religiösen Kult erniedrigt sie zu einem der Tatsachen, ganz wie die schicksalsträchtigen Entitäten der Astrologie, die Sterne selber, in ihrer Tatsächlichkeit berufen werden: als Dinge, die mathematisch-mechanischen Gesetzen unterstehen. Astrologie fällt nicht einfach auf ältere Stufen der Metaphysik zurück. Vielmehr verklärt sie die aller metaphysischen Qualitäten entkleideten Dinge zu quasimetaphysischen Wesenheiten wie die science fiction. Nie wird der Boden der entzauberten Welt unter den Füßen verloren. Die hypostasierte Wissenschaft behält das letzte Wort. Comtes Postulat, der Positivismus solle sich selbst zur Religion werden, hat hämisch sich erfüllt. Spiegelbild der undurchsichtigen, verdinglichten Objektivität, bildet Astrologie zugleich die sie transzendierenden Bedürfnisse der Subjekte zurechtgestutzt, perspektivisch ab. Die Menschen, längst unfähig, irgend zu denken oder zu begreifen, was der Wirklichkeit, wie sie ist, nicht gliche, streben zugleich verzweifelt von dieser weg. Statt der leidvollen Anstrengung, bewußt zu durchdringen, was sie so trübselig macht, suchen sie im Kurzschluß der dumpfen Ahnung Herr zu werden, verstehend halb und halb flüchtend in vorgeblich höhere Bereiche. Darin ist Astrologie eines Sinnes mit Massenmedien wie dem Film: sie drapiert als Bedeutung und leuchtend Einmaliges, spontan das Leben Wiederherstellendes die gleichen verdinglichten Beziehungen, über die sie täuscht. Denn die Bewegung der Sterne, aus der angeblich alles erklärt werden könne, erklärt selber gar nichts. Die Sterne lügen nicht, aber sie sagen auch nicht die Wahrheit. Dafür lügen die Menschen. Bis heute blieb Astrologie schuldig zu sagen, warum und wie die Sterne ins Leben der Einzelnen eingreifen. Der Fragende wird abgespeist mit wissenschaftlichem Brimborium, unbeweisbare oder unsinnige Behauptungen werden geschickt mit Elementen von Faktizität und astronomischer Gesetzlichkeit gespickt. Das Konglomerat aus Rationalem und Irrationalem, das den Namen Astrologie trägt, reflektiert in solchem Zugleichsein des Unvereinbaren den kardinalen gesellschaftlichen Antagonismus. Hier geht es so rational zu wie dort – bei den Sternen nach der Mathematik, im empirischen Dasein nach dem Tauschprinzip. Irrational ist die Unverbundenheit. Soweit die Feststellungen der Astrologen stellare Vorgänge betreffen, sind sie sichtlich bemüht um Übereinstimmung mit den astronomisch kontrollierbaren Sternbewegungen. Vom gegenwärtigen gesellschaftlichen Dasein wissen sie genug: ihrer Einschätzung der Opfer ist keine Spur wahnhafter Vorstellungen beigemischt. Geheimnis und Trick der Astrologie ist lediglich die Art, wie sie die unter sich beziehungslosen, isoliert rational behandelten Sphären der Sozialpsychologie und der Astronomie vereint.

In Astrologie spiegelt sich, zu welchem Maß arbeitsteilig wissenschaftliches Denken zwangsläufig die Totalität der Erfahrung in Unverstandenes und Inkommensurables zerspaltet. Scheinhaft, wie mit einem Schlag fügt sie das Getrennte wieder zusammen, verzerrte Stimme der Hoffnung, das Auseinandergerissene sei doch zu versöhnen. Gerade die Unverbundenheit aber von Psychologie und Astronomie, des Menschenlebens und der Sterne gewährt ihr die Chance, im Niemandsland dazwischen sich anzusiedeln und usurpatorische Ansprüche nach beiden Seiten anzumelden. Ihr Reich ist die Beziehung des Beziehungslosen als Mysterium. In ihrer Irrationalität klingt jene nach, die am Ende der Arbeitsteilung steht als Frucht derselben Rationalität, die um vernünftigerer Reproduktion des Lebens willen Arbeitsteilung verlangte. Leicht ließe die Finte, willkürlich Unverbundenes zu verbinden, wissenschaftlich sich dingfest machen, wäre nicht wissenschaftliche Erkenntnis selbst so esoterisch geworden, daß nur wenigen solche Konsequenzen einsichtig würden; das kommt dem Erfolg der als esoterisch sich stilisierenden Massenastrologie zugute. Er bezeugt die allerorten sich ausbreitende Halbbildung. Der zur Ersatzmetaphysik hypostasierten Tatsachengläubigkeit gesellt sich die Tendenz, informatorische Kenntnisse anstelle von Erkenntnis, von intellektueller Durchdringung und Erklärung zu setzen. Was der großen Philosophie Synthesis hieß, schrumpft. Ihr Erbe ist ihre Parodie, der Beziehungswahn. Während naive Menschen ihre Erfahrungen eher als selbstverständlich hinnehmen, unbehelligt von den Fragen, die zu beantworten Astrologie fingiert; während ernsthaft Gebildete, Urteilsfähige dem Schwindel standhielten und ihn durchschauten, fängt er jene ein, die, von der Fassade unbefriedigt, nach dem Wesen tasten, ohne doch kritisch sich anstrengen zu wollen oder zu können. Astrologie versorgt zugleich und provoziert einen Typus, der zu skeptisch sich dünkt, um der Kraft des gesellschaftlich ungedeckten Gedankens zur Wahrheit sich anzuvertrauen, und doch nicht skeptisch genug ist, um gegen eine Irrationalität sich zu sträuben, welche die sozialen Antinomien, an denen ein jeder leidet, in ein Positives verzaubert. Die astrologische Mode nutzt kommerziell den Geist von Regression aus und fördert ihn darum. Seine Bekräftigung integriert sich der umfassenden gesellschaftlichen Ideologie, der Affirmation des Bestehenden als eines naturhaft Gegebenen. Gelähmt wird der Wille, etwas an der objektiven Fatalität zu ändern. Alles Leiden wird ins Private relegiert; Allheilmittel ist die Fügsamkeit; wie Kulturindustrie insgesamt, verdoppelt Astrologie, was ohnehin ist, im Bewußtsein der Menschen. Das Element des Sektenhaften, dessen sie auf dem Markt nicht entraten kann, fügt in ihren exoterischen, populären

Aspekt konfliktlos sich ein. Ihr Anspruch, im trüb Besonderen eines willkürlichen Credos ihre umfassende, ausschließende Bedeutung zu hüten, deutet auf den Übergang liberaler in totalitäre Ideologie. Die paradoxe Idee – und Realität – eines Einparteienstaates, die dem Begriff Partei ins Gesicht schlägt und ohne Federlesen partem zum totum erhebt, vollendet eine Tendenz, von der schon Eigensinn und Unansprechbarkeit des astrologischen Adepten künden. Die psychologische Dimension des Phänomens ist von der historisch-sozialen nicht bündig zu scheiden. Spezifische gesellschaftliche Konstellationen begünstigen selektiv die Bildung ihnen gemäßer psychologischer Syndrome oder bringen sie wenigstens ins Licht. In Zeiten drohender Katastrophe werden paranoide Züge mobilisiert. Das Psychotische an Hitler war Ferment seiner Wirkung auf die deutschen Massen. Der Bodensatz des Verrückten, der aggressive Wahn, ist das Ansteckende und zugleich Lähmende der zeitgemäßen Volksbewegungen, auch wo sie mit öffentlicher Beichte und exhibitionistischer Keuschheit der Demokratie sich empfehlen. Wer aber ihnen fanatisch, willentlich sich überläßt, muß den ungeglaubten Glauben forcieren, durch Verfolgung des Andern vom eigenen Zweifel ablenken. Auf solche Politik macht Astrologie die apolitische Probe.

Deutsche Fassung nach einer Übersetzung
von Hermann Schweppenhäuser
1962

Anmerkungen zum sozialen Konflikt heute

*Nach zwei Seminaren**

Vor einiger Zeit wurden im Institut für Sozialforschung zwei Seminare abgehalten, eines über das Lachen, das andere über sozialen Konflikt heute. Eine doppelte Absicht wurde verfolgt. Die Studenten sollten bestimmte Situationen unmittelbar beobachten. Deren präzise Beschreibung, und Versuche zur Interpretation, sollten verdeutlichen, daß, wo mehrere Menschen zusammen lachen oder feindselig aneinander geraten, soziale Momente sich ausdrücken, die über den direkten Anlaß hinausgehen, zuweilen in diesem sich verstecken. Mit der, wenn man will, pädagogischen Absicht verband sich das sachliche Interesse an der gesellschaftlichen Relevanz scheinbar individueller Aggression. Sie wurde als Konstituens des Lachens vorausgesetzt und durch die Analyse der Beobachtungen oft bestätigt. Die Seminare hätten bezeichnet werden können als Übung zur Entwicklung jenes bösen Blicks, ohne den kaum ein zureichendes Bewußtsein von der contrainte sociale zu gewinnen ist. Einige Überlegungen der Seminardiskussionen zum Verhältnis von Theorie und Erfahrung seien aufgegriffen.

Der Begriff des sozialen Konflikts, der Thematik der amerikanischen Soziologie entnommen, ebnet positivistisch die Marx'sche Lehre vom Klassenkampf ein. Diese war, wie in der Politik, auch wissenschaftlich in Amerika nie voll rezipiert worden; vorweg wurde bei social conflict dort wohl an die Spannungen der scharf voneinander abgegrenzten ethnischen Gruppen gedacht, und an Sozialreformen. Während der letzten Dezennien war der Begriff in der gesamten Gelehrtendiskussion zurückgetreten. Der 1958 von René König herausgegebene Band »Soziologie« führte zwar

* *Der Text wurde gemeinsam von Adorno und Ursula Jaerisch geschrieben. (Anm. d. Hrsg.)*

die benachbarten Stichwörter Herrschaft, Mobilität, Schichtung, soziale Kontrolle auf, nicht aber: Klasse, Unterdrückung, sozialer Konflikt. Von diesem war in der Soziologie erst wieder bei Coser in Amerika, bei Dahrendorf in Deutschland die Rede, und zwar pointiert sowohl gegen die Marx'sche wie gegen die wesentlich konservative, strukturell-funktionale Theorie von Talcott Parsons. Soziale Konflikte seien nicht als dysfunktional und für das soziale System desintegrativ, nicht ausschließlich unter dem Aspekt ihrer Anomalie, sondern als Motoren zu betrachten, die für die »Erhaltung, Angleichung oder Anpassung der sozialen Beziehungen und der sozialen Strukturen«[1] sorgten. Das greift zurück auf Georg Simmels Abhandlung über den Streit. Der war dort schon, als eine Form der Vergesellschaftung, zur positiven soziologischen Kategorie geworden, solange nur die Streitenden innehielten vor der baren Ausrottung des Gegners. Sie ist für Simmel, im Geist argloser Liberalität, ein »Grenzfall«. Der Kampf selbst jedoch sei »die Abhülfsbewegung gegen den auseinanderführenden Dualismus«[2], die sich a priori nur im Medium gemeinsam anerkannter Normen realisiere. Simmel neigt, aus formalsoziologischen Motiven, dazu, die Kategorie des Streits zu hypostasieren. Was inhaltlich entscheidet: daß Streit notwendig und legitim ist, um über einen schlechten antagonistischen Zustand hinauszugelangen, also als Mittel radikalen Friedens, in dem die Antagonismen material aufgehoben wären; nicht aber, daß er an sich, einer abstrakten und losgelassenen Idee von Dynamik zuliebe, zu bejahen sei – all das bleibt bei Simmel peripher. Seine Lehre zieht ihre Invarianten insgesamt von dem antagonistischen Zustand ab. Diesen akzeptiert sie, durch Unterstellung von Grundstrukturen des Gesellschaftlichen, als unveränderlich. Coser knüpft soweit an Simmel an, wie seine Apologie des Gruppenkonflikts, mit Recht kritisch gegen harmonistische Analysen der bestehenden Gesellschaft, die Funktion des Dysfunktionalen betont. Dabei opfert er aber nicht das Modell stabiler, durch Consensus im Gleichgewicht gehaltener sozialer Systeme. Erst in einem späteren Aufsatz, »Gewalt und gesellschaftli-

1 Lewis A. Coser, Theorie sozialer Konflikte, Neuwied und Berlin 1965, S. 180.

2 Georg Simmel, Soziologie, Leipzig 1908, S. 247.

cher Wandel«[3], treiben ihn Einsichten in die Struktur gemeinhin als irrational gebrandmarkter Revolten darüber hinaus. Ihnen, schon der Maschinenstürmerei, erkennt er ein höheres Maß an gesellschaftlicher Rationalität zu, als das Modell einer möglichst reibungslos sich reproduzierenden Gesellschaft konzedieren möchte. Von ihrem Gegenstand wird Soziologie zur Wiederentdeckung von Dialektik genötigt.

Dahrendorfs »Theorie des sozialen Konflikts«[4] verwendet ausdrücklich ein Modell, das auf den »Annahmen der Geschichtlichkeit, der Explosivität, der Dysfunktionalität und des Zwangscharakters menschlicher Gesellschaften« beruht. Was dem Strukturschema von Parsons Akzidens war, wird von neuem essentiell. »Auf einer solchen Basis erscheint der Konflikt als notwendiger Faktor in allen Prozessen des Wandels. Darüber hinaus schließt eine solche Orientierung den utopischen Gedanken des gleichgewichtig funktionierenden, stabilen Sozialsystems, der ›klassenlosen Gesellschaft‹, des ›Paradieses auf Erden‹ aus – und ist damit sowohl der Wirklichkeit der Gesellschaft als auch (auf der Ebene der politischen Theorie) der Idee der Freiheit näher als die Consensus-Theorie.«[5] Der antagonistische Charakter der Gesellschaft, der sozialen Konflikt produziert, wird unverhüllt zugestanden, freilich wiederum zur Invariante gemacht, damit es bei einem gezähmten, seinerseits nicht auf seine Legitimität befragten sozialen Wandel bleibe. Max Webers idealtypische Methode ebenso wie seine Vorstellung von Gesellschaft nimmt Dahrendorf auf. Sie sei notwendig durch Über- und Unterordnung strukturiert, die sich offenbaren in der Befehlsgewalt von Herrschaftsverbänden. Sozialer Konflikt wäre danach einer, der »sich aus der Struktur sozialer Einheiten ableiten läßt, also überindividuell ist ... Einmal gibt es in sehr kleinen sozialen Einheiten (Rollen, Gruppen) häufiger Gegensätze, die keinerlei strukturelle Relevanz haben, für die also eine Theorie des sozialen Konfliktes nicht gilt; zum anderen läßt sich vermuten, daß

3 Lewis A. Coser, Gewalt und gesellschaftlicher Wandel, in: Atomzeitalter, Information und Meinung, Heft 11, November 1966, S. 321 ff.

4 Ralf Dahrendorf, Elemente einer Theorie des sozialen Konflikts, in: Gesellschaft und Freiheit, München 1961, S. 197 f.

5 a. a. O., S. 212.

auch Auseinandersetzungen zwischen sehr umfassenden sozialen Einheiten zuweilen eher psychologischer als soziologischer Erklärung bedürfen. Eine gewisse soziale Willkür scheint manchen Kriegen der Geschichte nicht fremd zu sein.«[6] Ist indessen einmal die Präponderanz der Gesellschaftsstruktur über alles partikulare und individuelle Handeln eingesehen, so wird die Annahme von Konflikten, die keinerlei strukturelle Relevanz hätten, fragwürdig, eine Transposition der wissenschaftlichen Arbeitsteilung auf den Gegenstand soziologischer Erkenntnis. Die Vermutung gar, soziale Konflikte größten Ausmaßes, wie manche Kriege, könnten eher psychologisch als gesellschaftlich erklärt werden, ist uneinsichtig. Die primären psychologischen Reaktionen der Einzelnen, Führer oder Geführter, sind irrelevant vor den übermächtigen Verhältnissen, in die sie eingespannt sind und die ihnen ihr Verhalten weithin aufnötigen, obwohl die objektiven Tendenzen kaum so furchtbar sich durchzusetzen vermöchten, okkupierten sie nicht auch das psychische Leben wider die Interessen der Lebenden. Aber im geschichtlichen Bereich ist Psychologie vermöge der Vergegenständlichung der Institutionen ein Sekundäres. Zumal die vielberufenen Verhaltensweisen und Abweichungen der Führer werden, aus ideologischen Motiven, maßlos überschätzt. Noch der Diktator, der tatsächlich über Leben und Tod entscheiden kann, ist in seinen politischen Entscheidungen an die Chancen und Alternativen gebunden, mit denen er konfrontiert wird. Just psychologische Beobachtung läßt vermuten, daß er seine Instinkte und Triebregungen eher in den Dienst politischer Ziele stellt, als daß diese im Ernst davon abhingen. Dahrendorfs Unterscheidung sozial-struktureller und bloß psychologischer Konflikte gestattet elegante wissenschaftspraktische Selektion des von der Soziologie zu Behandelnden, läuft aber Gefahr, Phänomene zu ignorieren, an denen gesellschaftlich Wesentliches sich ablesen ließe.

Die Integration des Klassenkampfes zur Institutionalisierung miteinander wetteifernder Verbände und Parteien begründet das den Konflikt bejahende und zugleich entschärfende Schema der zeitgenössischen Konflikttheorien. Coser überträgt die von Sim-

6 a.a.O., S. 202 f.

mel am Konkurrenzkampf entwickelte, urliberale These von der Einheit stiftenden Wirkung des Konflikts auf die pluralistisch genannten Gesellschaften der Gegenwart. Die Konflikte vielfältiger interdependenter Gruppen sollen, indem sie sich gegenseitig aufheben, das soziale System ebensowohl verklammern wie seine Erstarrung verhindern[7]. Unbesehen wird die These Spencers restauriert, der zufolge fortschreitende Integration mit fortschreitender Differenzierung zusammenginge. Unterdessen ist die Quantität der Integration in die entgegengesetzte Qualität umgeschlagen: sie hat emphatische Differenzierung, die sich erst in der freien Entfaltung der Individuen bewährte, inhibiert. Die scheinbare Vielfalt offiziell ermutigter, gleichsam von einem Dach überwölbter Kämpfe, sozialer Konflikte, die vom eingeschliffenen Schema vorgesehen sind, travestiert einen stets noch um der Erhaltung der bestehenden Verhältnisse willen entzweiten Zustand. Die gängigen Theorien vom sozialen Konflikt, die seine Realität nicht länger verleugnen können, treffen nur das an ihm, was diesseits der perennierenden Gewalt, die hinter der Reproduktion der Gesellschaft sich verbirgt, in Rollen und Institutionen artikuliert und versachlicht ist. Implizit wird bereits die soziale Kontrolle der Konflikte mitgedacht, die zu »regeln«, »eingreifend« zu »steuern« und zu »kanalisieren« wären[8]. Wohl verschweigt Dahrendorf keineswegs, daß »die erfolgreiche Regelung von Konflikten ... allerdings eine Reihe von Voraussetzungen« hätte. Die Beteiligten müßten Sinn und Unvermeidlichkeit von Konflikten eingesehen und vorweg über Spielregeln der Schlichtung sich geeinigt haben – eine Bedingung, die operationell den kritischen Fall ausschaltet, in dem die Konflikte die geltenden Spielregeln umwerfen. Diese sind denn auch keineswegs Spielregeln, nämlich frei vereinbart, sondern ihrerseits Sedimente gesellschaftlicher Prozesse. Eben solche Objektivität des Konflikts jedoch entgleitet Dahrendorf; auch er hypostasiert die Gesellschaftsstrukturen, welche Konflikte hervorbringen, als überhistorisch und erwartet die Bändigung der Konflikte von der subjektiven Vernunft, dadurch, »daß jeder Eingriff in Konflikte sich auf die Regelung seiner Formen beschränkt und auf den ver-

7 Vgl. Lewis A. Coser, Theorie sozialer Konflikte, a. a. O., S. 97, S. 182 ff.
8 Dahrendorf, a. a. O., S. 200, S. 228.

geblichen Versuch der Beseitigung ihrer Ursachen verzichtet«[9]. Die aprioristisch dekretierte These von der Vergeblichkeit eines solchen Versuchs dürfte mit positivistischem Offensein, etwa mit Deweys Experimentalismus, schwer vereinbar sein. Die »Zwangstheorie der Gesellschaft«, die Dahrendorf der vom Consensus entgegenhält, ist jener nur so weit konträr, wie sie das traditionell-liberalistische Einverständnis mit der normativen Ordnung durch Berücksichtigung postliberaler Züge, solcher der verwalteten Welt, modifiziert. Als soziologische Kategorie taucht der Konflikt erst mit dem Verschwinden der Konkurrenz in ihrer alten Form und des manifesten Klassenkampfes auf; insofern ist sie adäquat. Die jüngste Theorie des sozialen Konflikts schirmt sich durch ihre Begriffsbestimmungen dagegen ab, wahrzunehmen, was der Lebensphilosoph Simmel noch an der Transformation des gewalttätigen Kampfes von einst zur Konkurrenz als »Grausamkeit aller Objektivität« durchschaute, »die nicht aus einer Lust am fremden Leide, sondern gerade darin besteht, daß die subjektiven Faktoren aus der Rechnung ausscheiden«[10]. Aus jener Grausamkeit hat mittlerweile der Schreibtischmord als fait social sich entwickelt.

Das Wort sozialer Konflikt lenkt ab von dessen tödlichem Schrecken wie von seiner objektiven Basis in ökonomischen Antagonismen. Diese werden neutralisiert entweder zu Verhaltensweisen einzelner Individuen – etwa an die sogenannte Kultur, in der sie sich finden, nicht Angepaßter – oder zum Handel zwischen Gruppen, Organisationen und was immer es sei. Solche Verschiebung fügt sich den überwiegenden Tendenzen der gegenwärtigen Soziologie ein. Sie widerstrebt einer kritischen Theorie der Gesellschaft. Konstatierbare und klassifizierbare soziale Phänomene werden, weil sie dem Zugriff empirischer Forschung umstandslos sich darbieten, mit deren letztem Substrat verwechselt. Die Frage nach ihrer Vermittlung durch die Klassenstruktur ist eskamotiert. Gemäß der alten Distinktion der Aristotelischen Ontologie jedoch ist das dem Betrachter Nächste, das ihm als Erstes erscheint, auch gesellschaftlich keineswegs an sich das Erste. Priorität kommt ihm nicht darum zu, weil die Totalität mit ver-

9 a. a. O., S. 227 f.
10 Simmel, a. a. O., S. 305.

fügbaren spezifischen Methoden nicht ebenso sich dingfest machen läßt wie ihre Derivate. Gleichwohl hätte die Klassenkampftheorie nicht so blank in Erhebungen über soziale Konflikte und daran etwa anschließende Verallgemeinerungen sich transformieren lassen, begünstigten es nicht die Phänomene. Der Klassenkampf alten Stils, im Sinn des Marx'schen Manifests, ist, einem Wort von Brecht zufolge, virtuell unsichtbar geworden. Seine Unsichtbarkeit selber ist nicht zu trennen von den Strukturproblemen. Tatsächlich sind die Manifestationen des Klassenverhältnisses in weitem Maß in den Funktionszusammenhang der Gesellschaft eingebaut worden, ja als Teil ihres Funktionierens bestimmt. Das allerdings ist insofern kein Novum, als die Gesellschaft sich nicht nur trotz des Klassenverhältnisses am Leben erhielt, sondern durch es hindurch. Die Entwicklung war teleologisch in der objektiven Doppelstellung des Proletariats zur bürgerlichen Gesellschaft präformiert. Einerseits waren die Proletarier in der Periode, die Marx und Engels vor Augen stand, Objekte der Ausbeutung, nicht autonome Subjekte des gesellschaftlichen Gesamtprozesses. Sie existierten außerhalb des Begriffs einer Gesellschaft, die eine von Freien und Mündigen sein wollte. Ohnehin rekrutierten sie sich in der Zeit der industriellen Revolution und den ersten Dezennien danach aus enteigneten Handwerkern und Bauern, die ihren gesellschaftlichen Ort verloren hatten, gleichsam aus Exterritorialen. Dennoch war das Proletariat, als Produzent des gesellschaftlichen Reichtums, der Gesellschaft immanent, Inbegriff ihrer Produktivkraft. Reaktiv zur revolutionären Drohung, aber auch nach eigner geschichtlicher Logik, hat das Gewicht des immanenten Elements im Begriff des Proletariats sich verstärkt. So hat die gewerkschaftliche Bewegung, die den Arbeitern innerhalb des bestehenden Systems einen höheren Anteil am Sozialprodukt als das prekäre Minimum verschaffte, mit Notwendigkeit, nämlich durchs materielle Interesse der Arbeiter, in der Richtung ihrer Integration gewirkt. Der Antagonismus, der die Arbeiter zur Organisation verhielt und insofern bereits »integrierte«, hat sie anwachsend mit dem verbunden, wogegen ihre Cadres in den frühen und wildwüchsigen Zeiten des beginnenden Hochkapitalismus stritten. Nicht bloß gelangten sie materiell in eine Lage, in der sie mehr zu verlieren hatten als ihre Ketten. Sondern komplementär dazu hat die Tendenz des Kapitals, sich in die Bereiche von Geist und öffentlicher Meinung hinein zu expandieren, auch das Bewußtsein und Unbewußtsein des vierten Standes von ehedem okkupiert. Marx bereits und vollends spätere Marxisten gaben sich Rechenschaft davon, daß das Klassenbewußtsein nicht mechanisch mit der Existenz von Klassen verbunden, sondern erst herzustellen sei. Allgemein war, im Gegensatz zur verbreiteten Ansicht, das Klassenbewußtsein der Oberklassen entwickelter als das der unteren. Geschichtliche Erben der feudalen Herrschaft, innervierten jene, vielfach weit über die Intelligenz der einzelnen Individuen hinaus, Gefahren nicht nur der politischen Praxis, sondern noch des von der Praxis entfernten Gedankens. Die Unterklasse dagegen, stets real im Bann der hierarchischen Verhältnisse, mußte diesen sich anpassen, um zu leben. Der Zwang dazu wurde planmäßiger stets in Regie genommen, waltete aber auch automatisch. Bezweifeln dürfte man, ob das Klassenbewußtsein selbst in den Glanzzeiten der deutschen Sozialdemokratie während des Wilhelminischen Zeitalters so substantiell war, wie die Funktionäre sich schmeichelten. Fraglos hat es seitdem, zumal im Hinblick auf den sichtbar niedrigeren Lebensstandard der östlichen Länder, sich abgeschwächt. Kampf indessen, auch Klassenkampf, postuliert Bewußtsein auf beiden Seiten. Sonst verflüchtigt sich sein Begriff zu einer Abstraktion objektiver und undurchschauter Klassengegensätze, die nicht Subjekt und deshalb fürs Handeln gleichgültig werden. Die gegenwärtige Lehre vom sozialen Konflikt kann sich darauf stützen, daß subjektiv der Klassenkampf vergessen ist, wofern er je die Massen ergriffen hatte. Das tangiert auch, zumindest zeitweilig, seinen objektiven Sinn.

Aber durch die Integration ist der objektive Antagonismus nicht verschwunden. Nur seine Manifestation im Kampf ist neutralisiert. Die ökonomischen Grundprozesse der Gesellschaft, die Klassen hervorbringen, haben aller Integration der Subjekte zum Trotz sich nicht geändert. Gesellschaftliche Erkenntnis, die weder die Theorie noch die Epiphänomene fetischisieren möchte, muß der Gestalt sich versichern, in welcher die objektiv vorhandenen, aber im doppelten Sinn verdrängten Klassengegensätze sich manifestieren. Unabweisbar die Vermutung, das geschehe im privaten Bereich. Er ist, als gesellschaftlich durchaus Vermitteltes, ebenso Schein, wie andererseits die Zuflucht von Regungen wider den Druck der gesellschaftlichen Totalität, deren Male sie doch ihrerseits wieder tragen. Den Konflikten, die hier seit je stattfinden, geht meist das Bewußtsein vom Klassenverhältnis ab; sie dürften sozial um so mehr anzeigen, je weiter sie vom gleichsam offiziellen Gegensatz Kapital – Arbeit abliegen. Dem, sei's in den vielberufenen zwischenmenschlichen Beziehungen, sei's selbst innerpsychologisch, nachzugehen, wäre eine der fälligen Aufgaben von Soziologie. Sie hat ihren Stachel daran, daß die unmittelbar gegebenen Daten nicht weniger verhüllen als offenbaren, während die Grundstrukturen nicht mehr drastisch im Großen erscheinen. Zu erwarten steht, daß im einzelnen Moment die Struktur und ihre Veränderungen sichtbar werden, die als ganze nicht zu greifen sind, als allherrschende jedoch das Gesetz jeglicher Konkretion bilden. Gelänge es nicht, Gesellschaft aus ihren Phänomenen zu interpolieren, so wäre ihr Begriff wahrhaft der Aberglaube, als den manche Positivisten ihn verfemen.

Das legitimiert die Insistenz auf ungesteuerter subjektiver Erfahrung. Die Einsicht in ihre Unzulänglichkeit und Willkür ist nicht ideologisch zu mißbrauchen. Wie problematisch auch angesichts der universal vermittelten Gesellschaft Thesen über jene geworden sein mögen, die allein auf die unmittelbare Erfahrung von Einzelnen sich stützen – unmittelbar gerade im Sinn der Protokollsätze der gängigen Wissenschaftstheorie –: ohne das Moment primärer soziologischer Erfahrung bildet sich überhaupt keine Einsicht. Szientifische Verantwortung, die unverantwortlichem Elan erst abzuzwingen wäre, scheint ihn verdrängt zu haben. Sie ist sich zum Selbstzweck geworden; eingeschüchtert sind die Impulse, an denen allein sie sich bewähren würde. Wissenschaftliche Selbstkontrolle möchte Empirie, verglichen mit der offenen Fülle, die der Begriff einmal meinte, so einengen, daß schließlich nur noch registriert wird, was von Methodologie zugerüstet, auf sie eingerichtet ist. Gegenüber der überwertigen Methode hat, was sie als Ausschweifung und philosophisches Relikt anschwärzt, zunehmend die Funktion des Korrektivs. Einzig eine theoretisch schwer zu antezipierende Kombination von

Phantasie und Flair für die Fakten reicht ans Ideal der Erfahrung heran. Gleichwohl ist die Kluft zwischen Theorie und fact finding, welche die gegenwärtige Soziologie markiert, nicht nach einem abstrakten Entwurf, etwa der ungebrochen festgehaltenen These vom Primat der Theorie, zu überbrücken. Zu visieren wäre die Wechselwirkung von Theorie und Erfahrung. Unvermeidlich dabei der Zirkel: keine Erfahrung, die nicht vermittelt wäre durch – oft unartikulierte – theoretische Konzeption, keine Konzeption, die nicht, wofern sie etwas taugt, in Erfahrung fundiert ist und stets wieder an ihr sich mißt. Der Zirkel ist nicht zu verschweigen; keineswegs jedoch mangelnder Besinnung, unklarem Denken zur Last zu legen. Bedingt wird er dadurch, daß in der Trennung von Erfahrung und Begriff selbst Willkür steckt. Einem möglichst sauberen Instrumentarium zuliebe werden unreflektiert die beiden Momente arbeitsteilig einander entgegengesetzt. Aber keines von ihnen wäre ohne das andere. Der Zirkel ist identisch mit dem der totalen, durchaus vergesellschafteten Gesellschaft, die, indem sie alles Einzelne durchdringt, eine Art negativer Identität von Allgemeinem und Besonderem erzwingt. Nur von den Extremen, ihren beiden Polen her ist sie zu fassen. Theorie und gesellschaftliche Physiognomik fusionieren sich.

Bis hinab zu ebenso läppischen wie affektiv besetzten privaten Zänkereien präsentiert die Gesellschaft den Lebendigen die Rechnung für ihre verkehrte Gestalt, an der sie mitschuldig sind, und für das, was sie aus ihnen gemacht hat. In den blinden, sich selbst verhängten Konflikten gelangt das gesellschaftliche Wesen an die Subjekte zurück, ohne daß sie dessen gewahr würden. Die Parolen, die der Faschismus in stürmischer Vorwegnahme gegen das Klassenbewußtsein lancierte, sind mittlerweile, außerhalb des faschistischen Systems, doch nicht minder ideologisch, zur realen Gewalt geworden. Vermutlich allerdings ist die Harmonie nicht so dauerhaft, wie vorgespiegelt wird durch die Beteuerung vom Überholtsein jener kritischen Theorie, deren man endgültig ledig zu sein hofft, indem man sie zur Metaphysik relegiert. In Krisensituationen mag der soziale Konflikt als einer von Klassen sich aktualisieren; ob abermals in den Formen der verwalteten Welt, bleibt abzuwarten. Bis zur Stunde wird dem sozialen Konflikt auch anderswo nachzugehen sein. Trifft zu, daß die Gesellschaft zur antagonistischen Totalität sich entfaltete, so ist fast jeder nach gängiger Rede partikulare Konflikt deren Deckbild. Die gegenwärtige Soziologie des Konflikts unterscheidet durchaus zwischen formellen und informellen, manifesten und umgeleiteten, »echten« und »unechten« Konflikten[11]. So wird die »letzte Ursache« umgeleiteter Konflikte im Industriebetrieb von Dahrendorf in der Herrschaftsstruktur aufgesucht. Diese kann jedoch nur aus der als notwendig postulierten Arbeitsteilung industrieller Gesellschaften – präziser: der Trennung von Organisation und unmittelbar produktiver Arbeit – erklärt und gerechtfertigt werden. Daß diese Trennung stets noch – in den kapitalistischen wie den östlichen Ländern, erst recht in den sogenannten unterentwickelten – besteht, ist aber selbst kein Letztes, sondern wäre als konstitutives und zwanghaftes Moment der gegenwärtigen Entwicklung der Produktivkräfte abzuleiten.

Der Marx'schen Theorie dünkte noch selbstverständlich, daß der objektive Antagonismus zwischen Produktivkräften und Produktionsverhältnissen kraß dort sich äußere, wo der Druck derer, die über die Produktionsmittel verfügen, auf die, welche ihre Arbeitskraft verkaufen, am härtesten fühlbar war, in der Ökonomie. Jene Selbstverständlichkeit ist in den höchstindustrialisierten Ländern zergangen. Wie die Proletarier kaum mehr als solche sich fühlen, existiert auch der Fabrikant der »Weber« nicht mehr. Nicht länger tritt der Unternehmer als leibhafte Verkörperung der Kapitalinteressen den Arbeitern entgegen. Mit fortschreitender technischer Rationalisierung, mit der Versachlichung der Autoritätsstruktur sehen die Arbeiter im Betrieb keinen greifbaren Gegner mehr vor sich. Allenfalls reiben sie sich an Vorarbeitern, Meistern, Vorgesetzten in einer nach oben unabsehbaren Hierarchie[12]. Die Streitigkeiten mit jenen sind Prototypen von sozialem Konflikt heute und von dessen Verschiebung. Sie ereignen sich an falscher Stelle; die präsumtiven Gegner ste-

11 Vgl. Ralf Dahrendorf, Industrie- und Betriebssoziologie, 2. umgearbeitete und erweiterte Auflage, Berlin 1962, S. 94 ff.; Lewis A. Coser, Theorie sozialer Konflikte, a. a. O., S. 57 ff.

12 Vgl. Ludwig von Friedeburg, Soziologie des Betriebsklimas, Frankfurt a. M. 1963, S. 106 ff.

hen ihrerseits unter dem Druck, für das Soll der Produktion zu sorgen. Eigentlich sind sie Phantome, Personalisierungen, durch welche die Abhängigen das Abstrakte und Undurchdringliche der Verhältnisse in ihre lebendige Erfahrung zurückzuübersetzen trachten. Die institutionalisierten Konflikte zwischen Kapital und Arbeit bleiben ideologisch, solange sie in vorentschiedene Machtverhältnisse eingespannt sind. Grund der vielberufenen politischen Apathie ist schwerlich, daß es keine Unterdrückung mehr gäbe. Eher mag er in dem, sei es auch unartikulierten, bloß vorbewußten Bewußtsein der Menschen liegen, daß, was heutzutage als Sphäre des Politischen gilt, mit ihren wahrhaften eigenen Interessen kaum etwas zu tun hat. Ist jeder Lohnkonflikt latent stets noch Klassenkampf, so wird dieser doch durch die an der Verfügung teilhabenden integralen Organisationen sistiert. Das aber kann nicht bruchlos gelingen. Der Konflikt, unsichtbar unter der Oberfläche des Partnertums, äußert sich in gesellschaftlichen Randphänomenen; entweder dort, wo die Integration noch nicht ganz hinreicht, oder in jenem »Abhub der Erscheinungswelt«, den der antagonistische Prozeß nach wie vor aus sich ausscheidet; vielfach in den irrationalen Ausbrüchen derer, die weder als Arbeitskräfte noch als Konsumenten der Gesellschaft voll immanent sind. Mangel und Not sind in der gepriesenen affluent society nicht mehr das Schicksal der beschäftigten Arbeiter, sondern das von Kleinrentnern und gewissen schwer faßbaren, nicht organisierten Zwischengruppen. Bei jenen Gruppen werden Neid, Gezänk, verdrückte und fehlgeleitete Aggression, alte Erbschaft des Kleinbürgertums, am zähesten sich behaupten. Nicht sowohl für die Ordnung als für mißliebige Minderheiten oder politisch nicht Konformierende bilden sie ein gefährliches Potential: gegen sie mag im Krisenfall die ihrem primären Ziel entfremdete Klassenkampfenergie nutzbar gemacht werden. Dies Potential ist eines von Desintegration. Der Zerfall in zentrifugale Partikeln ist die Kehrseite sozialer Integration. Je rücksichtsloser sie das Verschiedene unter sich begräbt, desto mehr zersetzt unterirdisch sich das soziale Gefüge. An den Cliquenkämpfen der Nationalsozialisten war das zu beobachten. Wird eine Fußballweltmeisterschaft vom Radio übertragen, deren jeweiligen Stand die gesamte Bevölkerung aus allen Fenstern und durch die dünnen Wände der Neubauten hindurch zur Kenntnis zu nehmen gezwungen ist, so mögen selbst spektakulär verschlampte Gammler und wohlsituierte Bürger in ihren Sakkos einträchtig um Kofferradios auf dem Bürgersteig sich scharen. Für zwei Stunden schweißt der große Anlaß die gesteuerte und kommerzialisierte Solidarität der Fußballinteressenten zur Volksgemeinschaft zusammen. Der kaum verdeckte Nationalismus solcher scheinbar unpolitischen Anlässe von Integration verstärkt den Verdacht ihres destruktiven Wesens. Tatsächlich haben makrokosmisch die sozialen Zündstellen sich vorab in die außen- und quasi-kolonialpolitischen Konflikte verlagert. Mikrokosmisch manifestiert der Antagonismus sich durch den gesamten Sozialkörper hindurch in exzentrischen Situationen, Parodie gleichsam dessen, was einmal Spontaneität hieß. Noch verinnerlichte, »psychologische« Konflikte haben zumindest auch ihre soziale Dimension, so wenig im übrigen psychologische und gesellschaftliche Determinanten unmittelbar zusammenfallen. Zwischen beiden läßt nur willkürlich sich scheiden, wo mittlerweile Schemata individueller Reaktionsweisen zugleich gesellschaftliche Aggressivität kanalisieren. Derlei Schemata reichen vom hämischen Lachen und vom Schimpfen, dem verbalen Zuschlagen, über den practical joke zu jener Art physischer Gewalttätigkeit, wie sie, in einem der Seminarprotokolle, als Bestandstück des herzlichen, aber rauhen Tons gegenwärtiger Autositten beschrieben wurde. Da die soziale Entwicklung die psychologische Kategorie des festgefügten, mit sich identischen Ichs zu überholen sich anschickt, ist es fraglich, wie weit solche Verhaltensweisen überhaupt noch der Psychologie zugerechnet werden können. Vielleicht sind gerade sie heute zu den Charaktermasken objektiv vorgegebener sozialer Konflikte geworden. Daß die Individuen sie nicht durchschauen, ist mitbedingt von ihrer zunehmenden psychischen Diskontinuität und Inkohärenz, der von »Menschen also, die von den situativen Bedingungen ihre Impulse entlehnen und sich ebenso wie diese proteushaft ändern, ohne daß die einzelnen Momente zu einer einheitlichen Geschichte zusammenwüchsen. Geschichte setzt Gedächtnis voraus; dieses scheint unter den extremen Anforderungen unserer Großzivilisation auf das Fachwissen beschränkt zu sein; es entspricht ihm kein ebenso geschärftes Gedächtnis für die eigene Affektgestalt, für das Selbst, für die unumgänglichen Krisen und Brüche seiner Entwicklung.«[13] Diese Menschen, bei denen die Ichkontrollen geschwächt sind und die überwachsam auf Situationen einschnappen, dürften die gleichen sein, die besonders zu verkappt-sozialen Streitigkeiten neigen.

Vermittelt werden die pseudoprivaten Konflikte zur gesellschaftlichen Objektivität durch die Sprache. In deren Wendungen und Stereotypen haben sich historische und soziale Verhältnisse und Spannungen niedergeschlagen; auf diese sind sie interpretierbar. Macht der Straßenbahnschaffner seinem Ärger über Studenten Luft mit einer Bemerkung über deren allzu üppige Freizeit, so ist daran weniger erheblich die durchsichtige psychologische Motivation als der gesellschaftliche Gehalt des Gesagten, etwa der Neid des fest, aber schlecht besoldeten, reglementierten, an starre Arbeitszeiten gebundenen Beamten auf die nach seiner Ansicht später einmal in freieren Berufen mit besseren materiellen Chancen Tätigen. Der Schaffner, der die recht komplexen Ursachen dieser Gruppendifferenz verkennt, wird seine Rancune an denen auslassen, die, selber Objekt der sozialen Prozesse, weit weniger begünstigt sind, als er es sich vorstellt. – Ein altes Weib herrscht Kinder, die auf einer ohnehin lauten Straße spielen, wegen Lärmens an. Noch nachdem sie längst verschwunden sind, schimpft es weiter. Das Keifen ersetzt physische Gewalt, bereit, in diese überzugehen; unter der Rationalisierung notwendiger Erziehung – einer der beliebtesten im Klima der deutschen Reaktion – läßt die Frau die aufgestaute Wut über die eigene armselige Existenz und die allgemeine über den Verkehrslärm an denen aus, die sich ihr schutzlos darbieten, den Kindern. Daß ihr Affekt gegen den Anlaß sich verselbständigt, zeigt, wie irrelevant dieser für ihren Sozialcharakter ist. Protest wider die Brutalität von Autofahrern jedoch käme ihr schwerlich in den Sinn; verhaßt ist ihr vielmehr, aus zweiter Natur, was sie als ungebändigte erste irritiert; sie an das mahnt, was sie in sich unterdrücken mußte: der Radau. Nicht selten allerdings entfachen sich gerade an den Maschinen und Apparaten der Konsumsphäre Konflikte,

13 Alexander Mitscherlich, Auf dem Weg zur vaterlosen Gesellschaft, München 1963, S. 344 f.

sobald einmal etwas nicht, nach neudeutscher Sprache, »in Ordnung geht«. In der jüngsten Triebökonomie dürfte Libido weniger lebendigen Menschen denn fabrizierten Schemen von Lebendigem und den Konsumgütern selbst, den Waren gelten[14]. Der Familienkrach bricht aus, weil der Fernsehapparat nicht funktioniert, vor dem die wiedervereinigte Primärgruppe den längst entschiedenen Boxkampf noch einmal verfolgen will. Denen, die um ihr synthetisches Vergnügen geprellt wurden, bietet der Familienkreis den willkommenen Anlaß, abzureagieren, was mit den anwesenden Personen gar nichts zu tun hat. Diese werden für die anderen zu Objekten – von den an der Oberfläche unschuldigen Tauschbeziehungen zwischen Verkäufern und Konsumenten, über mehr oder minder verborgene Mechanismen von Herrschaft und Verwaltung, über Kliniken und Kasernen bis zu Gefängnissen und Konzentrationslagern. An Nuancen läßt das sich feststellen. Äußert der Schuhe probierende Kunde, dieser Schuh sei ihm zu weit, so empfindet das Ladenmädchen das bereits als Affront und antwortet gereizt: »Da muß ich Ihnen recht geben.« So völlig ist sie mit dem Vertrieb der Standardprodukte identifiziert, daß sie im Individuum, dessen Bedürfnisse vom Standard abweichen, a priori den Gegner wittert.
An einer Straßenkreuzung springt bei grünem Licht der Motor des ersten, von einer Dame gesteuerten Autos nicht an. Nach gedämpftem Hupkonzert kommt beim nächsten Rotlicht der Fahrer des folgenden Wagens nach vorn, sagt deutlich und sachlich, nicht einmal drohend: »Dumm' Sau!«, und die Dame antwortet ebenso sachlich und ernst: »Entschuldigen Sie mich.« Kein Konflikt mehr: unangefochten dominiert die Sachlogik, welche die Unverschämtheit des Mannes ebenso legitimiert wie die Demut, mit der die Frau sich selbst als nicht ganz produktgemäße Agentin des Autos und als Sünderin wider die sanktionierte Verkehrsordnung einstuft. Daß die Konsumenten eigentlich Anhängsel der Produktion sind, verhält sie dazu, sich ihrerseits der Warenwelt gleichzuschalten und danach auch ihre Beziehungen zu anderen Individuen zu vergegenständlichen. – Wer gegen kodifizierte Verbote und fachmännische Anweisungen aufmuckt oder auch nur durch sein Verhalten deren Sinn in Frage stellt, fordert erst

14 Vgl. Theodor W. Adorno, Dissonanzen, 3. Aufl., Göttingen 1963, S. 26.

recht die Schikane heraus; nicht nur die der Ordnungshüter, sondern auch die jener, die mit diesen und der Ordnung übertrieben sich identifizieren. In der automatisierten Sektion eines Rußwerks ist den Arbeitern, welche die Maschinen lediglich zu kontrollieren und zu reinigen haben, verboten, während der Arbeitszeit zu sitzen oder zu rauchen, obwohl das ihre Tätigkeit keineswegs behinderte. Die Ideologie duldet nicht einmal den Schein von Faulheit. Einen, der beim Auftritt des Obermeisters die brennende Pfeife in der Tasche versteckt, verwickelt dieser ausdauernd in ein nichtssagendes Gespräch und zwingt ihn zum schmerzhaften Eingeständnis der Übertretung. Parasitär siedeln sich an den technischen Rationalisierungen von Produktions- wie Konsumsphäre Relikte archaischer sozialer Formen an. Die Autorität des Fachmanns dünkt noch dort unentbehrlich, wo er offensichtlich überflüssig wäre. – Unter den Indizien dafür, daß es in mesquinen Konflikten solcher Art um verkappt gesellschaftliche Fehlleistungen sich handelt, ist nicht das unerheblichste ihre Irrationalität. Der Grund ist Vorwand, nicht der Grund. Wohl setzt jeder Versuch, unsystematische subjektive Beobachtungen derart zu deuten, dem Verdacht sich aus, nur fertig Bezogenes nachzubeten und einzig der selbstgerechten Genugtuung zu dienen, man habe es immer schon gewußt. Die lässige Härte jedoch, die sich weigert, scheinbar zufällige Konflikte als Indizien eines objektiven Antagonismus zwischen vergegenständlichter Arbeit und lebendigen Menschen zu erkennen, beschneidet die Erfahrungsfähigkeit, führt zu Dogmatismus und zu sturer Praxis. Die Verdinglichung des Bewußtseins hat keine Grenze am Bewußtsein derer, an denen es wäre, sie erkennend zu sprengen.

Im kollektiven Grinsen über einen Alten, der in die automatischen Türen der Straßenbahn eingeklemmt ist, im abschließenden Kommentar: »Der hot Angst um sei' Rüb'!« wird Brutalität gesellschaftlich ritualisiert. Die Rationalisierung dafür ist die fiktive Notwendigkeit reibungslosen Funktionierens, eine gesunde Menschenvernunft, die auf die Menschen keine Rücksicht nehmen kann; schon daß sie noch da sind, wirkt potentiell wie Sand im Getriebe. Als soziales Phänomen stellt, nach diesem Schema, Lachen sich ein, wo das Besondere gleichsam seiner logischen Form nach als Störenfried des Allgemeinen verurteilt wird. Nach

Bergsons Theorie sollte das Lachen, von ihm bereits soziologisch eingeschätzt, das von Konvention verzerrte Leben im Verhältnis der Menschen zueinander wiederherstellen. Vielleicht war das damals schon die Ideologie einer Oberschicht, die, ihrerseits Nutznießer der Verdinglichung, freies Benehmen und désinvolture, große Weltmanieren sich leisten konnte und ihrer bedurfte, um die eigene Überlegenheit zu repräsentieren. Heute jedenfalls sagt das Lachen als Symptom das Gegenteil: es restituiert nicht das Leben gegenüber seinen Verhärtungen, sondern die Verhärtung, wenn nach den Spielregeln allzu anarchische Regungen des Lebendigen jene Lügen zu strafen drohen. Wie, worüber gelacht wird, hat teil an der historischen Dynamik der Gesellschaft. Gegenwärtig integriert Lachen zwangshaft, was aus dem sozial gesteckten Rahmen herausfällt. Einer redet mit einem Betrunkenen und sucht zugleich, durch Einverständnis heischendes Lächeln, das er an andere richtet, von jenem sich zu distanzieren. Unterwürfig nimmt er die mögliche Mißbilligung seiner Humanität vorweg. Leicht verbünden die von sozialem Druck Deformierten sich mit der Gewalt, die sie zurichtete. Sie halten sich schadlos für den gesellschaftlichen Zwang, der ihnen selbst widerfuhr: an denen, die ihn offenbar zur Schau tragen. Unbewußt giriert das Gelächter über den komischen Kauz die Unterdrückung, die dessen Absonderlichkeit zeitigte. Von solcher Sündenbock-Mentalität ist alles kollektive Lachen durchwachsen, Kompromiß zwischen der Lust, die eigene Aggression loszuwerden, und den hemmenden Zensurmechanismen, die das nicht dulden. Das kulminiert in dem der Wut verwandten schallenden Gelächter, mit dem die Meute den Abweichenden zum Schweigen bringt, einem Verhalten, das, wenn die Bedingungen es gestatten, in die physische Gewalttat umschlägt und dabei noch diese zivilisatorisch rechtfertigt, indem sie sich gebärdet, als wäre alles nur Spaß. Der Intention auf eine bessere Gesamtverfassung geben soziale Konflikte mehr noch an ihren Narben, dem Ausdruck der Beschädigten, sich zu erkennen, als an ihren Äußerungen. Verlangt man darum strenge soziologische Definition dessen, was nun sozialer Konflikt sei, so blockiert man den Zugang zu diesem. Soll Erfahrung wieder gewinnen, was sie vielleicht einmal vermochte und wessen die verwaltete Welt sie enteignet: theoretisch ins Unerfaßte zu dringen, so müßte sie Umgangsgespräche, Haltungen, Gesten und Physiognomien bis ins verschwindend Geringfügige hinein entziffern, das Erstarrte und Verstummte zum Sprechen bringen, dessen Nuancen ebenso Spuren von Gewalt sind wie Kassiber möglicher Befreiung.

Wenn Theorie und Erfahrung auseinanderweisen, stehen beide zur Kritik. Wo die gesellschaftliche Erfahrung Herrschaft wahrnimmt, ist deren historische Erklärung an der kritischen Theorie. Nur eine Erfahrung, der es, ohne daß sie sich vorschnell durch vorhandene Theoreme absicherte und verblendete, noch gelingt an der Physiognomie der Gesellschaft Veränderungen wahrzunehmen, kann zum Ansatz ihrer fälligen Theorie helfen. Sozialwissenschaftlicher Erkenntniskritik ständen Besinnungen darüber an, wie der durch Reglementierung einschrumpfende Begriff des Empirischen seine Breite und Offenheit sich zurückerobern könnte. Allzuleicht nähert das empirische Verhalten des Soziologen sich dem des Kindes, das die Fabel vom Fuchs und vom Storch mit der Weisheit quittiert, es gäbe gar keinen Storch. Die Unfähigkeit zur Erfahrung läßt sich keineswegs nur als Resultat individueller oder gar durch Gesetze der Gattung determinierter Entwicklungen begreifen. Die Abblendung des erkennenden Bewußtseins gegen das Unterschwellige rührt selbst her von der objektiven Struktur einer Gesellschaft, deren lückenlos gefügte Totalität den Blick auf das versperrt, was fortwest unter dem Schein eines versöhnten Zustands, den sie willentlich und unwillentlich bereitet. Daß die theoretische Erkenntnis der Gesellschaft und die soziologische Empirie divergieren, deutet darauf zurück, und noch der Widerspruch von beidem, und der Streit der Schulen, sind Ausdruck der antagonistischen Struktur, der von Beziehungen, die vergegenständlicht sind und gleichwohl solche lebendiger Subjekte. Die Illusion, welche diesen alles zurechnet, ist nicht nur Illusion, soweit sie auch unter den gegenwärtigen Bedingungen das Substrat alles Sozialen bleiben; Illusion jedoch, weil sie jenen Substratcharakter der vergesellschafteten Subjekte unmittelbar, jetzt und hier bei ihnen aufsucht. Dazu verleitet das Unerträgliche des entfremdeten Lebens. Wie die Tendenz zur Personalisierung, bis zum antisemitischen Wahn, der einer faßbaren Gruppe die in Wahrheit anonyme Schuld aufbürdet, ist auch der Typ Wissenschaft, der, bei allem Fanatismus seiner Objektivität, an Menschen, Subjekte sich hält, ein seiner selbst unbewußter Versuch, was der Erfahrung spottet, dieser zuzubringen mit Methoden, die ihrerseits verdinglicht und den Techniken der verdinglichten Welt abgeborgt sind. Gesellschaftliche Dialektik reicht in die Formen der gesellschaftlichen Erkenntnis hinein. Eben das wäre dieser bewußt zu machen. Sie muß lernen, das Unerfahrbare zu erfahren: solche Paradoxie ist dem Gegenstand gemäß. Dazu bedarf sie des theoretischen Vorgriffs, eines Organs für das, was die Phänomene prägt und zugleich von ihnen verleugnet wird. Es zu entwickeln, genügt nicht methodische Schulung allein: hinzutreten muß, als Konstituens der Erkenntnis, der praktische Wille zur Veränderung, der einmal die soziologische Wissenschaft inspirierte, bis über ihn das wissenschaftliche Tabu erging. Er ist aber nichts der Wissenschaft Äußerliches, sondern wird von ihrem physiognomischen Vermögen verinnerlicht, und berichtigt sich ebenso an der fortschreitenden Erfahrung wie an der Theorie. Keine dieser Kategorien allein ist ein Universalschlüssel; die Momente sind ineinander und arbeiten kritisch aneinander sich ab. Irgendeines zu isolieren verblendet die Wissenschaft – selbst Teilstück des gesellschaftlichen Prozesses – mit dem Schein, den sie tilgen soll und tilgen kann bloß, wofern sie die dialektische Komplexität ihres Gegenstandes trifft durch die eigene.

1968

Soziologie und empirische Forschung

I

Die unter dem Namen Soziologie als akademische Disziplin zusammengefaßten Verfahrensweisen sind miteinander verbunden nur in einem höchst abstrakten Sinn: dadurch, daß sie allesamt in irgendeiner Weise Gesellschaftliches behandeln. Weder aber ist ihr Gegenstand einheitlich noch ihre Methode. Manche gelten der gesellschaftlichen Totalität und ihren Bewegungsgesetzen; andere, in pointiertem Gegensatz dazu, einzelnen sozialen Phänomenen, welche auf einen Begriff der Gesellschaft zu beziehen als spekulativ verfemt wird. Die Methoden variieren demgemäß. Dort soll aus strukturellen Grundbedingungen, wie dem Tauschverhältnis, Einsicht in den gesellschaftlichen Zusammenhang folgen; hier wird ein solches Bestreben, mag es auch keineswegs das Tatsächliche aus selbstherrlichem Geiste rechtfertigen wollen, als philosophischer Rückstand in der Entwicklung der Wissenschaft abgetan und soll der bloßen Feststellung dessen weichen, was der Fall sei. Beiden Konzeptionen liegen historisch divergente Modelle zugrunde. Die Theorie der Gesellschaft ist aus der Philosophie entsprungen, während sie zugleich deren Fragestellungen umzufunktionieren trachtet, indem sie die Gesellschaft als jenes Substrat bestimmt, das der traditionellen Philosophie ewige Wesenheiten hieß oder Geist. Wie die Philosophie dem Trug der Erscheinungen mißtraute und auf Deutung aus war, so mißtraut die Theorie desto gründlicher der Fassade der Gesellschaft, je glatter diese sich darbietet. Theorie will benennen, was insgeheim das Getriebe zusammenhält. Die Sehnsucht des Gedankens, dem einmal die Sinnlosigkeit dessen, was bloß ist, unerträglich war, hat sich säkularisiert in dem Drang zur Entzauberung. Sie möchte den Stein aufheben, unter dem das Unwesen brütet; in seiner Erkenntnis allein ist ihr der Sinn bewahrt. Gegen solchen Drang sträubt sich die soziologische Tatsachenforschung. Entzauberung, wie noch Max Weber sie bejahte, ist ihr nur ein Spezialfall von Zauberei; die Besinnung aufs verborgen Waltende, das zu verändern wäre, bloßer Zeitverlust auf dem Weg zur Änderung des Offenbaren. Zumal was heute allgemein mit dem Namen empirische Sozialforschung bedacht wird, hat seit Comtes Positivismus mehr oder minder eingestandenermaßen die Naturwissenschaften zum Vorbild. Die beiden Tendenzen verweigern sich dem gemeinsamen Nenner. Theoretische Gedanken über die Gesellschaft insgesamt sind nicht bruchlos durch empirische Befunde einzulösen: sie wollen diesen entwischen wie spirits der parapsychologischen Versuchsanordnung. Eine jede Ansicht von der Gesellschaft als ganzer transzendiert notwendig deren zerstreute Tatsachen. Die Konstruktion der Totale hat zur ersten Bedingung einen Begriff von der Sache, an dem die disparaten Daten sich organisieren. Sie muß, aus der lebendigen, nicht selber schon nach den gesellschaftlich installierten Kontrollmechanismen eingerichteten Erfahrung; aus dem Gedächtnis des ehemals Gedachten; aus der unbeirrten Konsequenz der eigenen Überlegung jenen Begriff immer schon ans Material herantragen und in der Fühlung mit diesem ihn wiederum abwandeln. Will Theorie aber nicht trotzdem jenem Dogmatismus verfallen, über dessen Entdeckung zu jubeln die zum Denkverbot fortgeschrittene Skepsis stets auf dem Sprung steht, so darf sie dabei nicht sich beruhigen. Sie muß die Begriffe, die sie gleichsam von außen mitbringt, umsetzen in jene, welche die Sache von sich selber hat, in das, was die Sache von sich aus sein möchte, und es konfrontieren mit dem, was sie ist. Sie muß die Starrheit des hier und heute fixierten Gegenstandes auflösen in ein Spannungsfeld des Möglichen und des Wirklichen: jedes von beiden ist, um nur sein zu können, aufs andere verwiesen. Mit anderen Worten, Theorie ist unabdingbar kritisch. Darum aber sind aus ihr abgeleitete Hypothesen, Voraussagen von regelhaft zu Erwartendem ihr nicht voll adäquat. Das bloß zu Erwartende ist selber ein Stück gesellschaftlichen Betriebs, inkommensurabel dem, worauf die Kritik geht. Die wohlfeile Genugtuung darüber, daß es wirklich so kommt, wie sie es geargwöhnt hatte, darf die gesellschaftliche Theorie nicht darüber hinwegtäuschen, daß sie, sobald sie als Hypothese auftritt, ihre innere Zusammensetzung verändert. Die Einzelfeststellung, durch die sie verifiziert wird, gehört selbst schon wieder dem Verblendungszusammenhang an, den sie durchschlagen möchte. Für die gewonnene Konkretisierung und Verbindlichkeit hat sie mit Verlust an eindringender Kraft zu zahlen; was aufs Prinzip geht, wird auf die Erscheinung eingeebnet, an der man es überprüft. Will man umgekehrt von Einzelerhebungen, nach allgemeiner wissenschaftlicher Sitte, zur Totalität der Gesellschaft aufsteigen, so gewinnt man bestenfalls klassifikatorische Oberbegriffe, aber nie solche, welche das Leben der Gesellschaft selber ausdrücken. Die Kategorie »arbeitsteilige Gesellschaft überhaupt« ist höher, allgemeiner als die »kapitalistische Gesellschaft«, aber nicht wesentlicher, sondern unwesentlicher, sagt weniger über das Leben der Menschen und das, was sie bedroht, ohne daß doch darum eine logisch niedrigere Kategorie wie »Urbanismus« mehr darüber besagte. Weder nach oben noch nach unten entsprechen soziologische Abstraktionsniveaus einfach dem gesellschaftlichen Erkenntniswert. Deswegen ist von ihrer systematischen Vereinheitlichung durch ein Modell wie das »funktionelle« von Parsons so wenig zu erhoffen. Noch weniger aber von den seit soziologischen Urzeiten immer wieder gegebenen und vertagten Versprechungen einer Synthese von Theorie und Empirie, welche fälschlich Theorie mit formaler Einheit gleichsetzen und nicht Wort haben wollen, daß eine von den Sachgehalten gereinigte Gesellschaftstheorie sämtliche Akzente verrückt. Erinnert sei daran, wie gleichgültig der Rekurs auf die »Gruppe« gegenüber dem auf die Industriegesellschaft ist. Gesellschaftliche Theorienbildung nach dem Muster klassifikatorischer Systeme substituiert den dünnsten begrifflichen Abhub für das, was der Gesellschaft ihr Gesetz vorschreibt: Empirie und Theorie lassen sich nicht in ein Kontinuum eintragen. Gegenüber dem Postulat der Einsicht ins Wesen der modernen Gesellschaft gleichen die empirischen Beiträge Tropfen auf den heißen Stein; empirische Beweise aber für zentrale Strukturgesetze bleiben, nach empirischen Spielregeln, allemal anfechtbar. Nicht darauf kommt es an, derlei Divergenzen zu glätten und zu harmonisieren: dazu läßt bloß eine harmonistische Ansicht von der Gesellschaft sich verleiten. Sondern die Spannungen sind fruchtbar auszutragen.

2

Heute herrscht, nach der Enttäuschung sowohl an der geisteswissenschaftlichen wie an der formalen Soziologie, die Neigung vor, der empirischen Soziologie den Primat zuzuerkennen. Ihre unmittelbar praktische Verwertbarkeit, ihre Affinität zu jeglicher Verwaltung spielt dabei sicherlich mit. Aber die Reaktion auf sei's willkürliche, sei's leere Behauptungen über die Gesellschaft von oben her ist legitim. Dennoch gebührt den empirischen Verfahren kein Vorrang schlechthin. Nicht bloß gibt es außer ihnen noch andere: das bloße Vorhandensein von Disziplinen und Denkweisen rechtfertigt diese nicht. Sondern ihre Grenze wird ihnen von der Sache vorgezeichnet. Die empirischen Methoden, deren Attraktionskraft im Anspruch ihrer Objektivität entspringt, bevorzugen paradoxerweise, wie es ihr Ursprung in der Marktforschung erklärt, Subjektives, nämlich abgesehen von statistischen Daten des Zensustyps wie Geschlecht, Alter, Personenstand, Einkommen, Bildung und ähnlichem Meinungen, Einstellungen, allenfalls Verhaltensweisen von Subjekten. Nur in diesem Umkreis bewährt sich bislang jedenfalls ihr Spezifisches: als Inventare sogenannter objektiver Tatbestände wären sie von vorwissenschaftlicher Information für administrative Zwecke nur schwer zu unterscheiden. Allgemein ist die Objektivität der empirischen Sozialforschung eine der Methoden, nicht des Erforschten. Durch die statistische Aufbereitung werden aus Ermittlungen über mehr oder minder zahlreiche einzelne Personen Aussagen abgeleitet, die, nach den Gesetzen der Wahrscheinlichkeitsrechnung, generalisierbar und von individuellen Schwankungen unabhängig sind. Aber die gewonnenen Durchschnittswerte, mag auch ihre Gültigkeit objektiv sein, bleiben meist doch objektive Aussagen über Subjekte; ja darüber, wie die Subjekte sich und die Realität sehen. Die gesellschaftliche Objektivität, den Inbegriff all der Verhältnisse, Institutionen, Kräfte innerhalb dessen die Menschen agieren, haben die empirischen Methoden: Fragebogen, Interview und was immer an deren Kombination und Ergänzung möglich ist, ignoriert, allenfalls sie als Akzidenzien berücksichtigt. Schuld daran tragen nicht nur interessierte Auftraggeber, die bewußt oder unbewußt die Erhellung jener

Verhältnisse verhindern und in Amerika schon bei der Vergebung von Forschungsprojekten etwa über Medien der Massenkommunikation darüber wachen, daß lediglich Reaktionen innerhalb des herrschenden »commercial system« festgestellt, nicht Struktur und Implikationen jenes Systems selbst analysiert werden. Vielmehr sind darauf die empirischen Mittel selber objektiv zugeschnitten, mehr oder minder genormte Befragungen vieler Einzelner und deren statistische Behandlung, die vorweg verbreitete – und als solche präformierte – Ansichten als Rechtsquelle fürs Urteil über die Sache selbst anzuerkennen tendieren. Wohl spiegeln in diesen Ansichten auch die Objektivitäten sich wider, aber sicherlich nicht vollständig und vielfach verzerrt. Jedenfalls aber ist im Vergleich mit jenen Objektivitäten, wie der flüchtigste Blick auf das Funktionieren der Arbeitenden in ihren Berufen zeigt, das Gewicht subjektiver Meinungen, Einstellungen und Verhaltensweisen sekundär. So positivistisch die Verfahrensweisen sich gebärden, ihnen liegt implizit die etwa von den Spielregeln demokratischer Wahl hergeleitete und allzu bedenkenlos verallgemeinerte Vorstellung zugrunde, der Inbegriff der Bewußtseins- und Unbewußtseinsinhalte der Menschen, die ein statistisches Universum bilden, habe ohne weiteres Schlüsselcharakter für den gesellschaftlichen Prozeß. Trotz ihrer Vergegenständlichung, ja um dieser willen durchdringen die Methoden nicht die Vergegenständlichung der Sache, den Zwang zumal der ökonomischen Objektivität. Alle Meinungen gelten ihnen virtuell gleich, und so elementare Differenzen wie die des Gewichts von Meinungen je nach der gesellschaftlichen Macht fangen sie lediglich in zusätzlichen Verfeinerungen, etwa der Auswahl von Schlüsselgruppen, auf. Das Primäre wird zum Sekundären. Solche Verschiebungen innerhalb der Methode sind aber gegenüber dem Erforschten nicht indifferent. Bei aller Aversion der empirischen Soziologie gegen die gleichzeitig mit ihr in Schwang gekommenen philosophischen Anthropologien teilt sie mit diesen eine Blickrichtung derart, als käme es jetzt und hier bereits auf die Menschen an, anstatt daß sie die vergesellschafteten Menschen heute vorweg als Moment der gesellschaftlichen Totalität – ja überwiegend als deren Objekt – bestimmte. Die Dinghaftigkeit der Methode, ihr eingeborenes Bestreben, Tatbestände festzunageln, wird auf ihre Gegenstände, eben die ermittelten subjektiven Tatbestände, übertragen, so als ob dies Dinge an sich wären und nicht vielmehr verdinglicht. Die Methode droht sowohl ihre Sache zu fetischisieren wie selbst zum Fetisch zu entarten. Nicht umsonst – und aus der Logik der in Rede stehenden wissenschaftlichen Verfahren mit allem Recht – überwiegen in den Diskussionen der empirischen Sozialforschung Methodenfragen gegenüber den inhaltlichen. Anstelle der Dignität der zu untersuchenden Gegenstände tritt vielfach als Kriterium die Objektivität der mit einer Methode zu ermittelnden Befunde, und im empirischen Wissenschaftsbetrieb richten sich die Auswahl der Forschungsgegenstände und der Ansatz der Untersuchung, wenn nicht nach praktisch-administrativen Desideraten, weit mehr nach den verfügbaren und allenfalls weiterzuentwickelnden Verfahrensweisen als nach der Wesentlichkeit des Untersuchten. Daher die unzweifelhafte Irrelevanz so vieler empirischer Studien. Das in der empirischen Technik allgemein gebräuchliche Verfahren der operationellen oder instrumentellen Definition, das etwa eine Kategorie wie »Konservativismus« definiert durch bestimmte Zahlenwerte der Antworten auf Fragen innerhalb der Erhebung selbst, sanktioniert den Primat der Methode über die Sache, schließlich die Willkür der wissenschaftlichen Veranstaltung. Prätendiert wird, eine Sache durch ein Forschungsinstrument zu untersuchen, das durch die eigene Formulierung darüber entscheidet, was die Sache sei: ein schlichter Zirkel. Der Gestus wissenschaftlicher Redlichkeit, der sich weigert, mit anderen Begriffen zu arbeiten als mit klaren und deutlichen, wird zum Vorwand, den selbstgenügsamen Forschungsbetrieb vors Erforschte zu schieben. Vergessen werden mit dem Hochmut des Ununterrichteten die Einwände der großen Philosophie gegen die Praxis des Definierens[1]; was jene als scholastischen Restbestand verbannte, wird von den unreflektierten Einzelwissenschaften im Namen wissenschaftlicher Exaktheit weitergeschleppt. Sobald dann, wie es fast unvermeidlich ist, von den in-

1 Vgl. etwa Kant, Kritik der reinen Vernunft, hrsg. von Felix Gross, Leipzig 1922 (Sämtliche Werke, Inselausgabe, Bd. 3), S. 553 f.; Hegel, Wissenschaft der Logik, 2. Teil, Stuttgart 1949 (Jubiläumsausgabe), S. 289 f., S. 292 f.; zahlreiche Stellen auch bei Nietzsche.

strumentell definierten Begriffen auch nur auf die konventionell üblichen extrapoliert wird, macht sich die Forschung eben der Unsauberkeit schuldig, die sie mit ihren Definitionen ausrotten wollte.

3

Daß das naturwissenschaftliche Modell nicht frisch-fröhlich und uneingeschränkt auf die Gesellschaft übertragen werden kann, liegt in dieser. Aber nicht, wie die Ideologie es will und wie gerade die reaktionären Widerstände gegen die neuen Techniken in Deutschland es rationalisieren, weil die Würde des Menschen, an deren Abbau die Menschheit eifrig arbeitet, Methoden enthoben wäre, welche ihn als ein Stück Natur betrachten. Eher frevelt die Menschheit, indem ihr Herrschaftsanspruch das Eingedenken ihres Naturwesens verdrängt und dadurch blinde Naturwüchsigkeit perpetuiert, als wenn die Menschen an ihre Naturhaftigkeit gemahnt werden. »Soziologie ist keine Geisteswissenschaft.«[2] Insofern die Verhärtung der Gesellschaft die Menschen mehr stets zu Objekten herabsetzt und ihren Zustand in »zweite Natur« verwandelt, sind Methoden, die sie eben dessen überführen, kein Sakrileg. Die Unfreiheit der Methoden dient der Freiheit, indem sie wortlos die herrschende Unfreiheit bezeugt. Die wütenden Brusttöne und raffinierteren Abwehrgesten, welche die Untersuchungen Kinseys hervorgerufen haben, sind das stärkste Argument für Kinsey. Dort, wo die Menschen unter dem Druck der Verhältnisse in der Tat auf die »Reaktionsweise von Lurchen«[3] heruntergebracht werden, wie als Zwangskonsumenten von Massenmedien und anderen reglementierten Freuden, paßt die Meinungsforschung, über welche sich der ausgelaugte Humanismus entrüstet, besser auf sie als etwa eine »verstehende« Soziologie: denn das Substrat des Verstehens, das in sich einstimmige und sinnhafte menschliche Verhalten, ist in den Subjekten selbst

2 Soziologie und empirische Sozialforschung, in: Institut für Sozialforschung. Soziologische Exkurse. Nach Vorträgen und Diskussionen, Frankfurt a. M. 1956, S. 112.

3 Vgl. Max Horkheimer und Theodor W. Adorno, Dialektik der Aufklärung. Philosophische Fragmente, Amsterdam 1947, S. 50.

schon durch bloßes Reagieren ersetzt. Eine zugleich atomistische und von Atomen zu Allgemeinheiten klassifikatorisch aufsteigende Sozialwissenschaft ist der Medusenspiegel einer zugleich atomisierten und nach abstrakten Klassifikationsbegriffen, denen der Verwaltung, eingerichteten Gesellschaft. Aber diese adaequatio rei atque cogitationis bedarf erst noch der Selbstreflexion, um wahr zu werden. Ihr Recht ist einzig das kritische. In dem Augenblick, in dem man den Zustand, den die Researchmethoden treffen zugleich und ausdrücken, als immanente Vernunft der Wissenschaft hypostasiert, anstatt ihn selbst zum Gegenstand des Gedankens zu machen, trägt man, willentlich oder nicht, zu seiner Verewigung bei. Dann nimmt die empirische Sozialforschung das Epiphänomen, das, was die Welt aus uns gemacht hat, fälschlich für die Sache selbst. In ihrer Anwendung steckt eine Voraussetzung, die nicht sowohl aus den Forderungen der Methode als aus dem Zustand der Gesellschaft, also historisch, zu deduzieren wäre. Die dinghafte Methode postuliert das verdinglichte Bewußtsein ihrer Versuchspersonen. Erkundigt sich ein Fragebogen nach musikalischem Geschmack und stellt dabei die Kategorien »classical« und »popular« zur Auswahl, so hält er – mit Recht – dessen sich versichert, daß das erforschte Publikum nach diesen Kategorien hört, so wie man beim Einschalten des Radioapparates jeweils ohne Besinnung, automatisch wahrnimmt, ob man an ein Schlagerprogramm, an angeblich ernste Musik, an die Untermalung eines religiösen Aktes geraten ist. Aber solange nicht die gesellschaftlichen Bedingungen derartiger Reaktionsformen mitgetroffen werden, bleibt der richtige Befund zugleich irreführend; er suggeriert, daß die Spaltung musikalischer Erfahrung in »classical« und »popular« ein Letztes, gleichsam natürlich wäre. Die gesellschaftlich relevante Frage indessen hebt genau bei jener Spaltung, bei deren Verewigung zum Selbstverständlichen erst an und führt notwendig die mit sich, ob nicht die Wahrnehmung von Musik unterm Apriori von Sparten die spontane Erfahrung des Wahrgenommenen aufs empfindlichste tangiert. Bloß die Einsicht in die Genese der vorfindlichen Reaktionsformen und ihr Verhältnis zum Sinn des Erfahrenen würde es erlauben, das registrierte Phänomen zu entschlüsseln. Die herrschende empiristische Gewohnheit aber würde die Frage nach dem objektiven Sinn des erscheinenden Kunstwerks verwerfen, jenen Sinn als bloß subjektive Projektion der Hörer abfertigen und das Gebilde zum bloßen »Reiz« einer psychologischen Versuchsanordnung entqualifizieren. Dadurch würde sie vorweg die Möglichkeit abschneiden, das Verhältnis der Massen zu den ihnen von der Kulturindustrie oktroyierten Gütern thematisch zu machen; jene Güter selbst wären ihr schließlich durch die Massenreaktionen definiert, deren Beziehung zu den Gütern zur Diskussion stünde. Über das isolierte Studium hinauszugehen, wäre aber heute um so dringlicher, als bei fortschreitender kommunikativer Erfassung der Bevölkerungen die Präformation ihres Bewußtseins so zunimmt, daß es kaum mehr eine Lücke läßt, die es erlaubte, ohne weiteres jener Präformation innezuwerden. Noch ein positivistischer Soziologe wie Durkheim, der in der Ablehnung des »Verstehens« mit dem Social Research einig ging, hat mit gutem Grund die statistischen Gesetze, denen auch er nachhing, mit der contrainte sociale[4] zusammengebracht, ja in ihr das Kriterium gesellschaftlicher Allgemeingesetzlichkeit erblickt. Die zeitgenössische Sozialforschung verleugnet diese Verbindung, opfert damit aber auch die ihrer Generalisierungen mit konkreten gesellschaftlichen Strukturbestimmungen. Werden jedoch solche Perspektiven, etwa als Aufgabe einmal anzustellender Spezialuntersuchungen, abgeschoben, bleibt die wissenschaftliche Spiegelung in der Tat bloße Verdoppelung, verdinglichte Apperzeption des Dinghaften, und entstellt das Objekt gerade durch die Verdoppelung, verzaubert das Vermittelte in ein Unmittelbares. Zur Korrektur genügt auch nicht, wie es schon Durkheim im Sinne lag, einfach deskriptiv »Mehrzahlbereich« und »Einzahlbereich« zu unterscheiden. Sondern das Verhältnis beider Bereiche wäre zu vermitteln, selbst theoretisch zu begründen. Der Gegensatz quantitativer und qualitativer Analyse ist nicht absolut: kein Letztes in der Sache. Um zu quantitativen Aussagen zu gelangen, muß immer erst von qualitativen Differenzen der Elemente abgesehen werden; und alles gesellschaftlich Einzelne trägt die allgemeinen Bestimmungen in sich, denen die quantitativen Generalisierungen gelten. Deren Kategorien sind selbst al-

4 Émile Durkheim, Les Règles de la méthode sociologique, Paris 1950, S. 6 ff.

lemal qualitativ. Eine Methode, die dem nicht gerecht wird und etwa die qualitative Analyse als mit dem Wesen des Mehrzahlbereichs unvereinbar verwirft, tut dem Gewalt an, was sie erforschen soll. Die Gesellschaft ist Eine; auch dort, wo heute die großen gesellschaftlichen Mächte noch nicht hinreichen, hängen die »unentwickelten« und die zur Rationalität und einheitlichen Vergesellschaftung gediehenen Bereiche funktionell zusammen. Soziologie, die das nicht beachtet und sich bei einem Pluralismus der Verfahrensweisen bescheidet, den sie dann etwa mit so mageren und unzulänglichen Begriffen wie Induktion und Deduktion[5] rechtfertigt, unterstützt was ist, im Übereifer, zu sagen was ist. Sie wird Ideologie im strengen Sinn, notwendiger Schein. Schein, weil die Vielfalt der Methoden an die Einheit des Gegenstandes nicht heranreicht und sie hinter sogenannten Faktoren versteckt, in die sie ihn der Handlichkeit wegen zerlegt; notwendig, weil der Gegenstand, die Gesellschaft, nichts so sehr fürchtet, wie beim Namen gerufen zu werden, und darum unwillkürlich nur solche Erkenntnisse ihrer selbst fördert und duldet, die von ihr abgleiten. Das Begriffspaar Induktion und Deduktion ist der szientifische Ersatz der Dialektik. Wie aber verbindliche gesellschaftliche Theorie sich mit Material vollgesogen haben muß, so muß das Faktum, das verarbeitet wird, kraft des Prozesses, der es ergreift, selber bereits auf das gesellschaftliche Ganze transparent sein. Hat die Methode es statt dessen einmal zum factum brutum zugerichtet, so ist ihm auch nachträglich kein Licht einzublasen. In der starren Entgegensetzung und Ergänzung formaler Soziologie und blinder Tatsachenfeststellung schwindet das Verhältnis von Allgemeinem und Besonderem, an dem die Gesellschaft ihr Leben hat und darum die Soziologie ihr einzig menschenwürdiges Objekt. Addiert man aber das Getrennte nachträglich zusammen, so bleibt durch den Stufengang der Methode das sachliche Verhältnis auf den Kopf gestellt. Kein Zufall der Eifer, qualitative Befunde ihrerseits alsogleich wieder zu quantifizieren. Die Wissenschaft möchte die Spannung von Allgemeinem und Besonderem durch ihr einstimmiges System aus der Welt schaffen, die an der Unstimmigkeit ihre Einheit hat.

5 Vgl. Erich Reigrotzki, Soziale Verflechtungen in der Bundesrepublik, Tübingen 1956, S. 4.

4

Jene Unstimmigkeit ist der Grund dafür, daß der Gegenstand der Soziologie, die Gesellschaft und ihre Phänomene, nicht die Art Homogenität besitzt, mit der die sogenannte klassische Naturwissenschaft rechnen konnte. In Soziologie ist nicht im gleichen Maße von partiellen Feststellungen über gesellschaftliche Sachverhalte zu deren – sei's auch eingeschränkter – Allgemeingültigkeit fortzuschreiten, wie man von der Beobachtung der Eigentümlichkeiten eines Stücks Blei auf die allen Bleis zu schließen gewohnt war. Die Allgemeinheit der sozialwissenschaftlichen Gesetze ist überhaupt nicht die eines begrifflichen Umfangs, dem die Einzelstücke bruchlos sich einfügten, sondern bezieht sich stets und wesentlich auf das Verhältnis von Allgemeinem und Besonderem in seiner historischen Konkretion. Das bezeugt, negativ, die Inhomogenität des gesellschaftlichen Zustandes – die »Anarchie« aller bisherigen Geschichte – ebenso wie positiv das Moment von Spontaneität, das vom Gesetz der großen Zahl nicht sich einfangen läßt. Nicht verklärt die Welt der Menschen, wer sie von der relativen Regelhaftigkeit und Konstanz der Gegenstände mathematischer Naturwissenschaften, wenigstens des »Makrobereichs«, abhebt. Zentral ist der antagonistische Charakter der Gesellschaft, und er wird von der bloßen Generalisierung eskamotiert. Der Erklärung bedarf eher die Homogenität selbst, soweit sie menschliches Verhalten dem Gesetz der großen Zahl unterwirft, als ihre Absenz. Die Anwendbarkeit jenes Gesetzes widerspricht dem principium individuationis; dem trotz allem nicht einfach zu Überspringenden, daß die Menschen keine bloßen Gattungswesen sind. Ihre Verhaltensweisen sind vermittelt durch ihre Vernunft. Diese enthält zwar in sich ein Moment des Allgemeinen, das dann sehr wohl in der statistischen Allgemeinheit wiederzukehren vermag; es ist aber zugleich auch spezifiziert durch die Interessenlagen der je Einzelnen, die in der bürgerlichen Gesellschaft auseinanderweisen und tendenziell bei aller Uniformität einander entgegengesetzt sind; zu schweigen von der gesellschaftlich zwangvoll reproduzierten Irrationalität in den Individuen. Nur die Einheit des Prinzips einer individualistischen Gesellschaft bringt die zerstreuten Interessen der Individuen auf die einheitliche Formel ihrer »Meinung«. Die heute verbreitete Rede vom sozialen Atom wird zwar der Ohnmacht des Einzelnen gegenüber der Totale gerecht, bleibt aber gleichwohl gegenüber dem naturwissenschaftlichen Begriff des Atoms bloß metaphorisch. Die Gleichheit kleinster sozialer Einheiten, der Individuen, kann selbst vorm Fernsehschirm nicht im Ernst so strikt behauptet werden wie bei der physikalisch-chemischen Materie. Die empirische Sozialforschung aber verfährt so, als ob sie die Idee des sozialen Atoms wörtlich nähme. Daß sie damit einigermaßen durchkommt, sagt etwas Kritisches über die Gesellschaft. Die Allgemeingesetzlichkeit, welche die statistischen Elemente entqualifiziert, bezeugt, daß Allgemeines und Besonderes nicht versöhnt, daß gerade in der individualistischen Gesellschaft das Individuum dem Allgemeinen blind unterworfen, selber entqualifiziert ist. Die Rede von der gesellschaftlichen »Charaktermaske« hat das einmal bezeichnet; der gegenwärtige Empirismus hat daran vergessen. Die Gemeinsamkeit des sozialen Reagierens ist wesentlich die des sozialen Drucks. Nur darum vermag die empirische Sozialforschung in ihrer Konzeption des Mehrzahlbereichs so souverän über die Individuation sich hinwegzusetzen, weil diese bis heute ideologisch blieb, weil die Menschen noch keine sind. In einer befreiten Gesellschaft würde die Statistik positiv, was sie heute negativ ist, eine Verwaltungswissenschaft, aber wirklich eine zur Verwaltung von Sachen, nämlich Konsumgütern, und nicht von Menschen. Trotz ihrer fatalen Basis in der gesellschaftlichen Struktur jedoch sollte die empirische Sozialforschung der Selbstkritik insofern mächtig bleiben, als die Verallgemeinerungen, die ihr gelingen, nicht ohne weiteres der Sache, der standardisierten Welt, sondern stets auch der Methode zuzuschreiben sind, die allein schon durch die Allgemeinheit der an die Einzelnen gerichteten Fragen oder deren begrenzte Auswahl – die »cafeteria« – vorweg das Erfragte, etwa die zu ermittelnden Meinungen, so zurichtet, daß es zum Atom wird.

5

Die Einsicht in die Inhomogenität der Soziologie als eines Wissenschaftsgefüges, also der kategorialen, nicht bloß graduellen und beliebig zu überbrückenden Divergenz von Disziplinen wie Gesellschaftstheorie, Analyse objektiver sozialer Verhältnisse und Institutionen, und subjektiv gerichteter Sozialforschung im engeren Sinne, meint nicht, man solle es bei der sterilen Trennung jener Disziplinen belassen. Wohl ist die formale Forderung der Einheit einer Wissenschaft nicht zu respektieren, die selbst die Male willkürlicher Arbeitsteilung trägt und sich nicht so aufspielen kann, als erschaute sie umstandslos jene allbeliebten Ganzheiten, deren gesellschaftliche Existenz ohnehin fragwürdig ist. Die kritische Verbindung der auseinanderweisenden soziologischen Methoden wird jedoch inhaltlich, vom Erkenntnisziel gefordert. Angesichts der spezifischen Verflechtung sozialer Theorienbildung mit partikularen sozialen Interessen ist ein Korrektiv, wie es die Researchmethoden anbieten, heilsam, wie sehr diese im übrigen auch ihrerseits, ihrer »administrativen« Struktur nach, mit partikularen Interessenlagen verflochten sind. Zahllose handfeste Behauptungen sozialer Theorien – genannt seien zum Beleg nur die Max Schelers über die typischen Bewußtseinsformen der Unterklasse[6] – können durch strenge Erhebungen überprüft und widerlegt werden. Umgekehrt ist der Social Research auf die Konfrontation mit der Theorie und auf Kenntnis objektiver sozialer Gebilde verwiesen, wenn er nicht zur Irrelevanz verkommen oder apologetischen Parolen wie den heute populären von der Familie willfahren will. Unwahr wird der isolierte Social Research, sobald er die Totalität, weil sie seinen Methoden prinzipiell entgleitet, als ein gewissermaßen metaphysisches Vorurteil ausmerzen möchte. Die Wissenschaft wird dann auf das bloße Phänomen vereidigt. Indem man die Frage nach dem Wesen als Illusion, als ein mit der Methode nicht Einzulösendes tabuiert, sind die Wesenszusammenhänge – das, worauf es in der Gesellschaft eigentlich ankommt – a priori vor der Erkenntnis ge-

6 Vgl. Max Horkheimer, Ideologie und Handeln, in: Max Horkheimer und Theodor W. Adorno, Sociologica II. Reden und Vorträge, Frankfurt a. M. 1962, S. 41 f.

schützt. Müßig zu fragen, ob diese Wesenszusammenhänge »wirklich« seien oder bloß begriffliche Gebilde. Den Vorwurf des Idealismus hat nicht ein jeder zu fürchten, der Begriffliches der gesellschaftlichen Realität zurechnet. Gemeint ist nicht sowohl die konstitutive Begrifflichkeit des erkennenden Subjekts als eine in der Sache selbst waltende: auch in der Lehre von der begrifflichen Vermitteltheit alles Seienden hat Hegel ein real Entscheidendes visiert. Das Gesetz, nach dem die Fatalität der Menschheit abrollt, ist das des Tausches. Das aber ist selber keine bloße Unmittelbarkeit sondern begrifflich: der Tauschakt impliziert die Reduktion der gegeneinander zu tauschenden Güter auf ein ihnen Äquivalentes, Abstraktes, keineswegs, nach herkömmlicher Rede, Materielles. Diese vermittelnde Begrifflichkeit jedoch ist keine allgemeine Formulierung durchschnittlicher Erwartungen, keine abkürzende Zutat der Ordnung stiftenden Wissenschaft, sondern ihr gehorcht die Gesellschaft selbst, und sie liefert das objektiv gültige, vom Bewußtsein der einzelnen ihr unterworfenen Menschen ebenso wie von dem der Forscher unabhängige Modell alles gesellschaftlich wesentlichen Geschehenden. Mag man, gegenüber der leibhaften Realität und allen handfesten Daten, dies begriffliche Wesen Schein nennen, weil es beim Äquivalententausch mit rechten Dingen und doch nicht mit rechten Dingen zugeht: es ist doch kein Schein, zu dem organisierende Wissenschaft die Realität sublimierte, sondern dieser immanent. Auch die Rede von der Unwirklichkeit sozialer Gesetze hat ihr Recht nur als kritisches, mit Hinblick auf den Fetischcharakter der Ware. Der Tauschwert, gegenüber dem Gebrauchswert ein bloß Gedachtes, herrscht über das menschliche Bedürfnis und an seiner Stelle; der Schein über die Wirklichkeit. Insofern ist die Gesellschaft der Mythos und dessen Aufklärung heute wie je geboten. Zugleich aber ist jener Schein das Allerwirklichste, die Formel, nach der die Welt verhext ward. Seine Kritik hat nichts zu tun mit der positivistischen der Wissenschaft, derzufolge das objektive Tauschwesen nicht als wirklich gelten soll, dessen Geltung doch gerade von der Wirklichkeit unablässig bestätigt wird. Beruft der soziologische Empirismus sich darauf, das Gesetz sei keine reale Vorfindlichkeit, so benennt er unwillentlich etwas vom gesellschaftlichen Schein in der Sache, den er fälschlich der

Methode aufbürdet. Gerade der vorgebliche Anti-Idealismus szientifischer Gesinnung kommt dann dem Fortbestand der Ideologie zugute. Sie soll der Wissenschaft unzugänglich sein, weil sie ja eben kein Faktum sei; während doch nichts mehr Macht hat als die begriffliche Vermittlung, die den Menschen das für Anderes Seiende als ein An sich vorgaukelt und sie am Bewußtsein der Bedingungen hindert, unter denen sie leben. Sobald die Soziologie sich gegen die Erkenntnis dessen sperrt, sich dabei bescheidet, zu registrieren und zu ordnen, was ihr Faktum heißt, und die dabei abdestillierten Regeln verwechselt mit dem Gesetz, das über den Fakten selber waltet und nach dem sie verlaufen, hat sie sich bereits der Rechtfertigung verschrieben, selbst wenn sie nichts davon ahnt. In den Gesellschaftswissenschaften läßt darum nicht ebenso vom Sektor zum Ganzen sich fortschreiten wie in den Naturwissenschaften, weil ein vom logischen Umfang, der Merkmaleinheit irgendwelcher Einzelelemente total verschiedenes Begriffliches jenes Ganze konstituiert, das gleichwohl, eben um seines vermittelten begrifflichen Wesens willen, auch nichts gemein hat mit »Ganzheiten« und Gestalten, die notwendig stets als unmittelbar vorgestellt werden; die Gesellschaft ähnelt eher dem System als dem Organismus. Gegen die Gesellschaft als System, ihr eigentliches Objekt, verblendet sich die theorielose, mit bloßen Hypothesen haushaltende empirische Forschung, weil dies Objekt nicht mit dem Inbegriff aller Sektoren zusammenfällt, die Sektoren nicht subsumiert, auch nicht, wie eine geographische Karte, aus ihrem Neben- und Miteinander, aus »Land und Leuten« sich zusammenfügt. Kein Sozialatlas, im wörtlichen und übertragenen Sinn, repräsentiert die Gesellschaft. Insofern diese nicht im unmittelbaren Leben ihrer Angehörigen und den darauf bezogenen subjektiven und objektiven Tatsachen aufgeht, greift eine Forschung daneben, die in der Ermittlung solcher Unmittelbarkeit sich erschöpft. Bei aller Dinghaftigkeit der Methode und gerade vermöge solcher Dinghaftigkeit, dem Idol des schlicht Feststellbaren, bringt sie einen Schein des Lebendigen, gewissermaßen Nachbarlichen von Angesicht zu Angesicht hervor, dessen Auflösung unter den Aufgaben gesellschaftlicher Erkenntnis nicht die letzte wäre, hätte man sie nicht längst gelöst. Heute aber wird sie verdrängt. Daran macht sich die verklärende

Metaphysik vom Dasein und die sture Beschreibung dessen, was der Fall sei, gleich schuldig. Im übrigen aber entspricht die Praxis der empirischen Soziologie im weitesten Maße nicht einmal ihrem eigenen Zugeständnis der Notwendigkeit von Hypothesen. Während man widerwillig das Bedürfnis nach diesen konzediert, begegnet man doch einer jeglichen mißtrauisch, weil sie zum »bias«, zur Beeinträchtigung der unvoreingenommenen Forschung werden könne[7]. Zugrunde liegt eine »Residualtheorie der Wahrheit«; die Vorstellung, Wahrheit sei, was nach Abzug der vorgeblich bloßen subjektiven Zutat, einer Art von Gestehungskosten, übrigbleibt. Die der Psychologie seit Georg Simmel und Freud vertraute Einsicht, daß die Bündigkeit der Erfahrung von Gegenständen, wofern diese selber, wie die Gesellschaft, wesentlich subjektiv vermittelt sind, mit dem Maß des subjektiven Anteils der Erkennenden steigt und nicht fällt, haben die Sozialwissenschaften sich noch nicht einverleibt. Man sucht, sobald man die eigene gemeine Menschenvernunft zugunsten des verantwortlichen Gestus des Forschers beurlaubt, sein Heil in möglichst hypothesenlosen Verfahren. Des Aberglaubens, daß die Forschung als tabula rasa zu beginnen habe, auf welcher die voraussetzungslos sich einfindenden Daten zugerichtet werden, müßte die empirische Sozialforschung gründlich sich entschlagen und dabei freilich längst durchgefochtener erkenntnistheoretischer Kontroversen sich erinnern, die das kurzatmige Bewußtsein unter Berufung auf die vordringlichen Erfordernisse des Betriebs nur zu gern vergißt. Der skeptischen Wissenschaft ziemt Skepsis ihren eigenen asketischen Idealen gegenüber. Der Satz, ein Forscher benötige zehn Prozent Inspiration und neunzig Prozent Transpiration, der so gern zitiert wird, ist subaltern und zielt aufs Denkverbot. Längst schon bestand die entsagungsvolle Arbeit des Gelehrten meist darin, daß er gegen schlechte Bezahlung auf die Gedanken verzichtete, die er ohnehin nicht hatte. Heute, da der besser bezahlte Bürochef in die Nachfolge des Gelehrten einrückt, wird der Mangel an Geist nicht nur als Tugend dessen gefeiert, der uneitel und wohlangepaßt dem Team sich eingliedert, sondern obendrein durch die Einrichtung der Forschungsgänge insti-

7 Vgl. etwa René König, Beobachtung und Experiment in der Sozialforschung, in: Praktische Sozialforschung, Köln 1956, II, S. 27.

tutionalisiert, welche die Spontaneität der Einzelnen kaum anders kennen denn als Reibungskoeffizienten. Absurd aber ist die Antithese von großartiger Inspiration und gediegener Forscherarbeit selber. Die Gedanken kommen nicht angeflogen, sondern kristallisieren sich, auch wenn sie plötzlich hervortreten, in langwährenden unterirdischen Prozessen. Das Jähe dessen, was Researchtechniker herablassend Intuition nennen, markiert den Durchbruch der lebendigen Erfahrung durch die verhärtete Kruste der communis opinio; es ist der lange Atem des Gegensatzes zu dieser, keineswegs das Privileg begnadeter Augenblicke, der dem unreglementierten Gedanken jene Fühlung mit dem Wesen gestattet, die von der aufgeschwollenen Apparatur, die sich dazwischenschaltet, oft unwiderstehlich sabotiert wird. Umgekehrt ist der wissenschaftliche Fleiß immer zugleich auch die Arbeit und Anstrengung des Begriffs, das Gegenteil jenes mechanischen, verbissen bewußtlosen Verfahrens, dem man ihn gleichsetzt. Wissenschaft hieße: der Wahrheit und Unwahrheit dessen innewerden, was das betrachtete Phänomen von sich aus sein will; keine Erkenntnis, die nicht kraft der ihr einwohnenden Unterscheidung von Wahr und Falsch zugleich kritisch wäre. Erst eine Soziologie, die die versteinerten Antithesen ihrer Organisation in Bewegung brächte, käme zu sich selbst.

6

Die kategoriale Differenz der Disziplinen wird dadurch bestätigt, daß das, worauf es eigentlich ankäme, die Verbindung empirischer Erhebungen mit theoretisch zentralen Fragestellungen, trotz vereinzelter Ansätze bis heute nicht gelungen ist. Die bescheidenste und zugleich, im Sinne immanenter Kritik, also nach den eigenen Spielregeln der »Objektivität«, für die empirische Sozialforschung plausibelste Forderung wäre, alle ihre auf das subjektive Bewußtsein und Unbewußtsein von Menschen und Menschengruppen gerichteten Aussagen zu konfrontieren mit den objektiven Gegebenheiten ihrer Existenz. Was dem Bereich der Sozialforschung bloß akzidentell, bloße »background study« dünkt, macht die Bedingung der Möglichkeit dafür aus, daß sie überhaupt Wesentliches erreiche. Unvermeidlicherweise wird sie unter jenen Gegebenheiten zunächst das hervorheben, was mit dem subjektiven Meinen, Fühlen und Verhalten der Untersuchten zusammenhängt, obwohl gerade diese Zusammenhänge so weit gespannt sind, daß eigentlich eine solche Konfrontation sich gar nicht mit der Kenntnis einzelner Institutionen begnügen dürfte, sondern wiederum auf die Gesellschaftsstruktur zu rekurrieren hätte: die kategoriale Schwierigkeit ist durch den Vergleich bestimmter Meinungen und bestimmter Bedingungen nicht beseitigt. Selbst unter diesem lastenden Vorbehalt jedoch gewinnen die Ergebnisse der Meinungsforschung veränderten Stellenwert, sobald sie gemessen werden können an der realen Beschaffenheit dessen, worauf die Meinungen gehen. Die dabei hervortretenden Differenzen von sozialer Objektivität und dem wie immer auch allgemein verbreiteten Bewußtsein von jener Objektivität markieren eine Einbruchstelle der empirischen Sozialforschung in die Erkenntnis der Gesellschaft: in die der Ideologien, ihrer Genese und ihrer Funktion. Solche Erkenntnis wäre wohl das eigentliche, wenn auch gewiß nicht das einzige Ziel der empirischen Sozialforschung. Isoliert genommen jedoch hat diese nicht das Gewicht gesellschaftlicher Erkenntnis: die Marktgesetze selbst, in deren System sie reflexionslos verbleibt, sind noch Fassade. Brächte auch etwa eine Befragung die statistisch überwältigende Evidenz dafür bei, daß die Arbeiter sich selbst nicht mehr für Arbeiter halten und leugnen, daß es so etwas wie ein Proletariat überhaupt noch gibt, so wäre der Beweis für die Nichtexistenz des Proletariats nicht geführt. Es müßten vielmehr solche subjektiven Befunde mit objektiven, wie der Stellung der Befragten im Produktionsprozeß, ihrer Verfügung oder Nichtverfügung über die Mittel der Produktion, ihrer gesellschaftlichen Macht oder Ohnmacht verglichen werden. Dabei behielten freilich die empirischen Befunde über die Subjekte selbst ihre Bedeutung. Nicht bloß wäre im Sinne der Ideologienlehre zu fragen, wie derlei Bewußtseinsinhalte zustande kommen, sondern auch, ob durch ihre Existenz nicht an der sozialen Objektivität etwas Wesentliches sich geändert habe. In ihr kann Beschaffenheit und Selbstbewußtsein der Menschen, wie immer auch produziert und reproduziert, nur vom wahnhaften Dogma vernachlässigt werden. Auch sie ist, sei's als Element der Affirmation des Bestehenden, sei's als Potential eines Anderen, Moment der gesellschaftlichen Totalität. Nicht nur die Theorie, sondern ebenso deren Absenz wird zur materiellen Gewalt, sobald sie die Massen ergreift. Korrektiv ist die empirische Sozialforschung nicht nur insofern, als sie blinde Konstruktionen von oben her verhindert, sondern auch im Verhältnis von Erscheinung und Wesen. Hat die Theorie der Gesellschaft den Erkenntniswert der Erscheinung kritisch zu relativieren, so hat umgekehrt die empirische Forschung den Begriff des Wesensgesetzes vor Mythologisierung zu behüten. Die Erscheinung ist immer auch eine des Wesens, nicht nur bloßer Schein. Ihre Änderungen sind dem Wesen nicht gleichgültig. Weiß in der Tat schon keiner mehr, daß er ein Arbeiter ist, so affiziert das die innere Zusammensetzung des Begriffs des Arbeiters, selbst wenn dessen objektive Definition – die durch die Trennung von den Produktionsmitteln – erfüllt bleibt.

7

Die empirische Sozialforschung kommt darum nicht herum, daß alle von ihr untersuchten Gegebenheiten, die subjektiven nicht weniger als die objektiven Verhältnisse, durch die Gesellschaft vermittelt sind. Das Gegebene, die Fakten, auf welche sie ihren Methoden nach als auf ihr Letztes stößt, sind selber kein Letztes sondern ein Bedingtes. Sie darf daher nicht ihren Erkenntnisgrund – die Gegebenheit der Fakten, um welche ihre Methode sich müht – mit dem Realgrund verwechseln, einem Ansichsein der Fakten, ihrer Unmittelbarkeit schlechthin, ihrem Fundamentalcharakter. Gegen diese Verwechslung kann sie insofern sich wehren, als sie durch Verfeinerung der Methoden die Unmittelbarkeit der Daten selbst aufzulösen vermag. Daher die zentrale Bedeutung der Motivationsanalysen. Sie können freilich kaum je auf direkte Fragen sich stützen, und Korrelationen zeigen funktionelle Zusammenhänge an, klären aber nicht über kausale Abhängigkeiten auf. Daher ist die Entwicklung indirekter Methoden prinzipiell die Chance der empirischen Sozialforschung, über bloße Feststellung und Aufbereitung von Fassadentatsachen hinauszugelangen. Das Erkenntnisproblem ihrer selbstkritischen Entwicklung bleibt, daß die ermittelten Fakten nicht getreu die darunterliegenden gesellschaftlichen Verhältnisse spiegeln, sondern zugleich den Schleier ausmachen, durch den jene, und zwar notwendig, sich verhüllen. Es gilt danach für die Befunde dessen, was nicht umsonst »Meinungsforschung« heißt, die Formulierung Hegels über die öffentliche Meinung schlechthin aus der Rechtsphilosophie: sie verdiene, ebenso geachtet als verachtet zu werden[8]. Geachtet, weil auch Ideologien, das notwendige falsche Bewußtsein, ein Stück gesellschaftlicher Wirklichkeit sind, das kennen muß, wer diese erkennen will. Verachtet aber: ihr Wahrheitsanspruch kritisiert. Die empirische Sozialforschung wird selbst zur Ideologie, sobald sie die öffentliche Meinung absolut setzt. Dazu verleitet ein unreflektiert nominalistischer Wahrheitsbegriff, der die volonté de tous als Wahrheit schlechthin unterschiebt, weil eine andere doch nicht zu ermitteln sei. Diese Tendenz ist zumal in der amerikanischen empirischen Sozialforschung ungemein markiert. Ihr wäre aber nicht die bloße Behauptung einer volonté générale als einer an sich seienden Wahrheit dogmatisch gegenüberzustellen, etwa in Form postulierter »Werte«. Ein solches Verfahren bliebe mit der gleichen Willkür behaftet wie die Instauration der verbreiteten Meinung als des objektiv Gültigen: in der Geschichte hat seit Robespierre die dekretorische Festsetzung der volonté générale womöglich noch mehr Unheil angerichtet als die begriffslose Annahme der volonté de tous. Aus der verhängnisvollen Alternative führte einzig die immanente Analyse hinaus, die der Stimmigkeit oder Unstimmigkeit der Meinung selbst und ihres Verhältnisses zur Sache, nicht aber die abstrakte Antithese eines objektiv Geltenden zur Meinung. Nicht ist die Meinung mit Platonischem Hochmut zu verwerfen, sondern ihre Unwahrheit selbst aus der Wahrheit: aus dem tragenden gesellschaftlichen Verhältnis, schließlich dessen eigener Unwahrheit abzuleiten. Andererseits jedoch stellt die Durchschnittsmeinung keinen Approximationswert der Wahrheit dar sondern den gesellschaftlich durchschnittlichen Schein. An ihm hat teil, was der unreflektierten Sozialfor-

8 Hegel, Grundlinien der Philosophie des Rechts, hrsg. von Georg Lasson, Leipzig 1921, § 318, S. 257.

schung ihr ens realissimum dünkt, die Befragten selbst, die Subjekte. Ihre eigene Beschaffenheit, ihr Subjektsein, hängt ab von der Objektivität, den Mechanismen, denen sie gehorchen, und die ihren Begriff ausmachen. Der aber läßt sich bestimmen nur, indem man in den Fakten selber der Tendenz innewird, die über sie hinaustreibt. Das ist die Funktion der Philosophie in der empirischen Sozialforschung. Wird sie verfehlt oder unterdrückt, werden also bloß die Fakten reproduziert, so ist solche Reproduktion zugleich die Verfälschung der Fakten zur Ideologie.

1957

Über Statik und Dynamik als soziologische Kategorien

Auf dem Amsterdamer Soziologentag von 1955 sollte erneut über das Verhältnis von Statik und Dynamik in der Gesellschaft diskutiert werden. Anlaß dazu bot eine unabweisliche Beobachtung. Dynamische Phänomene von größter Vehemenz sind sichtbar, Veränderungen der Gesellschaftsstruktur wie jene im sowjetischen Machtbereich, wie die Modernisierung des Orients und all der Gebiete, für die man nicht umsonst den Namen Entwicklungsländer erfunden hat; schließlich auch, daß in den westlichen Staaten, trotz festgehaltener Institutionen, soziale Stammbegriffe wie Individuum, Familie, Schichtung, Organisation, Verwaltung ihrer inneren Zusammensetzung nach sich wandeln. Andererseits scheint vielerorten die Gesellschaft zu dem zu gravitieren, was schon vor mehr als fünfzig Jahren Veblen »neuen Feudalismus« nannte, einem stationären Zustand. Mit der Industrialisierung der außerhalb des kapitalistischen Raums befindlichen Gebiete zeichnet sich eine Grenze des kapitalistischen Verwertungsprozesses ab und damit eine jener Expansion des ökonomischen Systems, die von seinem eigenen Begriff erheischt dünkte; bei aller Güterfülle etwas wie eine Rückbildung des Kapitalismus zur einfachen Reproduktion. Das reflektiert sich auch kulturell; so konnte vor nicht langer Zeit, zu Recht oder Unrecht, der Musiker Messiaen, aus der Gruppe »Jeune France«, davon sprechen, es habe die geschichtliche Entwicklung der Musik ihren »Plafond« erreicht, über den hinaus keine Entwicklung mehr vorzustellen sei. Das Interesse an der Alternative von Statik und Dynamik dürfte in der Frage kulminieren, was als mächtiger sich erweisen wird; ob der seit dem Ende des Mittelalters vorwaltende Entwicklungszug weiterführt oder ob er mündet in einen Erstarrungszustand, wie ihn der grauenvolle Himmler meinte, als er dem Dritten Reich eine Dauer von zehn- oder zwanzigtausend Jahren prophezeite; ins »Ende der Neuzeit«. Die Alternative aber verlangt Besinnung auf die von ihr verwandten Begriffe, wofern sie nicht im müßigen Rausch des Würfelns um die Weltgeschichte verpuffen soll.

Das erste Programm von Soziologie als Sonderzweig, als institutionell verfestigter, ordnender, klassifizierender Wissenschaft, das Comtes, fordert, wie bekannt, daß »bei der Soziologie ... hinsichtlich eines jeden politischen Gegenstandes zwischen dem grundlegenden Studium der Existenzbedingungen der Gesellschaft und demjenigen der Gesetze ihrer beständigen Bewegung durchaus unterschieden wird«[1]. Danach sei »die soziale Physik ... in zwei Hauptwissenschaften zu zerlegen, die man zum Beispiel soziale Statik und soziale Dynamik nennen kann«[2]. Den beiden universalen Prinzipien von Ordnung und Fortschritt soll in der Gesellschaft ein »wissenschaftlicher Dualismus« entsprechen, »denn es ist klar, daß das statische Studium des sozialen Organismus im Grunde mit der positiven Theorie der Ordnung zusammenfallen muß, die dem Wesen nach faktisch nur in einer richtigen dauernden Harmonie zwischen den verschiedenen Existenzbedingungen der menschlichen Gesellschaften bestehen kann; ebenso erkennt man noch deutlicher, daß das dynamische Studium des Gemeinschaftslebens der Menschheit notwendig die positive Theorie vom sozialen Fortschritt bildet, die, jeden nutzlosen Gedanken an eine absolute und unbegrenzte Vervollkommnungsfähigkeit beiseite schiebend, naturgemäß auf die bloße Vorstellung dieser fundamentalen Entwicklung hinauslaufen muß«[3].

Wohl lieferte die unkritische gesellschaftliche Beobachtung noch bis ins zwanzigste Jahrhundert hinein statische Typen wie den als Modell dafür besonders beliebten Bauern, und dynamische wie die kapitalistische Wirtschaft, zu deren Wesen Expansion und Dynamik gehören sollten. Wer die Einteilung begründen will, kann auf die gesamte Tradition der abendländischen Philo-

1 Vgl. Auguste Comte, Cours de philosophie positive, zitiert nach der Übersetzung von Valentine Dorn: Auguste Comte, Soziologie, übertr. von Valentine Dorn und eingel. von Heinrich Waentig, 2. Aufl., 3 Bde., Jena 1923, Bd. 1, S. 232.

2 a. a. O.

3 a. a. O., S. 233 f.

sophie pochen, schließlich auf die Sokratik, die trennte zwischen dem, was von Natur aus und was bloß von Menschen gesetzt, was physei und thesei sei. Gesellschaftliche Phänomene, die auf menschliche Grundbedürfnisse oder, wie man heutzutage im Jargon der Eigentlichkeit sagt, auf die Existenz des Menschen zurückgingen, sollen unter die statischen Kategorien fallen und statischen Gesetzen gehorchen; hinzutretende Differenzierungen dagegen, alle sozialen Formen, die besonderen Typen von Vergesellschaftung korrespondieren, seien dynamisch. Implizit dient als Denkmodell, daß die großen, allumfassenden Hauptstrukturen beharrten, während die Spezifikationen das logisch Niedrigere, der Entwicklung unterlägen; die dynamischen Momente sind durch das Modell a priori zu Akzidenzien herabgesetzt, zu bloßen Nuancen der Hauptkategorien, ohne daß gefragt würde, ob diese nicht selektiv nach dem Besonderen gebildet sind und bei dieser Selektion ausmerzen, was einer sozialen Invariantenlehre nicht gehorchen will. Darüber setzt sich der wissenschaftspraktische Verstand hinweg: man brauche nur an Kriterien wie Statik und Dynamik sich zu halten, um bereits über eine erste handfeste Klassifizierung gesellschaftlicher Tatsachen zu verfügen. Allbekannt und immer wieder von Wissenssoziologen betont ist dabei die Versuchung, die statischen, zumal die institutionellen Momente um ihrer vorgeblichen Ewigkeit willen metaphysisch zu verklären, die dynamischen aber, und damit vielfach den konkreten Inhalt des gesellschaftlichen Lebensprozesses, als wandelbar und zufällig abzutun, nach jener philosophischen Tradition, die das Wesen mit dem Beständigen identifiziert und das bloße Phänomen mit dem Vergänglichen.

Der realen Gesellschaft wird der Unterschied des Statischen und Dynamischen, sei es vom klassifikatorischen Bedürfnis, sei es von einer latenten Philosophie, imputiert. Als solche gehorchen die Phänomene ihm keineswegs. Inmitten der kritisch filtrierten modernen Wissenschaft überlebt die archaische, längst von der Erkenntnistheorie verworfene Methode der Scholastik, das bestimmt Seiende aus allgemeinen Begriffen, wie dem des Wesens, des Akzidens, der Existenz, des Individuationsprinzips, zusammenzuaddieren. So sollen soziale Tatsachen aus statischen und dynamischen Bestandteilen komponiert sein, unter Absehung von dem auf Ordnung erpichten Geist, ohne dessen Vermittlung jene Bestandstücke überhaupt nicht sich konstituieren; sie dürften nicht als Sein an sich behauptet werden, wofern man nicht vorweg eine nach Ordnung und Fortschritt säuberlich gegliederte Gesellschaft positiv und dogmatisch unterstellt.

Man konstruiere etwa als Idealtypus für ein »statisches Gesetz«, also ohne Rücksicht darauf, ob er real zutreffe oder nicht, den Satz, alle gesellschaftliche Herrschaft bestehe in der Appropriation fremder Arbeit, und ebenso als ein »dynamisches«, daß im Feudalsystem Herrschaft vermittels des Pachtverhältnisses sich realisiere. Wendet man das aufs empirische Material an, so findet sich gewiß der Pächter nicht unter einem Allgemeingesetz »gesellschaftliche Herrschaft überhaupt« und einem besonderen, »Pachtherrschaft«, das zu dem allgemeinen als differentia specifica hinzuträte. Der Pächter erfährt nicht Herrschaft schlechthin und dann deren historische Spielart, sondern einzig die der Feudalherren, mag immer in einer soziologischen Typologie die Pachtherrschaft einem höheren Allgemeinbegriff von Herrschaft sich eingliedern. Das ist aber keine bloße erkenntnistheoretische Finesse: es hängt davon ab, ob man einzelne Gesetze als invariant und andere als variabel ausgliedern und darauf Rückschlüsse über das Wesen der Gesellschaft ziehen kann. Illegitim wäre dies Verhältnis, wenn die sogenannten Invarianten überhaupt nur in Gestalt der Varianten und nicht isoliert »an sich« vorkommen: man installierte dann das Ordnungsschema anstelle der Sache selbst. Die Neigung dazu, mit all ihren Konsequenzen, reicht bis in die moderne Wissenssoziologie, etwa in den von Mannheim eingeführten und jüngst in Amerika auferstandenen Begriff der »principia media«, die da zwischen dem vorgeblichen Allgemeingesetz und dem vermitteln sollen, was den Gesetzen als bloßes Faktum gegenüberstehe, während jenen principiis mediis im Kräftespiel der Gesellschaft selber gar nichts korrespondiert.

Der gesunde Menschenverstand, der frisch-fröhlich Statisches und Dynamisches in der Gesellschaft trennt, verdankt seine Gesundheit der Naivetät, mit der er seine eigenen Bestimmungen als solche des Objekts zurückspiegelt. Die Orientierung an natürlichen, konstanten Bedürfnissen einerseits und bloß von Menschen gesetzten und darum geschichtlich wandelbaren andererseits ist, als pures Produkt der Klassifikation, abstrakt. Die Bedürfnisse lassen darum nicht bündig sich aufteilen, weil die Gesellschaft selber nicht bruchlos auf Bedürfnisse zurückzuführen ist. Wohl gehen diese allemal in den gesellschaftlichen Prozeß der Selbsterhaltung der Einzelnen wie des organisierten Ganzen ein, aber doch nur durch dies Ganze hindurch. Was ein Mensch zum Leben braucht und was er nicht braucht, steht keineswegs schlicht bei der Natur, sondern richtet sich nach dem »kulturellen Existenzminimum«. Jeder Versuch, reine Natur daraus herauszuschälen, führt in die Irre. Zumindest in der modernen Gesellschaft, und gewiß schon in vielen früheren, entscheidet gar nicht das soit-disant natürliche Bedürfnis der Menschen über die Ordnung ihres Lebens. Vielmehr ist es bereits schematisiert, wenn nicht gar, wie in der heutigen Ära der Überproduktion, überhaupt erst planvoll hervorgebracht. Wer die Gesetze der kapitalistischen Gesellschaft umstandslos auf die Bedürfnisse der Menschen reduzieren und dann nach deren Maß in statische und dynamische einteilen wollte, verkehrte, was heute nur noch gleichsam vom ökonomischen Interesse mitgeschleppt wird, die Bedürfnisbefriedigung, ins Erste: als fiele der Erwerb von drei Autos durch eine zweiköpfige Familie unter dieselbe Kategorie wie das Auflesen von Früchten in einer primitiven Sammlerhorde. Nicht nur erweist vieles von dem sich überhaupt als dynamisch, was dem naiven Bewußtsein statisch dünkt: selbst unleugbare Grundbedürfnisse wie das nach Nahrung, Kleidung, Obdach wandeln sich so eingreifend, daß die Quantität des Neuen in die Qualität des als invariant Verkannten umschlagen mag. Der gesellschaftliche Prozeß ist weder bloß Gesellschaft noch bloß Natur, sondern Stoffwechsel der Menschen mit dieser, die permanente Vermittlung beider Momente. Das auf allen Stufen enthaltene Natürliche ist nicht aus seiner gesellschaftlichen Form herauszuoperieren ohne Gewalt gegen die Phänomene. Allerorten hat die technische Entwicklung der letzten Dezennien soziale Gruppen, die man noch im neunzehnten Jahrhundert, freilich verblendet gegen ihre eigene Vorgeschichte, als einigermaßen ahistorisch ansehen durfte, zumal die Überreste der Agrargesellschaft, dynamisiert und Dogmen Lügen gestraft wie jenes, daß der Mechanisierung der Landwirtschaft durch die Ewigkeit des gottgeschaffenen Landwirts Grenzen gesetzt seien. Je hinfälliger durch die Forschung der Begriff der Naturwüchsigkeit wird, um so mehr verflüchtigt sich die Behauptung von Invarianz ins philosophisch-anthropologische Bekenntnis und sperrt sich der gesellschaftlichen Konkretion. Schließlich sucht die Invariantenlehre ihre Rechtfertigung bei jener Ontologie, der hochspezialisierte Fachwissenschaftler leicht allzu vertrauensselig eine Wahrheit zutrauen, die in ihrer eigenen philosophischen Gestalt nicht sich bewährt und die vollends unvereinbar ist mit der Einsicht in eine Gesellschaft, die seit Jahrtausenden mehr den Menschen angetan wird, als daß sie im Wesen ihres Daseins entspränge.

Um zu begreifen, weshalb an Konstruktionen wie der statischer Gesetze so hartnäckig festgehalten wird, ist auf ihren Ursprung in Comte zurückzugehen. Die Dichotomie von Statik und Dynamik, erst von »Zuständen« (état)[4], dann von Gesetzen, leitet er aus dem wissenschaftlichen Bedürfnis ab: »Zu diesem Ende muß ich nun vor allem auf das Ganze der sozialen Erscheinungen eine wahrhaft grundlegende wissenschaftliche Unterscheidung ausdehnen, die ich schon in allen Teilen dieser Abhandlung, und hauptsächlich bei der biologischen Philosophie, als ihrer Natur nach auf jederlei Erscheinungen, und namentlich auf diejenigen, welche die lebenden Körper zeigen können, durchaus anwendbar festgestellt und benutzt habe, indem ich den statischen und den dynamischen Zustand eines jeden Gegenstandes positiver Studien getrennt, aber immer mit Rücksicht auf eine strenge systematische Verknüpfung betrachtete.«[5] Die Nötigung, welche das »muß« ausdrückt, rührt her von Comtes Konzeption einer in der Soziologie gipfelnden Pyramide der Wissenschaften: jede in der Hierarchie höher rangierende müsse den Prinzipien aller niedrigeren ebenfalls gerecht werden. Seit Comtes Zeiten hat der Positivismus, gleichsam als Ersatz fürs idealistische System, die bis auf Leibniz zurückdatierende Vorstellung einer durch die Einheit der Methode über alle Divergenz der Gegenstände hinweg ermöglichte Einheitswissenschaft gepflegt. Die vom positivistischen Prinzip bewirkte Dekomposition der Welt in atomistische, be-

4 a. a. O., S. 232.
5 a. a. O., S. 231 f.

griffslose, vom Begriff nur durch Abkürzung zusammengefaßte Tatsachen soll konterkariert werden vom Urheber jener Aufspaltung, der Wissenschaft selbst. Ihre in sich einstimmige Organisation will die Totalität, den geistig überwölbenden Kosmos ersetzen, aus dessen irrevokablem Zerfall die Gegenstände als »Tatsachen« hervorgingen. Darin entspringt die Versuchung, Ordnungsschemata, die einzig der Klassifikation eines als unstrukturiert vorgestellten Materials sich verdanken, dann dem Material zuzuschreiben, als wären sie dessen Struktur. Was man im Linnéschen System belächelt, das blieb in der Soziologie unangefochten: die zurichtende Veranstaltung erschien als Beschaffenheit der Sache selbst. Mit dem Stolz von Vorurteilslosigkeit wird verdrängt, was immer deren eigenes Wesen sein mag, und was die Reduktion auf das, was der Fall sei, nicht Wort haben will.
Die Kontamination von Wissenschaftssystematik und objektiver Struktur wird in einem Dokument der wilden Pionierzeiten des Positivismus wie dem Comteschen »Cours de la philosophie positive« greifbar im Analogieschluß vom Verhältnis anatomischer und physiologischer Bestimmungen des Organismus auf die Gesellschaft[6]. Allenfalls mochte die Biologie zwischen Strukturmomenten unterscheiden, die sich spezifisch auf »Leben« beziehen – eben den physiologischen – und den anatomischen, bei denen das nicht der Fall ist. Soziologie aber, dächte man sie noch so roh nominalistisch, hat es allein mit dem lebendigen Zusammenhang von Menschen zu tun und mit seinen Derivaten, den geronnenen sozialen Formen. Diese sind aus den Beziehungen der Menschen abzuleiten, nicht als »Anatomie« zu hypostasieren. Die von Comte urgierte statische Schicht entbehrt jeglicher Selbständigkeit. Comte war nicht naiv genug, um zu verschweigen, daß das Verhältnis von Ordnung und Fortschritt, ihre »innige und unlösliche Verbindung hinfort die Grundschwierigkeit ... jedes wahren politischen Systems kennzeichnet«[7]. Aber seine politische Tendenz ebenso wie seine quasi-naturwissenschaftliche Methode fährt ihm in die Parade. Weil die Gesamtentwicklung der bürgerlichen Gesellschaft deren anarchischer Auflösung zutreibe, neigt er dazu, die Ordnung über den Fortschritt, die statischen

6 Vgl. a. a. O., S. 232 f.
7 a. a. O., S. 7.

über die dynamischen Gesetze zu stellen. Er begnügt sich mit der dogmatischen Behauptung, daß »diese wichtige Erwägung ... in keiner Weise weder die innere Folgerichtigkeit noch die förmliche Notwendigkeit unserer grundlegenden Unterscheidung zwischen dem statischen und dynamischen Studium der sozialen Erscheinungen berühren«[8] könne. Die Frage, ob die Einteilung um jenes Einwandes willen nicht eben doch »die Quelle einer fehlerhaften oder pedantischen Teilung in zwei getrennte Wissenschaften«[9] bildet, wirft er auf, nur um sie autoritär fortzuweisen.

Noch weniger leuchtet, nach dem ihr immanenten Kriterium naturwissenschaftlicher Begriffsbildung, die berühmt gewordene Gleichsetzung der beiden Kategorien mit denen der Ordnung und des Fortschritts ein. Arglos wird stipuliert, was gesellschaftlich wesentlich sei, müsse notwendig auch der Erhaltung der Gesellschaft dienen. Ab ovo ausgeschlossen sind soziologische Kategorien wie die der Verelendung oder der Unfähigkeit einer großagrarischen Gesellschaft, bei sehr ansteigender Bevölkerung sich zu perpetuieren – Kategorien, welche die Auflösung und Zerstörung der Ordnung implizieren, zu deren Wesen sie gehören. Ein naturwissenschaftliches Denkmodell müßte solchen möglichen Gesetzmäßigkeiten ebenso Rechnung tragen wie den entgegengesetzten; sonst verginge es sich an einem seiner eigenen Prinzipien, dem der Vollständigkeit. Mag immer man Comte den Vorrang der Reproduktion des Lebens in den Formen der Vergesellschaftung gegenüber allem anderen Gesellschaftlichen, auch den Zerfallstendenzen konzedieren: der geschichtliche Zwang ist nicht unmittelbar eins mit der Selbsterhaltung der Gattung, die Totalität der Gesellschaft, Ordnung selber, brütet Kräfte aus, die ihre Fortdauer handgreiflich bedrohen. Comte selbst hat als einer der ersten die »zerstörenden« Tendenzen unterstrichen, gerade sie aber, den wahren Gegenstand seines eigenen theoretischen Interesses, als Systematiker eskamotiert. Daher der Konflikt mit eben jener Faktizität, der er als Positivist die blanke Suprematie über den Begriff zuschreibt.

Die einfachste material-soziologische Besinnung belehrt darüber,

8 a. a. O., S. 233.
9 a. a. O.

daß die Statik von Zuständen und Ordnungen eins ist mit jenen Erstarrungsphänomenen, die, zumal im Kontext eines sich fortbewegenden Ganzen, die statische Ordnung untergehen lassen wie einst das Byzantinische Reich und später die türkische Herrschaft. Umgekehrt müßte man, wäre der Begriff des dynamischen Gesetzes nicht vorweg willkürlich-positiv eingeengt, das Krisengesetz innerhalb einer sich selbst überlassenen liberalistischen Marktgesellschaft den dynamischen Gesetzen zurechnen; und Krisen wären schwerlich ungebrochen dem Begriff des Fortschritts zu subsumieren. Comtes Liebe zur Empirie und zu den Naturwissenschaften, die ihn vor solchen Überlegungen beschirmt, ist unglücklich. Er verwendet Begriffe, die er als naturwissenschaftlich probat betrachtet, ohne sie mit dem spezifischen Inhalt zu konfrontieren, der in der Soziologie in sie eingeht. Schon in seinem Werk kündigt die fatale Divergenz zwischen der produktiv gehandhabten naturwissenschaftlichen Methode und ihrer unreflektierten Erhebung zur Philosophie sich an, welche die späteren Phasen des Positivismus charakterisiert. Comtes Denken ist verdinglicht. Es installiert, der Absicht nach, Denkformen als höchste Kategorien, wie die Einzelwissenschaften sie Objekten gegenüber anwenden, die ihnen weder der Konstitution nach problematisch sind noch in ihrer Beziehung aufs denkende Subjekt: die fertige Apparatur der Wissenschaft verwechselt sich mit der Philosophie. Darum addiert er die Gesellschaft aus Statik und Dynamik zusammen, als bestünde ihr Wesen aus beiden unmittelbar, anstatt daß beide, in ihrer Verschiedenheit, auf ihre Einheit in der realen Gesellschaft gebracht würden.

Daß ein Fanatiker der wissenschaftlichen Methode wie Comte die systematischen Unstimmigkeiten seiner Theorie ebenso wie ihre Unangemessenheit an die Fakten übersah, kann nicht simpel damit erklärt werden, daß jener Fanatismus ihn gegen Wissenschaft verblendet hätte. Seine Denkfehler werden bedingt vom terminus ad quem. Was sich agitatorisch mit der Würde der »unwiderruflichen philosophischen Analyse«[10] bekleidet; was da behauptet, es sei »auf unerschütterlichen rationellen Grundlagen aufgebaut«[11], folgt in Wahrheit Comtes politischem Interesse.

10 a. a. O., S. 232.
11 a. a. O., S. 234.

Um den Verdacht weltfremden Spintisierens zu beschwichtigen und sich als Praktiker den Mächten zu empfehlen, unterstreicht er das selbst. Er hat es darauf abgesehen, die durch die industrielle Revolution gezeitigte »soziale Frage« durch eine, als »objektiv« dem Klassenkonflikt übergeordnete, Wissenschaft zu lösen oder wenigstens seine Branche für eine solche Lösung zu qualifizieren. Ihre Funktion bei ihm ist verwandt der des Staates bei Hegel[12]: »Endlich halte ich es wegen ihrer großen Augenscheinlichkeit für überflüssig, hier die natürliche Eigenschaft besonders hervorzuheben, welche diese erste philosophische Konzeption der positiven Soziologie direkt an den Tag legt, nämlich, wie ich das zu Anfang dieses Bandes angekündigt habe, die beiden gleichmäßig grundlegenden Ideen der Ordnung und des Fortschritts künftig unlösbar zu verbinden, deren beklagenswerter radikaler Gegensatz . . . in Wirklichkeit das charakteristische Hauptmerkmal der tiefen Zerrüttung der modernen Gesellschaften bildet.«[13] Wie Hegel sich vom Staat den Ausgleich der gesellschaftlichen Widersprüche erwartet; die Bändigung der Kräfte, die seiner eigenen Theorie zufolge über die bürgerliche Gesellschaft hinaustreiben[14], so erwartet Comte, in dem Rationalität nicht ebenso kritisch ihrer realen Schwäche inneward wie im absoluten Idealisten, das Heil sich von einer Soziologie, welche die gesellschaftlichen Widersprüche auf in sich und gegeneinander widerspruchslose Begriffe bringt, deren krudestes Modell die statischen und dynamischen Gesetze sind. Ihre säuberliche Trennung soll ihren Ausgleich wissenschaftlich und dann auch in der Welt vorbereiten. Bei Hegel wie bei Comte tritt nicht ins Blickfeld, daß die sich spaltende Gesellschaft kraft ihrer eigenen Dynamik in eine höhere: eine menschenwürdigere Form übergeführt werden könne. Beide wollen sie in ihren bestehenden Institutionen erhalten: deshalb nimmt Comte zur Dynamik das statische Prinzip korrektiv hinzu. Er drückt damit unverhüllt die Aporie eines Bürgertums aus, das, ein paar Dezennien früher noch revolutio-

12 Vgl. Hegel, Grundlinien der Philosophie des Rechts, hsrg. von Georg Lasson, Leipzig 1921, S. 189 (§§ 245 und 246).

13 Vgl. Auguste Comte, a. a. O., S. 235.

14 Vgl. Hegel, a. a. O.

när und der kapitalistischen Expansion zuliebe immer noch fortschrittlich, bereits mit pauperisierten Massen zu rechnen hat und ihrer sich nur erwehren kann, indem es je nach seinem Bedürfnis progressiv oder konservativ sich geriert. Der kritischen Intention des Positivismus gesellt von Anbeginn sich eine affirmative. Hinter dem szientifisch aufgeputzten kategorialen Ansatz waltet apologetische Absicht. Damit die Fortdauer eines in sich Antagonistischen als vernünftig erscheine, dürfen die Antagonismen nicht als solche präsentiert, nicht der Gesellschaft selbst aufgebürdet werden. Das Interesse am Fortschritt, in seiner Konsequenz unvereinbar mit dem an der »Ordnung«, wird friedlich neben dieser lokalisiert. Beide verwandeln sich in zwei voneinander unabhängige, einander ergänzende, politisch neutrale Kategorien der Klassifikation. Vor aller Analyse der Gesellschaft gleicht das soziologische Bezugssystem deren Spannung aus und beruhigt das Bürgertum über das Dilemma zwischen Entfaltung und Verfestigung, in das es geraten ist. Die objektive Polarität mildert sich zum Gesichtspunkt für die vermeintlich souveräne Einteilung der Phänomene. Was bei Comte als das praktische Bedürfnis der Scheidung von Statik und Dynamik sich einbekennt, ist an sich bereits ideologisch: die wertfreien Begriffe verschleiern, daß sie, »positiv« im doppelten Sinn, die unvernünftige Sache als Klassifikationsprinzip wissenschaftlicher Vernunft bestätigen. Wahlverwandtschaft herrscht zwischen dem sozialen Neutralismus, einer Haltung, die krampfhaft behauptet, sie stünde oberhalb der Interessenkonflikte, und ihrer Verwendbarkeit für herrschende Interessen. Die Entqualifizierung des Gegenstandes der Soziologie, des sozialen Systems und seiner Struktur, zu einem Agglomerat festzustellender und dann dem wissenschaftlichen Schematismus einzupassender Tatsachen; die emphatische Äußerlichkeit, Willkür, selbst Schlamperei ihrer Subsumtion unter Begriffe erlaubt es, die Denkmodelle so zu konstruieren, daß sie mit latenten, auch sich selber unbewußten Zwecken übereinkommen. Der sozialwissenschaftliche Positivismus war konformistisch, schon ehe er die Marktforschung als Vorbild sich erkor, und die kritische Theorie der Gesellschaft hat ihm darum von jeher mißtraut, mochte er stets auch gegen sie als die radikalere Aufklärung sich aufspielen.

Ideologisch aber sind die Begriffe Statik und Dynamik nicht erst wegen ihrer Funktion, sondern weil ihnen der Sache nach nicht der Wahrheitsgehalt zukommt, den sie seit Comte beanspruchen. Er selber war der Ansicht, »daß eine solche entschiedene Teilung der Sozialwissenschaft jenem Hauptübel, das darin besteht, die unerläßliche dauernde Verbindung dieser beiden Hauptgesichtspunkte zu vernachlässigen, und mit der Tendenz der modernen Geister, alles zu zerlegen, nur zu sehr übereinstimmt«[15]. Seine Anstrengung jedoch, die Dichotomie nachträglich zu korrigieren und zwischen den beiden Begriffen zu vermitteln, ist vergeblich, weil man sie nachträglich überhaupt nicht zusammenbringen kann. Führt die Soziologie auf die Unterscheidung von Statischem und Dynamischem, so wäre es an ihr, das Verhältnis dieser Momente zu überdenken; nicht zwischen ihnen ist ein Mittleres zu suchen, sondern sie sind vermittelt in sich, das eine impliziert das andere. Hegels metaphysische Intention, daß Werden – die Totalität des dialektischen Prozesses – als Momente wiederum Sein und Werden in sich enthalte; daß kein Sein ohne Werden und kein Werden ohne Sein gedacht werden könne[16], zehrt von gesellschaftlicher Erfahrung: alles gesellschaftlich Seiende ist ein Gewordenes, »zweite Natur«; alles Werden wird entbunden von Mangel und Art dessen, was ist. Die Differenz der Hegelschen Konzeption des Verhältnisses von Statik und Dynamik und der Comteschen läßt an der Sprache sich ablesen. Während Comte aus Statik und Dynamik zwei getrennte Ressorts der Soziologie macht und durch die bloße Form solcher Koordination virtuell schon die Dynamik stillsteht, reicht umgekehrt diese bei Hegel bis in die logischen Strukturen hinein, die Urbilder von Inva-

15 Auguste Comte, a. a. O., S. 232 f. Die Wendung gegen Analyse als Zersetzung geht wohl gegen die Schule der idéologues, die schon der Diktator Bonaparte deswegen gerügt hatte.

16 Vgl. Hegel, Wissenschaft der Logik I, ed. Glockner, S. 588 und 589, etwa: »Das Sein ist überhaupt nur das Werden zum Wesen; es ist seine wesentliche Natur, sich zum Gesetzten und zur Identität zu machen, die durch die Negation ihrer das Unmittelbare ist.« Oder: »Als Bedingung ist das Sein nun auch als das gesetzt, was es wesentlich ist; nämlich als Moment, somit eines Andern; es ist an sich aber nur durch die Negation seiner, nämlich durch den Grund und durch dessen sich aufhebende und damit voraussetzende Reflexion; das Ansichsein des Seins ist somit nur ein Gesetztes.«

rianz. Die große Logik, welche die Kritik der prädikativen zum Hauptinhalt hat, benutzt immerzu prädikative Formulierungen. Schwerlich kapriziert ein anderes philosophisches Werk so starrsinnig sich auf die Copula. Fast jeder Satz verwendet das kategorische »Ist«, gegen dessen trügerische Macht, den Anspruch, irgend etwas sei ganz das, was von ihm prädiziert wird, das Werk angeht. Nur Insistenz auf einfachen Prädikationen, auf der »Statik« eines Sachverhalts, überführt diese ihrer Unzulänglichkeit durch den Nachweis, daß jedem solchen Ist ein Nicht-Ist, nach Hegels Sprache: daß der Identität die Nicht-Identität innewohnt. Wie ein seiner bloßen Merkmalsdefinition zufolge statisches Gebilde gleich dem Wassertropfen unter dem Mikroskop lebendig zu werden, zu wimmeln beginnt, so wird die fixierte Aussage, etwas sei so und nicht anders, durch die minutiöse Beschreibung des logischen Sachverhalts selber dynamisch. Nach dem Maß des »Ist«, dessen alle unreflektiert diskursive Logik sich bedient, enthüllt Sein sich als ein Werden, im Sinn der Ausgangsbestimmungen der dialektischen Logik. Dahinter darf Soziologie nicht zurückbleiben. Was eine Gesellschaft ist und was die traditionelle Metaphysik geneigt wäre, als ihr »Sein« zu hypostasieren, ist eben das, was zum Besseren oder Schlimmen sie weitertreibt. Ihr partikulares So-und-nicht-anders-Sein widerspricht ihrem eigenen Begriff nicht weniger als den von ihr zusammengefaßten Einzelinteressen. Herrschaft, Versagung, Verzicht, wie sie in der Gesellschaft bis heute invariant walteten, am Ende, nach Comteschen Kategorien, Ordnung als eine mit den lebendigen Subjekten nicht identische, kurz das als ewig und unveränderlich Gesetzte definiert ihr dynamisches Wesen; die Idee von Versöhnung im richtigen gesellschaftlichen Zustand wäre mit Ordnung als dem Inbegriff auferlegter Gesetze so wenig vereinbar wie mit einem Fortschritt, der, nach Kafkas Wort, überhaupt noch nicht stattgefunden hat und der, solange er der gesellschaftlichen Ordnung immanent bleibt, immer zugleich auch seine eigene Verneinung ist, die permanente Regression.

Akzeptiert man einmal die von Max Weber und den ihm nahestehenden deutschen Soziologen, vor allem Sombart, urgierte Unterscheidung des traditionalistischen und des rationalen Gesellschaftstypus, so wird Rationalität auch durch die Tendenz definiert, traditionale gesellschaftliche Formen zu sprengen; das, was nach dem Sprachgebrauch der historischen Schulen das »geschichtlich Gewordene« heißt, als Reibungskoeffizienten auszumerzen. Gegenüber dem Geschichtlichen wird Rationalität selber zur geschichtlichen Kraft. Das meint prägnant die Rede von Fortschritt. Andererseits jedoch eignet der ratio, in ihrer dinghaften, vergegenständlichten Form, ein Antihistorisches, Statisches; soviel ist wahr an der gewiß allzu simplen These vom ungeschichtlichen Wesen der Aufklärung des achtzehnten Jahrhunderts. Dies antihistorische Moment ist keines der bloßen Geistesgeschichte, die dann jenes vermeintliche Manko der Lumières durch hinzugefügte Besinnungen auf historische Gegebenheiten, wie sie ja seit Vico und Montesquieu der Aufklärung keineswegs fremd waren, ausgeglichen hätte. Vielmehr büßt Rationalität zunehmend die Kraft zur Mnemosyne ein, die einmal ihre eigene war: seit letztem auch, mit pathischer Vehemenz, in Deutschland. Das Schreckbild einer Menschheit ohne Erinnerung aber ist kein bloßes Verfallsprodukt, keine subjektive Reaktionsweise derer, die, wie man so sagt, mit Reizen überflutet wären und sie nicht mehr bewältigen. Sondern Ahistorizität des Bewußtseins ist als Bote eines statischen Zustands der Realität mit ratio notwendig verknüpft, mit der Fortschrittlichkeit des bürgerlichen Prinzips und seiner eigenen Dynamik. Es ist das des universalen Tauschs, des Gleich und Gleich von Rechnungen, die aufgehen, bei denen eigentlich nichts zurückbleibt; alles Historische aber wäre ein Rest. Tausch ist, als Revokation eines Aktes durch einen anderen, dem Sinn seines Vollzugs nach selber zeitlos, mag er auch in der Zeit stattfinden: so wie ratio in den Operationen der Mathematik ihrer reinen Form nach Zeit aus sich ausscheidet. Aus der industriellen Produktion verschwindet denn auch die konkrete Zeit. Mehr stets verläuft sie in identischen und stoßweisen, potentiell gleichzeitigen Zyklen. Mit dem Gegensatz von feudalem Traditionalismus zu radikaler bürgerlicher Rationalität wird am Ende Erinnerung, Zeit, Gedächtnis von der fortschreitenden bürgerlichen Gesellschaft als irrationale Hypothek liquidiert im Gefolge der fortschreitenden Rationalisierung der industriellen Produktionsverfahren, die mit anderen Rudimenten des Handwerklichen auch Kategorien wie die der Lehrzeit reduzieren, das

Muster qualitativer, aufgespeicherter Erfahrung, deren es kaum mehr bedarf. Entäußert in der gegenwärtigen Phase die Menschheit sich der Erinnerung, um kurzatmig in der Anpassung ans je Gegenwärtige sich zu erschöpfen, so spiegelt darin sich ein objektiver Entwicklungszug. Wie Statik gesellschaftliche Bedingung des Dynamischen ist, so terminiert die Dynamik fortschreitender rationaler Naturbeherrschung teleologisch in Statik. Die totalitäre Kirchhofsruhe, Widerpart des Friedens, enthüllt als unmäßige Übermacht des Unterdrückenden über das Unterdrückte, daß Rationalität partikular bloß sich entfaltete. Blinde Herrschaft über Natur, welche diese feindselig in sich hineinschlingt, bleibt antagonistisch in sich, nach dem Urbild des Antagonismus von Herrschenden und Beherrschten. Die der gesellschaftlichen Dynamik immanente Statik ist Index ihres Falschen, beharrender Irrationalität. Ratio selbst, naturbeherrschende Vernunft, ist zugleich ein Stück jener Ideologie, welche die Vernunft kritisiert. Sie wird dazu als unabdingbar vergegenständlichende, verfälschende. Ihr gegenüber ist Spekulation nicht, wie Comte und alle Denunzianten von Metaphysik es wollten, einzig reaktionär sondern auch Bedingung einer Freiheit, welche die Positivisten im Munde führen und zugleich sabotieren.

Unter diesem Aspekt kann Marx tatsächlich, gegenüber dem Positivismus, das Erbe der klassischen deutschen Philosophie beanspruchen, wie er denn gegen Feuerbach und die Linkshegelianer im Hegelschen Geist argumentierte. Bei ihm ist von Statik und Dynamik unter dem Gesichtspunkt der Kritik des Fetischismus die Rede, den er, nachdem er einmal aus der Warenform abgeleitet ist, in allen Verzweigungen der Theorienbildung aufspürt. Das Grundmotiv übersetzt ein Hegelsches zurück ins Gesellschaftliche. Was als Seiendes sich gibt, soll als Gewordenes, in Hegelscher Terminologie als »Vermitteltes« begriffen werden. Dem gewordenen Produkt – alldem also, was unter die abstrakte Formel gesellschaftlicher Statik fällt – wird der Schein des An sich entzogen. Anstatt seine geronnene Gestalt hinterher begrifflich auseinanderzulegen, wird sein Begriff aus dem historischen Prozeß selbst deduziert. Verhindern will Marx die Verabsolutierung gesellschaftlicher Zustände durch statische Kategorienbildung. Ihm sind, gleich den »ökonomischen Formen«, alle gesellschaftlichen »vorübergehende und historische«[17]. Die Vergötzung des Gewordenen trüge demnach Schuld auch an der falschen Comteschen Synthese, die äußerlich zusammenbringt, was einzig durch seine Gegensätzlichkeit in sich zusammenhängt. Die Marxische schnoddrige Polemik gegen Proudhon könnte auch auf die Comtesche Soziologie gemünzt sein: »Die historische Bewegung, die die Welt von heute umwälzt, löst sich für ihn in das Problem auf, das richtige Gleichgewicht, die Synthese zweier bürgerlicher Gedanken zu entdecken. So entdeckt der gewandte Junge durch bloße Pfiffigkeit den verborgenen Gedanken Gottes, die Einheit der zwei isolierten Gedanken, die nur deswegen zwei isolierte Gedanken sind, weil Proudhon sie vom praktischen Leben isoliert hat, von der gegenwärtigen Produktion, welche die Kombination der von diesen Gedanken ausgedrückten Realitäten ist.«[18] Der »Dualismus«, den er Proudhon vorwirft, der zwischen den »ewigen Ideen«, als »Kategorie der reinen Vernunft« und den »Menschen und ihrem praktischen Leben«[19], stimmt methodisch wie inhaltlich mit dem Dualismus von Statik und Dynamik überein. Wie Marx die Gesellschaft kritisiert, so kritisiert er ihre Handlanger, die Theorien: »Somit sind diese Ideen, diese Kategorien, ebensowenig ewig wie die Verhältnisse, die sie ausdrücken. Sie sind historische, vergängliche, vorübergehende Produkte. Wir leben inmitten einer beständigen Bewegung des Anwachsens der Produktivkräfte, der Zerstörung sozialer Verhältnisse, der Bildung von Ideen; unbeweglich ist nur die Abstraktion von der Bewegung – mors immortalis.«[20] Die letzte Formulierung ist an Ort und Stelle ironisch gemeint, wider die Abstraktion des statischen Allgemeinbegriffs als des caput mortuum der gesellschaftlichen Dynamik. Aber sie reicht über ihren unmittelbaren Gegenstand hinaus. Denn auch die »Abstraktion«, deren Hypostasis der Nominalist Marx nicht toleriert, nennt ein real Gesellschaftliches, und die Ahnung davon ist in der Pointe von der mors immortalis versteckt. An der »Vorge-

17 Karl Marx, Das Elend der Philosophie, deutsch von Bernstein und Kautsky, Berlin 1952, S. 130.
18 a. a. O., S. 16.
19 a. a. O., S. 17.
20 a. a. O., S. 130.

schichte« ist ewig die Vergängnis ihrer eigenen Formen und Gebilde, weil diese, in blinder Naturwüchsigkeit, naturverfallen bleiben. Darum hat in der Marxischen Dialektik eine Invariantenlehre ihre Stelle, die einer negativen Ontologie der antagonistisch fortschreitenden Gesellschaft. Ihr Dynamisches, die energiegeladene Dissonanz, der Antagonismus, ist ihr Statisches, das, woran bis heute nichts sich änderte und was jedes gesellschaftliche Produktionsverhältnis ins Verderben riß. Statisch invariant war bislang der Drang, sich auszubreiten, immer neue Sektoren zu verschlucken, immer weniger auszulassen. Damit reproduziert sich erweitert das Verhängnis. Um nicht unterzugehen, arbeitet bewußtlos jegliche Gestalt der Gesellschaft auf ihren Untergang hin und auch den des Ganzen, das in ihr am Leben sich erhält. Das war ihre Ewigkeit. Fortschritt, der die Vorgeschichte beendete, wäre das Ende solcher Dynamik. So verschränkt diese sich mit Statik dem eigenen widerspruchsvollen Gehalt nach. Eine richtige Gesellschaft höbe beide auf. Sie hielte weder bloß Seiendes, die Menschen Fesselndes um einer Ordnung willen fest, die solcher Fesseln nicht mehr bedürfte, sobald sie eins wäre mit den Interessen der Menschheit, noch besorgte sie weiter die blinde Bewegung, den Widerpart des ewigen Friedens, des Kantischen Ziels der Geschichte.

Weil das Gegenteil dessen wirklich ist, klingt gerade bei Marx, der den Begriff der Arbeit ins Zentrum rückt und gegen jegliche Statik und Invariantenlehre ihre immanente Dynamik ausspielt, trotz allem die alte Trennung von Statik und Dynamik an. Er konfrontiert die invarianten Naturgesetze der Gesellschaft mit den spezifischen einer bestimmten Entwicklungsstufe, »den höheren oder niedrigeren Entwicklungsgrad der gesellschaftlichen Antagonismen« mit den »Naturgesetzen der kapitalistischen Produktion«[21]. Schwerlich hat er verschiedene Abstraktionsniveaus mit Ursachen verschiedenen Grades verwechselt. Wohl aber war

21 Vgl. Karl Marx, Das Kapital, Band I, Buch I: Der Produktionsprozeß des Kapitals, Vorwort zur 1. Auflage, zitiert nach der 10. Auflage, Hamburg 1922, S. IV; vgl. auch: Grundrisse der Kritik der politischen Ökonomie, berichtigter Nachdruck der Moskauer Ausgabe, Berlin 1953, S. 7, 10, 364 f. und die Kritik von Engels: Rezension Karl Marx, »Zur Kritik der politischen Ökonomie«, in: Das Volk, London, 6. und 20. August 1859; abgedruckt in der Volksausgabe der Kritik der politischen Ökonomie, Berlin 1951, S 217 f.

er der Naturwüchsigkeit der Gesellschaft sich bewußt. Die vergesellschafteten Subjekte sind ihrer selbst und der Gesellschaft noch nicht mächtig. Insofern verharrt, trotz aller Rationalisierung, der soziale Prozeß im irrationalen Zyklus. Historische Dialektik – schon die Hegelsche – läuft in gewissem Sinn auf die Konstanz von Vergängnis hinaus. Was einmal bei Marx, mit schwermütiger Hoffnung, Vorgeschichte heißt, ist nicht weniger als der Inbegriff aller bisher bekannten Geschichte, das Reich der Unfreiheit. Soweit aber Dynamik das Immergleiche blind derart wiederholt, wie es schon im Spruch des Anaximander und dann in Heraklits dynamischer Metaphysik verkündet war, insistiert die dialektische Theorie auf perennierenden Kategorien, die in der modernen rationalen Form der Gesellschaft lediglich ihre Erscheinungsweise änderten. Daher sind bei Marx Ausdrücke wie der der »Lohnsklaverei« für die freie Lohnarbeit keine bloßen Metaphern. Seit Hegel gehört zur Dialektik die Einsicht, daß die Dynamik nicht – wie es dem gegenwärtigen soziologischen Nominalismus naheliegt – alles Feste und Beharrende, nicht allen »Begriff« auflöst; daß vom Wechsel reden immer zugleich ein Identisches erfordert, das in sich selbst den Wechsel einschließt und sein Maß. Solcher Ansicht von der Geschichte sind lebensphilosophische Vorstellungen wie die von stetigem Fluß und von Kontinuität ebenso fern wie der Platonismus. Auch ihr zufolge gibt es, was man heute Existentialien nennt, nur sind es Herrschaft, Unfreiheit, Leiden, die Allgegenwart der Katastrophe. Nicht nur Hegel, auch Goethe wird auf die Füße gestellt; alles Streben, alles Drängen ist ewige Ruhe, aber das Gegenteil einer in Gott dem Herrn. Wähnt die zeitgenössische Existentialontologie den Bruch von Statik und Dynamik auszufüllen, indem sie dynamische Kategorien unterm Namen von Geschichtlichkeit als Invarianten präsentiert, so spricht aus ihr verzerrt, parodisch etwas von der wahren Not jenes Seienden, über das sie als Lehre vom Sein zu Unrecht erhaben sich dünkt.

Weder läßt die Soziologie nach einem statischen und einem dynamischen Teil sich schematisieren, noch zergeht ihr einfach die Differenz von Statik und Dynamik. Die Dichotomie zwischen Invarianten und veränderlichen Formen schleppt in positivistisch-antimetaphysischer Gesinnung das metaphysische Dogma vom

Primat des unveränderlich sich Gleichbleibenden über das Ephemere mit sich und tut dadurch den Tatsachen Gewalt an, deren Begriff in der Soziologie seit Comteschen Zeiten allzu wenig durchdacht ward. Andererseits ist an der Disparatheit von statischem und dynamischem Wesen in der Gesellschaft etwas von deren eigener Widersprüchlichkeit abzulesen. Sie verfestigt sich, wo sie sich ändern müßte, weil die Gravitation der Produktionsverhältnisse den Produktivkräften widersteht; sie rollt weiter wie das mythische Feuerrad, weil sie nicht durch vernünftige Einrichtung dem Zusammenhang des Schicksals als einem von permanenter Vernichtung Einhalt gebietet. Die Kategorien Dynamik und Statik sind abstrakt: nicht nur im Hegelschen Verstande, als voneinander isolierte, durcheinander nicht »vermittelte«, sondern auch schlicht derart, daß ihre Bedeutungen, transponiert aus der Naturwissenschaft der Ära um 1800, zu allgemein bleiben. Konkreter heißt Dynamik, in der Geschichte bis heute, zunehmende Beherrschung äußerer und innerer Natur. Ihr Zug ist eindimensional, geht zu Lasten der Möglichkeiten, die der Naturbeherrschung zuliebe nicht entwickelt werden; stur, manisch das Eine verfolgend, verschlingt die losgelassene Dynamik alles andere. Indem sie das Viele reduziert, potentiell dem beherrschenden Subjekt gleichmacht und dem, was ihm an gesellschaftlichen Instanzen entspricht, verkehrt Dynamik sich selbst ins Immergleiche, in Statik. Als Prinzip der sich durchsetzenden Identität duldet sie ein Anderes sowenig wie Herrschaft irgend etwas, was ihr nicht gliche, und befände es sich in den fernsten Sternsystemen. Die Immergleichheit der Dynamik ist eins mit ihrem sich Zusammenziehen auf Monokratie. Erweiterte sie sich, so würde sie erst zur Dynamik als der rettenden Aufnahme des Anderen, das bislang bloß unterdrückt ward und womöglich ausgerottet. Die Rationalisierung der Arbeitsprozesse könnte, anstatt primär auf »Produktivität«, ebenso auf die menschenwürdige Gestaltung der Arbeit selbst, die Erfüllung und Differenzierung genuiner Bedürfnisse, die Bewahrung der Natur und ihrer qualitativen Mannigfaltigkeit inmitten ihrer Bearbeitung für menschliche Zwecke sich richten. Vor allem aber: dadurch daß das dynamische Subjekt, die Menschengattung, bloß sich selbst setzte und dadurch in die Natur zurückfiel, der es sich gleichmachte, um sie zu kontrollieren, gibt es eigentlich noch gar kein Subjekt von Geschichte sondern bloß dessen blutige Fratze. Die immanente Entfaltung der Produktivkräfte, die menschliche Arbeit bis zu einem Grenzwert überflüssig macht, birgt das Potential von Änderung; die Abnahme der Quantität von Arbeit, die technisch heute bereits minimal sein könnte, eröffnet eine neue gesellschaftliche Qualität, die sich nicht auf einsinnigen Fortschritt zu beschränken brauchte, wenn nicht einstweilen die Drohung, die eben daraus den Produktionsverhältnissen erwächst, das Gesamtsystem dazu verhielte, in seine bornierte Tendenz unerbittlich sich zu verbeißen. Vollbeschäftigung wird zum Ideal, wo Arbeit nicht länger das Maß aller Dinge sein müßte. – Umgekehrt ist Statik, in ihrem Verhältnis zu jener einseitigen Steigerung der Produktion bis heute, bloß als Negatives, als Fessel erfahren worden. Was irrational sich behauptete, bloß weil es einmal so und nicht anders geworden war, hat geholfen, den Mangel und die je primitivere Form des Unrechts zu perpetuieren. Zum herrschaftlichen Fortschritt hat das statische Moment negativ beigetragen, insofern das blind Gewordene nicht ausreichte, die Menschheit zu erhalten; oft genug, zumal in der Phase des bürgerlichen Niedergangs und der jähen Entwicklung der zurückgebliebenen, eben der »statischen« Länder, haben die Träger der Statik, die vorgeblich konservativen Mächte und ihre Anhänger, mit dem profitablen Prinzip des industriellen Fortschritts sich fusioniert. Solange Mangel fortwährt, ist Statik Dynamik als potentielle Energie. Vorstellbar wäre ein verändertes Wesen von Statik nicht weniger als von Dynamik: gestillter Drang, der es läßt, wie es ist. In dem dynamischen Denker par excellence, Nietzsche, war die Kraft zur Versöhnung am Werk, als er, sei's auch als Lobredner, das Prinzip der Gewalt unrationalisiert einbekannte. Er hat denn auch etwas von jener anderen Statik gespürt: »Denn alle Lust will Ewigkeit.« Sie implizierte ein verändertes Verhältnis der Menschheit zur Natur, wie es für Augenblicke aufblitzt in den großen Kunstwerken.

Wenn in Soziologie prognostische Fragen überhaupt erlaubt, nicht Erschleichungen eines Standpunkts unbeteiligter Zuschauer sind, den Geschichte nicht duldet und von dem aus anderes als Unwahrheit nicht zu erkennen wäre, dann ist zumindest wenig wahrscheinlich, daß die Gesellschaft einfriert. Solange die antagonistische Gesamtverfassung währt; solange die Menschen nicht Subjekte der Gesellschaft sind, sondern jene Agenten, deren unwürdigen Stand man heute durch den Begriff der »Rolle« zu neutralisieren trachtet, solange wird Geschichte sich nicht beruhigen. Selbst äußerste Unterdrückung zwänge das Unversöhnte vielleicht zwar zum Schweigen, tilgte aber nicht dauernd die darin aufgespeicherte Spannung. Die modernen Unterdrücker selbst, in allen Lagern, lassen es nicht zur Ruhe kommen, können und dürfen es nicht, sofern sie dran bleiben wollen. Größer sind die Chancen für den Untergang als für ein neues Ägypten. Geschichtslos aber ist das ziellos in sich kreisende, dynamische Wesen. Soviel hat, ohne ihr Verdienst, die zyklische Geschichtsphilosophie Spenglers ins Licht gerückt. Indem sie mit der Irrationalität der Geschichte sich identifiziert, hat sie ganz folgerecht als deren Kern den trostlosen Rhythmus von Werden und Vergehen ergriffen: im unaufhaltsamen Ablauf wird nichts anders. Der Sozialdarwinismus: Überleben des Stärkeren, Fressen und Gefressenwerden, die Verkettung des Verstörten und Verstörenden der Geschichte ist eins mit dem Ungeschichtlichen. Der befriedete Zustand wäre weder der reglose der totalitären Ordnung noch der unersättlich weiterschweifende; der Gegensatz verschwände in der Versöhnung.

1961

Notiz über sozialwissenschaftliche Objektivität

In der Entwicklung der Sozialwissenschaften nach Durkheim, die um seiner Ansicht von der gesellschaftlichen Objektivität willen ihn, den Positivisten, ähnlich zum Metaphysiker stempelte wie er selbst Comte, hat die Vormacht jener Objektivität paradox sich ausgeprägt. Einesteils ist sie so umfassend und total geworden, daß die Erkenntnis kaum ein δός μοι ποῦ στῶ mehr findet, von wo aus jene Vormacht sich nach gängigen wissenschaftlichen Kriterien konkretisieren ließe. Darum wird die unbequeme als unwissenschaftlich vernachlässigt. Andererseits ist die protokollierbare und meßbare Verhaltensweise aller Subjekte von dem ihr vorgängigen Allgemeinen durch dessen Diktat wie durch einen undurchdringlichen Vorhang getrennt. Das Allgemeine ist so sehr der Fall, daß es nichts durchläßt, was nicht der Fall wäre. Je kompletter die objektive Totalität, desto höriger sieht das erkennende Bewußtsein auf ihre subjektive Reflexionsform sich beschränkt, die Monadologie, in der einst Leibniz die Vorstellung des Allgemeinen als seiner selbst unbewußten Inhalt der fensterlosen Partikularitäten agnosziert hatte. Der Zusammenhang, überwältigend geworden, wird unsichtbar. Bereits in der Rousseauschen Distinktion von volonté générale und volonté de tous weist beides auseinander, freilich noch mit der Wendung, daß dem objektiv sich durchsetzenden Allgemeinen, das mit der Summe der Inhalte subjektiven Bewußtseins nicht harmoniert, Priorität gebühre. Angst vor dem dadurch eingeleiteten Mißbrauch, das Allgemeine, in dem ohnehin die gesellschaftlichen Kräfte wider das Besondere aufgespeichert sind, theoretisch nochmals totalitär zu erhöhen, hat fraglos beigetragen zur verblendeten Reduktion des Ganzen auf seine individuellen Korrelate. Selbst die Theorie des Antipsychologen Max Weber vom verstehbaren sozialen Handeln hat daran teil. Vollends wurde sie apologetisch brauchbar, als man, aus eitel wissenschaftlicher Objektivität, das

Gedächtnis an die des Gegenstands, der Gesellschaft selbst, abschaffte. Dann mußte für die, welche das zu Verstehende leugnen, auch das Verstehen in den Orkus. Weil an keiner einzelnen subjektiven Verhaltensweise der objektive Mechanismus der Gesellschaft adäquat sich greifen lasse, wird der aus einem Universum subjektiver Verhaltensweisen abstrahierten Allgemeinheit die höhere wissenschaftliche Objektivität zugebilligt und die gesellschaftliche Objektivität selber, welche nicht nur die subjektiven Verhaltensweisen, sondern auch die wissenschaftlichen Fragestellungen determiniert, als Aberglauben verketzert. Ideologisch bietet das den Vorteil, daß kritische Theorie der Gesellschaft durch ordnende Begriffsschemata substituiert wird, die ihrerseits nichts anderes sind als Klassifikationen von subjektiv Vorfindlichem. Trotz der inhaltlichen Lehre vom Kollektivbewußtsein, deren berühmtestes Exempel die temporäre Konstanz der Selbstmordziffern ist; trotz seines wenn man will Hegelschen Erbes partizipiert selbst Durkheim an dieser Tendenz: seine Methode faßt den objektiven Geist eines Kollektivs, überraschend genug, als Durchschnittswert und operiert statistisch. Dadurch allerdings wäre er konsequenterweise doch wieder an jene psychologischen Fakten gekettet, die er, im Namen der soziologischen Vormacht der Allgemeinheit, gerade bestreitet: »L'ensemble des croyances et des sentiments communs à la moyenne des membres d'une même société forme un système déterminé qui a sa vie propre; on peut l'appeler la conscience collective du commune. Sans doute, elle n'a pas pour substrat un organe unique; elle est, par définition, diffuse dans toute l'étendue de la société; mais elle n'en a pas moins des charactères spécifiques qui en font une réalité distincte. En effet, elle est indépendante des conditions particulières où les individus se trouvent placés; ils passent, et elle reste ... De même, elle ne change pas à chaque génération, mais elle relie au contraire les unes aux autres les générations successives. Elle est donc tout autre chose que les consciences particulières, quoiqu'elle ne soit réalisée que chez les individus. Elle est le type psychique de la société, type qui a ses propriétés, ses conditions d'existence, son mode de développement, tout comme les types individuels, quoique d'une autre manière.«[1] Die freilich

1 Emile Durkheim, De la division du travail social, 4. Aufl., Paris 1922, S. 46.

dem behandelten Sachverhalt recht adäquate Verdinglichung des Kollektivgeistes entspricht zu genau der Durkheimschen Methode des chosisme, als daß man sie nicht auch als dessen Funktion ansehen müßte, die eines Verfahrens, das bei allem parti pris für die große Zahl in isolierten subjektiven Daten ihr Fundament hat. Daß die Gesellschaft dazu tendiert, Vermittlungskategorien zu kassieren und durchs unmittelbare Diktat Identität zu erpressen, entbindet die theoretische Reflexion nicht von der Frage nach der Vermittlung zwischen den Daten und dem Gesetz. Bei dem Nominalisten Durkheim grenzt der Primat des Allgemeinen ans Mirakel. Unbestreitbar sein Verdienst, daß er die wissenschaftliche Objektivität dessen, was bei Hegel metaphysisch Weltgeist oder Volksgeist hieß, gegen die subjektivistische Aufweichung verfocht, welche die reale Depotenzierung der Subjekte begleitet. Aber auch er willfahrte jenem Denkmodus, dem das An sich der Objektivität des »Geistes« – nämlich der Gesellschaft – und das angebliche Fürsichsein der Individuen absolut χωρίς bleiben. Für das reziproke aufeinander Verwiesensein antagonistischer Momente fehlte ihm das Organ. Durkheims Begriff der faits sociaux ist durchaus aporetisch: er transponiert Negativität, die Undurchsichtigkeit und schmerzhafte Fremdheit des Sozialen für den einzelnen, in die methodische Maxime: du sollst nicht verstehen. Den fortdauernden Mythos, Gesellschaft als Schicksal, dupliziert er mit positivistischer Wissenschaftsgesinnung. Dabei verkörpert sich in der Doktrin von den faits sociaux ein Erfahrenes. Was dem Individuum gesellschaftlich widerfährt, ist ihm tatsächlich soweit unverständlich, wie das Besondere nicht im Allgemeinen sich wiederfindet: nur eben wäre diese Unverständlichkeit von der Wissenschaft zu verstehen, anstatt daß diese sie als ihr eigenes Prinzip adoptierte. Woran Durkheim das spezifisch Gesellschaftliche erkennen will, die Undurchdringlichkeit der Norm und die Unerbittlichkeit der Sanktionen, ist kein Kriterium der Verfahrungsweise, sondern ein zentraler Aspekt der Gesellschaft als Gegenstand, hartnäckige Erscheinung des Antagonismus. Durkheim beschreibt sie passiv, anstatt sie aus dem Begriff der Sache zu entwickeln. Darum schliddert er in Ideologie. Das unvermittelte An sich des Kollektivgeistes wird durch das begriffliche Instrumentarium so sakrosankt, wie es nur den erforschten Australiern sein mochte.

Die Illusion des illusionsfeindlichen Nominalismus wird greifbar an der Unzulänglichkeit der von ihm geforderten wissenschaftlichen Verfahrungsweisen gegenüber der zeitgenössischen Gesellschaft. Kritik an den empirischen Forschungsmethoden, die je länger je mehr totalitären Anspruch anmelden, braucht gar nicht erst die Oberflächlichkeit und Geistlosigkeit des gängigen Betriebs darzutun. Er ist mit seinem eigenen Maß zu messen. Nach den Spielregeln empirischer Marktforschung muß die Wissenschaft vorurteilslos, unter Absehung von vorgedachten Theoremen, eigentlich begriffslos, an ihr Material herangehen; ihre Begriffe durch die eigenen Forschungsinstrumente, nicht durchs zu Erforschende definieren und die denkende Tätigkeit auf die Aufbereitung und Ordnung der Daten beschränken. Konsumentengewohnheiten nach Kategorien einer, sei's auch zuinnerst selber positivistischen Theorie wie der Freuds zu konzipieren und zu ermitteln, ist nach den Regeln des Social Research, einem abgeschlossenen Corpus von Verfahrungsweisen, pure Metaphysik. Nach den mit dem Nominalismus einigen Kriterien der Vorhersage solcher Reaktionen haben aber die als Spekulation und deep stuff verdächtigten Verfahren sich besser bewährt denn die tabula rasa des Szientivismus. Der Begriff war realitätsgerechter als sein Abbau, der sich als reine Adäquanz an die res interpretiert. Psychoanalytische Marktforschung ist Technik nicht weniger als die orthodox empiristische, übertrifft diese sogar in der Manipulation der Subjekte, deren Meinung für die Empiristen zum König herausgeputzt wird, ähnlich wie die Kunden in der Reklame der großen Konzerne. Was jedoch in der technischen Kontroverse sich abzeichnet, gilt erst recht in Erkenntnisbereichen, die nicht derart krud vom Profitinteresse abhängen. Der Soziologie als organisierter Wissenschaft ist der Ausgang von der objektiven gesellschaftlichen Macht und ihrem objektiven Geist gegenüber den Einzelmenschen anathema, weil jene Macht nicht so sich dingfest machen lasse wie die Meinungen, Reaktionsformen und Verhaltensweisen der vergesellschafteten Individuen; am liebsten setzten sie das Wort Gesellschaft auf ihren Index. Aber aus dem gesellschaftlich Allgemeinen, dessen Erfahrung erst die auf Sauberkeit versessene Methode tabuiert, ist Vernünftigeres und Plausibleres über die Individuen abzuleiten als aus deren pseudonaturwissenschaftlicher Beobachtung. So resigniert diese angesichts der Lieblingsfrage, was das Fernsehen den Menschen nun tatsächlich antue, weil durch keine Einzelstudie über die Wirkung einer Sendung oder Sendefolge meßbare Veränderungen in den Opfern zu eruieren wären. Selbst dem überbewerteten common sense indessen müßte einleuchten, daß die kumulative Wirkung in Proportion steht zu den Stimuli. Gewiß ist auch der Vorrang des Allgemeinen dialektisch. Überlebte nicht in den Menschen, aus vormonopolistischen Zeiten, vieles, was mit Konsumgut- und Kulturindustrie nicht blank harmoniert, und was jene wiederum berücksichtigen müssen, so wäre der Zustand negativer Utopie längst erreicht, den Schriftsteller mit Behagen ironisieren, weil sie die positive nicht wollen. Dennoch dürften nur Interessenten verkennen, daß die subliminalen Wirkungen der Massenkommunikation als eines Gesamtsystems, summiert, von größter Gewalt sind – allein die Leidenschaft, mit der Jugendliche an die Massenmedien sich anhängen, läßt das erwarten. Wer sich vorstellt, was das Fernsehen als das verkörperte Allgemeine kraft der in ihm konzentrierten Gewalt anrichtet: die Menschen tatsächlich nach dem modelt, was die kulturkonservativen Feinde des Fernsehens so unverdrossen Leitbild taufen, hat unbeirrteren Menschenverstand, als wer vergebens den Effekt der Totalität aus kontrollierbaren Einzelwirkungen zusammenzählt. Gleichwohl drückt Durkheims Soziologie das Moment des Opaken, die Naturwüchsigkeit des Allgemeinen in der Geschichte aus, die Hegel wegphilosophiert; vielleicht ist es die Grenze der dialektischen Ansicht von Allgemeinem und Besonderem in der Geschichte, daß die Vormacht des Allgemeinen jene Dialektik prinzipiell zum Schein herabmindert. Daß allgemeine soziologische Gesetze denen der Natur gleichen, ist das stärkste empirische Argument für die Futilität des historisch Individuellen, das die deutsche geisteswissenschaftliche Tradition ängstlich als Besitz hütet. Die Differenz dessen, was neuerdings »Mehrzahlbereich« genannt wurde, vom Einzahlbereich und das Diktat des Mehrzahlbereichs ist solange evident, wie im sozialen Universum das Individuum, die Einzahl, tatsächlich als nicht mehr gedacht zu werden braucht denn als statistisches Element. Dann ist nichts anderes zu gewärtigen, als daß bei relativ konstanten sozialen und politischen Bedingungen und Bevölkerungsziffern, die auch Konstanz des sozialen Drucks registrieren, die Selbstmordziffern konstant bleiben, wie es übrigens schon um die Mitte des neunzehnten Jahrhunderts Kierkegaard schockierte. Dessen Empörung über die Selbstmordstatistik, darüber, daß Menschen wie Nummern traktiert werden, verschiebt nur, was ihnen von der Objektivität widerfährt, nach bewährtem Muster auf die Erkenntnis, die dem sich adaptiert. Hundert Jahre nach ihm hat man die, welche man vergasen wollte, mit Nummern tätowiert. Die Erfahrung der Ohnmacht des Individuums, gegen welche das Prinzip individueller Erfahrung selber aufbegehrt, ist kaum in diese aufzunehmen. Vernunft aber, die ihr Erkenntnisideal am sozialen Gesetz mathematischen Stils hat, ist in solcher Objektivität die subjektive; nur dann reduziert das Subjekt sich zum Exemplar, wenn, wie im Begriff der statistischen Notwendigkeit, jeder objektive Sinn ausgelöscht ist. Einzig die bornierte Vernunft, die an der Aufbereitung und Ordnung der Fälle und der Extrapolation von Regeln ihr Genügen hat, triumphiert in der glücklich-verzweifelten Konkordanz aller Fälle mit der Gesellschaft und bedarf darum der Reflexion auf Gesellschaft überhaupt nicht mehr. Der Konzeption des Individuums als Exemplar ist äquivalent die des objektiven Geistes als eines jeden Sinnes Baren; Antithesis von Geist. Damit erst führt der idealistische Geistbegriff in seiner Macht und Herrlichkeit für anderes sich ad absurdum an sich. Hegel hat dagegen noch sich gesträubt und die nominalistische Gleichsetzung von Durchschnittlichkeit und Wahrheit kritisiert: »Die Fessel irgend eines Abstraktums, das nicht vom Begriffe befreit ist«[2], kann nichts anderes bedeuten als die klassifikatorischen Kategorien der subjektiven Vernunft, wie sehr auch ihr Charakter als »Fessel« der des ens realissimum sein mag. Man möchte hinter dem von Hegel abgewerteten Abstraktum jenes allgemein Anerkannte argwöhnen, welches das wissenschaftliche Bewußtsein aus dem Zerstreuten herausklaubte, um damit die Hegelsche Kritik auf jene Allgemeinheit auszudehnen: »Das einfache Verhalten des unbefangenen Gemüthes ist, sich mit zutrauensvoller Überzeugung an die öffentlich

2 Hegel, Sämtliche Werke, hrsg. von Hermann Glockner, Bd. 7: Grundlinien der Philosophie des Rechts, Stuttgart 1928, S. 35.

bekannte Wahrheit zu halten, und auf diese feste Grundlage seine Handlungsweise und feste Stellung im Leben zu bauen. Gegen dieses einfache Verhalten thut sich etwa schon die vermeinte Schwierigkeit auf, wie aus den unendlich verschiedenen Meinungen sich das, was darin das allgemein Anerkannte und Gültige sei, unterscheiden und herausfinden lasse.«[3] Aber die Frage demaskiert sich sogleich als rhetorisch: »man kann diese Verlegenheit leicht für einen rechten und wahrhaften Ernst um die Sache nehmen«[4], während sie Hegels Konstruktion zufolge eben das nicht ist, sondern bloßer Irrtum des räsonnierenden Denkens. Es wird sogleich abgekanzelt: »In der That sind aber die, welche sich auf diese Verlegenheit etwa zu Gute thun, in dem Falle, den Wald vor den Bäumen nicht zu sehen, und es ist nur die Verlegenheit und Schwierigkeit vorhanden, welche sie selbst veranstalten; ja diese ihre Verlegenheit und Schwierigkeit ist vielmehr der Beweis, daß sie etwas anderes als das allgemein Anerkannte und Geltende, als die Substanz des Rechten und Sittlichen wollen.«[5] Hegel bedarf der Emphase auf der Objektivität des Geistes wider die Einzelsubjekte, um eine Zufälligkeit zu bannen, die ihrerseits herrührt von der Brutalität des Allgemeinen, in dem das Besondere sich nicht wiedererkennt, weil jenes ihm bloß widerfährt. Die Aporie nötigt ihn dazu, die Objektivität der Idee und das »allgemein Anerkannte und Geltende«, den Durchschnitt, der sie nach seiner Logik gerade nicht sein dürfte, über einen Kamm zu scheren. Die permanente Mißhandlung des Bewußtseins, das aufbegehrt gegen eine Identifikation, die keine ist sondern nur Subsumtion, zeugt vom schlechten Gewissen der Instanz, die, nicht zufrieden mit ihrem Triumph, auch noch möchte, daß die Opfer mit ganzer Seele ihr sich überantworten, so wie es in der späteren Geschichte tatsächlich glückte. Hegel erpreßt Identifikation und leugnet die Selbständigkeit des Allgemeinen im gleichen Atemzug. Der Nutznießer ist der Nominalismus, der Erkenntnis auf jene Nachkonstruktion des bloß Seienden nivelliert, gegen welche das Pathos des absoluten Idealismus anging, und die schon der Kant der Ideenlehre als »Kopie« verachtete.

1965

3 a. a. O., S. 22.
4 a. a. O.
5 a. a. O., S. 22 f.

Einleitung zu Emile Durkheim, »Soziologie und Philosophie«[1]

Für Jürgen Habermas

Die deutsche Publikation einer Modellschrift von Emile Durkheim wie seiner »Soziologie und Philosophie« betitelten, in Wahrheit dem Verhältnis von Moral und Gesellschaft gewidmeten Sammlung von Abhandlungen ist fällig*. Er war der einflußreichste französische Soziologe jener Generation, für die in Deutschland Namen wie Max Weber, Simmel, Troeltsch einstehen. In Frankreich faßte er als Schulhaupt Tendenzen zusammen, die dem gleichzeitigen Bergsonianismus opponierten; seine szientifische Gesinnung besetzte die Gegenposition zur intuitionistischen. Durkheims Wirkung zumindest im eigenen Land überdauerte die unmittelbare Schule; noch im gegenwärtigen Strukturalismus sind Motive aufzudecken, die von ihm stammen. Mit Max Weber teilt er, bei prinzipiell schärfstem Gegensatz, das Bestreben, Soziologie als eigenständige, von den Nachbarwissenschaften unabhängige Disziplin zu begründen. Die Begeisterung dafür leuchtet heute, zumal seitdem die Soziologie in den Vereinigten Staaten volle Gleichberechtigung gewann, nicht mehr ein. Sie erklärt sich aus der zwischen 1890 und 1920 in Europa vorherrschenden Neigung, den zudringlichen Spätkommer akademisch draußen zu halten; latent behauptet sie sich stets noch in Vorurteil und Hochmut.

Trotz seines französischen Ruhms jedoch wurde Durkheim zu seiner Zeit in Deutschland kaum ernsthaft rezipiert, obwohl, wie man ihm gern ankreidete, seine Konzeption durchwachsen ist mit Elementen der deutschen Philosophie und Nationalökonomie,

1 Der Autor dankt herzlich Frau Inge Hofmann für fruchtbare Kritik und wesentliche Hinweise.

* *Vgl. Emile Durkheim, Soziologie und Philosophie, Aus dem Französischen von Eva Moldenhauer, Frankfurt a. M. 1967. (Anm. d. Hrsg.)*

besonders der Kathedersozialisten[2], und obwohl an ihm wie an wenigen sich abzeichnet, wohin jene Motive unter den Bedingungen des späteren Kapitalismus drängten. Sein œuvre war bis heute nur unvollständig in Übersetzung zugänglich. Die spärliche Sekundärliteratur langt nicht zu; genannt sei das Buch von George Em. Marica, zwar eine brauchbare Übersicht, doch gedanklich und sprachlich auf kläglichem Niveau. Es erhöht keineswegs sich dadurch, daß es mit den vor fünfunddreißig Jahren gängigen Kategorien der Schelerschen und Hartmannschen Wertlehre von außen her, in falscher Souveränität, über Durkheim Gericht hält. Auszunehmen ist wohl nur René Königs gehaltreiche Einleitung zur Neuausgabe der »Regeln« bei Luchterhand.

Das Interesse an Durkheim indessen ist keineswegs bloß dogmen- oder geistesgeschichtlich. Manche Fragen, die in seiner Schule aufkamen, insbesondere die These von der Eigenständigkeit gesellschaftlicher Tendenzen gegenüber individuell-psychologischen, im Buch über den Selbstmord nicht nur exponiert sondern im Material durchgeführt, sind, unter anderem Namen, heute so aktuell wie je. Durkheims Qualität jedoch ist, bei allem Stoffreichtum und bei aller nach der »Division du travail« etwas forcierten Einheitlichkeit, die entwicklungstheoretische Erwägungen zugunsten einer allgemeinen Lehre von der Vergesellschaftung unterdrückte, nur an spezifischen Texten zu vergegenwärtigen. Überdies sind die zahllosen Studien seiner Schule vergraben in den Jahrgängen der »Année sociologique« und einzig Spezialisten zugänglich.

Nach grober Parteiengliederung zählt Durkheim zu den Positivisten[3]; als solchen hat er sich verstanden. Wissenschaft hieß ihm beobachten, vergleichen, klassifizieren; nur was derart verfuhr, beanspruchte er gelten zu lassen. Mit erheblichem strategischen

2 Vgl. Simon Deploige, Le conflit de la morale et de la sociologie, Paris 1911.

3 Vorgebracht kann werden, der Terminus sei, wie es auf Neudeutsch heißt, allzu global gebraucht; fraglos gilt er für Durkheim nicht in der Bedeutung, die er im Wiener Kreis und dann der sogenannten analytischen Philosophie hatte, und von der wiederum Wittgenstein differiert. Legitim mag er sein nach dem einfachen Wortsinn des Positiven als des Vorhandenen, faktisch Gegebenen. Wohl liegen Varianten vor, die von jenem Wortsinn nicht gedeckt werden. Aber wie problematisch auch dergleichen umfassende

Geschick vermochte er daraus für seine recht partikulare Methode eine Art von Totalitätsanspruch abzuleiten. Seine Lehre von den sozialen Tatsachen als der einzigen Basis soziologischer Erkenntnis, vorgetragen in der methodologischen Hauptschrift, den »Règles«, prägt sein Programm von Positivismus aus: man solle an die faits sociaux sich halten, sie wie Dinge als schlechthin Gegebenes traktieren, unter Ausschluß jeglicher Spekulation und bloßen Meinung, zumal auch derjenigen, welche eine Gesellschaft von sich selbst hegt. Durch derlei Tabus machte er die französischen Soziologen seiner Periode weithin sich gefügig. Kriterien freilich, nach denen unterschieden werden könnte, was eine Gesellschaft wahrhaft ist und was sie sich dünkt, fehlen. Schuld trägt die zentrale Theorie. Sie rückt anstelle der Objektivität tragender gesellschaftlicher Lebensprozesse die Objektivität der conscience collective. Wird zur Substanz einer Gesellschaft ihr Geist erhoben, ein selbst erst Abzuleitendes, so zerfließt die Distinktion richtigen und falschen Bewußtseins; ähnlich wie Durkheim denn auch Schwierigkeiten hat, das Normale und das Pathogene voneinander abzugrenzen; Schwierigkeiten übrigens, die Freud ebenfalls begegneten. In der Spiritualisierung von Objektivität rächt sich der Subjektivismus, den Durkheim verleugnete und der doch seinem Ansatz unvermeidlich ist. Gegen den zu seiner Zeit gängigen physiologischen Materialismus hat er gleich den Empiriokritizisten von der Unmittelbarkeit der Bewußtseinsdaten her gewettert: »Eine solche Gehirngeographie hat aber eher mit Dichtung zu tun denn mit Wissenschaft.« (58)[4] Er wußte sich in der Nachfolge Comtes und attackiert diesen einzig, weil er ihm noch nicht positivistisch genug war, in jenem Abschnitt der Règles, wo er dem alten Vorgänger – charakteristisch genug für Durkheims eigene Periode – vorwirft, jener, geschworener Anti-

Begriffe nach dem Kriterium der Gültigkeit ihrer Definition sein mögen, das Verbot, mit ihnen umzugehen, läuft vielfach auf die Apologie des von ihnen Gemeinten hinaus, indem es daran verhindert, es überhaupt zu nennen. Trotz aller Divergenzen seiner Anhänger hat der Begriff Positivismus einen Kern. Er ist zwar schwer dingfest zu machen; wird aber auf ihn verzichtet, so lassen die kontroversen Standpunkte kaum sich erörtern.

4 Die Seitenangaben beziehen sich auf Durkheims Text *[in der oben angegebenen Ausgabe]*.

metaphysiker, halte an einem so metaphysischen Begriff wie dem des Fortschritts fest. Zum Metaphysiker wird in der Geschichte des Szientivismus leicht einer dem Nächsten. Durkheim selbst erging es nicht anders; seine Lehre vom Kollektivbewußtsein, vollends der outrierte Enthusiasmus, mit dem er auf dessen Seite sich schlug, waren ungeschützt gegen Angriffe desselben Typus wie der seine auf den Fortschrittsbegriff. Das Kollektiv mit Fähigkeiten und Funktionen auszustatten, die offensichtlich vom einzelmenschlichen Individuum abstrahiert sind, und sie dann als diesem vorgängig zu setzen, ist für den unreflektierten Menschenverstand nicht weniger provozierend als die Kategorie Fortschritt, die an der Entfaltung von Rationalität immerhin ihre mächtige Stütze hat.

Anlaß, Durkheim zu lesen, ist solche Verschränkung des provokatorisch Spekulativen mit dem Positivismus. Darin kündigt implizit dessen Selbstkritik sich an, wie sie in der jüngsten Phase der Debatte durchbrach. Durkheims Begriff der sozialen Tatsache und ihres dinghaften Charakters geht auf seine eigene Erfahrung von der Gesellschaft zurück. Sie hat er mit dem positivistischen Mittel der Statistik verifiziert. Von Anbeginn verband er sie mit Apologie: der Begriff der faits sociaux, die Betonung ihrer Dinghaftigkeit möchte den Zerfall des Kollektivbewußtseins aufhalten, der durch den Konflikt von Kapital und Arbeit drohe. Schon 1887 schrieb er: »Was wir vor allem kennen lernen möchten, sind die Daseinsgründe der nationalen Gefühle und des Patriotismus; ob sie in der Natur der Dinge begründet liegen oder ob es sich dabei, wie so manche Doktrinäre offen oder versteckt behaupten, nur um Vorurteile oder Überreste der Barbarei handelt ... Wieder muß der Professor der Philosophie ihnen (den Menschen) begreiflich machen, daß die psychischen und sozialen Phänomene Tatsachen sind wie andere auch, Gesetzen unterworfen, daß der menschliche Wille sie nicht nach Belieben stören kann und daß folglich Revolutionen im strengen Sinn ebenso unmöglich sind wie Wunder ... Liegt es nicht auf der Hand, daß diese Ideen zu jenen gehören, mit denen junge Menschen vor Eintritt in das Gymnasium ausgerüstet sein müssen? ... Wirklich, ist es nicht verwunderlich, daß wir uns so wenig Mühe geben, die öffentliche Meinung aufzuklären, wo sie doch die höchste Macht bei uns hat?«[5] »Es (das Kind) muß das Warum seiner Pflichten kennen. Denn eines Tages wird es sich fragen, teils aus eigenem Antrieb, teils unter dem Druck seiner Umgebung, mit welchem Recht man von ihm Gehorsam verlangt; und wenn dann seine Reflexion nicht von vornherein in die gehörige Richtung gelenkt, wenn sie nicht mit den Leitbildern ausgerüstet ist, wird sie aller Voraussicht nach durch die Komplexität jener Probleme in die Irre geführt werden. Die Gründe für die Moral sind nicht so evident, als daß es genügte, sich selbst zu befragen, um sie zu erkennen. Folglich ist das Kind der Gefahr ausgesetzt, sie nur als eine Phantasmagorie, als Produkt des Aberglaubens zu betrachten, wie es so häufig geschieht; das Kind wird zu dem Glauben kommen, daß es die Regierungen, die herrschenden Klassen waren, die die Moral erfunden haben, um die Völker besser in Schach zu halten. In jedem Fall werden wir es widerstandslos den Einflüssen von vulgärer Polemik und Journalistenargumentation preisgeben. Wir müssen seine Intelligenz also mit soliden Gründen wappnen, die den unvermeidlichen Zweifeln und Diskussionen standzuhalten vermögen.«[6] Die Durkheimschen Gegebenheiten, die faits sociaux, sollen Manifestationen seiner obersten Entität sein, des Kollektivbewußtseins. Formelhaft wäre seine Soziologie als positivistischer, auf Bewußtsein eingeschworener Objektivismus zu bezeichnen. Wohl eignet jeglichem positivistischen Denken ein objektivistisches Moment. Subjektive Willkür, bloße, durch Fakten unerhärtete Meinung sollten ausgeschaltet werden. Latent jedoch war und blieb die positivistische Überlieferung insofern subjektivistisch, als sie die sinnliche Gewißheit, über welche nur die einzelmenschlichen Subjekte verfügen, als Wahrheitskriterium instauriert. Darin hat sich vom Humeschen Sensualismus über Mach und die Gegebenheitstheoretiker des späteren neunzehnten und früheren zwanzigsten Jahrhunderts bis zu Carnap nichts geändert. Zu dieser Tradition steht Durkheim quer. Während er das naturwissenschaftliche Ideal, einzig stub-

5 Durkheim, La philosophie dans les universités allemandes, Revue internationale de l'enseignement, Tome 13, 1887, S. 439 f.

6 Diskussionsbeitrag Durkheims, Société Française de Philosophie, Séance du 20 mai 1909; L'efficacité des doctrines morales, Bulletin de la Société Française de Philosophie, Année 9, 1909, S. 220.

born facts als Rechtsquelle der Erkenntnis zu dulden, von ihr übernimmt, kommt es ihm nicht bei, sie in der sinnlichen Gegebenheit fürs Bewußtsein aufzusuchen. Der Begriff des Tatsächlichen, dem an sich schon, auch im Positivismus, ein antisubjektivistisches, mit dem konstituierenden Einzelich schwer vereinbares Moment innewohnt, kollidiert bei ihm schroff mit jeglicher Individualität. Soziale Tatsache ist ihm gerade das, was vom Individuum schlechterdings nicht absorbiert werden kann, inkommensurabel und undurchdringlich. Seine gesellschaftliche Erfahrung bildet sich nach dem Modell dessen, was weh tut. Als erster wohl führt er sie autoritären Zwecken zu: mit dem Respekt lauterer Wissenschaft vor den Fakten will er verhindern, das vorweg als undurchdringlich Präsentierte mit kritischer Vernunft zu durchdringen. Die gesellschaftliche Tatsache schlechterdings ist ihm die contrainte sociale, der übermächtige, jeglicher subjektiv verstehenden Einfühlung entzogene soziale Zwang. Er fällt nicht ins subjektive Selbstbewußtsein, und kein Subjekt kann mit ihm ohne weiteres sich identifizieren. Die vorgebliche Irreduzibilität des spezifisch Sozialen kommt ihm zupaß: sie hilft ihm dazu, es immer mehr zum Ansichseienden zu machen, es nicht nur dem Erkennenden, sondern auch den vom Kollektiv integrierten Einzelnen gegenüber absolut zu verselbständigen. Die Unmöglichkeit, das, was seiner Begierde nach Begründung der Eigenständigkeit der Gesellschaftswissenschaft und ihrer Methode sozial dünkt, zum principium individuationis zu vermitteln, nötigt ihn zum spekulativen Gewaltstreich der Hypostase des kollektiven Bewußtseins. Er war dadurch dem heute zur fast ausschließlichen Herrschaft gelangten Hauptstrom des Positivismus soweit überlegen, wie er die Phänomene gesellschaftlicher Institutionalisierung und Verdinglichung, die bei jenem hinter den nachträglich als statistische Elemente aufbereiteten Menschen zurücktreten, unvergleichlich viel nachhaltiger hervorhob. Zugleich aber war Verdinglichung sein blinder Fleck, die Formel, auf die sein Werk verhext ist. Kaum erscheinen bei ihm derlei Kategorien als solche. Dafür haben sie Macht über ihn. Die gewordenen, übermächtigen Verhältnisse, Hegels zweite Natur, werden ihm zur ersten; Geschichte zu dem, was sie freilich auch ist, Naturgeschichte, wenngleich einer des Geistes. Bereits in dem Buch über die Arbeitsteilung hat er die Zivilisation unmittelbar, ungebrochen aus dem Kampf ums Dasein abgeleitet und sanktioniert. Wahr daran ist, daß Gesellschaft stets noch subjektlos, naturbefangen den Kampf ums Dasein fortsetzt; das ist das Anti-Ideologische am Durkheimschen Objektivismus. Seine beschreibende und vergleichende Methode jedoch ist alles andere als politisch neutral oder gar kritisch. Reaktiv auf die Marxische Theorie ward sie geschaffen dazu, den verhärteten Charakter der Gesellschaft, auf den sie eingeschworen ist, zu rechtfertigen, gesellschaftliche Entfremdung der Vergesellschaftung schlechthin gleichzusetzen, anstatt sie als Entsprungenes und der Möglichkeit nach Vergängliches zu erkennen. Die kollektiven Bewußtseinsformen und Institutionen, auf die Durkheim und seine Schule alle Energie konzentriert haben, werden selten historisch bestimmt, sondern, bei aller empirischen Differenzierung, tendenziell zu Urphänomenen. Daher die Obsession mit primitiven Verhältnissen: sie sollen prototypisch für alles Soziale sein. Die Dialektik von Kollektiv-Allgemeinem und Individuell-Besonderem in der Gesellschaft wird ignoriert. Wohl hat Durkheim, anders als die empirischen Forscher, doch im Einklang mit der großen philosophischen Überlieferung, erkannt, daß das Individuum selbst eine soziale Kategorie, daß es durch Gesellschaft vermittelt ist. Daß aber diese Vermittlung wiederum auch des Vermittelten bedarf; daß die kollektiven Gebilde ohne individuellen Gegenpol so wenig wären wie dieser ohne gesellschaftlich Allgemeines, verleugnet er krampfhaft. Sein unverkennbarer Hang zur sophistischen Rechthaberei dürfte sich erklären aus der Gewaltsamkeit, mit der er die längste Spanne seines Lebens dem sich verschloß, was er in seiner Frühschrift zugestanden hatte: der Gewalt von Eigentumsverhältnissen. Die abstrakte Negation der gängigen Ansicht von der Gesellschaft als einem Agglomerat von Individuen wird zur gleichermaßen abstrakten Affirmation des ihnen Vorgeordneten. Er mildert sie eben nur peripher durch die Einsicht, Individuation selber sei kollektiv bedingt. Durkheim bietet im wissenschaftlichen Bereich ein eindringliches Modell dessen, was die Freudsche Psychologie Identifikation mit dem Angreifer nennt. Vermutlich sog seine Schule aus solchem Bodensatz von Monomanie ihre sektenhafte Attraktionskraft.

Diese erinnert merkwürdig an den ursprünglichen französischen Positivismus. Wollte Comte im Alter die soziologische Wissenschaft mit der Autorität von Religion samt ihren irrationalen Emblemen ausstaffieren, so wurde bei Durkheim zwar nicht geradeswegs seine Wissenschaft, doch deren Substrat, die Gesellschaft und die Formen von Vergesellschaftung, zur Ersatzreligion. Nur durch gekünstelte Beweisführungen vermag er unter ihrem Bann Reste kritischer Vernunft zu konservieren. Seine soziologische These, daß, mit Übertreibung gesprochen, in der Religion die Gesellschaft sich selbst anbete, büßt bei dem späten Bürger den aufklärerischen Oberton ein, den dergleichen Gedankengänge im achtzehnten Jahrhundert und dann bei Feuerbach besaßen. Nicht wird Religion als gesellschaftliche Projektion entzaubert, sondern Durkheims Wissenschaft attestiert der Gesellschaft noch einmal jene Göttlichkeit, die sie ihm zufolge in der Religion nach ihrem Bilde erschuf. Gesellschaft wird, einen Terminus von Marx anzuwenden, mystifiziert; Durkheims Denken läßt sich gleichsam anstecken von dem der unterentwickelten Völker. Nachdem er der Unmöglichkeit der von ihm so genannten »organischen Solidarität« in der bürgerlichen Gesellschaft seiner Epoche innegeworden war, mochte sein zwangshafter Kollektivglaube nach rückwärts gestaut worden sein wie nachmals in manchen faschistischen Ideologien. Alle Erscheinungen des kollektiven Lebens »sind ausdrücklich obligatorischer Art; die Obligation aber ist der Beweis dafür, daß diese Arten des Handelns und Denkens nicht das Werk des Einzelnen sind, sondern von einer Kraft ausgehen, die über ihn hinausreicht, mag man sie nun mystisch begreifen in Form eines Gottes oder sich einen zeitlicheren und wissenschaftlicheren Begriff von ihr machen« (72).

Der Objektivismus Durkheims mahnt an Hegel, insbesondere an dessen Lehre vom objektiven Geist, die jener kannte[7]; er war, wie man weiß, etwas lax beim Zitieren seiner Quellen. Doch wäre er der einzige nicht gewesen, der auf eigene Faust Bruchstücke der Hegelschen Konzeption für sich wiederentdeckte, nachdem das System angestrengt vergessen war; Bruchstücke, die

7 Vgl. Durkheim, Leçons de Sociologie, Paris 1950, S. 66 f. Zugrunde liegen Vorlesungen, die Durkheim 1896-99 in Bordeaux hielt: ihre sozialkritische Tendenz war noch die seiner Jugend.

dann freilich, von jenem abgesplittert, nicht nur veränderten Stellenwert empfingen, sondern vielfach grotesk sich verzerrten. Recht wohl könnte im dritten Teil der Enzyklopädie oder in der Rechtsphilosophie der Satz stehen: »Die Gesellschaft ist aber etwas anderes; sie ist vor allem eine Gesamtheit von Ideen, Überzeugungen und Gefühlen aller Art, die durch die Individuen Wirklichkeit werden; und den ersten Rang unter diesen Ideen nimmt das moralische Ideal ein, ihr hauptsächlicher Daseinsgrund.« (113) Die Einschränkung des Hegelschen Geistbegriffs, einst der Totalität, auf die Gegenstände der »Geisteswissenschaft«, unter Ausschluß der materiellen Arbeit und ihrer Bedingungen, bahnte Hegel selbst noch an; wie für all seine Diadochen war sie für Durkheim selbstverständlich. Vollends hegelianisch ist der Satz: »Was ich hingegen der Kollektivität entgegensetze, ist die Kollektivität selber, doch eine mehr oder weniger ihrer selbst bewußte.« (121 f.) Zwar war Hegels Weltgeist, nach Analogie mit den Einzelwesen, nicht vorweg Bewußtsein seiner selbst, sondern sollte es erst werden. Eine solche Konstruktion mußte Durkheim, sollte er sie gekannt haben, um seines Positivismus willen inakzeptabel sein. Irgendeiner Entität Geist oder Vernunft zuzuschreiben, die nicht selbst unmittelbar vernünftig, eine Art Subjekt gewesen wäre, hätte er als Hirngespinst verworfen. Was ihm absurd dünken mußte, trieb ihn zu größerer Absurdität. Der Kollektivgeist mußte ihm, wider Hegel, zum fait social, zu tatsächlichem Geist werden, zu einem Subjekt sui generis.

Paradox hat er ihn dadurch verdinglicht und jener magischen Ansicht sich selbst angenähert, deren Studium in seinen Schriften mehr und mehr dominiert. Die Insistenz auf sozialen Tatsachen schlägt in wilde Spekulation um, weil die disziplinierte, sich einbekennende und ihrer selbst mächtige Spekulation Hegels verdrängt ist. Der Wahlverwandtschaft mit diesem wirkt Durkheims Mangel an dialektischem Begriff entgegen. Die Verselbständigung des Sozialen wird von ihm registriert in eben der Unmittelbarkeit, in der sie dem deskriptiven Beobachter erscheint. Erstaunlich konsequenzlos für die Durkheimische Gesamttheorie bleiben Einsichten, die so nahe an der Dialektik sind wie: »Denn es ist dieses Aggregat, das denkt, fühlt, will, wiewohl es nur mittels des Einzelbewußtseins wollen, fühlen oder handeln kann.« (73) Freud hat die Genese des Numinosen primitiv-kollektiver Vorstellungen, von Tabu und Totem, entworfen; ungewiß, ob dazu seine am Individuum ausgerichtete psychologische Methode allein ausreicht. Die soziologische Durkheims aber versucht nicht einmal etwas Derartiges; die Theorie resigniert gleichsam zur Verdoppelung der von ihm so genannten kollektiven Gefühle. »Damit aber die moralischen Dinge in solchem Maße über jeden Vergleich erhaben sein können, müssen auch die Gefühle, die über ihren Wert bestimmen, diesen Charakter tragen; auch sie müssen über jeden Vergleich mit den anderen Bestrebungen des Menschen erhaben sein; sie müssen ein Prestige und eine Energie besitzen, die sie jenseits unserer Gefühlsregungen stellen. Dieser Bedingung entsprechen die kollektiven Gefühle. Gerade weil sie in uns das Echo der großen Stimme der Kollektivität sind, sprechen sie in unserem Bewußtsein in einem ganz anderen Ton als die rein individuellen Gefühle; sie sprechen von einer höheren Warte aus zu uns; aufgrund ihres Ursprungs haben sie besondere Kraft und besonderen Einfluß. Man begreift also, daß das, woran sich die kollektiven Gefühle heften, dasselbe Prestige genießt; daß es abgesondert ist und ebensoweit über den anderen Gefühlen steht, wie diese beiden Arten von Bewußtseinszuständen auseinanderliegen.« (112) Unterdessen hat die Geschichte die von Durkheim unterstellte Dignität solcher kollektiven Gefühle, bei ihrer Wiederkunft stets grauenhafter Regressionen, gründlich widerlegt. Den heiligen Charakter der Person bezieht Durkheim aus dem Bildungsschatz allgemein humanitärer Ideale, unbekümmert um sein historisches Schicksal: »Denn der Mensch, der solcherart zum Gegenstand der Liebe und der kollektiven Hochachtung wird, ist nicht das sinnliche, empirische Individuum, das jeder von uns ist, sondern der Mensch in seiner Allgemeinheit, die ideale Menschheit, so wie sie jedes Volk zu jedem Zeitpunkt seiner Geschichte begreift.«[8] Was er als Ausfluß der kollektiven Gefühle deutet, und was er als nicht der Person immanent sondern als kollektiv eingebrannt durchschaute, wurde in den Konzentrationslagern vom Kollektiv liquidiert, ohne daß dessen Bewußtes oder Unbewußtes dagegen gar zu sehr aufbegehrt hätte.

8 Durkheim, Le Suicide, Paris 1960, S. 382.

Der Mangel an Dialektik im Durkheimischen Denken rächt sich an seinen eigenen Thesen bis in die formalsten Bestimmungen hinein. Er setzt, gewiß nicht ohne Wahrheit, die »Unpersönlichkeit« der wissenschaftlichen Vernunft ihrem Kollektivcharakter gleich (vgl. 130), vernachlässigt aber, woran die Philosophie einen ihrer großen Gegenstände hatte: daß jene unpersönliche Vernunft real wird nur im Bewußtsein menschlicher Individuen, und daß ihre Objektivität ebenso auf diese zurückweist, wie sie in ihnen nicht aufgeht. Der Einwand der Einseitigkeit, sonst billiges Etikett, um unbequem pointierte Theoreme loszuwerden, trifft Durkheim präzis: willentlich läßt er sich von der einen Seite des Sozialen, der kollektiven, so sehr imponieren, daß er die andere, individuelle, als ihrerseits soziale aus dem Blickfeld verliert und sie dann, abgespalten, als eben das Ewige verklärt, das sie gemäß seiner eigenen Erkenntnis ihres Vermitteltseins nicht ist. Nicht minder dogmatisch personalisiert er das Kollektiv: ausdrücklich heißt es bei ihm, »daß die Gesellschaft als eine Person betrachtet werden kann« (87). Die Belehnung des Kollektivsubjekts mit »Bewußtsein« erheischte zumindest, daß ein derart objektiver Begriff von Bewußtsein, eines ohne Bewußtsein also, in seiner Paradoxie artikuliert würde. Für den entfalteten Widerspruch ist bei Durkheim kein Raum; lieber wählt er nackte Mythologie.

Ungeschmälert bleibt sein Verdienst, daß er, wenngleich vergebens, durch seine Lehre vom Kollektivbewußtsein so energisch die Soziologie wider den vulgären Nominalismus impfte. Er hat, parallel zur Husserlschen Phänomenologie, den Begriff der Tatsache als der Einzeltatsache auf den Kopf gestellt. Das Motiv jedoch, das ihn dazu bewog, teilt sein übergeschlagener Positivismus mit dem gängigen subjektivistischen wie mit dem Pathos der offiziellen Philosophie: Aversion gegen den Materialismus. Nicht umsonst ist sein Objektivismus limitiert auf den Geist. Das Buch über Soziologie und Philosophie enthält zahlreiche Invektiven gegen den naturalistischen Materialismus, auch die üblichen Widerlegungen, welche die empirio-kritizistische Erkenntnistheorie der vulgär-materialistischen Interpretation geistiger Phänomene angedeihen ließ (vgl. 46 bis 48, auch 54 bis 57). Unter diesem Aspekt war sein Gegensatz zu Bergson keineswegs so radikal, wie er zu Lebzeiten der beiden erschien. An ihnen bewährt sich die Beobachtung Prousts, à la longue setze die Zeitgenossenschaft sich auch über schroff soziale Differenzen hinweg durch. Der großbürgerlich elegante homme du monde und die rechthaberische Koryphäe, in deren ethischen Vorstellungen Wohltätigkeit eine Hauptrolle spielt, rücken aneinander. Eines der Hauptthemen von beiden ist das Gedächtnis; möglicherweise darum, weil es bereits in ihrer Periode zu zerfallen begann; weil jener Verlust an Kontinuität des Bewußtseins sich abzeichnete, der heute akut ward (vgl. 48 f.). Zuweilen findet man bei Durkheim Formulierungen, die man in Matière et mémoire erwartete: »Wenn das psychische Leben zu jedem Zeitpunkt ausschließlich in den momentanen Zuständen des klaren Bewußtseins besteht, kann man ebensogut sagen, daß es in Nichts zerrinnt... Was uns lenkt, sind nicht die wenigen Ideen, die gegenwärtig unsere Aufmerksamkeit beanspruchen; es sind die Residuen, die unser bisheriges Leben hinterlassen hat.« (50 f.) Durkheim mobilisierte als einer der ersten die nach dem Zusammenbruch des Idealismus neuromantisch auferstandene Lehre vom Vorrang des Ganzen vor den Teilen für restaurative Politik; danach ist solches herabgesunkene Kulturgut der geistigen Oberschicht Vulgärweisheit Othmar Spannschen Stils geworden, darin Anti-Individualismus, Antimaterialismus und Ganzheitskult ihre heilig-unheilige Allianz eingehen. Der Kultus des Kollektivs bei Durkheim mag in der Isoliertheit eines jüdischen Intellektuellen aus der Dreyfusperiode entspringen, dem soziale Diskriminierung und Outsidertum als konkrete Gestalt der contrainte sociale angetan wurden, und der, indem er beflissen in das antimaterialistische Geblök einstimmte, denen sich empfahl, die am Materialismus anderes fürchteten als theoretische Unzulänglichkeiten: heute noch schelten die Besitzenden mit Vorliebe die anderen materialistisch. Insgesamt fließt Durkheims Soziologie über von autoritären Elementen; den gleichen, die Marica mit klappernder Phrase den »Kampf um neue Bindung« genannt hat. Schwer ist dessen Konstatierung[9] zu bestreiten: »Durkheims Tendenzen waren von vornherein auf eine Befestigung der Autorität gerichtet.« Das

9 George Em. Marica, Emile Durkheim. Soziologie und Soziologismus, Jena 1932, S. 87.

ständische Ideal beruflicher Korporation, das, anschließend an die Theorie der Arbeitsteilung, Durkheim wenigstens temporär vertrat, ist dafür der früheste Beleg. Autoritär hat Durkheim auch in der Sexualmoral die Sittlichkeit der Ehe gegen die Unsittlichkeit außerehelicher Beziehungen angepriesen. Der Kern der Sozialfunktion seines Antimaterialismus ist allerdings nicht ein Spiritualismus, dem sein eigener Chosisme in anderem Betracht keineswegs sich einfügt. Vielmehr hält das Motiv bei ihm bereits dazu her, das sozial Daseiende als sinnvoll zu vindizieren. Indem, vermöge des Primats des Ganzen, alles Einzelne, das daran partizipiert, über sich hinausweist, zeigt es sich tatsächlich, formaliter, als ›sinnvoll‹, insofern es jenes Ganze ausstrahlt. Daß solcher Sinn negativ: Ausdruck eines schlechten Ganzen zu sein vermag, wird nach Belieben eskamotiert. Durch die Wendung des das Einzelne durchherrschenden Ganzen in die bejahte Totale verschreibt Durkheim sich der Ideologie. Deutlich die Analogie zu der erst nach seinem Tod in Deutschland voll entfalteten psychologischen Gestalttheorie, so wenig er auch, außer in den nach seiner damaligen Terminologie »sozialpsychologischen« Anfängen, mit Psychologie zu schaffen haben wollte. In der Gestalttheorie wird ebenfalls nach positivistisch-wissenschaftlichen Spielregeln verfahren. Sie beobachtet experimentell das unmittelbar Gegebene, um in diesem an sich, unabhängig von den kategorialen Funktionen des Subjekts, Strukturen zu entdecken. Dadurch wird das Dasein, mit dem Schein der Unwiderleglichkeit, zum objektiv Sinnhaften, polemisch wider bloß subjektive Sinngebung durch den Erkennenden. Nicht zuletzt darum wollte Durkheim Verstehen so schroff aus der Soziologie verbannen, als Organon von Subjektivität jenes Typus, welcher das Ansichsein des Sinnes, Durkheims oberstes Interesse, negiert und potentiell die Gesellschaft samt ihrer Ordnung als sinnlos Chaotisches unterstellt. Dazu neigte Max Weber, obwohl und weil er vom deutschen Idealismus herkam. Seine Soziologie war darin aufgeklärter als die positivistische Durkheims, daß sie methodisch wie inhaltlich die Entzauberung der Welt bezeugte, während Durkheim und seine Schule mit den Mitteln einer nach ihrem Telos zurechtgestutzten Tatsachenforschung am Zauber wiederholend mitweben.

Im Antimaterialismus selbst harmonierte Durkheim mit Weber und mit der gesamten bürgerlichen Soziologie. Die Differenzen und Konvergenzen der beiden sind lehrreich. Gemeinsam ist ihnen vorab das Interesse an der Eigenständigkeit der Soziologie. Sie wird jedoch von beiden in umgekehrter Richtung gesucht. Bei Weber soll die Objektivität sozialwissenschaftlicher Erkenntnis durch die Verstehbarkeit sozialen Handelns als eines wesentlich Zweckrationalen verbürgt werden. Die zentrale Stellung der Kategorie der Rationalität bei ihm hat systematisch den Ursprung, daß die subjektive Blickrichtung seiner Soziologie – die durchschnittliche Erfolgschance sozialen Handelns, von der er ausgeht, ist eine subjektive Kategorie – durch den Begriff der ratio quasi objektiviert wird. Rationalität ist die subjektive Verhaltensweise, welche objektive Interpretation des sozialen Handelns über das psychologische Subjekt hinaus gestattet und Subjekte gesellschaftlich vergleichbar macht. Bei Durkheim dagegen wird zum eigentlich Sozialen und von der Psychologie Abgegrenzten gerade die Irrationalität der spezifischen faits sociaux, das, was ihre Übersetzung in subjektives Denken, schließlich auch ihre vernunftgemäße Zueignung verwehrt. An den Phänomenen, auf die seine Aufmerksamkeit sich konzentriert, etwa der Konstanz der Selbstmordziffern über gewisse Perioden hin, haftet ein eigentümlich Blindes, Opakes, insofern ›Irrationales‹. Seiner Konzeption ist nicht äußerlich, daß einer seiner berühmtesten Schüler, Lucien Lévy-Bruhl, Irrationalität, nämlich das nach seiner These prälogische Denken der Primitiven, als Denkform eigenen Rechtes zu konstruieren unternahm. Desto überraschender erscheint auch bei Durkheim, mit denselben Worten, Webers methodologisches Grundproblem, das von »Werturteilen und Wirklichkeitsurteilen« (vgl. 137 ff.). Dabei verkehren sich die Positionen. Die verstehende Soziologie kritisiert Durkheim positivistisch; den sogenannten Werten gegenüber neigt er zu einer mit dem Idealismus, zumal Kant, weit kompatibleren Haltung als der Rickertianer Weber, in einfacher Konsequenz aus der normativen Hypostasis des Kollektivgeistes. Weber eifert wider die Werturteile in der Wissenschaft; Durkheim übernimmt die kollektiv sanktionierten Werte, setzt ihre Kollektivität ihrer Objektivität gleich und dispensiert sich damit von der Frage nach ihrer Möglichkeit in der Moral. Andererseits gehören die Analysen, die er selbst Wertproblemen widmet, in weitem Maß jenem Typus wissenschaftlicher Analyse von Wertbeziehungen an, den Weber duldet. Gegen Ende der Schrift über Soziologie und Philosophie kritisiert Durkheim sehr eindringlich den nicht namentlich erwähnten Weber: »Es gibt nicht eine Weise des Denkens und Urteilens für das Setzen von Existenzen und eine andere für die Bewertung.« (155) Er gelangt damit über die starre und schematische Scheidung wertfreier Erkenntnis und dezisionistischen Wertens hinaus, die Weber, Erbschaft des sonderbar vergegenständlichten und zugleich ans Subjekt gefesselten Wertbegriffs der südwestdeutschen Schule, behauptet. So triftig Webers Einspruch gegen den ideologischen Mißbrauch der historischen Wissenschaften für die offizielle Weltanschauung des Wilhelminismus bleibt, so wenig ist, philosophisch-erkenntnistheoretisch und für die soziologische Methodologie, die Trennung von Wert und Erkenntnis zu halten. Der Wertbegriff selbst ist eine heteronome Verdinglichung. Ihn zu bejahen oder zu verneinen partizipiert gleichermaßen am falschen Bewußtsein. Freiheit zum Objekt heißt in der gesamten Tradition von Aufklärung, Hegel inbegriffen: Loslösung vom Wunsch als dem Vater des Gedankens. Zugleich aber steckt bereits im einfachen logischen Urteil, seinem Anspruch auf Wahrheit und auf die Verwerfung von Unwahrheit, konstitutiv jene Verhaltensweise, welche das Cliché den ihrerseits von ihrem Erkenntnisgrund abgespaltenen Wertungen zumißt. Denken, das die angeblichen Werturteile, wofern sie nicht ohne Begründungszusammenhang gefällt werden, verteufelt, stellt das dem Gedanken immanente kritische Moment still; Wertphilosophie, die nicht minder abstrakt ansichseiende Werte postuliert, überantwortet sich dem Dogmatismus. Zu entscheiden ist im konkreten Erkenntnisprozeß nicht durchs Verdikt über Werte oder ihre Setzung von oben her, sondern durch die Konfrontation der Sache mit dem, was sie von sich aus, ihrem Begriff nach zu sein beansprucht, also durch immanente Kritik. Durkheim hat der gleichen Vergegenständlichung der ursprünglich von der Ökonomie entlehnten Werte sich schuldig gemacht, die in deren Negation durch Weber supponiert ist. Das vor sechzig Jahren in der Soziologie kurrente Wertprobleme hat denn auch, weil es keiner blanken Alternative gehorcht, das Schicksal erlitten, das vielfach Aporien widerfährt; es wurde vergessen und wird nur noch gelegentlich subaltern, unter Anrufung von Notabeln, die mit dem Wertbegriff so oder so operierten, aufgewärmt, am liebsten zugunsten jener administrativen Dichotomie zwischen wissenschaftlicher Soziologie und kritischer Theorie der Gesellschaft, welche dem Impuls der Soziologie ebenso widerspricht wie dem Zug ihrer Erkenntnis. Reflektiert ist Durkheims Wertbegriff so wenig wie der der Wertfreien, vielleicht aus mangelnder Beziehung zur Ökonomie. Sie rächt sich an ihm in Sätzen wie: »Die Luxuswerte sind von Natur aus kostspielig.« (143) Erstaunlich, daß der, welcher als Repräsentant eines radikalen Soziologismus sich verstand, keine Notiz davon nimmt, daß gerade der ökonomische Wertbegriff längst als gesellschaftliches Verhältnis bestimmt, der Wert der Luxusgüter auf ein »natürliches Monopol« zurückgeführt war. Später freilich ändert Durkheim seine Meinung von den Luxuswerten: »Offensichtlich liegt es nicht an der inneren Natur der Perle oder des Diamanten, der Pelze oder der Spitzen, daß der Wert dieser verschiedenen Schmuckstücke mit den Launen der Mode sich wandelt.« (145) Nach der Division du travail überwiegt ein schließlich doch subjektivistischer Wertbegriff; über den Wert einer Sache befinde die conscience publique. Der durchschnittlich notwendigen gesellschaftlichen Arbeitszeit wird nicht gedacht. Subjektivistisch opfert Durkheim denn auch die Lehre von der Idealität der Werte; die Schrift über Soziologie und Philosophie verurteilt den Platonismus, dem er mehr als einmal sich genähert hatte. Den moralischen Wertbegriff hat er so wenig vom ökonomischen distinguiert wie die Relation von beidem erkannt.

So komplex wie sein Verhältnis zu Weber und Marx ist das zu Freud. Primär mochte er gewillt sein, der Psychologie grollend ihre Domäne zu lassen, wofern sie nur der Soziologie die ihre konzediert. Inakzeptabel wäre für den reifen Durkheim erst der tatsächlich problematische Anspruch des alten Freud gewesen, Soziologie sei angewandte Psychologie. Erstaunlicher als die selbstverständlichen Differenzen sind die Berührungen. Gleich Freud übernahm Durkheim von Pierre Janet, »daß viele Handlungen alle jene Symptome zeigen, ohne indes bewußt zu sein« (67). Seinem soziologischen Objektivismus war der Begriff des

Unbewußten als Negation rationalistischer Ansichten von der sozialen Motivation trotz seines Bekenntnisses zu Descartes nicht unwillkommen. Dem korrespondiert, daß Freud, vom rechten Flügel seiner Nachfolger zu schweigen, das Es als prä-individuell, dem Ich vorgängig beschreibt und in seinem Kern als kollektive Erbschaft; darin berühren sich die Extreme. Freudisch klingt Durkheims Beobachtung: »Wir meinen, jemand zu hassen, während wir ihn lieben, und die Realität dieser Liebe offenbart sich in Handlungen, deren Bedeutung für einen Dritten außer Zweifel steht, in eben dem Augenblick, da wir uns unter dem Einfluß des entgegengesetzten Gefühls wähnen.« (68) Durchweg reichen die Zurechnungen von Denkern zu Schulen und großen Richtungen nicht an die Fiber ihrer Theorien heran. Durkheims antipsychologische Soziologie dürfte ihrerseits an Psychologie sich gebildet haben: »Auf beiden Seiten aber ist man sich darin einig, daß man im psychischen Leben nur einen dünnen Vorhang von Phänomenen zu sehen hat, der den einen zufolge für den Blick des Bewußtseins transparent ist, den anderen zufolge jeglicher Kohärenz ermangelt. Neue Erfahrungen aber haben uns gezeigt, daß es vielmehr als ein verzweigtes System von Realitäten sui generis begriffen werden muß, das aus einer großen Zahl sich überlagernder geistiger Schichten besteht und viel zu tief und viel zu komplex ist, als daß die bloße Reflexion hinreichte, seine Geheimnisse zu ergründen; viel zu speziell, als daß rein physiologische Erwägungen ihm Rechnung zu tragen vermöchten.« (81) Durkheim und Freud sind d'accord gegen den physiologischen Vulgärmaterialismus. Dem Durkheimschen Kollektivbewußtsein werden dieselben Attribute angeheftet wie dem Freudschen Überich. Verwarf die Freudische Schule in der Folge das Überich keineswegs so, wie sie einmal sich anschickte, so leitete sie dabei ein Begriff des gesellschaftlich Produktiven, den Durkheim gebilligt hätte. Dieser behandelte, wie Freud in Totem und Tabu, Inzestverbot, Exogamie und Totemismus. Das Nachleben des Totemismus in der Moderne entging ihm nicht. Dem hat er einen soziologischen Aspekt abgewonnen, der erst beim späten Freud relevant ward, die Gefährdung fester Ordnung des Eigentums und damit der Gesellschaft durch Lockerung des Inzestverbots. Freud sowohl wie Durkheim sind darauf verfallen, Verhaltensweisen und Institutionen derer, die von nun an Primitive genannt wurden, als Schlüssel für Regressionsphänomene der zeitgenössischen Gesellschaft zu benutzen. Diese korrespondieren sowohl unterm Gesichtspunkt der Neurose wie des kollektiven Zwangs Verhaltensweisen von Naturvölkern; jedenfalls ist die Entwicklung der cultural anthropology, die dergleichen Tatbestände gerade an der auf ihre Errungenschaften stolzen Hochzivilisation herausarbeitet, dem reifen Durkheim und seiner Zeitschrift soviel schuldig wie Freud.

Die kulturkritischen Tendenzen allerdings, die noch im Freudschen Untertitel »Einige Übereinstimmungen im Seelenleben der Wilden und der Neurotiker« anklingen, liegen Durkheim überaus fern. Der Zwang, den Freud in einem Neurosetyp aufdeckte, und den die Psychoanalyse zumindest ihrer ursprünglichen Absicht nach brechen wollte, wird von Durkheims Theorie verteidigend umgewertet. Es kostet ihn alle Anstrengung, nicht-konformierendes Verhalten der Möglichkeit nach mit seinen Prinzipien in Einklang zu bringen (vgl. 114 f.). Soweit er herrschende Moral kritisiert, geschieht es einzig, weil sie dem Kollektivbewußtsein, »dem wirklichen Zustand der Gesellschaft nachhinkt« (88); suspekt ist ihm, nach einem dann in Amerika allgegenwärtigen Schema, das nicht hinlänglich Angepaßte, nie Anpassung selber. Wo er sich gedrängt fühlt, dem Nichtkonformierenden das Seine zu geben, wird zur Rechtfertigung ungebrochen an die gleiche Kollektivität appelliert, die zur Kritik steht. »Zeigte beispielsweise die Gesellschaft in ihrer Gesamtheit zu irgendeinem Zeitpunkt die Tendenz, die geheiligten Rechte des Individuums aus den Augen zu verlieren, könnte man sie dann nicht mit Autorität zurechtweisen, indem man sie daran erinnerte, wie sehr die Achtung vor diesen Rechten mit der Struktur der großen europäischen Gesellschaften, mit unserer ganzen Gesinnung verbunden ist, und daß die Verneinung dieser Rechte unter dem Vorwand sozialer Interessen der Verneinung der wesentlichsten sozialen Interessen gleichkommt?« (115) In solchen Passagen geht Durkheims Identifikation mit dem Kollektiv so weit, daß er, wo es seinem dialektischen Gegenpol, dem Individuum ans Leben will, es verabsolutiert, weil seine Erhaltung sozial gefordert sei. Fazit seines Kollektivismus ist die Auferstehung der fragwürdigsten

Lehre von Hegels metaphysischer Rechtsphilosophie: »Doch wie dem auch sei, wir können nach keiner anderen Moral streben als nach der, die unser (!) Gesellschaftszustand erfordert.« (116) Als ob nicht ›Moral‹ den Gesellschaftszustand selbst angreifen könnte. Seine Empfehlung verschmilzt er ideologisch mit der Hypostasis des Geistes: »Wer aber könnte bestreiten, daß die Menschheit seit jeher die künstlerischen und spekulativen Werte weit über die ökonomischen gestellt hat?« (143) Das Gegenteil ist wahr; bürgerlich ist der Vulgärmaterialismus. Durkheim selbst gebraucht denn auch den Begriff der gesellschaftlich nützlichen Arbeit schlicht so, wie er in der bürgerlichen Gesellschaft als Norm fungiert, ungedenk des Marxischen Spottes darüber. Marica unterstreicht den Satz aus der Division du travail: »›Mets-toi en état de remplir utilement une fonction déterminée‹ (S. 6).«[10] Durkheims soziologischer Objektivismus stiftet Sympathie mit Verdinglichung und verdinglichtem Bewußtsein. Eigentlich erkennt er keine Einspruchsinstanz gegen das sozial Sanktionierte an als die sanktionierende Gesellschaft selbst. Keiner großen Phantasie bedarf es, sich auszumalen, wie ihr Richtspruch ausfällt.

Mehr noch als im gesellschaftlichen Inhalt seiner Lehre manifestiert sich Durkheims Konformismus im Habitus seines Denkens. Der selbst Spekulative verficht in einem Maß Kontrolle durch Methode wie erst nach Jahrzehnten wiederum die Wissenschaft Soziologie. Seine inhaltlichen Grundthesen, denen Kategorien wie die des Chosisme und der contrainte sociale angemessen sind, übersetzt er in Methodologie. Das verschaffte den Adepten das Gefühl, auf unbedingt festem Boden sich zu befinden. Oft wirkt in Wissenschaften weniger der spezifische Wahrheitsgehalt als rigorose Vorschriften. Ihr autoritärer Habitus schweißt die Schule zusammen und schüchtert die Öffentlichkeit ein. Starre Anweisungen lassen ohne viel Risiko und Spontaneität sich anwenden. Unter den Mechanismen der Konformität wissenschaftlichen Denkens dürfte der Zwang von Methode auf Kosten des Inhalts an erster Stelle rangieren. Das Gefühl der Insekurität, in dem reale individuelle Existenzangst und die Ungedecktheit nicht reglementierter geistiger Erfahrung sich mit dem vorbewußten

10 Marica, a. a. O., S. 43.

Wissen von dem sich schürzenden gesellschaftlichen Unheil verbinden, wird in vielen beschwichtigt durch die übertriebene und vergötzte zweifelsfreie Gewißheit des Descartes. Weil Erfahrung sie nicht zerrütten könne, werden reinlogische Formen und Methoden in all ihrer Kälte aufs äußerste affektiv besetzt, ohne Rücksicht darauf, daß das absolut Gewisse dadurch zum Nichtssagenden zusammenschrumpft. Das Kriterium des Unbestreitbaren, eines Eigentums, das einem nicht soll entrissen werden können, rückt an die Stelle des Gewichts der Einsicht; ihre Mittel, eben die Methode wird zum Selbstzweck, gemäß einer gesellschaftlichen Gesamttendenz, die dem Für anderes, dem Tauschwert, den Primat über jegliches An sich, jeglichen Zweck verschafft. Trotz aller Bekenntnisse zur Empirie wird neuer, der Erfahrung entstammender Inhalt als Störenfried der Methode empfunden. Ihn wehrt man ab, indem man jene mit puritanischer Reinheitswut exekutiert: um keinen Preis darf etwas methodisch inkorrekt und darum potentiell falsch sein, wenngleich nichts Relevantes anders sich erkennen läßt als in einem Denken, das auch falsch sein könnte. So legitim Methode als Gegenmittel gegen unkritisches Drauflosdenken bleibt, sie wird selbst zum Falschen, sobald sie, bestimmbar, der Wechselwirkung mit dem Gegenstand sich entäußert und sich nach ihren eigenen Maßstäben unverrückbar einrichtet, anstatt in dem sich zu reflektieren, worauf sie geht. Dann nimmt sie etwas Verfügendes, Willkürliches, Beliebiges an, das grell absticht von dem Sekuritätsideal, ihrer Norm. Fragte man den Durkheim der Règles, warum man alle sozialen Tatsachen als Dinge behandeln soll, während es doch offensichtlich soziale Tatsachen nichtdinghaften Charakters: Beziehungen zwischen Menschen, Funktionszusammenhänge, Entwicklungstendenzen gibt, so müßte er die Antwort schuldig bleiben und sich aufs Ideal der Methode selbst, als einer von Geschichte, Ökonomie, Psychologie reinlich abgesonderten, zurückziehen, in einfachem Zirkel. Der von der Methode gering geschätzte Inhalt kehrt verzerrt wieder in Monstrositäten, ohne die keine Theorie jenes Typus auskommt und ohne den sie kaum zum Faszinosum würde; bei Durkheim ist es das Kollektivbewußtsein, an dem alle Qualitäten festgemacht werden, welche die quasi-naturwissenschaftliche Methode sonstwo beseitigt hat;

solche Konfiguration des Rigorosen und des Skurrilen produziert das Klima der Sekte. Sie entspringt in der Not begriffsloser Empirie selber: ihr zuliebe entwertet Durkheim den Begriff als flatus vocis und bedarf seiner doch, um überhaupt etwas zu erkennen. Thesen, die ihrerseits nur Spiegelungen der Methode und darum abwegig sind, schmuggeln den objektiven Begriff wieder ein. Erst durch Arbeitsteilung werden die Forschungsgegenstände Durkheims zu rein soziologischen gemacht; an sich enthalten sie andere Dimensionen als die in der Definition der faits sociaux ausgedrückten; darüber konnte auch er schwerlich sich täuschen. Das besondere Cachet des Inhalts seiner Lehre, die Vorgängigkeit des Kollektivbewußtseins, ist eins mit dem methodologischen Anspruch, Soziologie dürfe nichts sein als Soziologie. Indem die Methode sich desinteressiert an gesellschaftlicher Erfahrung, die nicht dem von ihr gesetzten Begriff der sozialen Tatsache genügt, wird übergegangen zum Phantasma von der schlechthinnigen Selbständigkeit des Kollektiven. Manches freilich spricht dafür, daß das Verhältnis beider Momente von Durkheim verkehrt ward; daß er den Primat der Methode, den er aprioristisch darstellt, nach seiner inhaltlich apologetischen Absicht modelte.

Subjektiv äußert sich die Überwertigkeit der Durkheimschen Methode in jener Pedanterie, deren auffälligstes Exempel die Klassifizierung der drei Arten des Selbstmords als der altruistischen, egoistischen und anomischen abgibt. Durkheims intellektueller Gestus schließt Daumen und Mittelfinger zu einem Kreis zusammen und vollführt mit diesem hackende Bewegungen. Sein Lehrvortrag erstickt durch aufzählende Systematik jede Möglichkeit des Ausweichens oder der Ergänzung, schlägt Widerstand nieder. Er hat sich, wohl in Abwehr des zu seinen Lebzeiten gegen ihn erhobenen Vorwurfs eines sturen Positivismus, zum französischen Rationalismus bekannt. Tatsächlich lesen seine Schriften sich zuweilen wie Parodien des Cartesianischen Discours de la méthode. Umständlich ausgeführt werden Zwischenglieder, deren es, innerhalb der Komplexion der gedanklichen Motive, nicht bedürfte; Zeitgenossen Durkheims, die sonst so verschieden von ihm sind wie Simmel, verfuhren analog. Was dem Chemiker ziemt, der seine Reagenzgläser von minimalen Spuren aller Substanzen säubern muß, die nicht zur Versuchsanordnung gehören, wird zum Brimborium dort, wo es keine Reagenzgläser und keine Versuchsanordnung gibt und wo die diskreten Elemente, auf die rekurriert wird, ihrerseits Abstraktionen sind. Nicht minder wahnhaft wird das Cartesianische Postulat der Lückenlosigkeit, sobald der Gegenstand nicht dem Modell eines deduktiven Zusammenhangs entspricht, aus dem bündig die Einzelerkenntnisse folgten, und ebensowenig, wie Durkheim selbst betont, dem von Details, von denen man kontinuierlich zum Ganzen fortschreiten könnte. Reflexion auf das Verhältnis der soziologischen Methode zur Sache war, nach dieser Dimension, Durkheim gleichgültig. Pedanterie ist Methode, die keine solche Reflexion duldet: Stetigkeit des wissenschaftlichen Verfahrens ohne Rücksicht darauf, ob der Gegenstand sie erlaubt oder erheischt; Allergie vollends gegen Denken, das die Möglichkeit von Diskontinuität, gar von Widersprüchen in der Sache erwägt. Durkheims beträchtliches Niveau hindert ihn nicht daran, Sätze über die Feder zu bringen vom Typus: »Im Augenblick brauchen wir diese im übrigen sehr plausiblen Hypothesen nicht zu erörtern, da sie den Grundsatz, den wir aufstellen möchten, nicht berühren.« (69) Er bereits zeigt Symptome jener wissenschaftlichen Haltung, die sich etwas darauf zugute tut, daß sie vor keiner Banalität zurückschreckt. »Einstige Pflichten haben ihre Macht eingebüßt, ohne daß wir schon deutlich oder zuverlässig zu sehen vermöchten, welches unsere neuen Pflichten sind. Divergierende Gedanken scheiden die Geister. Wir stehen in einer Periode der Krise. Daher kann es nicht verwundern, daß wir die moralischen Regeln nicht so zwingend empfinden wie in der Vergangenheit; sie können uns nicht so erlaucht erscheinen, da sie zum Teil nichtexistent sind.« (124 f.) Oder: »Die moralische Wirklichkeit stellt sich uns unter zwei verschiedenen Aspekten dar, die deutlich voneinander zu trennen sind: dem objektiven und dem subjektiven Aspekt.« (90) Insistiert wird auf Definitionen, als hätte nie große Philosophie das definitorische Verfahren kritisiert; auch von dem, was Durkheim moralische Wirklichkeit nennt, heißt es bündig, »man muß sie definieren« (92). Während nach dem herrschenden Vorurteil der Geist der Wissenschaft die Philosophie von Vorurteilen und Mythologemen reinigte, verhält es sich in praxi eher umgekehrt: Kategorien, die in der philosophischen

Besinnung so problematisch geworden sind wie die der Definition, werden von den Einzelwissenschaften weitergeschleppt, als verbürgten sie Wissenschaftlichkeit. Keiner vollends ist so versessen aufs Definieren wie der Amateur. Pedantisch klingt erst recht, was der Pedanterie sich zu entziehen anschickt; der feiertäglich gehobene, poetisierende Ton als Komplement des kleinlich Alltäglichen. »Namentlich die menschliche Person zeigt sich unter diesem doppelten Aspekt. Einerseits flößt sie uns bei anderen ein religiöses Gefühl ein, das uns von ihr entfernt. Jeder Übergriff auf die Domäne, in der sich die Person eines unserer Mitmenschen rechtmäßig bewegt, erscheint uns als Sakrileg. Sie ist gleichsam von einem Heiligenschein umgeben, der sie absondert.« (100) Zweifel am Heiligenschein der Privatperson selbst im Frankreich vor dem Ersten Krieg hätten dem positivistischen Soziologen am ersten angestanden. Dessen Haltung dafür ähnelt zuweilen der Doréscher Parlamentsredner. »Das also ist – soweit sie im Verlauf einer Aussprache dargelegt werden kann – die allgemeine Konzeption der moralischen Tatsachen, zu der mich meine etwas mehr als zwanzigjährige Forschungsarbeit über diesen Gegenstand geführt hat.« (117) Wenige dürften schlagendere Belege für die Affiliation von wissenschaftlichem Scharfsinn und Borniertheit liefern als Durkheim; der Lobredner der Arbeitsteilung war deren Opfer. Flaubert hätte Prachtstücke seiner Dokumentensammlung bei ihm gefunden. Zur Borniertheit passen logische Fehlleistungen; wer Durkheim mit dessen eigener Pedanterie läse, könnte ihm oftmals genüßlich non sequitur an den Rand schreiben. Gewäsch, die sprachliche Erscheinung des Dummen, wird gezeitigt von der Pedanterie, die auf nichts verzichten mag, was sie der Vollständigkeit wegen für erfordert und kraft der eigenen Autorität für erlaubt erachtet. Zuweilen läßt bei Durkheim die geheime Dummheit der Logik selber sich spüren; so in dem nach seiner Theorie ganz folgerechten Satz, den auch heutzutage manche Philosophen riskierten: »Eine andere Moral wollen, als die der Natur der Gesellschaft innewohnt, heißt die Gesellschaft verneinen und somit sich selbst verneinen.« (88) Den Gedanken, diese Konsequenz sei gar nicht so schreckhaft; kritische Reflexion auf die Gesellschaft brauche auch vorm Individuum, auch vorm je Redenden nicht zu verstummen, hat

Durkheim sich nicht gestattet. Psychologisch ist zu argwöhnen, hinter seiner Pedanterie stünde Berührungsangst; in manchen Wendungen offenbart sie sich ungewollt. Der Pedant ergeht sich über die mißlichen Folgen der Verletzung einer Regel: »1. Die einen ergeben sich mechanisch aus dem Akt der Verletzung. Verletze ich diejenige Regel der Hygiene, die mir Vorsicht vor gefährlichen Berührungen gebietet, dann zeigen sich die Folgen dieser Handlung automatisch, zum Beispiel in der Krankheit.« (93) Antipsychologismus braucht nicht so objektiv wissenschaftlich fundiert zu sein, wie er sich geriert; und Berührungsangst gehört zum autoritätsgebundenen Syndrom. Fruchtbarer jedoch, Durkheim auf sein eigenes Feld zu folgen und Pedanterie, auch die seine, als fait social zu analysieren.

Die auf dem Theater von Molière bis zum Notar des Rosenkavaliers heimische Figur des Pedanten macht, nach dem Hinweis von Franz Walter Müller, ihren Auftritt während des Humanismus, also nachdem gesellschaftlich und in der geistigen Reflexion gesprengt war, was man retrospektiv, die vordem schon waltenden Spannungen vernachlässigend, dem Begriff des mittelalterlichen ordo zu subsumieren sich gewöhnt hat[11]. Viel früher bereits, im späteren Hellenismus, mag der Pedant, und die Kritik an ihm, visiert worden sein; so in Senecas Klage darüber, daß anstelle

11 Nach Abschluß des Textes wird der Autor auf eine Stelle bei Blumenberg aufmerksam gemacht, die ebenfalls Pedanterie zum Thema hat. Von einem übrigens auch bei Spengler angezogenen Entwurf Goethes heißt es: »Die eigentümliche Ungeschichtlichkeit des anthropologisch aufgefächerten Schemas verdeckt die geschichtliche Logik, in der Einstellungen des Glaubens und Aberglaubens ihre eigene Stufe der dogmatischen Pedanterie erreichen und durch den Anschein der systematischen Vollständigkeit und Stabilität den Ausblick auf das versperren, was das System gefährden könnte. Neugierde, Forschungstrieb, empirische Unbefangenheit erwachsen aber gerade gegen den Tabuierungszwang des dogmatischen Systems, das seinen Anhängern nicht nur bestimmte Fragen und Ansprüche abschneiden muß, sondern ihnen diese Entsagung mit einer besonderen Angemessenheit und Verdienstlichkeit aus dem System begründet.« (Hans Blumenberg, Die Legitimität der Neuzeit, Frankfurt a. M. 1966, S. 380 f.) Die Verwandtschaft dieser Sätze mit Motiven des vom Autor Entwickelten ist frappant. In gänzlich unabhängig voneinander Denkenden löst die gleiche objektive Situation – hier: die nachgerade erstickende Pedanterie wissenschaftlicher Zensur – die gleichen Überlegungen aus. Blumenbergs Hinweis auf das pedantische Moment bereits in Glauben und

dessen, was einmal »unsere Philosophie« gewesen sei, die Philologie trat. Fraglos verlockt die philologische Versenkung ins Wort, die des produktiven Blicks fürs Kleinste bedarf, zur Pedanterie, wann immer mikrologische Betrachtung nicht den hermeneutischen Funken aus dem Detail zu schlagen vermag: mit dem Verlust objektiv-theologischen Sinnes nimmt die Chance dazu fortschreitend ab. Keineswegs indessen ist Pedanterie auf die philologische Sphäre eingeschränkt. Ebensoviel Anteil an ihr hat die juridische, das, was man später den Pandektenstaub taufte. Durchweg exponieren geistige Vermittlerberufe sich dem Verdacht des Pedantischen, die irgend an Gesetztes, Vorgegebenes sich halten und vom Monopol leben, daß man es gelernt hat. Der Pedant ist ein Archetyp der bürgerlichen Gesellschaft. Unvereinbar mit dem Habitus von Freiheit und Ungebundenheit, den der Feudalherr sich erlaubt, kontrapunktiert er zugleich den expansiven bürgerlichen Unternehmertypus, der doch wiederum seiner bedarf als der imago der Spielregeln, welche der Geist des Kapitalismus einhalten muß. Pedanterie vertritt dessen apologetisches Moment: auf scheinrationale Weise möchte sie Institutionen und Denkweisen der geschlossenen Gesellschaft von einst konservieren. Sie drückt den horror vacui des zur Macht aufsteigenden Bürgertums aus. Es hat das Bild des Offenen zugleich gewonnen und verneint, ahnend, daß es über seine eigene, noch gar nicht voll realisierte Form hinaustreiben müßte; nur als noch nicht verfestigte bringt sie jenes sie gefährdende Bild hervor. Der Pedant, der die Kraft, die ins Offene drängt, daran wendet, das Offene zu vermauern, gehorcht dem Gesetz des Kapitalismus, demzufolge dieser vermöge des Tauschprinzips, des stets wieder aufgehenden Saldos von give and take trotz all seiner Dynamik zugleich statisch verharrt. Sein Verhalten ist nicht minder kontradiktorisch in sich. Er klammert sich an die Ordnung, welche von seiner eigenen Vernunft aufgelöst ward, und nutzt sein Mittel, Rationalität, zugunsten von deren Widerpart: irrational Ge-

Aberglauben widerspricht der geschichtsphilosophischen Konstruktion des Textes nur scheinbar; denn Pedanterie, als Ersatzhaltung eines in seinem Bedürfnis blockierten Bewußtseins, ist regressiv wie eine kollektive Zwangsneurose und fördert längst Vergangenes wieder zutage, freilich, durch methodische Rationalität, der inneren Zusammensetzung nach qualitativ verändert.

wordenes verficht er mit der ratio. Diese, das formale Prinzip bürgerlichen Wirtschaftens, wird von ihrem formalen Wesen zum Dienst auch an den statischen Normen und vorgegebenen Verhältnissen befähigt, deren Basis zu zerstören sie geholfen hatte. Pedanterie ist exemplarisch dafür, wie Ideologien langsamer sich umwälzen als die materielle Realität. Weil aber ratio ihr paradox restauratives Werk aus eigenem nicht zu vollbringen vermag, wird der Modus ihrer Verfahrungsweisen überwertig, seinerseits irrational. Geschichtsphilosophisch ist der Pedant das Seitenstück des bourgeois gentilhomme. Weitet dessen Vernunft durchs Vorbild ihres Gegenspielers in Einbildung sich aus, so verkümmert die des Pedanten zu nicht weniger pathogener Enge. Das Zwangshafte seines Charakters und seines Verhaltens rührt her von der Vergeblichkeit seiner Bemühung: in mechanischer Wiederholung wird sie stets wieder auf sich zurückgeworfen. Techniken, in denen Rationalität sich ausformte: bürgerliche Rechnungslegung, korrekter Kalkül werden zum Selbstzweck, als ob sie von sich aus das wären, was, dem eigenen Begriff nach, Denken erst begreifen will. Pedanterie antezipiert die universale Verzauberung von Mitteln in Zwecke, die am Ende der bürgerlichen Phase in destruktiven Wahn umschlägt. Sie ist begriffsrealistische Gesinnung im Stande des Nominalismus; fetischisiert die Wissenschaft und modelt sie zunehmend nach ihrer eigenen Fratze. Krampfhaft mutet sie der abgesprengten und verselbständigten subjektiven Vernunft, der Methode, die Kraft zu, objektive Ordnung zu setzen, ohne deren Begriff kritisch zu reflektieren. So weit blieb das bürgerliche Denken seinem Cartesianischen Urphänomen treu. Weder objektiver Ordnung mächtig noch fähig, sie zu transzendieren, verlangt es ein Unmögliches sich ab. Von Veranstaltung wird erhofft, was die Gegenstände der Erkenntnis von sich aus nicht gewähren; Wissenschaft, die, wie man so sagt, im neueren Zeitalter anstelle der Theologie sich installiert, ahmt diese mit hohl gewordenem Ritual nach und artet in magisches Brimborium aus.

Durkheim zeichnet den Zwangscharakter der Gesellschaft fasziniert auf und erniedrigt sich zu dessen Lobredner. Er projiziert den eigenen Zwangscharakter auf die Welt als Surrogat ihres abwesenden Sinnes. Das Freudische anale Syndrom, mit hypertropher Pedanterie, Sauberkeit, Zwangshaftigkeit und mit autoritärem Gehabe, war aber kein privater Defekt sondern der bürgerliche Charakter par excellence, Deformation seine apriorische Regel. Denn wie vordem die feudale ist die bürgerliche Gesellschaft, trotz ihrer rationalen Verfahrungsweisen, hilflos ihren eigenen Bewegungsgesetzen überantwortet, so wie Durkheim begeistert es ihr attestiert. Ihrer Praxis, in gewissem Maß auch ihrer Theorie ist das Wesentliche verstellt, das ihre Einrichtung trügend verheißt. Darum überträgt der pedantische Geist die dem Wesentlichen gebührende und davon abprallende Libido aufs Unwesentliche. Seine Vergeblichkeit ist Abguß der Vergeblichkeit der bürgerlichen Gesellschaft: ihrer Unfähigkeit, jener Verein freier Menschen zu werden, dessen Idee ihr gleichwohl teleologisch innewohnt. Schließlich tritt das schroff hervor. Dürfte man, mit arger Simplifikation, aber nicht ohne Wahrheit, Positivismus im weitesten Sinn den Primat der Methode von Erkenntnis über das zu Erkennende nennen, so wäre er die Rationalisierung der Not des Bewußtseins, welche zur Haltung des Pedanten geführt hat; Pedanterie neigt allemal zum Rationalisieren. Positivismus birgt, was er um jeden Preis verleugnet, Irrationalität. Indem er virtuell Philosophie durch Wissenschaft kassiert, unterschiebt er Pedanterie als Ideal. Die Selbstbesinnung, durch welche Philosophie die Wissenschaften überstieg, schneidet er ab, so wie, prototypisch, Hume Kausalität und Ich leugnete und doch, wie ihm bündig zu demonstrieren ist, in seiner Argumentation voraussetzt. Solcher Mangel an Selbstbesinnung terminiert im Denkverbot. Sieht sich jedoch der Positivismus veranlaßt, auf die eigenen, der Wissenschaft unbesehen entlehnten und in solcher Übernahme versteinerten Spielregeln zu reflektieren, so muß er nicht nur an diesen rütteln, sondern verwickelt sich unweigerlich aufs neue in die Fragen, von denen er, als philosophischen und metaphysischen, das Denken säubern wollte, bis Denken dem Säuberungsprozeß selbst erlag.

Den Unterton des Pedantischen hat das Programm der Durkheimschen Schrift, die es sich vorsetzt, eine »Spezialwissenschaft von den moralischen Tatsachen« als »soziologische Wissenschaft« (128) zu skizzieren. Der Spezialisierungsbegriff wird auf jenen Bereich übertragen, unter dessen Gegenständen doch Kritik von

Spezialisierung selber sich findet; Ethik auf just die positive Wissenschaft nivelliert, von der sie kraft der Antithese des Seinsollenden zum Seienden einmal sich scheiden wollte. Das Vertrackte, Antinomische des Versuches ist von Durkheim nicht zu verschleiern. Er hält an der normativen Struktur des Moralischen trotz dessen empirischer Herkunft fest. Dem widerspricht offen seine positivistische und antidialektische These, Entsprungenes müsse seinem Ursprung gleichen. »Da es« – das ›kollektive Leben‹ – »aus ihr« – der ›übrigen Welt‹ – »hervorgeht – denn woher käme es sonst? –, tragen die Formen, die es in dem Augenblick aufweist, da es sich von ihm löst, und die infolgedessen Grundformen sind, zweifellos das Kennzeichen ihres Ursprungs« (78) – ein Reduktionismus, der die von Durkheim verteidigte Selbständigkeit des Moralischen desavouiert. Der Begriff der moralischen Tatsache selbst ist latent paradox: etwas wird zum Gegebenen, bei Durkheim zum fait social, was dem eigenen Anspruch nach mehr als bloß gegeben sein möchte und was, sobald es doch nichts anderes sein soll, seinen emphatischen Anspruch einbüßt. Wohl war jene Paradoxie auch Kant nicht so fremd wie der anti-empirische Zug der Kritik der praktischen Vernunft vermuten läßt. Demgemäß solidarisiert sich Durkheim mit Kant: »Es soll gezeigt werden, daß die moralischen Regeln mit einer besonderen Autorität ausgestattet sind, kraft derer sie befolgt werden, weil sie gebieten. Auf diese Weise werden wir mittels einer rein empirischen Analyse auf den Begriff der Pflicht stoßen und diesem eine Definition geben, die der Kantischen sehr nahekommt. Die Obligation bildet also eines der ersten Merkmale der moralischen Regel.« (85) Die »Obligation« ist das Äquivalent der »Nötigung« aus der Kritik der praktischen Vernunft. Nur leitet der Positivist Durkheim daraus bedenkenlos ab, wozu überzugehen der transzendentale Idealist, der lieber den Widerspruch in Kauf nahm, sich weigerte: das Intelligible wird bei Durkheim, vermöge seines Charakters von »Faktizität«, den in gewissem Sinn auch Kant einräumt, auf die Empirie eingeebnet. Jede Moralregel ist ihm zufolge sozial entsprungen: »Dieser Heiligenschein, der den Menschen umgibt und ihn vor frevelhaften Eingriffen schützt, eignet dem Menschen nicht von Natur aus; er ist die Art und Weise, in der die Gesellschaft den Menschen denkt, die nach außen projizierte und objektivierte Hochachtung, die sie ihm gegenwärtig entgegenbringt.« (113) Zugleich aber werden jene Normen von Durkheim, eben als »geheiligt«, vindiziert. Die Beziehung zu Kant bleibt bloße Ähnlichkeit im Deskriptiven. Der zentrale Begriff von dessen Moral, Autonomie, entfällt. Evident wird das an der sozialen Kategorie, die bei Durkheim das Zentrum von Moralität erobert, der der Sanktion. Sie »ist eine Folge der Handlung, die nicht aus dem Inhalt der Handlung resultiert, sondern daraus, daß die Handlung einer bestehenden Regel nicht entspricht. Weil es eine vorher gesetzte Regel gibt und die Handlung einen Akt der Rebellion gegen diese Regel darstellt, zieht diese Handlung eine Sanktion nach sich.« (94) Konträr zu Kant ist danach die moralische Regel und, wie man interpolieren dürfte, das Sittengesetz selbst, der Vernunft des einzelmenschlichen Bewußtseins von außen vorgegeben, nicht dessen Eigenes, sondern heteronom. Wohl geht Durkheim von dieser Position nicht, nach dem Usus seiner Epoche, zum moralischen Relativismus über. Dafür setzt bei ihm Moralität, als der formale Inbegriff des sozial Sanktionierten, dem Individuum und seinem Bewußtsein unvermittelt, nach Kantischer Sprache dogmatisch, sich entgegen. Die Kantische Moralphilosophie kennt unter den Pflichten des Individuums auch die gegen es selbst, ohne sie freilich zu verabsolutieren. Durkheims Moral, dem »altruistischen Selbstmord« geneigt, duldet das Prinzip des sese conservare seinerseits einzig als Mittel zum Zweck. »Zunächst wird man wahrscheinlich nicht in Abrede stellen, daß das moralische Bewußtsein noch niemals eine Handlung als moralisch angesehen hat, die ausschließlich auf die Selbsterhaltung des Individuums zielte; zwar kann ein solcher Akt der Selbsterhaltung moralisch werden, wenn ich mich für meine Familie oder für mein Vaterland erhalte; erhalte ich mich jedoch nur für mich selbst, dann entbehrt mein Verhalten in den Augen der Allgemeinheit jedes moralischen Wertes.« (102) Die »Augen der Allgemeinheit«, auf die Durkheim sich beruft, sind seine eigenen. Er bestätigt Gewordenes, trotz der Einsicht in seine Gewordenheit, um seines so und nicht anders Gewordenseins willen. Aber gerade wo er so schutzlos der Kritik sich preisgibt, erreicht er, im Gegensatz zum Reduktionismus, zur These, Entsprungenes müsse seinem Ursprung gleichen, die Einsicht in die Verselbständigung der gewordenen Qualität und virtuell die in ihr gegenüber dem Ursprung Anderes. Außerordentlich die Erkenntnis: »Zweifellos kann man unmöglich verstehen, wie der griechische oder der römische Götterhimmel entstanden ist, wenn man nichts über die Bildung der Polis weiß, über die Art, wie die primitiven Clans allmählich miteinander verschmolzen sind, wie die patriarchalische Familie sich organisiert hat etc. Andererseits aber hängt die üppige Vegetation der Mythen und Legenden, alle jene theologischen und kosmologischen Systeme etc., die das religiöse Denken errichtet, nicht unmittelbar mit den bestimmten Eigentümlichkeiten der sozialen Morphologie zusammen. Daß man den sozialen Charakter der Religion so oft verkannte, liegt daran, daß man glaubte, sie entstehe zum größten Teil unter der Wirkung außersoziologischer Ursachen, da man kein unmittelbares Band zwischen religiösen Glaubensinhalten und der Organisation der Gesellschaft bemerkte.« (79) Durkheim wird des Doppelcharakters von Geist gewahr: daß er, gesellschaftlich entsprungen und Moment innerhalb des gesellschaftlichen Lebensprozesses, in der gesellschaftlichen Dynamik dem Dasein, auf das er ihn sonst geflissentlich reduziert, als Neues gegenübertritt und nach eigener Gesetzmäßigkeit sich entfaltet. Der Tatbestand ist entscheidend etwa für die Ästhetik; darüber hinaus maßgebend für jede Ideologienlehre, die nicht in der These von der Abhängigkeit des Bewußtseins vom Sein sich erschöpfen will und darüber den Unterschied richtigen und falschen Bewußtseins eskamotieren. Durkheim hat denn auch inauguriert, was später als Branche Wissenssoziologie sich einrichtete, und Bewußtseinsformen wie Raum, Zeit, Kausalität aus der Gesellschaft, und zwar der Ordnung des Eigentums abgeleitet. Er beeindruckte damit vermutlich auch deutsche Wissenssoziologen wie Mannheim und Scheler weit nachdrücklicher, als allgemein bekannt ist. Jedenfalls übertrafen seine Theoreme durch Fülle der Belege weit die Doktrin Paretos von den Residuen und Derivationen, den ersten ausdrücklichen Entwurf dessen, was dann totaler Ideologiebegriff hieß. Der Zirkel, in den Durkheim dabei gerät: daß seine Deduktionen von Erkenntniskategorien diese offenkundig zugleich voraussetzen, zergeht erst der dialektischen Logik. An den fortgeschrittensten

Stellen seiner Spekulation indessen blitzt die Möglichkeit auf, daß das Wahre gesellschaftlich vermittelt sei, ohne daß Wahrheit darüber zerginge. Er formuliert mit Rücksicht auf die Freiheit: »Die Theoretiker mögen nachweisen, daß der Mensch ein Recht auf Freiheit hat; doch welcher Wert solchen Beweisführungen auch immer zukommt, fest steht, daß diese Freiheit nur in und durch die Gesellschaft eine Realität geworden ist.« (109) Durkheim wird, wider die eigene Intention und wider seinen Denkmodus, durch die Objektivität der Sache, deren Primat er kennt, zur Dialektik gedrängt. Unter den Argumenten für diese ist nicht das schwächste, daß sie, vermöge ihres Eigengewichts, Theoretikern sich aufzwingt, die, würden sie darauf aufmerksam, mit Entrüstung dagegen sich verwahrten.

Solche Wendung wäre nicht möglich ohne das Wahrheitsmoment des Positivismus gegenüber losgelassenem, seinen Gegenständen entlaufendem Denken. Durkheim hat es an einer kritischen Stelle bezeichnet, im Hinblick auf die Problematik wissenschaftlicher Diskussion, soweit sie ihre Substanz im Gedanken hat und diesen material nicht erfüllen kann: »Wenn ich nun hier meine Gedanken darlege, ohne ihnen diesen Beweisapparat vorauszuschicken, bin ich also gezwungen, sie gleichsam entwaffnet vorzutragen, und ich werde die hier nicht mögliche wissenschaftliche Beweisführung häufig durch eine rein dialektische Argumentation ersetzen müssen.« (89) Wie sehr auch die Formulierung durch die Nomenklatur »rein dialektische Argumentation« Dialektik verkennt, während im dialektischen Prozeß Subjekt und Objekt durch einander sich vermitteln, er gewahrt eine Schwäche. Sie will der positivistische Impuls korrigieren, und er nähert sich bei Durkheim, vermöge seiner auf die gesellschaftliche Objektivität, nicht auf ihre Manifestationen in Einzelsubjekten gerichtete Tendenz, einer dialektischen Theorie. Kritik an der Gesellschaft interpretiert er als immanente, freilich auf Kosten des dialektischen Salzes und stets dazu versucht, im Geist solcher Immanenz Kritik zu sistieren. Auch insofern ist der Empiriker Nachfahre Hegels: »Das Individuum kann sich den bestehenden Regeln zum Teil entziehen, sofern es die Gesellschaft will, wie sie ist, und nicht, wie sie sich selbst erscheint; sofern es eine Moral will, die dem gegenwärtigen Stand der Gesellschaft und nicht einem historisch überholten gesellschaftlichen Zustand gerecht wird, etc. Das Prinzip der Auflehnung ist also dasselbe wie das des Konformismus.« (120) Die Durkheimsche Version der Immanenz von Kritik wird zur Sabotage an Urteilen darüber, worin ein zu wollender Zustand vom fragwürdigen seienden abweiche, obwohl in dem von ihm urgierten Unterschied zwischen der Wirklichkeit der Gesellschaft und dem Bewußtsein, das sie von sich selbst hat, das Bewegende immanenter Kritik angedacht wird: die Differenz zwischen der Sache und ihrem Begriff.

Die Durkheimsche Variante des Positivismus erweist darin sich als avanciert, daß er die Methoden der empirischen Sozialforschung, die er selbst, im Falle des Selbstmords, mit soviel Effekt verwendete, jener zweiten Reflexion unterwirft, die auf späteren Stufen des soziologischen Empirismus lange unterblieb. Sein Objektivismus hilft ihm dazu, jener Art Objektivität nicht bedingungslos sich zu verschreiben, zu der die statistische Allgemeinheit verlockt: »Im übrigen gibt es einen weiteren Grund, weshalb man objektive und durchschnittliche Bewertung nicht miteinander verwechseln darf: weil nämlich die Reaktionen des durchschnittlichen Individuums individuelle Reaktionen bleiben ... Zwischen den Sätzen *Ich mag das* und *Eine bestimmte Anzahl von uns mag das* besteht kein wesentlicher Unterschied.« (141) Allerdings haben solche Einsichten, heute womöglich aktueller als zu Durkheims Zeit, bei ihm ihre Grenze daran, daß er zwar strukturelle Objektivität, als die des Kollektivgeistes, und subjektive soziale Verhaltensweisen, auch als quantifizierte, voneinander unterscheidet, jedoch um das Verhältnis der beiden, ihre Vermitteltheit, nicht sich kümmert, sondern die Dichotomie, treu der vorhandenen Landkarte der Wissenschaften, ein für allemal hinnimmt. Seine polemische Stellung zu jeglichem, nach den Vorstellungen seiner Periode atomistischen Denken verleitet ihn dazu, die Individuen, soweit Soziologie mit ihnen befaßt sei, die Substrate dessen, was er als »individualistische Soziologie« (77) befehdet, unter Benutzung einer wenig einschlägigen naturwissenschaftlichen Metaphorik als »tot« zu schmähen, in flagrantem Widerspruch zu dem Einfachsten, daß in der Gesellschaft von Leben nicht anders kann geredet werden als im Kontext des Lebens der Individuen, aus denen sie sich zusammensetzt: »Wie könnten die Bewegungen des Lebens ihren Sitz in toten Elementen haben? Wie könnten sich zudem die charakteristischen Eigenschaften des Lebens zwischen diese Elemente verteilen? Sie können nicht in allen in gleichem Maße vertreten sein, da die Elemente von verschiedener Art sind; der Sauerstoff kann weder dieselbe Rolle spielen wie der Kohlenstoff, noch dieselben Eigenschaften annehmen. Nicht weniger unzulässig ist die Behauptung, daß jeder Aspekt des Lebens in einer besonderen Atomgruppe verkörpert sei. Das Leben läßt sich nicht derart aufteilen; es ist einheitlich und kann infolgedessen nur die lebende Substanz in ihrer Totalität zum Sitz haben. Es ist im Ganzen, nicht in den Teilen. Wenn also das Leben, will man es begründen, nicht unter die Elementarkräfte verstreut zu werden braucht, deren Resultante es ist, warum sollte es beim individuellen Denken in bezug auf die Gehirnzellen und bei den sozialen Tatsachen in bezug auf die Individuen anders sein?« (76 f.) Bei Durkheim kündigt sich an, was nachmals die empirische Soziologie, in der Terminologie von Elisabeth Noelle-Neumann, als Dualismus von Einzahl- und Mehrzahlbereich etablierte. Dabei ist ihm entgangen, oder er hat dagegen sich verstockt, daß die von ihm als Prototypen des spezifisch Gesellschaftlichen herausgearbeiteten faits sociaux, nachdem einmal ihre Beziehung auf die lebendigen Subjekte und deren Motivationen fanatisch ausgemerzt ward, eine Irrationalität annehmen, die nicht sowohl die jener Personen ist als die einer Wissenschaft, welche dort die Antwort versagt, wo sie vorab zu antworten hätte. Durkheims methodologisches Prinzip mahnt an den Fuchs und die sauren Trauben. Er will, mit dem Gestus des unerbittlich strengen Gelehrten, nicht verstehen, sobald die Partikularität der Methode zum Verstehen nicht ausreicht. Geschichte hat darin ihn bestätigt, daß die äußerste soziale Tatsache, Auschwitz, wirklich nicht sich verstehen läßt. Verschmäht aber die Wissenschaft hochmütig oder vermag sie nicht etwa die berühmte Konstanz der Selbstmordzahlen während gewisser Perioden mit den Motivationen der Selbstmörder zu verbinden, dann wird jene Konstanz, auf deren Entdeckung sie soviel sich zugute tut, zu einem Rätsel, an dem auch nichts ändert, daß sie den Selbstmord als fait social durch die mangelnde Integration des Einzelnen in seiner Gruppe erklärt. Für

Durkheim liefert die Struktur des Kollektivs das einzige soziologisch relevante Kriterium des Selbstmords. Zu dessen Genese rechnen aber ebenso die psychologischen Mechanismen hinzu; diese freilich sind auch als innerindividuelle weithin gesellschaftlich präformiert. Jenes Moment von Irrationalität in der wissenschaftlichen Verfahrungsweise selbst, das den »Einzahlbereich« ausschaltet ohne Rücksicht darauf, daß der Mehrzahlbereich ohne die Einzahlbereiche gar nicht existierte, mystifiziert dann den Kollektivgeist. Doch auch diese Unzulänglichkeit der Durkheimschen Konzeption, die krasseste, ist nicht durchaus ohne Rechtsgrund. Der Bruch von Gesellschaft und Individuum selbst wirkt als soziales Gesetz, solange die Gesellschaft nicht die der Individuen ist sondern ihre Verhältnisse repressiv ihnen aufbürdet. Soziale und psychologische Gesetze divergieren tatsächlich, aus gesellschaftlichem Zwang, ohne daß sie doch je ein radikal voneinander Verschiedenes würden: denn das psychologisch Autarke und die Form seiner Autarkie sind im Ursprung gleichermaßen gesellschaftlich determiniert. Werden in Durkheims Soziologie die Individuen auf den Status bloßer Atome herabgedrückt, über deren Kopf hinweg das von ihm verherrlichte Ganze sich durchsetzt, ohne daß sie dagegen etwas vermöchten, so ist seine Konzeption realitätsgerecht. Sie nennt die Naturwüchsigkeit, die in der Gesellschaft trotz deren ansteigender Rationalität sich erhalten hat und erhält, bis Rationalität nicht länger mehr bloß eine der Mittel ist sondern eine der Zwecke. Die soziologische Gültigkeit des Gesetzes der großen Zahl ist Durkheim nicht zu widerlegen. Aber sie folgt nicht, wie er sich und seiner Schule suggerierte, aus dem Wesen des Sozialen schlechthin. Ihr Grund ist, daß die Gesellschaft ihrer noch nicht mächtig ward. Die Handlung bewußter Individuen hat bis heute nicht den gesellschaftlichen Prozeß dem heteronomen Schicksal entrissen. Indem Durkheim das verkennt oder verschweigt, macht er sich unvermerkt zum Komplizen des gleichen Mythos, der in den von ihm auf ihren Kollektivgeist befragten Naturreligionen unerhellt waltet. Das ist sein Bündnis mit falschem Bewußtsein; seine Leistung aber, daß er, willentlich oder nicht, ins Licht stellte, wie sehr der alte Bann die moderne Menschheit befängt. Mit tiefem Blick hat er, später Nachfahre Vicos, die Verschworenheit von Mythen und Rationalität erkannt. Mythen sind ihm Rationalisierungen. »Es gibt kaum einen Ritus, so materiell auch immer, der nicht von irgendeinem System von Vorstellungen begleitet würde, die ihn erklären und rechtfertigen sollen; denn der Mensch muß verstehen können, was er tut, auch wenn er bisweilen nur geringe Ansprüche stellt. Oft ist dies der Daseinsgrund der Mythen.« (133) Weder wahr noch bloß unwahr ist Durkheims Soziologie; vielmehr schiefe Projektion der Wahrheit auf ein Bezugssystem, das selbst in den gesellschaftlichen Verblendungszusammenhang fällt.

1967

Einleitung zum »Positivismusstreit in der deutschen Soziologie«* [1]

Für Fred Pollock
zum fünfundsiebzigsten Geburtstag
in herzlicher Freundschaft

Sesam öffne dich – ich möchte hinaus!
Stanisław Jerzy Lec

In seinen eindringlichen Anmerkungen zur Tübinger Diskussion der beiden Referate, mit denen in Deutschland die öffentliche Kontroverse über Dialektik und in weitestem Sinn[1a] positivistische Soziologie begann, beklagt Ralf Dahrendorf, es habe der Diskussion »durchgängig jene Intensität, die den tatsächlich vorhandenen Auffassungsunterschieden angemessen gewesen wäre«[2], gefehlt. Einige der Diskussionsteilnehmer monierten ihm zufolge »die fehlende Spannung zwischen den beiden Hauptreferaten und -referenten«[3]. Demgegenüber spürt Dahrendorf »die Ironie solcher Übereinstimmungen«; verborgen hätten sich hinter Gemeinsamkeiten der Formulierung tiefe Differenzen in der Sache.

* *Vgl. Theodor W. Adorno, Hans Albert, Ralf Dahrendorf u. a., Der Positivismusstreit in der deutschen Soziologie, Neuwied, Berlin 1969. (Anm. d. Hrsg.)*

1 Einem Referat von Albrecht Wellmer in dem wissenschaftstheoretischen Privatissimum, das im Sommersemester 1967 Ludwig v. Friedeburg und der Autor abhielten, ist dieser zu besonderem Dank verpflichtet.

1a Vgl. Einleitung zu E. Durkheim, Soziologie und Philosophie, Frankfurt 1967, S. 8 f., Fußnote [jetzt oben S. 246 f.]. Daß Popper und Albert vom spezifischen logischen Positivismus sich abgrenzen, sei vorweg wiederholt. Warum sie trotzdem als Positivisten betrachtet werden, muß aus dem Text hervorgehen.

2 Ralf Dahrendorf, Anmerkungen zur Diskussion der Referate von Karl R. Popper und Theodor W. Adorno, S. 145. [*Seitenverweise ohne weitere Angaben beziehen sich auf den oben angeführten Band Theodor W. Adorno u. a., Der Positivismusstreit in der deutschen Soziologie, Neuwied, Berlin 1969.*]

3 a. a. O.

Daß tatsächlich keine Diskussion zustande kam, in der Gründe und Gegengründe ineinandergriffen, lag nicht allein an der Konziliant der Referenten: sie waren zunächst bestrebt, überhaupt die Positionen theoretisch kommensurabel zu machen. Verantwortlich aber ist auch nicht bloß die Attitüde mancher Diskussionsteilnehmer, die mit ihrer zuweilen erst erworbenen Philosophiefremdheit auftrumpften. Die Dialektiker rekurrieren ausdrücklich auf die Philosophie, aber die methodologischen Interessen der Positivisten sind dem naiv praktizierten research-Betrieb kaum weniger fremd. Als schuldig an einem wahrhaften Mangel jedoch, der der Diskussion im Wege stand, müßten beide Referenten sich bekennen: beiden gelang die volle Vermittlung zur Soziologie als solcher nicht. Vieles von dem, was sie sagten, bezog sich auf Wissenschaft überhaupt. Ein Maß an schlechter Abstraktheit ist aller Erkenntnistheorie gesetzt, auch der Kritik an ihr[4]. Wer bei der bloßen Unmittelbarkeit des wissenschaftlichen Verfahrens nicht sich bescheidet und aus dessen Necessitäten sich herausbegibt, verschafft mit dem freieren Blick sich auch illegitime Vorteile. Daß, wie man zuweilen hörte, die Tübinger Diskussion im Vorfeld verblieben sei und deswegen der Soziologie als bestimmter Wissenschaft nichts genutzt habe, zielt allerdings daneben. Argumente, die sich der analytischen Wissenschaftstheorie anvertrauen, ohne auf deren Axiomata einzugehen – und nur das kann mit »Vorfeld« gemeint sein –, geraten in die logische Höllenmaschine. Wie treu man auch dem Prinzip immanenter Kritik folgen mag, es ist nicht unreflektiert dort anzuwenden, wo logische Immanenz selber, unter Absehung von jeglichem besonderen Inhalt, zum alleinigen Maß erhoben wird. Zur immanenten Kritik der losgelassenen Logik rechnet die an ihrem Zwangscharakter hinzu. Ihn nimmt Denken durch gedankenlose Identifizierung mit formallogischen Prozessen an. Immanente Kritik hat ihre Grenze am fetischisierten Prinzip immanenter Logik: es selbst ist beim Namen zu nennen. Überdies ist die inhaltliche Relevanz der angeblichen Vorfelddiskussionen für die Soziologie keineswegs weit hergeholt. Ob man etwa zwischen Schein und Wesen unterscheiden darf, das tangiert unmittelbar, ob von Ideologie gesprochen werden kann, und damit bis in alle Ver-

4 Vgl. Hans Albert, Der Mythos der totalen Vernunft, S. 197 f.

ästelungen hinein ein zentrales soziologisches Lehrstück. Solche inhaltliche Relevanz dessen, was wie erkenntnistheoretische oder logische Präliminarien anmutet, erklärt sich dadurch, daß die einschlägigen Kontroversen ihrerseits latent inhaltlicher Art sind. Entweder ist Erkenntnis der Gesellschaft mit dieser verflochten, und Gesellschaft geht konkret in die Wissenschaft von ihr ein, oder diese ist einzig ein Produkt subjektiver Vernunft, jenseits aller Rückfrage nach ihren eigenen objektiven Vermittlungen.
Hinter der gerügten Abstraktheit indessen lauern weit ernstere Schwierigkeiten der Diskussion. Damit sie überhaupt möglich sei, muß sie nach der formalen Logik verfahren. Die These von deren Vorrang ist aber ihrerseits das Kernstück der positivistischen oder – um den vielleicht allzu belasteten Ausdruck auszutauschen durch einen, der allenfalls für Popper akzeptierbar wäre – szientistischen Auffassung von jeglicher Wissenschaft, Soziologie und Gesellschaftstheorie inbegriffen. Nicht auszuschalten ist unter den Gegenständen der Kontroverse, ob die unabdingbare Logizität des Verfahrens tatsächlich der Logik den absoluten Primat verschaffe. Gedanken indessen, welche die kritische Selbstreflexion des Primats der Logik in sachhaltigen Disziplinen fordern, geraten unvermeidlich in taktischen Nachteil. Sie müssen mit Mitteln, unter denen die logischen sich behaupten, über Logik nachdenken – ein Widerspruch jenes Typus, dessen bereits Wittgenstein, der reflektierteste Positivist, mit Schmerz innewurde. Würde eine Debatte wie die gegenwärtig unabweisbare weltanschaulich, von einander äußerlich entgegengesetzten Standpunkten aus geführt, so wäre sie a priori fruchtlos; begibt sie sich aber in die Argumentation, so droht ihr, daß die Spielregeln der einen Position stillschweigend anerkannt werden, die nicht zum letzten den Gegenstand der Diskussion abgeben.
Dahrendorf hat die Bemerkung des Korreferenten, es handle sich um keine Standpunktdifferenz, sondern um entscheidbare Gegensätze, mit der Frage beantwortet, »ob nicht das erstere richtig, das letztere aber falsch«[5] sei. Wohl schlössen ihm zufolge die Positionen Diskussion und Argument nicht aus, die Unterschiede in der Art der Argumentation indessen seien so tiefgehend, »daß man bezweifeln muß, ob Popper und Adorno sich auch nur auf

5 Dahrendorf, S. 150.

eine Prozedur zu einigen vermöchten, mit deren Hilfe sich ihre Unterschiede entscheiden ließen«[6]. Die Frage ist genuin: beantworten läßt sie sich nur im durchgeführten Versuch, eine solche Entscheidung herbeizuführen, nicht früher. Zum Versuch genötigt wird man, weil die friedliche Toleranz für zwei verschiedene nebeneinander koexistierende Typen Soziologie auf nichts Besseres hinausliefe als auf die Neutralisierung des emphatischen Anspruchs von Wahrheit. Die Aufgabe präsentiert sich paradox: die kontroversen Fragen ohne logizistisches Präjudiz, aber auch ohne Dogmatismus zu diskutieren. Die Anstrengung dazu, keine abgefeimten eristischen Künste meint Habermas mit den Formulierungen »unterwandern« oder »hinter dem Rücken«. Ein geistiger Ort wäre zu finden, wo man aufeinander eingehen kann, nicht jedoch einen in der Kontroverse selbst thematischen Regelkanon akzeptiert; ein Niemandsland des Gedankens. Jener Ort ist nicht, nach umfangslogischem Modell, als ein noch Allgemeineres denn die beiden kollidierenden Positionen vorzustellen. Seine Konkretion gewinnt er, weil auch Wissenschaft, die formale Logik inbegriffen, nicht nur gesellschaftliche Produktivkraft, sondern ebenso gesellschaftliches Produktionsverhältnis ist. Ob das Positivisten akzeptieren mögen, steht dahin; es rührt kritisch an die Grundthese von der absoluten Eigenständigkeit der Wissenschaft, von ihrem konstitutiven Charakter für jegliche Erkenntnis. Zu fragen wäre, ob eine bündige Disjunktion gilt zwischen der Erkenntnis und dem realen Lebensprozeß; ob nicht vielmehr die Erkenntnis zu jenem vermittelt sei, ja ob nicht ihre eigene Autonomie, durch welche sie gegenüber ihrer Genese sich produktiv verselbständigt und objektiviert hat, ihrerseits aus ihrer gesellschaftlichen Funktion sich herleite; ob sie nicht einen Immanenzzusammenhang bildet und gleichwohl ihrer Konstitution als solcher nach in einem sie umgreifenden Feld angesiedelt ist, das auch in ihr immanentes Gefüge hineinwirkt. Solche Doppelschlächtigkeit, wie plausibel auch immer, widerstritte dem Prinzip der Widerspruchslosigkeit: Wissenschaft wäre dann eigenständig, und wäre es doch nicht. Dialektik, die das verficht, darf dabei so wenig wie sonstwo als ›privilegiertes Denken‹ sich gebärden; nicht sich als ein subjektives Sondervermögen aufspielen,

6 a. a. O., S. 151.

mit dem der eine begabt, das dem anderen verschlossen sei, oder gar als Intuitionismus sich gerieren. Umgekehrt müssen die Positivisten das Opfer bringen, aus der von Habermas so genannten Kannitverstan-Haltung sich herauszubegeben und nicht alles kurzerhand als unverständlich zu disqualifizieren, was mit Kategorien wie ihren »Sinnkriterien« nicht übereinstimmt. Man wird angesichts der sich ausbreitenden Feindschaft gegen die Philosophie den Verdacht nicht los, als wollten manche Soziologen krampfhaft die eigene Vergangenheit abschütteln; dafür pflegt diese sich zu rächen.

Prima vista stellt die Kontroverse so sich dar, als verträten die Positivisten einen strengen Begriff objektiv wissenschaftlicher Gültigkeit, den Philosophie aufweiche; die Dialektiker verführen, wie die philosophische Tradition nahelegt, spekulativ. Dabei freilich modifiziert der Sprachgebrauch den Begriff des Spekulativen bis in sein Gegenteil. Er wird nicht mehr wie bei Hegel, im Sinn kritischer Selbstreflexion des Verstandes, seiner Begrenztheit und ihrer Selbstkorrektur gedeutet, sondern unvermerkt nach dem populären Modell, das sich unter dem Spekulierenden einen unverbindlich, gerade ohne logische Selbstkritik und ohne Konfrontation mit den Sachen eitel Drauflosdenkenden vorstellt. Seit dem Zusammenbruch des Hegelschen Systems und vielleicht als dessen Folge hat die Idee der Spekulation sich dergestalt verkehrt, willfährig dem Faustischen Cliché vom Tier auf dürrer Heide. Was einmal den Gedanken bezeichnen sollte, der seiner eigenen Borniertheit sich entäußert und dadurch Objektivität gewinnt, wird subjektiver Willkür gleichgesetzt: der Willkür, weil es der Spekulation an allgemein gültigen Kontrollen gebräche; dem Subjektivismus, weil der Begriff der Tatsache von Spekulation durch Emphase auf Vermittlung aufgelöst werde, durch den ›Begriff‹, der als Rückfall in scholastischen Realismus erscheint und, nach positivistischem Ritus, als Veranstaltung des Denkenden, die vermessen mit einem Ansichseienden sich verwechsle. Demgegenüber hat mehr Kraft als das von Albert beargwöhnte tu-quoque-Argument die These, daß die positivistische Position, deren Pathos und deren Wirkung an ihrem Objektivitätsanspruch haften, ihrerseits subjektivistisch sei. Das antezipierte Hegels Kritik an dem, was er Reflexionsphilosophie nannte. Carnaps Triumph, von der Philosophie bleibe nichts übrig als Methode: die logischer Analyse, ist der Prototyp quasi-ontologischer Vorentscheidung fur subjektive Vernunft[7]. Der Positivismus, dem Widersprüche anathema sind, hat seinen innersten und seiner selbst unbewußten daran, daß er der Gesinnung nach äußerster, von allen subjektiven Projektionen gereinigter Objektivität nachhängt, dabei jedoch nur desto mehr in der Partikularität bloß subjektiver, instrumenteller Vernunft sich verfängt. Die sich als Sieger über den Idealismus fühlen, sind diesem weit näher als die kritische Theorie: sie hypostasieren das erkennende Subjekt, nicht länger zwar als erzeugendes, absolutes, doch als den topos noetikos aller Geltung, der wissenschaftlichen Kontrolle. Während sie Philosophie liquidieren möchten, advozieren sie bloß eine, die sich, gestützt auf die Autorität von Wissenschaft, gegen sich selbst abdichtet. Bei Carnap, dem Endglied der Kette Hume-Mach-Schlick, liegt der Zusammenhang mit dem älteren subjektiven Positivismus noch zutage durch seine sensualistische Interpretation der Protokollsätze. Sie hat dann, weil auch jene Sätze der Wissenschaft nicht anders als sprachlich gegeben, nicht unmittelbar sinnlich gewiß sind, die Wittgensteinsche Problematik ausgelöst. Keineswegs indessen wird der latente Subjektivismus durch die Sprachtheorie des Tractatus durchbrochen. »Das Resultat der Philosophie«, heißt es darin, »sind nicht ›philosophische Sätze‹, sondern das Klarwerden von Sätzen. Die Philosophie soll die Gedanken, die sonst, gleichsam, trübe und verschwommen sind, klar machen und scharf abgrenzen.«[8] Klarheit aber kommt einzig dem subjektiven Bewußtsein zu. Wittgenstein überspannt, im szientifischen Geist, den Anspruch von Objektivität derart, daß er zergeht und jener totalen Paradoxie von Philosophie weicht, die den Nimbus Wittgensteins bildet. Latenter Subjektivismus hat den Objektivismus der gesamten nominalistischen Aufklärungsbewegung kontrapunktiert, die permanente reductio ad hominem. Ihr braucht Denken nicht sich zu fügen. Es vermag den latenten Subjektivismus kritisch aufzudecken. Stau-

7 Der Begriff ist entwickelt in: Max Horkheimer, Zur Kritik der instrumentellen Vernunft, Teil I, Frankfurt a. M. 1967.

8 Ludwig Wittgenstein, Tractatus logico-philosophicus, 4.112, Frankfurt a. M. 1960 (1963²), S. 31 f.

nenswert, daß die Szientisten, Wittgenstein inbegriffen, an jenem so wenig sich gestört haben wie am permanenten Antagonismus des formallogischen und des empiristischen Flügels, der innerpositivistisch, verzerrt, einen höchst realen zutage fördert. Schon bei Hume stand die Doktrin von der schlechthinnigen Gültigkeit der Mathematik dem skeptischen Sensualismus heterogen gegenüber. Darin manifestiert sich, wie wenig dem Szientismus die Vermittlung von Faktizität und Begriff gelang; unverbunden werden beide zu einem logisch Unverträglichen. Nicht läßt sich sowohl der absolute Vorrang der Einzelgegebenheit vor den »Ideen« verfechten wie die absolute Eigenständigkeit eines rein idealen Bereichs, eben des mathematischen, festhalten. Solange, gleichviel wie variiert, das Berkeleysche esse est percipi konserviert wird, ist uneinsichtig, woher der Geltungsanspruch der formalen Disziplinen rührt, der in keinem Sinnlichen sein Fundament hat. Umgekehrt postulieren alle verbindenden Denkoperationen des Empirismus, für den ja Verbundenheit der Sätze ein Wahrheitskriterium ist, die formale Logik. Diese simple Überlegung müßte hinreichen, den Szientismus zur Dialektik zu bewegen. Die schlecht abstrakte Polarität des Formalen und Empirischen aber setzt sich höchst fühlbar fort in die Gesellschaftswissenschaften hinein. Formalsoziologie ist das äußerliche Komplement der, nach dem Terminus von Habermas, restringierten Erfahrung. Nicht sind die Thesen des soziologischen Formalismus, etwa die Simmelschen, an sich falsch; wohl aber die Denkakte, die sie von der Empirie losreißen, hypostasieren und dann nachträglich, illustrativ auffüllen, Lieblingsentdeckungen der Formalsoziologie wie die Bürokratisierung proletarischer Parteien haben ihr fundamentum in re, entspringen aber nicht invariant aus dem Oberbegriff »Organisation überhaupt« sondern aus gesellschaftlichen Bedingungen wie dem Zwang, innerhalb eines übermächtigen Systems sich zu behaupten, dessen Gewalt vermöge der Verbreitung seiner eigenen Organisationsformen über das Ganze sich realisiert. Jener Zwang teilt sich den Opponenten mit, nicht bloß durch soziale Ansteckung, sondern auch quasi rational: damit die Organisation die Interessen ihrer Angehörigen momentan wirksam zu vertreten vermag. Nichts hat innerhalb der verdinglichten Gesellschaft eine Chance, zu überleben, was nicht seinerseits verdinglicht wäre. Die konkret historische Allgemeinheit des Monopolkapitalismus verlängert sich ins Monopol der Arbeit samt all seinen Implikationen. Eine relevante Aufgabe der empirischen Soziologie wäre es, die Zwischenglieder zu analysieren, im einzelnen darzutun, wie die Anpassung an die veränderten kapitalistischen Produktionsverhältnisse diejenigen ergreift, deren objektive Interessen à la longue jener Anpassung widerstreiten.

Mit Grund darf die vorherrschende positivistische Soziologie subjektiv heißen im selben Sinn wie die subjektive Ökonomie; in einem von deren Hauptrepräsentanten, Vilfredo Pareto, hat der gegenwärtige soziologische Positivismus eine seiner Wurzeln. ›Subjektiv‹ hat dabei doppelte Bedeutung. Einmal operiert die herrschende Soziologie, wie Habermas es ausdrückt, mit Rastern, aufs Material aufgelegten Schemata. Während in diesen fraglos das Material ebenfalls zur Geltung kommt, je nachdem, in welche Sparte es eingefügt werden muß, macht es eine zentrale Differenz aus, ob Material, Phänomene gemäß einer ihnen an sich vorgeordneten, nicht erst von der Wissenschaft klassifikatorisch hergestellten Struktur interpretiert werden oder nicht. Wie wenig gleichgültig die Wahl der vermeintlichen Koordinatensysteme ist, läßt an der Alternative sich exemplifizieren, gewisse soziale Phänomene unter Begriffe wie Prestige und Status zu bringen, oder sie aus objektiven Herrschaftsverhältnissen abzuleiten. Der letzteren Auffassung zufolge unterliegen Status und Prestige der Dynamik des Klassenverhältnisses und können prinzipiell als abschaffbar vorgestellt werden; ihre klassifikatorische Subsumtion dagegen nimmt tendenziell jene Kategorien als schlechthin Gegebenes und virtuell Unveränderliches hin. So inhaltlich konsequenzreich ist eine scheinbar bloß die Methodologie betreffende Unterscheidung. In Konkordanz damit ist der Subjektivismus der positivistischen Soziologie in seiner zweiten Bedeutung. Zumindest in einem sehr erheblichen Sektor ihrer Tätigkeit geht sie von Meinungen, Verhaltensweisen, vom Selbstverständnis der einzelnen Subjekte und der Gesellschaft aus anstatt von dieser. Gesellschaft ist einer solchen Konzeption weithin das statistisch zu ermittelnde, durchschnittliche Bewußtsein oder Unbewußtsein vergesellschafteter und gesellschaftlich handelnder

Subjekte, nicht das Medium, in dem sie sich bewegen. Die Objektivität der Struktur, für die Positivisten ein mythologisches Relikt, ist, der dialektischen Theorie zufolge, das Apriori der erkennenden subjektiven Vernunft. Würde sie dessen inne, so hätte sie die Struktur in ihrer eigenen Gesetzlichkeit zu bestimmen, nicht von sich aus nach den Verfahrensregeln begrifflicher Ordnung aufzubereiten. Bedingung und Gehalt der an Einzelsubjekten zu erhebenden sozialen Tatsachen werden von jener Struktur beigestellt. Gleichgültig, wie weit die dialektische Konzeption von der Gesellschaft ihren Objektivitätsanspruch eingelöst hat, und ob ihr das überhaupt noch möglich ist – sie nimmt ihn schwerer als ihre Opponenten, welche die scheinbare Sekurität ihrer objektiv gültigen Befunde damit erkaufen, daß sie von Anbeginn auf die nachdrückliche Idee von Objektivität verzichten, die einmal vom Begriff des An sich gemeint war. Die Positivisten präjudizieren die Debatte insoweit, wie sie durchblicken lassen, sie verträten einen neuen, fortgeschrittenen Denktyp, dessen Auffassungen sich zwar, wie Albert es nennt, nicht heute schon überall durchgesetzt hätten, demgegenüber aber die Dialektik Archaismus sei. Diese Ansicht vom Fortschritt läßt den Preis außer acht, der ihn sabotiert. Geist soll dadurch fortschreiten, daß er als Geist zugunsten der Fakten sich fesselt, wahrhaft ein logischer Widerspruch. »Warum«, fragt Albert, »sollten neue Ideen nicht ebenfalls eine Chance bekommen sich zu bewähren?«[9] Gemeint wird mit den neuen Ideen eine Gesinnung, die im allgemeinen keineswegs ideenfreundlich ist. Ihr Anspruch auf Modernität kann kein anderer sein als der fortgeschrittener Aufklärung. Er jedoch bedarf der kritischen Selbstreflexion subjektiver Vernunft. Deren Fortschritt, bis ins Innerste zusammengewachsen mit der Dialektik von Aufklärung, ist nicht umstandslos als höhere Objektivität zu supponieren. Das ist der Brennpunkt der Kontroverse.

Daß Dialektik keine von ihrem Gegenstand unabhängige Methode ist, verhindert ihre Darstellung als ein Für sich, wie das deduktive System sie gestattet. Dem Kriterium der Definition willfahrt sie nicht, sie kritisiert es. Schwerer wiegt, daß sie nach dem unwiderruflichen Zusammenbruch des Hegelschen Systems auch

9 Hans Albert, Der Mythos der totalen Vernunft, S. 208.

das einstige und tief fragwürdige Bewußtsein philosophischer Sicherheit eingebüßt hat. Was ihr die Positivisten vorrechnen, der Mangel eines Fundaments, auf dem alles Weitere sich aufbaue, wird gegen sie auch von der herrschenden Philosophie ausgespielt: es gebreche ihr an der ἀρχή. In ihrer idealistischen Version vermaß sie sich, das Seiende, durch ungezählte Vermittlungen hindurch, ja kraft seiner eigenen Nichtidentität mit dem Geist, als ohne Rest mit diesem identisch darzutun. Das mißlang, und deswegen steht Dialektik in ihrer aktuellen Gestalt nicht minder polemisch zum »Mythos der totalen Vernunft« als Alberts Szientismus. Sie darf nicht ihren Wahrheitsanspruch als garantiert sich zuschreiben wie in idealistischen Zeiten. Als umfassendes Erklärungsprinzip verstand die dialektische Bewegung bei Hegel sich umstandslos als ›Wissenschaft‹. Denn in ihren ersten Schritten oder Setzungen war stets schon die Identitätsthese mit enthalten, die im Fortgang der Analysen nicht sowohl erhärtet als expliziert wurde; Hegel hat sie mit dem Gleichnis des Kreises beschrieben. Derlei Geschlossenheit, die dafür sorgte, daß nichts als wesentlich unerkannt und zufällig aus der Dialektik draußenblieb, ist ihr samt Zwang und Eindeutigkeit zersprungen; sie besitzt keinen Kanon, der sie regulierte. Ihre raison d'être hat sie dennoch. Gesellschaftlich ist die Idee eines objektiven, ansichseienden Systems nicht so schimärisch, wie es nach dem Sturz des Idealismus dünkte und wie der Positivismus es beteuert. Der Begriff großer Philosophie, den jener für überholt erachtet[10], verdankt sich keinen vorgeblich ästhetischen Qualitäten von Denkleistungen, sondern einem Erfahrungsgehalt, der eben um seiner Transzendenz zum einzelmenschlichen Bewußtsein willen zu seiner Hypostasis als Absolutes verlockte. Zu legitimieren vermag sich Dialektik durch Rückübersetzung jenes Gehalts in die Erfahrung, aus der er entsprang. Das ist aber die von der Vermitteltheit alles Einzelnen durch die objektive gesellschaftliche Totalität. Sie war in der traditionellen Dialektik auf den Kopf gestellt mit der These, die vorgängige Objektivität, das Objekt selbst, als Totalität verstanden, sei Subjekt. Albert hat beanstandet, der Tübinger Korreferent lasse es bei bloßen An-

10 Vgl. Helmut F. Spinner, Wo warst du, Platon. Ein kleiner Protest gegen eine »große Philosophie«, in: Soziale Welt, Jg. 18/1967, 2/3, S. 174 ff.

deutungen über Totalität sein Bewenden haben[11]. Nun ist es fast tautologisch, daß auf den Begriff der Totalität nicht in gleicher Weise mit dem Finger zu deuten ist wie auf jene facts, von denen er als Begriff sich abhebt. »Zur ersten, noch allzu abstrakten Annäherung sei an die Abhängigkeit aller Einzelnen von der Totalität erinnert, die sie bilden. In dieser sind auch alle von allen abhängig. Das Ganze erhält sich nur vermöge der Einheit der von seinen Mitgliedern erfüllten Funktionen. Generell muß jeder Einzelne, um sein Leben zu fristen, eine Funktion auf sich nehmen und wird gelehrt, zu danken, so lange er eine hat.«[12]

Habermas wird von Albert einer totalen Vernunftidee geziehen, mit allen Sünden der Identitätsphilosophie. Objektiv gewandt: Dialektik gehe, hegelianisch obsolet, mit einer Vorstellung vom gesellschaftlichen Ganzen um, die von der Forschung nicht einzuholen sei und auf den Schutthaufen gehöre. Die Faszination, welche Mertons Theory of the Middle Range ausübt, ist nicht zuletzt aus der Skepsis gegen die Totalitätskategorie zu erklären, während die Gegenstände solcher Theoreme gewaltsam aus übergreifenden Zusammenhängen herausgebrochen sind. Nach dem einfachsten common sense treibt Empirie zur Totalität. Studiert man etwa sozialen Konflikt an einem Fall wie den Berliner Ausschreitungen gegen Studenten 1967, so reicht der Anlaß der Einzelsituation zur Erklärung nicht aus. Eine These wie die, daß die Bevölkerung eben spontan reagierte gegen eine Gruppe, welche ihr die Interessen der unter prekären Bedingungen gehaltenen Stadt zu gefährden scheine, wäre unzulänglich nicht nur wegen der Fragwürdigkeit der von ihr unterstellten politisch-ideologischen Zusammenhänge. Sie macht keineswegs die unmittelbar in physischer Gewalt ausbrechende Wut gegen eine spezifische, sichtbare und nach populärem Vorurteil leicht zu identifizierende Minderheit plausibel. Die verbreitetesten, wirksamsten Stereotypen, welche gegen die Studenten im Schwang sind: daß sie demonstrierten, anstatt zu arbeiten – eine flagrante Unwahrheit –, daß sie die Gelder der Steuerzahler vergeudeten, die ihr Studium bezahlen, und Ähnliches, haben offensichtlich mit der aku-

11 Vgl. Albert, a. a. O., S. 194, Fußnote 1.

12 Theodor W. Adorno, Stichwort Gesellschaft, in: Evangelisches Staatslexikon, Stuttgart 1967. Spalte 637 [jetzt oben S. 10].

ten Situation nichts zu tun. Wie sehr solche Parolen denen der Jingopresse gleichen, liegt auf der Hand; doch fände jene Presse kaum ihre Resonanz, knüpfte sie nicht an Dispositionen der Meinung und der Triebrichtung zahlreicher Individuen an, die sie bestätigt und verstärkt. Anti-Intellektualismus, die Bereitschaft, Unzufriedenheit mit fragwürdigen Zuständen auf die zu projizieren, welche die Fragwürdigkeit aussprechen, gehen in die Reaktionen auf die unmittelbaren Anlässe ein; diese fungieren als Vorwand, als Rationalisierung. Wäre selbst die Situation von Berlin ein Faktor, welcher das massenpsychologische Potential zu entbinden beiträgt, so wäre sie wiederum anders als aus den übergreifenden Zusammenhängen der internationalen Politik nicht zu verstehen. Aus der sogenannten Berliner Situation abzuleiten, was von Machtkämpfen herrührt, die im Berliner Konflikt sich aktualisieren, ist borniert. Verlängert, führen die Linien auf das soziale Geflecht. Zwar ist es, um der unendlichen Vielzahl seiner Momente willen, kaum nach szientifischen Vorschriften in den Griff zu bekommen. Eliminiert man es jedoch aus der Wissenschaft, so werden die Phänomene falschen Ursachen zugerechnet; regelmäßig profitiert davon die vorwaltende Ideologie. Daß Gesellschaft nicht als Faktum sich festnageln läßt, nennt eigentlich nur den Tatbestand der Vermittlung: daß die Fakten nicht jenes Letzte und Undurchdringliche sind, als welches die vorherrschende Soziologie nach dem Muster der sinnlichen Daten der älteren Erkenntnistheorie sie betrachtet. In ihnen erscheint etwas, was sie nicht selbst sind[13]. Nicht die geringfügigste der Differenzen von positivistischer und dialektischer Konzeption ist, daß der Positivismus nach der Schlickschen Maxime nur Erscheinung gelten lassen möchte, während Dialektik den Unterschied von Wesen und Erscheinung nicht sich ausreden läßt. Es ist seinerseits gesellschaftliches Gesetz, daß entscheidende Strukturen des sozialen Prozesses wie die der Ungleichheit der vermeintlichen Äquivalente, die getauscht werden, ohne Eingriff der Theorie nicht offenbar werden können. Dem Verdacht dessen, was Nietzsche hinterweltlerisch nannte, begegnet dialektisches Denken damit, daß das verborgene Wesen das Unwesen sei. Unversöhnlich mit der philosophischen Tradition, bejaht es dies

13 Vgl. Max Horkheimer, a. a. O., S. 20 f.

Unwesen nicht seiner Gewalt wegen, sondern kritisiert es an seinem Widerspruch zum »Erscheinenden«, schließlich zum realen Leben der einzelnen Menschen. Festzuhalten ist der Hegelsche Satz, das Wesen müsse erscheinen; damit gerät es in jenen Widerspruch zur Erscheinung. Totalität ist keine affirmative, vielmehr eine kritische Kategorie. Dialektische Kritik möchte retten oder herstellen helfen, was der Totalität nicht gehorcht, was ihr widersteht oder was, als Potential einer noch nicht seienden Individuation, erst sich bildet. Die Interpretation der Fakten geleitet zur Totalität, ohne daß diese selbst Faktum wäre. Nichts sozial Faktisches, das nicht seinen Stellenwert in jener Totalität hätte. Sie ist allen einzelnen Subjekten vorgeordnet, weil diese auch in sich selbst ihrer contrainte gehorchen und noch in ihrer monadologischen Konstitution, und durch diese erst recht, die Totalität vorstellen. Insofern ist sie das Allerwirklichste. Weil sie aber der Inbegriff des gesellschaftlichen Verhältnisses der Individuen untereinander ist, das gegen die Einzelnen sich abblendet, ist sie zugleich auch Schein, Ideologie. Eine befreite Menschheit wäre länger nicht Totalität; ihr Ansichsein ist ebenso deren Unfreiheit, wie es sie über sich selbst als das wahre gesellschaftliche Substrat täuscht. Damit ist zwar nicht das Desiderat einer logischen Analyse des Begriffs der Totalität[14], als eines Widerspruchslosen, erfüllt, das Albert gegen Habermas anmeldet, denn die Analyse terminiert im objektiven Widerspruch der Totalität. Aber die Analyse dürfte den Rekurs auf Totalität dem Vorwurf dezisionistischer Willkür entziehen[15]. Habermas so wenig wie ein anderer Dialektiker bestreitet die Möglichkeit einer Explikation von Totalität, nur seine Verifizierbarkeit nach dem Faktenkriterium, das durch die Bewegung zur Totalitätskategorie transzendiert wird. Gleichwohl ist sie nicht χωρίς von den Fakten sondern als deren Vermittlung ihnen immanent. Totalität ist, provokatorisch formuliert, die Gesellschaft als Ding an sich, mit aller Schuld von Verdinglichung. Gerade aber weil dies Ding an sich noch nicht gesellschaftliches Gesamtsubjekt, noch nicht Freiheit ist, sondern heteronom Natur fortsetzt, eignet ihm objektiv ein Moment von Unauflöslichkeit, wie es Durkheim, einseitig ge-

14 Vgl. Hans Albert, Der Mythos der totalen Vernunft, S. 197 f.
15 Vgl. a. a. O., S. 199.

nung, zum Wesen des Sozialen schlechthin erklärte. Insofern ist sie auch »faktisch«. Der Begriff von Faktizität, den die positivistische Anschauung als ihr letztes Substrat hütet, ist Funktion der gleichen Gesellschaft, von welcher die szientistische Soziologie, insistierend auf dem undurchsichtigen Substrat, zu schweigen gelobt. Die absolute Trennung von Faktum und Gesellschaft ist ein Kunstprodukt der Reflexion, durch zweite Reflexion abzuleiten und zu widerrufen.

Eine Fußnote Alberts lautet: »Habermas zitiert in diesem Zusammenhang den Hinweis Adornos auf die Unprüfbarkeit der Abhängigkeit jedes sozialen Phänomens ›von der Totalität‹. Das Zitat entstammt einem Kontext, in dem Adorno unter Bezugnahme auf Hegel behauptet, Widerlegung sei nur als immanente Kritik fruchtbar; siehe dazu Adorno, Zur Logik der Sozialwissenschaften, a.a.O., S. 133 f. Dabei wird der Sinn der Popperschen Ausführungen zum Problem der kritischen Prüfung durch ›Weiterreflektieren‹ ungefähr in sein Gegenteil verkehrt. Mir scheint, die Unprüfbarkeit des erwähnten Adornoschen Gedankens hängt zunächst wesentlich damit zusammen, daß weder der verwendete Begriff der Totalität noch die Art der behaupteten Abhängigkeit auch nur einer bescheidenen Klärung zugeführt wird. Es steckt wohl nicht viel mehr dahinter als die Idee, daß irgendwie alles mit allem zusammenhänge. Inwiefern aus einer solchen Idee irgendeine Auffassung einen methodischen Vorteil gewinnen könnte, müßte eigentlich nachgewiesen werden. Verbale Beschwörungen der Totalität dürften da kaum genügen.«[16] Die »Unprüfbarkeit« besteht jedoch nicht darin, daß für den Rekurs auf die Totalität kein triftiger Grund zu nennen wäre, sondern darin, daß Totalität nicht faktisch ist wie die sozialen Einzelphänomene, auf welche das Albertsche Kriterium der Überprüfbarkeit limitiert ist. Auf den Einwand, es stecke hinter dem Begriff der Totalität nicht mehr als die Trivialität, daß alles mit allem zusammenhängt, ist zu erwidern, es sei die schlechte Abstraktheit jenes Satzes »nicht sowohl dünnes Denkprodukt als schlechter Grundbestand der Gesellschaft: der des Tausches. In dessen universalem Vollzug, nicht erst in der wissenschaftlichen Rechenschaft darüber, wird objektiv abstrahiert; wird abgesehen

16 a. a. O., S. 207, Fußnote 26.

von der qualitativen Beschaffenheit der Produzierenden und Konsumierenden, vom Modus der Produktion, sogar vom Bedürfnis, das der gesellschaftliche Mechanismus beider, als Sekundäres befriedigt. Noch die in Kundenschaft verkehrte Menschheit, das Subjekt der Bedürfnisse, ist über alle naive Vorstellung hinaus gesellschaftlich präformiert, nicht erst vom technischen Stand der Produktivkräfte, sondern ebenso von den wirtschaftlichen Verhältnissen, in denen jene funktionieren. Die Abstraktheit des Tauschwertes ist a priori mit der Herrschaft des Allgemeinen über das Besondere, der Gesellschaft über ihre Zwangsmitglieder verbündet. Sie ist nicht, wie die Logizität des Reduktionsvorgangs auf Einheiten wie die gesellschaftlich durchschnittliche Arbeitszeit vorspiegelt, gesellschaftlich neutral. Durch die Reduktion der Menschen auf Agenten und Träger des Warentauschs hindurch realisiert sich die Herrschaft von Menschen über Menschen. Der totale Zusammenhang hat die konkrete Gestalt, daß alle dem abstrakten Tauschgesetz sich unterwerfen müssen, wenn sie nicht zugrunde gehen wollen, gleichgültig, ob sie subjektiv von einem ›Profitmotiv‹ geleitet werden oder nicht.«[17] Die Differenz der dialektischen Ansicht von der Totalität und der positivistischen spitzt sich darauf zu, daß der dialektische Totalitätsbegriff ›objektiv‹, nämlich zum Verständnis jeglicher sozialen Einzelfeststellung intendiert ist, während die positivistischen Systemtheorien lediglich durch Wahl möglichst allgemeiner Kategorien Feststellungen widerspruchslos in einem logischen Kontinuum zusammenfassen möchten, ohne die obersten Strukturbegriffe als Bedingung der Sachverhalte zu erkennen, die unter ihnen subsumiert werden. Schwärzt der Positivismus diesen Totalitätsbegriff als mythologischen, vorwissenschaftlichen Rückstand an, so mythologisiert er im unverdrossenen Kampf gegen Mythologie die Wissenschaft. Ihr instrumenteller Charakter, will sagen, ihre Orientierung am Primat verfügbarer Methoden anstatt an der Sache und ihrem Interesse, inhibiert Einsichten, die ebenso das wissenschaftliche Verfahren treffen wie dessen Gegenstand. Kern der Kritik am Positivismus ist, daß er der Erfahrung der blind herrschenden Totalität ebenso wie der treibenden Sehnsucht, daß

17 Adorno, Stichwort Gesellschaft, a. a. O., Spalte 639. Leicht überarbeitet. [Jetzt oben S. 13 f.]

es endlich anders werde, sich sperrt und vorliebnimmt mit den sinnverlassenen Trümmern, die nach der Liquidation des Idealismus übrig sind, ohne Liquidation und Liquidiertes ihrerseits zu deuten und auf ihre Wahrheit zu bringen. Statt dessen hat er es mit Disparatem zu tun, dem subjektivistisch interpretierten Datum und, komplementär, den reinen Denkformen des Subjekts. Diese auseinandergebrochenen Momente von Erkenntnis bringt der gegenwärtige Szientivismus so äußerlich zusammen wie einst die Reflexionsphilosophie, die eben darum ihre Kritik durch die spekulative Dialektik verdiente. Dialektik enthält auch das Gegenteil idealistischer Hybris. Sie beseitigt den Schein einer irgend naturhaft-transzendentalen Dignität des Einzelsubjekts und wird seiner und seiner Denkformen als eines an sich Gesellschaftlichen inne: insofern ist sie ›realistischer‹ als der Szientivismus samt seinen ›Sinnkriterien‹.

Weil aber Gesellschaft aus Subjekten sich zusammensetzt und durch ihren Funktionszusammenhang sich konstituiert, ist ihre Erkenntnis durch lebendige, unreduzierte Subjekte der »Sache selbst« weit kommensurabler als in den Naturwissenschaften, welche von der Fremdheit eines nicht seinerseits menschlichen Objekts dazu genötigt werden, Objektivität ganz und gar in den kategorialen Mechanismus, in abstrakte Subjektivität hineinzuverlegen. Freyer hat darauf aufmerksam gemacht; die südwestdeutsche Unterscheidung des Nomothetischen und Idiographischen darf dabei um so eher außer Betracht bleiben, als eine unverkürzte Theorie der Gesellschaft auf Gesetze, die ihrer strukturellen Bewegung, nicht verzichten kann. Kommensurabilität des Objekts Gesellschaft ans erkennende Subjekt existiert sowohl, wie sie nicht existiert; auch das ist schwer mit der diskursiven Logik zu vereinbaren. Gesellschaft ist verstehbar und unverstehbar in eins. Verstehbar insofern, als der in ihr objektiv maßgebende Sachverhalt des Tauschs selbst Abstraktion, seiner Objektivität nach einen subjektiven Akt impliziert: in ihm erkennt das Subjekt wahrhaft sich selbst wieder. Das erklärt wissenschaftstheoretisch, weshalb die Webersche Soziologie im Begriff der Rationalität zentriert ist. In ihr tastete er, gleichgültig ob mit Bewußtsein oder nicht, nach jenem Gleichen zwischen Subjekt und Objekt, das etwas wie Erkenntnis der Sache anstatt ihrer Zersplitterung in Gegebenheiten und deren Aufbereitung gestattete. Aber die objektive Rationalität der Gesellschaft, die des Tauschs, entfernt sich durch ihre Dynamik immer weiter von dem Modell der logischen Vernunft. Darum ist Gesellschaft, das Verselbständigte, wiederum auch nicht länger verstehbar; einzig das Gesetz von Verselbständigung. Unverstehbarkeit bezeichnet nicht nur ein Wesentliches ihrer Struktur sondern ebenso die Ideologie, durch welche sie gegen die Kritik ihrer Irrationalität sich panzert. Weil Rationalität, Geist, von den lebendigen Subjekten als Teilmoment sich abgespalten hat, zur Rationalisierung sich beschied, bewegt sie sich fort in der Richtung auf ein den Subjekten Entgegengesetztes. Der Aspekt von Objektivität als Unveränderlichkeit, den sie dadurch annimmt, spiegelt sich dann wiederum zurück in der Verdinglichung des erkennenden Bewußtseins. Der Widerspruch im Begriff der Gesellschaft als einer verständlichen und unverständlichen ist der Motor rationaler Kritik, die auf Gesellschaft und ihre Art Rationalität, die partikulare, übergreift. Sucht Popper das Wesen von Kritik darin, daß fortschreitende Erkenntnis ihre logischen Widersprüche beseitigt, so wird sein eigenes Ideal zur Kritik an der Sache, wofern der Widerspruch seinen erkennbaren Ort in ihr hat, nicht bloß in der Erkenntnis von ihr. Bewußtsein, das sich nicht vor der antagonistischen Beschaffenheit der Gesellschaft, auch nicht vorm ihr immanenten Widerspruch von Rationalität und Irrationalität Scheuklappen vorbindet, muß zur Kritik an der Gesellschaft schreiten ohne μετάβασις εἰς ἄλλο γένος, ohne andere Mittel als vernünftige.

Habermas hat, in seiner Abhandlung über analytische Wissenschaftstheorie, den Übergang zur Dialektik als notwendig begründet mit Hinblick auf spezifisch sozialwissenschaftliche Erkenntnis[18]. Nicht nur ist seiner Argumentation zufolge, wie der Positivismus zugestände, das Objekt der Erkenntnis durch das Subjekt vermittelt, sondern ebenso umgekehrt: das Subjekt seinerseits fällt als Moment in die von ihm zu erkennende Objektivität, den gesellschaftlichen Prozeß. In diesem ist Erkenntnis, mit steigender Verwissenschaftlichung in steigendem Maß,

18 Vgl. Jürgen Habermas, Analytische Wissenschaftstheorie und Dialektik. Ein Nachtrag zur Kontroverse zwischen Popper und Adorno, S. 191.

Produktivkraft. Dialektik möchte dem Szientismus auf dessen eigenem Feld begegnen insoweit, wie sie die gegenwärtige gesellschaftliche Realität richtiger erkennen will. Sie möchte den Vorhang vor dieser durchdringen helfen, an dem Wissenschaft mitwebt. Deren harmonistische Tendenz, welche die Antagonismen der Wirklichkeit durch ihre methodische Aufbereitung verschwinden läßt, liegt in der klassifikatorischen Methode, ohne alle Absicht derjenigen, die ihrer sich bedienen. Sie bringt wesentlich Ungleichnamiges, einander Widerstreitendes, durch die Wahl der Begriffsapparatur und im Dienst von deren Einstimmigkeit, auf den gleichen Begriff. Aus jüngerer Zeit ist ein Beispiel für diese Tendenz der allbekannte Versuch von Talcott Parsons, eine Einheitswissenschaft vom Menschen zu stiften, deren Kategoriensystem Individuum und Gesellschaft, Psychologie und Soziologie gleichermaßen unter sich befaßt oder wenigstens auf einem Kontinuum anträgt[19]. Das seit Descartes und zumal Leibniz gängige Kontinuitätsideal ist nicht allein durch die jüngste naturwissenschaftliche Entwicklung dubios geworden. Gesellschaftlich täuscht es über die Kluft zwischen Allgemeinem und Besonderem, in welcher der fortwährende Antagonismus sich ausdrückt; die Einheit der Wissenschaft verdrängt die Widersprüchlichkeit ihres Objekts. Für die offenbar ansteckende Befriedigung, die gleichwohl von der Einheitswissenschaft ausgeht, ist zu zahlen: das gesellschaftlich gesetzte Moment der Divergenz von Individuum und Gesellschaft, und der den beiden gewidmeten Disziplinen, entgleitet ihr. Das pedantisch organisierte Totalschema, das vom Individuum und von seinen Gesetzmäßigkeiten zu komplexen sozialen Gebilden reicht, hat für alles Raum, nur dafür nicht, daß Individuum und Gesellschaft, obwohl kein radikal Verschiedenes, geschichtlich auseinander getreten sind. Ihr Verhältnis ist widerspruchsvoll, weil die Gesellschaft den Individuen weithin verweigert, was sie, stets Gesellschaft von Individuen, ihnen verheißt und warum sie überhaupt sich zusammenfügt, während wiederum die blinden und losgelassenen Interessen der einzelnen Individuen die Bildung eines möglichen gesell-

19 Vgl. Theodor W. Adorno, Zum Verhältnis von Soziologie und Psychologie, in: Sociologica. Max Horkheimer zum 60. Geburtstag gewidmet. Frankfurt a. M. 1955, S. 12 ff. [jetzt oben S. 43 ff.].

schaftlichen Gesamtinteresses inhibieren. Dem einheitswissenschaftlichen Ideal gebührt ein Titel, der ihm am letzten behagte, der des Ästhetischen, so, wie man in der Mathematik von elegant redet. Die organisatorische Rationalisierung, auf welche das Programm der Einheitswissenschaft gegenüber den disparaten Einzelwissenschaften hinausläuft, präjudiziert aufs äußerste die wissenschaftstheoretischen Fragen, welche die Gesellschaft aufwirft. Wird, nach Wellmers Worten, »sinnvoll zu einem Synonym für wissenschaftlich«, so usurpiert Wissenschaft, ein gesellschaftlich Vermitteltes, Gesteuertes und Kontrolliertes, das der bestehenden Gesellschaft und ihrer Tradition den kalkulablen Tribut zollt, die Rolle des arbiter veri et falsi. In Kantischen Zeiten hieß die erkenntnistheoretische Konstitutionsfrage die nach der Möglichkeit von Wissenschaft. Nun wird sie an die Wissenschaft in einfacher Tautologie zurückverwiesen. Einsichten und Verfahrungsarten, welche, anstatt innerhalb der geltenden Wissenschaft sich zu halten, diese selbst kritisch betreffen, werden a limine verscheucht. So hat der scheinbar neutrale Begriff »konventionalistische Bindung« fatale Implikationen. Durch die Hintertür der Konventionstheorie wird gesellschaftlicher Konformismus als Sinnkriterium der Sozialwissenschaften eingeschmuggelt; es lohnte die Mühe, die Verfilzung von Konformismus und Selbstinthronisierung der Wissenschaft im einzelnen zu analysieren. Auf den gesamten Komplex hat Horkheimer vor mehr als dreißig Jahren in dem Aufsatz »Der neueste Angriff auf die Metaphysik«[20] hingewiesen. Der Begriff von Wissenschaft wird auch von Popper, um seiner Gegebenheit willen, supponiert, als wäre er selbstverständlich. Er hat indessen seine historische Dialektik in sich. Als um die Wende des achtzehnten Jahrhunderts zum neunzehnten die Fichtesche Wissenschaftslehre und die Hegelsche Wissenschaft der Logik geschrieben wurden, hätte man, was gegenwärtig mit Exklusivitätsanspruch den Wissenschaftsbegriff okkupiert, kritisch auf der Stufe des Vorwissenschaftlichen angesiedelt, während nunmehr, was damals Wissenschaft, das wie immer auch schimärische absolutes Wissen genannt ward, von dem von Popper so genannten Szientismus als außer-

20 Jetzt in: Max Horkheimer, Kritische Theorie, Frankfurt a. M. 1968, Band II, S. 82 ff.

wissenschaftlich verworfen würde. Der Gang der Geschichte, und nicht bloß der geistigen, der es dahin brachte, ist keineswegs, wie die Positivisten es möchten, eitel Fortschritt. Alles mathematische Raffinement der vorangetriebenen wissenschaftlichen Methodik zerstreut nicht den Verdacht, daß die Zurüstung von Wissenschaft zu einer Technik neben den anderen ihren eigenen Begriff unterhöhle. Das stärkste Argument dafür wäre, daß, was der szientivistischen Interpretation als Ziel erscheint, das fact finding, für emphatische Wissenschaft nur Mittel der Theorie ist; ohne sie unterbleibt, warum das Ganze veranstaltet wird. Allerdings beginnt die Umfunktionierung der Wissenschaftsidee schon bei den Idealisten, zumal bei Hegel, dessen absolutes Wissen mit dem entfalteten Begriff des so und nicht anders Seienden koinzidiert. Angriffspunkt der Kritik jener Entwicklung ist nicht die Auskristallisierung spezialwissenschaftlicher Methoden, deren Fruchtbarkeit außer Frage steht, sondern die vorwaltende, von Max Webers Autorität schroff urgierte Vorstellung, außerwissenschaftliche Interessen seien der Wissenschaft äußerlich, beides sei mit der Sonde zu scheiden. Während auf der einen Seite die vorgeblich rein wissenschaftlichen Interessen Kanalisierungen, vielfach Neutralisierungen außerwissenschaftlicher sind, die in ihrer entschärften Gestalt in die Wissenschaft hinein sich verlängern, ist das wissenschaftliche Instrumentarium, das den Kanon dessen liefert, was wissenschaftlich sei, auch auf eine Weise instrumentell, von der die instrumentelle Vernunft nichts sich träumen läßt: Mittel zur Beantwortung von Fragen, die ihren Ursprung jenseits der Wissenschaft haben und über sie hinaustreiben. Soweit die Zweck-Mittel-Rationalität der Wissenschaft das im Begriff des Instrumentalismus gelegene Telos ignoriert und sich zum alleinigen Zweck wird, widerspricht sie ihrer eigenen Instrumentalität. Eben das verlangt die Gesellschaft der Wissenschaft ab. In einer bestimmbar falschen, den Interessen ihrer Mitglieder wie des Ganzen widersprechenden partizipiert jede Erkenntnis, die sich den in Wissenschaft geronnenen Regeln dieser Gesellschaft willfährig unterordnet, an ihrer Falschheit.

Die gängige und akademisch attraktive Unterscheidung des Wissenschaftlichen und Vorwissenschaftlichen, die auch Albert sich zu eigen macht, hält nicht stand. Die stets wieder beobachtete, auch von Positivisten bestätigte Tatsache einer Spaltung ihres Denkens, soweit sie als Wissenschaftler und soweit sie außerwissenschaftlich, aber mit Vernunft reden, legitimiert die Revision jener Dichotomie. Das als vorwissenschaftlich Klassifizierte ist nicht einfach, was durch die von Popper urgierte selbstkritische Arbeit der Wissenschaft noch nicht hindurchgegangen ist oder sie vermeidet. Vielmehr fällt darunter auch alles an Rationalität und Erfahrung, was von den instrumentellen Bestimmungen der Vernunft ausgeschieden wird. Beide Momente sind unabdingbar ineinander. Wissenschaft, welche die vorwissenschaftlichen Impulse nicht verwandelnd in sich aufnimmt, verurteilt sich nicht weniger zur Gleichgültigkeit als die amateurhafte Unverbindlichkeit. Im verrufenen Bereich des Vorwissenschaftlichen versammeln sich die Interessen, welche der Prozeß der Verwissenschaftlichung coupiert, und es sind nicht die unwesentlichen. So gewiß ohne wissenschaftliche Disziplin kein Fortschritt des Bewußtseins wäre, so gewiß paralysiert die Disziplin gleichzeitig die Organe der Erkenntnis. Je mehr Wissenschaft zu dem von Max Weber der Welt prophezeiten Gehäuse erstarrt, desto mehr wird das als vorwissenschaftlich Verfemte zum Refugium von Erkenntnis. Der Widerspruch im Verhältnis des Geistes zur Wissenschaft antwortet auf deren eigenen: Wissenschaft postuliert einen kohärenten immanenten Zusammenhang und ist Moment der Gesellschaft, welche Kohärenz ihr versagt. Entzieht sie sich dieser Antinomie, sei es, indem sie durch wissenssoziologische Relativierung ihren Wahrheitsgehalt durchstreicht, sei es, indem sie ihre Verflochtenheit in die faits sociaux verkennt und sich als Absolutes, sich selbst Genügendes aufwirft, so befriedigt sie sich mit Illusionen, die sie in dem beeinträchtigen, was sie vermöchte. Jene beiden Momente sind zwar disparat, jedoch nicht indifferent gegeneinander; zur Objektivität der Wissenschaft hilft allein Einsicht in die ihr innewohnenden gesellschaftlichen Vermittlungen, während sie keineswegs bloßes Vehikel gesellschaftlicher Verhältnisse und Interessen ist. Ihre Verabsolutierung und ihre Instrumentalisierung, beides Produkte subjektiver Vernunft, ergänzen sich. Indem der Szientismus einseitig sich für das Einheitsmoment von Individuum und Gesellschaft, der logischen Systematik zuliebe, engagiert und das solcher Logik nicht sich einfügende antagonistische Moment zum Epiphänomen entwertet, wird er angesichts zentraler Sachverhalte falsch. Nach vordialektischer Logik kann das Konstitutum nicht Konstituens, das Bedingte nicht Bedingung seiner eigenen Bedingung sein. Die Reflexion auf den Stellenwert gesellschaftlicher Erkenntnis innerhalb des von ihr Erkannten drängt über diese einfache Widerspruchslosigkeit hinaus. Die Nötigung zur Paradoxie, die Wittgenstein unverhohlen aussprach, bezeugt, daß allgemein Widerspruchslosigkeit für konsequentes Denken selbst dort nicht das letzte Wort behalten kann, wo es ihre Norm sanktioniert. Die Überlegenheit Wittgensteins über die Positivisten des Wiener Kreises zeigt daran sich schlagend: der Logiker gewahrt die Grenze von Logik. In ihrem Rahmen war das Verhältnis von Sprache und Welt, wie es Wittgenstein sich darstellte, nicht einstimmig zu behandeln. Denn für ihn bildet die Sprache einen in sich geschlossenen Immanenzzusammenhang, durch welchen die nicht-sprachlichen Momente der Erkenntnis, die sinnlichen Daten etwa, vermittelt sind; nicht minder jedoch liegt es im Sinn von Sprache, auf Nichtsprachliches sich zu beziehen. Sie ist sowohl Sprache als Autarkes, nach szientistischer Annahme mit bloß in ihr geltenden Spielregeln, wie ein Moment innerhalb der Realität, fait social[21]. Wittgenstein mußte dem Rechnung tragen, daß sie von allem faktisch Seienden sich abhebt, weil es nur durch sie »gegeben« wird, und dennoch denkbar ist nur als Moment der Welt, von der seiner Reflexion gemäß anders als durch Sprache

21 Der Doppelcharakter der Sprache prägt sich darin aus, daß sie, soweit im Bündnis mit den Positivisten, Objektivität einzig durch die subjektive Intention hindurch gewinnt. Nur wer, was er subjektiv meint, so genau ausdrückt wie nur möglich, willfahrt der Objektivität der Sprache und kräftigt sie, während jeder Versuch, sich auf das Ansichsein der Sprache gleichwie auf ihr ontologisches Wesen zu verlassen, im schlechten Subjektivismus der Hypostase sprachlicher Figuren verendet. Benjamin hat das gewahrt; im Positivismus selbst kommt, mit Ausnahme des einen Wittgenstein, jenes positivistische Motiv zu kurz. Die stilistische Nachlässigkeit vieler Szientisten, die sich mit dem Tabu über dem Ausdrucksmoment der Sprache rationalisieren mag, verrät verdinglichtes Bewußtsein. Weil Wissenschaft dogmatisch zu einer Objektivität gemacht wird, die nicht durch das Subjekt hindurchgegangen sein soll, wird der sprachliche Ausdruck bagatellisiert. Wer immer Sachverhalte als Ansichseiendes, ohne subjektive Vermittlung setzt, dem wird die Formulierung gleichgültig, auf Kosten der vergötzten Sache.

hindurch nichts gewußt werden kann. Damit hat er die Schwelle eines dialektischen Bewußtseins von den sogenannten Konstitutionsproblemen erreicht und das Recht des Szientismus ad absurdum geführt, dialektisches Denken abzuschneiden. Affiziert wird davon ebenso die gängige szientistische Vorstellung vom Subjekt, auch von einem transzendentalen der Erkenntnis, das danach als auf eine Bedingung der eigenen Möglichkeit auf sein Objekt verwiesen ist, wie die vom Objekt. Nicht länger ist es ein X, dessen Substrat aus dem Zusammenhang subjektiver Bestimmungen zu komponieren wäre, sondern bestimmt als seinerseits bestimmtes die subjektive Funktion mit.

Wohl ist die Gültigkeit von Erkenntnissen, und nicht nur von Naturgesetzen, von ihrer Entstehung weithin unabhängig. In Tübingen waren Referent und Korreferent sich einig in der Kritik der Wissenssoziologie und des Soziologismus vom Paretoschen Typus. Ihm ist die Marxische Theorie konträr: die Lehre von der Ideologie, dem falschen Bewußtsein, dem gesellschaftlich notwendigen Schein, wäre ohne den Begriff richtigen Bewußtseins und objektiver Wahrheit Nonsens. Trotzdem sind auch Genesis und Geltung nicht widerspruchslos zu trennen. Objektive Geltung bewahrt das Moment ihres Entsprungenseins, und es wirkt permanent in sie hinein. So unangreifbar die Logik – der Abstraktionsprozeß, welcher sie dem Angriff entrückt, ist der des verfügenden Willens. Er scheidet aus, disqualifiziert, worüber er verfügt. Nach dieser Dimension ist die Logik ›unwahr‹; ihre Unangreifbarkeit selber der vergeistigte gesellschaftliche Bann. Sein Scheinhaftes manifestiert sich an den Widersprüchen, auf welche die Vernunft in ihren Gegenständen trifft. In der Distanzierung des Subjekts vom Objekt, welche die Geschichte des Geistes erfüllt, war das Subjekt der realen Übermacht der Objektivität ausgewichen. Seine Herrschaft war die eines Schwächeren über ein Stärkeres. Anders wäre die Selbstbehauptung der Gattung Mensch vielleicht nicht möglich gewesen, gewiß nicht der Prozeß wissenschaftlicher Objektivation. Aber je mehr das Subjekt die Bestimmungen des Objekts an sich riß, desto mehr hat es sich seinerseits, bewußtlos, zum Objekt gemacht. Das ist die Urgeschichte der Verdinglichung des Bewußtseins. Was der Szientismus schlicht als Fortschritt unterstellt, war immer auch Opfer.

Durch die Maschen schlüpft, was am Objekt dem Ideal eines für sich seienden, »reinen«, der eigenen lebendigen Erfahrung entäußerten Subjekts nicht gemäß ist; insofern war das fortschreitende Bewußtsein vom Schatten des falschen begleitet. Subjektivität hat an sich ausgemerzt, was der Eindeutigkeit und Identität ihres Herrschaftsanspruchs nicht sich fügt; hat sich, die in Wahrheit immer auch Objekt ist, nicht weniger reduziert als die Objekte. Zu erinnern ist gleichermaßen an die Momente, um welche wissenschaftliche Methodik die Objektivität verkürzt, und an den Verlust der Spontaneität der Erkenntnis, den das Subjekt sich selbst zufügt, um seiner einsinnigen Leistungen mächtig zu sein. Carnap, einer der radikalsten Positivisten, hat es einmal als Glücksfall bezeichnet, daß die Gesetze der Logik und reinen Mathematik auf die Realität zutreffen. Ein Denken, das sein ganzes Pathos an seiner Aufgeklärtheit hat, zitiert an zentraler Stelle einen irrationalen – mythischen – Begriff wie den des Glücksfalls, nur um die freilich an der positivistischen Position rüttelnde Einsicht zu vermeiden, daß der vermeintliche Glücksumstand keiner ist, sondern Produkt des naturbeherrschenden oder, nach der Terminologie von Habermas, »pragmatistischen« Ideals von Objektivität. Die von Carnap aufatmend registrierte Rationalität der Wirklichkeit ist nichts als die Rückspiegelung subjektiver ratio. Erkenntnistheoretische Metakritik dementiert die Geltung des Kantischen subjektiven Aprioritätsanspruchs, bestätigt jedoch Kant dergestalt, daß seine Erkenntnistheorie, intendiert als eine der Geltung, die Genese der szientistischen Vernunft höchst adäquat beschreibt. Was ihm, in großartiger Konsequenz der szientistischen Verdinglichung, als die Kraft der subjektiven Form dünkt, welche die Wirklichkeit konstituiert, ist in Wahrheit die Summa jenes geschichtlichen Prozesses, in dem die sich loslösende und damit vergegenständlichende Subjektivität als totale Herrscherin von Natur sich aufwarf, das Herrschaftsverhältnis vergaß und es verblendet in die Schöpfung des Beherrschten durch den Herrscher umdeutete. Wohl sind Genesis und Geltung in den einzelnen Erkenntnisakten und Disziplinen kritisch zu distinguieren. Im Bereich der sogenannten Konstitutionsprobleme indessen sind sie unablöslich ineinander, wie sehr das auch der diskursiven Logik widerstrebt. Weil die szientistische Wahrheit die ganze sein will, ist sie nicht die ganze. Dessen überführt sie dieselbe ratio, die anders als durch Wissenschaft nie sich würde gebildet haben. Sie ist fähig zur Kritik an ihrem eigenen Begriff und vermag konkret zu bezeichnen, was der Wissenschaft entgeht, in der Soziologie die Gesellschaft.

Im Nachdruck auf dem Begriff der Kritik stimmten der Tübinger Referent und der Korreferent überein[22]. Dahrendorf hat dann, im Anschluß an eine Bemerkung von Peter Ludz, darauf aufmerksam gemacht, er sei äquivok gebraucht worden. Bei Popper bedeutet er, ohne alle inhaltliche Bestimmtheit, einen »reinen Mechanismus der vorläufigen Bewährung allgemeiner Sätze der Wissenschaft«, beim Korreferenten »die Entfaltung der Widersprüche der Wirklichkeit durch deren Erkenntnis«; immerhin hatte schon der Korreferent die Äquivokation klargestellt[23]. Sie ist aber keine bloße Kontamination verschiedener Bedeutungen im gleichen Wort, sondern inhaltlich begründet. Akzeptiert man den Popperschen rein cognitiven oder, wenn man will, ›subjektiven‹ Begriff der Kritik, die nur der Einstimmigkeit der Erkenntnis, nicht der Legitimation der erkannten Sache gelten soll, so kann es dabei fürs Denken nicht sein Bewenden haben. Denn hier und dort ist die kritische Vernunft ein Gleiches, nicht treten zwei ›Vermögen‹ in Aktion; die Identität des Wortes ist kein Zufall. Cognitive Kritik, die an Erkenntnissen und vor allem an Theoremen, untersucht notwendig auch, ob die Gegenstände der Erkenntnis sind, was sie ihrem eigenen Begriff nach zu sein beanspruchen. Sonst wäre sie formalistisch. Nie ist immanente Kritik rein logische allein, sondern stets auch inhaltliche, Konfrontation von Begriff und Sache. An ihr ist es, der Wahrheit zu folgen, welche die Begriffe, Urteile, Theoreme von sich aus sagen wollen, und sie erschöpft sich nicht in der hermetischen Stimmigkeit der

22 Die einundzwanzigste These Poppers enthält, in abstrakter Allgemeinheit, etwas wie einen gemeinsamen Nenner zwischen beiden. Vgl. Popper, Zur Logik der Sozialwissenschaften, a. a. O., S. 119.

23 Er erklärte sich mit Poppers Kritik am »verfehlte(n) und mißverständliche(n) methodologische(n) Naturalismus oder Szientismus« zunächst zwar einverstanden (vgl. Popper, a. a. O., S. 107, und Adorno, Zur Logik der Sozialwissenschaften, Korreferat, S. 128 [jetzt unten S. 550]), verschwieg dann jedoch nicht, daß er in seiner Vorstellung von Kritik weitergehen müsse als Popper es billige (vgl. Adorno, a. a. O., S. 128 ff. [jetzt unten S. 550 ff.]).

Gedankengebilde. An einer weithin irrationalen Gesellschaft steht gerade der wissenschaftlich stipulierte Primat der Logik zur Diskussion. Sachhaltigkeit, deren keine Erkenntnis, auch nicht das rein logische Verfahren, ohne Rest sich entledigen kann, erheischt, daß immanente Kritik, soweit sie auf das von wissenschaftlichen Sätzen Gemeinte, nicht auf »Sätze an sich« geht, nicht allein argumentativ verfahre, sondern untersuche, ob dies denn so sei. Sonst verfällt das Argumentieren jener Borniertheit, die am Scharfsinn nicht selten zu beobachten ist. Der Begriff des Arguments ist nicht das Selbstverständliche, als das Popper ihn behandelt, sondern bedürfte der kritischen Analyse; die phänomenologische Parole »Zu den Sachen« hat das einst angemeldet. Argumentation wird fragwürdig, sobald sie die diskursive Logik gegenüber dem Inhalt supponiert. Hegel hat in der »Wissenschaft der Logik« kaum im herkömmlichen Sinn argumentiert, in der Einleitung zur Phänomenologie des Geistes das »reine Zusehen« verlangt. Popper dagegen, der die Objektivität der Wissenschaft in der Objektivität der kritischen Methode erblickt, erläutert sie mit dem Satz, »daß die logischen Hilfsmittel der Kritik – die Kategorie des logischen Widerspruchs – objektiv sind«[24]. Darin ist zwar kein Exklusivitätsanspruch der formalen Logik erhoben, wie wenn Kritik einzig an dieser ihr Organon besäße, aber er wird doch zumindest nahegelegt. Auch der an Popper orientierte Albert dürfte Kritik nicht anders interpretieren[25]. Er läßt zwar »Untersuchungen über solche faktischen Zusammenhänge«[26] zu, wie Habermas sie erwähnt, möchte aber sie und die logischen »auseinanderhalten«. Die Einheit beider Typen von Kritik, welche deren Begriff indiziert, wird durch begriffliche Ordnung eskamotiert. Treten jedoch in sozialwissenschaftlichen Sätzen logische Widersprüche auf wie der nicht eben irrelevante, daß das gleiche soziale System die Produktivkräfte entfessele und fessele, dann vermag theoretische Analyse derlei logische Unstimmigkeiten auf Strukturmomente der Gesellschaft zurückzuführen, muß sie nicht als bloße Inkonzinnitäten des wissenschaftlichen Denkens wegschaffen, wo sie doch nur durch Verän-

24 Popper, Die Logik der Sozialwissenschaften, S. 106.
25 Vgl. Hans Albert, Im Rücken des Positivismus?, S. 286 f.
26 a. a. O., S. 288.

derung der Realität beseitigt werden könnten. Wäre es selbst möglich, solche Widersprüche in lediglich semantische zu übersetzen, also darzutun, daß die kontradiktorischen Sätze jeweils auf ein Verschiedenes sich bezögen, so prägt doch deren Gestalt schärfer die Struktur des Gegenstands aus als ein Verfahren, welches wissenschaftliche Befriedigung erreicht, indem es vom Unbefriedigenden des außerwissenschaftlichen Gegenstands der Erkenntnis sich abwendet. Übrigens mag die Möglichkeit der Abwälzung objektiver Widersprüche auf die Semantik damit zusammenhängen, daß der Dialektiker Marx keine voll entfaltete Vorstellung von Dialektik hegte, mit der er bloß zu »kokettieren« vermeinte. Denken, das darüber sich belehrt, daß zu seinem eigenen Sinn gehört, was nicht seinerseits Gedanke ist, sprengt die Logik der Widerspruchslosigkeit. Ihr Gefängnis hat Fenster. Die Enge des Positivismus ist, daß er davon keine Kenntnis nimmt und sich als in eine letzte Zuflucht in Ontologie, wäre es auch nur die gänzlich formalisierte, inhaltslose des Deduktionszusammenhangs von Sätzen an sich, verschanzt.

Kritik am Verhältnis wissenschaftlicher Sätze zu dem, worauf sie gehen, wird jedoch unaufhaltsam zur Kritik der Sache gedrängt. Vernünftig muß sie entscheiden, ob die Insuffizienzen, auf die sie stößt, bloß wissenschaftliche sind, oder ob die Sache dem nicht genügt, was die Wissenschaft durch ihre Begriffe von ihr ausdrückt. So wenig die Trennung zwischen den Gebilden der Wissenschaft und der Realität absolut ist, so wenig darf der Begriff der Wahrheit jenen allein zugesprochen werden. Nicht weniger sinnvoll ist es, von der Wahrheit einer gesellschaftlichen Institution zu reden, als von der der Theoreme, die mit ihr sich beschäftigen. Legitimerweise visiert der Sprachgebrauch bei Kritik nicht nur Selbstkritik – auf die sie eigentlich bei Popper hinausläuft – sondern auch die an der Sache. Daran hat die Antwort von Habermas auf Albert[27] ihr Pathos. Der Begriff von Gesellschaft, spezifisch bürgerlich und antifeudal, impliziert die Vorstellung einer Assoziation freier und selbständiger Subjekte um der Möglichkeit eines besseren Lebens willen, und damit Kritik an naturwüchsigen gesellschaftlichen Verhältnissen. Die Verhärtung der

27 Vgl. Jürgen Habermas, Gegen einen positivistisch halbierten Rationalismus, S. 249.

bürgerlichen Gesellschaft zu einem undurchdringlich Naturwüchsigen ist ihre immanente Rückbildung. Etwas von der entgegengesetzten Intention war in den Vertragstheorien ausgedrückt. So wenig sie historisch zutreffen, so eindringlich erinnern sie Gesellschaft an den Begriff einer Einheit von Individuen, deren Consensus schließlich ihre Vernunft, Freiheit und Gleichheit postuliert. Großartig bekundet sich die Einheit von Kritik im wissenschaftlichen und metawissenschaftlichen Sinn im Werk von Marx: es heißt Kritik der politischen Ökonomie, weil es aus Tausch und Warenform und ihrer immanenten, ›logischen‹ Widersprüchlichkeit das seinem Existenzrecht nach zu kritisierende Ganze herzuleiten sich anschickt. Die Behauptung der Äquivalenz des Getauschten, Basis allen Tausches, wird von dessen Konsequenz desavouiert. Indem das Tauschprinzip kraft seiner immanenten Dynamik auf die lebendige Arbeit von Menschen sich ausdehnt, verkehrt es sich zwangvoll in objektive Ungleichheit, die der Klassen. Prägnant lautet der Widerspruch: daß beim Tausch alles mit rechten Dingen zugeht und doch nicht mit rechten Dingen. Logische Kritik und die emphatisch praktische, die Gesellschaft müsse verändert werden, allein schon um den Rückfall in Barbarei zu verhindern, sind Momente der gleichen Bewegung des Begriffs. Daß auch eine solche Analyse die Trennung des Verbundenen, die von Wissenschaft und Politik, nicht einfach ignorieren kann, wird vom Marxischen Verfahren bezeugt. Er hat die Trennung sowohl kritisiert wie respektiert; der in seiner Jugend die Feuerbachthesen verfaßte, blieb gleichwohl sein Leben lang theoretischer Nationalökonom. Der Poppersche Begriff von Kritik sistiert die Logik, indem er sie auf wissenschaftliche Sätze einschränkt ohne Rücksicht auf die Logizität ihres Substrats, die es doch seinem eigenen Sinn nach verlangt. Sein »kritischer Rationalismus« hat etwas vor-Kantisches, formallogisch auf Kosten des Inhalts. Soziologische ›constructs‹ indessen, die bei ihrer logischen Widerspruchsfreiheit sich beschieden, hielten der inhaltlichen Reflexion nicht stand: der einer durchaus funktionalen, aber einzig durch die Härte unentwegter Repression ad Kalendas Graecas sich perpetuierenden Gesellschaft darum nicht, weil sie unstimmig ist, weil der Zwang, unter welchem sie sich am Leben erhält und auch das Leben ihrer Mitglieder, deren Leben nicht derart reproduziert, wie es dem Stand der Rationalität der Mittel nach möglich wäre, den gerade integrale bürokratische Herrschaft voraussetzt. Funktionieren kann auch der Schrecken ohne Ende, aber Funktionieren als Selbstzweck, getrennt von dem, wofür es funktioniert, ist nicht weniger ein Widerspruch als irgendein logischer, und Wissenschaft, die davor verstummt, wäre irrational. Kritik heißt nicht allein die Entscheidung darüber, ob vorgeschlagene Hypothesen als richtig oder falsch erwiesen werden können: sie geht durchsichtig zum Objekt über. Sind Theoreme widerspruchsvoll, so müssen, den Satz von Lichtenberg zu variieren, nicht immer die Theoreme daran schuld sein. Der dialektische Widerspruch drückt die realen Antagonismen aus, die innerhalb des logisch-szientistischen Denksystems nicht sichtbar werden. Den Positivisten ist das System, nach dem Modell des logisch-deduktiven, ein Erstrebenswertes, ›Positives‹; den Dialektikern, real nicht weniger als philosophisch, der Kern des zu Kritisierenden. Zu den Verfallsformen dialektischen Denkens im Diamat rechnet es, daß er die Kritik des übergeordneten Systems reprimiert. Dialektische Theorie muß von der Systemform zunehmend sich entfernen: die Gesellschaft selbst entfernt sich weiter stets von dem liberalistischen Modell, das ihr den Systemcharakter verlieh, und ihr cognitives System büßt den Charakter des Ideals darum ein, weil in der postliberalen Gestalt der Gesellschaft deren systematische Einheit als Totalität mit Repression sich amalgamiert. Wo dialektisches Denken heute, auch und gerade im Kritisierten, allzu unflexibel dem Systemcharakter nachhängt, neigt es dazu, das bestimmte Seiende zu ignorieren und in wahnhafte Vorstellungen überzugehen. Darauf aufmerksam zu machen, ist ein Verdienst des Positivismus, dessen Systembegriff, als bloß innerwissenschaftlich-klassifikatorischer, nicht ebenso zur Hypostase verlockt wird. Hypostasierte Dialektik wird undialektisch und bedarf der Korrektur durch jenes fact finding, dessen Interesse die empirische Sozialforschung wahrnimmt, die dann von der positivistischen Wissenschaftslehre ihrerseits zu Unrecht hypostasiert wird. Die vorgegebene, nicht erst aus der Klassifizierung stammende Struktur, das Durkheimsche Undurchdringliche, ist ein wesentlich Negatives, mit seinem eigenen Zweck, der Erhaltung und Befriedigung der Menschheit Unvereinbares. Ohne einen solchen Zweck wäre, inhaltlich betrachtet, der Begriff der Gesellschaft wahrhaft das, was die Wiener Positivisten sinnleer zu nennen pflegten; soweit ist Soziologie auch als kritische Theorie der Gesellschaft ›logisch‹. Das nötigt dazu, den Begriff von Kritik über seine Limitationen bei Popper auszudehnen. Die Idee wissenschaftlicher Wahrheit ist nicht abzuspalten von der einer wahren Gesellschaft. Sie erst wäre frei von Widerspruch und Widerspruchslosigkeit gleichermaßen. Diese wird vom Szientismus resigniert den bloßen Formen der Erkenntnis allein überantwortet.

Gegen Kritik am Gegenstand anstatt bloß an logischen Unstimmigkeiten wehrt sich der Szientismus unter Berufung auf seine gesellschaftliche Neutralität. Der Problematik einer solchen Beschränkung kritischer Vernunft scheinen Albert wie Popper eingedenk zu sein; dessen, was Habermas so ausdrückte, daß die szientifische Askese dem Dezisionismus der Zwecke, dem Irrationalismus Vorschub leiste, der schon in der Weberschen Wissenschaftslehre sich abzeichnete. Die Konzession Poppers, daß »Protokollsätze nicht unantastbar sind, scheint mir ein erheblicher Fortschritt zu sein«[28], daß universelle Gesetzeshypothesen sinnvollerweise nicht als verifizierbar aufgefaßt werden könnten, und daß das sogar für die Protokollsätze[29] gelte, treibt tatsächlich den Begriff von Kritik produktiv weiter. Absichtlich oder nicht wird dem Rechnung getragen, daß, worauf sogenannte soziologische Protokollsätze gehen, die einfachen Beobachtungen, präformiert sind durch die Gesellschaft, die ihrerseits wiederum sich nicht auf Protokollsätze reduzieren läßt. Ersetzt man freilich das herkömmliche positivistische Verifizierungspostulat durch das von ›Bestätigungsfähigkeit‹, so büßt der Positivismus sein Salz ein. Jede Erkenntnis bedarf der Bestätigung, jede muß, rational, Wahres und Falsches unterscheiden, ohne daß sie doch die Kategorien Wahr und Falsch autologisch nach den Spielregeln etablierter Wissenschaft einrichtete. Popper kontrastiert seine ›Soziologie des Wissens‹ der seit Mannheim und Scheler gängigen

28 Popper, Logik der Forschung, Tübingen 1966, S. 63.
29 »Das Schicksal, gestrichen zu werden, kann auch einem Protokollsatz widerfahren.« (Otto Neurath, Protokollsätze, in: Erkenntnis, hrsg. v. Rudolf Carnap und Hans Klüthenbach, 3. Band 1932/33, Leipzig, S. 209.)

Wissenssoziologie. Er verficht eine »Theorie der wissenschaftlichen Objektivität«. Sie gelangt aber über den szientistischen Subjektivismus[30] nicht hinaus, sondern fällt unter den unüberholten Satz von Durkheim, daß »zwischen den Sätzen Ich mag das und Eine bestimmte Anzahl von uns mag das kein wesentlicher Unterschied«[31] besteht. Popper erläutert die von ihm verfochtene wissenschaftliche Objektivität: »Diese kann nur durch solche soziale Kategorien erklärt werden, wie zum Beispiel: Wettbewerb (sowohl der einzelnen Wissenschaftler wie auch der verschiedenen Schulen); Tradition (nämlich die kritische Tradition); soziale Institution (wie zum Beispiel Veröffentlichungen in verschiedenen konkurrierenden Journalen und durch verschiedene konkurrierende Verleger; Diskussionen auf Kongressen); Staatsmacht (nämlich die politische Toleranz der freien Diskussion).«[32] Die Fragwürdigkeit dieser Kategorien ist eklatant. So steckt in der des Wettbewerbs der gesamte Konkurrenzmechanismus mitsamt dem Funesten, von Marx Denunzierten, daß der Erfolg auf dem Markt vor den Qualitäten der Sache, auch geistiger Gebilde, den Primat hat. Die Tradition, auf die Popper baut, wurde innerhalb der Universitäten offensichtlich zur Fessel der Produktivkraft. In Deutschland fehlt es durchaus an einer kritischen Tradition, von den »Diskussionen auf Kongressen« zu schweigen, die als Instrument von Wahrheit empirisch anzuerkennen Popper ebenso zögern dürfte, wie er die tatsächliche Reichweite der »politischen Toleranz der freien Diskussion« in der Wissenschaft nicht überschätzen wird. Seine forcierte Arglosigkeit alldem gegenüber atmet den Optimismus der Verzweiflung. Die apriorische Negation einer objektiven Struktur der Gesellschaft und deren Substitution durch Ordnungsschemata merzt Gedanken aus, die gegen jene Struktur sich kehren, während Poppers aufklärerischer Impuls doch auf solche Gedanken hinauswill. Die Verleugnung sozialer Objektivität läßt ihrer puren Form nach diese unbehelligt; Logik, verabsolutiert, ist Ideologie. Habermas referiert Popper: »Gegen eine positivistische Lösung des Basisproblems insistiert Popper auf der Einsicht, daß die Beobach-

30 s. Text oben, S. 284 f.

31 Emile Durkheim, Soziologie und Philosophie, Frankfurt 1967, S. 141.

32 Popper, Die Logik der Sozialwissenschaften, a. a. O., S. 113.

tungssätze, die sich zur Falsifikation von Gesetzesannahmen eignen, nicht empirisch zwingend gerechtfertigt werden können; statt dessen muß in jedem Fall ein Beschluß gefaßt werden, ob die Annahme eines Basissatzes durch Erfahrung ausreichend motiviert ist. Im Forschungsprozeß müssen alle Beobachter, die an Versuchen der Falsifikation bestimmter Theorien beteiligt sind, über relevante Beobachtungssätze zu einem vorläufigen und jederzeit widerrufbaren Konsensus gelangen: diese Einigung beruht in letzter Instanz auf einem Entschluß, sie kann weder logisch noch empirisch erzwungen werden.«[33] Dem entspricht Poppers Referat. Er plädiert zwar: »Es ist gänzlich verfehlt anzunehmen, daß die Objektivität der Wissenschaft von der Objektivität des Wissenschaftlers abhängt.«[34] Tatsächlich aber krankt jene Objektivität weniger an der persönlichen Gleichung von anno dazumal als an der wiederum objektiv-gesellschaftlichen Präformation der vergegenständlichten wissenschaftlichen Apparatur. Der Nominalist Popper hat dafür kein kräftigeres Korrektiv als Intersubjektivität innerhalb der organisierten Wissenschaft: »Was man als wissenschaftliche Objektivität bezeichnen kann, liegt einzig und allein in der kritischen Tradition; in jener Tradition, die es trotz aller Widerstände so oft ermöglicht, ein herrschendes Dogma zu kritisieren. Anders ausgedrückt, die Objektivität der Wissenschaft ist nicht eine individuelle Angelegenheit der verschiedenen Wissenschaftler, sondern eine soziale Angelegenheit ihrer gegenseitigen Kritik, der freundlich-feindlichen Arbeitsteilung der Wissenschaftler, ihres Zusammenarbeitens und auch ihres Gegeneinanderarbeitens.«[35] Das Vertrauen darauf, daß sehr divergente Positionen sich vermöge der anerkannten Spielregeln der Kooperation, wie es wienerisch heißt, »zusammenraufen« und dadurch den je erreichbaren Grad von Objektivität der Erkenntnis gewinnen, folgt dem veralteten liberalistischen Modell derer, die sich um den runden Tisch versammeln, um ein Kompromiß auszuhandeln. Die Formen wissenschaftlicher Kooperation enthalten unendlich viel an gesell-

33 Habermas, Analytische Wissenschaftstheorie und Dialektik, a. a. O., S. 178 f.

34 Popper, a. a. O., S. 112.

35 a. a. O.

schaftlicher Vermittlung; Popper nennt sie zwar eine »soziale Angelegenheit«, kümmert sich aber nicht um deren Implikate. Sie reichen von den Selektionsmechanismen, die kontrollieren, ob einer akademisch überhaupt kooptiert wird und einen Ruf erhält – Mechanismen, in denen offensichtlich Konformität mit der herrschenden Gruppenmeinung entscheidet –, bis zur Gestalt der communis opinio und ihrer Irrationalitäten. Vollends Soziologie, die es thematisch mit explosiven Interessen zu tun hat, ist auch der eigenen Gestalt nach, nicht nur privat, sondern gerade in ihren Institutionen, ein Mikrokosmos jener Interessen. Dafür sorgt bereits das klassifikatorische Prinzip an sich. Der Umfang von Begriffen, die nichts sein wollen als Abbreviaturen je vorfindlicher Tatsachen, führen nicht über deren Umkreis hinaus. Je tiefer die approbierte Methode ins gesellschaftliche Material sich hineinbegibt, desto offenbarer ihre Parteiischkeit. Will etwa die Soziologie der »Massenmedien« – der eingebürgerte Titel verbreitet das Vorurteil, von den Subjekten, den Konsumentenmassen her sei zu ermitteln, was in der Produktionssphäre geplant und am Leben erhalten wird – nichts anderes als Probandenmeinungen und -attitüden eruieren und dann daraus ›sozialkritische‹ Konsequenzen ziehen, so wird stillschweigend das vorhandene System, zentral gesteuert und durch Massenreaktionen hindurch sich reproduzierend, zur Norm seiner selbst. Die Affinität der gesamten Sphäre des von Paul F. Lazarsfeld so genannten administrative research zu den Zwecken von Verwaltung schlechthin ist fast tautologisch; nicht weniger evident jedoch, daß diese Zwecke, tabuiert man nicht gewaltsam den Begriff objektiver Herrschaftsstruktur, nach deren Bedürfnissen, vielfach über die Köpfe der einzelnen Administratoren hinweg, gemodelt sind. Administrative research ist der Prototyp einer Sozialwissenschaft, die sich auf die szientistische Wissenschaftstheorie stützt und die dieser wiederum vor Augen steht. So wie, gesellschaftlich-inhaltlich, politische Apathie als Politikum sich erweist, verhält es sich mit der gepriesenen wissenschaftlichen Neutralität. Seit Pareto arrangiert sich positivistische Skepsis mit je bestehender Macht, auch der Mussolinis. Weil jede gesellschaftliche Theorie mit der realen Gesellschaft verflochten ist, kann gewiß eine jede ideologisch mißbraucht oder umfunktioniert werden;

der Positivismus aber leiht sich, gleich der gesamten nominalistisch-skeptischen Tradition[36], spezifisch dem ideologischen Mißbrauch vermöge seiner inhaltlichen Unbestimmtheit, seiner einordnenden Verfahrungsweise, schließlich der Bevorzugung von Richtigkeit vor Wahrheit.

Das szientistische Maß aller Dinge, die Tatsache als das Feste, Irreduzible, woran das Subjekt nicht rütteln dürfe, ist eben der Welt entlehnt, die doch more scientifico erst aus den Tatsachen und ihrem nach logischen Vorschriften gebildeten Zusammenhang konstituiert werden soll. Gegebenheit, auf welche die szientistische Analyse führt, das letzte erkenntniskritisch postulierte, subjektive Phänomen, das nicht weiter zurückführbar sei, ist seinerseits das dürftige Nachbild eben der Objektivität, die da aufs Subjekt reduziert wird. Im Geist eines unbeirrten Objektivitätsanspruchs darf die Soziologie nicht beim Faktum, dem bloß dem Anschein nach Objektivsten, sich bescheiden. Anti-idealistisch wird darin etwas vom Wahrheitsgehalt des Idealismus bewahrt. Die Gleichsetzung von Objekt mit Subjekt gilt so weit, wie das Subjekt Objekt ist, zunächst in dem von Habermas betonten Sinn, daß die soziologische Forschung ihrerseits dem objektiven Zusammenhang angehört, den sie erforschen will[37]. Albert repliziert: »Will er« – Habermas – »den gesunden Menschenverstand – oder, etwas erhabener ausgedrückt: ›die natürliche Hermeneutik der sozialen Lebenswelt‹ – für sakrosankt erklären? Wenn nicht, worin besteht dann die Besonderheit seiner Methode? Inwiefern kommt in ihr ›die Sache‹ ›ihrem eigenen Gewicht nach‹ mehr ›zur Geltung‹ als in den üblichen Methoden der Realwissenschaften?«[38] Keineswegs jedoch sistiert die dialektische Theorie, wie einst Hegel, artifiziell-dogmatisch die Kritik am sogenannten vorwissenschaftlichen Bewußtsein. Auf dem Frankfurter Soziologentag 1968 apostrophierte Dahrendorf ironisch die Dialektiker: Sie wissen eben viel mehr als ich. Er bezweifelt die Kenntnis vorgängiger sozialer Objektivität, da

36 Vgl. Max Horkheimer, Montaigne und die Funktion der Skepsis, in: Kritische Theorie II, a. a. O., S. 220, passim.

37 Vgl. Habermas, Gegen einen positivistisch halbierten Rationalismus, a. a. O., S. 260.

38 Albert, Der Mythos der totalen Vernunft, a. a. O., S. 204.

doch das Soziale an sich vermittelt sei durch subjektive Kategorien des Verstandes. Die von den Dialektikern angegriffene Vorherrschaft der Methode sei nichts als die fortschreitende Reflexion der intentio recta, durch welche der Fortschritt der Wissenschaft sich vollziehe. Aber die Dialektiker kritisieren gerade die erkenntnistheoretische Kritik, die intentio obliqua, an ihrer eigenen Konsequenz. Dabei allerdings kassieren sie die Verbote, in denen der Szientismus bis zur jüngeren Entwicklung der ›analytischen Philosophie‹ sich zuspitzte, weil sie auf Kosten der Erkenntnis gehen. Der Begriff der Sache selbst wärmt nicht, wie Albert argwöhnt, »bestimmte Vorurteile« oder gar den Vorrang der geistigen »Abstammung« gegenüber der »Leistung« auf, wobei übrigens die des Szientismus innerhalb des Ganges der Soziologie nicht gar so sehr imponiert. Die von Albert zitierte Auffassung Poppers, der zufolge Theoreme »als Versuche verstanden werden können, die strukturellen Züge der Wirklichkeit aufzuhellen«[39], ist vom Begriff jener Sache selbst nicht so gar weit entfernt. Popper verleugnet nicht, wie seinerzeit Reichenbach, die philosophische Tradition. Kriterien wie das der »Relevanz«[40] oder der »erklärenden Kraft«[41], die er freilich später in einem dem naturwissenschaftlichen Modell angenäherten Sinn interpretiert, besagten wenig, stünde nicht implizit trotz allem ein Begriff von Gesellschaft dahinter, den manche Positivisten, wie in Deutschland König und Schelsky, lieber abschafften. Die Mentalität, die keine objektive Gesellschaftsstruktur Wort haben will, zuckt vor dem von ihr tabuierten Gegenstand zurück. Während die Szientisten ihre Gegner als träumerische Metaphysiker karikieren, werden sie unrealistisch. Operationell ideale Techniken entfernen sich unabdingbar von den Situationen, in denen seinen Ort hat, was ermittelt werden soll; insbesondere am sozialpsychologischen Experiment wäre das zu demonstrieren, aber auch an den vorgeblichen Verbesserungen der Skalierung. Die Objektivität, welcher

39 Albert, Im Rücken des Positivismus?, a. a. O., S. 285, dazu Fußnote 41: »Vgl. dazu auch Popper, Die Zielsetzung der Erfahrungswissenschaft, in: Ratio, Jg. 1, 1957; wiederabgedruckt in: Theorie und Realität, hrsg. von Hans Albert, Tübingen 1964.«

40 Popper, Logik der Sozialwissenschaften, a. a. O., S. 114.

41 a. a. O.

doch eigentlich der methodologische Schliff, das Vermeiden von Fehlerquellen dienen soll, wird zum Sekundären, vom operationellen Ideal gnädig Mitgeschleiften; das Zentrale peripher. Herrscht der methodologische Wille, Probleme eindeutig entscheidbar, »falsifizierbar« zu machen, unreflektiert vor, so schrumpft die Wissenschaft auf Alternativen zusammen, die nur durch Elimination von »variables«, also abstrahierend vom Objekt und dadurch es verändernd, herausspringen. Nach diesem Schema arbeitet der methodologische Empirismus in entgegengesetzter Richtung als Erfahrung.

Daß ohne Beziehung auf Totalität, das reale, aber in keine handfeste Unmittelbarkeit zu übersetzende Gesamtsystem nichts Gesellschaftliches zu denken ist, daß es jedoch nur soweit erkannt werden kann, wie es in Faktischem und Einzelnem ergriffen wird, verleiht in der Soziologie der *Deutung* ihr Gewicht. Sie ist die gesellschaftliche Physiognomik des Erscheinenden. Deuten heißt primär: an Zügen sozialer Gegebenheit der Totalität gewahr werden. Die Idee des »Vorgriffs« auf Totalität, die allenfalls ein sehr liberaler Positivismus zu billigen bereit wäre, reicht nicht aus: sie visiert die Totalität in Erinnerung an Kant als ein zwar unendlich Aufgegebenes und Verschobenes, aber prinzipiell durch Gegebenheiten zu Erfüllendes, ohne Rücksicht auf den qualitativen Sprung zwischen Wesen und Erscheinung in der Gesellschaft. Ihm wird Physiognomik gerechter, weil sie die Totalität, die ›ist‹ und keine bloße Synthesis logischer Operationen darstellt, in ihrem doppelschlächtigen Verhältnis zu den Fakten zur Geltung bringt, welche sie dechiffriert. Die Fakten sind nicht identisch mit ihr, aber sie existiert nicht jenseits von den Fakten. Gesellschaftliche Erkenntnis, die nicht mit dem physiognomischen Blick anhebt, verarmt unerträglich. Kanonisch ist ihm der soupçon gegen die Erscheinung als Schein. Dabei darf Erkenntnis nicht verharren. Indem sie die Vermittlungen des Erscheinenden und des in ihnen sich Ausdrückenden entfaltet, differenziert und berichtigt die Deutung sich zuweilen radikal. Menschenwürdige Erkenntnis beginnt zum Unterschied vom in Wahrheit vorwissenschaftlich stumpfen Registrieren damit, daß der Sinn für das geschärft wird, was an jedem sozialen Phänomen aufleuchtet: er, wenn irgend etwas, wäre als das Organ wissenschaftlicher Erfahrung zu definieren. Die etablierte Soziologie treibt diesen Sinn aus: daher ihre Sterilität. Einzig wofern er erst einmal entwickelt wird, ist er zu disziplinieren. Seine Disziplin bedarf ebenso gesteigerter Genauigkeit empirischer Beobachtung wie der Kraft der Theorie, welche die Deutung inspiriert und an ihr sich wandelt. Manche Szientisten mögen das generös einräumen, ohne daß doch die Divergenz dadurch verschwände. Es ist eine der Konzeptionen. Der Positivismus betrachtet Soziologie als eine Wissenschaft unter den anderen und hält seit Comte die bewährten Methoden der älteren, zumal der von der Natur, für übertragbar auf die Soziologie. Das birgt das eigentliche Pseudos. Denn Soziologie hat Doppelcharakter: in ihr ist das Subjekt aller Erkenntnis, eben Gesellschaft, der Träger logischer Allgemeinheit, zugleich das Objekt. Subjektiv ist Gesellschaft, weil sie auf die Menschen zurückweist, die sie bilden, und auch ihre Organisationsprinzipien auf subjektives Bewußtsein und dessen allgemeinste Abstraktionsform, die Logik, ein wesentlich Intersubjektives. Objektiv ist sie, weil auf Grund ihrer tragenden Struktur ihr die eigene Subjektivität nicht durchsichtig ist, weil sie kein Gesamtsubjekt hat und durch ihre Einrichtung dessen Instauration hintertreibt. Solcher Doppelcharakter aber modifiziert das Verhältnis sozialwissenschaftlicher Erkenntnis zu ihrem Objekt, und davon nimmt der Positivismus keine Notiz. Er behandelt Gesellschaft, potentiell das sich selbst bestimmende Subjekt, umstandslos so, als ob sie Objekt wäre, von außen her zu bestimmen. Buchstäblich vergegenständlicht er, was seinerseits Vergegenständlichung verursacht und woraus Vergegenständlichung zu erklären ist. Solche Substitution von Gesellschaft als Subjekt durch Gesellschaft als Objekt macht das verdinglichte Bewußtsein der Soziologie aus. Verkannt wird, daß durch die Wendung aufs Subjekt als auf ein sich selbst fremd und gegenständlich Gegenüberstehendes notwendig das Subjekt, das gemeint ist, wenn man will also gerade der Gegenstand der Soziologie ein Anderes wird. Freilich hat die Veränderung durch die Blickrichtung der Erkenntnis ihr fundamentum in re. Die Entwicklungstendenz der Gesellschaft läuft ihrerseits auf Verdinglichung hinaus; das verhilft einem verdinglichten Bewußtsein von ihr zur adaequatio.

Nur verlangt Wahrheit, daß dies quid pro quo mitbegriffen werde. Gesellschaft als Subjekt und Gesellschaft als Objekt sind dasselbe und doch nicht dasselbe. Die objektivierenden Akte der Wissenschaft eliminieren das an der Gesellschaft, wodurch sie nicht nur Objekt ist, und der Schatten davon fällt über alle szientistische Objektivität. Das einzusehen fällt einer Doktrin, deren oberste Norm Widerspruchslosigkeit heißt, am schwersten. Darin differiert zuinnerst eine kritische Theorie der Gesellschaft von dem, was im allgemeinen Sprachgebrauch Soziologie heißt: kritische Theorie orientiert sich trotz aller Erfahrung von der Verdinglichung, und gerade indem sie diese Erfahrung ausspricht, an der Idee der Gesellschaft als Subjekt, während die Soziologie die Verdinglichung akzeptiert, in ihren Methoden sie wiederholt und dadurch die Perspektive verliert, in der Gesellschaft und ihr Gesetz erst sich enthüllte. Zurück datiert das auf den soziologischen Herrschaftsanspruch, den Comte anmeldete und der heute mehr oder minder offen sich reproduziert in der Vorstellung, Soziologie könne, weil es ihr möglich ist, einzelne gesellschaftliche Situationen und Felder erfolgreich zu kontrollieren, ihre Kontrolle aufs Ganze ausdehnen. Wäre eine solche Übertragung irgend möglich; verkennte sie nicht gröblich die Machtverhältnisse, in deren Gegebenheit sie konstitutiv sich hält, so bliebe die wissenschaftlich total kontrollierte Gesellschaft Objekt, das der Wissenschaft, unmündig wie stets. Noch in der Rationalität einer wissenschaftlichen Betriebsführung der Gesamtgesellschaft, die scheinbar ihrer Schranken sich entledigt hätte, überlebte Herrschaft. Die der Forscher verquickte sich, auch gegen deren Willen, mit den Interessen der mächtigen Cliquen; eine Technokratie der Soziologen behielte elitären Charakter. Unter den Momenten, welche der Philosophie und der Soziologie gemeinsam bleiben müssen, wenn nicht beide – jene aufs Inhaltlose, diese aufs Begriffslose – herabsinken sollen, rangiert demgegenüber obenan, daß beiden ein in Wissenschaft nicht gänzlich Transformierbares innewohnt. Hier wie dort ist nichts durchaus wörtlich gemeint, weder statement of fact noch reine Geltung. Dies nicht Wörtlichsein, Nietzsche zufolge ein Stück Spiel, umschreibt den Begriff von Deutung, die ein Seiendes auf ein Nichtseiendes interpretiert. Das nicht ganz Wörtliche bezeugt die gespannte Nichtidentität von Wesen und Erscheinung. Emphatische Erkenntnis läuft nicht zum Irrationalismus über, wenn sie darin von der Kunst nicht absolut sich lossagt. Der szientistische Erwachsenenspott über »Gedankenmusik« übertäubt einzig das Knirschen der Rollschränke, in denen die Fragebogen abgelegt werden, das Geräusch des Betriebs purer Wörtlichkeit. Es assoziiert sich dem probaten Einwand gegen den Solipsismus eines sich selbst befriedigenden Denkens über Gesellschaft, das weder deren Sachverhalte respektiere noch in ihr eine nützliche Funktion erfülle. Manches immerhin spricht dafür, daß theoretisch ausgebildete Studenten, die ein Flair für die Realität haben und das, was sie zusammenhält, auch in ihr eher noch befähigt sind, ihnen zufallende Aufgaben vernünftig zu erfüllen als vereidigte Spezialisten, denen die Methode über alles geht. Das Stichwort Solipsismus jedoch stellt den Sachverhalt auf den Kopf. Dialektik befriedigt sich so wenig beim subjektiven Vernunftbegriff, wie ihr das Individuum, auf das sogar Max Weber in seiner Definition sozialen Handelns glaubt rekurrieren zu müssen, als Substrat gilt; und eben darauf beruht aller Solipsismus. In den philosophischen Publikationen der Frankfurter Schule ist all das eingehend expliziert. Den Schein des Solipsismus zeitigt, daß offenbar in der gegenwärtigen Situation nur das noch den subjektivistischen Bann durchbricht, was sich von der allgemeinen Kommunikationsfreude der subjektiven Soziologie nicht begeistern läßt. Etwas davon scheint seit jüngstem die rebellische öffentliche Meinung zu bekunden, die als glaubwürdig allein das empfindet, was nicht durch die Form der Mitteilung, als ›Kommunikation‹, nach Kulturkonsumenten schielt, denen etwas aufgeschwätzt werden soll.

Was den Positivisten wie Musik in den Ohren mißtönt, ist das nicht ganz in Sachverhalten Vorhandene, das der Form der Sprache bedarf. Je strikter diese den Sachverhalten sich anschmiegt, desto höher entragt sie der bloßen Signifikation und nimmt etwas wie Ausdruck an. Das bislang Unfruchtbare der Positivismus-Kontroverse rührt wohl auch daher, daß dialektische Erkenntnisse von ihren Gegnern allzu wörtlich genommen werden; Wörtlichkeit und Präzision sind nicht dasselbe, eher tritt beides auseinander. Ohne ein Gebrochenes, Uneigentliches gibt es keine Erkenntnis, die mehr wäre als einordnende Wiederholung. Daß sie dabei gleichwohl die Idee der Wahrheit nicht opfert, wie es dem Positivismus in seinen folgerechtesten Repräsentanten weit näher liegt, umschreibt einen wesentlichen Widerspruch: Erkenntnis ist, und keineswegs per accidens, Übertreibung. Denn so wenig irgendein Einzelnes ›wahr‹ ist, sondern vermöge seiner Vermitteltheit immer auch sein eigenes Anderes, so wenig wahr ist wiederum das Ganze. Daß es mit dem Einzelnen unversöhnt bleibt, ist Ausdruck seiner eigenen Negativität. Wahrheit ist die Artikulation dieses Verhältnisses. In alten Zeiten wußte das noch die große Philosophie: die des Platon, welche vorkritisch den äußersten Anspruch auf Wahrheit anmeldet, sabotiert in der Darstellungsform der »aporetischen« Dialoge unablässig diesen Anspruch als wörtlich erfüllten; Spekulationen wären nicht abwegig, welche die Sokratische Ironie darauf bezögen. Die Kardinalsünde des deutschen Idealismus, die sich heute durch die positivistische Kritik an jenem rächt, war, daß er durch das subjektivistische Pathos der voll erreichten Identität mit dem Objekt, im absoluten Wissen, über solche Gebrochenheit sich und seine Anhänger betrog. Damit gerade begab er sich auf den Schauplatz der statements of fact und der Geltungen terre à terre, auf dem er dann unvermeidlich von einer Wissenschaft geschlagen wird, die ihm demonstrieren kann, daß er ihren Desideraten nicht genügt. Schwach wird die deutende Verfahrensweise in dem Augenblick, da sie, terrorisiert vom einzelwissenschaftlichen Fortschritt, beteuert, auch sie sei Wissenschaft so gut wie die anderen. Kein Einwand gegen Hegel ist stringenter als der bereits von Kierkegaard geäußerte, er nehme seine Philosophie wörtlich. Ebensowenig jedoch ist Deutung beliebig. Vermittelt wird zwischen dem Phänomen und seinem der Deutung bedürftigen Gehalt durch Geschichte: was an Wesentlichem im Phänomen erscheint, ist das, wodurch es wurde, was es ist, was in ihm stillgestellt ward und was im Leiden seiner Verhärtung das entbindet, was erst wird. Auf dies Stillgestellte, die Phänomenalität zweiten Grades richtet sich der Blick von Physiognomik. Unter dem Habermasschen Terminus »natürliche Hermeneutik der sozialen Lebenswelt«[42], den Albert moniert, ist keine erste Natur zu

42 Habermas, Analytische Wissenschaftstheorie und Dialektik, a. a. O., S. 158; s. Text oben, S. 313.

denken; vielmehr der Ausdruck, den die Prozesse sozialen Werdens im Gewordenen empfangen. Deutung ist denn auch nicht nach dem Usus phänomenologischer Invarianz zu verabsolutieren. Sie bleibt mit dem Gesamtprozeß der Erkenntnisse verflochten; Habermas zufolge verbietet es »die Abhängigkeit dieser Ideen und Interpretationen von den Interessenanlagen eines objektiven Zusammenhangs der gesellschaftlichen Reproduktion ..., bei einer subjektiv sinnverstehenden Hermeneutik zu verharren; eine objektiv sinnverstehende Theorie muß auch von jenem Moment der Verdinglichung Rechenschaft geben, das die objektivierenden Verfahren ausschließlich im Auge haben«[43]. Soziologie hat es nur peripher mit der subjektiv von Handelnden verfolgten Zweck-Mittel-Relation zu tun; mehr mit den Gesetzen, die durch solche Intentionen hindurch und wider sie sich realisieren. Deutung ist das Gegenteil subjektiver Sinngebung durch den Erkennenden oder den sozial Handelnden. Der Begriff solcher Sinngebung verleitet zum affirmativen Fehlschluß, der gesellschaftliche Prozeß und die soziale Ordnung sei als ein vom Subjekt her Verstehbares, Subjekt-Eigenes mit dem Subjekt versöhnt und gerechtfertigt. Ein dialektischer Sinnbegriff wäre kein Korrelat des Weberschen sinnhaften Verstehens, sondern das die Erscheinungen prägende, in ihnen erscheinende und in ihnen sich verbergende gesellschaftliche Wesen. Es bestimmt die Phänomene, kein Allgemeingesetz im üblichen szientifischen Verstande. Sein Modell wäre etwa das sei's auch heute bis zur Unkenntlichkeit sich versteckende Marxische Zusammenbruchsgesetz, das aus der Tendenz der sinkenden Profitrate deduziert war. Seine Milderungen wären ihrerseits aus ihm abzuleiten, systemimmanent vorgezeichnete Anstrengungen, die systemimmanente Tendenz abzubiegen oder aufzuschieben. Keineswegs steht fest, daß das auf die Dauer möglich ist; ob nicht jene Anstrengungen schließlich doch das Zusammenbruchsgesetz wider ihren eigenen Willen exekutieren. Lesbar ist das Menetekel langsamer inflationärer Verelendung.

Der Gebrauch von Kategorien wie Totalität und Wesen bestärkt das Vorurteil, die Dialektiker beschäftigten sich mit unverbind-

43 a. a. O., S. 164.

lich Globalem, während die Positivisten es mit soliden Details zu tun hätten, die Fakten von aller windigen begrifflichen Zutat säuberten. Dem szientifischen Usus, Dialektik als durch die Hintertür eingeschlichene Theologie zu brandmarken, ist die Differenz des gesellschaftlichen Systemcharakters vom sogenannten ganzheitlichen Denken entgegenzuhalten. System ist die Gesellschaft als Synthesis eines atomisierten Mannigfaltigen, als reale, doch abstrakte Zusammenfassung eines keineswegs unmittelbar, ›organisch‹ Verbundenen. Das Tauschverhältnis verleiht dem System in weitem Maß mechanischen Charakter: es ist seinen Elementen objektiv aufgestülpt, durchaus nicht, wie es im Organismusbegriff liegt, dem Modell einer göttlichen Teleologie ähnlich, durch welche jedes Organ seine Funktion im Ganzen hätte und von diesem Sinn empfinge. Der Zusammenhang, welcher das Leben perpetuiert, zerreißt es zugleich und hat darum an sich schon jenes Totenhafte, auf das seine Dynamik sich hinbewegt. In der Kritik ganzheitlicher und organizistischer Ideologie bleibt die Dialektik an Schärfe nicht hinter den Positivisten zurück. Eine Variante des gleichen Sachverhalts ist, daß der Begriff der gesellschaftlichen Totalität nicht ontologisiert, nicht seinerseits zu einem ansichseienden Ersten gemacht werden darf. Positivisten wie jüngst noch Scheuch, die das der dialektischen Theorie zuschreiben, mißverstehen sie schlicht. Den Begriff eines ansichseienden Ersten überhaupt akzeptiert Dialektik weniger als die Positivisten. Das τέλος dialektischer Betrachtung der Gesellschaft ist der globalen konträr. Trotz der Reflexion auf Totalität verfährt Dialektik nicht von oben her, sondern trachtet, das antinomische Verhältnis von Allgemeinem und Besonderem durch ihr Verfahren theoretisch zu bewältigen. Die Szientisten beargwöhnen die Dialektiker als Größenwahnsinnige: anstatt daß sie goethischmännlich das Endliche nach allen Seiten durchschritten, am Erreichbaren die Forderung des Tages erfüllten, ließen sie sich wohl sein im unverbindlich Unendlichen. Als Vermittlung aller sozialen Tatsachen indessen ist die Totalität nicht unendlich, sondern, gerade vermöge ihres Systemcharakters, geschlossen, endlich, so wenig sie auch dingfest sich machen läßt. Waren die großen metaphysischen Kategorien Projektionen innerweltlicher gesellschaftlicher Erfahrung auf den seinerseits gesellschaftlich entsprungenen Geist, so behalten sie, einmal in die Gesellschaft zurückgeholt, nicht den Schein des Absoluten, den jene Projektion ihnen anschuf. Keine gesellschaftliche Erkenntnis darf sich anmaßen, des Unbedingten mächtig zu sein. Gleichwohl heißt ihre Kritik an der Philosophie nicht, daß diese spurlos in ihr untergehe. Bewußtsein, das auf den gesellschaftlichen Bereich sich zurücknimmt, setzt durch seine Selbstbesinnung auch das an Philosophie frei, was nicht ohne weiteres in Gesellschaft sich löst. Wird jedoch gegen den gesellschaftlichen Systembegriff als den eines Objektiven angeführt, er säkularisiere den Systembegriff der Metaphysik, so ist das wahr, trifft aber auf alles zu und darum auf nichts. Mit keinem geringeren Recht ließe dem Positivismus sich vorhalten, sein Begriff des zweifelsfrei Gewissen sei Säkularisierung der göttlichen Wahrheit. Der Vorwurf von Krypto-Theologie bleibt auf halbem Weg stehen. Die metaphysischen Systeme hatten apologetisch den gesellschaftlichen Zwangscharakter auf das Sein projiziert. Wer denkend aus dem System herauswill, muß es aus der idealistischen Philosophie in die gesellschaftliche Realität übersetzen, aus der es abstrahiert ward. Dadurch wird der Begriff der Totalität, den gerade Szientisten wie Popper in der Idee des deduktiven Systems konservieren, der Aufklärung konfrontiert; entscheidbar, was daran unwahr, aber auch was wahr ist.

Nicht minder ungerecht ist der Vorwurf des Megalomanischen inhaltlich. Hegels Logik wußte die Totalität als das, was sie auch gesellschaftlich ist: kein dem Singulären, in Hegels Sprache: den Momenten bloß Vorgeordnetes, vielmehr untrennbar von jenen und ihrer Bewegung. Das einzelne Konkrete wiegt der dialektischen Konzeption schwerer als der szientifischen, die es erkenntnistheoretisch fetischisiert, erkenntnispraktisch als Rohmaterial oder Exempel traktiert. Die dialektische Anschauung von der Gesellschaft hält es mehr mit Mikrologie als die positivistische, die zwar in abstracto dem einzelnen Seienden den Primat vor seinem Begriff zuspricht, in ihrer Verfahrungsweise jedoch darüber hinwegeilt mit jener zeitlosen Hast, die in den Computern zu sich selbst kommt. Weil das einzelne Phänomen in sich die gesamte Gesellschaft birgt, kontrapunktieren Mikrologie und Vermittlung durch die Totalität einander. Ein Beitrag über den sozialen Konflikt heute[44] wollte das erläutern; die alte Kontroverse mit Benjamin über die dialektische Interpretation gesellschaftlicher Phänomene[45] bewegte sich ums Gleiche: kritisiert ward Benjamins soziale Physiognomik als allzu unmittelbar, ohne Reflexion auf die gesamtgesellschaftliche Vermittlung. Diese mochte ihm als idealistisch suspekt sein, doch ohne sie hinkte die materialistische Konstruktion sozialer Phänomene hinter der Theorie her. Der eingeschworene Nominalismus, der den Begriff zum Schein oder zur Abbreviatur relegiert und die Fakten als Begriffsloses, im emphatischen Verstande Unbestimmtes vorstellt, wird dadurch notwendig abstrakt; Abstraktion ist der unbedachte Schnitt zwischen Allgemeinem und Besonderem, nicht der Blick aufs Allgemeine als die Bestimmung des Besonderen in sich. Soweit der dialektischen Methode, etwa gegenüber der soziographischen Deskription einzelner Befunde, Abstraktheit nachgesagt werden kann, ist sie vom Gegenstand diktiert, der Immergleichheit einer Gesellschaft, die eigentlich nichts qualitativ Verschiedenes duldet und trostlos im Detail wiederkehrt. Gleichwohl sind die Einzelphänomene, die das Allgemeine ausdrücken, weit substantieller, als wenn sie lediglich dessen logische Repräsentanten wären. Der Emphase auf dem Einzelnen, die es, um seiner immanenten Allgemeinheit willen, nicht der komparativen Allgemeinheit opfert, ist gemäß die dialektische Formulierung sozialer Gesetze als historisch konkreter. Die dialektische Bestimmtheit des Einzelnen als eines zugleich Besonderen und Allgemeinen verändert den gesellschaftlichen Gesetzesbegriff. Er hat nicht länger die Form des »immer wenn – dann«, sondern die »nachdem – muß«; sie gilt prinzipiell nur unter der Bedingung von Unfreiheit, weil den Einzelmomenten in sich bereits bestimmte, aus der spezifischen Gesellschaftsstruktur folgende Gesetzlichkeit innewohnt, nicht erst Produkt ihrer wissenschaftlichen Synthesis ist. Derart mögen die Ausführungen von Habermas über die historischen Bewegungsgesetze ausgelegt werden, im Kontext der objektiv-immanenten Bestimmtheit des Einzelnen

44 Vgl. Theodor W. Adorno und Ursula Jaerisch, Anmerkungen zum sozialen Konflikt heute, in: Gesellschaft, Recht und Politik, Neuwied und Berlin 1968, S. 1 ff. [jetzt oben S. 177 ff.].
45 Vgl. Walter Benjamin, Briefe, Frankfurt a. M. 1966, S. 782 ff.

selber[46]. Dialektische Theorie weigert sich, historische und gesellschaftliche Erkenntnis, als eine vom Individuellen, der Gesetzeserkenntnis blank zu kontrastieren, weil das vorgeblich bloß Individuelle – Individuation ist eine gesellschaftliche Kategorie – in sich selbst ein Besonderes und Allgemeines verschränkt: die notwendige Unterscheidung von beidem hat bereits den Charakter falscher Abstraktion. Modelle des Prozesses von Allgemeinem und Besonderem sind Entwicklungstendenzen der Gesellschaft wie die zur Konzentration, zur Überakkumulation und zur Krise. Längst bemerkte die empirische Soziologie, was sie an spezifischem Gehalt durch statistische Generalisierung einbüßt. Am Detail geht oftmals ein Entscheidendes übers Allgemeine auf, das der bloßen Verallgemeinerung entschlüpft. Daher die grundsätzliche Ergänzung statistischer Erhebungen durch case studies. Das Ziel auch quantitativer gesellschaftlicher Methoden wäre qualitative Einsicht; Quantifizierung ist nicht Selbstzweck sondern Mittel dazu. Statistiker erkennen das bereitwilliger an als die gängige Logik der Sozialwissenschaften. Das Verhalten dialektischen Denkens zum Singulären ist vielleicht am besten zu pointieren gegenüber einer Formulierung Wittgensteins, die Wellmer zitierte: »Der einfachste Satz, der Elementarsatz, behauptet das Bestehen eines Sachverhaltes.«[47] Die scheinbare Selbstverständlichkeit, daß die logische Analyse von Sätzen auf Elementarsätze führe, ist alles andere als selbstverständlich. Noch von Wittgenstein wird dem Cartesianischen Discours de la méthode das Dogma nachgesprochen, das Einfachste – was immer man sich dabei vorzustellen habe – sei »wahrer« als das Zusammengesetzte und darum die Zurückführung von Komplizierterem aufs Einfache a priori verdienstlich. Tatsächlich ist für die Szientivisten Einfachheit ein Wertkriterium sozialwissenschaftlicher Erkenntnis; so in Poppers fünfter These aus dem Tübinger Referat[48]. Durch die Assoziation mit Ehrlichkeit wird Einfachheit zur wissenschaftlichen Tugend; nicht überhörbar der Oberton, das Komplizierte

46 Vgl. Habermas, Analytische Wissenschaftstheorie und Dialektik, a. a. O., S. 163; dazu auch: Theodor Adorno, Soziologie und empirische Forschung, S. 90 [jetzt oben S. 205].

47 Wittgenstein, Tractatus, 4.21., a. a. O., S. 37.

48 Vgl. Popper, Logik der Sozialwissenschaften, a. a. O., S. 105.

entspringe der Verworrenheit oder Wichtigmacherei des Betrachters. Ob jedoch soziale Theoreme einfach oder komplex sein müssen, darüber entscheiden objektiv die Gegenstände.

Poppers Satz: »Was es aber wirklich gibt, das sind die Probleme und die wissenschaftlichen Traditionen«[49], bleibt hinter seiner unmittelbar vorhergehenden Einsicht zurück, ein sogenanntes wissenschaftliches Fach sei ein Konglomerat von Problemen und Lösungsversuchen. Die Aussonderung stillschweigend abgezirkelter Probleme als des szientifisch »allein Wirklichen« installiert Simplifizierung als Norm. Wissenschaft soll sich allein mit entscheidbaren Fragen befassen. Selten stellt das Material jene so bündig. Im selben Geist definiert Popper die Methode der Sozialwissenschaften »wie auch die der Naturwissenschaften«. Sie bestünde darin, »Lösungsversuche für ihre Probleme – die Probleme von denen sie ausgeht – auszuprobieren. Lösungen werden vorgeschlagen und kritisiert. Wenn ein Lösungsversuch der sachlichen Kritik nicht zugänglich ist, so wird er eben deshalb als unwissenschaftlich ausgeschaltet, wenn auch vielleicht nur vorläufig.«[50] Der dabei verwendete Problembegriff ist kaum minder atomistisch als das Wittgensteinsche Wahrheitskriterium. Postuliert wird, daß alles, womit Soziologie legitim sich abzugeben habe, in Einzelprobleme sich zerlegen lasse. Nimmt man die Poppersche These streng, so wird sie, trotz des common sense, der sie auf den ersten Blick empfiehlt, zur hemmenden Zensur wissenschaftlichen Denkens. Marx hat nicht die »Lösung eines Problems« vorgeschlagen – allein im Begriff des Vorschlagens schleicht die Fiktion des Consensus als des Garanten von Wahrheit sich ein –; ist darum das »Kapital« keine Sozialwissenschaft? Im Kontext der Gesellschaft setzt die sogenannte Lösung eines jeden Problems jenen Kontext voraus. Die Panazee von trial and error geht auf Kosten von Momenten, nach deren Beseitigung die Probleme ad usum scientiae zurechtgestutzt und womöglich zu Scheinproblemen werden. Theorie hat die durch die Cartesianische Zerlegung in Einzelprobleme verschwindenden Zusammenhänge mitzudenken und zu den Fakten zu vermitteln. Sogar wenn ein Lösungsversuch der »sachlichen Kritik«, wie

49 a. a. O., S. 108.
50 a. a. O., S. 105 f.

Popper sie festsetzt, also der Widerlegung nicht ohne weiteres zugänglich ist, kann gleichwohl das Problem von der Sache her zentral sein. Ob, wie Marx lehrte, die kapitalistische Gesellschaft durch ihre eigene Dynamik zu ihrem Zusammenbruch getrieben wird oder nicht, ist nicht nur eine vernünftige Frage, solange man nicht schon das Fragen manipuliert: es ist eine der wichtigsten, mit denen der Sozialwissenschaft sich zu beschäftigen anstünde. Noch die bescheidensten und darum überzeugendsten Thesen des sozialwissenschaftlichen Szientivismus gleiten, sobald sie vom Problembegriff handeln, über die wahrhaft schwierigsten Probleme hinweg. Begriffe wie der der Hypothese und der ihm zugeordnete der Testbarkeit sind von den Naturwissenschaften auf die von der Gesellschaft nicht blank zu übertragen. Das impliziert kein Einverständnis mit der geisteswissenschaftlichen Ideologie, die höhere Würde des Menschen dulde keine Quantifizierung. Die herrschaftliche Gesellschaft hat sich und die Menschen, ihre Zwangsmitglieder, nicht erst jener Würde beraubt, sondern sie nie zu den mündigen Wesen werden lassen, denen nach Kants Doktrin Würde zukäme. Was ihnen heute wie vormals als verlängerte Naturgeschichte widerfährt, ist gewiß nicht über das Gesetz der großen Zahl erhaben, das bei Wahlanalysen bestürzend sich durchsetzt. Wohl aber hat der Zusammenhang an sich eine andere, jedenfalls erkennbarere Gestalt als zumindest in jener älteren Naturwissenschaft, von der die Modelle szientifischer Soziologie bezogen sind. Er ist, als ein Verhältnis zwischen Menschen, ebenso in ihnen fundiert, wie er sie umgreift und konstituiert. Gesellschaftliche Gesetze sind dem Hypothesenbegriff inkommensurabel. Die babylonische Verwirrung zwischen den Positivisten und den kritischen Theoretikern beginnt dort, wo jene zwar der Theorie gegenüber Toleranz bekennen, ihr aber durch Transformation in Hypothesen jenes Moment von Selbständigkeit rauben, das ihnen die objektive Vormacht sozialer Gesetze verleiht. Überdies sind, worauf Horkheimer zuerst hinwies, soziale Fakten nicht ebenso voraussehbar wie naturwissenschaftliche innerhalb ihrer einigermaßen homogenen Kontinuen. Zur objektiven Gesetzlichkeit von Gesellschaft rechnet ihr widerspruchsvoller Charakter, schließlich ihre Irrationalität hinzu. An der Theorie der Gesellschaft ist es, diese mitzureflektieren, womöglich sie abzuleiten; nicht aber sie durch übereifrige Anpassung an das Ideal zu bestätigender oder zu widerlegender Prognosen wegzudisputieren.

Ähnlich ist der ebenfalls den Naturwissenschaften entlehnte Begriff allgemeiner, quasi demokratischer Nachvollziehbarkeit von Erkenntnisoperationen und Einsichten in der Sozialwissenschaft keineswegs so axiomatisch, wie er sich gibt. Er ignoriert die Gewalt des notwendig falschen, selbst wiederum erst kritisch zu durchdringenden Bewußtseins, das die Gesellschaft über die Ihren verhängt; im hochstrebenden Typus des sozialwissenschaftlichen Forschungsangestellten verkörpert es sich als zeitgemäße Gestalt des Weltgeistes. Wer so durchaus unter Bedingungen der Kulturindustrie aufgewachsen ist, daß sie ihm zur zweiten Natur wurde, ist zunächst kaum fähig und gewillt, Einsichten mit zu vollziehen, die ihrer Sozialstruktur und Funktion gelten. Reflexartig wird er derlei Einsichten abwehren, mit Vorliebe unter Berufung eben auf die szientifische Spielregel allgemeiner Nachvollziehbarkeit. Dreißig Jahre hat es gedauert, bis die kritische Theorie der Kulturindustrie durchdrang; zahlreiche Instanzen und Agenturen versuchen heute noch, sie zu ersticken, weil sie dem Geschäft schadet. Die Erkenntnis der objektiven gesellschaftlichen Gesetzmäßigkeiten, erst recht ihre kompromißlos reine, unverwässerte Darstellung, mißt sich keineswegs am consensus omnium. Widerstand gegen die repressive Gesamttendenz kann kleinen Minderheiten vorbehalten sein, die sich auch noch dafür beschimpfen lassen müssen, daß sie elitär sich aufführten. Nachvollziehbarkeit ist ein Potential der Menschheit, nicht jetzt, hier, unter den bestehenden Umständen vorhanden. Wohl vermag, was *einer* verstehen kann, der Möglichkeit nach auch jeder andere zu verstehen, denn im Verstehenden ist jenes Ganze am Werk, durch welches auch Allgemeinheit mitgesetzt wird. Aber um diese Möglichkeit zu aktualisieren, genügt nicht der Appell an den Verstand der anderen, wie sie sind, nicht einmal Erziehung; wahrscheinlich bedürfte es der Veränderung jenes Ganzen, das seinem eigenen Gesetz nach heute weniger das Bewußtsein entfaltet als deformiert. Das Postulat der Einfachheit harmoniert mit solcher regressiven Sinnesart. Unfähig zu anderen Denkoperationen als bei aller Perfektion mechanisch verfahrenden, ist sie auch noch stolz auf ihre intellektuelle Redlichkeit. Unwillkürlich verleugnet sie die Kompliziertheit gerade gesellschaftlicher Verhältnisse, wie sie die unterdessen überbeanspruchten Termini Entfremdung, Verdinglichung, Funktionalität, Struktur indizieren. Die logische Methode der Reduktion auf Elemente, aus denen Soziales sich aufbaue, eliminiert virtuell objektive Widersprüche. Geheimes Einverständnis waltet zwischen dem Lob einfachen Lebens und der anti-intellektuellen Präferenz fürs Einfache als das vom Denken zu Erlangende; die Richtungstendenz vereidigt das Denken selbst auf Einfachheit. Sozialwissenschaftliche Erkenntnis indessen, welche die komplexe Beschaffenheit des Produktions- und Distributionsvorgangs ausdrückt, ist offensichtlich fruchtbarer als Zerlegung in einzelne Produktionselemente durch Erhebungen über Fabriken, Einzelgesellschaften, Einzelarbeiter und Ähnliches; fruchtbarer auch als die Reduktion auf den allgemeinen Begriff solcher Elemente, die doch ihrerseits erst im komplexeren Strukturzusammenhang ihren Stellenwert finden. Um zu wissen, was ein Arbeiter sei, muß man wissen, was kapitalistische Gesellschaft ist; umgekehrt ist auch diese sicherlich nicht »elementarer« als die Arbeiter. Begründet Wittgenstein seine Methode mit dem Satz: »Die Gegenstände bilden die Substanz der Welt. Darum können sie nicht zusammengesetzt sein«[51], so folgt er dabei, mit der historischen Naivetät des Positivisten, dem dogmatischen Rationalismus des siebzehnten Jahrhunderts. Zwar betrachtet der Szientivismus die res, die einzelnen Gegenstände als das allein und wahrhaft Seiende, enteignet sie jedoch dadurch so sehr all ihrer Bestimmungen, als bloßer begrifflicher Superstruktur, daß jenes allein Wirkliche ihm zu einem ganz Nichtigen wird, das dann tatsächlich zu mehr nicht taugt als zum Beleg einer nach nominalistischem Glauben ebenfalls nichtigen Allgemeinheit.

Die positivistischen Kritiker der Dialektik verlangen mit Fug zumindest Modelle soziologischer Verfahrungsweisen, die, obwohl sie nicht auf die empiristischen Spielregeln zugeschnitten sind, als sinnvoll sich erweisen; dabei allerdings dürfte das von dem Empiristen so genannte »Sinnkriterium« sich verändern. Der von Otto Neurath namens des Wiener Kreises seinerzeit geforderte Index

51 Wittgenstein, Tractatus, 2.021, a. a. O., S. 13.

verborum prohibitorum wäre dann abgeschafft. Als Modell mag genannt werden, was gewiß nicht als Wissenschaft auftrat, die Sprachkritik, die Karl Kraus, der Wittgenstein sehr beeindruckte, über Jahrzehnte in der Fackel übte. Sie setzt immanent ein, vielfach orientiert an den Verstößen der Journalistik gegen die Grammatik. Die ästhetische Kritik hatte jedoch von Anbeginn ihre soziale Dimension: sprachliche Verwüstung war für Kraus der Sendbote der realen; schon im Ersten Krieg sah er die Mißbildungen und Phrasen zu sich selbst kommen, deren lautlosen Schrei er längst vorher vernommen hatte. Dies Verfahren ist der Prototyp eines nicht wörtlichen; der welterfahrene Kraus wußte, daß die Sprache, wie sehr auch Konstituens der Erfahrung, doch nicht die Realität schlicht schafft. Durch ihre Verabsolutierung wurde ihm die Sprachanalyse der Zerrspiegel realer Tendenzen sowohl wie das Medium, darin seine Kritik am Kapitalismus zu zweiter Unmittelbarkeit sich konkretisierte. Die sprachlichen Greuel, die er gestaltete und deren Disproportion zu den realen am liebsten von denen hervorgehoben wird, welche die realen vertuschen möchten, sind Exkretionen gesellschaftlicher Prozesse, die in den Worten urbildlich erscheinen, ehe sie das vermeintlich normale Leben der bürgerlichen Gesellschaft jäh zerstören, in der sie unbemerkt fast, jenseits gängiger wissenschaftlicher Beobachtung, heranreiften. Die von Kraus entfaltete Physiognomik der Sprache hat darum mehr Schlüsselgewalt über die Gesellschaft als meist empirisch-soziologische Befunde, weil sie seismographisch das Unwesen aufzeichnet, von dem die Wissenschaft aus eitel Objektivität zu handeln borniert sich weigert. Die von Kraus zitierten und angeprangerten Sprachfiguren parodieren und überbieten, was der Research eben nur unter der saloppen Spitzmarke »juicy quotes« durchläßt; die Unwissenschaft, Antiwissenschaft von Kraus beschämt die Wissenschaft. Soziologie mag Vermittlungen beitragen, die Kraus freilich als Milderungen seiner Diagnosen, die doch immer noch hinter der Realität herhinkten, verschmähte; noch zu seinen Lebzeiten hat die Wiener sozialistische Arbeiterzeitung die gesellschaftlichen Bedingungen genannt, welche den Wiener Journalismus zu dem machten, als was Kraus ihn durchschaute, und Lukács erkannte in einer Bemerkung aus »Geschichte und Klassenbewußtsein« den sozialen

Typus des Journalisten als dialektisches Extrem von Verdinglichung: in ihm überziehe der Warencharakter das dem Warenwesen an sich schlechthin Konträre und zerfresse es, die primäre, spontane Reaktionsfähigkeit der Subjekte, die sich auf dem Markt verkauft. Die Kraus'sche Sprachphysiognomik hätte nicht in Wissenschaft und Geschichtsphilosophie so tief hineingewirkt ohne den Wahrheitsgehalt der tragenden Erfahrungen, die von der Zunft mit subalternem Hochmut als bloße Kunst abgetan werden[52]. Die von Kraus mikrologisch gewonnenen Analysen sind keineswegs so »unverbunden« mit der Wissenschaft, wie es dieser genehm wäre. Spezifisch dürften seine sprachanalytischen Thesen über die Mentalität des Commis – des späteren Angestellten – als neobarbarische Norm mit bildungssoziologischen Aspekten der Weberschen Lehre vom Heraufdämmern bürokratischer Herrschaft und dem daraus erklärten Niedergang von Bildung sich berühren. Die strenge Beziehung der Kraus'schen

52 Der positivistische Gebrauch des Begriffs Kunst bedürfte der kritischen Analyse. Den Positivisten dient er als Mülleimer für alles, was der eingeschränkte Wissenschaftsbegriff aussperren will, der doch, da er ja das Geistesleben nur allzu willig als Tatsache hinnimmt, zugestehen muß, daß geistige Erfahrung nicht in dem sich erschöpft, was er toleriert. Im positivistischen Kunstbegriff wird der Nachdruck auf vermeintlich freie Erfindung fiktiver Wirklichkeit gelegt. Sie war in Kunstwerken stets sekundär, tritt heute in Malerei und Literatur gänzlich zurück. Dafür wird die Teilhabe von Kunst an Erkenntnis: daß sie Wesentliches auszudrücken vermag, was der Wissenschaft entgleitet, und dafür ihren Preis zu zahlen hat, verkannt oder, nach hypostasierten szientifischen Kriterien, vorweg bestritten. Bände man sich so streng an gegebene Sachverhalte, wie der Positivismus impliziert, so wäre man dazu auch der Kunst gegenüber verpflichtet. Dann dürfte man sie nicht als abstrakte Negation von Wissenschaft placieren. Selten reicht der Rigorismus der Positivisten so weit, daß sie die von ihnen en canaille traktierte Kunst, von der sie wenig Kenntnis verraten, im Ernst verböten, wie es doch in ihrer Konsequenz läge. Verantwortlich dafür ist ihre unkritisch-neutralistische Haltung, die meist der Kulturindustrie zugute kommt; arglos halten sie wie Schiller die Kunst für ein Reich der Freiheit. Freilich dann doch nicht durchaus: vielfach verhalten sie sich fremd oder feindselig zur radikalen Moderne, die vom Bildrealismus sich abkehrt: auch was nicht Wissenschaft ist, messen sie insgeheim nach wissenschaftlichen Modellen wie dem des Tatsächlichen oder gar jener Abbildlichkeit, die in der Wissenschaftslehre Wittgensteins seltsam geistert. Hier wie dort ist bei ihnen der Gestus des ›Das verstehe ich nicht‹ automatisiert. Kunst- und Theoriefeindschaft sind im Kern identisch.

Analysen auf die Sprache und ihre Objektivität trägt sie über die prompt und automatisch angeführte Zufälligkeit bloß subjektiver Reaktionsformen hinaus. Aus den Einzelphänomenen extrapolieren sie ein Ganzes, dessen die komparative Allgemeinheit nicht mächtig ist und das im Ansatz der Kraus'schen Analyse als prä-existent miterfahren wird. Sein Werk mag keine Wissenschaft sein, aber ihm müßte eine gleichen, die auf den Namen Anspruch hätte. – Die Theorie Freuds war in der Phase ihrer Ausbreitung von Kraus verfemt. Trotzdem, und trotz Freuds eigener positivistischer Gesinnung, steht sie so quer zur etablierten Wissenschaft wie jener. Entwickelt an einer relativ geringen Zahl von Einzelfällen, träfe sie nach szientifischem Regelsystem vom ersten bis zum letzten Satz das Verdikt, sie sei falsche Generalisierung. Ohne ihre Produktivität fürs Verständnis sozialer Verhaltensweisen, zumal das des »Kitts« der Gesellschaft indessen wäre nicht vorzustellen, was allenfalls als sachlicher Fortschritt der Soziologie während der letzten Dezennien verbucht werden mag. Sie, die aus Gründen komplexer Art die etablierte Wissenschaft zum Achselzucken reizte – die Psychiatrie hat es sich immer noch nicht abgewöhnt –, lieferte innerwissenschaftlich praktikable Hypothesen zur Erklärung des sonst Unerklärbaren, daß die überwältigende Mehrheit der Menschen sich Herrschaftsverhältnisse gefallen läßt, mit ihnen sich identifiziert und von ihnen zu irrationalen Attitüden veranlaßt wird, deren Widerspruch zu den simpelsten Interessen ihrer Selbsterhaltung auf der Hand liegt. Ob allerdings durch die Verwandlung der Psychoanalyse in Hypothesen ihrem Erkenntnistyp Gerechtigkeit widerfährt, ist zu bezweifeln. Ihre Verwertung in Erhebungsverfahren geht auf Kosten jener Versenkung ins Detail, der sie ihren Reichtum an gesellschaftlich neuer Erkenntnis verdankt, während sie freilich selbst auf Allgemeingesetzlichkeit nach dem Schema traditioneller Theorie hoffte.

Albert scheint solchen Modellen gegenüber konziliant[53]. Nur verkappt sich in seinem Begriff der prinzipiellen Überprüfbarkeit das eigentlich Kontroverse. Beobachtet ein soziologisch Denkender wiederholt in New Yorker Untergrundbahnhöfen auf Plakaten, daß von den blendend weißen Zähnen einer Re-

53 Vgl. Albert, Der Mythos der totalen Vernunft, a. a. O., S. 207.

klameschönheit der eine geschwärzt ist, so wird er daraus Folgerungen ziehen wie die, daß der glamor der Kulturindustrie, als bloße Ersatzbefriedigung, durch welche der Betrachter vorbewußt sich betrogen fühlt, zugleich dessen Aggression erweckt; dem epistemologischen Prinzip nach hat Freud seine Theoreme nicht anders konstruiert. Empiristisch überprüfbar sind derlei Extrapolationen schwerlich, es sei denn, einem fielen besonders ingeniöse Experimente ein. Wohl aber können solche Beobachtungen zu sozialpsychologischen Denkstrukturen sich kristallisieren, die dann, in verändertem Kontext und zu »items« verdichtet, wiederum Befragungs- und klinischen Methoden zugänglich sind. Pochen demgegenüber die Positivisten darauf, daß die Dialektiker, im Gegensatz zu ihnen, keine bindenden Verhaltensregeln soziologischer Erkenntnis anzugeben vermöchten und deswegen das Aperçu verteidigten, so supponiert das Postulat jene strikte Trennung von Sache und Methode, welche die Dialektik angreift. Wer der Struktur seines Objekts sich anschmiegen möchte und es als ein in sich Bewegtes denkt, verfügt über keine davon unabhängige Verfahrungsweise.

Als Widerpart zur positivistischen Generalthesis von der Verifizierbarkeit des Sinns sei aus der musiksoziologischen Arbeit des Autors ein exponiertes Modell zitiert; nicht weil er dessen Dignität überschätzte, sondern weil ein Soziologe naturgemäß an eigenen Untersuchungen des Ineinander materialer und methodischer Motive am ehesten innewird. In der in der Zeitschrift für Sozialforschung veröffentlichten Arbeit »Über Jazz« von 1936, wiedergedruckt in den »Moments musicaux«, wurde der Begriff eines »Jazzsubjekts« verwendet, einer generell in jenem Typus von Musik sich darstellenden Ich-imago; Jazz sei durchweg ein symbolischer Vollzug, in dem dies Jazzsubjekt vor kollektiven, vom Grundrhythmus repräsentierten Anforderungen versagt, stolpert, »herausfällt«, als herausfallendes jedoch in einer Art Ritual als allen anderen Ohnmächtigen Gleiches sich enthüllt und, um den Preis seiner Selbstdurchstreichung, dem Kollektiv integriert wird. Weder läßt auf das Jazzsubjekt in Protokollsätzen der Finger sich legen noch die Symbolik des Vollzugs auf sinnliche Daten mit voller Stringenz sich reduzieren. Trotzdem ist die Konstruktion, welche das eingeschliffene Idiom Jazz deutet, dessen Stereotype wie eine Geheimschrift solche Dechiffrierung erwarten, schwerlich sinnleer. Sie dürfte zur Ergründung des Inwendigen des Jazzphänomens, dessen, was es gesellschaftlich überhaupt besagt, mehr helfen als Erhebungen über die Ansichten verschiedener Bevölkerungs- oder Altersgruppen über den Jazz, basierten sie auch auf soliden Protokollsätzen wie den Uräußerungen von nach einer Zufallsstichprobe ausgewählten Probanden. Ob der Gegensatz der Positionen und Kriterien schlechthin unversöhnlich ist, wäre wohl erst zu entscheiden, wenn einmal insistent versucht würde, Theoreme jenes Typus in empirische Forschungsprojekte umzusetzen. Das hat den social research bislang wenig gelockt, obwohl doch der mögliche Gewinn an triftiger Einsicht kaum sich wird leugnen lassen. Ohne daß man einem faulen Kompromiß nachhinge, springen immerhin mögliche Sinnkriterien solcher Deutungen ins Auge: so Extrapolationen aus der technologischen Analyse eines massenkulturellen Phänomens – darum handelt es sich bei der Theorie des Jazzsubjekts – oder die Verbindbarkeit der Theoreme mit anderen, den üblichen Kriterien näheren Phänomenen wie dem Exzentrik-Clown und gewissen älteren Typen des Films. Jedenfalls ist das von einer These wie der vom Jazzsubjekt als dem latenten Träger jener Art von Unterhaltungsmusik Gemeinte verständlich, auch wenn sie durch die Reaktionen von Jazz hörenden Versuchspersonen nicht verifiziert oder falsifiziert wird; subjektive Reaktionen brauchen sich keineswegs mit dem bestimmbaren Gehalt der geistigen Phänomene zu decken, auf die reagiert wird. Die Momente, welche die Idealkonstruktion eines Jazzsubjekts motivieren, sind zu nennen; in dem alten Text über Jazz wurde das, wie unzulänglich auch immer, versucht. Als evidentes Sinnkriterium zeichnet sich ab, ob und wie weit ein Theorem Zusammenhänge ins Licht rückt, die ohne es dunkel blieben; ob durch es disparate Aspekte des gleichen Phänomens wechselseitig sich aufhellen. Rekurrieren kann die Konstruktion auf weitgreifende gesellschaftliche Erfahrungen wie die von der Integration der Gesellschaft in ihrer monopolistischen Phase auf Kosten der virtuell ohnmächtigen Individuen und durch sie hindurch. Hertha Herzog hat in einer späteren Studie über die damals im amerikanischen Radio beliebten »Seifenopern« – Seriensendungen für Hausfrauen – die der Jazztheorie nahe verwandte Formel »getting into trouble and out of it« auf eine nach üblichen Kriterien empirische content analysis angewandt und dabei analoge Resultate erlangt. Ob die innerpositivistische Erweiterung des sogenannten Verizifierbarkeitskriteriums derart, daß es nicht auf zu verifizierende Beobachtungen sich beschränkt, sondern Sätze einbegreift, für die überhaupt Bedingungen ihrer Verifikation faktisch sich herstellen lassen[54], den angezogenen Modellen Raum verschafft, oder ob die unter Umständen allzu indirekte und durch zusätzliche ›Variablen‹ belastete Verifizierungsmöglichkeit jener Sätze sie nach wie vor den Positivisten untragbar macht, dazu müßten wohl diese sich äußern. An der Soziologie wäre es zu analysieren, welche Probleme überhaupt adäquat empirisch behandelt werden können und welche, ohne an Sinn einzubüßen, nicht; strikt a priori kann nicht darüber geurteilt werden. Zu vermuten ist ein Bruch zwischen tatsächlich durchgeführter empirischer Forschung und positivistischer Methodologie. Daß diese bis heute auch in ihrer Gestalt als »analytische Philosophie« zur soziologischen Forschung so wenig Produktives beitrug, dürfte zum Grund haben, daß in der Forschung, mitunter durch krud pragmatistische Rücksichten, das Interesse an der Sache gegen die methodologische Obsession doch sich behauptet; die lebendige Wissenschaft wäre vor der aus ihr herausgelesenen und dann sie gängelnden Philosophie zu retten. Man muß sich nur fragen, ob die F-Skala der mit empirischen Methoden arbeitenden »Authoritarian Personality«, mit all ihren Mängeln, überhaupt hätte eingeführt und verbessert werden können, wäre sie von Anbeginn nach den positivistischen Kriterien der Gutman-Skala entworfen worden. Der Spruch jenes akademischen Lehrers: »Sie sind hier, Research zu machen, nicht zu denken«, vermittelt zwischen der Subalternität ungezählter sozialwissenschaftlicher Erhebungen und ihrem sozialen Standort. Der Geist, der das Was zugunsten des Wie, den Erkenntniszweck zugunsten der Mittel der Erkenntnis vernachlässigt, ändert sich selbst zum Schlechteren. Heteronomes Rädchen, büßt er in der Maschinerie jegliche Freiheit ein. Entgeistet wird er durch die

54 Vgl. Wellmer, a. a. O., S. 15.

Rationalisierung hindurch[55]. Das in Angestelltenfunktionen eingespannte Denken wird zum Angestelltendenken an sich. Virtuell dürfte der entgeistete Geist dadurch sich ad absurdum führen, daß er vor seinen eigenen pragmatischen Aufgaben versagt. Die Diffamierung der Phantasie; die Unkraft sich vorzustellen, was noch nicht ist, wird Sand selbst im Getriebe der Apparatur, sobald sie mit Phänomenen sich konfrontiert sieht, die in ihren Schemata nicht vorgesehen sind. An der Hilflosigkeit der Amerikaner im vietnamesischen Guerillakrieg trägt fraglos seine Mitschuld das, was drüben »brass« heißt. Bürokratische Generale betreiben eine kalkulierende Strategie, welche die nach ihren Normen irrationale Taktik Giaps nicht antezipieren kann; die wissenschaftliche Betriebsführung, zu der die Kriegsführung geworden ist, wird zum militärischen Nachteil. Gesellschaftlich übrigens verträgt das Phantasieverbot nur allzugut sich mit der trotz aller Gegenbeteuerungen sich abzeichnenden gesellschaftlichen Statik, dem Rückgang der kapitalistischen Expansion. Es wird gleichsam überflüssig, was der eigenen Beschaffenheit nach auf Erweiterung hinauswill, und das wiederum schädigt die Interessen des Kapitals, das, um sich zu erhalten, sich ausdehnen muß. Wer nach der Maxime safety first sich verhält, steht in Gefahr, alles zu verlieren, Mikrokosmos des herrschenden Systems, dessen Stagnation sowohl durch die Gefahrensituation ringsum wie durch Deformationen gezeitigt wird, die dem Fortschritt immanent sind.

55 Auf der Höhe des philosophischen Rationalismus unterschied Pascal mit Nachdruck zwei Typen des Geistes, den esprit de géométrie und den esprit de finesse. Beides sei, nach der vieles antezipierenden Einsicht des großen Mathematikers, selten in einer Person vereint, aber gleichwohl versöhnbar. Pascal hat, zu Beginn einer seitdem widerstandslos weiterrollenden Entwicklung, noch gewahrt, was an produktiven intellektuellen Kräften dem Prozeß der Quantifizierung zum Opfer fällt, und den gesunden, ›vorwissenschaftlichen‹ Menschenverstand als Ressource begriffen, die ebenso dem Geist der Mathematik zugute kommen könne wie umgekehrt. Die Verdinglichung der Wissenschaft in den dreihundert Jahren danach schnitt eine solche Wechselwirkung ab; der esprit de finesse ist disqualifiziert. Daß der Terminus, in der Wasmuthschen Übersetzung von 1946, mit »Geist des Feinsinns« wiedergegeben wird, zeigt ebenso die schmähliche Zunahme des letzteren wie den Verfall der finesse als des qualitativen Moments von Rationalität.

Eine Geistesgeschichte der Phantasie zu schreiben, um die es in den positivistischen Verboten eigentlich geht, verlohnte sich. Im achtzehnten Jahrhundert, bei Saint-Simon sowohl wie im Discours préliminaire von d'Alembert, wird sie samt der Kunst zur produktiven Arbeit gerechnet, hat teil an der Idee der Entfesselung der Produktivkräfte; erst Comte, dessen Soziologie apologetisch-statisch sich umwendet, ist als Feind von Metaphysik auch der von Phantasie. Ihre Diffamierung, oder Abdrängung in ein arbeitsteiliges Spezialbereich, ist ein Urphänomen der Regression bürgerlichen Geistes, doch nicht als dessen vermeidbarer Fehler sondern im Zug einer Fatalität, welche die instrumentelle Vernunft, deren die Gesellschaft bedarf, mit jenem Tabu verkoppelt. Daß nur verdinglicht: abstrakt der Realität gegenübergestellt, Phantasie überhaupt noch geduldet wird, lastet nicht weniger denn auf der Wissenschaft auf der Kunst; verzweifelt sucht die legitime die Hypothek zu tilgen. Phantasie heißt weniger frei erfinden als geistig operieren ohne das Äquivalent eilends erfüllender Faktizität. Eben das wird durch die positivistische Lehre vom sogenannten Sinnkriterium abgewehrt. So, ganz formal, durch das berühmte Postulat von Klarheit: »Alles, was überhaupt gedacht werden kann, kann klar gedacht werden. Alles, was sich aussprechen läßt, läßt sich klar aussprechen.«[56] Aber jegliches sinnlich nicht Eingelöste behält einen Hof von Unbestimmtheit; keine Abstraktion ist je ganz klar, eine jede durch die Vielheit möglicher Verinhaltlichungen auch undeutlich. Zudem überrascht der sprachphilosophische Apriorismus von Wittgensteins These. Erkenntnis, die so vorurteilsfrei wäre, wie der Positivismus es erheischt, hätte mit Sachverhalten zu rechnen, die an sich alles andere als klar, die an sich verworren sind. Nichts garantiert, daß sie klar sich ausdrücken lassen. Das Verlangen danach, oder vielmehr das, der Ausdruck müsse der Sache streng gerecht werden, ist legitim. Doch dem läßt nur stufenweise sich genügen, nicht mit einer Unmittelbarkeit, die allein eine sprachfremde Ansicht von der Sprache erwartet, wofern man nicht gemäß der Cartesianischen Lehre von der clara et distincta perceptio den Vorrang des Erkenntnisinstruments bis in die Subjekt-

56 Wittgenstein, Tractatus, 4.116, a. a. O., S. 32.

Objekt-Beziehung hinein dogmatisch für prästabiliert hält. So gewiß das Objekt der Soziologie, die gegenwärtige Gesellschaft, strukturiert ist, so fraglos trägt sie mit ihrem immanenten Rationalitätsanspruch unvereinbare Züge. Diese veranlassen allenfalls zur Anstrengung, Nichtklares klar zu denken; nicht aber kann das zum Kriterium der Sache selbst gemacht werden. Wittgenstein wäre am letzten das Abgründige entgangen: ob das Denken eines an sich Unklaren seinerseits, für sich überhaupt klar sein kann. Vollends spotten in der Sozialwissenschaft neue, erst sich bildende Erfahrungen des Klarheitskriteriums; an diesem sie jetzt und hier messen ließe die tastende Erfahrung überhaupt nicht sich regen. Klarheit ist ein Moment im Prozeß der Erkenntnis, nicht deren ein und alles. Die Wittgensteinsche Formulierung dichtet ihren Horizont dagegen ab, das vermittelt, komplex, in Konstellationen auszusprechen, was klar, unmittelbar nicht sich aussprechen läßt. Sein eigenes Verhalten war darin weit schmiegsamer als seine Parole; so schrieb er an Ludwig von Ficker, der einen größeren von Wittgenstein gestifteten Betrag Georg Trakl schenkte, er, Wittgenstein, verstehe zwar Trakls Gedichte nicht, sei indessen von ihrer Qualität überzeugt. Da das Medium von Dichtung Sprache ist und Wittgenstein von Sprache überhaupt handelt, nicht von Wissenschaft allein, bestätigte er ungewollt, es lasse sich aussprechen, was sich nicht aussprechen läßt; solche Paradoxie war seinem Denkhabitus kaum fremd. Demgegenüber sich auf die irrevokable Dichotomie von Erkenntnis und Dichtung zurückzuziehen, wäre bloße Ausflucht. Kunst ist Erkenntnis sui generis; in Dichtung gerade ist emphatisch, worauf Wittgensteins Wissenschaftslehre ihren Nachdruck legt, die Sprache.

Die Hypostasis des Erkenntnismoments Klarheit als des Kanons von Erkenntnis durch Wittgenstein kollidiert mit anderen seiner Haupttheoreme. Seine Formulierung: »Die Welt ist alles, was der Fall ist«, seitdem Glaubensartikel des Positivismus, ist in sich so vieldeutig, daß sie als »Sinnkriterium« nach Wittgensteins eigenem Klarheitspostulat nicht ausreicht. Ihre scheinbare Unanfechtbarkeit und ihre Vieldeutigkeit dürften miteinander verwachsen sein: der Satz ist gepanzert durch eine Sprachform, die verhindert, seinen Gehalt zu fixieren. »Der Fall« sein kann einmal soviel heißen wie faktisch da sein, im Sinne des Seienden der

Philosophie, τὰ ὄντα; dann aber: logisch gelten; daß zwei mal zwei vier sei, ist »der Fall«. Das Grundprinzip der Positivisten verdeckt den auch von ihnen nicht geschlichteten Konflikt von Empirismus und Logistik, der in Wahrheit die gesamte philosophische Tradition durchherrscht und in den Positivismus als Neues eindringt nur, weil er von ihr nichts wissen möchte. Wittgensteins Satz ist fundiert in seinem innerpositivistisch mit Recht kritisierten logischen Atomismus; »der Fall« können nur Einzeltatbestände sein, ein ihrerseits Abstrahiertes. Jüngst hat Wellmer Wittgenstein vorgehalten, man suche nach Beispielen für Elementarsätze im Tractatus vergebens[57]: denn in der Bündigkeit, auf der jener bestehen müßte, »gibt« es keine. In seinem Verzicht auf Beispiele schlägt implizit die Kritik an der Kategorie des Ersten durch; hascht man danach, so verflüchtigt es sich. Wittgenstein hat, im Gegensatz zu den Positivisten des eigentlichen Wiener Kreises, sich dagegen gesträubt, durch den Primat des Wahrnehmungsbegriffs den philosophiefeindlichen Positivismus mit einer ihrerseits fragwürdigen Philosophie, letztlich der sensualistischen, zu versetzen. Andererseits transzendieren die sogenannten Protokollsätze tatsächlich die Sprache, in deren Immanenz Wittgenstein sich verschanzen möchte: die Antinomie ist unausweichlich. Der magische Zirkel der Sprachreflexion wird nicht durchbrochen durch Rückgriff auf krude und fragwürdige Begriffe wie den des unmittelbar ›Gegebenen‹. Philosophische Kategorien wie die der Idee und des Sinnlichen, samt der Dialektik, die sie seit dem Platonischen Theätet entbunden haben, erstehen in der philosophiefeindlichen Wissenschaftslehre auf und annullieren damit deren Philosophiefeindschaft. Philosophische Fragen werden nicht dadurch erledigt, daß man sie erst gewaltsam vergißt und dann mit dem Effekt der dernière nouveauté wiederentdeckt. Carnaps Modifikation des Wittgensteinschen Sinnkriteriums ist ein Rückfall. Er verdrängt durch die Frage nach Geltungskriterien die nach der Wahrheit; am liebsten möchten sie diese zur Metaphysik relegieren. Nach Carnap sind »metaphysische Sätze nicht ›Erfahrungssätze‹«[58], eine einfache Tautologie. Was Metaphysik motiviert, ist nicht die sinnliche Erfahrung, auf

57 Vgl. Wellmer, a. a. O., S. 8.

58 a. a. O., S. 10.

die Carnap alle Erkenntnis schließlich reduziert, sondern vermittelt. Kant ist nicht müde geworden, daran zu erinnern.
Daß die Positivisten in gigantischem Zirkel aus der Wissenschaft die Regeln extrapolieren, welche jene begründen und rechtfertigen sollen, hat seine verhängnisvollen Konsequenzen auch für die Wissenschaft, deren tatsächlicher Fortgang ja Typen von Erfahrung einbegreift, die ihrerseits nicht von Wissenschaft verordnet und approbiert sind. Die spätere Entwicklung des Positivismus bestätigte, wie wenig die Behauptung Carnaps sich halten läßt, daß »die Protokollsätze ... selbst nicht einer Bewährung bedürfen, sondern als Grundlage für alle übrigen Sätze der Wissenschaft dienen«[59]. Wohl geht es logisch wie innerwissenschaftlich ohne Unmittelbarkeit nicht ab; die Kategorie der Vermittlung ihrerseits hätte sonst keinen vernünftigen Sinn. Noch Kategorien, die von Unmittelbarkeit so weit sich entfernen wie die der Gesellschaft, könnten ohne ein Unmittelbares nicht gedacht werden; wer nicht primär an sozialen Phänomenen das Gesellschaftliche wahrnimmt, das in ihnen sich ausdrückt, kann zu keinem authentischen Begriff von Gesellschaft fortschreiten. Aber das Moment von Unmittelbarkeit ist im Fortgang der Erkenntnis aufzuheben. Daß, wie gerade die Sozialwissenschaftler Neurath und Popper gegen Carnap eingewandt haben, die Protokollsätze revidierbar seien, ist ein Symptom von deren eigener Vermitteltheit zunächst durch jenes nach dem Modell der Physik vorgestellte Subjekt der Wahrnehmung, über das gründlicher nachzudenken der Positivismus seit Humeschen Zeiten für überflüssig erachtete, und das darum stets wieder als unvermerkte Voraussetzung sich einschlich. Affiziert wird davon der Wahrheitsgehalt der Protokollsätze: sie sind wahr und sind es nicht. Zu erläutern wäre das an manchen Fragebogen aus Erhebungen der politischen Soziologie. Die Antworten sind gewiß, als Ausgangsmaterial, ›wahr‹, trotz ihrer Bezogenheit auf subjektive Meinungen selber ein Stück sozialer Objektivität, zu der auch Meinungen gehören. Die Probanden haben dies und nichts anderes gesagt oder angekreuzt. Andererseits jedoch sind die Antworten im Kontext der Fragebogen vielfach unstimmig und widerspruchsvoll, etwa auf abstraktem Niveau prodemokratisch, angesichts

59 a. a. O., S. 14.

konkreter »items« antidemokratisch. Dann aber kann die Soziologie bei den Daten nicht sich bescheiden, sondern muß die Widersprüche abzuleiten versuchen; die empirische Forschung verfährt demgemäß. Daß die Wissenschaftstheorie derlei der Wissenschaft geläufige Erwägungen ab ovo verschmäht, bietet, subjektiv betrachtet, den Angriffspunkt dialektischer Kritik. Nie sind die Positivisten jenen latenten Anti-Intellektualismus ganz losgeworden, der schon in der Humeschen dogmatischen Degradation der ideas, Vorstellungen zu bloßen Nachbildern der impressions präformiert war. Denken ist ihnen nicht mehr als Nachvollzug, sein Mehr ein Übel. Solcher verkappte Anti-Intellektualismus, mit seinen ungewollten politischen Obertönen, fördert fraglos die Wirkung der positivistischen Doktrin; ein bestimmter Typus seiner Anhänger zeichnet durch Absenz der Reflexionsdimension sich aus und durch Rancune gegen geistige Verhaltensweisen, die wesentlich auf jener sich bewegen.

Der Positivismus verinnerlicht die Zwänge zur geistigen Haltung, welche die total vergesellschaftete Gesellschaft auf das Denken ausübt, damit es in ihr funktioniert. Er ist der Puritanismus der Erkenntnis[60]. Was dieser in der moralischen Sphäre bewirkt, das sublimiert sich im Positivismus zu den Normen der Erkenntnis. Die ihrer Sprachform nach äquivoke Warnung Kants, nicht in intelligible Welten auszuschweifen, der gegenüber bereits Hegel ironisch von den »schlimmen Häusern« sprach, präludiert das; freilich nur als Stimme im polyphonen Gewebe

60 Auf dem Frankfurter Kongreß 1968 ist insbesondere von Erwin Scheuch eine Soziologie verfochten worden, »die nichts sein will als Soziologie«. Zuweilen erinnern wissenschaftliche Verhaltensweisen an neurotische Berührungsangst. Reinheit wird überwertig. Zöge man von der Soziologie all das ab, was nicht, beispielsweise, der Weberschen Definition zu Beginn von »Wirtschaft und Gesellschaft« strikt entspricht, so bliebe nichts von ihr übrig. Ohne alle ökonomischen, geschichtlichen, psychologischen, anthropologischen Momente schlotterte sie um jegliches soziale Phänomen herum. Ihre raison d'être ist nicht die eines Sachgebiets, eines ›Fachs‹, sondern der konstitutive und eben darum vernachlässigte Zusammenhang jener Sachgebiete älteren Stils; ein Stück geistiger Wiedergutmachung der Arbeitsteilung, nicht ihrerseits wiederum bedingungslos arbeitsteilig zu fixieren. Ebensowenig indessen bringt sie bloß die Bestände der Sachgebiete in mehr oder minder fruchtbaren Kontakt. Was man mit interdisziplinärer Kooperation bezeichnet, reicht nicht an Sozio-

der philosophischen Partitur, während bei den Positivisten die trivial vordringliche Oberstimmenmelodie daraus wurde. Was Erkenntnis will, wonach sie Sehnsucht hat, verbietet sie sich vorweg, weil das Desiderat gesellschaftlich nützlicher Arbeit es ihr verbietet, und projiziert dann das Tabu, das sie sich auferlegt hat, auf das Ziel, verteufelt das ihr Unerreichbare. Der Prozeß, welcher sonst dem Subjekt unerträglich wäre: die Integration des Gedankens in das ihm Entgegengesetzte, von ihm zu Durchdringende, wird vom Positivismus dem Subjekt integriert, zu dessen eigener Sache gemacht. Das Glück von Erkenntnis soll nicht sein. Wollte man den Positivismus jener reductio ad hominem unterwerfen, die er so gern mit der Metaphysik betreibt, so wäre zu mutmaßen, er logisiere die sexualen Tabus, die nicht erst heute in Denkverbote sich umgesetzt haben. Daß man nicht vom Baum der Erkenntnis essen solle, wird im Positivismus zur Maxime von Erkenntnis selbst. Neugier wird bestraft im Neuen des Gedankens, die Utopie soll ihm in jeglicher Gestalt, auch der von Negation ausgetrieben werden. Erkenntnis resigniert zur wiederholenden Nachkonstruktion. Sie verarmt wie das Leben unter der Arbeitsmoral. Im Begriff der Tatsachen, an die man sich zu halten habe, von denen man sich nicht, auch nicht durch ihre Interpolation, entfernen dürfe, wird Erkenntnis zur bloßen Reproduktion dessen verhalten, was ohnehin vorhanden ist. Das Ideal des deduktiven, lückenlosen Systems, aus dem nichts draußen bleibt, ist dafür der zu Logik verflüchtigte Ausdruck. Besin-

logie heran. An ihr ist es, die Vermittlungen der Sachkategorien in sich aufzudecken, deren jede auf die andere führt. Sie zielt auf die immanente Wechselwirkung der von Ökonomie, Geschichte, Psychologie, Anthropologie relativ unabhängig voneinander bearbeiteten Elemente; versucht wissenschaftlich die Einheit zu restituieren, die sie an sich, als gesellschaftliche, bilden und die sie durch Wissenschaft, freilich nicht erst durch sie, immer wieder einbüßen. Am leichtesten läßt sich das an der Psychologie einsehen. Sogar in der monadologisch ansetzenden Freudschen Schule ›steckt‹ in zahllosen Momenten Gesellschaft. Das Individuum, ihr Substrat, hat gegenüber der Gesellschaft aus gesellschaftlichen Gründen sich verselbständigt. Vollends der Formalismus, auf den die Instrumentalisierung der soziologischen Vernunft unweigerlich hinausläuft, die virtuelle Mathematisierung, liquidierte die qualitative Differenz der Soziologie von anderen Wissenschaften und damit ihre von den Szientisten proklamierte Autarkie.

nungslose Aufklärung schlägt in Regression um. Das Subalterne, Quisquilienhafte der positivistischen Doktrin ist nicht die Schuld ihrer Repräsentanten; oft haben sie, wenn sie den Talar ablegen, gar nichts davon. Objektiver bürgerlicher Geist hat sich zum Ersatz der Philosophie aufgespreizt. Unverkennbar dabei der parti pris fürs Tauschprinzip, abstrahiert zu jener Norm des Füranderesseins, der das Nachvollziehbarkeitskriterium und der letztlich an der Kulturindustrie gebildete Begriff von Kommunikation als Maß alles Geistigen willfahrt. Kaum ist es illoyal, was die Positivisten mit empirisch meinen, als das zu bestimmen, was etwas für ein anderes ist, nie soll die Sache selbst begriffen werden. Der einfache Mangel, daß Erkenntnis nicht ihr Objekt erreicht, sondern es lediglich in ihm äußerliche Relationen setzt, wird reaktiv als Unmittelbarkeit, Reinheit, Gewinn, Tugend verbucht. Die Repression, welche der positivistische Geist sich selbst bereitet, unterdrückt was ihm nicht gleicht. Das prägt ihn, trotz seines Bekenntnisses zur Neutralität, wenn nicht kraft dieses Bekenntnisses, zum Politikum. Seine Kategorien sind latent die praktischen der bürgerlichen Klasse, in deren Aufklärung von Anbeginn mitschwang, man dürfe nicht auf Gedanken verfallen, welche die Rationalität der herrschenden ratio in Zweifel rücken.

Solche Physiognomik des Positivismus ist auch die seines eigenen Zentralbegriffs, des Empirischen, der Erfahrung. Allgemein werden Kategorien dann thematisch, wenn sie nicht mehr, nach Hegels Terminologie, substantiell sind, nicht mehr unbefragt lebendig. Im Positivismus dokumentiert sich eine geschichtliche Verfassung des Geistes, die Erfahrung nicht mehr kennt und darum sowohl deren Rudiment ausrottet wie sich als ihren Ersatz, als allein legitime Form von Erfahrung anbietet. Die Immanenz des virtuell sich abdichtenden Systems toleriert weder ein qualitativ Anderes, das sich erfahren ließe, noch befähigt sie die ihr angepaßten Subjekte zur unreglementierten Erfahrung. Der Zustand universaler Vermittlung, der Verdinglichung aller Beziehungen zwischen Menschen, sabotiert die objektive Möglichkeit spezifischer Erfahrung der Sache – ist diese Welt überhaupt noch ein lebendig zu Erfahrendes? – samt der anthropologischen Fähigkeit dazu. Schelsky hat mit Recht den Begriff unreglementierter Erfahrung einen der zentralen Kontroverspunkte zwischen Dialektikern und Positivisten genannt. Die reglementierte Erfahrung, welche der Positivismus verordnet, annulliert Erfahrung selbst, schaltet der Absicht nach das erfahrende Subjekt aus. Korrelat der Gleichgültigkeit dem Objekt gegenüber ist die Beseitigung des Subjekts, ohne dessen spontane Rezeptivität doch nichts Objektives sich gibt. Als soziales Phänomen ist der Positivismus auf den Typus des erfahrungs- und kontinuitätslosen Menschen geeicht und bestärkt ihn darin, sich wie Babbit für die Krone der Schöpfung zu halten. In seiner apriorischen Adaptation an jenen Typus dürfte der appeal des Positivismus zu suchen sein. Hinzu kommt ein Scheinradikalismus, der tabula rasa macht, ohne inhaltlich etwas anzugreifen, und der mit jedem inhaltlich radikalen Gedanken fertig wird, indem er ihn als Mythologem, Ideologie, überholt denunziert. Verdinglichtes Bewußtsein schnappt automatisch ein bei jedem nicht vorweg durch facts and figures gedeckten Gedanken in dem Einwand: where is the evidence? Die vulgärempirische Praxis begriffloser Sozialwissenschaft, die meist von der analytischen Philosophie keine Notiz nimmt, verrät etwas über diese. Der Positivismus ist Geist der Zeit analog zur Mentalität von Jazzfans; ähnlich auch die Attraktion, die er auf junge Menschen ausübt. Hereinspielt die absolute Sicherheit, die er, nach dem Sturz der traditionellen Metaphysik, verspricht. Aber sie ist scheinhaft: die reine Widerspruchslosigkeit, zu der sie sich zusammenzieht, nichts als Tautologie, der Begriff gewordene Wiederholungszwang ohne Inhalt. Sicherheit wird zu einem ganz Abstrakten und hebt sich auf: die Sehnsucht, in einer Welt ohne Angst zu leben, befriedigt sich an der puren sich selbst Gleichheit des Gedankens. Paradox ähnelt das Faszinosum des Positivismus, Sekurität, der angeblichen Geborgenheit, welche die Amtswalter der Eigentlichkeit von der Theologie beziehen und um deretwillen sie ungeglaubte Theologie advozieren. In der geschichtlichen Dialektik der Aufklärung schrumpft Ontologie zum dimensionslosen Punkt; er, in Wahrheit ein Nichts, wird zur Bastion, zum ineffabile der Szientisten. Das harmoniert mit dem Bewußtsein der Massen, die gleichzeitig sich als gesellschaftlich überflüssig, nichtig empfinden und daran sich klammern, daß das System, will es fortbestehen, sie doch nicht verhungern lassen könne. Nichtigkeit wird mitgenossen als Destruktion, während der leere Formalismus jeglichem Bestehenden gegenüber gleichgültig und darum versöhnlich ist: reale Ohnmacht wird sich zur autoritären geistigen Haltung. Vielleicht übt objektive Leere auf den heraufkommenden anthropologischen Typus des erfahrungslos Leeren spezifische Anziehung aus. Vermittelt wird die affektive Besetzung des instrumentellen, seiner Sache entäußerten Denkens durch dessen Technifizierung: sie präsentiert es als avantgardistisch. Popper verficht eine »offene« Gesellschaft. Ihrer Idee jedoch widerspricht das nicht offene, reglementierte Denken, das seine Wissenschaftslogik als »deduktives System« postuliert. Der jüngste Positivismus ist der verwalteten Welt auf den Leib geschrieben. Meinte zu den Ursprungszeiten des Nominalismus und noch fürs frühe Bürgertum Bacons Empirismus die Freigabe von Erfahrung gegenüber dem ordo vorgegebener Begriffe, das Offene als Ausbruch aus der hierarchischen Struktur der feudalen Gesellschaft, so wird heute, da die losgelassene Dynamik der bürgerlichen erneuter Statik zutreibt, durch Restitution geschlossener geistiger Kontrollsysteme jene Offenheit durch das szientistische Denksyndrom versperrt. Um auf den Positivismus seinen eigenen obersten Grundsatz anzuwenden: er ist, wahlverwandt dem Bürgertum, widerspruchsvoll in sich insofern, als er Erfahrung zum ein und allen erklärt und im gleichen Atemzug verbietet. Die Exklusivität, die er dem Erfahrungsideal zuspricht, systematisiert es und hebt es damit potentiell auf.

Die Poppersche Theorie ist beweglicher als der übliche Positivismus. Nicht ebenso unreflektiert beharrt er auf Wertfreiheit wie die einflußreichste Tradition der deutschen Soziologie seit Weber. Albert etwa erklärt: »Adornos Urteil, das gesamte Wertproblem sei falsch gestellt, hat keinen Bezug auf eine bestimmte Formulierung dieses Problems und ist daher kaum zu beurteilen: eine umfassend klingende, aber risikolose Behauptung.«[61] Darauf ist zu entgegnen, daß die monierte Abstraktheit der Formulierung der seit Weber in Deutschland sakrosankten Dichotomie entspricht und einzig deren Inauguratoren, nicht deren Kritikern zur Last gelegt werden kann. Die Antinomien indessen, in welche der Positivismus durch die Norm der Wertfreiheit sich ver-

61 Albert, Der Mythos der totalen Vernunft, a. a. O., S. 218.

wickelt, ließen durchaus sich konkretisieren. So wie eine strikt apolitische Haltung im politischen Kräftespiel zum Politikum, zur Kapitulation vor der Macht wird, so ordnet generell Wertneutralität unreflektiert dem sich unter, was den Positivisten geltende Wertsysteme heißt. Auch Popper selbst nimmt mit der Forderung, »daß es eine der Aufgaben der wissenschaftlichen Kritik sein muß, Wertvermischungen bloßzulegen und die rein wissenschaftlichen Wertfragen nach Wahrheit, Relevanz, Einfachheit und so weiter von außerwissenschaftlichen Fragen zu trennen«[62], einigermaßen zurück, was er zunächst gewährt. Tatsächlich ist die Problematik jener Dichotomie konkret in die Sozialwissenschaften hinein zu verfolgen. Handhabt man die Wertfreiheit so rigoros, wie Max Weber offenbar bei öffentlichen Anlässen – nicht stets in seinen Texten – verfuhr, so freveln die soziologischen Forschungen leicht gegen das von Popper immerhin aufgeführte Kriterium der Relevanz. Will etwa Kunstsoziologie die Frage nach dem Rang der Gebilde von sich wegschieben, mit deren Wirkungen sie sich beschäftigt, so entgehen ihr so relevante Komplexe wie der der Manipulation durch die Bewußtseinsindustrie, der Wahrheits- oder Unwahrheitsgehalt der ›Reize‹, denen die Probanden exponiert sind, schließlich jede bestimmte Einsicht in Ideologie als gesellschaftlich falsches Bewußtsein. Eine Kunstsoziologie, die zwischen dem Rang eines integren und bedeutenden Werkes und dem eines nach Wirkungszusammenhängen kalkulierten Kitschprodukts nicht unterscheiden kann oder will, begibt sich nicht erst der kritischen Funktion, die sie doch ausüben möchte, sondern bereits der Erkenntnis solcher faits sociaux wie der Autonomie oder Heteronomie geistiger Gebilde, die von ihrem sozialen Ort abhängt und ihre soziale Wirkung determiniert. Wird davon abgesehen, so bleibt der schale Rest eines allenfalls mathematisch perfektionierten nose counting nach likes und dislikes, folgenlos für die soziale Signifikanz der ermittelten Vorlieben und Abneigungen. Nicht ist die Kritik am wertenden Verhalten der Sozialwissenschaften zu widerrufen und etwa die ontologische Wertlehre des mittleren Scheler als Norm für die Sozialwissenschaften zu restaurieren. Unhaltbar ist die Dichotomie von Wert und Wertfreiheit, nicht das eine

62 Popper, Die Logik der Sozialwissenschaften, a. a. O., S. 115.

oder das andere. Konzediert Popper, die szientistischen Ideale von Objektivität und Wertfreiheit seien ihrerseits Werte, so reicht das bis in die Wahrheit der Urteile hinein; deren Sinn impliziert die ›wertende‹ Vorstellung, ein wahres sei besser als ein falsches. Die Analyse irgend inhaltsvoller sozialwissenschaftlicher Theoreme müßte auf ihre axiologischen Elemente stoßen, auch wenn die Theoreme von ihnen nicht Rechenschaft geben. Dies axiologische Moment steht aber nicht abstrakt dem Vollzug des Urteils gegenüber, sondern ist ihm immanent. Wert und Wertfreiheit sind nicht getrennt, sondern ineinander; allein wäre jedes falsch, das an einen ihm äußerlichen Wert festgemachte Urteil ebenso wie eines, das durch Exstirpation des ihm immanenten und untilgbaren wertenden Moments sich lähmte. Das thema probandum samt der Beweisführung der Weberschen Abhandlung über die protestantische Ethik ist nur bei völliger Blindheit von der keineswegs wertfreien Absicht seiner Kritik an der Marxischen Überbau-Unterbau-Lehre abzuspalten. Sie nährt die einzelnen Argumente, vor allem aber auch die Abdichtung jener Untersuchung gegenüber der gesellschaftlich-ökonomischen Herkunft der Theologumena, die ihr zufolge den Kapitalismus sollen konstituiert haben. Die antimaterialistische Grundposition Webers motiviert nicht nur – wie er zugestände – die Fragestellung seiner Religionssoziologie, sondern auch deren Blickrichtung, die Auswahl der Materialien, das gedankliche Geflecht; seine Beweisführung stellt befangen die ökonomische Ableitung auf den Kopf. Die Starrheit eines dem Gedanken wie der Sache äußerlichen Wertbegriffs war auf beiden Seiten die Ursache des Unbefriedigenden der Debatte über die Wertfreiheit; übrigens hatte ein Positivist wie Durkheim, ohne Weber zu nennen, unumwunden erklärt, erkennende und wertende Vernunft seien dieselbe und darum die absolute Trennung von Wert und Erkenntnis untriftig. In ihr sind die Positivisten mit den Ontologen einig. Die von Albert bei den Dialektikern vermißte Lösung des angeblichen Wertproblems dürfte, um dies eine Mal einen positivistischen Begriff zu verwenden, darin zu suchen sein, daß die Alternative als Scheinproblem begriffen wird, als Abstraktion, die dem konkreten Blick auf die Gesellschaft und der Reflexion auf das Bewußtsein von ihr zergeht. Darauf zielte die These von der

Verdinglichung des Wertproblems: daß die sogenannten Werte, seien sie nun als aus den Sozialwissenschaften zu Eliminierendes oder als deren Segen angesehen, zum Selbständigen, quasi Ansichseienden erhöht werden, während sie das weder real geschichtlich noch als Kategorien der Erkenntnis sind. Der Wertrelativismus ist das Korrelat zur absolutistischen Apotheose der Werte: sobald sie, aus der Willkür und Not des erkennenden Bewußtseins heraus, dessen Reflexion und dem geschichtlichen Zusammenhang entrissen werden, in dem sie auftreten, verfallen sie eben der Relativität, die ihre Beschwörung bannen möchte. Der ökonomische Wertbegriff, der dem philosophischen Lotzes, den Südwestdeutschen und dann dem Objektivitätsstreit als Modell diente, ist das Urphänomen von Verdinglichung, der Tauschwert der Ware. An ihn schloß Marx die Fetischismusanalyse, die den Wertbegriff dechiffrierte als Zurückspiegelung eines Verhältnisses zwischen Menschen, wie wenn es eine Eigenschaft von Sachen wäre. Die normativen Probleme steigen auf aus geschichtlichen Konstellationen, die gleichsam von sich aus ihre Änderung stumm, ›objektiv‹ verlangen. Was der historischen Erinnerung, nachträglich, zu Werten gerinnt, sind in Wahrheit Fragegestalten der Realität, formal gar nicht so verschieden vom Popperschen Problembegriff. Nicht ließ als Wert abstrakt sich etwa dekretieren, daß alle Menschen zu essen haben müßten, solange die Produktivkräfte nicht zur Befriedigung der primitiven Bedürfnisse aller hinreichten. Wird jedoch in einer Gesellschaft, in der Hunger angesichts vorhandener und offensichtlich möglicher Güterfülle jetzt und hier vermeidbar wäre, gleichwohl gehungert, so verlangt das Abschaffung des Hungers durch Eingriff in die Produktionsverhältnisse. Dies Verlangen springt aus der Situation, ihrer Analyse nach allen Dimensionen heraus, ohne daß es dazu der Allgemeinheit und Notwendigkeit einer Wertvorstellung bedürfte. Die Werte, auf welche jenes aus der Situation aufsteigende Verlangen projiziert wird, sind dessen dünner, meist fälschender Abguß. Die Vermittlungskategorie ist immanente Kritik. Sie enthält das Moment der Wertfreiheit in Gestalt ihrer undogmatischen Vernunft, pointiert in der Konfrontation dessen, als was eine Gesellschaft auftritt und was sie ist; das Wertmoment aber lebt in der praktischen Aufforderung, die aus der Situation herauszulesen ist und die herauszulesen es allerdings der gesellschaftlichen Theorie bedarf. Der falsche Chorismos von Wertfreiheit und Wert enthüllt sich als der gleiche wie der von Theorie und Praxis. Gesellschaft, wofern man sie als Funktionszusammenhang menschlicher Selbsterhaltung versteht, ›meint‹: bezweckt objektiv die dem Stand ihrer Kräfte adäquate Reproduktion ihres Lebens; sonst ist jegliche gesellschaftliche Veranstaltung, ja Vergesellschaftung selber im einfachsten cognitiven Verstande widersinnig. Die subjektive Vernunft der Zweck-Mittel-Relation schlüge, sobald sie tatsächlich durch gesellschaftliche oder szientifische Machtgebote nicht aufgehalten würde, in jene objektive Vernunft um, die das axiologische Moment als eines von Erkenntnis selber enthält. Wert und Wertfreiheit sind dialektisch durch einander vermittelt. Keine auf das nicht unmittelbar seiende Wesen der Gesellschaft gerichtete Erkenntnis wäre wahr, die es nicht anders wollte, insofern also »wertende« wäre; nichts ist von der Gesellschaft zu fordern, was nicht aus dem Verhältnis von Begriff und Empirie aufstiege, nicht also wesentlich Erkenntnis ist.

Wie eine dialektische Theorie der Gesellschaft nicht einfach das Desiderat von Wertfreiheit wegwischt, sondern es samt dem entgegengesetzten in sich aufzuheben trachtet, so sollte sie zum Positivismus insgesamt sich verhalten. Die Marxische Distinktion zwischen Darstellung und Herkunft von Erkenntnissen, durch die er den Vorwurf abwehren wollte, er entwerfe ein deduktives System, mag Dialektik, aus dégoût an der Philosophie, philosophisch allzu leicht nehmen; wahr daran ist jedenfalls der schwere Akzent auf dem Seienden gegenüber dem losgelassenen Begriff, die Zuspitzung der kritischen Theorie gegen den Idealismus. Dem immanent sich fortbewegenden Gedanken ist die Versuchung eingeboren, die Fakten zu mißachten. Der dialektische Begriff jedoch ist Vermittlung, kein Ansichseiendes; das bürdet ihm die Pflicht auf, keine Wahrheit χωρίς von dem Vermittelten, den Tatsachen zu prätendieren. Dialektische Kritik am Positivismus hat ihren vordringlichsten Angriffspunkt an Verdinglichung, der von Wissenschaft und von unreflektierter Faktizität; desto weniger darf sie ihre Begriffe ihrerseits verdinglichen. Albert sieht richtig, daß zentrale, aber nicht sinnlich verifizierbare Begriffe wie Gesellschaft oder Kollektivität nicht zu hypostasieren, nicht naiv realistisch als Ansichseiendes zu setzen und zu fixieren sind. Allerdings wird eine von solcher Verdinglichung gefährdete Theorie insoweit zu jener vom Gegenstand bewogen, als dieser selbst so verhärtet ist, wie es dann in der Theorie, wofern sie bloß ›widerspiegelt‹, als deren Dogmatismus sich wiederholt. Bleibt Gesellschaft, ein Funktions- und kein Substanzbegriff, allen einzelnen Phänomenen gleichwohl objektiv vorgeordnet, so kann vom Aspekt ihrer Dinghaftigkeit auch dialektische Soziologie nicht absehen; sonst verfälscht sie das Entscheidende, die Herrschaftsverhältnisse. Sogar der geistige Phänomene eminent verdinglichende Durkheimsche Begriff des Kollektivbewußtseins hat seinen Wahrheitsgehalt an dem Zwang, den die gesellschaftlichen mores ausüben; nur wäre dieser Zwang wiederum aus den Herrschaftsverhältnissen im realen Lebensprozeß abzuleiten, nicht als ein letztes Vorfindliches, als ›Sache‹ zu akzeptieren. In primitiven Gesellschaften erfordert – vielleicht – der Mangel an Lebensmitteln organisatorische Zwangszüge, die in den durch die Produktionsverhältnisse verursachten und insofern unnötigen Mangelsituationen vorgeblich reifer Gesellschaften wiederkehren. Die Frage, ob die gesellschaftlich notwendige Trennung von physischer und geistiger Arbeit oder das usurpatorische Privileg des Medizinmanns vorgängig seien, hat etwas von der nach dem Primat von Huhn oder Ei; jedenfalls bedarf der Schamane der Ideologie, ohne ihn ginge es nicht. Zugunsten der sakrosankten Theorie ist keineswegs die Möglichkeit zu exorzieren, daß der soziale Zwang tierisch-biologisches Erbe sei; der ausweglose Bann der Tierwelt reproduziert sich in der brutalen Herrschaft stets noch naturgeschichtlicher Gesellschaft. Daraus jedoch ist nicht die Unabänderlichkeit von Zwang apologetisch zu folgern. Am Ende ist es das tiefste Wahrheitsmoment des Positivismus, wenngleich eines, gegen das er sich sträubt wie gegen das Wort, auf das er verzaubert ist: daß die Fakten, das nun einmal so und nicht anders Seiende, einzig in einer Gesellschaft der Unfreiheit, deren ihre eigenen Subjekte nicht mächtig sind, jene undurchdringliche Gewalt angenommen haben, die dann der szientifische Faktenkult im wissenschaftlichen Gedanken verdoppelt. Auch die philosophische Rettung des Positivismus bedürfte des von ihm verpönten Verfahrens der Deutung, der Interpretation dessen am Weltlauf, was Interpretation verwehrt. Der Positivismus ist die begriffslose Erscheinung der negativen Gesellschaft in der Gesellschaftswissenschaft. In der Debatte animiert Dialektik den Positivismus zum Bewußtsein solcher Negativität, seiner eigenen. Bei Wittgenstein fehlt es nicht an Spuren solchen Bewußtseins. Je weiter der Positivismus getrieben wird, desto energischer treibt er über sich hinaus. Der von Wellmer hervorgehobene Satz Wittgensteins, »daß schon viel in der Sprache vorbereitet sein muß, damit das bloße Benennen einen Sinn hat«[63], erreicht nicht weniger als den Sachverhalt, daß für die Sprache Tradition konstitutiv sei und damit, gerade im Sinn Wittgensteins, für Erkenntnis überhaupt. Wellmer berührt einen Nervenpunkt, wenn er daraus eine objektive Absage an den Reduktionismus der Wiener Schule, an das Geltungskriterium der Protokollsätze entnimmt; um so weniger ist der Reduktionismus autoritatives Vorbild der Sozialwissenschaften. Selbst Carnap verzichtet, Wellmer zufolge, auf das Prinzip der Reduktion aller Terme auf Beobachtungsprädikate und führt neben der Beobachtungssprache eine nur noch partiell interpretierte theoretische Sprache ein[64]. Man wird darin eine bestimmende Entwicklungstendenz des gesamten Positivismus vermuten dürfen. Mit fortschreitender Differenzierung und Selbstreflexion zehrt er sich auf. Noch davon profitiert seine Apologetik, nach einem verbreiteten Topos: zentrale Einwände gegen die Schule werden als durch deren eigenen Stand überholt abgetan. Vor kurzem hat Dahrendorf, dem Sinn nach, gesagt, den von der Frankfurter Schule kritisierten Positivismus gebe es gar nicht mehr. Je weniger indessen die Positivisten ihre suggestiv schroffen Normen aufrecht erhalten können, desto mehr schwindet der Schein einer Legitimation ihrer Verachtung der Philosophie und der von dieser durchdrungenen Verfahrungsweisen. Auch Albert scheint, ähnlich wie Popper, die Verbotsnormen preiszugeben[65]. Gegen Schluß seines Aufsatzes »Der Mythos der totalen Vernunft« wird es schwer, eine scharfe Gren-

63 Wellmer, a. a. O., S. 12.
64 Vgl. a. a. O., S. 23 f.
65 Vgl. Albert, Im Rücken des Positivismus?, a. a. O., S. 268.

ze zwischen dem Popper-Albertschen Wissenschaftsbegriff und dialektischem Denken über Gesellschaft zu ziehen. Übrig bleibt, als Differenz: »Der dialektische Kult der totalen Vernunft ist zu anspruchsvoll, um sich mit ›partikularen‹ Lösungen zu begnügen. Da es keine Lösungen gibt, die seinen Ansprüchen genügen, ist er genötigt, sich mit Andeutungen, Hinweisen und Metaphern zufriedenzugeben.«[66] Die dialektische Theorie jedoch betreibt gar keinen Kult der totalen Vernunft; sie kritisiert jene. Hochmut gegen partikulare Lösungen ist ihr fremd, nur läßt sie von ihnen nicht das Maul sich stopfen.

Gleichwohl ist nicht aus dem Blick zu verlieren, was vom Positivismus nach wie vor ungemildert sich durchhält. Symptomatisch die ironische Äußerung Dahrendorfs über die Frankfurter Schule als die letzte der Soziologie. Gemeint dürfte sein, die Zeit der Schulenbildung innerhalb der Soziologie sei vorbei, Einheitswissenschaft überrolle triumphal die Schulen als ein archaisch Qualitatives. So demokratisch und egalitär das Selbstverständnis der Prophezeiung, ihre Erfüllung wäre intellektuell totalitär, unterbände eben jenen Streit, den doch gerade Dahrendorf für das Agens allen Fortschritts hält. Das Ideal fortschreitender technischer Rationalisierung auch der Wissenschaft desavouiert die pluralistischen Vorstellungen, denen die Gegner der Dialektik sonst huldigen. Keinem soziologischen Psychologismus braucht sich zu verschreiben, wer angesichts des Slogans von der letzten Schule an die Frage des kleinen Mädchens beim Anblick eines großen Hundes sich erinnert: wie alt kann so ein Hund werden?

Trotz des von beiden Seiten bekundeten Willens, in rationalem Geist die Kontroverse auszutragen, behält diese ihren quälenden Stachel. In den Äußerungen der Presse zum Positivismusstreit, zumal denen nach dem sechzehnten deutschen Soziologentag, die im übrigen vielfach nicht einmal dem Verlauf der Debatte gerecht und sachkundig folgten, wiederholte sich stereotyp, man sei nicht weitergekommen, die Argumente seien bereits bekannt, keine Schlichtung der Gegensätze absehbar und damit die Fruchtbarkeit der Debatte in Zweifel gerückt. Diese von Rancune prallen Bedenken zielen daneben. Sie erwarten sich handgreifliche

66 Albert, Der Mythos der totalen Vernunft, a. a. O., S. 233.

Fortschritte der Wissenschaft dort, wo ihre Handgreiflichkeit ebenso in Frage steht wie ihre gängige Konzeption. Nicht ist ausgemacht, ob die beiden Positionen durch wechselseitige Kritik, so wie es dem Popperschen Modell entspräche, zu befrieden sind; Alberts billig ad spectatores gerichtete Äußerungen zum Komplex Hegel, von seinen jüngsten zu schweigen, geben der Hoffnung darauf wenig Nahrung. Beteuerungen, man selber sei mißverstanden worden, helfen so wenig weiter wie der augenzwinkernde Appell ans Einverständnis mit Hinblick auf die berüchtigte Unverständlichkeit des Kontrahenten. Die Kontamination von Dialektik und Irrationalismus stellt sich blind dagegen, daß Kritik an der Logik der Widerspruchslosigkeit diese nicht außer Kurs setzt sondern reflektiert. Was schon in Tübingen an den Äquivokationen des Wortes Kritik beobachtet wurde, ist zu generalisieren: auch wo die gleichen Begriffe verwandt werden, ja selbst wo darüber hinaus Übereinstimmung sich herstellt, dürften die Kontrahenten in Wahrheit so Verschiedenes meinen und anstreben, daß der Konsens Fassade vor Antagonismen bleibt. Eine Fortsetzung der Kontroverse hätte wohl jene tragenden, durchaus noch nicht ganz artikulierten Antagonismen sichtbar zu machen. Oft war in der Geschichte der Philosophie zu beobachten, daß Lehren, deren eine sich als getreue Darstellung der anderen empfindet, durch das Klima des geistigen Zusammenhangs bis ins Innerste divergieren; das Verhältnis von Fichte zu Kant wäre dafür der hervorragendste Beleg. Um die Soziologie ist es nicht anders bestellt. Ob sie als Wissenschaft die Gesellschaft in ihrer je funktionierenden Gestalt zu erhalten habe, so wie es von Comte bis Parsons tradiert ward, oder ob sie aus der gesellschaftlichen Erfahrung heraus zur Veränderung ihrer Kernstrukturen drängt, das determiniert in alle Kategorien hinein die Wissenschaftstheorie und wird darum wissenschaftstheoretisch kaum zu entscheiden sein. Maßgebend ist nicht einmal das unmittelbare Verhältnis zur Praxis; viel eher, welchen Stellenwert man der Wissenschaft im Leben des Geistes, schließlich in der Realität zuwägt. Divergenzen darin sind keine von Weltanschauung. Sie haben ihre Stätte in den logischen und erkenntnistheoretischen Fragen, der Auffassung von Widerspruch und Widerspruchslosigkeit, von Wesen und Erscheinung, von Beobachtung und Deutung. Dialektik verhält sich in dem Streit intransigent, weil sie dort weiterzudenken glaubt, wo ihre Widersacher innehalten, vor der unbefragten Autorität des Wissenschaftsbetriebs.

1969

Spätkapitalismus oder Industriegesellschaft?

Einleitungsvortrag zum 16. Deutschen Soziologentag

Das Gewohnheitsrecht hat sich herausgebildet, daß der abgehende Vorsitzende der Deutschen Gesellschaft für Soziologie zur Sache selbst sich äußert. Dabei sind seine eigene Position und die Deutung der Problemstellung nicht strikt zu trennen: in diese geht unvermeidlich jene ein. Andererseits kann er keine definitiven Lösungen vortragen, wo es eben der Diskussion auf dem Kongreß bedarf. Dessen Thematik wurde ursprünglich angeregt von Otto Stammer. In den Sitzungen des Vorstands, die mit dem Kongreß sich befaßten, wurde sie allmählich abgewandelt; der gegenwärtige Titel kristallisierte sich durch teamwork. Der mit dem Stand der sozialwissenschaftlichen Kontroverse nicht Vertraute könnte auf den Verdacht geraten, es handele sich um einen Nomenklaturstreit; Fachleute seien von der eitlen Sorge geplagt, ob die gegenwärtige Phase nun Spätkapitalismus oder Industriegesellschaft heißen solle. In Wahrheit geht es nicht um Termini sondern um inhaltlich Entscheidendes. Referate und Diskussionen sollen zum Urteil darüber helfen, ob noch das kapitalistische System nach seinem wie immer auch modifizierten Modell herrsche, oder ob die industrielle Entwicklung den Begriff des Kapitalismus selbst, den Unterschied zwischen kapitalistischen und nichtkapitalistischen Staaten, gar die Kritik am Kapitalismus hinfällig gemacht habe. Mit anderen Worten, ob die heute innerhalb der Soziologie so weit verbreitete These, Marx sei veraltet, zutreffe. Dieser These zufolge ist die Welt so durch und durch von der ungeahnt entfalteten Technik bestimmt, daß demgegenüber das soziale Verhältnis, das einmal den Kapitalismus definierte, die Verwandlung lebendiger Arbeit in Ware und damit der Klassengegensatz, an Relevanz einbüßte, sofern es nicht zum Aberglauben wurde. Dabei kann man sich auf unverkennbare

Konvergenzen zwischen den technisch fortgeschrittensten Ländern, den Vereinigten Staaten und der Sowjetunion, beziehen. Nach Lebensstandard und Bewußtsein werden vollends in den maßgebenden westlichen Staaten Klassendifferenzen weit weniger sichtbar als in den Dezennien während und nach der industriellen Revolution. Prognosen der Klassentheorie wie die der Verelendung und des Zusammenbruchs sind nicht so drastisch eingetroffen, wie man sie verstehen muß, wenn sie nicht um ihren Gehalt gebracht werden sollen; nur mit Komik ist von relativer Verelendung zu reden. Selbst wenn das bei Marx nicht eindeutige Gesetz von der sinkenden Profitrate systemimmanent sich bewahrheitet hätte, wäre zu konzedieren, daß der Kapitalismus in sich selbst Ressourcen entdeckte, die den Zusammenbruch ad Kalendas Graecas aufzuschieben gestatten – Ressourcen, unter denen fraglos die immense Steigerung des technischen Potentials und damit auch die allen Mitgliedern der hochindustrialisierten Länder zugute kommende Menge von Gebrauchsgütern obenan stehen. Zugleich zeigten angesichts jener technischen Entwicklung die Produktionsverhältnisse sich elastischer, als Marx ihnen zutraute.

Die Kriterien des Klassenverhältnisses, welche die empirische Forschung solche der social stratification, der Schichtung nach Einkommen, Lebensstandard, Bildung zu nennen liebt, sind Verallgemeinerungen von Befunden an einzelnen Individuen. Insofern dürfen sie subjektiv heißen. Demgegenüber war der ältere Klassenbegriff objektiv, unabhängig von Indices intendiert, die unmittelbar am Leben der Subjekte gewonnen sind, wie sehr im übrigen auch diese soziale Objektivitäten ausdrücken. Die Marxische Theorie beruhte auf der Stellung von Unternehmern und Arbeitern im Produktionsprozeß, letztlich der Verfügung über die Produktionsmittel. In den augenblicklich vorherrschenden Strömungen der Soziologie wird dieser Ausgang weithin als dogmatisch abgelehnt. Der Streit ist theoretisch auszutragen, nicht allein durch Präsentation von Fakten, die zwar ihrerseits vielfach zur Kritik beitragen, der kritischen Theorie zufolge jedoch ebenso die Struktur verdecken. Auch die Opponenten der Dialektik sind nicht länger gewillt, eine Theorie unabsehbar zu vertagen, welche dem eigentlichen Interesse der Soziologie Rechnung trägt. Die Kontroverse ist wesentlich eine über die *Deutung* – es sei denn, man verbanne das Verlangen eben danach selber in die Vorhölle des Außerwissenschaftlichen.

Eine dialektische Theorie der Gesellschaft geht auf Strukturgesetze, welche die Fakten bedingen, in ihnen sich manifestieren und von ihnen modifiziert werden. Unter Strukturgesetzen versteht sie Tendenzen, die mehr oder minder stringent aus historischen Konstituentien des Gesamtsystems folgen. Marxische Modelle dafür waren Wertgesetz, Gesetz der Akkumulation, Zusammenbruchsgesetz. Nicht meint die dialektische Theorie mit Struktur Ordnungsschemata, in die soziologische Befunde möglichst vollständig, kontinuierlich und widerspruchslos sich eintragen lassen; nicht Systematisierungen also, sondern das den Prozeduren und Daten wissenschaftlicher Erkenntnis vorgeordnete System der Gesellschaft. Eine solche Theorie darf am letzten den Fakten sich entziehen, darf nicht nach einem thema probandum sie zurechtbiegen. Sonst fiele sie tatsächlich in Dogmatismus zurück und wiederholte durch den Gedanken, was die im Ostbereich verfestigte Macht durch das Instrument des Diamat verübte; stellt still, was dem eigenen Begriff nach anders nicht denn als Bewegtes gedacht werden kann. Dem Fetischismus der Fakten korrespondiert einer der objektiven Gesetze. Dialektik, die mit der schmerzhaften Erfahrung von deren Vorherrschaft sich vollgesogen hat, verherrlicht sie nicht, sondern kritisiert sie ebenso wie den Schein, das Einzelne und Konkrete bestimme hic et nunc bereits den Weltlauf. Wahrscheinlich ist unter dessen Bann das Einzelne und Konkrete überhaupt noch nicht. Durch das Wort Pluralismus wird die Utopie supponiert, als wäre sie schon da; es dient der Beschwichtigung. Darum jedoch darf die dialektische Theorie, die sich selbst kritisch reflektiert, nicht ihrerseits im Medium des Allgemeinen sich häuslich einrichten. Aus jenem Medium auszubrechen ist gerade ihre Intention. Auch sie ist nicht gefeit vor falscher Trennung von nachdrücklichem Denken und empirischer Forschung. Vor einiger Zeit hat ein russischer Intellektueller von beträchtlichem Einfluß mir erklärt, in der Sowjetunion sei Soziologie eine neue Wissenschaft. Er meinte damit die empirische; daß diese mit der in seinem Land als Staatsreligion approbierten Lehre von der Gesellschaft etwas zu tun haben könnte, war ihm so wenig mehr gegenwärtig wie, daß Marx Enqueten durchführte. Verdinglichtes Bewußtsein endet nicht dort, wo der Begriff der Verdinglichung einen Ehrenplatz besetzt. Das Schwadronieren über Begriffe wie ›der Imperialismus‹ oder ›das Monopol‹, ohne Rücksicht darauf, was diesen Worten als Sachverhalten entspricht, und wie weit ihr Geltungsbereich sich erstreckt, ist so falsch, nämlich irrational, wie eine Verhaltensweise, die, ihrer blind-nominalistischen Vorstellung vom Sachverhalt zuliebe, dagegen sich sperrt, daß Begriffe wie Tauschgesellschaft ihre Objektivität haben, einen Zwang des Allgemeinen hinter den Sachverhalten bekunden, der keineswegs stets zureichend in operationell definierte Sachverhalte sich übersetzen läßt. Beidem ist entgegenzuarbeiten; insofern bezeugt die Thematik des Kongresses, Spätkapitalismus oder Industriegesellschaft, die methodologische Absicht von Selbstkritik aus Freiheit.

Eine schlichte Antwort auf die Frage, die in jener Thematik liegt, kann weder erwartet noch eigentlich gesucht werden. Alternativen, die erzwingen, man müsse für die eine oder andere Bestimmung optieren, wäre es auch bloß theoretisch, sind selber bereits Zwangssituationen, denen in einer unfreien Gesellschaft nachgebildet und auf den Geist übertragen, an dem es wäre, zur Brechung von Unfreiheit durch ihre hartnäckige Reflexion zu tun, was er kann. Vollends der Dialektiker darf zur bündigen Disjunktion von Spätkapitalismus oder Industriegesellschaft nicht sich nötigen lassen, so wenig er auch an unverbindlichem Einerseits-Andererseits sein Genügen haben kann. Vor Simplifizierung muß er sich, wider Brechts Ratschlag, erst recht hüten, weil die eingeschliffene Denkgewohnheit ihm die eingeschliffene Antwort ebenso suggeriert, wie seinen Opponenten die entgegengesetzte Antwort leichtfällt. Wer die Erfahrung des Vorrangs der Struktur über die Sachverhalte sich nicht verbauen läßt, wird nicht, wie meist seine Kontrahenten, Widersprüche vorweg als solche der Methode, als Denkfehler abwerten und sie durch die Einstimmigkeit der wissenschaftlichen Systematik zu beseitigen trachten. Statt dessen wird er sie in die Struktur zurückverfolgen, die antagonistisch war, seit es Gesellschaft im nachdrücklichen Sinn gibt, und die es blieb, so wie die außenpolitischen Konflikte und die permanente Möglichkeit der Kriegskatastrophe, jüngst auch der russische Überfall auf die Tschechoslowakei, kraß demonstrieren. Das verkennt ein Alternativdenken, das die formallogische Widerspruchslosigkeit ungebrochen auf das zu Denkende projiziert. Nicht ist, nach wissenschaftlichem Standpunkt oder Geschmack, zu wählen zwischen den beiden Formeln, sondern ihr Verhältnis seinerseits drückt den Widerspruch aus, der die gegenwärtige Phase kennzeichnet und den theoretisch zu artikulieren der Soziologie geziemt.

Widerspruchsvoll ist das Verhältnis mancher Prognosen der dialektischen Theorie zueinander. Einige erfüllten sich schlechterdings nicht; gewisse theoretisch-analytische Kategorien führen mittlerweile zu Aporien, die nur höchst künstlich aus der Welt gedacht werden können. Andere Voraussagen, ursprünglich mit jenen eng verwachsen, haben schlagend sich bestätigt. Auch wer in Prognosen nicht den Sinn von Theorie erblickt, wird angesichts des Anspruchs der dialektischen nicht dabei sich bescheiden, sie sei teils wahr, teils falsch. Jene Divergenzen bedürfen ihrerseits der theoretischen Erklärung. Daß von einem proletarischen Klassenbewußtsein in den maßgebenden kapitalistischen Ländern nicht kann gesprochen werden, widerlegt nicht an sich, im Gegensatz zur communis opinio, die Existenz von Klassen: Klasse war durch die Stellung zu den Produktionsmitteln bestimmt, nicht durchs Bewußtsein ihrer Angehörigen. An plausiblen Gründen für den Mangel an Klassenbewußtsein fehlt es nicht: daß die Arbeiter nicht weiter verelendeten, daß sie zunehmend in die bürgerliche Gesellschaft und ihre Anschauungen integriert wurden, wie es während und unmittelbar nach der industriellen Revolution, als das Industrieproletariat aus den Paupers sich rekrutierte und halb exterritorial zur Gesellschaft stand, nicht vorauszusehen war. Nicht schafft gesellschaftliches Sein unmittelbar Klassenbewußtsein. Ohne daß die Massen, und zwar gerade wegen ihrer sozialen Integration, ihr gesellschaftliches Schicksal irgend mehr in der Hand hätten als vor 120 Jahren, entraten sie nicht nur der Klassensolidarität, sondern des vollen Bewußtseins dessen, daß sie Objekte, nicht Subjekte des gesellschaftlichen Prozesses sind, den sie doch als Subjekte in Gang halten. Klassenbewußtsein, von dem der Marxischen Theorie zufolge der qualitative Sprung abhängen sollte, war ihm zufolge zugleich ein Epiphänomen. Wenn jedoch in den fürs Klassenverhältnis prototypischen Ländern, zumal Nordamerika, über lange Perioden hin überhaupt kein Klassenbewußtsein mehr aufkommt, wofern es überhaupt je dort lebendig war; wenn die Frage nach dem Proletariat zum Vexierbild wird, so schlägt Quantität in Qualität um, und der Verdacht von Begriffsmythologie ist allenfalls durchs Dekret zu unterdrücken, nicht für den Gedanken zu beseitigen. Die Entwicklung läßt sich schwer vom Kernstück der Marxischen Theorie, der Lehre vom Mehrwert, trennen. Dies sollte das Klassenverhältnis und das Anwachsen des Klassenantagonismus objektiv-ökonomisch erklären. Sinkt aber, durch den Umfang des technischen Fortschritts, tatsächlich durch Industrialisierung, der Anteil der lebendigen Arbeit, aus der seinem Begriff nach allein der Mehrwert fließt, tendenziell bis zu einem Grenzwert, so wird davon das Kernstück, die Mehrwerttheorie affiziert. Der gegenwärtige Mangel an einer objektiven Werttheorie ist nicht nur vom Ansatz der akademisch heute fast allein akzeptierten Schulökonomie bedingt. Er weist zurück auf die prohibitive Schwierigkeit, die Bildung von Klassen ohne Mehrwerttheorie objektiv zu begründen. Den Nichtökonomen will es bedünken, daß auch die sogenannten neomarxistischen Theorien ihre Lücken in der Behandlung der konstitutiven Probleme mit Brocken aus der subjektiven Ökonomie zuzustopfen versuchen. Verantwortlich dafür ist gewiß nicht allein Schwächung des theoretischen Vermögens. Denkbar, daß die gegenwärtige Gesellschaft einer in sich kohärenten Theorie sich entwindet. Marx hatte es insofern leichter, als ihm in der Wissenschaft das durchgebildete System des Liberalismus vorlag. Er brauchte nur zu fragen, ob der Kapitalismus in seinen eigenen dynamischen Kategorien diesem Modell entspricht, um in bestimmter Negation des ihm vorgegebenen theoretischen Systems eine ihrerseits systemähnliche Theorie hervorzubringen. Unterdessen ist die Marktökonomie so durchlöchert, daß sie jeglicher solchen Konfrontation spottet. Die Irrationalität der gegenwärtigen Gesellschaftsstruktur verhindert ihre rationale Entfaltung in der Theorie. Die Perspektive, daß die Lenkung der ökonomischen Prozesse an die politische Macht übergeht, folgt zwar aus der deduziblen Dynamik des Systems, ist aber zugleich eine zu objektiver Irrationalität hin. Das, nicht allein der sterile Dogmatismus ihrer Anhänger, dürfte erklären helfen, warum es längst zu keiner überzeugenden objektiven Gesellschaftstheorie mehr kam. Unter diesem Aspekt wäre der Verzicht auf jene kein kritischer Fortschritt wissenschaftlichen Geistes, sondern Ausdruck zwangshafter Resignation. Parallel zur Rückbildung der Gesellschaft läuft eine des Denkens über sie.

Dem indessen stehen nicht weniger drastische Fakten entgegen, die ihrerseits wieder nur gewaltsam und willkürlich *ohne* Verwendung des Schlüsselbegriffs Kapitalismus zu interpretieren sind. Weiter wird Herrschaft über Menschen ausgeübt durch den ökonomischen Prozeß hindurch. Dessen Objekte sind längst nicht mehr nur die Massen, sondern auch die Verfügenden und ihr Anhang. Der alten Theorie gemäß wurden sie weithin zu Funktionen ihres eigenen Produktionsapparats. Die vieldiskutierte Frage nach der managerial revolution, nach dem angeblichen Übergang der Herrschaft von den juridischen Eigentümern an die Bürokratie ist demgegenüber sekundär. Jener Prozeß produziert und reproduziert nach wie vor, wenn schon nicht die Klassen so, wie sie in Zolas Germinal dargestellt sind, zumindest eine Struktur, welche der Antisozialist Nietzsche mit der Formel Kein Hirt und eine Herde vorwegnahm. In ihr aber birgt sich, was er nicht sehen wollte: die alte, nur anonym gewordene gesellschaftliche Unterdrückung. Hat schon die Verelendungstheorie nicht à la lettre sich bewahrheitet, so doch in dem nicht weniger beängstigenden Sinn, daß Unfreiheit, Abhängigkeit von einer dem Bewußtsein derer, die sie bedienen, entlaufenen Apparatur universal über die Menschen sich ausbreitet. Die allbeklagte Unmündigkeit der Massen ist nur der Reflex darauf, daß sie so wenig wie je autonome Meister ihres Lebens sind; wie im Mythos widerfährt es ihnen als Schicksal. – Empirische Untersuchungen verweisen übrigens darauf, daß auch subjektiv, ihrem Realitätsbewußtsein nach, die Klassen keineswegs so nivelliert sind, wie man es zuzeiten vermutete. Selbst die Imperialismustheorien sind mit dem erzwungenen Verzicht der großen Mächte auf Kolonien nicht bloß veraltet. Der Prozeß, den sie meinten, setzt sich fort in dem Antagonismus der beiden monströsen Machtblöcke. Die angeblich überholte Lehre von den gesellschaftlichen Antagonismen, mit dem

Telos des Zusammenbruchs, wird von den manifesten politischen unmäßig überboten. Ob und in welchem Maß das Klassenverhältnis umgelegt ward auf das zwischen den führenden Industrienationen und den umworbenen Entwicklungsländern, mag unerörtert bleiben.

In Kategorien der kritisch-dialektischen Theorie möchte ich als erste und notwendig abstrakte Antwort vorschlagen, daß die gegenwärtige Gesellschaft durchaus Industriegesellschaft ist nach dem Stand ihrer Produktiv*kräfte*. Industrielle Arbeit ist überall und über alle Grenzen der politischen Systeme hinaus zum Muster der Gesellschaft geworden. Zur Totalität entwickelt sie sich dadurch, daß Verfahrungsweisen, die den industriellen sich anähneln, ökonomisch zwangsläufig sich auch auf Bereiche der materiellen Produktion, auf Verwaltung, auf die Distributionssphäre und die, welche sich Kultur nennt, ausdehnen. Demgegenüber ist die Gesellschaft Kapitalismus in ihren Produktions*verhältnissen*. Stets noch sind die Menschen, was sie nach der Marxischen Analyse um die Mitte des 19. Jahrhunderts waren: Anhängsel an die Maschinerie, nicht mehr bloß buchstäblich die Arbeiter, welche nach der Beschaffenheit der Maschinen sich einzurichten haben, die sie bedienen, sondern weit darüber hinaus metaphorisch, bis in ihre intimsten Regungen hinein genötigt, dem Gesellschaftsmechanismus als Rollenträger sich einzuordnen und ohne Reservat nach ihm sich zu modeln. Produziert wird heute wie ehedem um des Profits willen. Über alles zur Zeit von Marx Absehbare hinaus sind die Bedürfnisse, die es potentiell längst waren, vollends zu Funktionen des Produktionsapparates geworden, nicht umgekehrt. Sie werden total gesteuert. Zwar werden in dieser Verwandlung, fixiert und dem Interesse des Apparats angepaßt, die Bedürfnisse der Menschen mitgeschleppt, auf welche dann jeweils der Apparat mit Effekt sich berufen kann. Aber die Gebrauchswertseite der Waren hat unterdessen ihre letzte ›naturwüchsige‹ Selbstverständlichkeit eingebüßt. Nicht nur werden die Bedürfnisse bloß indirekt, über den Tauschwert, befriedigt, sondern in wirtschaftlich relevanten Sektoren vom Profitinteresse selber erst hervorgebracht, und zwar auf Kosten objektiver Bedürfnisse der Konsumenten, wie denen nach zureichenden Wohnungen, vollends nach Bildung und Information über die wichtigsten sie betreffenden Vorgänge. Im Bereich des nicht zur nackten Lebenserhaltung Notwendigen werden tendenziell die Tauschwerte als solche, abgelöst, genossen; ein Phänomen, das in der empirischen Soziologie unter Termini wie Statussymbol und Prestige auftritt, ohne damit objektiv begriffen zu sein. In den hochindustrialisierten Gebieten der Erde hat man, solange nicht doch, trotz Keynes, erneute ökonomische Naturkatastrophen sich ereignen, gelernt, allzu sichtbarer Armut vorzubeugen, wenngleich nicht in dem Umfang, in dem die These von der affluent society es versichert. Der Bann jedoch, den das System über die Menschen ausübt, hat, soweit solche Vergleiche sinnvoll angestellt werden können, durch die Integration sich verstärkt. Unleugbar dabei, daß in der zunehmenden Befriedigung der materiellen Bedürfnisse, trotz ihrer vom Apparat verformten Gestalt, auch unvergleichlich viel konkreter die Möglichkeit von Leben ohne Not sich abzeichnet. Auch in den ärmsten Ländern brauchte keiner mehr zu hungern. Daß gleichwohl die Hülle vorm Bewußtsein des Möglichen dünn geworden ist, dafür spricht der panische Schrecken, den allerorten Formen gesellschaftlicher Aufklärung erregen, die im offiziellen Kommunikationssystem nicht eingeplant sind. Was Marx und Engels, die eine menschenwürdige Einrichtung der Gesellschaft wollten, noch als Utopie anprangerten, welche eine solche Einrichtung bloß sabotiere, wurde zur handgreiflichen Möglichkeit. Kritik an der Utopie ist heute selbst in den ideologischen Vorrat hinabgesunken, während gleichzeitig der Triumph der technischen Produktivität dazu taugt vorzuspiegeln, die Utopie, unvereinbar mit den Produktionsverhältnissen, sei in deren Rahmen bereits verwirklicht. Aber die Widersprüche in ihrer neuen, international-politischen Qualität – so das Wettrüsten von Ost und West – machen das Mögliche zugleich unmöglich.

Das zu durchschauen freilich verlangt, daß man nicht, wozu Kritik stets wieder sich verleiten läßt, der Technik, also den Produktivkräften, die Schuld aufbürdet und eine Art Maschinenstürmerei auf erweiterter Stufenleiter theoretisch betreibt. Nicht die Technik ist das Verhängnis, sondern ihre Verfilzung mit den gesellschaftlichen Verhältnissen, von denen sie umklammert wird. Erinnert sei nur daran, daß die Rücksicht auf das Profit- und

Herrschaftsinteresse die technische Entwicklung kanalisierte: sie stimmt einstweilen fatal mit Kontrollbedürfnissen zusammen. Nicht umsonst ist die Erfindung von Zerstörungsmitteln zum Prototyp der neuen Qualität von Technik geworden. Demgegenüber verkümmerten diejenigen ihrer Potentiale, die von Herrschaft, Zentralismus, Gewalt gegen die Natur sich entfernen und die es wohl auch gestatten würden, viel von dem zu heilen, was wörtlich und bildlich von der Technik beschädigt ist.
Die gegenwärtige Gesellschaft weist, trotz aller Beteuerungen des Gegenteils, ihrer Dynamik, des Anwachsens der Produktion, statische Aspekte auf. Sie rechnen den Produktionsverhältnissen zu. Diese sind nicht länger mehr allein solche des Eigentums, sondern der Administration, bis hinauf zur Rolle des Staats als des Gesamtkapitalisten. Indem ihre Rationalisierung der technischen Rationalität, den Produktivkräften, sich anähnelt, sind sie fraglos flexibler geworden. Dadurch wird der Schein erweckt, das universale Interesse sei nur noch das am Status quo und Vollbeschäftigung das Ideal, nicht das an der Befreiung von heteronomer Arbeit. Aber der Zustand, außenpolitisch ohnehin äußerst labil, ist bloße temporäre Balance, die Resultante von Kräften, deren Spannung ihn zu zerreißen droht. Innerhalb der herrschenden Produktionsverhältnisse ist die Menschheit virtuell ihre eigene Reservearmee und wird durchgefüttert. Allzu optimistisch war die Erwartung von Marx, geschichtlich sei ein Primat der Produktivkräfte gewiß, der notwendig die Produktionsverhältnisse sprenge. Insofern blieb Marx, der geschworene Feind des deutschen Idealismus, dessen affirmativer Geschichtskonstruktion treu. Vertrauen auf den Weltgeist kam der Rechtfertigung späterer Versionen jener Weltordnung zugute, die der elften Feuerbachthese zufolge verändert werden sollte. Die Produktionsverhältnisse haben um ihrer schieren Selbsterhaltung willen durch Flickwerk und partikulare Maßnahmen die losgelassenen Produktivkräfte weiterhin sich unterworfen. Signatur des Zeitalters ist die Präponderanz der Produktionsverhältnisse über die Produktivkräfte, welche doch längst der Verhältnisse spotten. Daß der verlängerte Arm der Menschheit zu fernen und leeren Planeten reicht, daß sie es aber nicht vermag, auf dem eigenen den ewigen Frieden zu stiften, bringt das Absurdum, auf welches

die gesellschaftliche Dialektik sich hinbewegt, nach außen. Daß es anders ging als die Hoffnung, ist nicht zuletzt verursacht davon, daß die Gesellschaft die von Veblen so genannte underlying population sich einverleibte. Nur der dürfte das ungeschehen wünschen, der das Glück des Ganzen abstrakt über das der lebendigen Einzelwesen stellt. Jene Entwicklung hing ihrerseits wiederum ab von der der Produktivkräfte. Sie war aber nicht identisch mit deren Vorrang über die Produktionsverhältnisse. Er war nie mechanisch vorzustellen. Seine Realisierung hätte der Spontaneität derer bedurft, die an der Veränderung der Verhältnisse interessiert sind, und ihre Zahl hat das eigentliche Industrieproletariat unterdessen um ein Vielfaches überflügelt. Objektives Interesse und subjektive Spontaneität klaffen jedoch auseinander; diese verkümmerte unter der disproportionalen Übermacht des Gegebenen. Der Satz von Marx, daß auch die Theorie zur realen Gewalt wird, sobald sie die Massen ergreift, wurde eklatant vom Weltlauf auf den Kopf gestellt. Verhindert die Einrichtung der Gesellschaft, automatisch oder planvoll, durch Kultur- und Bewußtseinsindustrie und durch Meinungsmonopole, die einfachste Kenntnis und Erfahrung der bedrohlichsten Vorgänge und der wesentlichen kritischen Ideen und Theoreme; lähmt sie, weit darüber hinaus, die bloße Fähigkeit, die Welt konkret anders sich vorzustellen, als sie überwältigend denen erscheint, aus denen sie besteht, so wird der fixierte und manipulierte Geisteszustand ebenso zur realen Gewalt, der von Repression, wie einmal deren Gegenteil, der freie Geist, diese beseitigen wollte.

Dagegen suggeriert der Terminus Industriegesellschaft in gewissem Sinn, es gelte das technokratische Moment von Marx, den sie aus der Welt wegbeweisen möchten, unmittelbar in ihr; als folgte das Wesen der Gesellschaft geradenwegs aus dem Stand der Produktivkräfte, unabhängig von deren gesellschaftlichen Bedingungen. Erstaunlich, wie wenig von diesen in der etablierten Soziologie eigentlich die Rede ist, wie wenig sie analysiert werden. Das Beste, das keineswegs das Beste zu sein braucht, wird vergessen, die Totalität, in Hegelscher Sprache der alles durchdringende Äther der Gesellschaft. Der jedoch ist alles andere als ätherisch; vielmehr das ens realissimum. Soweit er abstrakt dünkt, ist seine Abstraktheit nicht Schuld spintisierenden, eigensinnigen und tatsachenfremden Denkens, sondern des Tauschverhältnisses, der objektiven Abstraktion, welcher der gesellschaftliche Lebensprozeß gehorcht. Die Gewalt jenes Abstraktums über die Menschen ist leibhaftiger als die einer jeden einzelnen Institution, die stillschweigend vorweg nach dem Schema sich konstituiert und es den Menschen einbleut. Die Ohnmacht, welche das Individuum angesichts des Ganzen erfährt, ist dafür der drastische Ausdruck. In der Soziologie freilich nehmen gemäß ihrem umfangslogisch klassifikatorischen Wesen die tragenden gesellschaftlichen Verhältnisse, die sozialen Bedingungen der Produktion, weit dünner sich aus als jenes konkret Allgemeine. Sie werden neutralisiert zu Begriffen wie Macht oder soziale Kontrolle. In solchen Kategorien verschwindet der Stachel und damit, möchte man sagen, das eigentlich Soziale an der Gesellschaft, ihre Struktur. Am gegenwärtigen Soziologentag wäre es, darin auf eine Änderung hinzuarbeiten.

Produktivkräfte und Produktionsverhältnisse einfach polar einander zu kontrastieren, stünde indessen am wenigsten einer dialektischen Theorie an. Sie sind ineinander verschränkt, eins enthält das andere in sich. Eben das verleitet dazu, auf die Produktivkräfte blank zu rekurrieren, wo die Produktionsverhältnisse die Vorhand haben. Mehr als je sind die Produktivkräfte durch die Produktionsverhältnisse vermittelt; so vollständig vielleicht, daß diese eben darum als das Wesen erscheinen; sie sind vollends zur zweiten Natur geworden. Sie sind dafür verantwortlich, daß in irrem Widerspruch zum Möglichen die Menschen in großen Teilen der Erde darben müssen. Selbst wo Fülle an Gütern herrscht, ist diese wie unter einem Fluch. Das Bedürfnis, das zum Schein hin tendiert, steckt die Güter mit seinem Scheincharakter an. Objektiv richtige und falsche Bedürfnisse ließen recht wohl sich unterscheiden, so wenig daraus auch irgendwo in der Welt ein Recht auf bürokratische Reglementierung abgeleitet werden dürfte. In den Bedürfnissen steckt zum Guten und Schlechten immer schon die gesamte Gesellschaft; sie mögen für Markterhebungen das Nächste sein, nicht sind sie in der verwalteten Welt an sich das Erste. Über richtiges und falsches Bedürfnis wäre gemäß der Einsicht in die Struktur der Gesamtgesellschaft samt all ihren

Vermittlungen zu urteilen. Das Fiktive, das alle Bedürfnisbefriedigung heute verunstaltet, wird unbewußt fraglos wahrgenommen; es trägt wohl zum gegenwärtigen Unbehagen in der Kultur bei. Wichtiger dafür aber als selbst das fast undurchdringliche quid pro quo von Bedürfnis, Befriedigung und Profit- oder Machtinteresse ist die unentwegt fortdauernde Bedrohung des einen Bedürfnisses, von dem alle anderen erst abhängen, des Interesses am einfachen Überleben. Eingeschlossen von einem Horizont, in dem jeden Augenblick die Bombe fallen kann, hat noch das üppigste Angebot an Konsumgütern etwas von Hohn. Die internationalen Antagonismen aber, die zum jetzt erst wahrhaft totalen Krieg hin sich steigern, stehen in flagrantem Zusammenhang mit den Produktionsverhältnissen im wörtlichsten Verstande. Die Drohung der einen Katastrophe wird durch die der anderen hinausgeschoben. Die Produktionsverhältnisse könnten schwerlich ohne die apokalyptische Erschütterung erneuter Wirtschaftskrisen so hartnäckig sich behaupten, würde nicht ein unmäßig großer Teil des Sozialprodukts, der sonst keinen Markt mehr fände, für die Herstellung von Zerstörungsmitteln abgezweigt. In der Sowjetunion trägt trotz der Beseitigung der Marktwirtschaft dasselbe sich zu. Die ökonomischen Gründe dafür sind ersichtlich: das Verlangen nach rascher Produktionssteigerung in dem zurückgebliebenen Land zeitigte diktatorisch straffe Administration. Aus der Entfesselung der Produktivkräfte entsprangen erneut fesselnde Produktionsverhältnisse: Produktion wurde zum Selbstzweck und verhinderte den Zweck, die ungeschmälert realisierte Freiheit. Satanisch wird unter beiden Systemen der bürgerliche Begriff gesellschaftlich nützlicher Arbeit parodiert, der auf dem Markt, am Profit sich auswies, nie an durchsichtiger Nützlichkeit für die Menschen selbst, oder gar an ihrem Glück. Solche Herrschaft der Produktionsverhältnisse über die Menschen setzt abermals den erreichten Entwicklungsstand der Produktivkräfte voraus. Während beides zu unterscheiden bleibt, bedarf, wer das Verhexte des Zustands irgend begreifen will, zum Verständnis des einen stets des anderen. Die Überproduktion, die auf jene Expansion drängte, durch die das scheinbar subjektive Bedürfnis eingefangen und substituiert worden ist, wird von einem technischen Apparat ausgespien, der soweit sich verselbständigt hat, daß er unterhalb eines gewissen Produktionsvolumens irrational: nämlich unrentabel wurde; sie wird also von den Verhältnissen notwendig gezeitigt. Einzig in der Aussicht auf totale Vernichtung haben die Produktionsverhältnisse nicht die Produktivkräfte gefesselt. Die dirigistischen Methoden aber, mit denen trotz allem die Massen bei der Stange gehalten werden, setzen jene Konzentration und Zentralisation voraus, die nicht nur ihre ökonomische Seite hat, sondern ebenso, wie an den Massenmedien zu zeigen wäre, ihre technologische: daß es möglich wurde, von wenigen Punkten aus das Bewußtsein Ungezählter allein schon durch Auswahl und Präsentation von Nachricht und Kommentar gleichzuschalten.

Die Macht der Produktionsverhältnisse, die nicht umgewälzt wurden, ist größer als je, aber zugleich sind sie, als objektiv anachronistisch, allerorten erkrankt, beschädigt, durchlöchert. Sie funktionieren nicht mehr selbsttätig. Der wirtschaftliche Interventionismus ist nicht, wie die ältere liberale Schule meint, systemfremd aufgepfropft, sondern systemimmanent, Inbegriff von Selbstverteidigung; nichts könnte den Begriff von Dialektik schlagender erläutern. Analog wurde einst von der Hegelschen Rechtsphilosophie, in der bürgerliche Ideologie und Dialektik der bürgerlichen Gesellschaft so tief ineinander sind, der von außen, angeblich jenseits des gesellschaftlichen Kräftespiels intervenierende, die Antagonismen mit polizeilicher Hilfe mildernde Staat von der immanenten Dialektik der Gesellschaft selbst herbeizitiert, die sonst, Hegel zufolge, sich desintegrierte. Die Invasion des nicht Systemimmanenten ist zugleich auch ein Stück immanenter Dialektik, so wie am entgegengesetzten Pol Marx die Umwälzung der Produktionsverhältnisse als ein vom Gang der Geschichte Erzwungenes und dennoch als ein nur durch eine von der Geschlossenheit des Systems qualitativ verschiedene Aktion Herbeizuführendes dachte. Wird aber, auf Grund von Interventionismus und längst, weit darüber hinaus, von Großplanung argumentiert, der Spätkapitalismus sei der Anarchie der Warenproduktion entrückt und darum kein Kapitalismus mehr, so ist zu erwidern, daß das gesellschaftliche Schicksal des Einzelnen für diesen so zufällig ist wie nur je. Das Kapitalismusmodell selbst hat nie so rein gegolten, wie die liberale Apologie es unterstellt. Es war bereits bei Marx Ideologiekritik, sollte dartun, wie wenig der Begriff, den die bürgerliche Gesellschaft von sich selbst hegte, mit der Realität sich deckte. Nicht enträt es der Ironie, daß gerade dies kritische Motiv: daß der Liberalismus in seinen besten Zeiten keiner war, heute umfunktioniert wird zugunsten der These, der Kapitalismus sei eigentlich keiner mehr. Auch das indiziert einen Umschlag. Was von je an der bürgerlichen Gesellschaft gegenüber der ratio des freien und gerechten Tauschs, und zwar infolge von seinen eigenen Implikationen, irrational: unfrei und ungerecht war, hat derart sich gesteigert, daß ihr Modell zerbröckelt. Eben das wird dann von dem Zustand, dessen Integration zum Deckbild von Desintegration sich wandelte, als Aktivposten verbucht. Das Systemfremde enthüllt sich als Konstituens des Systems, bis in die politische Tendenz hinein. Im Interventionismus hat die Resistenzkraft des Systems, indirekt aber auch die Zusammenbruchstheorie, sich bestätigt, der Übergang zu Herrschaft unabhängig vom Marktmechanismus ist sein Telos. Das Wort von der formierten Gesellschaft hat das unvorsichtig ausgeplaudert. Solche Rückbildung des liberalen Kapitalismus hat ihr Korrelat an der Rückbildung des Bewußtseins, einer Regression der Menschen hinter die objektive Möglichkeit, die ihnen heute offen wäre. Die Menschen büßen die Eigenschaften ein, die sie nicht mehr brauchen und die sie nur behindern; der Kern von Individuation beginnt zu zerfallen. Erst in jüngster Zeit werden Spuren einer Gegentendenz gerade in verschiedensten Gruppen der Jugend sichtbar: Widerstand gegen blinde Anpassung, Freiheit zu rational gewählten Zielen, Ekel vor der Welt als Schwindel und Vorstellung, Eingedenken der Möglichkeit von Veränderung. Ob demgegenüber der gesellschaftlich sich steigernde Destruktionstrieb doch triumphiert, wird sich weisen. Subjektive Regression begünstigt wiederum die Rückbildung des Systems. Weil es, um einen Ausdruck von Merton anders als an Ort und Stelle anzuwenden, dysfunktional ward, hat das Bewußtsein der Massen dem System dadurch sich gleichgemacht, daß es zunehmend jener Rationalität des festen, identischen Ichs sich entäußerte, die noch im Begriff einer funktionalen Gesellschaft impliziert war.

Daß Produktivkräfte und Produktionsverhältnisse heute eines

seien und man deshalb die Gesellschaft umstandslos von den Produktivkräften her konstruieren könne, ist die aktuelle Gestalt gesellschaftlich notwendigen Scheins. Gesellschaftlich notwendig ist er, weil tatsächlich früher voneinander getrennte Momente des gesellschaftlichen Prozesses, die lebenden Menschen inbegriffen, auf eine Art Generalnenner gebracht werden. Materielle Produktion, Verteilung, Konsum werden gemeinsam verwaltet. Ihre Grenzen, die einmal innerhalb des Gesamtprozesses dessen aufeinander bezogene Sphären doch auch voneinander schieden, und dadurch das qualitativ Verschiedene achteten, verfließen. Alles ist Eins. Die Totalität der Vermittlungsprozesse, in Wahrheit des Tauschprinzips, produziert zweite trügerische Unmittelbarkeit. Sie erlaubt es, womöglich das Trennende und Antagonistische wider den eigenen Augenschein zu vergessen oder aus dem Bewußtsein zu verdrängen. Schein aber ist dies Bewußtsein von der Gesellschaft, weil es zwar der technologischen und organisatorischen Vereinheitlichung Rechnung trägt, davon jedoch absieht, daß diese Vereinheitlichung nicht wahrhaft rational ist, sondern blinder, irrationaler Gesetzmäßigkeit untergeordnet bleibt. Kein gesellschaftliches Gesamtsubjekt existiert. Der Schein wäre auf die Formel zu bringen, daß alles gesellschaftlich Daseiende heute so vollständig in sich vermittelt ist, daß eben das Moment der Vermittlung durch seine Totalität verstellt wird. Kein Standort außerhalb des Getriebes läßt sich mehr beziehen, von dem aus der Spuk mit Namen zu nennen wäre; nur an seiner eigenen Unstimmigkeit ist der Hebel anzusetzen. Das meinten Horkheimer und ich vor Jahrzehnten mit dem Begriff des technologischen Schleiers. Die falsche Identität zwischen der Einrichtung der Welt und ihren Bewohnern durch die totale Expansion der Technik läuft auf die Bestätigung der Produktionsverhältnisse hinaus, nach deren Nutznießern man mittlerweile fast ebenso vergeblich forscht, wie die Proletarier unsichtbar geworden sind. Die Verselbständigung des Systems gegenüber allen, auch den Verfügenden, hat einen Grenzwert erreicht. Sie ist zu jener Fatalität geworden, die in der allgegenwärtigen, nach Freuds Wort, frei flutenden Angst ihren Ausdruck findet; frei flutend, weil sie an keine Lebendigen, an Personen nicht und nicht an Klassen, länger sich zu heften vermag. Verselbständigt aber haben sich am Ende doch nur die unter den Produktionsverhältnissen vergrabenen Beziehungen zwischen Menschen. Deshalb bleibt die übermächtige Ordnung der Dinge zugleich ihre eigene Ideologie, virtuell ohnmächtig. So undurchdringlich der Bann, er ist nur Bann. Soll Soziologie, anstatt bloß Agenturen und Interessen willkommene Informationen zu liefern, etwas von dem erfüllen, um dessentwillen sie einmal konzipiert ward, so ist es an ihr, mit Mitteln, die nicht selber dem universalen Fetischcharakter erliegen, das Ihre, sei's noch so Bescheidene, beizutragen, daß der Bann sich löse.

1968

II

Reflexionen zur Klassentheorie

I

Geschichte ist, der Theorie zufolge, Geschichte von Klassenkämpfen. Aber der Begriff der Klasse ist mit dem Auftreten des Proletariats verbunden. Noch als revolutionäre nannte die Bourgeoisie sich den dritten Stand. In der Ausdehnung des Klassenbegriffs auf die Vorzeit denunziert die Theorie nicht bloß die Bürger, deren Freiheit mit Besitz und Bildung die Tradition des alten Unrechts fortsetzt. Sie wendet sich gegen die Vorzeit selber. Der Schein patriarchalischer Gutmütigkeit, den jene seit dem Sieg des unerbittlichen kapitalistischen Kalküls angenommen hat, wird zerstört. Die ehrwürdige Einheit des Gewordenen, das natürliche Recht der Hierarchie in der als Organismus vorgestellten Gesellschaft schon zeigt sich als Einheit von Interessenten. Die Hierarchie war von je Zwangsorganisation zur Aneignung fremder Arbeit. Das natürliche Recht ist verjährtes historisches Unrecht, der gegliederte Organismus das System der Spaltung, das Bild der Stände die Ideologie, die dem installierten Bürgertum in Gestalt von redlichem Verdienst, treuer Arbeit, schließlich dem Äquivalententausch am besten zustatten kam. Indem die Kritik der politischen Ökonomie die historische Notwendigkeit aufweist, die den Kapitalismus zur Entfaltung brachte, wird sie zur Kritik der ganzen Geschichte, von deren Unabänderlichkeit die Kapitalistenklasse wie ihre Ahnherrn das Privileg herleitet. Das jüngste Unrecht, das im gerechten Tausch selber gelegene, in seiner verhängnisvollen Gewalt erkennen, heißt nichts anderes als mit der Vorzeit es identifizieren, die von ihm vernichtet wird. Kulminiert in der Moderne, im kalten Elend der freien Lohnarbeit alle Unterdrückung, die Menschen je Menschen angetan haben, so offenbart sich der Ausdruck des Historischen selber an Verhältnissen und Dingen – der romantische Gegensatz zur industriellen Vernunft – als Spur von altem Leiden. Das archaische Schweigen von Pyramiden und Ruinen wird im materialistischen Gedanken seiner selbst inne: es ist das Echo vom Lärm der Fabrik in der Landschaft des Unabänderlichen. Vom Höhlengleichnis der Platonischen Politeia, der feierlichsten Symbolik der Lehre von den ewigen Ideen, argwöhnt Jakob Burckhardt[1], es sei nach dem Bilde der grauenvollen athenischen Silberminen gestaltet. Dann wäre noch der philosophische Gedanke ewiger Wahrheit in der Betrachtung gegenwärtiger Qual entsprungen. Alle Geschichte heißt Geschichte von Klassenkämpfen, weil es immer dasselbe war, Vorgeschichte.

II

Darin ist eine Anweisung gelegen, wie Geschichte zu erkennen sei. Von der jüngsten Gestalt des Unrechts fällt Licht stets aufs Ganze. So nur vermag die Theorie, die Schwere des historischen Daseins der Einsicht ins Gegenwärtige zugute kommen zu lassen, ohne der Last resigniert selber zu erliegen. Bürgerliche wie Anhänger haben am Marxismus dessen Dynamik zu rühmen gewußt, in der sie jene beflissene Mimikry an die Geschichte witterten, die ihrer eigenen Betriebsamkeit naheliegt. Die marxistische Dialektik hat, der Würdigung Troeltschs im Historismusbuch zufolge, »ihre konstruktive Kraft und ihre Einschmiegung in die grundsätzliche Bewegtheit des Wirklichen bewahrt«[2]. Das Lob der konstruktiven Einschmiegung weckt Mißtrauen gegen die grundsätzliche Bewegtheit. Dynamik ist bloß der eine Aspekt von Dialektik: jener, den der Glaube an den praktischen Geist, die beherrschende Tat, das unermüdliche Machenkönnen am liebsten hervorhebt, weil die immerwährende Erneuerung das alte Unwahre am besten verbirgt. Der andere, unbeliebtere Aspekt der Dialektik ist der statische. Die Selbstbewegung des Begriffs, die Konzeption der Geschichte als Syllogismus, wie Hegels Philo-

1 Cf. Jacob Burckhardt, Griechische Kulturgeschichte, Bd. 1, 4. Aufl., Stuttgart 1908, S. 164, Anm. 5.

2 Ernst Troeltsch, Der Historismus und seine Probleme, Tübingen 1922, S. 315.

sophie sie denkt, ist keine Entwicklungslehre. Dazu hat sie bloß das einverstandene Mißverständnis der Geisteswissenschaften gemacht. Der Zwang, unter dem sie die rastlos zerstörende Entfaltung des immer Neuen begreift, besteht darin, daß in jedem Augenblick das immer Neue zugleich das Alte aus der Nähe ist. Das Neue fügt nicht dem Alten sich hinzu sondern bleibt die Not des Alten, seine Bedürftigkeit, wie sie durch dessen denkende Bestimmung, seine unabdingbare Konfrontation mit Allgemeinem im Alten selber als immanenter Widerspruch aktuell wird. In allen antithetischen Vermittlungen bleibt somit Geschichte ein unmäßiges analytisches Urteil. Das ist die historische Essenz der metaphysischen Lehre von der Identität von Subjekt und Objekt im Absoluten. Das System der Geschichte, die Erhebung des Zeitlichen zur Totalität des Sinnes, hebt als System Zeit auf und reduziert sie aufs abstrakt Negative. Dem ist der Marxismus als Philosophie treu geblieben. Er bestätigt den Hegelschen Idealismus als das Wissen der Vorgeschichte von der eigenen Identität. Aber er stellt ihn auf die Füße, indem er die Identität als vorgeschichtliche demaskiert. Das Identische wird ihm wahrhaft zur Bedürftigkeit, der der Menschen, die der Begriff bloß ausspricht. Die unversöhnliche Kraft des Negativen, die Geschichte in Bewegung setzt, ist die dessen, was Ausbeuter den Opfern antun. Als Fessel von Geschlecht zu Geschlecht verhindert sie wie die Freiheit so Geschichte selber. Die systematische Einheit der Geschichte, die den individuellen Leiden Sinn geben oder erhaben zum Zufälligen es degradieren soll, ist die philosophische Zueignung des Labyrinths, in dem die Menschen bis heute gefront haben, der Inbegriff des Leidens. Im Bannkreis des Systems ist das Neue, der Fortschritt, Altem gleich als immer neues Unheil. Das Neue erkennen bedeutet nicht ihm und der Bewegtheit sich einschmiegen sondern ihrer Starrheit widerstehen, den Marsch der welthistorischen Bataillone als Treten auf der Stelle erraten. Die Theorie weiß von keiner »konstruktiven Kraft« denn der, mit dem Widerschein des jüngsten Unheils die Konturen der ausgebrannten Vorgeschichte zu erleuchten, um in ihr seiner Korrespondenz gewahr zu werden. Das Neueste gerade, und es allein stets, ist der alte Schrecken, der Mythos, der eben in jenem blinden Fortgang der Zeit besteht, der sich in sich zurücknimmt, mit geduldiger, dumm allwissender Tücke, wie der Esel das Seil des Oknos verzehrt. Nur wer das Neueste als Gleiches erkennt, dient dem, was verschieden wäre.

III

Die jüngste Phase der Klassengesellschaft wird von den Monopolen beherrscht; sie drängt zum Faschismus, der ihrer würdigen Form politischer Organisation. Während sie die Lehre vom Klassenkampf mit Konzentration und Zentralisation vindiziert, äußerste Macht und äußerste Ohnmacht unvermittelt, in vollkommenem Widerspruch einander entgegenstellt, läßt sie die Existenz der feindlichen Klassen in Vergessenheit geraten. Solche Vergessenheit hilft den Monopolen mehr als die Ideologien, die schon so dünn geworden sind, daß sie sich als Lügen bekennen, um denen, die daran glauben müssen, die eigene Ohnmacht um so nachdrücklicher zu demonstrieren. Die totale Organisation der Gesellschaft durchs big business und seine allgegenwärtige Technik hat Welt und Vorstellung so lückenlos besetzt, daß der Gedanke, es könnte überhaupt anders sein, zur fast hoffnungslosen Anstrengung geworden ist. Das teuflische Bild der Harmonie, die Unsichtbarkeit der Klassen in der Versteinerung ihres Verhältnisses gewinnt darum nur jene reale Gewalt übers Bewußtsein, weil die Vorstellung, es möchten die Unterdrückten, die Proletarier aller Länder, als Klasse sich vereinen und dem Grauen das Ende bereiten, angesichts der gegenwärtigen Verteilung von Ohnmacht und Macht aussichtslos scheint. Die Nivellierung der Massengesellschaft, die von kulturkonservativen und soziologischen Helfershelfern bejammert wird, ist in Wahrheit nichts anderes als die verzweifelte Sanktionierung der Differenz als der Identität, die die Massen, vollends Gefangene des Systems, zu vollbringen trachten, indem sie die verstümmelten Herrscher imitieren, um vielleicht von ihnen das Gnadenbrot zu erhalten, wenn sie sich nur hinlänglich ausweisen. Der Glaube, als organisierte Klasse überhaupt noch den Klassenkampf führen zu können, zerfällt den Enteigneten mit den liberalen Illusionen, nicht viel anders als die revolutionären Vereinigungen der Arbeiter einmal die Stilisierung der Bourgeoisie zum Stand verlachen mochten. Der Klassenkampf wird unter die Ideale verbannt und hat sich mit der Toleranz und der Humanität zur Parole in den Reden gewerkschaftlicher Präsidenten zu bescheiden. Die Zeiten, da man noch Barrikaden bauen konnte, sind fast schon so selig wie die, da das Handwerk einen goldenen Boden hatte. Die Allgewalt der Repression und ihre Unsichtbarkeit ist dasselbe. Die klassenlose Gesellschaft der Autofahrer, Kinobesucher und Volksgenossen verhöhnt nicht bloß die draußen sondern die eigenen Mitglieder, die Beherrschten, die es weder anderen noch sich selber mehr einzugestehen wagen, weil das bloße Wissen bereits mit qualvoller Angst vorm Verlust der Existenz und des Lebens bestraft wird. So angewachsen ist die Spannung, daß zwischen den inkommensurablen Polen gar keine mehr besteht. Der unermeßliche Druck der Herrschaft hat die Massen so dissoziiert, daß noch die negative Einheit des Unterdrücktseins zerrissen wird, die im neunzehnten Jahrhundert sie zur Klasse macht. Dafür werden sie unmittelbar beschlagnahmt von der Einheit des Systems, das es ihnen antut. Die Klassenherrschaft schickt sich an, die anonyme, objektive Form der Klasse zu überleben.

IV

Das macht es notwendig, den Begriff Klasse selber so nah zu betrachten, daß er festgehalten wird und verändert zugleich. Festgehalten: weil sein Grund, die Teilung der Gesellschaft in Ausbeuter und Ausgebeutete, nicht bloß ungemindert fortbesteht sondern an Zwang und Festigkeit zunimmt. Verändert: weil die Unterdrückten, heute nach der Voraussage der Theorie die übergroße Mehrheit der Menschen, sich selber nicht als Klasse erfahren können. Diejenigen unter ihnen, welche den Namen reklamieren, meinen zumeist ihr partikulares Interesse im Bestehenden, etwa so wie die industriellen Spitzen den Begriff »Produktion« verwenden. Der Unterschied von Ausbeutern und Ausgebeuteten tritt nicht so in Erscheinung, daß er den Ausgebeuteten Solidarität als ihre ultima ratio vor Augen stellte: Konformität ist ihnen rationaler. Die Zugehörigkeit zur gleichen Klasse setzt längst nicht in Gleichheit des Interesses und der Aktion sich um. Nicht erst bei der Arbeiteraristokratie sondern im egalitären Charakter der Bürgerklasse selber ist das widersprechende Moment des Klassenbegriffs aufzusuchen, das verhängnisvoll heute hervortritt. Bedeutet die Kritik der politischen Ökonomie die des Kapitalismus, so ist der Begriff der Klasse, ihr Zentrum, selbst nach dem Modell der Bourgeoisie gebildet. Diese ist, als anonyme Einheit der Eigentümer von Produktionsmitteln und ihres Anhangs, die Klasse schlechthin. Aber der egalitäre Charakter, der sie dazu macht, wird selbst von der Kritik der politischen Ökonomie aufgelöst, nicht bloß im Verhältnis zum Proletariat sondern auch als Bestimmung der Bourgeoisie als solcher. Die freie Konkurrenz der Kapitalisten unter einander impliziert schon das gleiche Unrecht, das sie vereint den Lohnarbeitern antun, die sie nicht erst als ihnen tauschend Gegenübertretende exploitieren, vielmehr zugleich durchs System produzieren. Gleiches Recht und gleiche Chance der Konkurrierenden ist weithin fiktiv. Ihr Erfolg hängt ab von der – außerhalb des Konkurrenzmechanismus gebildeten – Kapitalkraft, mit der sie in die Konkurrenz eintreten, von der politischen und gesellschaftlichen Macht, die sie repräsentieren, von altem und neuem Conquistadorenraub, von der Affiliation mit dem feudalen Besitz, den die Konkurrenzwirtschaft nie ernstlich liquidiert hat, vom Verhältnis zum unmittelbaren Herrschaftsapparat des Militärs. Die Interessengleichheit reduziert sich auf die Partizipation an der Beute der Großen, die gewährt wird, wenn alle Eigentümer den Großen das Prinzip souveränen Eigentums zugestehen, das jenen ihre Macht und deren erweiterte Reproduktion garantiert: die Klasse als ganze muß zur äußersten Hingabe ans Prinzip des Eigentums bereit sein, das sich real vorab aufs Eigentum der Großen bezieht. Das bürgerliche Klassenbewußtsein zielt auf den Schutz von oben, das Zugeständnis, das die eigentlich herrschenden Eigentümer denen machen, die ihnen mit Leib und Seele sich verschreiben. Die bürgerliche Toleranz will toleriert werden. Sie meint nicht die Gerechtigkeit gegen die drunten, selbst die in der eigenen Klasse nicht, welche die oben vermöge der »objektiven Tendenz« verdammen, und das Gesetz des Äquivalententauschs und seiner rechtlichen und politischen Reflexionsformen ist der

Vertrag, der die Beziehung zwischen dem Kern der Klasse und deren Mehrheit, den bürgerlichen Lehensleuten, stillschweigend im Sinne von Machtverhältnissen regelt. Mit anderen Worten, so real die Klasse ist, so sehr ist sie selber schon Ideologie. Wenn die Theorie erweist, daß es mit dem gerechten Tausch, der bürgerlichen Freiheit und Humanität fragwürdig bestellt ist, so fällt Licht damit auf den Doppelcharakter der Klasse. Er besteht darin, daß ihre formale Gleichheit die Funktion sowohl der Unterdrückung der anderen Klasse hat wie die der Kontrolle der eigenen durch die Stärksten. Sie wird von der Theorie als Einheit, als Klasse gegen das Proletariat gebrandmarkt, um das Gesamtinteresse, das sie vertritt, in seiner Partikularität bloßzustellen. Aber diese partikulare Einheit ist notwendig Nichteinheit in sich selber. Die egalitäre Form der Klasse dient als Instrument dem Privileg der Herrschenden über den Anhang, das sie zugleich verdeckt. Die Kritik der liberalen Gesellschaft kann vor dem Klassenbegriff nicht Halt machen, der so wahr und unwahr ist wie das System des Liberalismus. Seine Wahrheit ist die kritische: er designiert die Einheit, in der sich die Partikularität des bürgerlichen Interesses verwirklicht. Seine Unwahrheit liegt in der Nichteinheit der Klasse. Ihre immanente Bestimmung durch Herrschaftsverhältnisse ist der Tribut, den sie an die eigene Partikularität zu entrichten hat, der ihre Einheit zugute kommt. Vor ihrer realen Nichteinheit wird noch die ebenso reale Einheit zum Schleier.

V

In der Marktwirtschaft war die Unwahrheit am Klassenbegriff latent: unterm Monopol ist sie so sichtbar geworden wie seine Wahrheit, das Überleben der Klassen, unsichtbar. Mit der Konkurrenz und ihrem Kampf ist auch soviel von der Einheit der Klasse verschwunden, wie als Spielregel des Kampfes, als Gemeininteresse die Konkurrenten zusammenhielt. Es wird der Bourgeoisie so leicht, dem Proletariat gegenüber ihren Klassencharakter zu verleugnen, weil in der Tat ihre Organisation die Form des Consensus der Interessengleichen abwirft, die im achtzehnten und neunzehnten Jahrhundert als Klasse sie konstituiert hatte, und durch unvermittelte ökonomische und politische Befehlsgewalt der Großen ersetzt, die auf dem Anhang und den Arbeitern mit der gleichen Polizeidrohung lastet, ihnen gleiche Funktion und gleiches Bedürfnis aufzwingt und damit den Arbeitern es nahezu unmöglich macht, das Klassenverhältnis zu durchschauen. Die Prognose der Theorie von den wenigen Eigentümern und der überwältigenden Masse der Besitzlosen ist erfüllt, aber anstatt daß damit das Wesen der Klassengesellschaft eklatant geworden wäre, wird es von der Massengesellschaft verzaubert, in der die Klassengesellschaft sich vollendet. Die herrschende Klasse verschwindet hinter der Konzentration des Kapitals. Diese hat eine Größe erreicht, ein Eigengewicht gewonnen, durch die das Kapital als Institution, als Ausdruck der Gesamtgesellschaft sich darstellt. Das Partikulare usurpiert vermöge der Allmacht seiner Durchsetzung das Ganze: im gesellschaftlich-totalen Aspekt des Kapitals terminiert der alte Fetischcharakter der Ware, der Beziehungen von Menschen als solche von Sachen zurückspiegelt. Zu solchen Sachen ist heute die ganze Ordnung des Daseins geworden. In ihr wird dem Proletariat mit dem freien Markt, der für die Arbeiter immer schon Lüge war, die Möglichkeit zur Klassenbildung objektiv versperrt und schließlich durch den bewußten Willen der Herrschenden im Namen des großen Ganzen, das sie selber sind, durch Maßnahmen verhindert. Die Proletarier aber müssen, wenn sie leben wollen, sich angleichen. Allenthalben drängt Selbsterhaltung übers Kollektiv zur verschworenen Clique. Zwangshaft reproduziert unten sich die Spaltung in Führer und Gefolge, die an der herrschenden Klasse selber sich vollzieht. Die Gewerkschaften werden zu Monopolen und die Funktionäre zu Banditen, die von den Zugelassenen blinden Gehorsam verlangen, die draußen terrorisieren, loyal jedoch bereit wären, den Raub mit den anderen Monopolherren zu teilen, wenn diese nur nicht vorher in offenem Faschismus die ganze Organisation in eigene Regie nehmen. Der Gang der Handlung macht der liberalen Episode ein Ende; die Dynamik von gestern bekennt sich als die erstarrte Vorzeit von heute, die anonyme Klasse als die Diktatur der selbsternannten Elite. Noch die politische Ökonomie, deren Konzeption die Theorie der liberalen grimmig vorgab, zergeht als vergänglich. Ökonomie ist ein

Sonderfall der Ökonomie, des für Herrschaft präparierten Mangels. Nicht haben die Tauschgesetze zur jüngsten Herrschaft als der historisch adäquaten Form der Reproduktion der Gesamtgesellschaft auf der gegenwärtigen Stufe geführt, sondern die alte Herrschaft war in die ökonomische Apparatur zuzeiten eingegangen, um sie, einmal in voller Verfügung darüber, zu zerschlagen und sich das Leben zu erleichtern. In solcher Abschaffung der Klassen kommt die Klassenherrschaft zu sich selber. Die Geschichte ist, nach dem Bilde der letzten ökonomischen Phase, die Geschichte von Monopolen. Nach dem Bilde der manifesten Usurpation, die von den einträchtigen Führern von Kapital und Arbeit heute verübt wird, ist sie die Geschichte von Bandenkämpfen, Gangs und Rackets.

VI

Marx ist über der Ausführung der Klassentheorie gestorben, und die Arbeiterbewegung hat sie auf sich beruhen lassen. Sie war nicht nur das wirksamste Agitationsmittel sondern reichte im Zeitalter der bürgerlichen Demokratie, der proletarischen Massenpartei und der Streiks, vorm offenen Sieg des Monopols und vor der Entfaltung der Arbeitslosigkeit zur zweiten Natur, an den Konflikt heran. Nur die Reformisten haben sich auf die Klassenfrage diskutierend eingelassen, um mit der Leugnung des Kampfes, der statistischen Würdigung der Mittelschichten und dem Lob des umspannenden Fortschritts den beginnenden Verrat zu bemänteln. Die verlogene Leugnung der Klassen bewog die verantwortlichen Träger der Theorie, den Klassenbegriff selber als Lehrstück zu hüten, ohne ihn weiterzutreiben. Damit hat die Theorie sich Blößen gegeben, die Mitschuld tragen am Verderb der Praxis. Die bürgerliche Soziologie aller Länder hat sie sich weidlich zunutze gemacht. War sie insgesamt durch Marx wie durch eine Magnetnadel abgelenkt und apologetisch geworden, je mehr sie sich auf die Wertfreiheit versteifte, so konnte ihr Positivismus, die wahre Einschmiegung ins Faktische, dort den Lohn ihrer Mühen einkassieren, wo die Fakten der verkümmerten Theorie Unrecht gaben, die als Glaubensartikel selber auf die

Aussage über Faktisches heruntergekommen war. Der Nominalismus der Forschung, der das Wesentliche, das Klassenverhältnis als Idealtyp in die Methodologie verbannte und die Realität jenem Einmaligen überließ, das sie bloß garniert, fand sich mit Analysen zusammen, die die Klasse – etwa in ihrem spezifischen politischen Äquivalent, der Partei – jener oligarchischen Züge überführten, welche die Theorie vernachlässigte oder als Anhang »Monopolkapitalismus« verdrossen berücksichtigte. Je gründlicher man dabei die Fakten vom konkreten Begriff, ihrer Beziehung auf den aktuellen Stand des Ausbeutungssystems, reinigte, die allem Faktischen bestimmend innewohnt, um so besser paßten sie in den abstrakten Begriff, die alle Epochen umfassende Merkmaleinheit hinein, die als von den Fakten bloß abgezogene über diese nichts mehr vermag. Oligarchie, Ideologie, Integration, Arbeitsteilung werden aus Momenten der Herrschaftsgeschichte, deren dunklen Wald man vor den grünen Bäumen des eigenen Lebens nicht mehr sieht, zu generellen Kategorien der Vergesellschaftung der Menschen. Die Skepsis gegen die angebliche Klassenmetaphysik wird normativ im Zeichen der formalen Soziologie: Klassen gibt es nicht wegen der unbeugsamen Tatsachen; deren Unbeugsamkeit aber substituiert die Klasse, und da der soziologische Blick, wo er die Steine der Klassen sucht, immer nur das Brot der Eliten findet und tagtäglich erfährt, daß es ohne Ideologie schlechterdings nicht abgeht, so ist es schon das gescheiteste, bei den Formen der Vergesellschaftung es zu belassen und womöglich blutenden Herzens die Sache der unvermeidlichen Elite zur eigenen Ideologie zu machen. Gegen das phantasma bene fundatum sich auf Gegenbeispiele berufen, den oligarchischen Charakter der Massenpartei abstreiten, verkennen, daß die Theorie im Munde ihrer Funktionäre wirklich zur Ideologie geworden ist, wäre pure Ohnmacht und trüge bloß den Geist der Apologetik in die Theorie, gegen welche die bürgerlichen Apologeten ihr Netz gesponnen haben. Nichts hilft als die Wahrheit aus den soziologischen Begriffen gegen die Unwahrheit wenden, die sie produzierte. Was die Soziologie gegen die Realität der Klassen vorbringt, ist nichts anderes als das Prinzip der Klassengesellschaft: die Allgemeinheit der Vergesellschaftung ist die Form, unter der Herrschaft historisch sich durchsetzt. Die abstrakte Einheit selber, in deren Herstellung aus blinden Fakten die Soziologie ihr Trugbild des Klassenlosen vollendet meint, ist die Disqualifizierung der Menschen zu Objekten, die von Herrschaft bewirkt wird und heute auch die Klassen ergriffen hat. Die soziologische Neutralität wiederholt die soziale Gewalttat, und die blinden Fakten, hinter die sie sich verschanzt, sind die Trümmer, in welche die Welt von der Ordnung geschlagen ward, mit der die Soziologen sich vertragen. Die generellen Gesetze besagen nichts gegen die gesetzlose Zukunft, weil ihre Allgemeinheit selber die logische Form der Repression ist, die abgeschafft werden muß, damit die Menschheit nicht in die Barbarei zurückfällt, aus der sie noch gar nicht herauskam. Daß Demokratie Oligarchie ist, liegt nicht an den Menschen, die nach Ansicht und Interesse ihrer reifen Führer zur Demokratie nicht reif sein sollen, sondern an der Unmenschlichkeit, die das Privileg in die objektive Notwendigkeit der Geschichte eingräbt. Indem aus der Dialektik der Klasse am Ende die nackte Cliquenherrschaft sich erhebt, wird die Soziologie erledigt, die das immer schon gemeint hat. Ihre formalen Invarianten erweisen sich als Voraussagen über jüngste materiale Tendenzen. Die Theorie, die an der Lage heute lernt, die Banden in den Klassen zu identifizieren, ist die Parodie auf die formale Soziologie, welche die Klassen leugnet, um die Banden zu verewigen.

VII

Die Stelle der marxistischen Klassenlehre, die der apologetischen Kritik am offensten sich darbietet, scheint die Verelendungstheorie. Das gemeinsame Elend macht die Proletarier zur Klasse. Es folgt als Konsequenz aus ihrer Stellung im Produktionsprozeß der kapitalistischen Wirtschaft und wächst mit dem Prozeß ins Unerträgliche an. So wird Elend selber zur Kraft der Revolution, die das Elend überwinden soll. Die Proletarier haben nichts zu verlieren als ihre Ketten und alles zu gewinnen: die Wahl soll ihnen nicht schwer werden, und die bürgerliche Demokratie ist soweit progressiv wie sie den Spielraum zur Klassenorganisation gewährt, deren numerisches Gewicht den Umsturz herbeiführt.

Dagegen läßt sich alle Statistik ins Feld führen. Die Proletarier haben mehr zu verlieren als ihre Ketten. Ihr Lebensstandard hat sich gegen die englischen Zustände vor hundert Jahren, wie sie den Autoren des Manifests vor Augen standen, nicht verschlechtert sondern verbessert. Kürzere Arbeitszeit, bessere Nahrung, Wohnung und Kleidung, Schutz der Familienangehörigen und des eigenen Alters, durchschnittlich höhere Lebensdauer sind mit der Entwicklung der technischen Produktivkräfte den Arbeitern zugefallen. Keine Rede kann davon sein, daß Hunger sie zum bedingungslosen Zusammenschluß und zur Revolution nötigte. Dafür ist die Möglichkeit von Zusammenschluß und Massenrevolution selber fragwürdig geworden. Der Einzelne gedeiht besser in der Interessenorganisation als in der gegens Interesse, die Konzentration technisch-militärischer Machtmittel auf der Unternehmerseite ist so formidabel, daß sie die Erhebung alten Stils vorweg ins allgemein tolerierte Bereich heroischer Erinnerung verweist, und daß die bürgerliche Demokratie dort, wo ihre Fassade noch existiert, die Bildung einer Massenpartei zuließe, die an die Revolution denkt, von der sie redet, ist ganz unwahrscheinlich. So zerfällt die überlieferte Konstruktion von der Verelendung. Sie mit dem Hilfsbegriff der relativen Verelendung zu flicken, wie man es zur Zeit des Revisionismusstreits versuchte, konnte nur sozialdemokratischen Gegenapologeten beikommen, deren Ohren vom eigenen Geschrei schon so stumpf geworden waren, daß sie nicht einmal den Hohn mehr vernahmen, der aus dem Ausdruck relative Verelendung ihrer Mühe entgegenschallt. Notwendig ist die Erwägung des Begriffs Verelendung selbst, nicht die sophistische Modifikation seines Geltungsbereichs. Er ist aber ein strikt ökonomischer Begriff, definiert durch das absolute Akkumulationsgesetz. Reservearmee, Übervölkerung, Pauperismus wachsen proportional mit dem »funktionierenden Kapital«[3] und drücken zugleich den Arbeitslohn herab. Die Verelendung ist die Negativität des freien Spiels der Kräfte im liberalen System, dessen Begriff die Marxische Analyse ad absurdum führt: mit dem gesellschaftlichen Reichtum nimmt unter kapitalistischen Produktionsverhältnissen vermöge des immanenten Systemzwangs die gesellschaftliche Armut zu. Vorausgesetzt ist

3 Cf. Marx, Kapital I, ed. Adoratskij, S. 679 f.

der ungestörte, autonome Ablauf des Wirtschaftsmechanismus, wie die liberale Theorie ihn postuliert: die Geschlossenheit des je zu analysierenden tableau économique. Alles andere wird den modifizierenden »Umständen« zugezählt, »deren Analyse nicht hierher gehört«[4]. Damit aber zeigt sich die Verelendungstheorie selber als abhängig vom Doppelcharakter der Klasse, der Differenz vermittelter und unmittelbarer Repression, die ihr Begriff enthält. Es gibt soweit Verelendung, wie die bürgerliche Klasse wirklich anonyme und bewußtlose Klasse ist, wie sie und das Proletariat vom System beherrscht werden. Im Sinne der rein ökonomischen Notwendigkeit vollzieht die Verelendung sich absolut: wäre der Liberalismus wirklich der Liberalismus, als den Marx ihn beim Wort nimmt, so bestünde schon in der friedlichen Welt der Pauperismus, der heute in den kriegerisch unterjochten Ländern offenbar wird. Aber die herrschende Klasse wird nicht nur vom System beherrscht, sie herrscht durchs System und beherrscht es schließlich selber. Die modifizierenden Umstände stehen extraterritorial zum System der politischen Ökonomie, aber zentral in der Geschichte der Herrschaft. Im Prozeß der Liquidation der Ökonomie sind sie keine Modifikationen sondern selber das Wesen. Soweit betreffen sie die Verelendung: sie darf nicht in Erscheinung treten, um nicht das System zu sprengen. In seiner Blindheit ist das System dynamisch und akkumuliert das Elend, aber die Selbsterhaltung, die es durch solche Dynamik leistet, terminiert auch dem Elend gegenüber in jener Statik, die von je den Orgelpunkt der vorgeschichtlichen Dynamik abgibt. Je weniger die Aneignung fremder Arbeit unterm Monopol mehr durch die Marktgesetze sich vollzieht, um so weniger auch die Reproduktion der Gesamtgesellschaft. Die Verelendungstheorie impliziert unmittelbar Marktkategorien in Gestalt der Konkurrenz der Arbeiter, durch die der Preis der Ware Arbeitskraft fällt, während diese Konkurrenz mit allem was sie bedeutet so fraglich geworden ist wie die der Kapitalisten. Die Dynamik des Elends wird mit der der Akkumulation stillgelegt. Die Verbesserung der ökonomischen Lage drunten oder deren Stabilisierung ist außerökonomisch: der höhere Standard wird aus Einkommen oder Monopolprofiten bezahlt, nicht aus v. Er ist Arbeitslosenunter-

4 ibid.

stützung auch wo diese nicht deklariert ist, ja wo der Schein von Arbeit und Lohn dicht fortbesteht: Zugabe, Trinkgeld im Sinne der Herrschenden. Guter Wille und Psychologie haben nichts damit zu tun. Die ratio solchen Fortschritts ist das Selbstbewußtsein des Systems von den Bedingungen seiner Perpetuierung, nicht jedoch die bewußtlose Mathematik der Schemata. Die Prognose von Marx ist auf ungeahnte Weise verifiziert: die herrschende Klasse wird so gründlich von fremder Arbeit ernährt, daß sie ihr Schicksal, die Arbeiter ernähren zu müssen, entschlossen zur eigenen Sache macht und dem »Sklaven die Existenz innerhalb seiner Sklaverei« sichert, um die eigene zu befestigen. Im Anfang mochte der Druck der Massen, die potentielle Revolution die Umkehr bewirken. Später, mit der Verstärkung der Macht der monopolistischen Zentralstellen, wird man die Lage der arbeitenden Klassen mehr stets mit der Aussicht auf Vorteile jenseits der eigenen geschlossen definierten Wirtschaftssysteme – nicht unmittelbar durch Kolonialprofite – verbessert haben. Die endgültige Etablierung der Macht ist in alle Posten des Kalküls eingerechnet. Der Schauplatz des kryptogamen, gleichsam zensurierten Elends aber ist die politische und gesellschaftliche Ohnmacht. Sie macht alle Menschen derart zu bloßen Verwaltungsobjekten der Monopole und ihrer Staaten, wie es zur Zeit des Liberalismus nur jene paupers waren, die man in der Hochzivilisation hat aussterben lassen. Diese Ohnmacht erlaubt die Führung des Krieges in allen Ländern. Wie er die faux frais der Machtapparatur nachträglich als profitbringende Investition bestätigt, so löst er den Kredit des Elends ein, das die herrschenden Cliquen klug vertagten, während ihre Klugheit doch am Elend die unverrückbare Grenze hat. Nur ihr Sturz, nicht die wie immer verschleierte Manipulation wird das Elend stürzen.

VIII

»Was fällt, das sollt ihr stoßen.« Der Satz Nietzsches spricht als Maxime ein Prinzip aus, das die reale Praxis der Klassengesellschaft definiert. Maxime wird es bloß gegen die Ideologie der Liebe in der Welt von Haß: Nietzsche gehört der Tradition jener bürgerlichen Denker seit der Renaissance an, die aus Empörung über die Unwahrheit der Gesellschaft zynisch deren Wahrheit als Ideal gegen das Ideal ausgespielt und mit der kritischen Gewalt der Konfrontation jener anderen Wahrheit geholfen haben, die sie am grimmigsten als die Unwahrheit verhöhnen, in die sie von der Vorgeschichte verzaubert ist. Die Maxime sagt aber mehr als die These vom bellum omnium contra omnes, die am Beginn des Zeitalters der freien Konkurrenz steht. Das Bündnis von Fall und Stoß ist eine Chiffre für den altehrwürdigen Doppelcharakter der Klasse, der heute erst manifest wird. Die objektive Tendenz des Systems wird immer vom bewußten Willen derer verdoppelt, gestempelt, legitimiert, die darüber verfügen. Denn das blinde System ist die Herrschaft; darum kommt es den Herrschenden stets zugute, auch wo es sie anscheinend bedroht, und die Geburtshelferdienste der Herrschenden bezeugen das Wissen darum und stellen den Sinn des Systems wieder her, wenn er von der Objektivität des geschichtlichen Vollzugs, seiner sich selbst entfremdeten Gestalt, verhüllt wird. Es gibt eine Tradition freier bürgerlicher Tathandlungen von der Pulververschwörung – vielleicht vom athenischen Hermensturz – bis zum Reichtagsbrand, und Intrigen wie die Bestechung der Hindenburgs und die Begegnung beim Bankier Schroeder, auf die der Kenner der objektiven Tendenz desinteressiert herunterblickt als auf die Zufälle, die der Weltungeist benutzt, um sich durch sie hindurch zu realisieren, sind gar nicht so zufällig: es sind Akte der Freiheit, die bezeugen, daß die objektive historische Tendenz soweit Täuschung ist, wie sie nicht ohne weiteres mit den subjektiven Interessen derer harmoniert, die durch Geschichte der Geschichte befehlen. Die Vernunft ist noch viel listiger, als Hegel ihr attestieren mochte. Ihr Geheimnis ist weniger das der Leidenschaften als das von Freiheit selber. Diese ist in der Vorgeschichte die Verfügung der Cliquen über die Anonymität des Unheils, das Schicksal heißt. Sie werden vom Schein des Wesens überwältigt, das sie selber ins Spiel gebracht haben, und darum nur scheinbar überwältigt. Geschichte ist Fortschritt im Bewußtsein ihrer eigenen Freiheit durch die historische Objektivität hindurch und diese Freiheit nichts als das Reversbild der Unfreiheit der anderen. Das ist die wahre Wechselwirkung der Geschichte und der Banden, die »innere Identität, ... worin ... die Nothwendigkeit zur Freiheit erhoben ist«[5]. Der Idealismus, dem man zu Recht die Verklärung der Welt vorwirft, ist zugleich die furchtbarste Wahrheit über die Welt: noch in den Momenten seiner Positivität, der Lehre von der Freiheit, enthält er durchsichtig das Deckbild ihres Gegenteils, und wo er den Menschen als entronnenen bestimmt, dort gerade sind in der Vorgeschichte die Menschen dem Verhängnis am vollkommensten verfallen. Zwar nicht im preußischen Staat aber im Charisma des Führers kommt die Freiheit als Wiederholung der Notwendigkeit zu sich selber. Wenn die Massen der Rede von der Freiheit nur ungern mehr lauschen, so ist das nicht bloß ihre Schuld oder die des Mißbrauchs, der mit dem Namen getrieben wird. Sie ahnen, daß die Welt des Zwanges gerade immer die von Freiheit, Verfügung, Setzung war und der Freie der, welcher sich etwas herausnehmen darf. Was anders wäre ist namenlos und was etwa heute dafür einsteht, Solidarität, Zartheit, Rücksicht, Bedacht, hat mit der Freiheit der gegenwärtig Freien nur geringe Ähnlichkeit.

IX

Die gesellschaftliche Ohnmacht des Proletariats, in der die auseinanderweisenden Tendenzen ökonomischer Verelendung und extra-ökonomischer Besserung des Lebensstandards resultieren, ist als solche von der Theorie nicht vorausgesagt worden. Der überwiegenden Einsicht in die erste Tendenz entspricht jene Erwartung, daß der Druck der Armut unmittelbar zur Kraft gegen die Unterdrücker wird. Aber der Gedanke an die Ohnmacht ist doch der Theorie nicht fremd. Er erscheint unter dem Namen der Entmenschlichung. Wie die Industrie ihre Opfer an physisch Verstümmelten, Erkrankten, Deformierten fordert, droht sie das Bewußtsein zu deformieren. Der Brutalisierung der Arbeiter, die zwangshaft was ihnen angetan ward den von ihnen Abhängigen nochmals antun, und ihrer wachsenden Entfremdung vom mechanisierten Arbeitsprozeß, den sie nicht mehr verstehen können, geschieht ausdrücklich Erwähnung. Die Frage, wie die so Bestimmten zur Aktion fähig sein sollen, welche doch nicht bloß

5 Hegel, Sämtliche Werke, ed. Glockner, Bd. 4: Wissenschaft der Logik, 1. Teil, Stuttgart 1928, S. 719.

Klugheit, Überblick und Geistesgegenwart, sondern die Fähigkeit zur äußersten Selbstaufopferung verlangt, wird nicht erhoben. Die Gefahr des Psychologismus – der Autor einer »Psychologie des Sozialismus« ist nicht zufällig am Ende Faschist geworden wie der Soziologe des Parteiwesens – ist im Ursprung abgewandt, längst ehe die bürgerliche Philosophie verbissen sich daran machte, ihre Objektivität in der Erkenntnissphäre zu verteidigen. Marx hat sich auf die Psychologie der Arbeiterklasse nicht eingelassen. Sie setzt Individualität, eine Art Autarkie der Motivationszusammenhänge im Einzelnen voraus. Solche Individualität ist selber ein gesellschaftlich produzierter Begriff, der unter die Kritik der politischen Ökonomie fällt. Schon unter den konkurrierenden Bürgern ist das Individuum weithin Ideologie, und denen drunten wird Individualität versagt durch die Ordnung des Eigentums. Nichts anderes kann Entmenschlichung heißen. Die Gegenüberstellung mit dem Proletariat desavouiert den bürgerlichen Begriff des Menschen so wie die Begriffe der bürgerlichen Ökonomie. Er wird festgehalten bloß, um in seinem eigenen Widerspruch exponiert zu werden, nicht aber von einer marxistischen »Anthropologie« bestätigt. Mit der Autonomie der Marktwirtschaft und der an ihr gebildeten bürgerlichen Individualität ist auch ihr Gegenteil, die blutige Entmenschlichung des von der Gesellschaft Verstoßenen, vergangen. Die Figur des Arbeiters, der in der Nacht betrunken nach Hause kommt und die Familie verprügelt, ist an den äußersten Rand gedrängt: seine Frau hat mehr als ihn den social worker zu fürchten, der sie berät. Von einer Verdummung des Proletariers, der den eigenen Arbeitsprozeß nicht mehr begriffe, kann gar keine Rede sein. Die höchstgesteigerte Arbeitsteilung hat zwar den Arbeiter dem zusammengesetzten Endprodukt, wie es dem Handwerker vertraut war, immer ferner gerückt, zugleich aber die einzelnen Arbeitsvorgänge in ihrer Disqualifikation einander immer mehr angenähert, so daß, wer eines kann, virtuell alles kann und das Ganze versteht. Der Mann am laufenden Band bei Ford, der immer denselben Handgriff machen muß, weiß doch mit dem fertigen Wagen sehr wohl Bescheid, der kein Geheimnis enthält, das nicht nach dem Muster jenes Handgriffs vorzustellen wäre. Selbst der Unterschied zwischen dem Arbeiter und dem Ingenieur, dessen Arbeit selber mechanisiert ist, dürfte nachgerade aufs bloße Privileg hinauslaufen; unterm Bedarf des Krieges an technischen Spezialisten zeigt sich, wie flexibel die Differenzen, wie wenig die Spezialisten mehr welche sind. An der Ohnmacht aber ändert das zunächst so wenig wie zuvor das nackte Elend in die Revolution umschlug. Die hellen Mechaniker von heute sind so wenig Individuen geworden wie die dumpfen Insassen der working houses vor hundert Jahren es waren, und freilich ist unwahrscheinlich, daß ihre Individualität die Revolution beschleunigte. Der Arbeitsprozeß indessen, den sie verstehen, modelt sie noch gründlicher als der unverstandene von dazumal: er wird zum »technologischen Schleier«. Am Doppelcharakter der Klasse haben sie ihren Anteil. Hat das System der Entmenschlichung Einhalt geboten, die die Herrschenden gefährdet, bis diese sie für die eigene Unmenschlichkeit einspannen, so ist dafür die Einsicht von Marx, daß das System das Proletariat produziere, zu einem Maße eingelöst worden, das schlechterdings nicht abzusehen war. Die Menschen sind, vermöge ihrer Bedürfnisse und der allgegenwärtigen Anforderungen des Systems, wahrhaft zu dessen Produkten geworden: als ihre eigene erfassende Verdinglichung, nicht als unerfaßte Roheit vollendet unterm Monopol die Entmenschlichung sich an den Zivilisierten, ja sie fällt mit ihrer Zivilisation zusammen. Die Totalität der Gesellschaft bewährt sich daran, daß sie ihre Mitglieder nicht nur mit Haut und Haaren beschlagnahmt, sondern nach ihrem Ebenbild erschafft. Darauf ist es in letzter Instanz mit der Polarisation der Spannung in Macht und Ohnmacht abgesehen. Nur denen die wie es sind zahlt das Monopol die Zuwendungen, auf denen heute die Stabilität der Gesellschaft beruht. Dies sich Gleichmachen, Zivilisieren, Einfügen verbraucht all die Energie, die es anders machen könnte, bis aus der bedingten Allmenschlichkeit die Barbarei hervortritt, die sie ist. Indem die Herrschenden planvoll das Leben der Gesellschaft reproduzieren, reproduzieren sie eben dadurch die Ohnmacht der Geplanten. Herrschaft wandert in die Menschen ein. Sie müssen nicht, wie Liberale kraft ihrer Marktvorstellungen zu denken geneigt sind, »beeinflußt« werden. Die Massenkultur macht sie bloß immer nochmals so, wie sie unterm Systemzwang ohnehin schon sind, kontrolliert die Lücken, fügt noch den offiziellen Widerpart der Praxis als public moral dieser ein, stellt ihnen Modelle zur Imitation bereit. Einfluß auf Andersgeartete ist den Filmen nicht zuzutrauen, denen schon die Gleichgearteten nicht ganz glauben: mit den Resten der Autonomie vergehen auch die der Ideologien, die zwischen Autonomie und Herrschaft vermittelten. Entmenschlichung ist keine Macht von außen, keine wie immer geartete Propaganda, kein Ausgeschlossensein von Kultur. Sie ist gerade die Immanenz der Unterdrückten im System, die einmal wenigstens durch Elend herausfielen, während heute ihr Elend ist, daß sie nicht mehr herauskönnen, daß ihnen die Wahrheit als Propaganda verdächtig ist, während sie die Propagandakultur annehmen, die fetischisiert in den Wahnsinn der unendlichen Spiegelung ihrer selbst sich verkehrt. Damit aber ist die Entmenschlichung zugleich ihr Gegenteil. An den verdinglichten Menschen hat Verdinglichung ihre Grenze. Sie holen die technischen Produktivkräfte ein, in denen die Produktionsverhältnisse sich verstecken: so verlieren diese durch die Totalität der Entfremdung den Schrecken ihrer Fremdheit und bald vielleicht auch ihre Macht. Erst wenn die Opfer die Züge der herrschenden Zivilisation ganz annehmen, sind sie fähig, diese der Herrschaft zu entreißen. Was an Differenz übrig ist, reduziert sich auf die nackte Usurpation. Nur in ihrer blinden Anonymität erschien die Ökonomie als Schicksal: durchs Entsetzen der sehenden Diktatur wird ihr Bann gebrochen. Die Pseudomorphose der Klassengesellschaft an die klassenlose ist so gelungen, daß zwar die Unterdrückten aufgesaugt sind, alle Unterdrückung aber manifest überflüssig geworden ist. Ganz schwach ist der alte Mythos in seiner jüngsten Allmacht. War die Dynamik immer das Gleiche, so ist ihr Ende heute nicht das Ende.

1942

Thesen über Bedürfnis

1. Bedürfnis ist eine gesellschaftliche Kategorie. Natur, der »Trieb«, ist darin enthalten. Aber das gesellschaftliche und das natürliche Moment des Bedürfnisses lassen sich nicht als sekundär und primär voneinander abspalten, um danach eine Rangordnung von Befriedigungen aufzustellen. Hunger, als Naturkategorie begriffen, kann mit Heuschrecken und Mückenkuchen gestillt werden, die viele Wilde verspeisen. Zur Befriedigung des konkreten Hungers der Zivilisierten gehört, daß sie etwas zu essen bekommen, wovor sie sich nicht ekeln, und im Ekel und in seinem Gegenteil wird die ganze Geschichte reflektiert. So verhält es sich mit jedem Bedürfnis. Jeder Trieb ist so gesellschaftlich vermittelt, daß sein Natürliches nie unmittelbar, sondern stets nur als durch die Gesellschaft produziertes zum Vorschein kommt. Die Berufung auf Natur gegenüber irgendeinem Bedürfnis ist stets bloß die Maske von Versagung und Herrschaft.

2. Die Unterscheidung von Oberflächenbedürfnissen und Tiefenbedürfnissen ist ein gesellschaftlich entstandener Schein. Die sogenannten Oberflächenbedürfnisse spiegeln den Arbeitsprozeß wider, der die Menschen zu »Anhängseln der Maschine« macht und sie nötigt, außerhalb der Arbeit sich auf die Reproduktion der Ware Arbeitskraft zu reduzieren. Jene Bedürfnisse sind die Male eines Zustandes, der seine Opfer zur Flucht zwingt und zugleich so fest in der Gewalt hält, daß die Flucht stets in die krampfhafte Wiederholung des Zustandes ausartet, vor dem geflohen wird. An den sogenannten Oberflächenbedürfnissen ist das Schlechte nicht ihre Oberflächlichkeit, deren Begriff den selber fragwürdigen der Innerlichkeit voraussetzt. Sondern schlecht ist an diesen Bedürfnissen – die gar keine sind –, daß sie auf eine Erfüllung sich richten, die sie um eben diese Erfüllung zugleich betrügt. Die gesellschaftliche Vermittlung des Bedürfnisses

– als Vermittlung durch die kapitalistische Gesellschaft – hat einen Punkt erreicht, wo das Bedürfnis in Widerspruch mit sich selbst gerät. Daran, und nicht an irgendeine vorgegebene Hierarchie von Werten und Bedürfnissen, hat die Kritik anzuknüpfen.

3. Die sogenannten Tiefenbedürfnisse sind ihrerseits zu einem weiten Maße Produkte des Versagungsprozesses und erfüllen eine ablenkende Funktion. Sie gegen die Oberfläche auszuspielen, ist schon darum bedenklich, weil unterdessen längst das Monopol die Tiefe ebenso in Besitz genommen hat wie die Oberfläche. Die von Toscanini dirigierte Beethovensymphonie ist nicht besser als der nächste Unterhaltungsfilm, und jeder mit Bette Davis ist schon die Synthese. Gerade dieser Synthese gebührt das äußerste Mißtrauen.

4. Die Theorie des Bedürfnisses sieht sich erheblichen Schwierigkeiten gegenüber. Auf der einen Seite vertritt sie den gesellschaftlichen Charakter des Bedürfnisses und darum die Befriedigung der Bedürfnisse in ihrer unmittelbarsten, konkretesten Form. Sie kann sich keine Unterscheidung von gutem und schlechtem, echtem und gemachtem, richtigem und falschem Bedürfnis a priori vorgeben. Auf der anderen Seite muß sie erkennen, daß die bestehenden Bedürfnisse selber in ihrer gegenwärtigen Gestalt das Produkt der Klassengesellschaft sind. Menschlichkeit und Repressionsfolge wäre an keinem Bedürfnis säuberlich zu trennen. Die Gefahr einer Einwanderung der Herrschaft in die Menschen durch deren monopolisierte Bedürfnisse ist nicht ein Ketzerglaube, der durch Bannsprüche zu exorzieren wäre, sondern eine reale Tendenz des späten Kapitalismus. Sie bezieht sich nicht auf die Möglichkeit der Barbarei nach der Revolution, sondern auf die Verhinderung der Revolution durch die totale Gesellschaft. Dieser Gefahr und allen Widersprüchen im Bedürfnis muß die dialektische Theorie standhalten. Sie vermag das nur, indem sie jede Frage des Bedürfnisses in ihrem konkreten Zusammenhang mit dem Ganzen des gesellschaftlichen Prozesses erkennt, anstatt das Bedürfnis im allgemeinen sei's zu sanktionieren, sei's zu reglementieren oder gar als Erbe des Schlechten zu unterdrücken. Heute, unterm Monopol, ist entscheidend, wie die einzelnen Bedürfnisse zu dessen Fortbestand sich verhalten. Die Entfaltung dieses Verhältnisses ist ein wesentliches theoretisches Anliegen.

5. Die Bedürfnisse sind nicht statisch. Die Statik, die sie heute scheinbar angenommen haben, ihre Fixierung auf die Reproduktion des immer Gleichen, ist selber bloß der Reflex auf die materielle Produktion, die mit der Eliminierung von Markt und Konkurrenz bei gleichzeitigem Fortbestand der Klassenherrschaft stationären Charakter annimmt. Mit dem Ende dieser Statik wird das Bedürfnis völlig anders aussehen. Die Lösung des Widerspruchs der Bedürfnisse ist selber widerspruchsvoll. *Wenn die Produktion unbedingt, schrankenlos sogleich auf die Befriedigung der Bedürfnisse, auch und gerade der vom Kapitalismus produzierten, umgestellt wird, werden sich eben damit die Bedürfnisse selbst entscheidend verändern.* Die Undurchdringlichkeit von echtem und falschem Bedürfnis gehört wesentlich zu der Klassenherrschaft. In ihr bilden die Reproduktion des Lebens und dessen Unterdrückung eine Einheit, dessen Gesetz zwar im Ganzen durchschaubar, deren Einzelgestalt jedoch selber undurchdringlich ist. Wenn es einmal kein Monopol mehr gibt, wird es sich rasch genug zeigen, daß die Massen den Schund, den die Kulturmonopole, und die jämmerliche Erstklassigkeit, die die praktischen ihnen liefern, nicht »brauchen«. Der Gedanke etwa, das Kino sei neben Wohnung und Nahrung zur Reproduktion der Arbeitskraft notwendig, ist »wahr« nur in einer Welt, die die Menschen auf die Reproduktion der Arbeitskraft zurichtet, und ihre Bedürfnisse zur Harmonie mit dem Profit- und Herrschaftsinteresse der Unternehmer zwingt. Selbst in dieser Welt setzte die Probe aufs Exempel bereits deren radikale Veränderung voraus. Der Gedanke aber, daß eine revolutionäre Gesellschaft nach der schlechten Schauspielerei von Hedy Lamarr oder den schlechten Suppen von Campbell schriee, ist absurd. Je besser die Suppe, um so lustvoller der Verzicht auf die Lamarr.

6. Es ist nicht einzusehen, warum in einer klassenlosen Gesellschaft der ganze Kulturbetrieb von heutzutage weitergehen soll. Wohl ist es eine Absurdität, daß die kapitalistische Krise Produktionsmittel vernichtet, die dem Bedürfnis dienen, aber die Vorstellung, daß in der klassenlosen Gesellschaft in weitem Maß Kino und Radio stillgelegt werden, die wahrscheinlich jetzt schon kaum einem dienen, wird dadurch keineswegs zu einer absurden. Denn der in sich widerspruchsvolle Charakter zahlreicher Be-

dürfnisse wird zu deren Zerfall führen, wenn sie nicht mehr durch direkten oder indirekten Terror von oben her angedreht werden. Der Gedanke, daß der Stand der technischen Produktivkräfte als solcher dazu nötige, Bedürfnisse weiter zu befriedigen und zu reproduzieren, deren Schein mit der kapitalistischen Gesellschaft zergeht, ist fetischistisch. In der Rätedemokratie müssen nicht alle Räder laufen: die Forderung selber impliziert die Furcht vor dem Arbeitslosen, der mit der kapitalistischen Ausbeutung verschwindet.

7. Die Frage nach der Sofortbefriedigung des Bedürfnisses ist nicht unter den Aspekten gesellschaftlich und natürlich, primär und sekundär, richtig und falsch zu stellen, sie fällt zusammen mit der Frage nach dem *Leiden* der gewaltigen Mehrheit aller Menschen auf der Erde. Wird produziert, was *alle* Menschen jetzt, hier am dringendsten brauchen, so ist man allzu großer sozialpsychologischer Sorgen wegen der Legitimität ihrer Bedürfnisse enthoben. Diese Sorgen entstehen vielmehr erst, wenn sich boards und bevollmächtigte Kommissionen etablieren, die Bedürfnisse klassifizieren und unter dem Ruf, der Mensch lebe nicht von Brot allein, ihm einen Teil der Brotration, die als Ration immer schon zu klein ist, lieber in Gestalt von Gershwinplatten zuteilen.

8. Die Forderung nach Produktion lediglich zur Befriedigung von Bedürfnissen gehört selber der Vorgeschichte an, einer Welt, in der nicht für Bedürfnisse, sondern für Profit und Etablierung der Herrschaft produziert wird, und wo deshalb Mangel herrscht. Ist der Mangel verschwunden, so wird die Relation von Bedürfnis und Befriedigung sich verändern. In der kapitalistischen Gesellschaft ist der Zwang, fürs Bedürfnis in seiner durch den Markt vermittelten und dann fixierten Form zu produzieren, eines der Hauptmittel, die Menschen bei der Stange zu halten. Es darf nichts gedacht, geschrieben, getan und gemacht werden, was über diese Gesellschaft hinausginge, die sich weitgehend durch die Bedürfnisse der ihr Ausgelieferten hindurch an der Macht hält. Es ist unvorstellbar, daß der Zwang zur Bedürfnisbefriedigung in der klassenlosen Gesellschaft als Fessel der produktiven Kraft fortbesteht. Die bürgerliche Gesellschaft hat den ihr immanenten Bedürfnissen weithin die Befriedigung versagt,

dafür aber die Produktion durch den Verweis eben auf die Bedürfnisse in ihrem Bannkreis festgehalten. Sie war so praktisch wie irrational. Die klassenlose, die die Irrationalität abschafft, in welche die Produktion für Profit verwickelt, und die Bedürfnisse befriedigt, wird ebenso den praktischen Geist abschaffen, der noch in der Zweckferne des bürgerlichen l'art pour l'art sich geltend macht. Sie hebt nicht nur den bürgerlichen Antagonismus von Produktion und Konsum, sondern auch deren bürgerliche Einheit auf. Daß etwas unnütz sei, ist dann keine Schande mehr. Anpassung verliert ihren Sinn. Die Produktivität wird nun erst im eigentlichen, nicht entstellten Sinn aufs Bedürfnis wirken: nicht indem das unbefriedigte mit Unnützem sich stillen läßt, sondern indem das gestillte vermag, zur Welt sich zu verhalten, ohne sie durch universale Nützlichkeit zuzurichten. Wenn die klassenlose Gesellschaft das Ende der Kunst verspricht, indem sie die Spannung von Wirklichem und Möglichem aufhebt, so verspricht sie zugleich auch den Anfang der Kunst, das Unnütze, dessen Anschauung auf die Versöhnung mit der Natur tendiert, weil es nicht länger im Dienste des Nutzens für die Ausbeuter steht.

1942

Anti-Semitism and Fascist Propaganda

The observations contained in this paper are based upon three studies made by the Research Project on Anti-Semitism[1] under the auspices of the Institute of Social Research at Columbia University. These studies analyze an extensive body of anti-democratic and anti-Semitic propaganda, consisting mainly of shorthand transcriptions of radio addresses by some West Coast agitators, pamphlets, and weekly publications. They are primarily of a psychological nature, although they often touch upon economic, political and sociological problems. Consequently, it is the psychological aspect of propaganda analysis rather than the objective content of this propaganda which is here under consideration. Neither a comprehensive treatment of the methods employed, nor an enunciation of a full-fledged psychoanalytic theory of anti-democratic propaganda has been aimed at. Further, facts and interpretations, generally known to those familiar with psychoanalysis have been omitted. The goal has been, rather, to point out some findings, which, however preliminary and fragmentary, may suggest further psychoanalytic evaluation.

The material studied itself evinces a psychological approach. It is conceived in psychological rather than in objective terms. It aims at winning people over *by playing upon their unconscious mechanisms* rather than by presenting ideas and arguments. Not only is the oratorical technique of the fascist demagogues of a shrewdly illogical, pseudo-emotional nature; more than that, positive political programs, postulates, nay any concrete political ideas play but a minor role compared with the psychological stimuli applied to the audience. It is from these stimuli and from other information rather than from the vague, confused platforms of the speeches that we can identify them as fascist at all.

1 Authors: T. W. Adorno, Leo Lowenthal, Paul W. Massing.

Let us consider three characteristics of the predominantly psychological approach of current American fascist propaganda.

1. It is *personalized* propaganda, essentially non-objective. The agitators spend a large part of their time in speaking either about themselves or about their audiences. They present themselves as lone wolves, as healthy, sound American citizens with robust instincts, as unselfish and indefatigable; and they incessantly divulge real or fictitious intimacies about their lives and those of their families. Moreover, they appear to take a warm human interest in the small daily worries of their listeners, whom they depict as poor but honest, common-sense but non-intellectual, native Christians. They identify themselves with their listeners and lay particular emphasis upon being simultaneously both modest little men and leaders of great calibre. They often refer to themselves as mere messengers of him who is to come – a trick already familiar in Hitler's speeches. This technique is probably closely related to the substitution of a collective ego for paternal imagery.[2] Another favorite scheme of personalization is to dwell upon petty financial needs and to beg for small amounts of money. The agitators disavow any pretense to superiority, implying that the leader to come is one who is as weak as his brethren but who dares to confess his weakness without inhibition, and is consequently going to be transformed into the strong man.

2. All these demagogues substitute means for ends. They prate about »this great movement«, about their organization, about a general American revival they hope to bring about, but they very rarely say anything about what such a movement is supposed to lead to, what the organization is good for or what the mysterious revival is intended positively to achieve. Here is a typical example of a redundant description of the revival idea by one of the most successful West Coast agitators: »My friend, there is not but one way to get a revival and all America has got to get that revival, all of the churches. The story of the great Welsh revival is simply this. Men became desperate for the holiness of God in the world, and they began to pray, and they be-

2 See Max Horkheimer, »Sociological Background of the Psychoanalytic Approach«, *Anti-Semitism: A Social Disease*, ed. Ernst Simmel (New York, 1946), pp. 8 f.

gan to ask to send a revival (!) and wherever men and women went the revival was on«. The glorification of action, of something going on, simultaneously obliterates and replaces the purpose of the so-called movement. The end is »that we might demonstrate to the world that there are patriots, God-fearing Christian men and women who are yet willing to give their lives to the cause of God, home and native land.«[3]

3. Since the entire weight of this propaganda is to promote the means, propaganda itself becomes the ultimate content. In other words, propaganda functions as a kind of *wish-fulfillment.* This is one of its most important patterns. People are »let in«, they are supposedly getting the inside dope, taken into confidence, treated as of the elite who deserve to know the lurid mysteries hidden from outsiders. Lust for snooping is both encouraged and satisfied. Scandal stories, mostly fictitious, particularly of sexual excesses and atrocities are constantly told; the indignation at filth and cruelty is but a very thin, purposely transparent rationalization of the pleasure these stories convey to the listener. Occasionally a slip of the tongue occurs by which scandal mongering can easily be identified as an end in itself. Thus a certain West Coast demagogue once promised to give in his next speech full details about a phony decree of the Soviet Government organizing the prostitution of Russian womanhood. In announcing this story, the speaker said that there was not a real he-man whose backbone would not tingle upon hearing these facts. The ambivalence implied in this »tingling backbone« device is evident.

To a certain extent, all these patterns can be explained rationally. Very few American agitators would dare openly to profess fascist and anti-democratic goals. In contrast to Germany, the democratic ideology in this country has evolved certain taboos, the violation of which might jeopardize people engaging in subversive activities. Thus the fascist demagogue here is much more restricted in what he can say, for reasons of both political censorship and psychological tactics. Moreover, a certain vagueness with regard to political aims is inherent in Fascism itself. This is

3 All quotations are taken literally, without any change, from shorthand transcriptions.

partly due to its intrinsically untheoretical nature, partly to the fact that its followers will be cheated in the end and that therefore the leaders must avoid any formulation to which they might have to stick later. It should also be noted that with regard to terror and repressive measures, Fascism habitually goes *beyond* what it has announced. Totalitarianism means knowing no limits, not allowing for any breathing spell, conquest with absolute domination, complete extermination of the chosen foe. With regard to this meaning of fascist »dynamism«, any clear-cut program would function as a limitation, a kind of guarantee even to the adversary. It is essential to totalitarian rule that nothing shall be guaranteed, no limit is set to ruthless arbitrariness.

Finally we should bear in mind that totalitarianism regards the masses not as self-determining human beings who rationally decide their own fate and are therefore to be addressed as rational subjects, but that it treats them as mere objects of administrative measures who are taught, above all, to be self-effacing and to obey orders.

However, just this last point requires a somewhat closer scrutiny if it is to mean more than the hackneyed phrase about mass hypnosis under Fascism. It is highly doubtful whether actual mass hypnosis takes place at all in Fascism, or whether it is not a handy metaphor that permits the observer to dispense with further analysis. Cynical soberness is probably more characteristic of the fascist mentality than psychological intoxication. Moreover, no one who has ever had an opportunity to observe fascist attitudes can overlook the fact that even those stages of collective enthusiasm to which the term »mass hypnosis« refers have an element of conscious manipulation, by the leader and even by the individual subject himself, which can hardly be regarded as a result of mere passive contagion. Speaking psychologically, the ego plays much too large a role in fascist irrationality to admit of an interpretation of the supposed ecstasy as a mere manifestation of the unconscious. There is always something self-styled, self-ordained, spurious about fascist hysteria which demands critical attention if the psychological theory about Fascism is not to yield to the irrational slogans which Fascism itself promotes.

What, now, does the fascist, and in particular, the anti-Semitic propaganda speech wish to achieve? To be sure, its goal is not »rational«, for it makes no attempt to convince people, and it always remains on a non-argumentative level. In this connection two facts deserve detailed investigation:

1. Fascist propaganda attacks bogies rather than real opponents, that is to say, it builds up an *imagery* of the Jew, or of the Communist, and tears it to pieces, without caring much how this imagery is related to reality.

2. It does not employ discursive logic but is rather, particularly in oratorical exhibitions, what might be called an organized flight of ideas. The relation between premises and inferences is replaced by a linking-up of ideas resting on mere similarity, often through association by employing the same characteristic word in two propositions which are logically quite unrelated. This method not only evades the control mechanisms of rational examination, but also makes it psychologically easier for the listener to »follow«. He has no exacting thinking to do, but can give himself up passively to a stream of words in which he swims.

In spite of these patterns of retrogression, however, anti-Semitic propaganda is by no means altogether irrational. The term, irrationality, is much too vague to describe sufficiently so complex a psychological phenomenon. We know, above all, that fascist propaganda, with all its twisted logic and fantastic distortions, is consciously planned and organized. If it is to be called irrational, then it is applied rather than spontaneous irrationality, a kind of psycho-technics reminiscent of the calculated effect conspicuous in most presentations of today's mass culture, – such as in movies and broadcasts. Even if it is true, however, that the mentality of the fascist agitator resembles somewhat the muddle-headedness of his prospective followers, and that the leaders themselves »are hysterical or even paranoid types«, they have learned, from vast experience and from the striking example of Hitler, how to utilize their own neurotic or psychotic dispositions for ends which are wholly adapted to the principle of reality, *(realitätsgerecht)*. Conditions prevailing in our society tend to transform neurosis and even mild lunacy into a commodity which the afflicted can easily sell, once he has discovered that many others have an affinity for his own illness. The fascist agitator is usually a masterly salesman of his own psychological defects. This is possible only because of a general structural similarity between followers and leader, and the goal of propaganda is to establish a concord between them rather than to convey to the audience any ideas or emotions which were not their own from the very beginning. Hence, the problem of the true psychological nature of fascist propaganda may be formulated: Of what does this rapport between leader and followers in the propaganda situation consist?

A first lead is offered by our observation that this type of propaganda functions as a gratification. We may compare it with the social phenomenon of the soap opera. Just as the housewife, who has enjoyed the sufferings and the good deeds of her favorite heroine for a quarter of an hour over the air, feels impelled to buy the soap sold by the sponsor, so the listener to the fascist propaganda act, after getting pleasure from it, accepts the ideology represented by the speaker out of gratitude for the show. »Show« is indeed the right word. The achievement of the self-styled leader is a performance reminiscent of the theater, of sport, and of so-called religious revivals. It is characteristic of the fascist demagogues that they boast of having been athletic heroes in their youth. This is how they behave. They shout and cry, fight the Devil in pantomime, and take off their jackets when attacking »those sinister powers«.

The fascist leader types are frequently called hysterical. No matter how their attitude is arrived at, their hysterical behavior fulfills a certain function. Though they actually resemble their listeners in most respects, they differ from them in an important one: they know no inhibitions in expressing themselves. They function vicariously for their inarticulate listeners by doing and saying what the latter would like to, but either cannot or dare not. They violate the taboos which middle-class society has put upon any expressive behavior on the part of the normal, matter-of-fact citizen. One may say that some of the effect of fascist propaganda is achieved by this break-through. The fascist agitators are taken seriously because they risk making fools of themselves.

Educated people in general found it hard to understand the

effect of Hitler's speeches because they sounded so insincere, ungenuine, or, as the German word goes, *verlogen*. But it is a deceptive idea, that the so-called common people have an unfailing flair for the genuine and sincere, and disparage fake. Hitler was liked, not in spite of his cheap antics, but just because of them, because of his false tones and his clowning. They are observed as such, and appreciated. Real folk artists, such as Girardi with his *Fiakerlied*, were truly in touch with their audiences and they always employed what strikes us as »false tones«. We find similar manifestations regularly in drunkards who have lost their inhibitions. The sentimentality of the common people is by no means primitive, unreflecting emotion. On the contrary, it is pretense, a fictitious, shabby imitation of real feeling, often self-conscious and slightly contemptuous of itself. This fictitiousness is the life element of the fascist propagandist performances.

The situation created by this exhibition may be called a *ritual* one. The fictitiousness of the propagandist oratory, the gap between the speaker's personality and the content and character of his utterances are ascribable to the ceremonial role assumed by and expected of him. This ceremony, however, is merely a symbolic revelation of the identity that he verbalizes, an identity the listeners feel and think, but cannot express. This is what they actually want him to do, neither being convinced nor, essentially, being whipped into a frenzy, but having their own minds expressed to them. The gratification they get out of propaganda consists most likely in the demonstration of this identity, no matter how far it actually goes, for it is a kind of institutionalized redemption of their own inarticulateness through the speaker's verbosity. This act of revelation, and the temporary abandonment of responsible, self-contained seriousness is the decisive pattern of the propagandist ritual. To be sure, we may call this act of identification a phenomenon of collective retrogression. It is not simply a reversion to older, primitive emotions but rather the reversion toward a ritualistic attitude in which the expression of emotions is sanctioned by an agency of social control. In this context it is interesting to note that one of the most successful and dangerous West Coast agitators again and again encouraged his listeners to indulge in all sorts of emotions, to give way to their feelings, to shout and to shed tears, persistently attacking the behavior pattern of rigid self-control brought about by the established religious denominations and by the whole Puritan tradition.

This loosening of self-control, the merging of one's impulses with a ritual scheme is closely related to the universal psychological weakening of the self-contained individual.

A comprehensive theory of fascist propaganda would be tantamount to a psychoanalytic deciphering of the more or less rigid ritual performed in each and every fascist address. The scope of this paper permits only brief reference to some characteristics of this ritual.

1. There is, above all, the amazing stereotypy of all the fascist propaganda material known to us. Not only does each individual speaker incessantly repeat the same patterns again and again, but different speakers use the same clichés. Most important, of course, is the dichotomy of black and white, foe and friend. Stereotypy applies not only to the defamation of the Jews or to political ideas, such as the denunciation of Communism or of banking capital, but also to apparently very remote matters and attitudes. We have summarized a list of typical psychological devices employed by practically all fascist agitators, which could be boiled down to no more than thirty formulas. Many of them have already been mentioned, such as the lone wolf device, the idea of indefatigability, of persecuted innocence, of the great little man, the praise of the movement as such, and so forth. Of course, the uniformity of these devices can in part be accounted for by reference to a common source, such as Hitler's *Mein Kampf*, or even by an organizational linking of all the agitators, as was apparently the case on the West Coast. But the reason must be sought elsewhere if the agitators in many different parts of the country employ the same specific assertions, e.g., their lives have been threatened and their listeners will know who is responsible if the threat is carried out – an incident that never occurs. These patterns are standardized for psychological reasons. The prospective fascist follower craves this rigid repetition, just as the jitterbug craves the standard pattern of popular songs and gets furious if the rules of the game are not strictly observed.

Mechanical application of these patterns is one of the essentials of the ritual.

2. It is not accidental that many persons with a fake religious attitude are found among the fascist agitators. This, of course, has a sociological aspect which will be discussed later. Psychologically, however, the carry-overs of by-gone religion, neutralized and void of any specific dogmatic content, are put to the service of the fascist ritualistic attitude. Religious language and religious forms are utilized in order to lend the impression of a sanctioned ritual that is performed again and again by some »community«.

3. The specific religious content as well as the political one is replaced by something which may briefly be designated the *cult of the existent.* The attitude which Else Brunswik has called »identification with a *status quo*« is closely related to this cult. The devices pointed out in McClung Lee's book on Father Coughlin, such as the band wagon idea or the testimony trick, implying the support of famous or successful people, are only elements of a much farther-reaching pattern of behavior. It signifies explicitly that whatever *is,* and thus has established its strength, is also right, – the sound principle to be followed. One of the West Coast agitators occasionally even directed his listeners generally to follow the advice of their leaders without specifying what kind of leaders he meant. Leadership as such, devoid of any visible idea or aim is glorified. Making a fetish of reality and of established power relationships is what tends, more than anything else, to induce the individual to give himself up and to join the supposed wave of the future.

4. One of the intrinsic characteristics of the fascist ritual is *innuendo,* sometimes followed by the actual revelation of the facts hinted at, but more often not. Again a rational reason for this trend can easily be given: either the law or at least prevailing conventions preclude open statements of a pro-Nazi or anti-Semitic character, and the orator who wants to convey such ideas has to resort to more indirect methods. It seems likely, however, that innuendo is employed, and enjoyed, as a gratification *per se.* For example, the agitator says »those dark forces, you know whom I mean«, and the audience at once understands that his

remarks are directed against the Jews. The listeners are thus treated as an in-group who already know everything the orator wishes to tell them and who agree with him before any explanation is given. Concord of feeling and opinion between speaker and listener, which was mentioned before, is established by innuendo. It serves as a confirmation of the basic identity between leader and followers. Of course, the psychoanalytic implications of innuendo go far beyond these surface observations. Reference is made here to the role attributed by Freud to allusions in the interplay between the conscious and the unconscious. Fascist innuendo feeds upon this role.

5. The performance of the ritual as such functions to a very large extent as the ultimate content of fascist propaganda. Psychoanalysis has shown the relatedness of ritual behavior to compulsion neurosis; and it is obvious that the typical fascist ritual of revelation is a substitute for sexual gratification. Beyond this, however, some speculation may be allowed with regard to the specific symbolic meaning of the fascist ritual. It is not wide off the mark to interpret it as the offering of a sacrifice. If the assumption is correct that the overwhelming majority of accusations and atrocity stories with which the fascist propaganda speeches abound, are projections of the wishes of the orators and their followers, the whole symbolic act of revelation celebrated in each propaganda speech expresses, however much concealed, the sacramental killing of the chosen foe. At the hub of the fascist, anti-Semitic propaganda ritual is the desire for ritual murder. This can be corroborated by a piece of evidence from the everyday psychopathology of fascist propaganda. The important role played by the religious element in American fascist and anti-Semitic propaganda has been mentioned earlier. One of the fascist West Coast radio priests said in a broadcast: »Can you not see that unless we exalt the holiness of our God, that unless we proclaim the justice of God in this world of ours, unless we proclaim the fact of a heaven and of a hell, unless we proclaim the fact that without the remission, *without the shedding of blood,* there is no remission of sin? Cannot you see that only Christ and God are dominant and that revolution will ultimately take this nation of ours?« The transformation of Christian

doctrine into slogans of political violence could not be cruder than in this passage. The idea of a sacrament, the »shedding of blood« of Christ, is straight-forwardly interpreted in terms of »shedding of blood« in general, with an eye to a political upheaval. The actual shedding of blood is advocated as necessary because the world has supposedly been redeemed by the shedding of Christ's blood. Murder is invested with the halo of a sacrament. Thus the ultimate reminder of the sacrificed Christ in fascist propaganda is *»Judenblut muß fließen«*. Crucifixion is transformed into a symbol of the pogrom. Psychologically, all fascist propaganda is simply a system of such symbols.

At this point attention must be paid to destructiveness as the psychological basis of the fascist spirit. The programs are abstract and vague, the fulfillments are spurious and illusory because the promise expressed by fascist oratory is nothing but destruction itself. It is hardly accidental that all fascist agitators dwell upon the imminence of catastrophes of some kind. Whereas they warn of impending danger, they and their listeners get a thrill out of the idea of inevitable doom, without even making a clear-cut distinction between the destruction of their foes and of themselves. This mental behavior, by the way, could be clearly observed during the first years of Hitlerism in Germany, and has a deep archaic basis. One of the West Coast demagogues once said: »I want to say that you men and women, you and I are living in the most fearful time of the history of the world. We are living also in the most gracious and most wonderful time«. This is the agitator's dream, a union of the horrible and the wonderful, a delirium of annihilation masked as salvation. The strongest hope for effectively countering this whole type of propaganda lies in pointing out its self-destructive implications. The unconscious psychological desire for self-annihilation faithfully reproduces the structure of a political movement which ultimately transforms its followers into victims.

1946

Freudian Theory and the Pattern of Fascist Propaganda[1]

During the past decade the nature and content of the speeches and pamphlets of American fascist agitators have been subjected to intensive research by social scientists. Some of these studies, undertaken along the lines of content analysis, have finally led to a comprehensive presentation in the book, *Prophets of Deceit,* by L. Lowenthal and N. Guterman.[2] The over-all picture obtained is characterized by two main features. First, with the exception of some bizarre and completely negative recommendations: to put aliens into concentration camps or to expatriate Zionists, fascist propaganda material in this country is little concerned with concrete and tangible political issues. The overwhelming majority of all agitators' statements are directed *ad hominem.* They are obviously based on psychological calculations rather than on the intention to gain followers through the rational statement of rational aims. The term »rabble rouser,« though objectionable because of its inherent contempt of the masses as such, is adequate insofar as it expresses the atmosphere of irrational emotional aggressiveness purposely promoted by our would-be Hitlers. If it is an impudence to call people »rabble,« it is precisely the aim of the agitator to transform the very same people into »rabble,« i.e., crowds bent to violent action without any sensible political aim, and to create the atmosphere of the pogrom. The universal purpose of these agitators is to instigate methodically what, since Gustave Le Bon's famous book, is commonly known as »the psychology of the masses.«

1 This article forms part of the author's continuing collaboration with Max Horkheimer.

2 Harper Brothers, New York, 1949. Cf. also: Leo Lowenthal and Norbert Guterman, »Portrait of the American Agitator,« *Public Opinion Quart.,* (Fall) 1948, pp. 417 ff.

Second, the agitators' approach is truly systematical and follows a rigidly set pattern of clear-cut »devices.« This does not merely pertain to the ultimate unity of the political purpose: the abolition of democracy through mass support against the democratic principle, but even more so to the intrinsic nature of the content and presentation of propaganda itself. The similarity of the utterances of various agitators, from much-publicized figures such as Coughlin and Gerald Smith to provincial small-time hate mongers, is so great that it suffices in principle to analyze the statements of one of them in order to know them all.[3] Moreover, the speeches themselves are so monotonous that one meets with endless repetitions as soon as one is acquainted with the very limited number of stock devices. As a matter of fact, constant reiteration and scarcity of ideas are indispensable ingredients of the entire technique.

While the mechanical rigidity of the pattern is obvious and itself the expression of certain psychological aspects of fascist mentality, one cannot help feeling that propaganda material of the fascist brand forms a structural unit with a total common conception, be it conscious or unconscious, which determines every word that is said. This structural unit seems to refer to the impli-

3 This requires some qualification. There is a certain difference between those who, speculating rightly or wrongly on large-scale economic backing, try to maintain an air of respectability and deny that they are anti-Semites before coming down to the business of Jew baiting – and overt Nazis who want to act on their own, or at least make believe that they do, and indulge in the most violent and obscene language. Moreover, one might distinguish between agitators who play the old-fashioned, homely, Christian conservative and can easily be recognized by their hostility against the »dole,« and those who, following a more streamlined modern version, appeal mostly to the youth and sometimes pretend to be revolutionary. However, such differences should not be overrated. The basic structure of their speeches as well as their supply of devices is identical in spite of carefully fostered differences in overtones. What one has to face is a division of labor rather than genuine divergencies. It may be noted that the National Socialist Party shrewdly maintained differentiations of a similar kind, but that they never amounted to anything nor led to any serious clash of political ideas within the Party. The belief that the victims of June 30, 1934 were revolutionaries is mythological. The blood purge was a matter of rivalries between various rackets and had no bearing on social conflicts.

cit political conception as well as to the psychological essence. So far, only the detached and in a way isolated nature of each device has been given scientific attention; the psychoanalytic connotations of the devices have been stressed and elaborated. Now that the elements have been cleared up sufficiently, the time has come to focus attention on the psychological system as such – and it may not be entirely accidental that the term summons the association of paranoia – which comprises and begets these elements. This seems to be the more appropriate since otherwise the psychoanalytic interpretation of the individual devices will remain somewhat haphazard and arbitrary. A kind of theoretical frame of reference will have to be evolved. Inasmuch as the individual devices call almost irresistibly for psychoanalytic interpretation, it is but logical to postulate that this frame of reference should consist of the application of a more comprehensive, basic psychoanalytic theory to the agitator's over-all approach.

Such a frame of reference has been provided by Freud himself in his book *Group Psychology and the Analysis of the Ego*, published in English as early as 1922, and long before the danger of German fascism appeared to be acute.[4] It is not an overstatement if we say that Freud, though he was hardly interested in the political phase of the problem, clearly foresaw the rise and nature of fascist mass movements in purely psychological categories. If it is true that the analyst's unconscious perceives the unconscious of the patient, one may also presume that his theoretical intuitions are capable of anticipating tendencies still latent on a rational level but manifesting themselves on a deeper one. It may not have been perchance that after the first World War Freud turned

4 The German title, under which the book was published in 1921, is *Massenpsychologie und Ichanalyse*. The translator, James Strachey, rightly stresses that the term group here means the equivalent of Le Bon's *foule* and the German *Masse*. It may be added that in this book the term ego does not denote the specific psychological agency as described in Freud's later writings in contrast to the id and the superego; it simply means the individual. It is one of the most important implications of Freud's *Group Psychology* that he does not recognize an independent, hypostatized »mentality of the crowd,« but reduces the phenomena observed and described by writers such as Le Bon and McDougall to regressions which take place in each one of the individuals who form a crowd and fall under its spell.

his attention to narcissism and ego problems in the specific sense. The mechanisms and instinctual conflicts involved evidently play an increasingly important role in the present epoch, whereas, according to the testimony of practicing analysts, the »classical« neuroses such as conversion hysteria, which served as models for the method, now occur less frequently than at the time of Freud's own development when Charcot dealt with hysteria clinically and Ibsen made it the subject matter of some of his plays. According to Freud the problem of mass psychology is closely related to the new type of psychological affliction so characteristic of the era which for socio-economic reasons witnesses the decline of the individual and his subsequent weakness. While Freud did not concern himself with the social changes, it may be said that he developed within in the monadological confines of the individual the traces of its profound crisis and willingness to yield unquestioningly to powerful outside, collective agencies. Without ever devoting himself to the study of contemporary social developments, Freud has pointed to historical trends through the development of his own work, the choice of his subject matters, and the evolution of guiding concepts.

The method of Freud's book constitutes a dynamic interpretation of Le Bon's description of the mass mind and a critique of a few dogmatic concepts – magic words, as it were – which are employed by Le Bon and other pre-analytic psychologists as though they were keys for some startling phenomena. Foremost among these concepts is that of suggestion which, incidentally, still plays a large role as a stopgap in popular thinking about the spell exercised by Hitler and his like over the masses. Freud does not challenge the accuracy of Le Bon's well-known characterizations of masses as being largely de-individualized, irrational, easily influenced, prone to violent action and altogether of a regressive nature. What distinguishes him from Le Bon is rather the absence of the traditional contempt for the masses which is the *thema probandum* of most of the older psychologists. Instead of inferring from the usual descriptive findings that the masses are inferior per se and likely to remain so, he asks in the spirit of true enlightenment: what makes the masses into masses? He rejects the easy hypothesis of a social or herd instinct, which for him denotes the problem and not its solution. In addition to the purely psychological reasons he gives for this rejection one might say, that he is on safe ground also from the sociological point of view. The straightforward comparison of modern mass formations with biological phenomena can hardly be regarded as valid since the members of contemporary masses are, at least *prima facie* individuals, the children of a liberal, competitive and individualistic society, and conditioned to maintain themselves as independent, self-sustaining units; they are continuously admonished to be »rugged« and warned against surrender. Even if one were to assume that archaic, pre-individual instincts survive, one could not simply point to this inheritance but would have to explain why modern men revert to patterns of behavior which flagrantly contradict their own rational level and the present stage of enlightened technological civilization. This is precisely what Freud wants to do. He tries to find out which psychological forces result in the transformation of individuals into a mass. »If the individuals in the group are combined into a unity, there must surely be something to unite them, and this bond might be precisely the thing that is characteristic of a group.«[5] This quest, however, is tantamount to an exposition of the fundamental issue of fascist manipulation. For the fascist demagogue, who has to win the support of millions of people for aims largely incompatible with their own rational self-interest, can do so only by artificially creating the *bond* Freud is looking for. If the demagogues' approach is at all realistic – and their popular success leaves no doubt that it is – it might be hypothesized that the bond in question is the very same the demagogue tries to produce synthetically; in fact, that it is the unifying principle behind his various devices.

In accordance with general psychoanalytic theory, Freud believes that the bond which integrates individuals into a mass, is of a *libidinal* nature. Earlier psychologists have occasionally hit upon this aspect of mass psychology. »In McDougall's opinion men's emotions are stirred in a group to a pitch that they seldom or never attain under other conditions; and it is a pleasurable expe-

5 S. Freud, *Group Psychology and the Analysis of the Ego*, London, 1922, p. 7.

rience for those who are concerned to surrender themselves so unreservedly to their passions and thus to become merged in the group and to lose the sense of the limits of their individuality.«[6] Freud goes beyond such observations by explaining the coherence of masses altogether in terms of the pleasure principle, that is to say, the actual or vicarious gratifications individuals obtain from surrendering to a mass. Hitler, by the way, was well aware of the libidinal source of mass formation through surrender when he attributed specifically female, passive features to the participants of his meetings, and thus also hinted at the role of unconscious homosexuality in mass psychology.[7] The most important consequence of Freud's introduction of libido into group psychology is that the traits generally ascribed to masses lose the deceptively primordial and irreducible character reflected by the arbitrary construct of specific mass or herd instincts. The latter are effects rather than causes. What is peculiar to the masses is, according to Freud, not so much a new quality as the manifestation of old ones usually hidden. »From our point of view we need not attribute so much importance to the appearance of new characteristics. For us it would be enough to say that in a group the individual is brought under conditions which allow him to throw off the repressions of his unconscious instincts.«[8] This does not only dispense with auxiliary hypotheses *ad hoc* but also does justice to the simple fact that those who become submerged in masses are not primitive men but display primitive attitudes contradictory to their *normal* rational behavior. Yet, even the most trivial descriptions leave no doubt about the affinity of cer-

6 *Ibid.*, p. 27.

7 Freud's book does not follow up this phase of the problem but a passage in the addendum indicates that he was quite aware of it. »In the same way, love for women breaks through the group ties of race, of national separation, and of the social class system, and it thus produces important effects as a factor in civilization. It seems certain that homosexual love is far more compatible with group ties, even when it takes the shape of uninhibited sexual tendencies« (p. 123). This was certainly borne out under German Fascism where the borderline between overt and repressed homosexuality, just as that between overt and repressed sadism, was much more fluent than in liberal middle-class society.

8 *L.c.*, pp. 9 and 10.

tain peculiarities of masses to archaic traits. Particular mention should be made here of the potential short cut from violent emotions to violent actions stressed by all authors on mass psychology, a phenomenon which in Freud's writings on primitive cultures leads to the assumption that the murder of the father of the primary horde is not imaginary but corresponds to prehistoric reality. In terms of dynamic theory the revival of such traits has to be understood as the result of a *conflict*. It may also help to explain some of the manifestations of fascist mentality which could hardly be grasped without the assumption of an antagonism between varied psychological forces. One has to think here above all of the psychological category of destructiveness with which Freud dealt in his *Civilization and its Discontent*. As a rebellion against civilization fascism is not simply the reoccurrence of the archaic but its reproduction in and by civilization itself. It is hardly adequate to define the forces of fascist rebellion simply as powerful id energies which throw off the pressure of the existing social order. Rather, this rebellion borrows its energies partly from other psychological agencies which are pressed into the service of the unconscious.

Since the libidinal bond between members of masses is obviously not of an uninhibited sexual nature, the problem arises as to which psychological mechanisms transform primary sexual energy into feelings which hold masses together. Freud copes with the problem by analyzing the phenomena covered by the terms suggestion and suggestibility. He recognizes suggestion as the »shelter« or »screen« concealing »love relationships.« It is essential that the »love relationship« behind suggestion remains unconscious.[9] Freud dwells on the fact that in organized groups such as the Army or the Church there is either no mention of love whatsoever between the members, or it is expressed only in a sublimated and indirect way, through the mediation of some religious image in the love of whom the members unite and whose all-embracing love they are supposed to imitate in their attitude towards each other. It seems significant that in today's society with

9 ». . . love relationships . . . also constitute the essence of the group mind. Let us remember that the authorities make no mention of any such relations.« (*Ibid.*, p. 40.)

its artificially integrated fascist masses reference to love is almost completely excluded.[10] Hitler shunned the traditional role of the loving father and replaced it entirely by the negative one of threatening authority. The concept of love was relegated to the abstract notion of *Germany* and seldom mentioned without the epithet of »fanatical« through which even this love obtained a ring of hostility and aggressiveness against those not encompassed by it. It is one of the basic tenets of fascist leadership to keep primary libidinal energy on an unconscious level so as to divert its manifestations in a way suitable to political ends. The less an objective idea such as religious salvation plays a role in mass formation, and the more mass manipulation becomes the sole aim, the more thoroughly uninhibited love has to be repressed and moulded into obedience. There is too little in the content of fascist ideology that *could* be loved.

The libidinal pattern of fascism and the entire technique of fascist demagogues are authoritarian. This is where the techniques of the demagogue and the hypnotist coincide with the psychological mechanism by which individuals are made to undergo the regressions which reduce them to mere members of a group.

By the measures that he takes, the hypnotist awakens in the subject a portion of his archaic inheritance which had also made him compliant towards his parents and which had experienced an individual re-animation in his relation to his father: what is thus awakened is the idea of a paramount and dangerous personality, towards whom only a passive-masochistic attitude is possible, to whom one's will has to be surrendered, – while to be alone with him, ›to look him in the face‹, appears a hazardous enterprise. It is only in some such way as this that we can picture the relation of the individual member of the primal horde to the primal father ... The uncanny and coercive characteristics of group formations, which are shown in their suggestion phenomena,

10 Perhaps one of the reasons for this striking phenomenon is the fact that the masses whom the fascist agitator – prior to seizing power – has to face, are primarily not organized ones but the accidental crowds of the big city. The loosely knit character of such motley crowds makes it imperative that discipline and coherence be stressed at the expense of the centrifugal uncanalized urge to love. Part of the agitator's task consists in making the crowd believe that it is organized like the Army or the Church. Hence the tendency towards over-organization. A fetish is made of organization as such; it becomes an end instead of a means and this tendency prevails throughout the agitator's speeches.

may therefore with justice be traced back to the fact of their origin from the primal horde. The leader of the group is still the dreaded primal father; the group still wishes to be governed by unrestricted force; it has an extreme passion for authority; in Le Bon's phrase, it has a thirst for obedience. The primal father is the group ideal, which governs the ego in the place of the ego ideal. Hypnosis has a good claim to being described as a group of two; there remains as a definition for suggestion – a conviction which is not based upon perception and reasoning but upon an erotic tie.[11]

This actually defines the nature and content of fascist propaganda. It is psychological because of its irrational authoritarian aims which cannot be attained by means of rational convictions but only through the skillful awakening of »a portion of the subject's archaic inheritance.« Fascist agitation is centered in the idea of the leader, no matter whether he actually leads or is only the mandatary of group interests, because only the psychological image of the leader is apt to reanimate the idea of the all-powerful and threatening primal father. This is the ultimate root of the otherwise enigmatic *personalization* of fascist propaganda, its incessant plugging of names and supposedly great men, instead of

11 *L.c.*, pp. 99–100. This key statement of Freud's theory of group psychology incidentally accounts for one of the most decisive observations about the Fascist personality: the externalization of the superego. The term »ego ideal« is Freud's earlier expression for what he later called superego. Its replacement through a »group ego« is exactly what happens to fascist personalities. They fail to develop an independent autonomous conscience and substitute for it an identification with collective authority which is as irrational as Freud described it, heteronomous, rigidly oppressive, largely alien to the individuals' own thinking and, therefore, easily exchangeable in spite of its structural rigidity. The phenomenon is adequately expressed in the Nazi formula that what serves the German people is good. The pattern reoccurs in the speeches of American fascist demagogues who never appeal to their prospective followers' own conscience but incessantly invoke external, conventional, and stereotyped values which are taken for granted and treated as authoritatively valid without ever being subject to a process of living experience or discursive examination. As pointed out in detail in the book, *The Authoritarian Personality*, by T. W. Adorno, Else Frenkel-Brunswik, Daniel J. Levinson, and R. Nevitt Sanford (Harper Brothers, New York, 1950), prejudiced persons generally display belief in conventional values instead of making moral decisions of their own and regard as right »what is being done.« Through identification they too tend to submit to a group ego at the expense of their own ego ideal which becomes virtually merged with external values.

discussing objective causes. The formation of the imagery of an omnipotent and unbridled father figure, by far transcending the individual father and therewith apt to be enlarged into a »group ego,« is the only way to promulgate the »passive-masochistic attitude ... to whom one's will has to be surrendered,« an attitude required of the fascist follower the more his political behavior becomes irreconcilable with his own rational interests as a private person as well as those of the group or class to which he actually belongs.[12] The follower's reawakened irrationality is, therefore, quite rational from the leader's viewpoint: it necessarily has to be »a conviction which is not based upon perception and reasoning but upon an erotic tie.«

The mechanism which transforms libido into the bond between leader and followers, and between the followers themselves, is that of *identification*. A great part of Freud's book is devoted to its analysis.[13] It is impossible to discuss here the very subtle theoretical differentiation, particularly the one between identification and introjection. It should be noted, however, that the late Ernst Simmel, to whom we owe valuable contributions to the psychology of Fascism, took up Freud's concept of the ambivalent nature of identification as a derivative of the oral phase of the organization of the libido,[14] and expanded it into an analytic theory of anti-Semitism.

12 The fact that the fascist follower's masochism is inevitably accompanied by sadistic impulses is in harmony with Freud's general theory of ambivalence, originally developed in connection with the oedipus complex. Since the fascist integration of individuals into masses satisfies them only vicariously, their resentment against the frustrations of civilization survives but is canalized to become compatible with the leader's aims; it is psychologically fused with authoritarian submissiveness. Though Freud does not pose the problem of what was later called »sado-masochism,« he was nevertheless well aware of it, as evidenced by his acceptance of Le Bon's idea that »since a group is in no doubt as to what constitutes truth or error, and is conscious, moreover, of its own great strength, it is as intolerant as it is obedient to authority. It respects force and can only be slightly influenced by kindness, which it regards merely as a form of weakness. What it demands of its heroes is strength, or even violence. It wants to be ruled and oppressed and to fear its masters.« (Freud, *op. cit.*, p. 17)

13 *Op. cit.*, pp. 58 ff.

14 *Ibid.*, p. 61.

We content ourselves with a few observations on the relevancy of the doctrine of identification to fascist propaganda and fascist mentality. It has been observed by several authors and by Erik Homburger Erikson in particular, that the specifically fascist leader type does not seem to be a father figure such as for instance the king of former times. The inconsistency of this observation with Freud's theory of the leader as the primal father, however, is only superficial. His discussion of identification may well help us to understand, in terms of subjective dynamics, certain changes which are actually due to objective historical conditions. Identification is »the *earliest* expression of an emotional tie with another person,« playing »a part in the early history of the Oedipus complex.«[15] It may well be that this pre-oedipal component of identification helps to bring about the separation of the leader image as that of an all-powerful primal father, from the actual father image. Since the child's identification with his father as an answer to the Oedipus complex is only a secondary phenomenon, infantile regression may go beyond this father image and through an »anaclitic« process reach a more archaic one. Moreover, the primitively narcissistic aspect of identification as an act of *devouring*, of making the beloved object part of oneself, may provide us with a clue to the fact that the modern leader image sometimes seems to be the enlargement of the subject's own personality, a collective projection of himself, rather than the image of the father whose role during the later phases of the subject's infancy may well have decreased in present-day society[16]. All these facets call for further clarification.

The essential role of narcissism in regard to the identifications which are at play in the formation of fascist groups, is recognized in Freud's theory of *idealization.* »We see that the object is being treated in the same way as our own ego, so that when we are in love a considerable amount of narcissistic libido overflows on the object. It is even obvious, in many forms of love choice, that the object serves as a substitute for some unattained ego

15 *Ibid.*, p. 60.

16 Cf. Max Horkheimer, »Authoritarianism and the Family Today,« *The Family: Its Function and Destiny*, ed., R. N. Anshen (Harper Brothers, New York, 1949).

ideal of our own. We love it on account of the perfections which we have striven to reach for our own ego, and which we should now like to procure in this roundabout way as a means of satisfying our narcissism.«[17] It is precisely this idealization of himself which the fascist leader tries to promote in his followers, and which is helped by the *Führer* ideology. The people he has to reckon with generally undergo the characteristic, modern conflict between a strongly developed rational, self-preserving ego agency[18] and the continuous failure to satisfy their own ego demands. This conflict results in strong narcissistic impulses which can be absorbed and satisfied only through idealization as the partial transfer of the narcissistic libido to the object. This, again, falls in line with the semblance of the leader image to an enlargement of the subject: by making the leader his ideal he loves himself, as it were, but gets rid of the stains of frustration and discontent which mar his picture of his own empirical self. This pattern of identification through idealization, the caricature of true, conscious solidarity, is, however, a collective one. It is effective in vast numbers of people with similar characterological dispositions and libidinal leanings. The fascist *community of the people* corresponds exactly to Freud's definition of a group as being »a number of individuals who have substituted one and the same object for their ego ideal and have consequently identified themselves with one another in their ego.«[19] The leader image, in turn, borrows as it were its primal father-like omnipotence from collective strength.

Freud's psychological construction of the leader imagery is corroborated by its striking coincidence with the Fascist leader type, at least as far as its public build-up is concerned. His descriptions fit the picture of Hitler no less than idealizations into which the American demagogues try to style themselves. In order to allow narcissistic identification, the leader has to appear himself as absolutely narcissistic, and it is from this insight that

17 Freud, *op. cit.*, p. 74.

18 The translation of Freud's book renders his term »*Instanz*« by »faculty,« a word which, however, does not carry the hierarchical connotation of the German original. »Agency« seems to be more appropriate.

19 Freud, *l. c.*, p. 80.

Freud derives the portrait of the »primal father of the horde« which might as well be Hitler's.

He, at the very beginning of the history of mankind, was the *Superman*[20] whom Nietzsche only expected from the future. Even today the members of a group stand in need of the illusion that they are equally and justly loved by their leader; but the leader himself need love no one else, he may be of a masterly nature, absolutely narcissistic, but self-confident and independent. We know that love puts a check upon narcissism, and it would be possible to show how, by operating in this way, it became a factor of civilization.[21]

One of the most conspicuous features of the agitators' speeches, namely the absence of a positive program and of anything they might »give,« as well as the paradoxical prevalence of threat and denial, is thus being accounted for: the leader can be loved only if he himself does not love. Yet, Freud is aware of another aspect of the leader image which apparently contradicts the first one. While appearing as a superman, the leader must at the same time work the miracle of appearing as an average person, just as Hitler posed as a composite of King-Kong and the suburban barber. This, too, Freud explains through his theory of narcissism. According to him,

the individual gives up his ego ideal and substitutes for it the group ideal as embodied in the leader. [However,] in many individuals the separation between the ego and the ego ideal is not very far advanced; the two still coincide readily; the ego has often preserved its earlier self-complacency. The selection of the leader is very much facilitated by this circumstance. He need only possess the typical qualities of the individuals concerned in a particularly clearly marked and pure form, and need only give an impression of greater force and of more freedom of libido; and in that case the need for a strong chief will often meet him half-way and invest him with a predominance to which he would otherwise perhaps have had no claim. The other members of the group, whose ego ideal would not, apart from this, have become embodied in his person without some correction, are then carried away with the rest by ›suggestion,‹ that is to say, by means of identification.[22]

20 It may not be superfluous to stress that Nietzsche's concept of the Superman has as little in common with this archaic imagery as his vision of the future with Fascism. Freud's allusion is obviously valid only for the »Superman« as he became popularized in cheap slogans.

21 *L. c.*, p. 93.

22 *Ibid.*, p. 102.

Even the fascist leader's startling symptoms of inferiority, his resemblance to ham actors and asocial psychopaths, is thus anticipated in Freud's theory. For the sake of those parts of the follower's narcissistic libido which have not been thrown into the leader image but remain attached to the follower's own ego, the superman must still resemble the follower and appear as his »enlargement.« Accordingly, one of the basic devices of personalized fascist propaganda is the concept of the »great little man,« a person who suggests both omnipotence and the idea that he is just one of the folks, a plain, red-blooded American, untainted by material or spiritual wealth. Psychological ambivalence helps to work a social miracle. The leader image gratifies the follower's twofold wish to submit to authority and to be the authority himself. This fits into a world in which irrational control is exercised though it has lost its inner conviction through universal enlightenment. The people who obey the dictators also sense that the latter are superfluous. They reconcile this contradiction through the assumption that they are themselves the ruthless oppressor.

All the agitators' standard devices are designed along the line of Freud's exposé of what became later the basic structure of fascist demagoguery, the technique of personalization[23], and the idea of the great little man. We limit ourselves to a few examples picked at random.

Freud gives an exhaustive account of the hierarchical element in irrational groups. »It is obvious that a soldier takes his superior, that is, really, the leader of the army, as his ideal, while he identifies himself with his equals, and derives from this community of their egos the obligations for giving mutual help and for shar-

23 For further details on personalization cf. Freud, *l. c.*, p. 44, footnote, where he discusses the relation between ideas and leader personalities; and p. 53, where he defines as »secondary leaders« those essentially irrational ideas which hold groups together. In technological civilization, no *immediate* transference to the leader, unknown and distant as he actually is, is possible. What happens is rather a regressive re-personalization of impersonal, detached social powers. This possibility was clearly envisaged by Freud. »... A common tendency, a wish in which a number of people can have a share, may ... serve as a substitute. This abstraction, again, might be more or less completely embodied in the figure of what we might call a secondary leader.«

ing possessions which comradeship implies. But he becomes ridiculous if he tries identify himself with the general,«[24] to wit, consciously and directly. The Fascists, down to the last small-time demagogue, continuously emphasize ritualistic ceremonies and hierarchical differentiations. The less hierarchy within the setup of a highly rationalized and quantified industrial society is warranted, the more artificial hierarchies with no objective *raison d'être* are built up and rigidly imposed by Fascists for purely psycho-technical reasons. It may be added, however, that this is not the only libidinous source involved. Thus hierarchical structures are in complete keeping with the wishes of the sadomasochistic character. Hitler's famous formula, *Verantwortung nach oben, Autorität nach unten,* (responsibility towards above, authority towards below) nicely rationalizes this character's ambivalence.[25]

The tendency to tread on those below, which manifests itself so disastrously in the persecution of weak and helpless minorities, is as outspoken as the hatred against those outside. In practice, both tendencies quite frequently fall together. Freud's theory sheds light on the all-pervasive, rigid distinction between the beloved in-group and the rejected out-group. Throughout our culture this way of thinking and behaving has come to be regarded as self-evident to such a degree that the question of why people love what is like themselves and hate what is different, is rarely asked seriously enough. Here as in many other instances, the productivity of Freud's approach lies in his questioning that which is generally accepted. Le Bon had noticed that the irrational crowd »goes directly to extremes«[26]. Freud expands this observation and points out that the dichotomy between in- and out-group is of so deep-rooted a nature that it affects even those groups whose »ideas« apparently exclude such reactions. Already in 1921 he was therefore able to dispense with the liberalistic illusion that the progress of civilization would automatically

24 *L. c.*, p. 110.
25 German folklore has a drastic symbol for this trait. It speaks of *Radfahrernaturen,* bicyclist's characters. Above they bow, they kick below.
26 Freud, *l. c.*, p. 16.

bring about an increase of tolerance and a lessening of violence against out groups

Even during the kingdom of Christ those people who do not belong to the community of believers, who do not love him, and whom he does not love, stand outside this tie. Therefore a religion, even if it calls itself the religion of love, must be hard and unloving to those who do not belong to it. Fundamentally indeed every religion is in this same way a religion of love for all those whom it embraces; while cruelty and intolerance towards those who do not belong to it are natural to every religion. However difficult we may find it personally, we ought not to reproach believers too severely on this account: people who are unbelieving or indifferent are so much better off psychologically in this respect. If to-day that intolerance no longer shows itself so violent and cruel as in former centuries, we can scarcely conclude that there has been a softening in human manners. The cause is rather to be found in the undeniable weakening of religious feelings and the libidinal ties which depend upon them. If another group tie takes the place of the religious one – and the socialistic tie seems to be succeeding in doing so–, then there will be the same intolerance towards outsiders as in the age of the Wars of Religion.[27]

Freud's error in political prognosis, his blaming the »socialists« for what their German arch enemies did, is as striking as his prophecy of fascist destructiveness, the drive to eliminate the outgroup[28]. As a matter of fact, neutralization of religion seems to have led to just the opposite of what the enlightener Freud anticipated: the division between believers and nonbelievers has been maintained and reified. However, it has become a structure in itself, independent of any ideational content, and is even more stubbornly defended since it lost its inner conviction. At the same time, the mitigating impact of the religious doctrine of love vanished. This is the essence of the »buck and sheep« device employed by all fascist demagogues. Since they do not recognize any spiritual criterion in regard to who is chosen and who is rejected, they substitute a pseudo-natural criterion such as the race,[29]

27 *L. c.*, pp. 50–51.

28 With regard to the role of »neutralized,« diluted religion in the make-up of the Fascist mentality, cf. *The Authoritarian Personality.* Important psychoanalytic contributions to this whole area of problems are contained in Theodor Reik's *Der eigene und der fremde Gott*, and in Paul Federn's *Die vaterlose Gesellschaft.*

29 It may be noted that the ideology of race distinctly reflects the idea of primitive brotherhood revived, according to Freud, through the specific re-

which seems to be inescapable and can therefore be applied even more mercilessly than was the concept of heresy during the Middle Ages. Freud has succeeded in identifying the libidinal function of this device. It acts as a negatively integrating force. Since the positive libido is completely invested in the image of the primal father, the leader, and since few positive contents are available, a negative one has to be found. »The leader or the leading idea might also, so to speak, be negative; hatred against a particular person or institution might operate in just the same unifying way, and might call up the same kind of emotional ties as positive attachment.«[30] It goes without saying that this negative integration feeds on the instinct of destructiveness to which Freud does not explicitly refer in his *Group Psychology*, the decisive role of which he has, however, recognized in his *Civilization and Its Discontent*. In the present context, Freud explains the hostility against the out-group with narcissism:

In the undisguised antipathies and aversions which people feel towards strangers with whom they have to do we may recognize the expression of self-love – of narcissism. This self-love works for the self-assertion of the individual, and behaves as though the occurrence of any divergence from his own particular lines of development involved a criticism of them and a demand for their alteration.[31]

The narcissistic *gain* provided by fascist propaganda is obvious. It suggests continuously and sometimes in rather devious ways, that the follower, simply through belonging to the in-group, is better, higher and purer than those who are excluded. At the same time, any kind of critique or self-awareness is resented as a narcissistic loss, and elicits rage. It accounts for the violent reaction of all fascists against what they deem *zersetzend*, that which debunks their own stubbornly maintained values, and it

gression involved in mass formation. The notion of race shares two properties with brotherhood, it is supposedly »natural,« a bond of »blood,« and it is de-sexualized. In Fascism this similarity is kept unconscious. It mentions brotherhood comparatively rarely, and usually only in regard to Germans living *outside* the borders of the Reich (»Our Sudeten brothers«). This, of course, is partly due to recollections of the ideal of *fraternité* of the French Revolution, taboo to the Nazis.

30 *L. c.*, p. 53.

31 *L. c.*, pp. 55–56.

also explains the hostility of prejudiced persons against any kind of introspection. Concomitantly, the concentration of hostility upon the out-group does away with intolerance in one's own group to which one's relation would otherwise be highly ambivalent.

But the whole of this intolerance vanishes, temporarily or permanently, as the result of the formation of a group, and in a group. So long as a group formation persists or so far as it extends, individuals behave as though they were uniform, tolerate other people's peculiarities, put themselves on an equal level with them, and have no feeling of aversion towards them. Such a limitation of narcissism can, according to our theoretical views, only be produced by one factor, a libidinal tie with other people.[32]

This is the line pursued by the agitators' standard »unity trick.« They emphasize their being different from the outsider but play down such differences within their own group and tend to level out distinctive qualities among themselves with the exception of the hierarchical one. »We are all in the same boat;« nobody should be better off; the snob, the intellectual, the pleasure seeker are always attacked. The undercurrent of malicious egalitarianism, of the brotherhood of all-comprising humiliation, is a component of fascist propaganda and Fascism itself. It found its symbol in Hitler's notorious command of the *Eintopfgericht*. The less they want the inherent social structure changed, the more they prate about social justice, meaning that no member of the »community of the people« should indulge in individual pleasures. Repressive egalitarianism instead of realization of true equality through the abolition of repression, is part and parcel of the fascist mentality and reflected in the agitators' »If-you-only-knew« device which promises the vindictive revelation of all sorts of forbidden pleasures enjoyed by others. Freud interprets this phenomenon in terms of the transformation of individuals into members of a psychological »brother horde.« Their coherence is a reaction formation against their primary jealousy of each other, pressed into the service of group coherence.

What appears later on in society in the shape of *Gemeingeist*, *esprit de corps*, ›group spirit‹, etc. does not belie its derivation from what was originally envy. No one must want to put himself forward, every one must be the same

32 *L. c.*, p. 56.

and have the same. Social justice means that we deny ourselves many things so that others may have to do without them as well, or, what is the same thing, may not be able to ask for them.[33]

It may be added that the ambivalence towards the brother has found a rather striking, ever-recurring expression in the agitators' technique. Freud and Rank have pointed out that in fairy tales small animals such as bees and ants »would be the brothers in the primal horde, just as in the same way in dream symbolism insects or vermin signify brothers and sisters (contemptuously, considered as babies).«[34] Since the members of the in-group have supposedly »succeeded in identifying themselves with one another by means of similar love for the same object,«[35] they cannot admit this contempt for each other. Thus, it is expressed by completely negative cathexis of these low animals, fused with hatred against the out-group, and projected upon the latter. Actually it is one of the favorite devices of Fascist agitators – examined in great detail by Leo Lowenthal[36] – to compare out-groups, all foreigners and particularly refugees and Jews, with low animals and vermin.

If we are entitled to assume a correspondence of Fascist propagandist stimuli to the mechanisms elaborated in Freud's *Group Psychology*, we have to ask ourselves the almost inevitable question: how did the fascist agitators, crude and semi-educated as they were, obtain knowledge of these mechanisms? Reference to the influence exercised by Hitler's *Mein Kampf* upon the American demagogues would not lead very far, since it seems impossible that Hitler's theoretical knowledge of group psychology went beyond the most trivial observations derived from a popularized Le Bon. Neither can it be maintained that Goebbels was a mastermind of propaganda and fully aware of the most advanced findings of modern depth psychology. Perusal of his speeches and selections from his recently published diaries give the impression of a person shrewd enough to play the game of power politics but utterly naive and superficial in regard to all societal

33 *L. c.*, pp. 87–88.
34 *L. c.*, p. 114.
35 *L. c.*, p. 87.
36 Cf. *Prophets of Deceit.*

or psychological issues below the surface of his own catchwords and newspaper editorials. The idea of the sophisticated and »radical« intellectual Goebbels is part of the devil's legend associated with his name and fostered by eager journalism; a legend, incidentally, which itself calls for psychoanalytic explanation. Goebbels himself thought in stereotypes and was completely under the spell of personalization. Thus we have to seek for sources other than erudition, for the much advertised fascist command of psychological techniques of mass manipulation. The foremost source seems to be the already mentioned basic identity of leader and follower which circumscribes one of the aspects of identification. The leader can guess the psychological wants and needs of those susceptible to his propaganda because he resembles them psychologically, and is distinguished from them by a capacity to express without inhibitions what is latent in them, rather than by any intrinsic superiority. The leaders are generally oral character types, with a compulsion to speak incessantly and to befool the others. The famous spell they exercise over their followers seems largely to depend on their orality: language itself, devoid of its rational significance, functions in a magical way and furthers those archaic regressions which reduce individuals to members of crowds. Since this very quality of uninhibited but largely associative speech presupposes at least a temporary lack of ego control, it may well indicate weakness rather than strength. The fascist agitators' boasting of strength is indeed frequently accompanied by hints at such weakness, particularly when begging for monetary contributions – hints which, to be sure, are skillfully merged with the idea of strength itself. In order successfully to meet the unconscious dispositions of his audience, the agitator so to speak simply turns his own unconscious outward. His particular character syndrome makes it possible for him to do exactly this, and experience has taught him consciously to exploit this faculty, to make rational use of his irrationality, similarly to the actor, or a certain type of journalist who knows how to sell their innervations and sensitivity. Without knowing it, he is thus able to speak and act in accord with psychological theory for the simple reason that the psychological theory is true. All he has to do in order to make the psychology of his audience click, is shrewdly to exploit his own psychology.

The adequacy of the agitators' devices to the psychological basis of their aim is further enhanced by another factor. As we know, fascist agitations has by now come to be a profession, as it were, a livelihood. It had plenty of time to test the effectiveness of its various appeals and, through what might be called natural selection, only the most catchy ones have survived. Their effectiveness is itself a function of the psychology of the consumers. Through a process of »freezing,« which can be observed throughout the techniques employed in modern mass culture, the surviving appeals have been standardized, similarly to the advertising slogans which proved to be most valuable in the promotion of business. This standardization, in turn, falls in line with stereotypical thinking, that is to say, with the »stereopathy« of those susceptible to this propaganda and their infantile wish for endless, unaltered repetition. It is hard to predict whether the latter psychological disposition will prevent the agitators' standard devices from becoming blunt through excessive application. In national-socialist Germany, everybody used to make fun of certain propagandistic phrases such as »blood and soil,« (*Blut und Boden),* jokingly called *Blubo,* or the concept of the nordic race from which the parodistic verb *aufnorden,* (to »northernize«) was derived. Nevertheless, these appeals do not seem to have lost their attractiveness. Rather, their very »phonyness« may have been relished cynically and sadistically as an index for the fact that power alone decided one's fate in the Third Reich, that is, power unhampered by rational objectivity.

Furthermore, one may ask: why is the applied group psychology discussed here peculiar to Fascism rather than to most other movements that seek mass support? Even the most casual comparison of fascist propaganda with that of liberal, progressive parties will show this to be so. Yet, neither Freud nor Le Bon envisaged such a distinction. They spoke of crowds »as such,« similar to the conceptualizations used by formal sociology, without differentiating between the political aims of the groups involved. As a matter of fact, both thought of traditional socialistic movements rather than of their opposite, though it should be noted that the

Church and the Army – the examples chosen by Freud for the demonstration of his theory – are essentially conservative and hierarchical. Le Bon, on the other hand, is mainly concerned with nonorganized, spontaneous, ephemeral crowds. Only an explicit theory of society, by far transcending the range of psychology, can fully answer the question raised here. We content ourselves with a few suggestions. First, the objective aims of Fascism are largely irrational in so far as they contradict the material interests of great numbers of those whom they try to embrace, notwithstanding the prewar boom of the first years of the Hitler regime. The continuous danger of war inherent in Fascism spells destruction and the masses are at least preconsciously aware of it. Thus, Fascism does not altogether speak the untruth when it refers to its own irrational powers, however faked the mythology which ideologically rationalizes the irrational may be. Since it would be impossible for Fascism to win the masses through rational arguments, its propaganda must necessarily be deflected from discursive thinking; it must be oriented psychologically, and has to mobilize irrational, unconscious, regressive processes. This task is facilitated by the frame of mind of all those strata of the population who suffer from senseless frustrations and therefore develop a stunted, irrational mentality. It may well be the secret of fascist propaganda that it simply takes men for what they are: the true children of today's standardized mass culture, largely robbed of autonomy and spontaneity, instead of setting goals the realization of which would transcend the psychological *status quo* no less than the social one. Fascist propaganda has only to *reproduce* the existent mentality for its own purposes; – it need not induce a change – and the compulsive repetition which is one of its foremost characteristics will be at one with the necessity for this continuous reproduction. It relies absolutely on the total structure as well as on each particular trait of the authoritarian character which is itself the product of an internalization of the irrational aspects of modern society. Under the prevailing conditions, the irrationality of fascist propaganda becomes rational in the sense of instinctual economy. For if the *status quo* is taken for granted and petrified, a much greater effort is needed to see through it than to adjust to it and to obtain at least some gratification through identification with the existent – the focal point of fascist propaganda. This may explain why ultra-reactionary mass movements use the »psychology of the masses« to a much greater extent than do movements which show more faith in the masses. However, there is no doubt that even the most progressive political movement can deteriorate to the level of the »psychology of the crowd« and its manipulation, if its own rational content is shattered through the reversion to blind power.

The so-called psychology of Fascism is largely engendered by manipulation. Rationally calculated techniques bring about what is naively regarded as the »natural« irrationality of masses. This insight may help us to solve the problem of whether Fascism as a mass phenomenon can be explained at all in psychological terms. While there certainly exists potential susceptibility for Fascism among the masses, it is equally certain that the manipulation of the unconscious, the kind of suggestion explained by Freud in genetic terms, is indispensable for actualization of this potential. This, however, corroborates the assumption that Fascism as such is *not* a psychological issue and that any attempt to understand its roots and its historical role in psychological terms still remains on the level of ideologies such as the one of »irrational forces« promoted by Fascism itself. Although the Fascist agitator doubtlessly takes up certain tendencies within those he addresses, he does so as the mandatory of powerful economic and political interests. Psychological dispositions do not actually cause Fascism; rather, Fascism defines a psychological area which can be successfully exploited by the forces which promote it for entirely nonpsychological reasons of self-interest. What happens when masses are caught by Fascist propaganda is not a spontaneous primary expression of instincts and urges but a quasi-scientific revitalization of their psychology – the artificial regression described by Freud in his discussion of organized groups. The psychology of the masses has been taken over by their leaders and transformed into a means for their domination. It does not express itself directly through mass movements. This phenomenon is not entirely new but was foreshadowed throughout the counterrevolutionary movements of history. Far from being the source of Fascism, psychology has become one element among others in a superimposed system the very totality of which is necessitated by the potential of mass resistance – the masses' own rationality. The content of Freud's theory, the replacement of individual narcissism by identification with leader images, points into the direction of what might be called the appropriation of mass psychology by the oppressors. To be sure, this process has a psychological dimension, but it also indicates a growing tendency towards the abolition of psychological motivation in the old, liberalistic sense. Such motivation is systematically controlled and absorbed by social mechanisms which are directed from above. When the leaders become conscious of mass psychology and take it into their own hands, it ceases to exist in a certain sense. This potentiality is contained in the basic construct of psychoanalysis inasmuch as for Freud the concept of psychology is essentially a negative one. He defines the realm of psychology by the supremacy of the unconscious and postulates that what is it should become ego. The emancipation of man from the heteronomous rule of his unconscious would be tantamount to the abolition of his »psychology.« Fascism furthers this abolition in the opposite sense through the perpetuation of dependence instead of the realization of potential freedom, through expropriation of the unconscious by social control instead of making the subjects conscious of their unconscious. For, while psychology always denotes some bondage of the individual, it also presupposes freedom in the sense of a certain self-sufficiency and autonomy of the individual. It is not accidental that the nineteenth century was the great era of psychological thought. In a thoroughly reified society, in which there are virtually no direct relationships between men, and in which each person has been reduced to a social atom, to a mere function of collectivity, the psychological processes, though they still persist in each individual, have ceased to appear as the determining forces of the social process. Thus the psychology of the individual has lost what Hegel would have called its substance. It is perhaps the greatest merit of Freud's book that though he restricted himself to the field of individual psychology and wisely abstained from introducing sociological factors from outside, he nevertheless reached the turning point where psychology abdicates. The psychological »impoverishment« of the subject that »surrendered itself to the object« which »it has substituted for its most important constituent;«[37] i.e., the superego, anticipates almost with *clairvoyance* the postpsychological de-individualized social atoms which form the fascist collectivities. In these social atoms the psychological dynamics of group formation have overreached themselves and are no longer a reality. The category of »phonyness« applies to the leaders as well as to the act of identification on the part of the masses and their supposed frenzy and hysteria. Just as little as people believe in the depth of their hearts that the Jews are the devil, do they completely believe in the leader. They do not really identify themselves with him but act this identification, perform their own enthusiasm, and thus participate in their leader's performance. It is through this performance that they strike a balance between their continuously mobilized instinctual urges and the historical stage of enlightenment they have reached, and which cannot be revoked arbitrarily. It is probably the suspicion of this fictitiousness of their own »group psychology« which makes fascist crowds so merciless and unapproachable. If they would stop to reason for a second, the whole performance would go to pieces, and they would be left to panic.

Freud came upon this element of »phonyness« within an unexpected context, namely, when he discussed hypnosis as a retrogression of individuals to the relation between primal horde and primal father.

As we know from other reactions, individuals have preserved a variable degree of personal aptitude for reviving old situations of this kind. Some knowledge that in spite of everything hypnosis is only a game, a deceptive renewal of these old impressions, may however remain behind and take care that there is a resistance against any too serious consequences of the suspension of the will in hypnosis.[38]

In the meantime, this game has been socialized, and the consequences have proved to be very serious. Freud made a distinction between hypnosis and group psychology by defining the former

37 *L. c.*, p. 76.
38 *L. c.*, p. 99.

as taking place between two people only. However, the leaders' appropriation of mass psychology, the streamlining of their technique, has enabled them to collectivize the hypnotic spell. The Nazi battle cry of »Germany awake« hides its very opposite. The collectivization and institutionalization of the spell, on the other hand, have made the transference more and more indirect and precarious so that the aspect of performance, the »phonyness« of enthusiastic identification and of all the traditional dynamics of group psychology, have been tremendously increased. This increase may well terminate in sudden awareness of the untruth of the spell, and eventually in its collapse. Socialized hypnosis breeds within itself the forces which will do away with the spook of regression through remote control, and in the end awaken those who keep their eyes shut though they are no longer asleep.

1951

Bemerkungen über Politik und Neurose

> Certain sociologists ... indulge in ad hoc psychological constructions without reference to technical psychological considerations.
>
> Talcott Parsons

Arthur Koestler überträgt in seinem Essay den Begriff der Neurose auf die Politik*. Die Methode, deren er sich dabei bedient, ist die der Analogie: er spricht vom »politischen Neurotiker«, vor allem aber von einer »politischen Libido«, die »mindestens ebenso komplexbeladen, verdrängt und verdreht wie die sexuelle Libido« sei. Zugrunde liegt also die Annahme, daß Kategorien, die Freud für die Sphäre des Individuums und seiner Triebdynamik geprägt hat, auf eine dieser Sphäre ähnlich geartete, im übrigen aber von ihr unabhängige übertragen werden können. Worte wie »politischer Instinkt« oder gar »politisches Unterbewußtsein« zeigen das an.

Nun hat die Psychoanalyse selbst sich um das Verständnis politischer Phänomene seit dreißig Jahren bemüht. Sie setzte sich genau jene sogenannten Massenbewegungen zum Thema, die Koestlers Exkurs in die Tiefenpsychologie veranlaßten. Es ist die Schuld der fatalen wissenschaftlichen Arbeitsteilung, daß Koestler zwar mit kurrenten Begriffen der Psychoanalyse, kaum aber mit den jüngeren Bemühungen um eine analytische Sozialpsychologie vertraut ist. An deren Anfang steht Freuds außerordentliche Schrift »Massenpsychologie und Ich-Analyse« (1921). Er hat darin Le Bons und McDougalls bekannte Beobachtungen über Massenpsychologie aus der individuellen Triebdynamik abzuleiten unternommen. Dadurch hat er den Begriff der Massenpsychologie *entzaubert*: ihre Symptome sind ihm nicht geheimnisvoll

* *Vgl. Arthur Koestler, Politische Neurosen, in: Der Monat 63, Jg. 6, Dezember 1953, S. 227 ff. (Anm. d. Hrsg.)*

kollektiven Eigenwesens, sondern beruhen auf Vorgängen, die sich in jedem einzelnen Mitglied einer Masse abspielen, nämlich auf Identifikationen mit Vaterfiguren. Der gewöhnlich vag gebrauchte Ausdruck »Massenhypnose« wird von Freud ernst genommen, und die hypnoseähnlichen Verhaltensweisen von Massen aus dem Triebleben derer entwickelt, welche zur Masse sich vereinen. Freuds Theorie hat durch diese Wendung einer gesellschaftlichen Situation Ausdruck verliehen, in der gerade die Massenbildung Atomisierung und Entfremdung der Menschen zur Voraussetzung hat.

An die Freudsche Schrift schloß sich eine verzweigte Diskussion unter den Psychoanalytikern an. Schon seit Ende der zwanziger Jahre verwandte dann die empirische Sozialforschung Begriffe seiner Massenpsychologie. Ich darf hier vielleicht an die Arbeiten unseres Instituts für Sozialforschung erinnern, dem von Anbeginn eine psychoanalytische Abteilung, unter Leitung des in Belsen umgekommenen Karl Landauer, angegliedert war. In dem von Max Horkheimer konzipierten und herausgegebenen Sammelwerk »Studien über Autorität und Familie«[1] sind an einem breiten Erhebungsmaterial die tiefenpsychologischen Mechanismen autoritätsgebundenen Verhaltens zum ersten Mal mit der sozialen Dynamik selbst verknüpft worden. Die amerikanischen Arbeiten unseres Instituts haben diese Intention weiter verfolgt: die »Authoritarian Personality«[2] hat systematisch Korrelationen zwischen politischen Ideologien und charakterologischen Strukturen untersucht, und das 1950 erschienene Werk hat in Amerika eine heute bereits unübersehbare Literatur ausgelöst.

Der Unterschied zwischen Koestlers Thesen und solchen nun bereits seit Jahrzehnten vorangetriebenen wissenschaftlichen Bemühungen ist nun der, daß in den letzteren nicht »politische Neurosen« als eigenständige Krankheiten angesehen, sondern mit der individuellen Triebstruktur und Psychologie funktionell verbunden werden. Dieser Unterschied ist aber kein bloß akade-

1 Vgl. Studien über Autorität und Familie. Forschungsberichte aus dem Institut für Sozialforschung. (Schriften des Instituts für Sozialforschung, hrsg. von Max Horkheimer, Bd. 5.) Paris 1936.

2 Vgl. Th. W. Adorno u. a., The Authoritarian Personality. (Studies in Prejudice, ed. by Max Horkheimer and Samuel H. Flowerman.) New York 1950.

mischer, der nur die subtile Deutung von Vorgängen beträfe, über die man an sich grundsätzlich einig wäre, sondern betrifft die zentrale Auffassung. Sobald man einmal Begriffe aus der Theorie loslöst, der sie dem Sinn nach zugehören, und auf die Ebene des vermeintlichen common sense nivelliert, verändern sie ihren Sinn und leisten nicht mehr, was sie einmal leisten sollten.
Angesichts von Koestlers Aufsatz fragt man sich zunächst, was eigentlich die politische Libido sei, die da so säuberlich von der sexuellen getrennt wird. Offen bleibt weiter, wie die politischen Verdrängungsmechanismen sich erklären, für die Koestler ein so eindringliches Beispiel – das der Verdrängung der Schuld in Deutschland – zitiert, wenn man sich nicht an die strenge psychologische Bedeutung des Verdrängungsbegriffs hält. Koestler will die politische Libido geradezu definieren als »das Bedürfnis des einzelnen, Teil eines Ganzen zu sein, in einer Gemeinschaft aufzugehen, irgendwie dazuzugehören«. Mit solchen Verbaldefinitionen ist selten allzuviel geleistet. Der von Koestler bezeichnete Tatbestand stellt in Wahrheit erst das Problem, das eine analytische Sozialpsychologie zu bewältigen hätte, und bietet nicht dessen Lösung selbst. Oder will er im Ernst auf jene vorfreudsche pluralistische Trieblehre McDougalls zurückgreifen, die da einen »Sozialinstinkt« neben zahlreichen anderen, meist erfundenen Instinkten nennt, ohne über Ursprung und Verhältnis des auf der Triebtafel Aufgeführten weiter nachzusinnen? Ist es denn wirklich so selbstverständlich, daß man »dazugehören« will? Müßte man nicht, wenn man die psychologischen Wurzeln der totalitären Ideologie bloßlegen will, gerade diesem Begriff weiter nachforschen?
Koestler aber setzt den Bereich des Politischen absolut, indem er Beschreibung mit Erklärung verwechselt. Darum verfehlt er nicht nur die psychologische, sondern, wichtiger noch, auch die gesellschaftliche Genese der totalitären Lockung. Im Sinn der eigentlichen psychoanalytischen Theorie sind die von Koestler charakterisierten Erscheinungen sturer Identifikation mit der »in-group« in weitem Maße solche eines kollektiven *Narzißmus*. Die auf den Kastrationskomplex zurückweisende Ich-Schwäche, mit deren von Nunberg eingeführtem Begriff Koestler offenbar nicht vertraut ist, sucht Kompensation in einem allmächtigen,

aufgeblähten und dabei doch dem eigenen schwachen Ich tief ähnlichen Kollektivgebilde. Diese in zahllosen Einzelnen verkörperte Tendenz wird selber zu einer kollektiven Kraft, deren Ausmaß man bislang kaum richtig eingeschätzt hat. Sie ist aber nicht Ausdruck einer »politischen Neurose« sui generis, sondern hat ihre psychologische Wurzel in der Einbuße ichlicher Befriedigung, welche den Menschen widerfährt.

Koestlers improvisatorische Methode führt zu folgenschweren Fehlurteilen, denn der kollektive Narzißmus bedeutet keineswegs einfach, daß »der Wirklichkeit um jeden Preis aus dem Wege gegangen« wird. So richtig Koestler beobachtet, daß gewisse politische Tatsachen, insoweit sie mit dem Narzißmus nicht vereinbar sind, der Verdrängung verfallen, so sehr entgeht ihm, daß über weite Strecken der kollektive Narzißmus mit dem »Realitätsprinzip« nur allzu gut sich zusammenfindet. Wenn auch die Optik totalitärer Gefolgschaften fraglos in vieler Hinsicht verbogen ist, wäre es allzu harmlos, sie für »unrealistisch« zu halten. Narzißmus heißt in der Psychoanalyse: libidinöse Besetzung des eigenen Ichs anstelle der Liebe zu anderen Menschen. Der Mechanismus dieser Verschiebung ist nicht zum letzten der gesellschaftliche, der eine Prämie auf die Verhärtung eines jeden einzelnen, den nackten Willen zur Selbsterhaltung, setzt. Die Triebziele des kollektiven Narzißmus sind vermöge ihrer Fusion mit dem Ich, mit rationalen Zielen, mit scharfer Einsicht in gegebene Bedingungen überaus vereinbar. Die Ideologien im heutigen Deutschland und Frankreich, die Koestler als Schulbeispiel politischer Neurose herausgreift, harmonieren vollkommen mit handfesten Interessen derer, welche diese Ideologien teilen. Gewiß ist in einem höchsten Sinn jener Narzißmus politisch ebenso irrational wie psychologisch. Ein selbstzerstörendes Moment wohnt ihm inne, aber doch nicht mehr als der Weltordnung, in der er zwanghaft sich bildet. Hat nicht Hitler das Europa seiner Tage weit »realistischer« gesehen als die Staatsmänner des Völkerbundes, die aus gesundem Menschenverstand eine Dummheit nach der anderen machten? Die rücksichtslose Herrschaft des erweiterten Ich-Interesses in totalitären Systemen entbindet eine Art von Rationalität, die in der Wahl des Mittels ihren Gegnern vielfach überlegen ist und blind nur für Zwecke. Die totalitäre

Psychologie spiegelt den Primat einer gesellschaftlichen Realität, welche Menschen erzeugt, die bereits ebenso irr sind wie jene selber. Der Irrsinn aber besteht gerade darin, daß die eingefangenen Menschen nur als Agenten jener übermächtigen Realität fungieren, daß ihre Psychologie nur noch eine Durchgangsstation von deren Tendenz bildet. Daß aus der Lehre von den objektiven gesellschaftlichen Gesetzen selber ein Wahnsystem werden kann, sollte niemand dazu verführen, auf einen Psychologismus zurückzufallen, der sich bei der gesellschaftlichen Fassade bescheidet und überdies nicht einmal psychologisch zureicht. Es gibt keine »politische Neurose«, wohl aber beeinflussen psychische Deformationen das politische Verhalten, ohne doch dessen Deformation ganz zu erklären. Dies Verhalten gründet weniger in der »Frage nach dem Sinn des Lebens«, einer recht abstrakten Verdünnung dessen, was die Menschen eigentlich bedrängt, als in höchst konkreten Nöten wie der technologischen Arbeitslosigkeit, den Divergenzen des Standes der Produktionsmittel und des Besitzes an Rohmaterialien in einzelnen Ländern, und allerorten der ökonomischen Unmöglichkeit, das Leben aus eigener Kraft zu meistern, einer Unmöglichkeit, die mit teuflischer »Rationalität« die Individuen den heteronomen Massenbewegungen zutreibt.

Die sozialpsychologischen Untersuchungen, von denen ich sprach, haben gewiß den Zusammenhang typischer psychologischer Komplexionen mit politischen Haltungen ergeben. »Autoritätsgebundene Charaktere«, Personen, denen unter dem Druck von Kindheitserlebnissen die Kristallisation eines autonomen Ichs mißlang, neigen besonders zu totalitären Ideologien. Ebenso unbestreitbar aber ist ein Resultat, das der Ansicht Koestlers kraß widerspricht: die autoritären Charaktere sind als solche keineswegs »neurotischer« als die anders gearteten. Wenn man von besonderen psychologischen Defekten bei ihnen reden will, so liegen sie eher – und auch das sollte nur mit äußerster Vorsicht angemeldet werden – in der Richtung von *Psychosen*, zumal der Paranoia, während spezifisch neurotische Konflikte eher bei dem entgegengesetzten Typus wahrzunehmen sind. Die laxe Sprache, die von »Massenpsychosen und -delusionen« redet, kommt offenbar dem Tatbestand näher als die Theorie von der politischen

Neurose. Falsch wäre es aber auch, diejenigen, die psychologisch zu totalitären Systemen neigen, sich, wie es vielfach geschieht, als Psychotiker, als Irre vorzustellen. Vielmehr bewahrt das kollektive Wahnsystem, dem sie sich verschreiben und zu dessen Phänomenologie Koestler vieles beiträgt, nach der Einsicht Ernst Simmels offenbar die Einzelnen vor der offenen Psychose – der abgekapselte Wahn erlaubt ihnen, in anderen Regionen nur um so »realistischer« sich zu verhalten. Das pathische Moment steckt bei ihnen eher in diesem Realismus selber, einer bestimmten Art von Kälte und Affektlosigkeit, die ihnen den Konflikt des Neurotikers erspart. Die Neurose ist bei ihnen gleichsam vorentschieden. Sie haben der Welt ohne Rest sich gleichgemacht; wenn sie, wie Koestler sagt, unfähig sind, aus Erfahrungen zu lernen, so darum, weil sie so dinghaft wurden, daß sie eigentlich Erfahrungen nicht mehr machen können. Der Polizeichef, in dem das totalitäre Unwesen am konsequentesten sich darstellt, ist sicherlich alles eher als neurotisch. Statt dessen sollte man vielleicht, nach Analogie des von Franz Alexander eingeführten Begriffs der Charakterneurose, bei den im eigentlichen Sinne totalitären Menschentypen von psychotischen Charakteren sprechen. Je tiefer man jedoch in die psychologische Genese des totalitären Charakters eindringt, um so weniger wird man sich damit begnügen, ihn ausschließlich psychologisch zu erklären, um so mehr wird man Rechenschaft davon abzulegen haben, daß seine psychologischen Verhärtungen Mittel der Anpassung an eine verhärtete Gesellschaft sind.

1954

Individuum und Organisation

Einleitungsvortrag zum Darmstädter Gespräch 1953

Meine Aufgabe kann nicht sein, die Meinungen zu wiederholen oder zusammenzufassen, die über das Verhältnis zwischen den Menschen und der Organisation verbreitet sind. Vielmehr setze ich die Unruhe darüber bei Ihnen voraus, ebenso wie Sie dessen versichert sein mögen, daß mir alle Motive jener Unruhe vertraut sind. Aber es ist mir nicht gegeben, mich als Stimme des Etablierten aufzuwerfen und jenes wohlige Klima des Einverständnisses zu erzeugen, in dem ein jeglicher Befriedigung aus der Resonanz zieht. An Dialektik ist es, nicht Meinungen zu bekräftigen, sondern im Gegenteil Meinung zu liquidieren, das Vorgedachte nachzudenken. Das wird von dem Gegenstand, der hier verhandelt werden soll, besonders dringlich erheischt. Nicht erst heute hat sich gezeigt, daß man nur allzu leicht ablenkt von dem, was eigentlich drohte, wenn man stehenbleibt bei dem Schauder vor der organisatorischen Überschattung immer zahlreicherer Sphären des Lebens, und im Namen des Individuums, oder wie man das heutzutage so gerne nennt, des Menschen dagegen protestiert. Die Hitlerdiktatur hat kraß zutage gefördert, was der kritischen Einsicht in die Gesellschaft längst bekannt war: die Berufung aufs Unbewußte, Urtümliche, auf die unentstellte Natur, auf die begnadete Persönlichkeit, und was immer die Propaganda an irrationalen Mächten anstrahlte, trug nur dazu bei, die Vormacht einer entmenschlichten Apparatur bis in die Konsequenzen der vollkommenen Unmenschlichkeit hinein zu verstärken. Wer von der Gefahr der Organisation heute redet, muß vorab darüber wachen, daß er nicht in Begriffen ein Haus baue, das, nach den Worten eines kundigen Architekten, auf dem First ein heimeliges Storchennest trägt, aber von einem Luftschutzkeller unterbaut ist. Das Dritte Reich ward geschlagen, die Neigung jedoch, das Anwachsen der Organisation und Technisierung – beide Begriffe gehören der Substanz nach zusammen – mit Klagen über dies Anwachsen zu begleiten, die es eher verdunkeln als zur Veränderung beitragen, besteht fort. Es scheint mir keine verächtliche Aufgabe, dagegen sich zur Wehr zu setzen und dabei einiges zur Frage der Organisation selber anzumerken.

Ich versage es mir, deren Begriff vorweg zu definieren. Sein Inhalt steht in gewissen Grenzen Ihnen allen vor Augen, und ich möchte es vermeiden, ihn so einzuengen, daß Zusammenhänge, die der Sache nach dazu gehören, abgeschnitten werden, weil sie nicht in die Definition fallen. Ein gesellschaftliches Phänomen wie die moderne Organisation läßt sich ohnehin bestimmen nur in seiner Stellung im gesamtgesellschaftlichen Prozeß, also eigentlich durch eine ausgeführte Theorie der Gesellschaft. Formalistisch wäre es, ein paar Merkmale herauszugreifen und willkürlich den Umfang dessen, was diesen Merkmalen entspricht, für die Sache selbst zu unterschieben. Immerhin sei zur Orientierung daran erinnert, daß Organisation ein bewußt geschaffener und gesteuerter Zweckverband ist. Als solcher unterscheidet er sich ebenso von naturwüchsigen Gruppen, etwa dem Stamm oder der Familie, wie umgekehrt von dem ungeplanten Ganzen des gesellschaftlichen Prozesses. Wesentlich ist die Zweckrationalität. Eine Gruppe also, die auf den Namen Organisation Anspruch hat, ist so geartet, daß der Zweck, um dessentwillen sie existiert, sich möglichst vollkommen und mit dem relativ geringsten Kräfteaufwand erreichen läßt. Die Beschaffenheit derjenigen, aus denen die Organisation sich bildet, tritt in deren Anlage zurück hinter der Zweckdienlichkeit des Ganzen. Der Name Organisation erinnert an Organe, Werkzeuge. Darin klingt an, daß die von der Organisation Erfaßten ihr primär nicht um ihrer selbst willen, sondern eben als Werkzeuge zur Realisierung des Zweckes angehören, dem die Organisation dient und der erst mittelbar – abermals, wenn Sie wollen, als »Werkzeug« – ihnen wiederum nützt. Mit anderen Worten, in der Organisation sind die menschlichen Beziehungen durch den Zweck vermittelt, nicht unmittelbar. Nach der amerikanischen Terminologie wäre jede Organisation eine sekundäre Gruppe. Solche Mittelbarkeit, der Werkzeugcharakter des Einzelnen für die Organisation und der Organisation für den Einzelnen, setzt Momente von Starrheit, Kälte, Äußerlichkeit, Gewaltsamkeit. In der Sprache der deutschen philosophischen Tradition wird das von den Worten Entfremdung und Verdinglichung umrissen. Sie steigert sich mit der Ausweitung der Organisationen – schon Max Weber hat dargetan, daß der Drang dazu jeglicher Organisation innewohnt. Dieser Expansionsdrang jedoch verläuft bis heute einzig in der Bahn des Funktionierens. Immer neue Sektoren werden in den Mechanismus hineingezogen und beherrschbar. Die Organisation, die, was immer ihr erreichbar ist, verschlingt, verfolgt dabei technische Vereinheitlichung, wohl auch die eigene Macht. Kaum jedoch erwägt sie den Sinn ihres Daseins und seiner Erweiterung im gesellschaftlichen Ganzen. Die Trennung von Werkzeug und Ziel, die das Organisationsprinzip ursprünglich definiert, gefährdet mehr als je in der modernen Gesellschaft das Verhältnis der Organisation zu ihrem Rechtsgrund. Losgelöst vom Zweck außerhalb ihrer selbst wird sie zum Selbstzweck. Je weiter sie zur Totalität fortgetrieben wird, um so mehr befestigt sich der Schein, sie, das System der Werkzeuge, sei die Sache selbst. Sie dichtet sich ab gegen das, was ihr nicht gleicht. Gerade den alles einspannenden Organisationen wohnt paradox die Qualität des Ausschließenden, Partikularen, inne. Sie wissen, daß totalitäre Organisationen regelmäßig und unerbittlich Gruppen designieren, die nicht dazugehören, und Sie kennen auch die Willkür solcher Auswahl. Sie waltet aber keineswegs bloß in der Sphäre des äußersten Grauens, sondern begleitet als Schatten die organisatorische Sachlichkeit. Daß man aus einer Organisation ausgeschlossen werden kann, gehört ebenso zum Begriff der Organisation dazu, wie das Ausschlußverfahren Spuren der durch die Gruppenmeinung hindurch ausgeübten Herrschaft trägt. Solche Willkür im Gesetzmäßigen trägt für das Erschreckende der verwalteten Welt weit größere Verantwortung als die Rationalität, gegen die gemeinhin die Vorwürfe gerichtet werden. Wo man auf organisatorische Gewaltsamkeit stößt, darf man auf Interessen schließen, die am Ende nicht die eigenen der Zusammengeschlossenen sind.

Diese tastende Charakteristik der Organisation gilt keineswegs bloß für die moderne, sondern ebenso für die römische Verwaltung oder die feudale Hierarchie des Mittelalters. Ihre neue und bestürzende Qualität hat die Organisation einzig durch den Grad ihrer Ausdehnung und Verfügungsgewalt gewonnen: die des Allumfassenden, die Gesellschaft durch und durch Strukturierenden. Die Tendenz auch dazu fehlte den großen Organisationen der Vergangenheit keineswegs; nur ist sie offenbar erst mit den Mitteln der modernen Technik ganz zu verwirklichen. Solche historische Dynamik aber sprengt formalsoziologische Begriffsbestimmungen wie die hier zunächst angedeuteten. Organisation ist ein durch und durch Geschichtliches. Sie empfängt ihr Leben bloß aus der geschichtlichen Bewegung. Sieht man davon ab, bringt man ihren Begriff auf das vorgeblich Unveränderliche, so behält man nichts als einen toten Abguß zurück. Bedenken Sie nur, daß die Bestimmung der Organisation als eines rationalen Zweckverbandes zwar universal gilt, daß die darin implizierte Drohung überhaupt erst heute offenbar ward. Grotesk wäre das Gedankenexperiment, etwa in einem der hochorganisierten ägyptischen Reiche ein Gespräch über jene Bedrohung des Menschen durch die Organisation zu veranstalten. Dies Gespräch, bin ich versucht zu sagen, setzt selber bereits einen unvergleichlich viel fortgeschritteneren Stand der Organisation voraus und ebenso das Motiv der individuellen Freiheit. Erst in einer historischen Stunde, in der die Organisation als allgegenwärtige Macht des Lebens nicht nur insgeheim, sondern offen dem sichtbaren Potential jener Freiheit entgegenwirkt, vermögen die organisierten Menschen über das Prinzip selbst zu reflektieren, das es dahin gebracht hat.

Die verbreitete Meinung nun, die von nahe zu besehen ich Ihnen vorschlage, läßt sich in zwei Thesen zusammenfassen. Die eine wäre, daß die Ausdehnung der Organisation auf alle Bereiche der Gesellschaft und der einzelmenschlichen Existenz unausweichlich, daß sie eine Art von Schicksal sei. Die zweckrationale Vergesellschaftung, die keine unerfaßte Regung mehr übrig läßt und alles einfängt, wird als Naturmacht wahrgenommen; zuweilen auch von ihren Kritikern. Die zweite These, die in der Luft liegt, könnte etwa lauten, daß der gegenwärtige Zustand der Organisation, der weniger stets an Freiheit, Unmittelbarkeit, Spontaneität duldet, und der diejenigen, welche die integrale Gesellschaft bilden, tendenziell zu bloßen Atomen herabsetzt, den Menschen radikal bedrohe. Die negativen Utopien Aldous Huxleys und George Orwells haben das ausgemalt. Bitte mißverstehen Sie mich nicht. So wenig ich die Kraft der exakten Phantasie und des humanen Widerstandes übersehe, die in jenen Büchern sich kundgibt, so wenig möchte ich die Impulse verleugnen, die in den beiden Thesen sich niedergeschlagen haben. Wer von dem reden will, worum wir uns hier bemühen wollen, muß erst einmal die organisatorische Verhärtung der Welt erfahren haben und den Schock dessen, was sich da über unseren Köpfen vollzieht. Er darf sich auch nicht verschweigen, daß wir mit unserem Willen oder gegen ihn genötigt sind, als Zahnräder im Getriebe mitzuwirken, und daß unsere Individualität immer mehr auf unser Privatleben und unsere Reflexion eingeengt ist und darüber verkümmert. Man bedürfte schon des trotzigen Aberglaubens, wollte man sich dessen versichert halten, daß durch diese Einengung nicht berührt werde, was das Individuum an sich ist. Wenn wir uns die eigene Individualität gewissermaßen als Luxus gestatten, so unterscheidet sich das aufs äußerste von einem Zustand, in dem das Leben der Gesellschaft selbst zentral die Unabhängigkeit und Initiative von Individuen erwartete. Einmal stand eine Prämie auf Individualität, heute macht sie sich als Abweichung verdächtig: dies Klima kann ihr kaum zuträglich sein. All das ist vorweg rückhaltlos auszusprechen. Wem das Leiden daran fremd ist, der muß schon die Anpassung zur Religion erheben und sich buchstäblich mit dem unzuverlässigen Gefühl der sozialen Sicherheit oder dem Stolz über die erhöhte Produktion von Autos, Eisschränken, Fernsehapparaten zufrieden geben.

Will man das nicht, so darf man nicht befangen bleiben im leeren Erschrecken. Zunächst zur These von der Unausweichlichkeit. So plausibel sie sich anhört, in ihr verschränkt sich Wahres mit Falschem. Wahr ist, daß die Gesellschaft sich nicht gegen die Natur behaupten, sich nicht hätte am Leben erhalten können ohne Organisation, und daß sie es heute weniger als je vermöchte. Kein primitiver Steg wäre sonst je gebaut, kein Lagerfeuer am Verlöschen gehindert worden. Aber diese Notwendigkeit ist kein bloßes Verhängnis, das abrollt, um schließlich die Menschen unter sich zu begraben. Vernunft hat Anteil an ihr. Sie mißt sich an den Aufgaben von kollektiver Selbsterhaltung und

Naturbeherrschung. Darum ist sie nicht absolut zu setzen, sondern jeweils der Frage zu unterwerfen, ob sie dem dient, was ihre Existenz einzig rechtfertigt. Wird von der Unausweichlichkeit der Organisation gesprochen, so vergißt man leicht das Entscheidende, daß Organisation eine Form der Vergesellschaftung, ein von Menschen für Menschen Geschaffenes ist. Die Ohnmacht, die jeder Einzelne den institutionellen Mächten gegenüber heute verspürt; seine Unfähigkeit, von sich aus den Fortschritt der Organisation aufzuhalten oder seine Richtung zu ändern, verzaubert diesen Fortschritt in den Schein des metaphysisch Verhängten. Darin prägt sich die allgemeine Tendenz aller gesellschaftlichen Verhältnisse in der gegenwärtigen geschichtlichen Phase aus, sich als schlechthin geltend, absolut zu präsentieren: das, was ist, wird heute zur Ideologie seiner selbst. Gegen die These vom unausweichlichen Charakter der Organisation ist darauf zu beharren, daß die vernünftige Notwendigkeit vieler der Zweckverbände, die wir Organisation nennen, den betroffenen Menschen verhüllt, ja daß sie oftmals äußerst fragwürdig ist. Der Gedanke an die Vernünftigkeit der Zwecke, und zwar an die Vernünftigkeit des Ganzen, wird verderbt zur letztlich zufälligen Vernünftigkeit der Mittel, wären sie auch bloß zur Vernichtung ersonnen. Rationalität, von deren Begriff der der Organisation nicht geschieden werden kann, fällt in den Machtbereich von Irrationalität. Die Blindheit der Beherrschung der äußeren Natur, die nicht danach fragt, was dieser angetan wird, geht über auf die Organisation als Beherrschung von Menschen, und es schwindet das Bewußtsein davon, daß die Objekte der Organisation selber Menschen, also identisch mit den vorgeblichen Subjekten der Organisation sind, die sie zusammenfaßt. Indem die Gesellschaft in der Beherrschung einzelner Felder immer vernünftiger wird und immer besser funktioniert, kehrt sie immer mehr das Moment ihrer Unvernunft hervor. Sie gefährdet das Ganze, den eigenen Fortbestand. So bitte ich Sie, meine Behauptung zu verstehen, die These von der Unausweichlichkeit der Organisation sei wahr und unwahr zugleich. Wahr ist sie, soweit es der Organisation bedarf, damit die Menschheit sich reproduziert, unwahr insofern, als die Drohung, die von der Organisation ausgeht, nicht primär in dieser selbst liegt, sondern in den irrationalen Zwecken, von denen sie abhängt. Das sind aber menschliche Zwecke und grundsätzlich von Menschen zu verändern, so schwer vollziehbar den meisten heute auch diese Möglichkeit sein mag. Das Fatale an der Organisation ist nicht ihre Vernunft, sondern das Gegenteil, und die Schuld wird auf die Vernunft bloß abgewälzt. Die Angst vor der verwalteten Welt hätte ihren wahren Gegenstand nicht in der isolierten Kategorie der Organisation, sondern müßte übergehen zur Erkenntnis der Stellung, welche die Organisation im gesellschaftlichen Gesamtprozeß einnimmt. Organisation als solche ist weder böse noch gut, sie kann beides sein, und ihr Recht und ihr Wesen hängen ab von dem, in dessen Dienst sie steht. Während zumindest in der westlichen Welt alle geneigt sind, die Organisation zu schelten, ist das Unheil, das hinter der Angst steht, nicht ein Zuviel, sondern ein Zuwenig an Organisation: die Drohung des all-vernichtenden Krieges und das damit aufs engste verbundene Bewußtsein jedes Einzelnen, im herrschenden gesellschaftlichen Getriebe überflüssig zu sein und die Basis der Existenz verlieren zu können. Wohl dürfte man der Spekulation sich überlassen, ob nicht der Schauer vor der Organisation zerginge, wenn sie geformt wäre nach den Bedürfnissen einer freien und mündigen Menschheit. Das Schmerzliche, das den Menschen von der Organisation angetan wird, hat seinen Grund in deren objektivem Mangel an Vernunft und Durchsichtigkeit, nicht bloß in Personen, die sich verschanzen und zum eigenen Vorteil Kontrolle ausüben. So sehr selbst die Versuchung dazu mit der objektiven Irrationalität heute verfilzt ist, lenkt doch im allgemeinen die beliebte Klage über Bürokraten und Bürokratie von den tragenden Tatbeständen ab. Die Bürokratie hat in der öffentlichen Meinung das Erbe dessen angetreten, was man früher den sogenannten unproduktiven, parasitären Berufen, den Vermittlern und Zwischenhändlern nachzusagen pflegte: die Bürokratie ist der Sündenbock der verwalteten Welt. Entscheidend für den gegenwärtigen Zustand ist die Zusammenfassung immer größerer ökonomischer und gesellschaftlicher Einheiten zu partikularen, sich selbst undurchsichtigen und verderblichen Zwecken. Nichts aber fällt den Menschen schwerer, als das Anonyme, Objektive als solches zu erfahren und zu durchschauen. Sie können als Lebendige sich durchwinden nur, indem sie die Schuld am Negativen wiederum in Menschen suchen und damit noch die Gefahr der Entmenschlichung gleichsam vermenschlichen. So sollen es denn die Bürokraten sein und nicht eine Einrichtung der Welt, die jener bedarf und die alle Personen, die mit öffentlichen Dingen befaßt sind, zum Bürokratischen nötigt. Dieser Zwang als solcher ist keineswegs bloß negativ. Der Einzelne, der etwa zu einer Behörde geht und von dieser sich Hilfe verspricht, wird, indem er auf den Unterschied seines individuellen Interesses von dem immerhin allgemeineren trifft, das die Behörde vertritt, geneigt sein, den Beamten, der ihm weniger gewährt, als er erwartet, vorzuwerfen, er verfahre nach Schema F. Der Klagende hat dabei oft genug nach dem Maß der heute möglichen Befriedigung von Bedürfnissen recht. Aber das Schema F, nach dem er behandelt wird, also die abstrakte Verfahrungsweise, die es den Bürokratien erlaubt, einen jeden Fall automatisch und »ohne Ansehung der Person« zu erledigen, ist zugleich, wie im formalen Recht, auch ein Element von Gerechtigkeit, ein Stück Garantie dafür, daß dank solcher Beziehung aufs Allgemeine nicht Willkür, Zufall, Nepotismus das Schicksal eines Menschen beherrschen. Die Entpersönlichung und Verdinglichung, die dem Einzelnen im Bürokraten greifbar werden, mit dem er zu verkehren hat, sind sowohl Ausdruck der Entfremdung des Ganzen von seinem menschlichen Zweck und insofern negativ, wie umgekehrt auch Zeugnis jener Vernunft, die allen zugute kommen könnte und die allein das Schlimmste verhindert. Deutlicher könnte kaum der Doppelcharakter der Organisation werden; deutlicher aber auch nicht, daß es darum geht, was sie im gesellschaftlichen Ganzen vollbringt, und nicht um die wie immer fehlbaren Personen, die sie vorschiebt. Falsche Personalisierung ist der Schatten der Enthumanisierung. Wer über Organisation und Gesellschaft nachdenkt, muß sich hüten, das Schlechte der Organisation unmittelbar aus Individuen abzuleiten, während die Individuen deren Anhängsel sind und bis in ihre innersten Reaktionsweisen nach ihr sich richten müssen.

Danach läßt einiges sich auch über die zweite These ausmachen, die von der Bedrohung des Menschen. Keiner wird den bedrohlichen Zustand verleugnen, der jeden Einzelnen, er mag es wissen oder nicht, in eine Funktion des Getriebes zu verwandeln sich anschickt. Aber um dieser Drohung zu begegnen, ist sie des metaphysischen Pathos zu entkleiden, welches das Bewußtsein lähmt. Es wird widergespiegelt vom handlichen Begriff der Angst, selbst bereits einem Stück Ideologie. Er verklärt eine zwar den Menschen verselbständigt gegenübertretende, aber doch in ihrem Lebensprozeß gründende und darum veränderliche Tendenz, als wäre sie eine Urgegebenheit oder »Befindlichkeit« des Daseins. Aber der Gedanke hat seine Tiefe nicht darin, das Schlechte als wesenhaft zu rechtfertigen. Das Bedrohliche der Organisation rührt nicht her von einem mythisch erhabenen Schicksal, das die Menschheit ihre Wurzel verlieren ließ und sie der Entmenschlichung auslieferte. Sondern die Menschen erkennen in dem scheinbar durch geheimen Richtspruch über sie Verhängten nicht länger sich selbst wieder und zeigen sich darum bereit, jenes Verhängnis hinzunehmen, wenn nicht gar es zu bejahen. Solche Bereitschaft aber färbt die These von der sogenannten Bedrohung des Menschen. Diese These stellt stillschweigend einem Blinden und Auswendigen, eben der Organisation und Zusammenballung der Gesellschaft, ein in sich Ruhendes, Unveränderliches, das Menschenwesen schlechthin, gegenüber. Ein statisches Bild des Menschen wird aus der historischen Dynamik herausgebrochen. Man projiziert die Spaltung zwischen der individuellen Existenz und dem, was ihr in der gesellschaftlichen Verflechtung widerfährt, auf den Sternenhimmel und erhöht sie zum absoluten Dualismus von vergegenständlichtem Ablauf und reiner Innerlichkeit; allenfalls mit der Korrektur, der Mensch sei nicht bloß von außen, sondern auch von innen bedroht. Diese Korrektur verzerrt abermals die Wahrheit: sie unterschlägt, daß die Veränderungen, die in den Menschen selber in der technischen Gesellschaft sich abspielen, in erkennbarem Zusammenhang stehen mit der technischen und sozialen Entwicklung – die Arbeiten des bedeutenden französischen Soziologen Georges Friedmann lassen Licht gerade auf diesen zentralen Sachverhalt fallen. Zunächst aber möchte ich auf etwas anderes eingehen, auf den Trug, der in dem Begriff des Menschen selber liegt, wenn man ihn so gebraucht, wie es heute im Gefolge einer Existentialontologie üblich ist, die von der Schuld an solchen Mißverständnissen nicht so freizusprechen ist, wie sie es gerne möchte. »Der Mensch« – das ist nicht, wie man wohl meint, der Daseinsgrund, zu dem man durchzudringen hätte, um gegenüber der geschichtlichen Verstricktheit festen Boden unter die Füße zu bekommen oder gar das Tor zum Wesenhaften aufzustoßen. Sondern der Mensch ist ein von den bestimmten historischen Menschen und ihren Beziehungen abgezogenes Abstraktum, das dann, dem traditionellen philosophischen Ideal der unveränderlichen Wahrheit zuliebe, verselbständigt, oder, wie man das nannte, als Philosophie noch zu kritisieren wagte, hypostasiert wird. Dieser Begriff des Menschen ist keineswegs heilig und unveräußerlich. Er läßt sich nicht beschwören und dem Unrecht der Organisation entgegenhalten. Vielmehr ist er die allerleerste und ärmste Bestimmung, die von menschlichen Dingen überhaupt gewonnen werden kann; nur ein Bewußtsein, das mit der Bildung das Gedächtnis an die große Philosophie, an Hegel zumal, eingebüßt hat, kann mit einem solchen Surrogat für die konkreten Bestimmungen des Subjekts und Objekts der Geschichte sich abspeisen lassen. Vieles von dem, was die Existentialontologie dem Dasein – und Dasein ist nichts als ein neues Wort für Subjektivität – als ewige Grundkategorie zuschrieb, wie Angst, das »Man«, Gerede, »Geworfenheit«, ist nichts anderes als die Narbe einer sehr spezifischen, widerspruchsvollen Verfassung der Gesellschaft. So ist der Begriff der Geworfenheit der pathetisch drapierte Ausdruck dafür, daß jeder Einzelne gegenüber der verwalteten Welt ohnmächtig ist und jederzeit unter die Räder kommen kann, während wir, im Unterschied zu früheren Epochen der Abhängigkeit, doch unser Schicksal messen an der Idee, wir könnten es selbst meistern, und darum verzweifeln, wenn wir eines Schlechteren belehrt werden. Keine priesterliche Gebärde vermag es, die Idee eines Menschen möglichen Zustandes fortzuweisen, in dem die Menschen frei wären von Angst, in dem sie nicht mehr als blind Geworfene sich erführen, in dem sie nicht mehr der Anonymität und der verwüsteten Sprache überantwortet wären: wenn sie nämlich einmal der Einrichtung einer gerechten Welt mächtig sind.

Man kann deshalb nicht von der Bedrohung des Menschen durch die Organisation reden, weil der objektive Prozeß und die Subjekte, denen er widerfährt, nicht nur einander entgegengesetzt, sondern auch Eines sind. Wie das gefürchtete Objektive, die anwachsende Organisation, insofern nur scheinbar objektiv ist, als sie durch wie sehr auch verkappte partikulare Interessen determiniert wird, so sind umgekehrt die Menschen in weitem Maß gezeitigt von jenem objektiven Prozeß. Das gerade verwehrt ihnen die Einsicht in ihn und macht die Änderung aus einer Sache der einfachen Vernunft zu einem fast unvorstellbar Schwierigen. Der technische Arbeitsprozeß hat sich von dem entscheidenden Sektor, dem industriellen, in einer Weise, deren Vermittlungsglieder längst noch nicht von der Forschung hinlänglich aufgedeckt sind, über das gesamte Leben ausgedehnt. Er formt die Subjekte, die ihm dienen, und zuweilen ist man versucht zu sagen, er bringe sie geradezu hervor. Wenn im Ernst von der Bedrohung des Menschen die Rede sein kann, dann einzig in dem Sinne, daß die Weltverfassung es bereits verhindert, daß in ihr jene sich entwickeln, die fähig wären, sie zu durchschauen und daraus die rechte Praxis abzuleiten. Was zu Beginn des neuen Zeitalters mit den Menschen sich zutrug, wiederholt sich heute, auf geschichtlich höherer Stufe, mit umgekehrtem Akzent. Als die freie Marktwirtschaft das Feudalsystem verdrängte und des Unternehmers wie des freien Lohnarbeiters bedurfte, bildeten sich diese Typen nicht nur als berufliche, sondern zugleich als anthropologische; Begriffe, wie der der Selbstverantwortung, des Vorblicks, des sich selbst genügenden Einzelnen, der Pflichterfüllung, aber auch starrer Gewissenszwang, die verinnerlichte Bindung an Autoritäten, stiegen auf. Das Individuum selber, wie dessen Name bis heute gebraucht wird, reicht der spezifischen Substanz nach kaum allzuweit hinter Montaigne oder den Hamlet, allenfalls auf die italienische Frührenaissance zurück. Heute nun verlieren Konkurrenz und freie Marktwirtschaft gegenüber den zusammengeballten Großkonzernen und den ihnen entsprechenden Kollektiven mehr und mehr an Gewicht. Der Begriff des Individuums, historisch entsprungen, erreicht seine historische Grenze. In den die Wirtschaft bedienenden Personen ereignen sich Veränderungen von kaum geringerer Tragweite als jene, die von den Geisteswissenschaften als Geburt des modernen Menschen verherrlicht werden. Die technischen Fertigkeiten und darüber hinaus das, was man die anthropologische Affinität zur Technik nennen könnte, sind ungeahnt gesteigert. Damit wächst ebenso das Vertrauen in die Naturbeherrschung wie helle Skepsis gegenüber allem mythologischen Anspruch. Die Zeitgenossen sind so befähigt, mit jeglicher Apparatur umzugehen, daß die Ersetzbarkeit des einen durch den anderen absehbar geworden ist. Niemand läßt sich mehr weismachen, daß hierarchische Verhältnisse durch die natürliche Beschaffenheit der Menschen oder auch nur durch Differenzen der Ausbildung gerechtfertigt wären. Zwar wird allenthalben über Spezialisierung geklagt, aber die durch die Massenproduktion aufs neue gesteigerte Zerlegung der Arbeitsprozesse hat diese virtuell so entqualifiziert, auf so kleine und vergleichbare Verrichtungen nivelliert, daß man sich den Spezialisten des einen Fachs mühelos als einen des anderen denken kann. Aber dieser Prozeß, der das Potential eines entscheidenden Fortschritts in der Einrichtung von Wirtschaft und Gesellschaft mit sich führt, hat bislang das Bewußtsein zwar entzaubert, keineswegs aber aufgeklärt. Nicht umsonst legen die gleichen praktischen und gewitzigten Menschen, die da entstanden sind, durchweg, und keineswegs bloß in den totalitären Ländern beider Spielarten, eine bestürzende Bereitschaft an den Tag, auf das Selbstbestimmungsrecht jener Vernunft zu verzichten, die doch in ihnen so kräftig erscheint, und einer Irrationalität sich zu verschreiben, in der die erschreckende der Welteinrichtung selber sich widerspiegelt. Sie haben sich selbst der Apparatur ähnlich gemacht: nur so können sie unter den gegenwärtigen Bedingungen fortexistieren. Die Menschen werden nicht nur objektiv mehr stets zu Bestandstücken der Maschinerie geprägt, sondern sie werden auch für sich selber, ihrem eigenen Bewußtsein nach zu Werkzeugen, zu Mitteln anstatt zu Zwecken. Der Gedanke an die objektive Vernunft des Ganzen entschwindet der zugleich geschärften und resignierten Vernunft aus dem Blickfeld. Wenn ich davor warnte, den Menschen und die Organisation primitiv und starr einander gegenüberzustellen, dann habe ich vorab daran gedacht. Die Menschen sind nicht nur einem ihnen Äußerlichen, Drohenden, überantwortet, sondern dies ihnen Äußerliche ist zugleich eine Bestimmung ihres eigenen Wesens, sie sind sich selbst äußerlich geworden. Darum lassen sie mit Errungenschaften, die längst nicht mehr ihrem Glück und ihrer Freiheit zugute kommen, sich einlullen. Sie sind zufrieden mit social security, dem Surrogat für Geborgenheit, einer Wohlfahrtspflege, die auf alle sich ausdehnt, auch auf die, welche es noch nicht getroffen hat. Die, welche sich vorweg als mögliche Objekte solcher Wohlfahrt und nicht als solidarische Subjekte wissen, verbieten sich krampfhaft den trotz allem nicht fortzubannenden Gedanken an die verwirklichte Freiheit. Allerorten stehen sie auf dem Sprung, die Empörung über den falschen und verblendeten Zustand umzuwandeln in Wut über dessen schwächere Opfer oder über die, welche im Ernst einen anderen wollten. Dies Verhalten aber ist nicht ihre Schuld und ihr Sündenfall, sondern bis ins Einzelne vorgezeichnet von den Bedingungen, unter denen sie leben. Die Entwicklungen, die ich angedeutet habe, werden im allgemeinen mit Worten wie Vermassung bedacht. Über diese sich zu empören, gemahnt an die Parole »Haltet den Dieb«. Entweder der bloßen Quantität oder der an einem abstrakten Ideal von Autonomie gemessenen Schwäche der kollektiv zusammengefaßten Einzelnen wird aufgerechnet, was die Anpassung ihnen aufnötigt. Daß nicht der Mörder, sondern der Ermordete schuldig sei, der protestierende Satz der Expressionisten, ist heute zur Ausrede des Konformismus geworden, der den toten Seelen vorwirft, daß das Leben nicht mehr lebt, in das sie in der Tat geworfen sind.

Immer wieder begegnet man der Versicherung, es komme doch einzig auf den Menschen an. Spricht man aus, was es mit den Menschen unter dem Druck der verhärteten Welt auf sich hat, so wird der Spieß umgedreht und der Kritiker selbst der Unmenschlichkeit geziehen. Daß es einzig auf den Menschen ankomme, ist abermals einer jener abstrakten und daher schwer angreifbaren Sätze, in denen doch Wahres und Unwahres verderblich sich mischen. Soviel ist wahr, daß das Verhängnis auf Menschen, die menschliche Gesellschaft, zurückweist und von Menschen sich wenden ließe. Unwahr aber ist, daß es unmittelbar an den Menschen liege, daß diese erst einmal anderen Sinnes werden müßten, damit die in allen Fugen ineinander gepaßte und darum aus den Fugen geratene Welt wiederum in Ordnung komme. Es ist eine alte, schon von Hegel und Goethe verworfene Illusion, die Selbsttäuschung der individualistischen Gesellschaft über sich selber, daß das Innere des Menschen sich aus sich heraus, ohne Rücksicht auf die Gestalt des Äußeren entfalte. Wollte man etwa sagen, die Bedrohung der Menschen durch die Organisation ließe dadurch sich überwinden, daß die Menschen sich die innere Freiheit zur Entscheidung erhielten, oder am Geistigen Anteil nähmen, oder dem sinnlos über sie Ergehenden von sich aus Sinn verliehen, so wäre das eitel und vergeblich. Bemühungen um die Humanisierung der Organisation, wie wohlgemeint sie auch sein mögen, vermöchten die gegenwärtige Gestalt des gesellschaftlichen Widerspruchs zu mildern und zuzuschmücken, aber nicht aufzuheben. Ihnen allen ist das Groteske jener nationalsozialistischen Veranstaltungen gegenwärtig, die da Volksgemeinschaft mimten, indem sie in Büros und Fabriken Buntdrucke und Blumenkästen anbringen ließen. Solche Manöver ließen sich wohl nur solange inszenieren, wie dem Gemütsersatz durch den Terror nachgeholfen werden konnte. Aber die Empfehlung, mit testpsychologisch unterbauten human relations-Maßnahmen über den Werkzeugcharakter der Subjekte in der Organisation hinwegzuhelfen, ist ihnen der Substanz nach nicht allzu unähnlich. In Amerika ist man mit der Pflege der human relations weiter als hierzulande, aber auch mit dem Bewußtsein dessen, was es damit auf sich hat. Dafür hat sich das Wort Cow-Sociology eingebürgert, nach einer der ganzen Nation bekannten Reklame eines Milchkonzerns, die Elsie, die zufriedene Kuh, verherrlicht. Den Kunden wird demonstriert, welche sorgsame Pflege diesem auserwählten Tier widerfährt, unter welch glücklichen Verhältnissen es lebt, um jene davon zu überzeugen, wie gut die Milch sein müsse, welche Elsie und ihresgleichen liefern. Dem Witz von der Cow-Sociology zufolge laufen die gepflegten human relations auf die gesteigerte Leistungsfähigkeit derer hinaus, denen man sie angedeihen läßt, und die bei der Zufriedenheit der Kuh sich nicht bescheiden wollen. Gewiß, nur die sture Unvernunft könnte der Verbesserung von Arbeitsbedingungen in der technifizierten und organisierten Welt sich in den Weg stellen. Während der Fortschritt von Technik und Organisation, zu dessen Sparte heute die Menschenbehandlung wird, vorweg zugunsten von Produktion und Absatz sich realisiert, hat er immer auch sein Gutes für die Subjekte, an denen er sich betätigt. Aber es wäre naiv zu erwarten, damit ließe das Individuum sich retten oder wiederherstellen. Für seine Entfaltung ist die gesellschaftliche Basis geschrumpft, und über diese vermögen Verbesserungen der Fassade nichts.

Nicht darum kann es sich handeln, das Menschliche, Unmittelbare oder Individuelle in die Organisation einzubauen. Durch solchen Einbau würde es selber organisiert und eben der Qualitäten beraubt, die man zu bewahren hofft. Der Naturschutzpark rettet nicht die Natur und stellt sich über kurz oder lang im gesellschaftlichen Getriebe bloß als Verkehrshindernis heraus. Dem Individuum kann nicht dadurch geholfen werden, daß man es begießt wie eine Blume. Besser dient es dem Menschlichen, wenn die Menschen unverhüllt der Stellung innewerden, an die sie der Zwang der Verhältnisse bannt, als wenn man sie im Wahn bestärkt, sie seien dort Subjekte, wo sie im Innersten recht wohl wissen, daß sie sich fügen müssen. Nur wenn sie es ganz erkennen, können sie es ändern. Das Hohle der Sprache, die das Lebendige in der verwalteten Welt mit Clichés konserviert, vom Sozialpartner bis zur Begegnung, dem Auftrag, dem Anliegen und dem Gespräch, in das die Verstummenden immerzu kommen wollen oder sollen, verrät die Nichtigkeit des Beginnens. Sie sind auf einen pseudokonkreten, weihevollen Jargon der Eigentlichkeit verwiesen, der sich transzendenten Abglanz von der Theologie borgt, ohne sich doch auf theologische Gehalte stützen zu können.

Angesichts des Mißverhältnisses zwischen der Macht der Organisation und der des Einzelnen, und des vielleicht noch bestürzenderen Mißverhältnisses zwischen der Gewalt dessen, was ist, und der Ohnmacht des Gedankens, der es zu durchdringen versucht, hat es etwas Törichtes und Naives, mit Vorschlägen hervorzutreten, wie es nun besserzumachen sei. Wer glaubt, man könne sich am runden Tisch zusammensetzen und gemeinsam aus gutem Willen herausfinden, was zur Rettung des Menschen, der Innerlichkeit, zur Durchseelung der Organisation oder zugunsten ähnlicher Hoch- und Fernziele zu geschehen habe, verhält sich weltfremd. Er nimmt ein gemeinsames Subjekt der bewußten Gestaltung der Gesellschaft dort an, wo das Wesen gerade in der Abwesenheit eines solchen einstimmigen Subjekts der Vernunft, in der Vorherrschaft der Widersprüche besteht. Die einzige Forderung wohl, die ohne Unverschämtheit erhoben werden darf, wäre die, daß der ohnmächtige Einzelne durchs Bewußtsein der eigenen Ohnmacht doch seiner selbst mächtig bleibe. Das individuelle Bewußtsein, welches das Ganze erkennt, worin die Individuen eingespannt sind, ist auch heute noch nicht bloß individuell, sondern hält in der Konsequenz des Gedankens das Allgemeine fest. Gegenüber den kollektiven Mächten, die in der gegenwärtigen Welt den Weltgeist usurpieren, kann das Allgemeine und Vernünftige beim isolierten Einzelnen besser überwintern, als bei den stärkeren Bataillonen, welche die Allgemeinheit der Vernunft gehorsam preisgegeben haben. Der Satz, daß tausend Augen mehr sehen als zwei, ist Lüge und der genaue Ausdruck jener Fetischisierung von Kollektivität und Organisation, die zu durchbrechen die oberste Verpflichtung von gesellschaftlicher Erkenntnis heute bildet.

Wenn Hoffnung bleibt in der verwalteten Welt, dann liegt sie nicht bei der Vermittlung, sondern bei den Extremen. Wo Organisation notwendig wäre, in der Gestaltung der materiellen Lebensverhältnisse und der auf ihnen beruhenden Beziehungen zwischen den Menschen, gibt es zu wenig Organisation und zu viel im Bereich des Privaten, in dem Bewußtsein sich bildet. Nicht, daß ich die Spaltung in eine öffentlich berufliche und eine private Sphäre sanktionieren möchte: sie selber ist Ausdruck der gespaltenen Gesellschaft, deren Bruch in jeden Einzelnen hineinreicht. Aber eine Praxis, welche dem Besseren gilt, darf nicht die historisch gesetzte Trennung des Öffentlichen und Privaten verleugnen, sondern müßte an diese als an ein objektiv Gegebenes anknüpfen. Die vernünftige Ordnung des Öffentlichen ist vorstellbar nur, wenn am anderen Extrem, im individuellen Bewußtsein, der Widerstand gegen die zugleich überdimensionierte und unvollständige Organisation geweckt wird. Nur in den gleichsam rückständigen Bereichen des Lebens, die von der Organisation noch freigelassen sind, reift die Einsicht ins Negative der verwalteten Welt und damit die Idee einer menschenwürdigeren. Die Kulturindustrie besorgt das Geschäft, es dazu nicht kommen zu lassen, das Bewußtsein zu fesseln und zu verfinstern. Not wäre mit anderem die Emanzipation von jenen Mechanismen, die einzig die blind gesellschaftlich produzierte Dummheit in jedem Einzelnen bewußt nochmals reproduzieren. Darum ist es dringlich, die heutige Ideologie, die in der Verdopplung des Lebens durch alle Sparten der Kulturindustrie besteht, beim Namen zu nennen. Eine Impfung der Menschen gegen die ausgespitzte Idiotie, auf die jeder Film, jedes Fernsehprogramm, jede illustrierte Zeitung ausgehen, wäre selber ein Stück verändernder Praxis. Wir mögen nicht wissen, was der Mensch und was die rechte Gestaltung der menschlichen Dinge sei, aber was er nicht sein soll und welche Gestaltung der menschlichen Dinge falsch ist, das wissen wir, und einzig in diesem bestimmten und konkreten Wissen ist uns das Andere, Positive, offen.

1953

Beitrag zur Ideologienlehre[1]

Der Begriff der Ideologie ist allgemein in die wissenschaftliche Sprache eingegangen. »Nur selten noch«, schrieb jüngst Eduard Spranger, »ist die Rede von politischen Ideen und Idealen, hingegen sehr viel von politischen *Ideologien*«[1a]. Durch Beziehung auf Motivationszusammenhänge werden geistige Gebilde von der Erkenntnis in die gesellschaftliche Dynamik hineingezogen. Der unabdingbare Schein ihres Ansichseins ebenso wie ihr Anspruch auf Wahrheit wird kritisch durchdrungen. Die Selbständigkeit geistiger Produkte, ja die Bedingung ihrer Verselbständigung selbst wird im Namen Ideologie zusammengedacht mit der realen geschichtlichen Bewegung der Gesellschaft. In ihr entspringen die Produkte und in ihr üben sie ihre Funktion aus. Sie sollen willentlich oder unwillentlich im Dienst partikularer Interessen stehen. Ja ihre Absonderung selbst, die Konstitution der Sphäre Geist, seine Transzendenz, wird zugleich als gesellschaftliches Resultat der Arbeitsteilung bestimmt. Schon der bloßen Form nach rechtfertige diese Transzendenz eine gespaltene Gesellschaft. Der Anteil an der ewigen Ideenwelt wird dem vorbehalten, was durchs Ausgenommensein von der physischen Arbeit privilegiert ist. Motive solcher Art, die überall mitklingen, wo von Ideologie die Rede ist, haben deren Begriff und die Soziologie, die ihn handhabt, in Gegensatz zur traditionellen Philosophie gesetzt. Diese behauptet stets noch, wenn auch nicht mit ganz denselben Worten, gegenüber dem Wandel der Erscheinungen mit dem bleibenden und unveränderlichen Wesen zu tun zu haben. Bekannt ist der Ausspruch eines heute noch mit viel Auto-

1 Der Beitrag gehört in den Zusammenhang der stetig gemeinsamen Arbeit mit Max Horkheimer. – Den Herren Heinz Maus und Hermann Schweppenhäuser dankt der Autor herzlich für ihre Mitwirkung.

1a E. Spranger, Wesen und Wert politischer Ideologien, in: Vierteljahreshefte für Zeitgeschichte 2 (1954), S. 118 ff.

rität auftretenden deutschen Philosophen, der in der Ära des Vorfaschismus die Soziologie mit einem diebischen Fassadenkletterer verglich. Solche Vorstellungen, die längst ins populäre Bewußtsein eingesickert sind und wesentlich zum Mißtrauen gegen die Soziologie beitragen, nötigen um so mehr zur Reflexion, als dabei längst Unvereinbares, zuweilen sich kraß Widersprechendes vermengt wird. Über der Dynamisierung geistiger Gehalte durch die Ideologiekritik pflegt man zu vergessen, daß die Ideologienlehre selbst in die geschichtliche Bewegung fällt und daß, wenn nicht die Substanz, so doch die Funktion des Ideologiebegriffs sich geschichtlich verändert, der Dynamik unterliegt. Was Ideologie heiße und was Ideologien sind, läßt sich ausmachen nur so, indem man der Bewegung des Begriffs gerecht wird, die zugleich eine der Sache ist.

Sieht man einmal von jenen oppositionellen Gegenströmungen der griechischen Philosophie ab, die durch den Triumph der platonisch-aristotelischen Überlieferung in Verruf geraten sind und erst heute mühsam rekonstruiert werden, so wurden zumindest seit den Anfängen der neuzeitlichen bürgerlichen Gesellschaft um die Wende des 16. und 17. Jahrhunderts die allgemeinen Bedingungen falscher Bewußtseinsinhalte bemerkt. Francis Bacons antidogmatische Manifeste zur Befreiung der Vernunft verkünden den Kampf gegen die »Idole«, die kollektiven Vorurteile, die wie in der Endphase des Zeitalters so an dessen Beginn auf der Menschheit lasteten. Seine Formulierungen klingen zuweilen wie Antezipationen von Gedanken der modernen positivistischen Sprachkritik, der Semantik. Er charakterisiert einen Typus der Idole, deren der Geist sich zu entschlagen habe, die idola fori, frei übersetzt, die Idole der Massengesellschaft: »Die Menschen gesellen sich mit Hilfe der Rede zueinander; aber die Worte werden den Dingen nach den Auffassungen der Menge beigelegt. Daher behandelt die ungeeignete Namengebung den Geist in merkwürdiger Weise ... Die Worte tun dem Geiste Gewalt an und stören alles.«[2] Zweierlei verdient an diesen Sätzen aus der

2 F. Bacon, Novum organum, in: The Works of Francis Bacon, London 1857, Vol. I, S. 164. – Vgl. H. Barth, Wahrheit und Ideologie, Zürich 1945, S. 48. Dem Werk von Barth verdankt der Autor mehrere Belege zur Entwicklung des Ideologiebegriffs.

frühesten neuzeitlichen Aufklärung hervorgehoben zu werden. Einmal wird der Trug »den« Menschen, also gleichsam den invarianten Naturwesen, zur Last geschrieben und nicht den Bedingungen, die sie dazu machen, oder denen sie als Masse unterliegen. Die Lehre von der angeborenen Verblendung, ein Stück säkularisierter Theologie, gehört ins Arsenal der vulgären Ideologienlehre auch heute noch: indem man das falsche Bewußtsein einer Grundbeschaffenheit der Menschen oder ihrer Vergesellschaftung überhaupt zuschreibt, werden nicht nur ihre konkreten Bedingungen ignoriert, sondern überdies wird auch die Verblendung gleichsam als Naturgesetz gerechtfertigt und die Herrschaft über die Verblendeten daraus begründet, so wie es Bacons Schüler Hobbes in der Tat später unternahm. Weiter werden die Täuschungen der Nomenklatur, der logischen Unreinheit zur Last gelegt, und damit den Subjekten und ihrer Fehlbarkeit an Stelle von objektiven historischen Konstellationen zugeschoben, so wie jüngst wieder Theodor Geiger die Ideologien als eine Sache der »Mentalität« erledigte und ihre Beziehung auf die Sozialstruktur als »reine Mystik« denunzierte.[3] Schon Bacons Ideologiebegriff, wenn es erlaubt ist, von einem solchen zu reden, ist so subjektivistisch wie der heute kurrente. Während seine Idolenlehre der Emanzipation des bürgerlichen Bewußtseins von der kirchlichen Bevormundung helfen will und damit in den progressiven Zug der Baconischen Gesamtphilosophie sich einfügt, sind bei ihm bereits die Schranken jenes Bewußtseins absehbar: die geistige Verewigung von Verhältnissen, die etwa nach dem Modell antiker Staatswesen vorgestellt sind, denen man nachstrebt, und der abstrakte Subjektivismus, der vom Moment der Unwahrheit an der isolierten Kategorie des Subjekts selbst nichts ahnt.

Der politisch-progressive Impuls der von Bacon skizzierten Kritik am falschen Bewußtsein tritt dann in der Aufklärung des achtzehnten Jahrhunderts weit bestimmter hervor. So wird von den linken Enzyklopädisten Helvétius und Holbach angemeldet, daß Vorurteile von der Art, wie Bacon sie den Menschen allgemein nachsagte, ihre bestimmte soziale Funktion hätten. Sie dienten der Aufrechterhaltung ungerechter Zustände und stellten

3 Th. Geiger, Kritische Bemerkungen zum Begriffe der Ideologie, in: Gegenwartsprobleme der Soziologie, Potsdam 1949, S. 144.

der Verwirklichung des Glücks und der Herstellung einer vernünftigen Gesellschaft sich entgegen. Die Vorurteile der Großen, heißt es bei Helvétius, sind die Gesetze der Kleinen[4], und in einem anderen Werke: »Die Erfahrung zeigt uns, daß fast alle Fragen der Moral und der Politik durch Macht und nicht durch Vernunft entschieden werden. Wenn die Meinung die Welt beherrscht, dann ist es auf die Dauer der Mächtige, welcher die Meinungen beherrscht.«[5] Man mag daran, daß der moderne Betrieb der Meinungsforschung dies Axiom vergaß und bis in die jüngste Zeit hinein glaubte, bei den jeweils verbreiteten subjektiven Meinungen als einem letztgegebenen Datum stehenbleiben zu dürfen, erkennen, welchen Funktionswechsel Motive der Aufklärung mit der Änderung der Gesellschaft erfuhren. Was einmal kritisch konzipiert war, soll nur noch dazu herhalten, festzustellen, was »der Fall ist«, und davon wird der Befund selbst tangiert. Aussagen über die Oberfläche der Ideologie, also über die Distribution von Meinungen, treten an die Stelle der Analyse dessen, was sie gesamtgesellschaftlich bedeuten. Freilich haben auch die Enzyklopädisten die Einsicht in den objektiven Ursprung und die Objektivität sozialer Funktion von Ideologien noch nicht durchwegs erreicht. Meist werden Vorurteile und falsches Bewußtsein noch auf Machinationen der Mächtigen zurückgeführt. Bei Holbach heißt es: »Die Autorität hält es allgemein für ihr Interesse, geltende Ansichten (les opinions reçues) aufrechtzuerhalten: die Vorurteile und Irrtümer, die sie für notwendig erachtet, um ihre Macht zu sichern, werden von der Macht perpetuiert, die niemals der Vernunft gehorcht (qui jamais ne raisonne).«[6] Etwa gleichzeitig jedoch hatte Helvétius, vielleicht die größte Denkkraft unter den Enzyklopädisten, bereits die objektive Notwendigkeit dessen visiert, was diese sonst dem bösen Willen von Camarillen zuschreiben: »Unsere Ideen sind die not-

4 C. A. Helvétius, De l'Esprit; in Übersetzung zitiert nach Barth, op. cit., S. 65.

5 C. A. Helvétius, De l'Homme; in Übersetzung zitiert nach Barth, op. cit., S. 66.

6 d'Holbach, Système de la Nature, A Paris, l'an deuxième de la République Françoise une et indivisible, I, IX, S. 306/07; in Übersetzung zitiert. – Vgl. Barth, op. cit., S. 69.

wendigen Konsequenzen der Gesellschaften, in denen wir leben.«[7]

Das Motiv der Notwendigkeit steht dann im Zentrum der Arbeit der französischen Schule, die sich selbst die der idéologues, der Ideenforscher, nannte. Das Wort Ideologie stammt von einem ihrer Hauptexponenten, Destutt de Tracy. Er knüpft an die empiristische Philosophie an, welche den menschlichen Geist zergliederte, um den Mechanismus der Erkenntnis bloßzulegen und die Frage nach Wahrheit und Verbindlichkeit auf ihn zurückzuführen. Aber seine Absicht ist nicht erkenntnistheoretisch und nicht formal. Er will nicht im Geiste die bloßen Bedingungen der Gültigkeit von Urteilen aufsuchen, sondern statt dessen die Bewußtseinsinhalte selbst, die geistigen Phänomene beobachten, auseinandernehmen und beschreiben wie einen Naturgegenstand, ein Mineral oder eine Pflanze. Ideologie, heißt es einmal bei ihm mit provokanter Formulierung, sei ein Teil der Zoologie. Im Anschluß an den handfest materialistisch ausgelegten Sensualismus Condillacs möchte er sämtliche Ideen auf ihren Ursprung in den Sinnen zurückführen. Ihm genügt nicht mehr die Widerlegung falschen Bewußtseins und die Anklage dessen, wozu es sich hergibt, sondern jegliches Bewußtsein, falsches und richtiges, soll auf die Gesetze gebracht werden, nach denen es sich richtet, und von da wäre allerdings nur noch ein Schritt zu der Auffassung von der sozialen Notwendigkeit aller Bewußtseinsinhalte überhaupt. Mit der älteren Tradition ebenso wie mit dem jüngsten Positivismus teilen die idéologues die mathematisch-naturwissenschaftliche Orientierung. Auch Destutt de Tracy rückt die Entstehung und Ausbildung des sprachlichen Ausdrucks in den Vordergrund; auch er will mit der Überprüfung an den primären Daten eine mathematisierende Grammatik und Sprache verbinden, in der jeder Idee eindeutig ein Zeichen zugeordnet wäre, wie es bekanntlich ja auch schon Leibniz und der frühere Rationalismus im Sinne hatten. All das aber wird nun einer praktisch-politischen Absicht nutzbar gemacht. Destutt de Tracy hoffte noch, durch Konfrontation mit sinnlichen Gegebenheiten zu verhindern, daß falsche, abstrakte Prinzipien sich festsetzen, weil sie nicht bloß die Verständigung der Menschen untereinander, sondern auch den

7 C. A. Helvétius, De l'Esprit; vgl. Barth, op. cit., S. 62.

Aufbau von Staat und Gesellschaft beeinträchtigten. Für seine Wissenschaft von den Ideen, die Ideologie, erwartet er das gleiche Maß an Gewißheit und Sicherheit, wie Physik und Mathematik es zeigen. Die strenge Methodik der Wissenschaft soll der Willkür und der Beliebigkeit der Meinungen, wie sie von der großen Philosophie seit Platon gegeißelt worden war, ein für alle Mal das Ende bereiten; falsches Bewußtsein, das, was später Ideologie heißt, soll vor der wissenschaftlichen Methode zergehen. Zugleich aber wird eben damit der Wissenschaft und dem Geist der Primat zuerteilt. Die Schule der Ideologen, die nicht bloß aus materialistischen, sondern auch aus idealistischen Quellen gespeist war, hält bei allem Empirismus dem Glauben die Treue, daß das Bewußtsein das Sein bestimme. Als oberste Wissenschaft dachte sich Destutt de Tracy eine vom Menschen, welche die Grundlage für das gesamte politische und gesellschaftliche Leben beistelle. Die Vorstellung Comtes von der wissenschaftlichen und schließlich auch real-gesellschaftlichen Herrscherrolle der Soziologie ist also bei den Ideologen bereits virtuell enthalten.

Auch ihre Lehre war zunächst progressiv gemeint. Vernunft soll herrschen, die Welt zum Vorteil der Menschen eingerichtet werden. Liberalistisch wird ein harmonischer Ausgleich der gesellschaftlichen Kräfte angenommen, wofern nur jeder gemäß dem eigenen, wohlverstandenen, sich selbst durchsichtigen Interesse handelt. So hat auch der Ideologiebegriff zunächst in den realen politischen Kämpfen gewirkt. Napoleon hat, einer bei Pareto zitierten Stelle zufolge, obgleich seine Diktatur selbst in so vielem der bürgerlichen Emanzipation verbunden war, gegen die idéologues bereits, wenn auch auf subtilere Weise, jenen Vorwurf des Zersetzenden erhoben, der dann wie ein Schatten die gesellschaftliche Analyse des Bewußtseins begleitete. Dabei hat er, in von Rousseau gefärbter Sprache, jene irrationalen Momente hervorgehoben, auf die man sich später immerfort gegenüber dem sogenannten Intellektualismus der Ideologiekritik berief, während wiederum die Ideologienlehre selbst in ihrer späteren Phase bei Pareto mit extremem Irrationalismus verschmolzen war. Die Sätze Napoleons lauten: »Es ist die Lehre der Ideologen – diese verschwommene Metaphysik, die spitzfindig die primären Ursachen aufsucht und auf deren Grundlage die Gesetzgebung der Völker aufbauen will, anstatt die Gesetze der Kenntnis des menschlichen Herzens und den Lehren der Geschichte anzupassen –, der man alles Mißgeschick zuschreiben muß, das unser schönes Frankreich getroffen hat. Ihre Fehler mußten, wie es in der Tat der Fall war, das Regime der Schreckensmänner herbeiführen. In der Tat, wer hat das Prinzip des Aufstandes proklamiert wie eine Pflicht? Wer hat das Volk verführt, indem er es zu einer Souveränität erhob, die es unfähig war, auszuüben? Wer hat die Heiligkeit der Gesetze und die Achtung vor ihnen zunichte gemacht, indem er sie nicht mehr von den geheiligten Prinzipien der Gerechtigkeit, dem Wesen der Dinge und der bürgerlichen Rechtsordnung herleitete, sondern ausschließlich von der Willkür einer Volksvertretung, die aus Männern ohne Kenntnis der zivilen, strafrechtlichen, administrativen, politischen und militärischen Gesetze zusammengesetzt war? Wenn man berufen ist, einen Staat zu erneuern, so muß man ständig sich widersprechenden Prinzipien (des principes constamment opposés) folgen. Die Geschichte zeigt das Bild des menschlichen Herzens; in der Geschichte muß man Vorteile und Übelstände der verschiedenen Gesetzgebungen zu erkennen suchen.«[8] So wenig luzid diese Sätze auch sein mögen, und so sehr in ihnen die Naturrechtslehre der Französischen Revolution mit der späteren Physiologie des Bewußtseins durcheinander geht, soviel ist klar, daß Napoleon in jeglicher Analyse des Bewußtseins Gefahr für eine Positivität witterte, die ihm besser beim Herzen aufgehoben dünkte. Auch jener spätere Sprachgebrauch, der im Namen von »Realpolitik« den Ausdruck »weltfremde Ideologen« gegen angeblich abstrakte Utopisten wendet, zeichnet sich in Napoleons Pronunciamento ab. Aber er hat verkannt, daß die Bewußtseinsanalyse der idéologues keineswegs mit Herrschaftsinteressen so unvereinbar war. Ihr war bereits ein technisch-manipulatives Moment beigesellt. Seiner hat die positivistische Gesellschaftslehre niemals sich entäußert und ihre Befunde stets für einander entgegengesetzte gesellschaftliche Zwecke bereitgehalten. Auch den idéologues ist das Wissen um Ursprung und Entstehung der Ideen die Domäne von Experten,

8 In Übersetzung zitiert nach V. Pareto, Traité de Sociologie Générale, Paris 1933, Vol. II, § 1793, S. 1127.

und das von diesen Erarbeitete soll jeweils den Gesetzgeber und Staatslenker befähigen, die von ihm gewünschte Ordnung herbeizuführen und zu bewahren, die hier freilich noch der vernünftigen gleichgesetzt wird. Aber die Vorstellung, daß man durchs rechte Wissen um den Chemismus der Ideen die Menschen lenken könne, waltet doch vor; ihr gegenüber tritt, wie es im Sinne der Skepsis liegt, welche die Schule der idéologues inspirierte, die Frage nach der Wahrheit und objektiven Verbindlichkeit der Ideen zurück, und ebenso die nach objektiven geschichtlichen Tendenzen, von denen die Gesellschaft sowohl in ihrem blinden »naturgesetzlichen« Verlauf wie auch im Potential ihrer bewußten vernünftigen Ordnung abhängt.

Diese Momente sind dann in der Ideologienlehre des wissenschaftlichen Sozialismus bestimmend geworden. Ich verzichte darauf, diese Lehre zu behandeln. Im Umriß ist sie allgemein bekannt. Andererseits aber würden die Formulierungen, auf denen sie basiert, insbesondere die Frage nach dem Verhältnis der inneren Konsistenz und Selbständigkeit des Geistes zu seiner gesellschaftlichen Stellung, minutiöse Interpretationen erfordern. Diese müßten sich mit zentralen Fragen der dialektischen Philosophie einlassen. Die Binsenweisheit, daß Ideologien ihrerseits auf die gesellschaftliche Realität zurückwirken, genügte nicht. Der Widerspruch zwischen der objektiven Wahrheit von Geistigem und dessen bloßem Für-anderes-Sein, mit dem das traditionelle Denken nicht fertig werden kann, wäre als einer der Sache, nicht als bloße Unzulänglichkeit der Methode zu bestimmen. Da es mir heute vorab um Strukturwandel und Funktionswechsel von Ideologie und Ideologiebegriff zu tun ist, so möchte ich statt dessen auf ein anderes Moment eingehen, das Verhältnis von Ideologie und Bürgerlichkeit. Die gedanklichen Motive aus der Vorgeschichte des Ideologiebegriffs, an die ich Sie erinnert habe, gehören allesamt einer Welt an, in der es noch keine entwickelte Industriegesellschaft gab, und in der kaum eben der Zweifel sich regte, ob mit der Herstellung formaler staatsbürgerlicher Gleichheit in der Tat auch die Freiheit erreicht sei. Insofern die Frage nach dem materiellen Lebensprozeß der Gesellschaft noch nicht aufkommt, hat in all jenen aufklärerischen Lehren die Befassung mit der Ideologie ihren besonderen Rang: man glaubt, es genüge, das Bewußtsein in Ordnung zu bringen, um die Gesellschaft in Ordnung zu bringen. Nicht bloß dieser Glaube aber ist bürgerlich, sondern das Wesen von Ideologie selbst. Als objektiv notwendiges und zugleich falsches Bewußtsein, als Verschränkung des Wahren und Unwahren, die sich von der vollen Wahrheit ebenso scheidet wie von der bloßen Lüge, gehört Ideologie, wenn nicht bloß der modernen, so jedenfalls einer entfalteten städtischen Marktwirtschaft an. Denn *Ideologie ist Rechtfertigung.* Sie erheischt ebenso die Erfahrung eines bereits problematischen gesellschaftlichen Zustandes, den es zu verteidigen gilt, wie andererseits die Idee der Gerechtigkeit selbst, ohne die eine solche apologetische Notwendigkeit nicht bestünde, und die ihr Modell am Tausch von Vergleichbarem hat. Wo bloße unmittelbare Machtverhältnisse herrschen, gibt es eigentlich keine Ideologien. Die Restaurationsdenker, Lobredner feudaler oder absolutistischer Verhältnisse, sind allein schon durch die Form der diskursiven Logik, des Argumentierens, das in sich ein egalitäres, antihierarchisches Element enthält, bürgerlich und höhlen darum immer bloß aus, was sie glorifizieren. Eine rationale Theorie des monarchischen Systems, die dessen eigene Irrationalität begründen soll, müßte überall dort, wo das monarchische Prinzip noch substantiell ist, wie Majestätsbeleidigung klingen: die Begründung der positiven Macht durch Vernunft hebt virtuell das Prinzip der Anerkennung des Bestehenden auf. Demgemäß ist auch Ideologiekritik, als Konfrontation der Ideologie mit ihrer eigenen Wahrheit, nur soweit möglich, wie jene ein rationales Element enthält, an dem die Kritik sich abarbeiten kann. Das gilt für Ideen wie die des Liberalismus, des Individualismus, der Identität von Geist und Wirklichkeit. Wollte man jedoch etwa die sogenannte Ideologie des Nationalsozialismus ebenso kritisieren, man verfiele der ohnmächtigen Naivetät. Nicht bloß spottet das Niveau der Schriftsteller Hitler und Rosenberg jeder Kritik. Ihre Niveaulosigkeit, über die zu triumphieren zu den bescheidensten Freuden rechnet, ist Symptom eines Zustandes, den der Begriff von Ideologie, von notwendigem falschem Bewußtsein gar nicht mehr unmittelbar trifft. In solchem Gedankengut spiegelt kein objektiver Geist sich wider, sondern es ist manipulativ ausgedacht, bloßes Herrschaftsmittel, von dem im Grunde kein

Mensch, auch die Wortführer nicht, erwartet hat, daß es geglaubt oder als solches ernst genommen werde. Augenzwinkernd wird auf die Macht verwiesen: gebrauche einmal deine Vernunft dagegen und du wirst schon sehen, wohin du kommst; vielfach scheint die Absurdität der Thesen geradezu darauf angelegt, auszuprobieren, was den Menschen nicht alles zugemutet werden kann, solange sie nur hinter den Phrasen die Drohung vernehmen oder das Versprechen, daß etwas von der Beute für sie abfällt. Wo die Ideologien durch den Ukas der approbierten Weltanschauung ersetzt wurden, ist in der Tat die Ideologiekritik zu ersetzen durch die Analyse des cui bono. Man mag daran entnehmen, wie wenig die Ideologiekritik mit jenem Relativismus zu schaffen hat, mit dem man sie so gern in einen Topf wirft. Sie ist im Hegelschen Sinn bestimmte Negation, Konfrontation von Geistigem mit seiner Verwirklichung, und hat zur Voraussetzung ebenso die Unterscheidung des Wahren und Unwahren im Urteil wie den Anspruch auf Wahrheit im Kritisierten. Relativistisch ist nicht die Ideologiekritik, sondern der Absolutismus totalitären Schlages, die Erlasse der Hitler, Mussolini und Zhdanov, die nicht umsonst ihre Enunziationen selber Ideologie nennen. Die Kritik der totalitären Ideologien hat nicht diese zu widerlegen, denn sie erheben den Anspruch von Autonomie und Konsistenz überhaupt nicht oder nur ganz schattenhaft. Angezeigt ist es ihnen gegenüber vielmehr, zu analysieren, auf welche Dispositionen in den Menschen sie spekulieren, was sie in diesen hervorzurufen trachten, und das ist höllenweit verschieden von den offiziellen Deklamationen. Weiter bleibt zu fragen, warum und auf welche Weise die moderne Gesellschaft Menschen hervorbringt, die auf jene Reize ansprechen, die solcher Reize bedürfen und deren Sprecher in weitem Maße die Führer und Demagogen aller Spielarten sind. Notwendig ist die Entwicklung, die zu solcher Veränderung der Ideologien führte, nicht aber ihr Gehalt und ihr Gefüge. Die anthropologischen Veränderungen, auf welche die totalitären Ideologien zugeschnitten sind, folgen aus Strukturveränderungen der Gesellschaft, aber nur darin, nicht in dem, was sie besagen, sind sie irgend substantiell. Ideologie ist heute der Bewußtseins- und Unbewußtseinszustand der Massen als objektiver Geist, nicht die kümmerlichen Produkte, die ihn nachahmen und unterbieten, um ihn zu reproduzieren. Zur Ideologie im eigentlichen Sinne bedarf es sich selbst undurchsichtiger, vermittelter und insofern auch gemilderter Machtverhältnisse. Heute ist die zu Unrecht wegen ihrer Kompliziertheit gescholtene Gesellschaft dafür zu durchsichtig geworden.

Gerade das aber wird am letzten zugestanden. Je weniger Ideologie und je kruder ihre Erbschaft, desto mehr Ideologienforschung, die auf Kosten der Gesellschaftstheorie der Mannigfaltigkeit der Erscheinungen sich anzumessen verspricht. Während man im Ostblock aus dem Ideologiebegriff ein Folterinstrument gemacht hat, das samt dem unbotmäßigen Gedanken den ereilt, der ihn zu denken wagt, hat er sich diesseits im Verschleiß des wissenschaftlichen Marktes aufgeweicht, seinen kritischen Inhalt und damit die Beziehung auf Wahrheit eingebüßt. Ansätze dazu finden sich schon bei Nietzsche, der es freilich anders meinte und dem Stolz der beschränkten bürgerlichen Vernunft auf ihre metaphysische Dignität ins Gesicht schlagen wollte. Dann hat, wie heute durchwegs die positivistische Soziologie, Max Weber die Existenz oder wenigstens die Erkennbarkeit einer Totalstruktur der Gesellschaft und ihrer Beziehung zum Geist bestritten und verlangt, man solle mit Hilfe der keinem Prinzip, lediglich dem Forschungsinteresse unterworfenen Idealtypen vorurteilsfrei dem nachgehen, was das jeweils Primäre und Sekundäre sei. Darin berührt er sich mit den Bestrebungen Paretos. Hat Max Weber den Ideologiebegriff auf den Nachweis einzelner Abhängigkeiten eingeschränkt und auf diese Weise aus einer Theorie über die Gesamtgesellschaft zu einer Hypothese über einzelne Vorfindlichkeiten, wenn nicht gar zu einer »Kategorie der verstehenden Soziologie« reduziert, so hat, mit dem gleichen Effekt, Pareto durch die berühmte Lehre von den Derivaten ihn so ausgeweitet, daß er keine spezifische Differenz mehr enthält. Aus der gesellschaftlichen Erklärung des falschen Bewußtseins wird die Sabotage von Bewußtsein schlechthin. Für Max Weber ist der Ideologiebegriff ein je zu überprüfendes Vorurteil, für Pareto ist alles Geistige Ideologie – bei beiden wird er neutralisiert. Pareto zieht daraus die volle Konsequenz des soziologischen Relativismus. Der geistigen Welt, soweit sie mehr sei als mechanische Naturwissenschaft, wird jeder Wahrheitscharakter abgesprochen; sie löst sich auf in bloße Rationalisierungen von Interessenlagen, Rechtfertigungen aller erdenklichen gesellschaftlichen Gruppen. Aus der Kritik der Ideologie ist ein Dschungelrecht des Geistes geworden: Wahrheit zur bloßen Funktion der je sich durchsetzenden Macht. Pareto ähnelt, allem scheinbaren Radikalismus zum Trotz, darin der frühen Idolenlehre, daß er eigentlich einen Begriff von Geschichte nicht hat, sondern die Ideologien, »Derivate« den Menschen schlechterdings zuschiebt. Obwohl er nachdrücklich den positivistischen Anspruch erhebt, Ideologienforschung logisch-experimentell, nach naturwissenschaftlichem Muster, faktentreu zu betreiben und dabei sich ganz unangefochten zeigt von den erkenntniskritischen Besinnungen Max Webers, mit dem er das Pathos der Wertfreiheit teilt, gebraucht er Ausdrücke wie tout le monde oder gar les hommes. Er ist blind dagegen, daß mit den gesellschaftlichen Verhältnissen das sich ändert, was ihm menschliche Natur heißt, und daß davon auch das Verhältnis der eigentlich treibenden Motive, der Residuen, zu ihren Abkömmlingen, den Derivaten oder Ideologien betroffen wird. Eine bezeichnende Stelle aus dem Traité de Sociologie Générale lautet: »Im Grunde bilden die Derivate das Mittel, dessen sich ein jeder bedient ... Bis in die Gegenwart bestanden die Sozialwissenschaften häufig aus Theorien, die sich aus Residuen und Derivaten zusammensetzten. Sie hatten ein praktisches Anliegen: sie sollten die Menschen dahin bringen, in einer bestimmten, als nützlich für die Gesellschaft geltenden Weise zu handeln. Das vorliegende Werk dagegen ist ein Versuch, jene Wissenschaften ausschließlich auf die logisch-experimentale Ebene zu verlagern, ohne irgendeinen Vorsatz unmittelbar praktischer Nützlichkeit, einzig und allein mit der Absicht, die Gesetzmäßigkeiten der sozialen Begebnisse zu erfahren ... Im Gegenteil, wer ausschließlich logisch-experimentale Forschung unternehmen will, muß mit größter Sorgfalt vermeiden, Derivate anzuwenden: sie sind für ihn ein Gegenstand der Forschung, niemals ein Werkzeug der Argumentation.«[9] Durch die Beziehung auf die Menschen als solche an Stelle der konkreten Gestalt ihrer Vergesellschaftung fällt Pareto auf den älteren, beinahe könnte man sagen vorsoziologischen Standpunkt der Ideologienlehre zurück, den psychologi-

9 V. Pareto, op. cit., Vol. II, § 1403, S. 791; in Übersetzung zitiert.

schen. Er bleibt stehen bei der partiellen Erkenntnis, man müsse unterscheiden zwischen dem, »was ein Mensch von sich meint und sagt, und dem, was er wirklich ist und tut«, ohne sich an die komplementäre Forderung zu halten, »man müsse mehr noch in geschichtlichen Kämpfen die Phrasen und Einbildungen der Parteien von ihrem wirklichen Organismus und ihren wirklichen Interessen, ihre Vorstellung von ihrer Realität unterscheiden«. Die Ideologienforschung wird gewissermaßen in die Privatsphäre zurückgesteuert. Man hat mit Recht bemerkt, daß Paretos Begriff der Derivate in enger Beziehung steht zu dem psychoanalytischen der Rationalisierung, wie er zuerst von Ernest Jones eingeführt und dann von Freud akzeptiert wurde: »Der Mensch hat eine ... starke Tendenz, logische Entwicklungen an nichtlogische Handlungen anzuschließen.«[10] Der prinzipielle Subjektivismus Paretos, der auf seine subjektive Ökonomik zurückdeutet, leitet die Unwahrheit der Ideologien nicht eigentlich aus gesellschaftlichen Verhältnissen und objektiv vorgezeichneten Verblendungszusammenhängen ab, sondern daraus, daß die Menschen nachträglich ihre wahren Motive zu begründen und zu rechtfertigen suchen. Dem nicht psychologisch, sondern nur in Beziehung auf die objektiven Verhältnisse faßbaren Element der Wahrheit der Ideologien fragt er nicht nach: sie erschöpfen sich gleichsam in ihrer anthropologischen Funktion. Die Formulierung von Hans Barth in »Wahrheit und Ideologie« trifft zu, derzufolge für Pareto die geistige Welt, sofern sie etwas anderes zu sein beansprucht als die Erforschung ursächlicher Beziehungen nach dem Vorbild der Mechanik, weder Eigengesetzlichkeit noch Erkenntniswert besitzt.[11] Die scheinbare Verwissenschaftlichung der Ideologienlehre schließt die Resignation der Wissenschaft ihrem Gegenstand gegenüber ein. Indem Pareto sich blind macht gegen die Vernunft in den Ideologien, wie sie im Begriff der historischen Notwendigkeit hegelisch mitgedacht war, begibt er sich zugleich des Rechtsanspruchs der Vernunft, über Ideologien überhaupt zu urteilen. Diese Ideologienlehre taugt trefflich selber zur Ideologie des totalitären Machtstaates. Indem sie vorweg alles Geistige dem Propaganda- und Herrschaftszweck subsumiert,

10 V. Pareto, op. cit., Vol. I, § 180, S. 92; in Übersetzung zitiert.
11 H. Barth, op. cit., S. 345 (Anmerkungen).

bereitet sie dem Zynismus das wissenschaftlich gute Gewissen. Die Zusammenhänge zwischen Mussolinis Aussprüchen und dem Paretoschen Traktat sind bekannt. Der politische Spätliberalismus, der im Begriff der Meinungsfreiheit ohnehin eine gewisse Affinität zum Relativismus besaß, insofern jedem erlaubt sei, zu denken was er will, gleichgültig ob es wahr ist, weil ja doch jeder nur denke, was für seinen Vorteil und seine Selbstbehauptung am günstigsten sei, – dieser Liberalismus war keineswegs gefeit gegen solche Perversionen des Ideologiebegriffs. Auch darin bestätigt sich, daß die totalitäre Herrschaft der Menschheit nicht von außen durch ein paar Desperados angetan ward, daß sie keinen Betriebsunfall auf der geraden Autobahn des Fortschritts darstellt, sondern daß inmitten der Kultur die Kräfte von deren Zerstörung heranreiften.

Durch die Herauslösung der Ideologienlehre aus der philosophischen Theorie der Gesellschaft wird eine Art Scheinexaktheit hergestellt, aber die wirkliche Erkenntniskraft des Begriffs geopfert. Das läßt auch dort sich zeigen, wo der Begriff von der Philosophie selbst absorbiert wurde, bei Max Scheler. Im Gegensatz zu der gestaltlos nivellierenden Derivatenlehre von Pareto, hat er sich um eine Art Typologie, um nicht zu sagen Ontologie der Ideologien bemüht. Heute, nach noch nicht ganz dreißig Jahren, liest sich sein einmal vielbewunderter Versuch erstaunlich naiv:

Zu solchen klassenmäßig bestimmten formalen Denkarten rechne ich beispielsweise folgende: ...

2. Werdensbetrachtung – Unterklasse; Seinsbetrachtung – Oberklasse...

4. Realismus (Welt vorwiegend als ›Widerstand‹) – Unterklasse; Idealismus – Oberklasse (Welt vorwiegend als ›Ideenreich‹).

5. Materialismus – Unterklasse; Spiritualismus – Oberklasse...

8. Optimistische Zukunftsaussicht und pessimistische Retrospektion – Unterklasse; Pessimistische Zukunftsaussicht und optimistische Retrospektion... – Oberklasse.

9. Widersprüche suchende Denkart oder ›dialektische‹ Denkart – Unterklasse; Identität suchende Denkart – Oberklasse...

Es sind klassenbedingte *Neigungen unter*bewußter Art, die Welt vorwiegend in der einen oder der anderen Form aufzufassen. Es sind nicht Klassen-Vorurteile, sondern mehr als Vorurteile: nämlich *formale Gesetze* der Vorurteils*bildung*, und zwar formale Gesetze, die als Gesetze von vorwiegenden Neigungen, sich gewisse Vorurteile zu bilden, nur und allein in der *Klassenlage* wurzeln – ganz abgesehen von der Individualität... usw. Wären sie vollständig erkannt und in ihrem *notwendigen Hervorgehen* aus der Klassenlage begriffen, so würden sie geradezu ein neues Lehrstück der Wissenssoziologie ausmachen, das ich als Analogon der Baconschen Idolenlehre als *»soziologische Idolenlehre«* des Denkens, Anschauens und Wertens bezeichnen möchte.[12]

Es erhellt, daß dies auch nach Schelers eigener Ansicht allzu grobe Schema von Oberklasse und Unterklasse, das mit dem philosophisch polar entgegengesetzten Pareto die Absenz historischen Bewußtseins teilt, weder an die Konkretion der sozialen Gliederung, noch die der Ideologiebildung heranreicht. Der Gegensatz statisch-ontologischen und dynamisch-nominalistischen Denkens ist nicht nur grob und undifferenziert, sondern gegenüber der Struktur der Ideologiebildung selbst falsch. Was bei Scheler Ideologie der Oberklasse heißt, hat heute weithin gerade extrem nominalistischen Charakter. Bestehende Verhältnisse werden damit verteidigt, daß deren Kritik willkürliche Begriffskonstruktion von oben her, »Metaphysik« sei, und daß die Forschung sich nach den unstrukturierten Tatsachen, »opaque facts« zu richten habe: Pareto selbst ist das Beispiel einer solchen ultranominalistischen Apologetik, und der heute vorherrschende sozialwissenschaftliche Positivismus, den man schwerlich der Unterklasse des Schelerschen Schemas zurechnen wird, zeigt dieselbe Tendenz. Umgekehrt haben die wichtigsten der Theorien, die Scheler als Ideologien der Unterklasse klassifizieren würde, sich gerade in Gegensatz zum Nominalismus gesetzt. Sie sind von der objektiven Totalstruktur der Gesellschaft und einem an Hegel gebildeten objektiven Begriff der sich entfaltenden Wahrheit ausgegangen. Schelers phänomenologisches Verfahren, als ein passives, auf Konstruktionen verzichtendes Sichanmessen der Philosophie an vorgeblich erschaubare Wesenheiten, verfiel auch in seiner Spätphase noch einem Positivismus zweiten Grades, einem gewissermaßen spirituellen Positivismus. Wo aber der Begriff die Sache nicht konstruiert, entgleitet ihm die Sache selbst.

Bei Scheler und Mannheim ist aus der Ideologienlehre der akademische Zweig der Wissenssoziologie geworden. Der Name ist bezeichnend genug: alles Bewußtsein, nicht nur das falsche, sondern auch das wahre, eben das »Wissen«, soll dem Nachweis der ge-

12 M. Scheler, Die Wissensformen und die Gesellschaft, Leipzig 1926, S. 204 f.

sellschaftlichen Bedingtheit unterliegen. Mannheim selbst hat sich der Einführung eines »totalen Ideologiebegriffs« gerühmt. In seinem Hauptwerk »Ideologie und Utopie« heißt es etwa:

Mit dem Auftauchen der allgemeinen Fassung des totalen Ideologiebegriffes entsteht *aus der bloßen Ideologienlehre die Wissenssoziologie*... Es ist klar, daß der Ideologiebegriff in diesem Zusammenhang einen neuen Sinn bekommt. Hierbei ergeben sich zwei Möglichkeiten. Die erste Möglichkeit besteht darin, daß man in der Ideologieforschung von nun an jede ›enthüllende‹ Absicht aufgibt ... und sich darauf beschränkt, überall den Zusammenhang zwischen *sozialer* Seinslage und *Sicht* herauszuarbeiten. Die zweite Möglichkeit besteht darin, daß man diese ›wertfreie‹ Haltung nachträglich doch mit einer erkenntnistheoretischen Haltung verbindet. Das ... kann ... führen: entweder zu einem *Relativismus* oder zu einem *Relationismus*, die nicht miteinander zu verwechseln sind.[13]

Es fällt schwer, die beiden Möglichkeiten, die Mannheim für die Anwendung des totalen Ideologiebegriffs vorsieht, im Ernst zu unterscheiden. Die zweite, die eines erkenntnistheoretischen Relativismus oder, mit dem nobleren Wort, Relationismus, die Mannheim als »erkenntnistheoretische« Haltung der ersten, dem wertfreien Studium des Verhältnisses von »Seinslage und Sicht«, also von Unterbau und Überbau, gegenüberstellt, bildet gar keinen Gegensatz zu dieser, sondern umreißt allenfalls die Intention, die Prozeduren einer positivistischen Wissenssoziologie durch methodologische Raisonnements abzuschirmen. Mannheim fühlte wohl, daß der Begriff der Ideologie nur als der eines falschen Bewußtseins sein Recht hätte, aber ist eines solchen Begriffs inhaltlich nicht mehr mächtig und postuliert ihn lediglich formal, als angeblich erkenntnistheoretische Möglichkeit. An die Stelle der bestimmten Negation tritt allgemeine Weltanschauung und dann im einzelnen, nach dem Vorbild von Max Webers Religionssoziologie, der Aufweis empirischer Zusammenhänge von Gesellschaft und Geist. Die Ideologienlehre bricht auseinander in einen höchst abstrakten, der bündigen Artikulation entratenden Totalentwurf und monographische Studien. In dem Vakuum dazwischen verliert sich das dialektische Problem der Ideologien: daß diese zwar falsches Bewußtsein, aber doch nicht nur falsch sind. Der Schleier, der notwendig zwischen der Gesellschaft und

13 K. Mannheim, Ideologie und Utopie, 3. Aufl., Frankfurt a. M. 1952, S. 70f.

deren Einsicht in ihr eigenes Wesen liegt, drückt zugleich kraft solcher Notwendigkeit auch dies Wesen selbst aus. Unwahr werden eigentliche Ideologien erst durch ihr Verhältnis zu der bestehenden Wirklichkeit. Sie können »an sich« wahr sein, so wie die Ideen Freiheit, Menschlichkeit, Gerechtigkeit es sind, aber sie gebärden sich, als wären sie bereits realisiert. Die Etikettierung solcher Ideen als Ideologien, die der totale Ideologiebegriff gestattet, zeugt vielfach weniger von Unversöhnlichkeit mit dem falschen Bewußtsein, als von Wut auf das, was in sei's auch noch so ohnmächtiger geistiger Reflexion auf die Möglichkeit eines Besseren verweisen könnte. Mit Recht hat man einmal gesagt, daß vielfach solche, die dergleichen angeblich ideologische Begriffe verschmähen, dabei weniger die mißbrauchten Begriffe meinen als das, wofür sie stehen.

Anstatt theoretischer Erörterungen darüber, wie der Ideologiebegriff heute zu formulieren wäre, möchte ich im Sinne der Absicht, die Diskussion einzuleiten, Ihnen zum Beschluß einige Hinweise auf die konkrete gegenwärtige Gestalt der Ideologie selbst geben. Die theoretische Konstruktion der Ideologie hängt ja von dem tatsächlich als Ideologie Wirksamen nicht weniger ab als umgekehrt die Bestimmung und Durchdringung der Ideologie Theorie voraussetzt. Lassen Sie mich zunächst an eine Erfahrung appellieren, der wohl keiner von uns sich entziehen kann: daß sich im spezifischen Gewicht des Geistes etwas Entscheidendes verändert hat. Wenn ich für einen Augenblick an die Kunst als den treuesten historischen Seismographen erinnern darf, so scheint mir kein Zweifel an einer Schwächung, die zu den heroischen Zeiten der Moderne ums Jahr 1910 aufs äußerste kontrastiert. Der gesellschaftlich Denkende kann sich nicht dabei bescheiden, diese Schwächung, von der andere geistige Bezirke wie die Philosophie kaum verschont sind, auf ein sogenanntes Nachlassen der schöpferischen Kräfte, oder auf die böse technische Zivilisation schlechthin zurückzuführen. Er wird eher eine Art Gesteinsverschiebung spüren. Gegenüber den katastrophischen Vorgängen in den Tiefenstrukturen der Gesellschaft hat der Geist selber etwas Ephemeres, Dünnes, Ohnmächtiges angenommen. Im Angesicht der gegenwärtigen Realität kann er den Anspruch seines Ernstes kaum ungebrochen so behaupten, wie er dem Kulturglauben des neunzehnten Jahrhunderts selbstverständlich war. Die Gesteinsverschiebung – buchstäblich eine zwischen den Schichten des Überbaus und des Unterbaus – reicht bis in die subtilsten immanenten Probleme des Bewußtseins und der geistigen Gestaltung hinein und lähmt eher die Kräfte, als daß es an diesen fehlte. Der Geist, der darauf nicht reflektiert und so weitermacht, als wäre nichts geschehen, scheint vorweg zur hilflosen Eitelkeit verurteilt. Hat die Ideologienlehre den Geist an seine Hinfälligkeit von je gemahnt, so muß sein Selbstbewußtsein diesem Aspekt heute sich stellen; man könnte fast sagen, daß heute das Bewußtsein, das schon Hegel wesentlich als das Moment der Negativität bestimmte, überhaupt nur soweit überleben kann, wie es die Ideologiekritik in sich selbst aufnimmt. Von Ideologie läßt sich sinnvoll nur soweit reden, wie ein Geistiges selbständig, substantiell und mit eigenem Anspruch aus dem gesellschaftlichen Prozeß hervortritt. Ihre Unwahrheit ist stets der Preis eben dieser Ablösung, der Verleugnung des gesellschaftlichen Grundes. Aber auch ihr Wahrheitsmoment haftet an solcher Selbständigkeit, an einem Bewußtsein, das mehr ist als der bloße Abdruck des Seienden, und danach trachtet, das Seiende zu durchdringen. Heute ist die Signatur der Ideologien eher die Absenz dieser Selbständigkeit als der Trug ihres Anspruchs. Mit der Krisis der bürgerlichen Gesellschaft scheint der traditionelle Ideologiebegriff selbst seinen Gegenstand zu verlieren. Der Geist spaltet sich auf in die kritische, des Scheins sich entäußernde, aber esoterische und den unmittelbaren gesellschaftlichen Wirkungszusammenhängen entfremdete Wahrheit, und die planende Verwaltung dessen, was einmal Ideologie war. Bestimmt man als Erbschaft der Ideologie die Totalität jener geistigen Erzeugnisse, welche heute das Bewußtsein der Menschen in weitem Maß anfüllen, so wird man darunter weniger den gegen die eigenen gesellschaftlichen Implikationen verblendeten autonomen Geist verstehen dürfen als die Totalität dessen, was konfektioniert wird, um die Massen als Konsumenten einzufangen, und wenn möglich ihren Bewußtseinszustand zu modellieren und zu fixieren. Das gesellschaftlich bedingte falsche Bewußtsein von heute ist nicht mehr objektiver Geist, auch in dem Sinne, daß es keineswegs blind, anonym aus dem gesellschaftlichen Prozeß sich kristallisiert, sondern wissenschaftlich auf die Gesellschaft zugeschnitten wird. Das geschicht mit den Erzeugnissen der Kulturindustrie, Film, Magazinen, illustrierten Zeitungen, Radio, Bestseller-Literatur der verschiedensten Typen, unter denen die Roman-Biographien ihre besondere Rolle spielen, und nun in Amerika vor allem auch Fernsehen. Daß die Elemente dieser in sich recht uniformen Ideologie, im Gegensatz zu vielen Techniken ihrer Verbreitung, nicht neu, daß viele geradezu versteinert sind, versteht sich. Sie knüpft an den traditionellen, schon in der Antike sich abzeichnenden Unterschied der hohen und niederen Kultursphäre an, wobei die niedere rationalisiert und mit heruntergekommenen Restbeständen des hohen Geistes integriert wird. Historisch lassen die Schemata der gegenwärtigen Kulturindustrie sich insbesondere auf die Frühzeit der englischen Vulgärliteratur um 1700 zurückverfolgen. Sie verfügt bereits über die meisten Stereotypen, die uns heute von Leinwand und Fernsehschirm angrinsen. Die gesellschaftliche Betrachtung des qualitativ neuen Phänomens darf sich aber durch den Hinweis auf das ehrwürdige Alter von dessen Bestandteilen und dem darauf basierenden Argument der Befriedigung von Urbedürfnissen nicht düpieren lassen. Denn nicht auf diese Bestandteile kommt es an und nicht darauf, daß die primitiven Züge der heutigen Massenkultur durch die Zeitalter einer unmündigen Menschheit hindurch sich gleichblieben, sondern darauf, daß sie heute allesamt in Regie genommen, daß aus dem Ganzen ein geschlossenes System gemacht worden ist. Kaum wird mehr ein Entkommen geduldet, die Menschen sind von allen Seiten umstellt, und mit den Errungenschaften pervertierter Sozialpsychologie oder, wie man es treffend genannt hat, einer umgekehrten Psychoanalyse, werden die regressiven Tendenzen befördert, die der anwachsende gesellschaftliche Druck ohnehin entbindet. Die Soziologie hat dieser Sphäre unter dem Titel des communication research, des Studiums der Massenmedien, sich bemächtigt und dabei insbesondere Nachdruck gelegt auf die Reaktionen der Konsumenten und die Struktur des Wechselspiels zwischen ihnen und den Produzenten. Solchen Untersuchungen, die ihre Herkunft von der Marktforschung kaum verleugnen, ist gewiß ihr Erkenntniswert nicht abzusprechen; wichtiger aber dünkt es, die sogenannten

Massenmedien im Sinne der Ideologiekritik zu behandeln, als bei ihrem bloßen Dasein sich zu bescheiden. Dessen stillschweigende Anerkennung durch beschreibende Analyse macht selbst ein Element der Ideologie aus.

Angesichts der unbeschreiblichen Gewalt, welche jene Medien über die Menschen heute ausüben, zu denen im übrigen auch in einem weiteren Sinn der längst in Ideologie übergangene Sport gehört, ist die konkrete Bestimmung ihres ideologischen Gehalts unmittelbar dringlich. Er zielt auf synthetische Identifikationen der Massen mit den Normen und Verhältnissen, welche, sei es anonym, hinter der Kulturindustrie stehen, sei es bewußt von dieser propagiert werden. An allem nicht Einstimmenden wird Zensur geübt, Konformismus bis in die subtilsten Seelenregungen hinein eingeübt. Die Kulturindustrie vermag dabei insofern als objektiver Geist sich aufzuspielen, als sie jeweils an anthropologische Tendenzen anknüpft, die in den von ihr Belieferten wach sind. Sie greift diese Tendenzen auf, verstärkt und bestätigt sie, während alles Unbotmäßige entweder wegbleibt oder ausdrücklich verworfen wird. Die erfahrungslose Starrheit des in der Massengesellschaft vorherrschenden Denkens wird von dieser Ideologie womöglich noch verhärtet, während zugleich ein ausgespitzter Pseudorealismus, der in allem Äußerlichen das exakte Abbild der empirischen Wirklichkeit liefert, daran verhindert, das, was geboten wird, als ein bereits im Sinne der gesellschaftlichen Kontrolle Vorgeformtes zu durchschauen. Je entfremdeter den Menschen die fabrizierten Kulturgüter, desto mehr wird ihnen eingeredet, sie hätten es mit sich selbst und ihrer eigenen Welt zu tun. Was man auf den Fernsehschirmen erblickt, gleicht dem allzu Gewohnten, während doch die Konterbande von Parolen, wie der, daß alle Ausländer verdächtig oder daß Erfolg und Karriere das Höchste im Leben seien, als ein für allemal gegeben eingeschmuggelt wird. Wollte man in einem Satz zusammendrängen, worauf eigentlich die Ideologie der Massenkultur hinausläuft, man müßte sie als Parodie des Satzes: »Werde was du bist« darstellen: als überhöhende Verdoppelung und Rechtfertigung des ohnehin bestehenden Zustandes, unter Einbeziehung aller Transzendenz und aller Kritik. Indem der gesellschaftlich wirksame Geist sich darauf beschränkt, den Menschen nur noch einmal das vor Augen zu stellen, was ohnehin die Bedingung ihrer Existenz ausmacht, aber dies Dasein zugleich als seine eigene Norm proklamiert, werden sie im glaubenslosen Glauben an die pure Existenz befestigt.

Nichts bleibt als Ideologie zurück denn die Anerkennung des Bestehenden selber, Modelle eines Verhaltens, das der Übermacht der Verhältnisse sich fügt. Kaum ist es Zufall, daß die heute wirksamsten Metaphysiken an das Wort Existenz sich anschließen, so als wäre die Verdoppelung bloßen Daseins durch die obersten abstrakten Bestimmungen, die aus ihm gezogen werden, gleichbedeutend mit seinem Sinn. Dem entspricht weithin der Zustand in den Köpfen der Menschen. Sie nehmen die aberwitzige Situation, die angesichts der offenen Möglichkeit von Glück jeden Tag mit der vermeidlichen Katastrophe droht, zwar nicht länger als Ausdruck einer Idee hin, so wie sie noch das bürgerliche System der Nationalstaaten empfinden mochten, aber sie finden sich mit dem Gegebenen ab im Namen von Realismus. Vorweg erfahren die Einzelnen sich selber als Schachfiguren und beruhigen sich dabei. Seitdem aber die Ideologie kaum mehr besagt, als daß es so ist, wie es ist, schrumpft auch ihre eigene Unwahrheit zusammen auf das dünne Axiom, es könne nicht anders sein als es ist. Während die Menschen dieser Unwahrheit sich beugen, durchschauen sie sie insgeheim zugleich. Die Verherrlichung der Macht und Unwiderstehlichkeit bloßen Daseins ist zugleich die Bedingung für dessen Entzauberung. Die Ideologie ist keine Hülle mehr, sondern nur noch das drohende Antlitz der Welt. Nicht nur kraft ihrer Verflechtung mit Propaganda, sondern der eigenen Gestalt nach geht sie in Terror über. Weil aber Ideologie und Realität derart sich aufeinanderzubewegen; weil die Realität mangels jeder anderen überzeugenden Ideologie zu der ihrer selbst wird, bedürfte es nur einer geringen Anstrengung des Geistes, den zugleich allmächtigen und nichtigen Schein von sich zu werfen.

1954

Zur gegenwärtigen Stellung der empirischen Sozialforschung in Deutschland

Es ist mir die Aufgabe zugefallen, Ihnen einiges über die Stellung der empirischen Soziologie in Deutschland zu sagen. Soweit es sich um den Stand der Forschung selber, die mit ihr befaßten Institutionen, die wissenschaftlichen Methoden und Probleme und auch die Organisationsfragen handelt, soll Ihnen diese Arbeitstagung eine konkrete Vorstellung verschaffen. Ich möchte darum nicht in allgemeinen Wendungen etwas von dem vorwegnehmen, was Sie aus spezifischen Beiträgen besser erfahren. Vielmehr möchte ich von der Stellung der empirischen Sozialforschung im öffentlichen Bewußtsein, ihrem Verhältnis zu Tendenzen der Gegenwart und von kritischen Einwänden reden, denen sie immer wieder begegnet. Worum es mir geht, könnte ich mit dem Ausdruck »geistige Situation der empirischen Sozialforschung« bezeichnen, wäre nicht der Ausdruck »geistige Situation« allzu gründlich kompromittiert, und ließe er es nicht so erscheinen, als handelte es sich dort um einen Kampf der Geister, um rein wissenschaftliche Auseinandersetzungen, wo höchst reale gesellschaftliche und ökonomische Mächte im Spiel sind.
Der Typus Wissenschaft, den diese Tagung vertritt und für den es an einem Namen fehlt, während das Gemeinsame unverkennbar ist, dieser Typus Wissenschaft ist in Deutschland erst in den letzten Jahren stärker hervorgetreten. Vor dem Ersten Weltkrieg und während der Weimarer Republik gehörten ihm nur Einzelenqueten an, ohne daß er als solcher, als Disziplin eigener Art konstituiert gewesen wäre. Während der Hitlerdiktatur war er, nach dem damals üblichen Jargon, unerwünscht. Insbesondere im »public opinion research«, in dem Bereich, für den sich mittlerweile das unglückliche Wort »Meinungsforschung« eingebürgert hat, sahen die Nazis mit gutem Instinkt ein demokratisches Potential. Daß der statistischen Auswertung jede Stimme gleich

viel gilt, daß der bei der Bildung von Querschnitten so wichtige Begriff des Repräsentativen kein Privileg kennt, erinnerte allzu sehr an die freie und geheime Wahl, mit der denn auch die einschlägigen Erhebungen den Namen »Poll« teilen. Der amerikanische Einfluß seit 1945, das starke, wenngleich unartikulierte Bedürfnis der Menschen, ihre Urteile, Wünsche und Bedürfnisse nicht bloß auf dem Stimmzettel geltend zu machen, kam den Methoden des »social research« im Nachkriegsdeutschland entgegen. Dahinter steht in dem zerstörten und ökonomisch desorganisierten Land das administrative Bedürfnis nach einer Kenntnis der Verhältnisse, die anders als durch kontrollierte empirische Methoden nicht zu gewinnen wäre: etwa der sozialen Lage der Flüchtlinge und der gesellschaftlichen Konsequenzen der Bombenzerstörungen. Entscheidend mitgespielt hat die Tendenz der Wirtschaft, Risiken so weit wie möglich herabzusetzen. Anstatt die eigenen Dispositionen nachträglich dem Verdikt des Marktes zu unterwerfen, will man vorher mit hoher Wahrscheinlichkeit ermitteln, wie Angebot und Nachfrage sich zueinander verhalten, und danach disponieren; eine Tendenz, die übrigens mit dem Funktionswechsel des Marktes selbst im Wirkungsbereich der großen Konzerne unmittelbar zusammenhängt.

Das demokratische Potential, das ich erwähnte, bedeutet angesichts der vielfältigen Verwendbarkeit der empirischen Sozialforschung für partielle Zwecke unsere oberste Verpflichtung. Wir haben uns davor zu hüten, die Menschen, mit denen wir uns befassen, als bloße Quanten zu sehen, deren Denken und Verhalten blinden Gesetzen unterliegt. Wir wissen, daß sie auch dann Menschen mit der Möglichkeit freier Selbstbestimmung und Spontaneität bleiben, wenn sie in ihnen selber undurchsichtige Zusammenhänge eingespannt sind, und daß an diesem Element des Spontanen und Bewußten das Gesetz der großen Zahl seine Grenze hat. Daher vermögen wir zwar, innerhalb des weithin determinierten Mechanismus der heutigen Gesellschaft begründete Voraussagen über das Wahrscheinliche zu machen, aber nicht etwa politische Ereignisse zu prophezeien wie Sonnenfinsternisse. Wer das von uns erwartet, verfälscht unsere Intention und macht uns zu Agenten der Unfreiheit, während unsere Frage nach dem, was Menschen denken und wollen, einzig ihrer Freiheit dienen soll. Wir sind keine Verbündeten des sogenannten Trends; wir können und sollen nicht so sprechen, als wären wir die Stimme des Schicksals.

Das Vordringen der empirischen Tendenzen in der deutschen Soziologie entspringt nicht dem Kultus der übermächtigen Tatsächlichkeit. Jene Tendenzen folgen aus der immanent wissenschaftlichen Entwicklung. In der idealistischen Periode waren gesellschaftliches Denken und philosophische Besinnung auf die Totalität das gleiche. Das konkret entfaltete philosophische Denken verfügte über das gesamte damals zugängliche Tatsachenmaterial. Mit den großen philosophischen Systemen ist dann, aus zwingenden Gründen, die Einheit von theoretischem Gedanken und spezifischem Erfahrungsinhalt zergangen. Die theoretischen Begriffe lösten sich aus dem System, dessen Wahrheitsanspruch vor der Kritik sich nicht behaupten konnte. Ihr Erbe fiel abgespaltenen Sondergebieten zu. So ist die Hegelsche metaphysische Idee des Geistes, welche einmal die dynamische Totalität des Seins meinte, zu der Sondersphäre Geist, der der Kultur geronnen. Diese bildet dann den Gegenstand der Diltheyschen Geisteswissenschaft, deren Idee und Methode auf die deutsche Soziologie von solchem Einfluß war, daß diese sich schlechterdings als Geisteswissenschaft verstand. Als aber Begriffe wie der des Geistes aus ihrem Zusammenhang und aus der Beziehung zum Material herausgesprengt waren, wurden sie erst isoliert, dann absolut gesetzt, schließlich zu Fetischen, zu Werkzeugen des Obskurantismus. Lassen Sie mich Ihnen das an einem drastischen Fall erläutern. In der Zeit der großen spekulativen Systeme spielten die Begriffe der Unmittelbarkeit menschlicher Beziehungen und ihres Gegensatzes, der Entfremdung oder Verdinglichung eine entscheidende Rolle. Sie waren ursprünglich gedacht als notwendige Momente des sich mit sich selbst entzweienden und wiederum versöhnenden Geistes. Diese Konzeption zerging mit den idealistischen Schulen. Die Begriffe des Unmittelbaren und Vermittelten in der Gesellschaft aber blieben übrig. Ferdinand Tönnies, dem die neuere deutsche Soziologie gewiß viel verdankt, hat diese Begriffspolarität, unter Abstraktion von dem philosophischen Zusammenhang, der ihr Sinn und Begrenzung verlieh, als alleiniges Ordnungsprinzip der gesellschaftlichen Erkenntnis zugrunde gelegt. Seine Absicht dabei ist die lauterste gewesen: die Soziologie in den Dienst der Herstellung menschlicher Verhältnisse zu stellen. Indem er aber die Begriffe der Gemeinschaft und Gesellschaft zu ausschließlichen Klassifizierungsprinzipien machte, hat er sie nicht nur vergröbert, nicht nur ein partielles Moment zum alleinherrschenden erhoben, sondern dem Unfug Tür und Tor geöffnet. Die zwei dünnen Begriffe erlaubten es der deutschen Soziologie in ihrer vorfaschistischen Verfallszeit, die gesellschaftliche Welt nach Schafen und Böcken aufzuteilen. Gemeinschaft galt für gut, Gesellschaft für schlecht. Von dort war nur noch ein Schritt bis zum Kultus naturwüchsiger Verhältnisse, von Blut und Boden, von der Rasse – Konsequenzen, von denen Tönnies, der selber von den Nazis diffamiert wurde, niemals sich hätte träumen lassen. Noch heute trägt die deutsche Soziologie Spuren dieser Denkweise. So kann man in der Agrarsoziologie immer noch auf Ausdrücke wie Bodenverbundenheit, den bäuerlichen Menschen und ähnliche Clichés herabgesunkener Romantik stoßen, die einzig dazu taugen, den Menschen die bestimmte Tendenz der Technifizierung und Rationalisierung sei's zu verschleiern, sei's zu versüßen.

Es ist dieser Zustand der Überreste der deutschen geisteswissenschaftlichen Soziologie, der als seines Korrektivs dringend der empirischen Methoden bedarf. Deren echter Sinn ist der kritische Impuls. Ihn darf die empirische Sozialforschung sich nicht verkümmern und in der Erkenntnis der gesellschaftlichen Zusammenhänge sich nichts vormachen lassen. Anstatt sich erst mit Hilfe ideologischer Begriffe ein versöhnliches Bild der sozialen Wirklichkeit zurechtzustilisieren und sich dann mit den Verhältnissen, wie sie sind, getröstet abzufinden, muß Wissenschaft die Härte dessen, was ist, zum Bewußtsein erheben. So, nur so vermag ich wenigstens das zu verstehen, was man neuerdings so gern mit dem Namen Realsoziologie bedenkt. Soziologie ist keine Geisteswissenschaft. Die Fragen, mit denen sie sich zu beschäftigen hat, sind nicht wesentlich und primär solche des Bewußtseins oder auch selbst Unbewußtseins der Menschen, aus denen die Gesellschaft sich zusammensetzt. Sie beziehen sich vorab auf die Auseinandersetzung zwischen Menschen und Natur und auf objektive Formen der Vergesellschaftung, die sich auf den Geist im

Sinne einer inwendigen Verfassung der Menschen keineswegs zurückführen lassen. Die empirische Sozialforschung in Deutschland hat die dem Einzelmenschen und selbst dem kollektiven Bewußtsein weithin entzogene Objektivität dessen, was gesellschaftlich der Fall ist, streng und ohne Verklärung herauszustellen. Begegnet uns etwa, unter Berufung auf irgendwelche vorgeblichen Autoritäten geisteswissenschaftlicher Soziologie, die Aussage, daß der sogenannte bäuerliche Mensch sich auf Grund seines wesenhaft konservativen Geistes oder seiner »Haltung« gegen Neuerungen technischer und gesellschaftlicher Art sträube, so werden wir bei solchen Erklärungen uns nicht beruhigen. Wir werden den bündigen Ausweis verlangen, daß sie wahr sind. Wir werden also etwa mit den Bauern vertraute Interviewer aufs Land schicken und dazu anhalten, weiter zu fragen, wenn die Bauern ihnen erklären, sie blieben auf ihrem Hof aus Liebe zur Heimat und Treue zu den Sitten der Väter. Wir werden den Konservativismus mit wirtschaftlichen Fakten konfrontieren und dem nachgehen, ob etwa technische Neuerungen in Betriebseinheiten unter einer gewissen Größe unrentabel sind und so hohe Investitionskosten verursachen, daß die technische Rationalisierung in einem solchen Betrieb unrationell würde. Wir werden uns weiter darum bekümmern, ob nicht das Festhalten an Grundbesitz, auch wenn er nach den Prinzipien gewerblicher Buchführung nur wenig abwirft, sich deshalb für die befragten Bauern rechtfertigt, weil sie durch die billigen Arbeitskräfte der eigenen Familie einen höheren Realertrag erzielen, als es ihnen in der Stadt möglich wäre. Ich sage nicht, daß damit alles verstanden sei, und unterschätze gewiß nicht die Bedeutung irrationaler Momente im gesellschaftlichen Zusammenhang, aber wir können uns nicht, wie es in Deutschland immer noch oft der Brauch ist, mit allgemeinen Deklamationen abspeisen lassen. Es ist selbstverständlich, daß nicht alle empirisch-soziologischen Erhebungen kritische Funktionen erfüllen. Aber ich glaube freilich, daß selbst Marktanalysen mit genau umgrenzter Thematik etwas von diesem aufklärerischen, unideologischen Geist in sich tragen müssen, wenn sie wirklich leisten wollen, was sie versprechen. Diese objektive, in der Sache gelegene Beziehung zur Aufklärung, zur Auflösung blinder, dogmatischer und willkürlicher Thesen ist es, die mich als Philosophen der empirischen Sozialforschung verbindet.

Daß soziale Phänomene durch den Geist, durch das Bewußtsein der Menschen vermittelt sind, darf nicht dazu verleiten, sie selber umstandslos aus einem geistigen Prinzip abzuleiten. In einer Welt, die weithin beherrscht wird von ökonomischen Gesetzen, die sich über den Köpfen der Menschen durchsetzen, wäre es illusionär, die sozialen Phänomene prinzipiell als »sinnhaft« verstehen zu wollen. Was bloßes Faktum ist, wird angemessen durch »fact-finding methods« getroffen. Wenn gegen die Übertragung naturwissenschaftlicher Methoden auf das vorgebliche Gebiet des Geistes geeifert wird, so übersieht man dabei, daß die Gegenstände der Gesellschaftswissenschaft selber in großem Maße blindnaturhaft, alles eher als geistbestimmt sind. Daß in ihnen die menschliche Zweckrationalität ein Moment abgibt, macht sie weder selber rational noch menschlich. Wer sie behandeln wollte, als wären sie es, trüge dazu bei, zu glorifizieren, was den Menschen bloß angetan wird. Der übliche Einwand, die empirische Sozialforschung sei zu mechanisch, zu grob und ungeistig, verschiebt die Verantwortung vom Gegenstand der Wissenschaft auf diese. Die vielgescholtene Inhumanität der empirischen Methoden ist immer noch humaner als die Humanisierung des Unmenschlichen. Das ist nicht wörtlich und nicht stur zu nehmen. Verantwortliche empirische Sozialforschung muß sich Rechenschaft ablegen von ihren möglichen Gegenständen und nicht dort sich tummeln, wo sie nichts zu suchen hat. Wollte man etwa, um einen grotesken, aber keineswegs bloß ausgedachten Fall anzuführen, statistische Methoden auf Dichtungen anwenden und, indem man Worte oder Gedanken darin zählt, hoffen, etwas streng Wissenschaftliches und gar objektive Kriterien zu gewinnen, so käme dabei nicht ein höheres Maß an Wahrheit, sondern banausischer Unsinn heraus. Aber selbst hier, also im Bereich der sogenannten »Content Analysis«, die ja im übrigen auf dieser Arbeitstagung nicht behandelt wird, liegen die Dinge nicht so, wie der traditionelle geisteswissenschaftliche Hochmut es sich vorstellt. Heutzutage sind längst nicht alle sogenannten Kulturprodukte autonome geistige Gebilde, sondern zahllose sind kalkuliert, selber in Marktkategorien entworfen. Man wird die Erzeugnisse der Kulturindustrie eher mit Begriffen der Marktforschung durchdringen als mit ästhetischen Kriterien. Denken Sie etwa an die Reden politischer Hetzapostel. Sie enthalten kaum etwas wie einen Sinn- oder Strukturzusammenhang und sind einzig darauf aus, durch psychologische Tricks die Zuhörer wie Kunden einzufangen. Das Herauspräparieren solcher Tricks, die quantitative Feststellung ihrer Häufigkeit und Intensität und ähnliche, mit den Mitteln statistischer Meinungsforschung zu gewinnende Ergebnisse werden vermutlich für die Analysen und Abwehr mehr bedeuten als Betrachtungen über den Geist solcher Produkte oder gar über die psychologische Verfassung ihrer Urheber. Immer noch zeigt sich in Deutschland die Neigung, Phänomene, die der grob-materiellen Praxis angehören, mit prätentiösen und pompösen Kategorien zu verkleiden. Unter den aufklärerischen Aufgaben der empirischen Sozialforschung ist nicht die letzte, dem abzuhelfen. In der Tradition der westlichen Länder ist die gesellschaftliche Erkenntnis untrennbar von dem Willen, das Aufgespreizte auf sein menschliches Maß zu bringen. Aber solcher Wille war bis vor kurzem suspekt in einem Land, in dem Gebildete ungern von Aufklärung sprachen, ohne das Wort ›platt‹ hinzuzufügen. Wir alle sollten die Gefahr uns vergegenwärtigen, die ein selbst aus der philosophischen Tradition hervorgegangener Gesellschaftsdenker einmal ›Verflachung durch Tiefe‹ genannt hat.

Ich glaube, damit dem gerade in Deutschland häufigsten Einwand gegen die empirische Sozialforschung begegnet zu sein. Daß ich nicht selber der Oberflächlichkeit, also der Verwandlung der Sozialwissenschaft in eine bloße Hilfsdisziplin von Wirtschaft und Verwaltung, mit Ideologien zuhilfe kommen möchte, brauche ich nicht hervorzuheben. Lassen Sie mich statt dessen einige Punkte bezeichnen, an denen die empirische Sozialforschung von der Karikatur sich unterscheidet, die vielerorten an ihrer Stelle unterschoben wird. Es könnte ja der Forderung, die Kategorien müßten ihrem Gegenstand angemessen sein, und deshalb sei es in der Welt der Massenproduktion und Massenkultur mit geisteswissenschaftlichen Methoden nicht mehr getan, Triftiges entgegengehalten werden. Es sei nicht die Aufgabe der Wissenschaft, die Fakten zu ordnen, zu klassifizieren und dabei als das hinzunehmen, als was sie sich geben. Vielmehr gelte es, sie zu deuten. Ihr gesellschaftliches Wesen werde oft genug durch das, als was die Phänomene auftreten, bloß verdeckt. Ich bin der letzte, das abzustreiten. Wenn ich Ihnen vorhin sagte, wir sollten uns etwa bei der Aussage eines Bauern, er bliebe auf seinem Hof aus Heimatliebe, nicht bescheiden, sondern den Tatbeständen nachforschen, die hinter einer solchen Aussage stehen, so wollte ich damit an einem simplen Fall die Verpflichtung anmelden, von der Erscheinung zum Wesen fortzuschreiten. Aber es kommt alles darauf an, daß der Schritt zum Wesen nicht in Willkür und auf Grund fixierter, von außen an die Phänomene herangetragener Vorstellungen vollzogen wird, sondern aus den Phänomenen selbst heraus. So, wie ohne Theorie nichts sich feststellen läßt, so terminiert alles Feststellen in Theorie. Untersuchungen, in denen der Forscher an die Realität glaubt herangehen zu dürfen, als hätte er weder eine Vorstellung von ihr, noch wäre er überhaupt an spezifischen Antworten interessiert, sondern wünsche schlechterdings alles zu erfahren, was in seinem Sektor der Fall ist, sind ebenso subaltern wie solche, die beim bloßen Befund sich bescheiden. Daß selbst der asketisch objektiven Forschung Auswahlprinzipien zugrunde liegen; daß diesen implizit theoretische Bedeutung innewohnt; daß jede fruchtbare Untersuchung eines Brennpunktes bedarf, wird nachgerade selbst von administrativ gebundenen Sozialforschern zugestanden.

Wer etwas von der Askese erfahren hat, die jede empirische Untersuchung auf wenige entscheidbare Fragen einschränkt, die oftmals gegenüber dem Problem sich wie ein Tropfen auf einen heißen Stein ausnehmen, der wird geneigt sein, als Regel zu formulieren, bei keiner Untersuchung komme mehr an Ergebnissen, die irgendeinen Sinn haben, heraus, als der Forscher an Gedanken hineingesteckt habe. Obwohl das Material diese Regel so häufig bestätigt, sollte man vor übereilter Skepsis gegen die Produktivität des empirischen Befundes ebenso sich hüten wie vor übereiligem Vertrauen. Es können dem Forscher in einer vernünftig angelegten Erhebung unerwartete Resultate zufallen, die selber theoretische Konsequenzen haben, einigermaßen ähnlich wie in den Naturwissenschaften. Das ist keine bloß ausgedachte Möglichkeit. In einer amerikanischen Studie über Vorurteil bei Kindern, an der das Institut für Sozialforschung wesentlich beteiligt war, zeigte sich, daß die sogenannten »braven« Kinder, also die, welche der Schule wenig Widerstand entgegensetzten, die vorurteilsfreien sind. Die Daten über Erwachsene jedoch, die bei Beginn der Untersuchung zur Verfügung standen, hatten gerade eine hohe Korrelation zwischen Konventionalismus und Vorurteil und, umgekehrt, zwischen Non-Konformismus und Vorurteilsfreiheit ergeben. Etwas Ähnliches hatten wir auch bei Kindern erwartet. Nun wurden wir dazu getrieben, die Theorie zu modifizieren. Eben die Kinder, denen es gelungen ist, die Autorität zu verinnerlichen, sind dadurch befähigt, später als Erwachsene selbständig zu denken und zu handeln, auch im Widerspruch zu geltender Autorität, während jene, denen es in der Kindheit nicht gelang, auch nicht zur psychischen Selbständigkeit sich entwickeln und eine Neigung haben, als Erwachsene äußerlich gesetzte Standards ungeprüft zu akzeptieren. Ohne empirische Untersuchung wäre dieser theoretische Schritt kaum zwingend vollzogen worden. Sie können entgegnen, die Erklärung, die ich Ihnen für den überraschenden Befund biete, sei genau so plausibel wie die Hypothese, von der wir ausgingen und die widerlegt wurde. Nachträglich sieht es fast immer so aus: nur wenige Resultate sind denkbar, die sich nicht »einleuchtend« interpretieren lassen, und dieser Sachverhalt steckt wohl eigentlich hinter der Regel, es komme nicht mehr bei einer Studie heraus, als man an Gedanken hineingesteckt habe. Aber die Entscheidung zwischen theoretisch gleichermaßen »Einleuchtendem« hat selber theoretisches Gewicht.

Alles kommt darauf an, ob die Theorie dogmatisch, unvermittelt, gewissermaßen von oben her den Fakten oktroyiert, oder ob zwischen ihr und den Erhebungsbefunden eine zwingende wechselfältige Beziehung hergestellt wird. Hier liegt in der Tat die crux der empirischen Sozialforschung. Darüber möchte ich nicht mit der Beteuerung jetzt oder später einmal möglicher Synthesen hinweggleiten. In den Gesellschaftswissenschaften gehen Theorie und Fakten nicht in der gleichen Weise ineinander auf wie in den Naturwissenschaften. Nur ein Bruchteil des theoretisch Gedachten läßt sich in »research«-Fragestellungen umsetzen. Was sich dieser Umsetzung entzieht, verliert darum seinen Erkenntniswert um so weniger, als die Spannungen zwischen Theorie und Tatsache selber etwas mit der Beschaffenheit unserer Gesellschaft zu tun haben. Die Totalität, die alles Einzelne prägt, läßt sich an jedem Einzelnen diagnostizieren, aber aus keinem beweisen. Ich kann darauf jetzt nicht näher eingehen. Wer immer von Ihnen jedoch in seiner eigenen Arbeit sich um die Vereinigung quantitativer Befunde mit qualitativen, erst durch Theorie zu erschließenden bemüht, weiß von prinzipiellen Schwierigkeiten, die nicht durch den Hinweis auf die Jugend der empirischen Sozialforschung sich erledigen. Durch die Empirie wird keineswegs die allgemeine, zugrunde liegende Theorie verifiziert. Wann immer man jedoch sich anstrengt, Theorien in »research«-Fragestellungen zu verarbeiten, gewinnen die Daten selber einen veränderten Stellenwert. Sie beginnen zu sprechen.

Ich brauche Sie hier nur an die Rolle zu erinnern, die heute in den amerikanischen Sozialwissenschaften der Psychoanalyse zukommt. Die Freudsche Theorie ist an Einzelfällen ohne jede statistische Breite entwickelt worden und hat sich deshalb von seiten der orthodoxen Psychologie und Sozialwissenschaft jahrzehntelang den Vorwurf der ungerechtfertigten Generalisierung gefallen lassen müssen. Heute, da man Erhebungen auf Grund des psychoanalytischen Bezugssystems durchführt, strukturiert sich das Erhebungsmaterial im Sinne der Theorie und zugleich mit zureichender statistischer Trennschärfe (discriminatory power). Einen Beleg dafür bietet die aus unseren eigenen Untersuchungen hervorgegangene Unterscheidung der zum Vorurteil tendierenden Menschen von den vorurteilsfreien. Freud wollte bekanntlich seine Theorie naturwissenschaftlich verstanden wissen. Es ist nicht unmöglich, daß sie durch die modernen Forschungsmethoden und deren fortschreitende Verfeinerung auch quantitativ verifiziert wird. Dennoch wäre die Freudsche Konzeption nie möglich gewesen, wenn man die Theorienbildung von Anbeginn mit der Forderung solcher Verifizierung an die Kandare genommen hätte. Sie mögen daran etwas von der komplexen Beziehung zwischen der empirischen Sozialforschung und der Theorie erkennen.

Die empirische Sozialforschung hat längst selbst, gerade auch unter der Einwirkung der Tiefenpsychologie, Methoden entwickelt, durch die sie der Oberflächlichkeit entgegenwirken, krude Feststellungen korrigieren kann. Die in Deutschland weit verbreitete Ansicht, empirische Sozialforschung erschöpfe sich in der Auszählung der bewußten Meinung von Individuen und übersehe dabei ungezählte Probleme, wie die Vagheit und Unverbindlichkeit solcher Meinung, aber auch ihre Differenzierungen, und die dynamischen Aspekte, denen sie individuell und gruppenweise unterliegt – diese Ansicht ist irrig. Während die »Poll«-Methoden der Sozialforschung viele Impulse haben zukommen lassen, und während insbesondere die immer feineren Auswahlverfahren des statistischen Querschnitts ohne die »Poll«-Technik wohl kaum sich auskristallisiert hätten, machen derlei Untersuchungen nur einen Bruchteil der empirischen Sozialforschung aus. Man kann zwar mit den »Poll«-Techniken über Tatsachen, wie zum Beispiel die Beziehungen einer Bevölkerung zu den Behörden, auch den präsumtiven Ausgang einer Wahl vieles erfahren. Wo aber die spezifische Beschaffenheit der Individuen wirklich involviert ist, reichen die »Poll«-Techniken nicht aus. Man hat gelernt, sei's durch indirekte Befragung, sei's durch Tests, sei's durch ergänzende detaillierte Tiefeninterviews, die quantitativen Ergebnisse zu eben jenen Momenten in Beziehung zu setzen, die handfesten Alternativfragen und Ähnlichem sich entziehen. Man verwendet weiterhin Techniken wie Gruppendiskussionen und Gruppeninterviews, die es erlauben, Meinungsbildung und Verhaltensweisen unter experimentellen Bedingungen zu studieren, die denen in der Realität nahekommen, und die Reaktionen der Versuchspersonen in der Gruppensituation mit denen in der individuellen Situation zu vergleichen. Man hat auch Mittel und Wege gefunden, qualitative und theoretisch präformierte Befunde ihrerseits zu quantifizieren. Während die empirische Sozialforschung fortschreitend sich differenzierte, hat es sich ihr zugleich bestätigt, daß in der Welt, in der wir leben, die Menschen keineswegs so differenziert sind, wie der individualistische Glaube es sich wünscht. Gerade in den sogenannten Tiefenschichten der Persönlichkeit läßt sich eine Gleichförmigkeit beobachten, die mit Freuds Lehre von der archaisch-primitiven Beschaffenheit des Unbewußten übereinstimmt, von außen her aber durch die Standardisierung der Menschen in der zeitgenössischen technischen Zivilisation sich verstärkt. Es scheint hier eine prästabilierte Harmonie zwischen der Methode und ihrem Gegenstand sich abzuzeichnen.

Vorwürfen ist aber die empirische Sozialforschung auch von der entgegengesetzten Seite exponiert. Es wird ihr nicht nur die Tiefe, sondern auch die faktische Verläßlichkeit abgesprochen. Soweit nun die empirische Sozialforschung in der Tat mit Voraussagen über das Verhalten großer Zahlen sich beschäftigt – und ich wiederhole, daß das nur ein begrenzter Teil ihrer Aufgaben ist –, wird sie diesen Aufgaben im allgemeinen gerecht. In den paar Fällen, in denen sie versagte, und aus denen man Sensationen gemacht hat, also vor allem bei der Wahl Trumans zum Präsidenten im Jahre 1948, hätte man die Prognose nicht als verbindliche Behauptung auffassen dürfen. Die Schuld liegt, außer an gewissen technischen Mängeln, an der Öffentlichkeit und ihrer Reaktionsweise auf die »Polls«. Ein irrationales Moment läßt sich dabei nicht übersehen. Von allem, was »streamlined«, modern im Sinne von Vereinfachung und Arbeitsersparnis erscheint, geht magische Anziehung aus. Wird die irrationale Identifikation mit statistischen Voraussagen, die überwertige, affektiv besetzte Erwartung enttäuscht, so schlägt sie in Haß und blinde Ablehnung um. Für den Fortschritt der empirischen Sozialwissenschaft in Deutschland ist es daher recht wichtig, daß ihre Beziehung zur Öffentlichkeit verantwortungsbewußt, unsentimental und frei von Suggestivwirkungen gestaltet wird, soweit das in der Massenkultur überhaupt möglich ist. Wir können nicht nachdrücklich genug hervorheben, daß die empirische Sozialforschung kein Zauberspiegel ist, um die Zukunft zu erraten, keine wissenschaftlich solidere Astrologie. Daß unsere Arbeitstagung sich nicht nur an die Fachgelehrten wendet, soll dazu beitragen, ein sachliches Verhältnis zur Öffentlichkeit herzustellen und zu verhindern, daß die Sozialforschung überfordert und dann verdammt wird. Außer Frage steht die Gefahr des Mißbrauchs von »Polls«. Die undemokratische, doch populäre Tendenz, es mit denjenigen zu halten, die als die sicheren Sieger erscheinen, läßt sich durch eine als Wissenschaft maskierte Propaganda ausnutzen. Auch die Marktforschung hat ihre Klippen; sie steht selbst auf dem Markt, muß konkurrieren; und die Forderung, das Verfahren zu verbilligen, verträgt sich nicht reibungslos mit der nach Zuverlässigkeit zumal des »sampling«. Wenn wir daher auf dieser Tagung neben den eigentlich wissenschaftlichen auch Organisationsfragen behandeln, so leiten uns nicht zünftlerische Sonderinteressen und gewiß nicht die Liebe zu Organisationen als solchen. Sondern wir möchten im Geiste freundschaftlicher Zusammenarbeit versuchen, den Mißbrauch auszuschließen. Unsere Satzungen sollen dafür sorgen, daß kein Quacksalbertum der öffentlichen Meinung sich installiert und die verhängnisvolle Neigung der Menschen ausbeutet, bei anderen Aufschluß über das zu suchen, was in Wahrheit bei ihrer eigenen Entscheidung liegt. Die empirische Sozialforschung selber liefert uns zureichende Kriterien. Die Technik des »sampling«, der Herstellung zuverlässiger statistischer Querschnitte ist heute so hoch entwickelt, daß derjenige, der sich an die wissenschaftlich erarbeiteten Maßstäbe hält, dadurch bereits einige Gewähr bietet, nicht solche Querschnitte als verbindlich auszugeben, die es nicht sind. Natürlich besteht immer die Möglichkeit, daß auch die strengsten Methoden zu falschen Ergebnissen führen, wenn sie auf Probleme angewandt werden, für die sie nicht ausreichen. Aber dieser Gefahr ist keine Wissenschaft entzogen. Ein Allheilmittel gibt es nicht, sondern einzig die Verpflichtung zur insistenten, unnachgiebigen Selbstkritik. So muß der empirische Sozialforscher dessen eingedenk sein, daß wesentliche gesellschaftliche Tendenzen, etwa politische Entwicklungen, sich oftmals nicht nach dem statistischen Querschnitt der Gesamtbevölkerung, sondern nach den stärksten Interessen und nach denen richten, die die öffentliche Meinung machen. Er muß seine Erhebungen, so weit es nur möglich ist, an den konkreten Differenzen ausrichten, anstatt in allen Fällen am statistischen Mittel sich zu orientieren. Wenn ich sagte, daß es einer Theorie der Gesellschaft bedürfe, um auch nur die empirische Zuverlässigkeit von Befunden zu gewährleisten, so habe ich genau an solche Probleme gedacht. Was etwa eine Schlüsselgruppe sei, darüber kann die Statistik als solche nicht belehren, sondern nur die Reflexion auf die tatsächliche Machtverteilung innerhalb der Gesellschaft. Sie können daran sehen, wie aktuell das Verhältnis quantitativer und qualitativer Analyse für unsere Wissenschaft ist. Denn die Einsichten, die zwischen der statistischen Methode und ihrer adäquaten Anwendbarkeit auf bestimmte Inhalte vermitteln, sind in weitem Maße qualitativer Art. Gerade in Amerika, wo die quantitativen Methoden auf ihre gegenwärtige Höhe getrieben wurden, wird die Notwendigkeit der qualitativen Arbeit nicht nur als einer Ergänzung, sondern als eines konstitutiven Elements der empirischen Sozialforschung heute eingesehen.

Die eigentümliche Situation der empirischen Sozialforschung, des »social research« im engeren Sinne, hängt damit zusammen, daß er nicht eigentlich in der alten universitas litterarum wurzelt. Er steht dem amerikanischen Pragmatismus näher als jede andere Wissenschaft. Daß er aus der Marktforschung hervorging, daß seine Techniken weithin auf kommerzielle und administrative Zwecke zugeschnitten sind, ist ihm nicht äußerlich. Er erwirbt, wenn ich mich abkürzend einmal der Ausdrücke von Max Scheler bedienen darf, Herrschaftswissen, nicht Bildungswissen. Bei den Naturwissenschaften wird eine solche Erkenntnisstruktur, außer in wenigen Gebieten, für selbstverständlich gehalten. In den Wissenschaften von den menschlichen Dingen scheint sie befremdlich und mit Begriffen wie Würde und Innerlichkeit unvereinbar. Dabei ist die Abtrennung der theoretischen Einsicht von der Praxis auch im Gesellschaftsbereich selber erst das Ergebnis eines langwierigen historischen Prozesses. Wenn Aristoteles seine Politik und die Wendung gegen den Platonischen Idealstaat auf eine vergleichende Studie zahlreicher Verfassungen griechischer Stadtstaaten stützte, so war das im Grunde »social research«, der Prototyp der Anwendung von Erhebungsverfahren auf das, was man heute politische Wissenschaft nennt. Es lohnte, darüber nachzudenken, warum man gegen die Erinnerung daran sich so leidenschaftlich sperrt. Vielleicht schämt man sich, daß derlei praktische Bemühungen der gesellschaftlichen Erkenntnis seit der Antike real unvergleichlich viel weniger nützten als die wissenschaftlichen Anstrengungen zur Beherrschung außermenschlicher Natur. Der Überlegenheitsanspruch der reinen Kontemplation ist nicht frei von der Geringschätzung der Trauben, die zu hoch hängen. Trotz allen Erfahrungsmaterials haben die Menschen bis heute ihre eigenen Angelegenheiten nicht mit der gleichen Rationalität ordnen können, mit der sie Produktions-, Konsum- und Vernichtungsgüter herstellen, sondern sehen sich bedroht von dem Rückfall in die Barbarei. So wäre es denn auch naiv, von der empirischen Sozialwissenschaft ähnliche Triumphe zu erwarten wie von den empirisch kontrollierten Naturwissenschaften. Die praktische Anwendbarkeit der Wissenschaft auf die Gesellschaft hängt wesentlich von deren eigenem Zustand ab. Es gibt kein gesellschaftliches Gesamtsubjekt, das etwa wissenschaftliche Heilmethoden – wenn überhaupt davon sinnvoll sich reden läßt – ebenso universal durchsetzen könnte, wie es in der Medizin mit einer neuen Droge von selbst sich versteht. Gerade dort, wo es nicht um die Behebung von Mißständen, sondern um die Struktur geht, sind die Interessen gespalten. Das ist der wahre Grund dafür, daß die Methoden der empirischen Sozialwissenschaft so leicht partiellen Zielen zugute kommen. Man resigniert, wo man doch keine Macht hat gegenüber den Zielen, und beschränkt sich um so lieber darauf, herauszubekommen, wie man vorgegebene Aufgaben, den Verkauf einer Ware, die Beeinflussung einer Menschengruppe, am wirkungsvollsten und ökonomischsten lösen kann, als in der gegenwärtigen Phase derlei Tätigkeiten recht begehrt sind. Hinter der Beschränkung auf genau definierte und überblickbare Sektoren, die man so leicht dem streng wissenschaftlichen Verantwortungsbewußtsein gutschreibt, steht zugleich immer auch die Hilflosigkeit gegenüber dem Eigentlichen. Die Gefahr der Technifizierung unserer Wissenschaft, der Abspaltung der Methoden von ihrem Gegenstand rührt aber nicht her von einer innerwissenschaftlichen Fehlentwicklung, sondern gerade von der Beschaffenheit ihres Gegenstandes und der Stellung, die ihr in der heutigen Gesellschaft angewiesen wird. Man hat daher den Begriff des »administrative social research« im weitesten Sinne dem des »critical research« kontrastiert. Beide Begriffe stehen einander jedoch nicht unvermittelt gegenüber. Die Reproduktion des Lebens unter den heutigen Bedingungen erscheint überhaupt nicht möglich, ohne daß zentralen Planungsstellen jene präzisen Angaben über die mannigfachsten sozialen Verhältnisse zugeleitet werden, die nur durch die Techniken der empirischen Sozialforschung zu erwerben sind. Zugleich obliegt es der eigentlichen Theorie der Gesellschaft, ihre Konzeption unermüdlich an den tatsächlichen Verhältnissen zu messen, heute wie in aristotelischen Zeiten. Gerade eine Theorie der Gesellschaft, der die Veränderung keine Sonntagsphrase bedeutet, muß die ganze Gewalt der widerstrebenden Faktizität in sich aufnehmen, wenn sie nicht ohnmächtiger Traum bleiben will, dessen Ohnmacht wiederum bloß der Macht des Bestehenden zugute kommt. Die Affinität unserer Disziplin zur Praxis, deren negative Momente gewiß keiner von uns leichtfertig einschätzt, schließt in sich das Potential, gleichermaßen den Selbstbetrug auszuschalten und präzis, wirksam in die Realität einzugreifen. Die Legitimation dessen, was wir versuchen, liegt in einer Einheit von Theorie und Praxis, die weder an den freischwebenden Gedanken sich verliert, noch in die befangene Betriebsamkeit abgleitet. Technisches Spezialistentum läßt sich nicht durch gewissermaßen ergänzend hinzutretende, abstrakte und unverbindliche humanistische Forderungen überwinden. Der Weg des realen Humanismus führt mitten durch die spezialistischen und technischen Probleme hindurch, wofern es gelingt, ihres Sinnes im gesellschaftlichen Ganzen inne zu werden. Vielleicht tragen die nun folgenden Diskussionen auch dazu etwas bei.

1952

Teamwork in der Sozialforschung

Den amerikanischen Kritikern, und der Diskussion innerhalb der empirischen Sozialforschung selber, erscheint es vielfach so, als wären die gerade durch ihr Mißverhältnis zur bereits unübersehbaren Stoffmenge stärker hervortretenden Mängel Produkt einer bloßen Fehlentwicklung, wenn nicht gar – wie Berelson wenigstens andeutet – des »Amerikanismus«, dessen Symptome sich in der empirischen Sozialforschung einfach deshalb durchsetzten, weil sie in Amerika gedieh. Nun ist es gewiß kein Zufall, daß sie dort ihren Schwerpunkt fand, und viele ihrer Kategorien wären zu entwickeln aus den Bedingungen einer Massenproduktion, die, um die Investitionskosten zu rechtfertigen, sich vorweg über die Verkaufschancen orientieren und nicht länger einem blinden Marktmechanismus anvertrauen will, der ohnehin durch die Konzentration des Kapitals in Mammutgesellschaften monopolistisch durchbrochen dünkt. Trotzdem aber hieße es Einwände zu leicht nehmen, welche neuerdings die empirische Sozialforschung wider sich selbst erhebt, wenn man ihre fragwürdigen Aspekte lediglich den äußeren Bedingungen ihrer Entfaltung zuschriebe und dächte, man könne ihre Vorteile haben und mühelos des Negativen sich entschlagen. Vielmehr steckt in diesem Negativen selbst eine Notwendigkeit, die verflochten ist mit den legitimen Anforderungen, welche die empirische Sozialforschung an sich selbst stellen muß, und es ist gerade diese Verflochtenheit, welche schließlich auf die geschichtsphilosophische und erkenntnistheoretische Problematik zurückverweist. Man vermag das vielleicht am ehesten an einer Kategorie einzusehen, die auch Berelson kennt; dem kollektiven Charakter der Sozialforschung, dem »teamwork«. Wer immer die Praxis der empirischen Sozialforschung aus eigener Arbeit kennt, dem wird die Beobachtung aufgezwungen, daß im Bereich der in Rede stehenden Untersuchungen das teamwork sich durch die Arbeit des Einzelgelehrten alten Stils nicht ersetzen läßt. One man studies sind stets dubios und meist dilettantisch. Bereits die Auswahl, geschweige denn die konkrete Heranziehung einer repräsentativen Stichprobe läßt sich kaum ohne Hilfe einer statistischen Spezialgruppe vornehmen, und Interviews, die von einem Einzelnen durchgeführt werden, sind in allen sozialpsychologisch oder politisch kritischen Zonen allein schon wegen des Zeitfaktors bedroht, der dazu nötigt, die Interviews über eine längere Periode zu verteilen, während die Unbefangenheit der Interviewer und ihre Unabhängigkeit voneinander garantiert nur dort scheint, wo die Befragung einer größeren Stichprobe auf einem möglichst kurzen Zeitraum zusammengedrängt ist. Vor allem aber fallen bei einer one man study jene Kontrollen der sogenannten subjektiven Gleichung vielfach weg, die rigoros walten zu lassen einen wesentlichen Ehrgeiz der empirischen Sozialforschung ausmacht. Dem teamwork gegenüber wirkt in der Tat in einem dem materiellen Produktionsprozeß weithin angeglichenen und seinen Leistungen nachstrebenden Bereich die one man study wie ein handwerklicher Betrieb gegenüber einem der Großindustrie. Arbeitsteilung ist unvermeidlich ebenso wegen des Umfangs der zu leistenden Erhebungen, die, nach Arbeitsstunden berechnet, durchwegs in der zur Verfügung stehenden Zeit die Kapazität eines Einzelnen weit übersteigen, wie auch im Sinne des Quantifizierungsideals, das ja seit der Manufakturperiode sich gebunden sieht an die Zerlegung in kleinste und vermöge ihrer Kleinheit einander angeähnelte Funktionen. Das teamwork führt gegenseitige Kontrollen fast automatisch mit sich und ausdrücklich, etwa bei Verfahrensweisen wie dem blind scoring, wo mehrere Mitglieder des team unabhängig voneinander irgendwelche Daten unter Kategorien subsumieren, wobei dann die Entscheidung durch den Vergleich ihrer Ergebnisse objektiviert, also von den Einzelspontaneitäten der scores unabhängig gemacht werden soll. Aber auch wo es nicht um solche expliziten Techniken kollektiver Kontrolle geht, wie sie übrigens bis in die Organisation der empirischen Sozialforschung als ganzer, die Beurteilung jeder Studie durch jeden Fachgenossen und schließlich die Vergebung von Aufträgen hineinreicht, bedeutet bereits die Aufbereitung des Materials durch einen jeden Mitarbeiter, so, daß der nächste mühelos daran weiterarbeiten kann, ein Abschleifen aller Kanten, das dem naiven Bewußtsein als Überwindung von Willkür sich darstellt. Nicht nur können auf diese Weise Stoffmassen bewältigt werden, die ein Vielfaches von der Summe dessen ausmachen, was ein jeder Mitarbeiter der Studie als Einzelner leisten könnte, wenn er dem Gesamtmaterial ohne die Hilfe der anderen gegenüberstünde. Sondern es werden schließlich alle Arbeiten, die durch die Maschinerie hindurchgegangen sind, einander so weitgehend kompatibel, ja ähneln sich einander derart an, daß die mangelnde theoretische Integration der Ergebnisse des gesamten social research doppelt paradox wirkt. Der Preis aber, der für solches streamlining der Sozialwissenschaften bezahlt werden muß, ist sehr hoch. Er ließe sich vergleichen dem Schicksal einer Musik innerhalb der Kulturindustrie, etwa der des Films, deren Produktion arbeitsteilig an verschiedene Ressorts, den Komponisten, den Harmonisierenden, den Instrumentator, den Dirigenten, den Klangingenieur verteilt werden, wodurch zwar Präzisionsarbeit erzielt und alle technischen und sozialpsychologischen Desiderate des Films aufs genaueste erfüllt werden, zugleich aber eine Art Neutralisierung eintritt, die einer solchen Musik jeden Charakter, jedes Profil, jede Spur von Produktivität nimmt, und schließlich in einer Immergleichheit resultiert, die dann wieder die exaktesten sozialpsychologischen Kalkulationen über den Haufen wirft, weil eine derart gefilterte Musik am Ende vom Filmbesucher überhaupt kaum mehr wahrgenommen wird. Was dem Eliminierungsprozeß zum Opfer fällt, ist nicht bloß die individuelle Zufälligkeit, sondern auch alles, was an objektiver Einsicht dem reflektierenden Individuum zuteil wird und sich in dem Abstraktionsprozeß verflüchtigt, der mehrere Individuen auf die Formel eines gemeinsamen Bewußtseins bringt, von dem die spezifischen Differenzen weggeschnitten sind. Unter den Erfahrungen des empirischen Sozialforschers, welche schließlich zu der selbstkritischen Explosion der letzten Jahre geführt haben, ist vielleicht die beunruhigendste, daß eine Studie, die mit viel Perspektive, mit Gedanken über wesentliche Zusammenhänge und tiefzielenden Fragen begonnen wird, auf dem Weg vom Entwurf zur Realisierung, insbesondere im Engpaß des Pretests, ihr Bestes verliert, so daß hier wirklich Unternehmungen voll Mark und Nachdruck den Namen Tat verlieren, und zwar nicht durch Schuld, bösen Willen und Borniertheit irgendwelcher einzelner Beteiligter, sondern durch einen objektiven Zwang, der in der Maschinerie selbst waltet. So wird man bei der Anlage sozialpsychologisch orientierter Studien stets wieder beobachten, daß aus dem Forschungsinstrument die Fragen oder Sätze, in denen der fruchtbarste Kern steckt, während der Entwicklung der Studie entfallen, weil sie, als gewissermaßen zu fein gesponnen, der geforderten Trennschärfe entraten, während die schließlich übrig bleibenden Fragen, die dann in der Tat Gruppen drastisch voneinander abheben, solche sind, die sich mehr oder minder der Oberflächenmeinung annähern und um deren Grobheit willen dann zusätzliche Mittel wie case studies und Tiefeninterviews als keineswegs stets zulängliches Supplement herangezogen werden müssen. Hinzu kommt spezifisch beim teamwork, was man den bottleneck-Effekt nennen könnte: daß nämlich eine Studie, um von einer Gruppe durchführbar zu sein, sich der geringsten geistigen Kapazität innerhalb der Gruppe anpassen muß, deren Träger auch zugleich gegen Unwissenschaftlichkeit revoltieren würde, wo etwas seine Auffassungskraft übersteigt. Daß etwa der Leiter der Studie kraft höheren Überblicks und höherer Einsicht solche Mängel korrigieren könnte, ist meist illusionär; was er zu Beginn der Studie an Eigenem hinzugibt, fällt in weitem Umfang der Selbstkontrolle der Maschinerie zum Opfer; sucht er aber am Ende, also im Schlußbericht, das Verlorene wieder herzustellen, so ist dann meist die Beziehung zu den Daten unwiederbringlich verloren, und die Überlegungen, die jetzt angemeldet werden, haben etwas Unverbindliches, was von den Fakten nicht gefüllt ist, und was denn auch vielfach der leise ironischen Duldung begegnet, derlei Ideen seien in zukünftigen Untersuchungen zu testen, zu denen es dann im allgemeinen nicht kommt. All das ist untrennbar von der Vorstellung der Unersetzbarkeit aller durch alle, einer Parodie demokratischen Geistes, welche in Wahrheit die Individuen als bloße Funktionen beliebiger Sachen denkt, zu denen der Geist der Individuen selbst gar keine wesentliche Beziehung zu haben brauche. Wie sehr Allgemeines und Besonderes ineinander verschränkt sind, wird von dieser stillschweigend allherrschenden Auffassung völlig verkannt; mit Recht hat man demgegenüber bemerkt, daß etwa Freud von seinen Theoremen, von denen heute ein so breiter Sektor der empirischen sozialpsychologischen Untersuchungen zehrt, nicht ein einziges hätte entwickeln können, wenn er dabei den Spielregeln des Wissenschaftsbetriebs ausgesetzt gewesen wäre, der sich heute anheischig macht, ihn zu verifizieren. Einsicht, die aus der Beziehung zur Sache, der lebendigen Erfahrung des Gegenstandes fließt, also eigentlich das Nächste und Einleuchtendste, wird, wenn sie sich in die Maschinerie verirrt und am Ende ganz von ihr bewahrheitet wird, zum Wunder des Medizinmannes pervertiert, der etwas weiß, was man eigentlich gar nicht wissen könne; und nur das gilt als unverdächtige Wissenschaft, was man mehr oder minder schon weiß, ehe man es festgestellt hat. Das teamwork scheint eine dem individualistischen Zustand gegenüber höhere Form der Solidarität von Erkennenden und schließlich auch praktisch Tätigen; in Wahrheit aber ist es nur eine höhere Form der Verdinglichung, der Herabsetzung eines jeden Individuums zu dem, worin es den anderen gleicht, und damit meist des gesellschaftlich gestempelten Vorurteils. Geistige Gemeinschaft zwischen Menschen bildet sich dort, wo sie im Namen eines Dritten, einer objektiv sie bewegenden Sache sich miteinander verbinden; im teamwork aber sind sie grundsätzlich nichts als unvollkommenere Teilfunktionen eines Mechanismus, dessen Wozu in ihre Arbeit selbst gar nicht eingeht und darum sie auch gar nicht zu wahrhafter Solidarität bringt; was sie zusammenhält, sind denn auch meist bloß jene Art human relations, denen dann von der Leitung gegebenenfalls nachgeholfen wird. Die Zeche hat meist der Endbericht zu zahlen; der immer wieder bemerkte Mangel an solchen, die fähig sind, das write up von Studien zu bewältigen, erklärt sich nicht mit dem Mangel an schriftstellerischer Begabung, denn ein solcher Bericht ist keine Sache bloßer literarischer Routine, sondern verlangt das volle Verständnis der Forschung – es ist vielmehr die Aporie, daß ein solcher Endbericht etwas wie einen Sinnzusammenhang vorstellen muß, während der immanente Sinn der Methode, auf der das Ganze beruht, gerade die Negation eines solchen Sinnzusammenhangs, die Auflösung in bloße Faktizität ist. Der Theorie wird darum bloßer Lippendienst geleistet, weil der immanenten Tendenz des research nach gar nicht die Gewinnung von Theorie durch Fakten das Ziel ist, sondern weil umgekehrt die Theorie gewissermaßen in dem faktischen Material derart zergehen, von den Befunden überflüssig gemacht werden sollte, wie Max Weber es bereits für seine Idealtypen postulierte. Die adäquate und, wenn man so sagen darf, gerade auch ästhetisch befriedigendste Form der Darstellung der Ergebnisse empirischer Sozialforschung ist die Tabelle; die Deutung der Tabelle durchs übersetzende und umschreibende Wort hat ihr gegenüber etwas Uneigentliches und Läppisches, während doch, um Wissenschaft zu werden, die Tabelle der Interpretation bedürfte durch eben jenen Begriff, den sie durch die eigene Gestalt fast negiert.

1957

Zum gegenwärtigen Stand der deutschen Soziologie[1]

Die Aufgabe, einiges über den gegenwärtigen Stand der Soziologie in Deutschland zu sagen, läßt sich kaum im Sinne einer bloßen Übersicht auffassen, sondern verpflichtet doch wohl dazu, auf diesen Stand zu reflektieren; einige Gesichtspunkte zu geben, die dazu helfen mögen, ihn besser zu begreifen. Auszugehen ist dabei, selbstverständlich, von der Lage nach dem Krieg. Nicht nur an das allgemeine Vakuum ist zu erinnern, das im deutschen akademischen Bereich damals herrschte; an die Absperrung der deutschen Entwicklung von der internationalen insgesamt, sondern an ein Spezifisches, die Feindschaft des Hitler und seiner intellektuellen Fronvögte gegen die Soziologie als Wissenschaft. Diese Feindschaft faßt man noch viel zu ideologisch, wenn man, wie die Nationalsozialisten selbst es tun mochten, sie aus Betonung sogenannter naturaler, konstanter, vorgeblich anthropologischer Faktoren gegenüber den geschichtlichen und gesellschaftlichen ableitet. Jene Naturalfaktoren, zu schweigen von den konfektionierten Mythologien, die sich nicht umsonst solche des zwanzigsten Jahrhunderts nannten, waren gar keine solchen, sondern willkürliche, vor wissenschaftlicher Kritik durch Brachialgewalt geschützte und als Weltanschauung oktroyierte Setzungen für politische Zwecke. Nicht mehr drückt der Haß der Nationalsozialisten gegen die Soziologie aus als die schlichte Angst vor Erkenntnissen, die an die wahrhaft bestimmenden Mächte der Gesellschaft, an Herrschaftsverhältnisse und Interessendifferenzen rühren könnten. Diese hat man um so verstockter geleugnet, je sturer man selber herrschte. Soziologie erschien gefährlich, weil

1 So wesentlich ist der Beitrag der Mitarbeiter des Instituts für Sozialforschung an der Frankfurter Universität zu diesem Bericht, daß die Autorschaft als kollektiv betrachtet werden darf. Besonderer Dank gebührt Helge Pross, Egon Becker, Ludwig von Friedeburg und Karl Markus Michel. Auf die Untersuchungen des Frankfurter Instituts wird im Text kaum eingegangen.

sie gerade die propagandistischen Thesen, welche das Regime verfocht, ohne je anders sie ernst zu nehmen denn als bloßes Machtinstrument, als Ideologie hätte enthüllen können. Kurz, die Soziologie galt den Machthabern, nach deren Sprachgebrauch, für zersetzend. Man assoziierte sie, unter billiger Ausnutzung der Ähnlichkeit der Worte, mit Sozialismus, unbekümmert darum, daß Soziologie ihrem spezifischen, von Comte stammenden Begriff nach, weit eher der Abwehr jener gesellschaftlichen Dynamik diente, die durch die Emanzipation des vierten Standes ausgelöst war, als daß sie jene Dynamik weitergetrieben hätte. Es focht die Nationalsozialisten nicht an, daß ihr Schwarzer Mann, die Soziologie, stets wieder den Anspruch erhoben hatte, vermöge wissenschaftlicher Objektivität einen gesellschaftlichen Standort jenseits des gesellschaftlichen Kräftespiels zu besetzen und von dorther, wie es schon Platon propagierte, die Gesellschaft zu steuern. Am Ende mochte der Nationalsozialismus, pseudorevolutionär und pseudokonservativ in eins, der Soziologie weniger ihren parti pris als jene Objektivität verübeln, ähnlich wie heute unter den Ostdiktaturen Objektivismus ein Schimpfwort ist und eine Todesdrohung.

Zunächst also hat man nach dem Krieg die Türen weit aufgemacht und so viel von dem zwölf Jahre lang Versäumten hereingelassen wie möglich, vor allem aus Amerika, wo gerade seit den frühen dreißiger Jahren ein bestimmter Zweig der Soziologie, der Empirical Social Research, durch die Ansprüche der Markt-, Meinungs- und Kommunikationsforschung sich in einer in Deutschland kaum vorstellbaren Breite zu den geschliffensten Methoden entwickelt hatte. Die sinnfälligste Tendenz in der deutschen Soziologie nach dem Krieg ist die Zuwendung zu diesen Methoden und das Zurücktreten der Theorie, die vor der Katastrophe für Deutschland charakteristisch war und tief noch in das Werk eines in vielem bereits empirisch und positivistisch gesonnenen Soziologen wie Max Weber hineinreichte. Während der Verfechter der Wertfreiheit und des ganz nominalistisch gedachten Idealtyps, dem Weber jede Substantialität absprach, sich im Gegensatz zu philosophisch-metaphysischen Residuen der Soziologie wußte, widmete er große Teile seines Werkes der Methodologie als philosophischer Reflexion auf Wesen und Verfahrensweisen der Soziologie. Einer seiner zentralen Begriffe, der des Verstehens, den er mit der gleichzeitigen Philosophie Wilhelm Diltheys gemein hat, war selbst noch ein Stück philosophischer Spekulation: er will der Gesellschaft innewerden in der Hoffnung, sie sei selbst ein wesentlich Geistiges, dem verstehenden Geiste Ähnliches. Die deutsche Forschung nach dem Krieg aber möchte ihre Methoden so weit wie möglich dem quantifizierenden und klassifizierenden Verfahren der Naturwissenschaften angleichen, von dem Weber, wissenschaftstheoretisch Anhänger des südwestdeutschen Idealismus, sie als Gebiet sui generis abtrennen wollte.

Der gegenwärtige Stand der Soziologie in Deutschland wäre drastisch zu charakterisieren als abgespalten von der Philosophie. Nicht umsonst wurden Versuche einer Gesamtdarstellung der Problematik der gegenwärtigen Gesellschaft – und der Blick auf die Totalität ist notwendig philosophisch – in den Nachkriegsjahren nur von Repräsentanten der älteren Generation wie Rüstow und Freyer vorgelegt[2]. Die schlechte Unendlichkeit des Gebiets der Soziologie, in das man ja in der Tat alles Erdenkliche hineinziehen kann, erklärt nicht zureichend, warum die jüngeren Soziologen durchweg auf das verzichten, was die Geschichte ihrer eigenen Disziplin von Comte und Spencer bis Pareto beherrscht. Verändert hat sich der geistige Habitus: die jüngere Soziologengeneration gehört selbst zu jener skeptischen Generation, die einen ihrer bevorzugten Forschungsgegenstände abgibt. Sie zieht es vor, sich ans Einzelne und Mittlere zu halten, das man als überschaubar und gesichert betrachtet, und Ansprüche fahren zu lassen, die man mehr oder minder eingestandenermaßen als Erbschaft einer Zeit empfindet, in der die spezifischen Aufgaben der Soziologie, und damit ihre Methoden, noch nicht klar genug herausgearbeitet gewesen wären, und die es nun zu liquidieren gälte. Die Spezialisierungstendenz, die sonst meist objektiv, gegen Wunsch und Willen der Wissenschaftler, sich durchsetzt, macht man in der Reflexion sich eher ausdrücklich zu eigen, als daß man sie kritisierte.

2 Alexander Rüstow, Ortsbestimmung der Gegenwart. Eine universalgeschichtliche Kulturkritik, 3 Bde., Erlenbach-Zürich und Stuttgart 1950-1957; Hans Freyer, Theorie des gegenwärtigen Zeitalters, Stuttgart 1955.

Diese Entwicklung ist nicht bloß von außen her, etwa unter dem Eindruck Amerikas ausgelöst worden, obwohl die deutsche Neigung, von einem Extrem ins andere zu gehen, auch in einem gewissen Bedürfnis sich ausdrückt, die Amerikaner womöglich zu überamerikanisieren, während umgekehrt diese selber heute bereits eher zur kritisch-philosophischen Reflexion der Soziologie tendieren. Von entgegengesetzten Polen her haben amerikanische und deutsche Soziologie sich einander wesentlich angenähert; die deutsche Soziologie ist in jenen internationalen Integrationsprozeß einbezogen, der der Aufgliederung der Welt in Großräume mit sozialen Großplanungen zu entsprechen scheint. Dazu kam es aber vermöge der immanenten Spannung der deutschen Soziologie, der zwischen dem philosophischen Begriff, ohne den Soziologie ihren Gegenstand, die Gesellschaft, gar nicht zu fassen vermag, und der empirischen Feststellung, ohne deren antimythologischen Widerstand gegen den losgelassenen Gedanken das Denken in der Gesellschaft desto mehr zur Ohnmacht verurteilt bleibt, je großartiger es sich gebärdet. Gerade das Moment des Undurchsichtigen und Opaken, das die empirische Forschung gegenüber der philosophischen Tradition so nachdrücklich hervorhebt, gehört zum Begriff der Gesellschaft konstitutiv hinzu: er drückt aus, daß Gesellschaft, wie Geschichte, über den Köpfen der Menschen sich durchsetzt. Ganz konsequent hat Emile Durkheim die soziale Tatsache geradezu durch den Zwang definiert, auf den das einzelne Subjekt stößt, und hat die blinde kollektive Regelhaftigkeit dem eigentlichen Gegenstand der Soziologie gleichgesetzt, der im Gegensatz zur Lehre seines Zeitgenossen Max Weber nicht »verstehbar« sei. Die Divergenz von Weber und Durkheim drückt eine Antinomie der Sache aus. Nichtphilosophische Soziologie resigniert zur bloßen vorwissenschaftlichen Beschreibung dessen, was der Fall und, ohne Beziehung auf den Begriff, durch den es vermittelt wird, Fassade, Schein, eigentlich nicht wahr ist. Umgekehrt aber wird Soziologie, um jener Idee von Wissenschaft gerecht zu werden, der sie seit ihren Ursprüngen sich unterstellt hat und die mit dem Namen Positivismus unlösbar verbunden ist, genötigt, von Philosophie sich zu emanzipieren. Dieser geistesgeschichtliche Prozeß bietet einen späten Teilaspekt jenes umfassenderen, durch den die Philosophie, im

Zug einer mit den Vorsokratikern einsetzenden umgreifenden Aufklärung, immer mehr Sachbereiche an die Einzelwissenschaften abgeben mußte: auf Natur und Geschichte folgen nun jene gesellschaftlichen Fragen, um deren Lösung seit dem Platonischen Staat der philosophische Gedanke sich wesentlich bemüht hatte. Fortschreitende arbeitsteilige Differenzierung der Methoden auf Kosten jener Totalität, die Metaphysik meinte – und die Rationalität von gestern wird allemal zum metaphysischen Vorurteil von heute –, wird vom Schatten der Regression begleitet. An der Soziologie, die spät sich entfaltete und synchron mit dem Rückbildungsprozeß der Gesellschaft zu verlaufen scheint, läßt sich das greifen. Insistent, mit einem selber kaum ganz rationalen Eifer, der von der Vormacht des methodologischen Interesses über das inhaltliche sich herleitet, hat die Soziologie von den Nachbarwissenschaften sich abzugrenzen getrachtet; vor allem von der Nationalökonomie und der Psychologie. Die Ausscheidung der eigentlich ökonomischen Fragen, der nach dem tragenden Produktions- und Reproduktionsprozeß der Gesellschaft, der den sogenannten Formen der Vergesellschaftung ihr Leben einbläst, führte zur Verdünnung der soziologischen Thematik. Wissenschaft, die durch Abstraktion von der Beziehung sozialer Momente auf die Selbsterhaltung der Gesellschaft und deren Problematik das Gesellschaftliche auszukristallisieren hofft, ist dazu gedrängt, einen Rest, die »zwischenmenschlichen Beziehungen«, zu fetischisieren; es entfällt deren Funktion im Stoffwechsel mit der Natur wie mit der sozialen Totalität samt allen essentiellen Widersprüchen. So wird Soziologie zu dem, was ihr nach dem Maß der szientifischen Flurbereinigung nicht weniger peinlich ist, zu Sozialpsychologie. Tatsächlich werden in der gegenwärtigen deutschen »Realsoziologie« vielfach jene zwischenmenschlichen Beziehungen innerhalb wirtschaftlicher Einheiten von den eigentlichen wirtschaftlichen Interessenlagen abgespalten und vorgeblich betriebsspezifischen Motiven zugerechnet. Diese aber sind ihrerseits, nach dem Ergebnis anders angesetzter Untersuchungen, Charaktermasken gesamtgesellschaftlicher ökonomischer Bedingungen. Sie realisieren sich konkret in jedem Einzelbetrieb, folgen aber nicht aus dessen jeweiligen zwischenmenschlichen Beziehungsformen[3]. Dem entspricht im übrigen auf der anderen Seite, daß die auf der Landkarte der Wissenschaften von der Soziologie getrennte Ökonomie auch ihrerseits auf den Anspruch, die tragenden Lebensprozesse der Gesellschaft zu begreifen, verzichtet, wohl gar ihn der Soziologie überläßt, die ihm selber sich entzieht; die gegenwärtige Ökonomie entwirft mit höchstentwickeltem mathematischen Apparat Schemata für mögliche Relationen innerhalb bereits entwickelter Tauschgesellschaften, ohne die Analyse des Tauschverhältnisses selbst, seines gesellschaftlichen Wesens und seiner Dynamik in ihrem Themenkreis zu dulden. In dem Graben zwischen Soziologie und Ökonomie verschwindet das Interesse, das beiden Disziplinen ihre eigentliche raison d'être verleiht; die eine erwartet von der anderen, was diese nicht leistet und worum nicht sich zu kümmern ihren szientifischen Stolz ausmacht. Nicht minder prekär ist die Scheidung der Soziologie von der Psychologie. Konzentriert man sich schon einmal auf die subjektiven und irrationalen »zwischenmenschlichen Beziehungen«, so läßt der Psychologie nicht sich ausweichen; eine kollektive, spezifisch soziologische der individuellen zu kontrastieren wäre, nach Freuds »Massenpsychologie und Ichanalyse«, grob dogmatisch. Durch die Akzentverschiebung auf die subjektiven Momente der Gesellschaft jedoch wird, bei allem positivistischen Anspruch, ein Vorurteil in die Soziologie getragen: sie habe es mit den Menschen unmittelbar zu tun und nicht mit den objektiven Bedingungen ihrer Existenz, den Institutionen. Nicht umsonst ist der Satz, es komme nur auf den Menschen an, längst zum ideologischen Schlagwort degradiert. Es kommt einem Betrieb zugute, der von der Soziologie in Wahrheit zuverlässige Informationen darüber wünscht, wie Gruppen von Menschen am reibungslosesten sich organisieren und, wie das heutzutage heißt, »steuern« lassen. All das jedoch sind keine bloßen Mißbildungen und Fehlentwicklungen, die etwa durch Besinnung auf die in der Tat halb vergessene große soziologische Tradition, durch die Infiltration philosophischer Ideen oder gar

3 Vgl. Theo Pirker, Siegfried Braun, Burkart Lutz, Fro Hammelrath, Arbeiter, Management, Mitbestimmung. Eine industriesoziologische Untersuchung der Struktur, der Organisation und des Verhaltens der Arbeiterbelegschaften in Werken der deutschen Eisen- und Stahlindustrie, für die das Mitbestimmungsrecht gilt, Stuttgart und Düsseldorf 1955.

sogenannter »Leitbilder« von außen sich korrigieren ließen. Die Logik der Sache, die Bemühung um spezifisch soziologische, im einzelnen hieb- und stichfeste Befunde, zeitigt zwangsläufig jene Beschränkungen, die in Resignation terminieren, die relevanten Fragen abschneiden und auf Rückbildung des gesellschaftlichen Bewußtseins auch in dessen wissenschaftlicher Reflexionsform hinauslaufen.

Der Aufschwung der deutschen Soziologie nach dem Krieg entspringt einem genuinen Bedürfnis. Die Aufgaben von Planung, die nach der totalen Niederlage, nach der physischen Zerstörung der Städte, nach Ereignissen wie dem Zustrom der Millionen von Flüchtlingen sich stellten, erheischten unangreifbare informatorische Daten. Da es bei Problemen, wie beispielsweise dem Potential der Wiedereingliederung von Flüchtlingen und Heimkehrern, mit bloß statistischen Angaben nicht sein Bewenden haben konnte, wurden die Methoden des »administrative research«[4] für die Verwaltung unentbehrlich. Die ausgebreiteten, in mancher Hinsicht freilich sich widersprechenden Untersuchungen wollten ermitteln, ob und in welchem Maß die Form der Familie der Entwurzelung ganzer Bevölkerungsschichten unmittelbar nach dem Krieg entgegenwirkte. Die Fragestellung schließt in sich schon, unvermeidlich und verständlicherweise, eine gewisse profamiliale Tendenz, die über Methoden und Forschungsinstrumente den Resultaten sich mitteilt. Leicht kommen darüber entgegenlaufende Tendenzen wie die langfristige zur Schwächung der Familie zu kurz. Theoretisch liegt dabei die Affirmation sogenannter Bindungen um der Bindung, um ihres in bestimmten Situationen integrativen Effekts willen nahe. Der Substantialität und Legitimität solcher Bindungen aber wird kaum mehr nachgefragt, weil man sonst dem antiphilosophischen Tabu der Soziologie entgegenhandelte.

Auch das außerordentliche Interesse an der industriellen und Betriebssoziologie hat seinen Realgrund. Nach der mehr oder minder autoritären Betriebsverfassung der deutschen Schwerindustrie, die aus dem Wilhelminischen Reich stammt, die Weimarer

4 Paul F. Lazarsfeld, Remarks on Administrative and Critical Communication Research, in: Studies in Philosophy and Social Science, Vol. IX, 1941, p. 2 ff.

Republik überdauerte und im Hitlerschen Reich sich verstärkte, gelangte man zu Formen, die in Organisation, psychologischen Verhaltensweisen und ungezählten Einzelfragen wie dem Mitbestimmungsrecht an demokratische Spielregeln sich anpaßten. Darum brauchte man Informationen über den subjektiven Bewußtseinsstand der Arbeitenden, die anders als mit soziologischen Erhebungstechniken nicht zu gewinnen wären. Auch diese Interessen verbanden sich mit einem antitheoretischen Zug, selbst dort, wo die Nachkriegssoziologie von den Organisationen der Arbeiter gefördert wurde. Die stillschweigende Distanzierung von der Marxschen Theorie, die sich einerseits durch die Geschichte der deutschen Sozialdemokratie, andererseits durch die Beschlagnahmung und demagogische Verfälschung des dialektischen Materialismus durch die russische Dauerdiktatur ergeben hatte, schuf ein Vakuum. Der einzige Ersatz, der mit der Tradition von Wissenschaftlichkeit in der Arbeiterbewegung übereinzukommen schien, ohne marxistisch oder handgreiflich antimarxistisch zu sein, war die wertfreie empirische Soziologie. Das Pathos der Entzauberung, der Realismus, auf den sie in ihrer jüngsten Phase pocht, schickte sich gut zum desillusionierten Bewußtseinsstand einer Arbeiterschaft, die keine reale Macht mehr vor sich sah, welche das Ganze so von Grund auf hätte ändern können, wie es in der sozialistischen Tradition erwartet wurde. Einsicht in derlei Zusammenhänge legitimiert jedoch keine Überschätzung der Neutralität der neutral gesonnenen soziologischen Forschung. Im Verzicht auf übergreifendes, das je Feststellbare überschreitendes und damit unabdingbar kritisches Denken willfahrt sie allzu sehr jenem beschränkten Bewußtseinsstand, den sie registriert, und den gesellschaftlich abzuleiten ihr obläge. Er verzaubert sich unterm Gesichtspunkt des besseren Funktionierens der sozialen Maschinerie in ein Wünschbares. Nicht umsonst ist die Dichotomie von functional und dysfunctional die höchste, zu der das Werk von Talcott Parsons sich erhebt, das heute in Deutschland vielerorten zu wirken beginnt. Statt dessen wäre aus dem Widerspruch zwischen dem – nach dem Maß des heute und hier Möglichen – verkümmerten Sozialcharakter und der fortdauernden Nötigung zu gesellschaftlicher Anpassung die Konsequenz zu ziehen. Sie ließe freilich mit vorfindlichem Material kaum sich erhärten. Die gegenwärtige Soziologie jedoch erhebt ihrer kategorialen Struktur nach, gar nicht erst durch Vorurteile oder Abhängigkeiten, die bloße Nachkonstruktion des Bestehenden zum Ideal. Wie häufig in der Wissenschaft, besagt darüber eine Äquivokation mehr Wahres als deren semantische Kritik zugestehen möchte: Positivismus heißt nicht nur eine Gesinnung, die ans positiv Gegebene sich hält, sondern auch eine, die dazu positiv steht, gewissermaßen durch die Reflexion das ohnehin Unvermeidliche ausdrücklich sich zueignet. »Es soll nicht sein«, weil es nicht sein kann. Das ist das trostlose und fatale, unterdessen sozialisierte Geheimnis jenes Amor fati, der bei Nietzsche noch wie eine nichtkonformierende Parole klang.

Danach erst gewinnen als Modelle und nicht ohne Willkür herausgegriffene Einzelangaben über die Lage der deutschen Soziologie ihren Stellenwert. Das ansteigende soziologische Interesse in Deutschland wird bezeugt von zahlreichen Einführungen, Übersichten, Zusammenfassungen, Lehrbüchern. Sie entspringen primär im Bedürfnis, Versäumtes nachzuholen und legitimen Anforderungen gerecht zu werden, die aus dem krassen Mißverhältnis zwischen der Zahl der Soziologie Studierenden und ihrer akademischen Lehrer erwachsen. Zum Teil mögen sie freilich auch theoretische Entwürfe ersetzen, die man nicht mehr wagt; oder konkret durchgeführte Untersuchungen. Ein Zug zur Popularisierung ist unverkennbar: große Verlage bekunden neuerlich ihre Vorliebe für soziologische Taschenbücher und Lexika. Diese Literatur füllt sicherlich eine Lücke aus, steht aber fraglos auch bereits unter dem Druck, Wissenschaft zu »pädagogisieren«, für den Konsum zuzurichten. Gemessen an der Produktion in anderen, zumal den angelsächsischen Ländern, ist dagegen die Zahl der in Deutschland publizierten ernsthaften empirischen Studien immer noch gering; es fehlt auch an der Möglichkeit, sie einigermaßen zu überblicken. Immerhin, verglichen mit der Dürftigkeit dessen, was in den ersten Nachkriegsjahren an Informationen über spezifische Phänomene und Probleme Westdeutschlands verfügbar war, hat die Situation sich merklich gebessert. So gibt es Veröffentlichungen – seit dreißig Jahren wohl in Deutschland die ersten – über Aspekte des Bewußtseins der Arbeiterschaft

(Popitz u. a.), über die Angestellten (Bahrdt, Müller, Neundörfer), die Familie, die Landgemeinde, die Großstadt, die Mittelstadt, die Jugend, politische Parteien und andere Gruppen. Quantitativ überwiegen diese Publikationen weit das, was während der letzten Jahre an historisch-soziologischen oder sozialgeschichtlichen Arbeiten herauskam; auch die Dogmengeschichte, sonst in Deutschland stets besonders rege, tritt zurück. Gegenüber der Zeit vor 1933 haben die thematischen Schwerpunkte merklich sich verlagert.

Auch in der politischen Soziologie dominieren unhistorische, empirische Einzelanalysen, obwohl gerade diese Disziplin in Deutschland aus einer Tradition historischer und theoretischer Forschung, der Staatswissenschaft, hervorging. Politische Soziologie wird vor allem im Berliner Institut für politische Wissenschaft unter der Leitung von Otto Stammer betrieben. Dort, wie übrigens auch an anderen Universitätsinstituten, stehen zwei Themenkreise im Zentrum: die Soziologie der politischen Parteien und die außerparlamentarischer Interessenverbände. Das Studium des Parteiwesens verdankt sich höchst realen Forderungen: das Grundgesetz der Bundesrepublik weist den Parteien, im Gegensatz zur Weimarer Verfassung, die Mitwirkung bei der politischen Willensbildung des Volkes zu und garantiert sie (Artikel 21 GG). Das Verhältnis der damit geschaffenen staatsrechtlichen Lage zu den ebenfalls im Grundgesetz verankerten Prinzipien der Volkssouveränität und der parlamentarischen Repräsentation wirft zahllose soziologische Fragen auf. Erwähnt mag werden, daß manche der einschlägigen Untersuchungen der Soziologie des Parteiwesens, wie die von Otto Büsch und Peter Furth über die SRP, gewisse Erkenntnisse sozialpsychologischer Art sich zunutze machen, die in Amerika in der »Authoritarian Personality« niedergelegt sind.

Das Problembewußtsein der mit Parteisoziologie Befaßten richtet sich mehr auf die Erörterung struktureller Veränderungen politischer Organisationen und Institutionen, als daß theoretisch designierte Fragen tatsächlich weiter verfolgt würden. Soweit die Arbeitsteilung zwischen Soziologen, Historikern und Staatswissenschaftlern den Soziologen die empirischen Studien überläßt, stützen sie sich in weitem Maß auf Befunde und Auslegungen der

Staatswissenschaftler, die ihrerseits jedoch soziologische Untersuchungen und Fragestellungen weit intensiver zur Kenntnis nehmen als je zuvor in Deutschland. Das wichtigste Buch aus diesem Bereich ist dem Berliner Institut für politische Wissenschaften zu verdanken, »Parteien in der Bundesrepublik. Studien zur Entwicklung der deutschen Parteien bis zur Bundestagswahl 1953« (hg. von Sigmund Neumann, Stuttgart/Düsseldorf 1956). In sieben Monographien werden die Parteien behandelt, zwischen denen die Wähler im September 1953 sich entscheiden konnten. Auf Grund schon vorhandener – nicht primär durch eigene Erhebungen gewonnener – Materialien werden die Entwicklung der Parteien seit 1945, ihr organisatorischer Aufbau, ihre Programme, ihre Zusammenarbeit mit Verbänden, die soziale Herkunft ihrer Mitglieder analysiert. Weniger Wert wird demgegenüber auf die »Organisationswirklichkeit« der Parteien: ihre tatsächliche Binnenstruktur, das Verhältnis der Führung zu Mitgliedern und lokalen Gremien, die Willensbildung an der Spitze, die wechselseitigen Beziehungen von Verbänden und Parteien gelegt. Die Autoren sprechen diesen Mangel unumwunden aus. Er qualifiziert das Werk als Vorarbeit. Ein Vorwurf ist ihm daraus nicht zu machen: nach wie vor setzen in Deutschland die Verbände und auch die Parteien, gleich welcher Schattierung, der wissenschaftlichen Durchdringung ihrer wesentlichen realen Struktur – die natürlich nicht identisch ist mit ihrer formalrechtlichen Konstitution – den heftigsten Widerstand entgegen. Daß die autoritäre Struktur des Wilhelminischen Deutschland ins »Zeitalter der Verbände« sich hinüberrettet, ist nicht der letzte unter den Gründen dafür, daß politische Soziologie und politische Wissenschaft von den Fragen abgedrängt werden, auf die es ankäme und die noch in den zwanziger Jahren die Diskussion beherrschten, etwa die Funktion der Bürokratie in der modernen Demokratie, das politische Bewußtsein der oberen Beamtenschaft, das Verhältnis von Staat und Wirtschaft, die Finanzierung der Parteien – schließlich überhaupt das Problem, wie reale gesellschaftliche Macht in den Institutionen sich verwirklicht. Der Begriff Macht selber wird nur selten angepackt: insofern scheint selbst die politische Soziologie zur unpolitischen Wissenschaft zu werden.

Die Diskussion der außerparlamentarischen Interessenverbände ist wohl am nachdrücklichsten gefördert worden durch Theodor Eschenburg, »Herrschaft der Verbände?« (Stuttgart 1955). Das Buch hat nicht nur zur prinzipiellen Diskussion des Gegenstands geführt, sondern auch eine Literatur ausgelöst, die über Organisation, Aufbau, Mitgliedschaft, Programme der wichtigeren Verbände, über die Zugehörigkeit ihrer Funktionäre zum ersten und zweiten Bundestag und zur öffentlichen Verwaltung unterrichtet (vgl. außer Eschenburg vor allem Rupert Breitling, Die Verbände in der Bundesrepublik. Ihre Arten und ihre politische Wirkungsweise, Meisenheim am Glan 1955; Joseph H. Kaiser, Die Repräsentation organisierter Interessen, Berlin 1956). Eschenburg belegt die Einflußnahme bedeutender Verbände auf politische Entscheidungen. Aber noch liegen keine empirischen Analysen des internen Funktionierens der Verbände vor, ihrer Tendenzen zur Oligarchie und zur Selbstperpetuierung, des Umfangs und der Methoden ihres Einflusses auf Parteien, Regierung, Bürokratie, kurz ihrer realen gesellschaftlichen Macht. Die Gründe dieses Mangels sind evident: in Deutschland wie in der ganzen Welt stößt die Soziologie überall dort auf Schwierigkeiten, primäres Material heranzuschaffen, wo sie gesellschaftliche Nervenpunkte berührt. Das besagt aber nicht weniger, als daß wesentliche Aspekte der Willensbildung im Bund, in den Staaten und in den Kommunen der Soziologie – und damit auch der Öffentlichkeit – wissenschaftlich so gut wie unbekannt sind; daß man nur äußerst wenig Authentisches über die Frage nach dem Funktionieren der Demokratie im gegenwärtigen Deutschland erfahren kann. Trotz aller Betonung des Realismus der deutschen Nachkriegssoziologie ist sie kaum an den wichtigsten realen Komplex herangekommen, den zu behandeln ihr anstände.

Relativ groß ist die Zahl von historischen Publikationen zum Parteiwesen, etwa Ludwig Bergsträsser, »Geschichte der politischen Parteien in Deutschland« (8. und 9. völlig neu bearbeitete Auflage, München 1955); Wilhelm Mommsen, »Deutsche Parteiprogramme. Eine Auswahl vom Vormärz bis zur Gegenwart« (München 1952); Wolfgang Treue, »Deutsche Parteiprogramme 1861–1954« (Göttingen/Frankfurt/Berlin 1954); O. K. Flechtheim, »Die deutschen Parteien seit 1945. Quellen und Auszüge«

(Berlin/Köln 1955). Ältere Arbeiten zum Thema, wie die bereits implizit antidemokratische von Robert Michels zur Soziologie des Parteiwesens, aber auch die Max Webers, kamen, gleich vielen älteren soziologischen Texten, in neuen Auflagen heraus. Nicht viel gibt es im Westen zur Soziologie des östlichen Machtbereichs; verantwortlich dafür sind natürlich in erster Linie die Schwierigkeiten, welche die Diktaturstaaten sachlich gerichteter Forschung in den Weg legen. Das Berliner Institut hat auch einzelne Studien über die DDR vorgelegt, zum Beispiel M. B. Lange, »Wissenschaft im totalitären Staat. Die Wissenschaft der sowjetischen Besatzungszone auf dem Weg zum Stalinismus« (Stuttgart/Düsseldorf 1956).

Der Zusammenhang zwischen der empirisch-positivistischen Wendung der deutschen Soziologie, ihrer praktischen Funktion für Verwaltungszwecke und ihrer resignativen Einordnung unter die Übermacht bestehender Verhältnisse wird dort am deutlichsten, wo die Soziologie thematisch am nächsten ans Zentrum des gesellschaftlichen Lebensprozesses heranrückt, im Bereich der industriellen Produktionssphäre. Was hier geschieht, fällt meist unter den Begriff der Gruppensoziologie. Gesamtgesellschaftliche Erwägungen aber, die der Kategorie der Gruppe gewidmet wären, sind seit 1945 kaum bekannt geworden, obwohl in den verfügbaren Handbüchern und Lexika der Soziologie und der Sozialwissenschaften die verschiedensten Bestimmungen und Definitionen der Gruppe sich dargestellt finden (Bernsdorf und Bülow, 1955; Ziegenfuß, 1956; König, 1958). Nur wenige grundsätzliche Analysen über Bedeutung und Funktion von Gruppen im gesellschaftlichen Prozeß finden sich.

In überraschendem Kontrast zu dem relativen Mangel groß intentionierter Gruppenuntersuchungen steht die vielfach, offenbar auch von König – wie von Durkheim oder Bogardus – vertretene Tendenz, die Beschäftigung mit Gruppen zum eigentlichen Gegenstand der Soziologie zu erheben. So jedenfalls könnten seine einleitenden Bemerkungen zum Stichwort »Gruppe« (Fischer Lexikon »Soziologie«, Frankfurt am Main 1958) verstanden werden: »Zum Verständnis der überragenden Bedeutung des Begriffs der Gruppe sei zu Beginn eine Bemerkung von Florian Znaniecki angeführt, nach der in der heutigen Soziologie der Begriff der Gruppe an die Stelle getreten sei, an der früher der Begriff der – Gesellschaft stand. Diese Feststellung ist zweifellos richtig und in zweifacher Hinsicht bedeutsam: 1. zeigt sie eine methodologisch wichtige Tendenz, von dem Haften an gesamtgesellschaftlichen Großstrukturen loszukommen und Teilstrukturen in den Blick zu bekommen, die uns zumindest näherstehen und daher vielleicht übersichtlicher sind als die ersten; 2. tritt hierbei eine Entscheidung hervor, die allerdings noch nicht allgemein akzeptiert ist, nämlich die Gruppe als Hauptgegenstand der Soziologie überhaupt zu betrachten. Dadurch entsteht natürlich die weitere Frage, wie sich diese Gruppen zu den gesamtgesellschaftlichen Großstrukturen verhalten.«

Solche Intentionen dominieren in der Betriebssoziologie. Sie »ist auf dem besten Weg, neben der wissenschaftlichen Arbeitstechnik, Arbeitsphysiologie und Betriebswirtschaftslehre, Betriebspsychologie eine der Grundlagen moderner wissenschaftlicher Betriebsführung zu werden«. Schwer nur könnte Kritik ihre Bedenken gegen den gegenwärtigen Stand dieses Wissenschaftszweigs in Deutschland genauer anmelden, als diese zustimmend gemeinte Bemerkung von Otto Neuloh (in: »Deutsche Betriebssoziologie. Eine Bestandsaufnahme«, Schriftenreihe der Rationalisierungsgemeinschaft »Mensch und Arbeit«, 4, 1956). Einmal inspirierte der kritische Impuls die wissenschaftliche Behandlung der Industrialisierung und ihrer Folgen, des Verhältnisses von Produktivkräften und Produktionsverhältnissen unterm Kapitalismus. Im zwanzigsten Jahrhundert wurde dann daraus die – notwendig vergebliche – Bemühung, vom Betrieb her die Gesellschaft zu reformieren (Rosenstock, Michel). All das scheint vergessen, eliminiert oder als bloße Bildungsreminiszenz aufgewärmt. Aus der »sozialen Frage« der Gesellschaft wurde das Problem der »human relations« im Betrieb. Die nach dem Krieg als Bindestrichsoziologie in Deutschland neu erstandene Industrie- und Betriebssoziologie orientiert sich eher an den Ergebnissen und Methoden amerikanischer Sozialforschung als an ihrer eigenen Überlieferung.

Gewiß kann gegen die großen Theorien des neunzehnten Jahrhunderts ebenso wie gegen die sozialpolitischen Bestrebungen der ersten Jahrzehnte des zwanzigsten eingewandt werden, sie wären empirisch unzulänglich fundiert gewesen. Der Wunsch, das nachzuholen, die Gewichtsverlagerung von der Reflexion über den Gegenstand auf die, nach Max Webers Postulat, vorurteilsfreie Ermittlung von Fakten ist jedoch ihrem Gegenstand gegenüber nicht indifferent. Tatbestände werden als letzte Gegebenheiten, als eigentliche Rechtsquelle wissenschaftlicher Erkenntnis präsentiert, die ihrerseits vermittelt, nur als Ausdruck der gesellschaftlichen Totalität zu verstehen sind[5]. Anstatt diese Vermittlung zu verfolgen, wird sie als in den zu erforschenden Komplexen bereits geltende vorausgesetzt und von ihr weitgehend abstrahiert. Dafür nutzt die empirische Sozialforschung eine Möglichkeit, die erst ihre jüngste Entwicklung eröffnete: Verhalten und Bewußtsein großer Menschengruppen nach wissenschaftlichen Spielregeln exakt zu registrieren und auch vorherzusagen. Diese Möglichkeit kommt administrativen und auch manipulativen Bedürfnissen entgegen. Sie entspricht einer subjektiv gerichteten Intention, der Ermittlung des Funktionierens oder Nichtfunktionierens von Menschen unter bestimmten, sei's technologischen, sei's gruppensoziologischen Bedingungen in Betrieben, insbesondere in großen. Den größten Einfluß auf diese Studien hat die berühmte Hawthorne-Untersuchung ausgeübt. Während vor allem in Amerika ihre Methoden und Ergebnisse längst diskutiert werden[6], ist in der deutschen betriebssoziologischen Literatur die Vorstellung vom Schlüsselcharakter der informellen Gruppen fast sakrosankt.

Nicht unwesentlich für die »subjektivistische« Konzeption der Betriebssoziologie ist jene Vorstellung, die Soziologie müsse, um ihre Existenzberechtigung zu erhärten, Gegenstandsbereiche definieren können, die sie von allen anderen wissenschaftlichen Disziplinen unterschieden. Als solche Bereiche bieten sich – verdrängt man einmal die tiefenpsychologischen Aspekte – die

5 Vgl. Theodor W. Adorno, Soziologie und empirische Forschung, in: Wesen und Wirklichkeit des Menschen, Festschrift für Helmuth Plessner, hrsg. von Klaus Ziegler, Göttingen 1957, S. 245 ff. [jetzt oben S. 196 ff.].

6 Vgl. u. a. G. Friedmann, Problèmes humains du machinisme industriel, Paris 1946, S. 301 ff. D. C. Miller und W. H. Form, Industrial Sociology, New York 1951, S. 35 ff.; C. M. Arensberg, Behavior and Organization: Industrial Studies, in: Social Psychology at the Crossroads, hrsg. von J. H. Rohrer und M. Sherif, New York 1951, S. 324 ff.

sogenannten zwischenmenschlichen Beziehungen im Industriebetrieb an. Als hätte die objektive Gestalt der Arbeit und ihr Warencharakter mit dem Leben der Arbeitenden nichts zu tun, will Neuloh »Lebensvorgänge« von »Arbeitsvorgängen« im Betrieb scheiden und erklärt kategorisch: »Entscheidend für den Soziologen und für die Gebildelehre überhaupt sind immer die Zusammenwirkenden als Menschen. Erst in zweiter Linie erscheinen sie als Fachleute, als Inhaber von Funktionsstellen, als Direktoren, Ingenieure, Meister, Arbeiter, in der Art, wie sich ihre Beziehungen im Betrieb gestalten.« (in: Die deutsche Betriebsverfassung, 1956) Angestrengt wird versucht, die Betriebssoziologie von der Betriebswirtschaftslehre zu unterscheiden, anstatt daß man zugestände, daß die Demarkationslinien zwischen den wissenschaftlichen Branchen keine ontologische Ordnung der Gegenstände selber umreißen. Die Betriebswirtschaftslehre kann von den im Betrieb arbeitenden Personen nicht absehen; ebensowenig aber kann die Betriebssoziologie den Betriebszweck ignorieren, der die objektiven Funktionen der Arbeitenden bestimmt. Den Betrieb, wie Neuloh, ein »Konvivium« zu nennen; den Gegenstand der Betriebssoziologie auf diejenigen Sektoren des Verhaltens der Arbeiter zu reduzieren, die nicht unmittelbar vom Betriebszweck bestimmt sind (König), heißt doch wohl, von den Gegenständen der Soziologie den Zwang zu streichen, dem sich die Individuen fügen müssen, um ihr Leben und das der Gesellschaft zu reproduzieren.

Solche Positionen sind allerdings nicht die der gegenwärtigen deutschen Industriesoziologie schlechthin. Sie charakterisieren jedoch eine starke Tendenz. Ihr Bezugssystem liegt auch den von kommerziellen, privaten Meinungsforschungsinstituten durchgeführten Betriebsumfragen zugrunde, die der Verbesserung des Betriebs dienen wollen. Zwar wird gelegentlich die Abhängigkeit des Einzelbetriebs von der Gesellschaft anerkannt, aber nur pauschal – in der Untersuchung selbst behandelt man meist jenen isoliert. Helmut Schelsky freilich rät der Industrie- und Betriebssoziologie nachdrücklich, den Betrieb nicht herauszulösen, sondern »die Betriebsprobleme gerade in ihrer Bezogenheit auf die jeweiligen Strukturen und Problematiken der Gesamtgesellschaft zu durchdenken«. Aber auch er bezeichnet das Verhältnis zwischen dem Betrieb, der unter rein wirtschaftlich-technischen Leistungsgesichtspunkten eine selbständige Einheit bildet, und den Bemühungen zu seiner sozialen Eingliederung durch außer- und innerbetriebliche soziale Maßnahmen als die »grundlegende Spannung und Dynamik unserer modernen industriellen Zivilisation«. Daß jene »grundlegende Spannung« durch betriebsimmanente Momente, wie profitgerichtete Steigerung der Produktivität, nicht durch irgendwelche vom ökonomischen Zweck abtrennbare Beziehung hervorgerufen wird, verschwindet dabei, und die sozialpolitischen und -psychologischen Maßnahmen werden ihrer soziologischen Relevanz nach doch wohl überschätzt. Verfolge die Betriebssoziologie nur stets das Doppelziel: die soziale und seelische Befriedigung der arbeitenden Menschen zu erhöhen und die Produktionsleistung und Wirtschaftlichkeit des Betriebes zu steigern, so schaffe sie eine »Brücke über die Kluft von Unternehmerschaft und Arbeiterschaft« (in: Schelsky, Aufgaben und Grenzen der Betriebssoziologie, 1954). Aber die Kluft liegt nicht zwischen sozialer und seelischer Befriedigung einerseits und Produktionsleistung und Wirtschaftlichkeit andererseits, sondern in der gesellschaftlichen Gestalt jener Wirtschaftlichkeit selber.

Im Gegensatz zu den subjektiv gerichteten und am Problem der sogenannten Integration orientierten Intentionen vieler Betriebssoziologen der Gegenwart geht eine Reihe von Untersuchungen von den objektiven Gegebenheiten und Funktionen des Industriebetriebs und seiner Mitglieder aus und analysiert unter diesem Aspekt Konflikte, Interessengegensätze und Machtverhältnisse. Darin stimmen im übrigen so vielfach divergierende Arbeiten wie die von Pirker und Lutz; Popitz und Bahrdt; von Dahrendorf; solche aus dem Frankfurter Institut für Sozialforschung überein. In Dahrendorfs »Industrie- und Betriebssoziologie« heißt es: »In der Beschäftigung mit den im Industriebetrieb arbeitenden Menschen richtet sich der Blick des Soziologen nicht in erster Linie auf diese Menschen als Persönlichkeiten in ihrer ganzen Fülle und Individualität, sondern als Träger sozialer Rollen, als Dreher oder Sekretärinnen oder Abteilungsleiter, Fließbandarbeiter oder Werkmeister oder Direktoren. Im Vordergrund steht für den Betriebssoziologen also die Frage nach den Beziehungen zwischen den Betriebsangehörigen kraft ihrer Position und Aufgaben, nicht kraft ihrer Persönlichkeiten.« Welche Aufmerksamkeit Dahrendorf dabei strukturellen Konflikten widmet, dafür zeugt sein Buch »Soziale Klassen und Klassenkonflikt in der industriellen Gesellschaft« (1957). Wie weit jene objektive Struktur einer Kategorie wie der der Persönlichkeit in ihrer ganzen Fülle und Individualität überhaupt Raum läßt, muß hier offen bleiben. Objektive Voraussetzungen einer Demokratisierung der personellen Beziehungen im Betrieb wurden von Pirker, Lutz und Braun in ihrem großen Werk »Arbeiter, Management, Mitbestimmung« (1955) behandelt. Im Mittelpunkt der Studie »Technik und Industriearbeit« (1957) von Popitz, Bahrdt, Jüres und Kesting standen die objektiven Bedingungen der Arbeit in einem Hüttenwerk und die aus ihnen resultierenden Kooperationsformen und Reaktionsweisen der Arbeiter. Eng verbunden damit war die Studie über »Das Gesellschaftsbild des Arbeiters« (1957). Die Untersuchung des Instituts für Sozialforschung zur Fluktuation im Steinkohlenbergbau konzentrierte sich auf ein sehr spezifisches Problem, den Belegschaftswechsel in einzelnen Zechen, unter dem Gesichtspunkt der gesellschaftlichen Situation des Bergbaus.

Auch ein ihres Umfangs wegen etwas ausführlicherer Überblick über die soziologische Literatur, die der Nachkriegsjugend gilt, bestätigt den Hang zu subjektiven Untersuchungen. Relativ wenig ist über die objektiven Lebensbedingungen jener Jugend ausgemacht; das meiste beschäftigt sich mit Verhaltensweisen von Jugendlichen, ihre Deutung aus der Gesellschaftsstruktur heraus wird selten gewagt. Die Thesen der Jugendsoziologie, die seitdem weithin bekannt wurden, fanden sich schon 1947 in zwei deskriptiven Beiträgen formuliert: in Elisabeth Lippert, »Epochalpsychologische Jugendforschung«, und in Ludwig Zeise, »Bild der deutschen Jugend« (beides im »Kongreßbericht«, Bonn 1947, Band III). Beide Male wird die nüchtern-sachliche, realistisch-praktische, kühle und illusionslose Attitude der Jugend hervorgehoben, obwohl in anderen Punkten, wie der Frage nach »Verschlossenheit« oder »Offenheit« der Jugend, beide Autoren divergieren – möglicherweise deshalb, weil jeweils verschiedene sozialpsychologische Tiefenschichten gemeint sind. Bestätigt wird

die These der Nüchternheit und Sachlichkeit der heutigen Fünfzehn- bis Fünfundzwanzigjährigen in dem Nürnberger Vortrag von Felix Schenke, »Zur Psychologie der Jugendlichen heute« (in: »2. Nürnberger nationalwissenschaftliche Woche 1952«, Berlin 1953). Hier freilich wird die Gegenseite jenes Realismus, die hohe Zahl schwer erziehbarer, verwahrloster und asozialer Jugendlicher sichtbar. Ihr war das zweite von Peter Heintz und René König herausgegebene Sonderheft der »Kölner Zeitschrift für Soziologie und Sozialpsychologie« (Köln 1957) über »Soziologie der Jugendkriminalität« gewidmet. König steuerte auch den zentralen Beitrag »Einige Bemerkungen zur Stellung des Problems der Jugendkriminalität in der Soziologie« bei. Hervorzuheben daraus ist weiter ein Beitrag von Gerd Biermann, »Wege zur Jugendkriminalität«, der fordert, es sollten von der Forschung frühkindliche Verwahrlosungserscheinungen berücksichtigt werden, die auf gestörte Beziehungen des ichschwachen Kindes zu einer vielfach selber schon neurotischen Familie zurückdeuten, zumal auf Versagungen im Mutter-Kind-Verhältnis, die in frühester Jugend erfahren werden. Alle möglichen Aspekte der Asozialität und Dissozialität: aktive Regression (Überkompensierung), passive Regression (Entmutigung), das »Urbanisationstrauma«, das Problem des Begabungsrückgangs (vgl. Wilhelm Roessler, »Jugend im Erziehungsfeld«, Düsseldorf 1957) sind visiert. Nur über das Sexualverhalten der Jugendlichen wird wenig Verbindliches ermittelt, sondern allgemein verkündet, das Geschlechtsleben sei für die gegenwärtige Jugend im Gegensatz zu der um 1900 oder nach dem ersten Weltkrieg »kein Problem«.
Einigermaßen gegen den Strom der Jugendsoziologie treiben die einschlägigen Monographien aus der Darmstädter Gemeindestudie: Gerhard Baumert, »Jugend der Nachkriegszeit«, und Irma Kuhr, »Schule und Jugend in einer ausgebombten Stadt« (beide Darmstadt 1952). Baumert hat die vielberufene soziale Nivellierung nach dem Kriege nicht beobachten können. Demgemäß scheint auch das Bewußtsein der Jugend von ihrem »Status« sich nicht gewandelt zu haben. Bestätigt wird, daß die Reaktionsweisen der Jugend, vor allem auch bei zehnjährigen Kindern, extrem aufs Praktische und Naheliegende gerichtet seien. Unter der dünnen Hülle dieses »Konkretismus« jedoch verbirgt sich Unsicher-

heit: die Jugendlichen suchen nach Ersatz für die verlorene väterliche Autorität. Die Ambivalenz von Opportunismus und Autoritätsgebundenheit – beides verbindet sich im übrigen leichter, als es den Anschein hat – wird auch von Irma Kuhr betont: gerade bei Schülern scheinen autoritäre Verhaltensweisen vorzuwalten. Kritiklos wird die Schule akzeptiert, besonders von Vaterlosen, Flüchtlings- und Arbeiterkindern. So sehr stehen sie unter dem Druck der Verhältnisse, daß sie kaum Widerstand gegen diese aufbringen. Die »Realitätsgerechtigkeit« der Jugendlichen indiziere Schutzlosigkeit, schließlich eine Liquidation der hochbürgerlichen Reservatformen der Kindheit: Flucht in den Konformismus, sei es auch über nonkonformistische Reaktionsschemata (dazu vgl. besonders: Giselheid Koepnick, »Mädchen einer Oberprima«, Darmstadt 1952).
Über den wissenschaftlichen Umkreis hinaus machte Karl Bednariks Buch »Der junge Arbeiter von heute – ein neuer Typ« (Stuttgart 1953) Effekt. Der Autor beschreibt auf Grund seiner Erfahrungen mit der Wiener Arbeiterjugend die Befreiung der Arbeiterschaft aus dem Konventionszwang der bürgerlichen Gesellschaft, aber auch den Verfall des proletarischen Klassenbewußtseins, und entwirft dabei, unter dem höchst problematischen Aspekt einer angeblichen »Befreiung zur Anarchie«, Existentialien wie »Desorientierung«, »Ersatzindividualität«, »sozialisierten Vaterhaß«, »verlorene Solidarität« und ähnliches, ohne daß die psychodynamischen Implikationen dieser Kategorien, die in weitem Maß bloße Reaktionsbildungen beschreiben, entfaltet wären. Der konkretistischen Beziehung der Jugendlichen zur Arbeit und zum Erwerb entspreche Distanz zur öffentlichen Sphäre; dem Staat gegenüber verhielten sie sich teils als Nutznießer, teils als Nörgler. Die latente Sympathie mit dem geschilderten Typus geht zuweilen in explizite Zustimmung über.
Die empirische Befassung mit der Arbeiterjugend unter subjektivem Aspekt dürfte heute deshalb so beliebt sein, weil sie faktisch-unwiderlegliche Belege für die These von der allgemeinen gesellschaftlichen Nivellierung verheißt. Durch die sogenannte Verbürgerlichung des Geistes der jungen Arbeiter, ihren Mangel an einem Klassenbewußtsein, das im übrigen die sozialistische

Gesellschaftstheorie niemals als eine gegebene Eigenschaft der Arbeiter unterstellte, sondern viel eher erst selber herstellen wollte, soll bewiesen werden, daß es eigentlich kein Proletariat mehr gebe. Die theoretische Bestimmung des Proletariats durch die Trennung zwischen Produktionsmitteln und Produzierenden wird verdrängt durch das Kriterium, ob Arbeiter, zumal die jungen, schon nicht mehr in der Tradition der Arbeiterbewegung aufgewachsen, sich überhaupt noch als Arbeiter fühlen. Auch die zwei Bände »Arbeitslosigkeit und Berufsnot der Jugend«, die Helmut Schelsky herausgegeben hat (Köln 1952), sind dem nicht ganz fremd. Eher werden aus extremen Situationen allgemeine Aussagen über Jugendprobleme gefolgert, als den spezifischen Bedingungen und Wirkungen der Arbeitslosigkeit als solcher nachgegangen. Die Befragung wurde von 1950 bis 1951 an 2278 vierzehn- bis fünfundzwanzigjährigen Jugendlichen durchgeführt; Forschungsmittel waren sogenannte Intensivinterviews. Der Anteil vom Handwerk an der Gesamtzahl der Beschäftigten scheint im Vergleich zu dem der Industrie umgekehrt proportional den Verhältnissen bei der Gesamtzahl der Lehrlinge. Vom sogenannten alten Mittelstand wird »Lehrlingszüchterei« betrieben; oft müssen die Jugendlichen nach Abschluß ihrer Ausbildung den Beruf wechseln und als »Ungelernte« in der Industrie arbeiten. Da die Lehre Prestigeansprüchen zuliebe absolviert wird, bewirke dieser Berufswechsel in höherem Maß ein Gefühl von Deklassierung und Demoralisierung, als bei Jugendlichen festzustellen ist, die sogleich nach der Schulentlassung in einen Industriebetrieb eintreten. Insgesamt gilt, der Studie zufolge, unter den Befragten der Beruf als Vehikel zum sozialen Aufstieg, und die Berufstätigkeit wird danach gewertet. Das sei, neben falscher Berufswahl und erfolgloser Lehrzeit, verantwortlich für den häufigen Wechsel des Arbeitsplatzes. Allgemein gilt, daß »die arbeitslosen Jugendlichen gerade nicht aus den Familien von Hilfsarbeitern, sondern aus Facharbeiterfamilien, zum Teil auch aus mittelständischen und gehobenen Familien kommen«. 60 Prozent entstammen unvollständigen Familien; oft sei das Eltern-Kind-Verhältnis »überorganisiert«, und das führe zur emotionellen Überbesetzung der Berufswahl, und damit leicht zu neurotischen Symptomen. Nachwirkungen der Arbeitslosigkeit auf das Familienleben wurden – im Gegensatz zu Arbeitslosenuntersuchungen aus der Zeit vor Hitler, wie der berühmten über Marienthal – nicht festgestellt. Gerade das Familienprestige veranlasse oft die Betroffenen, Perioden von Arbeitslosigkeit durchzuhalten, um nicht in einen weniger qualifizierten Beruf abzugleiten. Kluth betont in seinem Beitrag über Einstellungen gegenüber Staat und Politik, daß »die Kontaktbeziehungen der Jugend in dem Maße zurückgehen und unsicher werden, wie die Kontaktform unpersönlicher, abstrakter wird, je weniger also eine persönliche Bindung vorliegt«. Die Entpolitisierung der Jugendlichen, vielfach ihre Feindseligkeit gegen Politik überhaupt, spiegele diese Tendenz wider, ohne daß man sie überbewerten dürfe: vielfach imitierten sie bloß Attitüden von Erwachsenen. Gleichgültigkeit gegenüber politischen Ideologien und Mißtrauen gegenüber den Parteien seien freilich allgemein. Gewisse Züge von Autoritätsgebundenheit träten dabei hervor, wie die Ansicht, der Staat müsse »mehr Ordnung schaffen«, für »Volksgemeinschaft« sorgen, »jedem das Seine sichern«, wobei jedoch zugleich die Privatsphäre der Einzelnen ungeschoren bleiben solle. Doch weigert sich Kluth, hier von Autoritätsgläubigkeit zu reden, und zieht dafür den positiver gefärbten Ausdruck »Symbolgläubigkeit« vor. Wo er auf autoritäre Charakterzüge und gar auf Sympathien für nationalsozialistische Ideen trifft, interpretiert er sie als Reaktionsbildungen auf die »abstrakte Rationalität« dessen, was politisch in der Demokratie geschieht. Dergleichen Regressionserscheinungen nimmt er nicht allzu schwer, trotz des bedenklichen Jargons, den die Befragten reden.

Schelsky selbst faßt die Ergebnisse der Studie im Sinn seiner Konzeption der nivellierten Mittelstandsgesellschaft zusammen. Ursache der Jugendarbeitslosigkeit sei die »Schwierigkeit bei der Eingliederung der gegenwärtigen deutschen Jugend in die Welt und Gesellschaft der Erwachsenen«. Wenn die Handwerkslehre unter den jungen Arbeitern so beliebt sei, daß man lieber Arbeitslosigkeit in Kauf nähme, als auf jene zu verzichten, so sieht Schelsky darin ein »verwandeltes Besitzstreben der bürgerlichen Welt«. Müsse man sich dann vielfach am Ende der Lehre umstellen und sei man darüber enttäuscht, trete »an Stelle des zur handwerklichen Lehre führenden Leistungsstrebens und Geltungsanspruchs jetzt die Job-Auffassung der beruflichen Tätigkeit als bloßes Geldverdienen«. Demgegenüber wäre immerhin daran zu erinnern, daß das Vordringen der Job-Auffassung, an dem gewiß kein Zweifel ist, sich zunächst aus den Veränderungen des Arbeitsprozesses herleitet, der nicht nur Lehre, sondern überhaupt Erfahrung im traditionellen Sinn stets überflüssiger macht und eine allgemeine Entqualifizierung bewirkt, die dann zwangsläufig auch keinen anderen Maßstab als eben den quantitativen des Lohnäquivalents mehr duldet. Entscheidende Bedeutung für die Einstellung zum Beruf spricht Schelsky, in Übereinstimmung mit seiner Gesamtauffassung, der Familie zu und beharrt einstweilen dabei, daß die abstrakte Rationalität der modernen Industriegesellschaft die Menschen gerade zum Festhalten an Intimsphären wie der familialen treibe. Die Beobachtung psychologischer Reaktionsbildungen auf die Entfremdung der Welt aber verbürgen keineswegs, daß traditionalistische Grundformen wie die Familie auf die Dauer jene Funktion erfüllen. Nicht umsonst haben die totalitären Regimes sie von oben her durch ihre eigenen Großkollektive in weitem Maß ersetzt, ohne dabei im übrigen auf die unverwüstliche Rede von der Familie als Keimzelle zu verzichten.

Weiter hat Schelsky den Band »Arbeiterjugend gestern und heute« (Heidelberg 1955) herausgegeben. Heinz Kluth versucht darin in der Abhandlung »Arbeiterjugend: Begriff und Wirklichkeit« das Generationsspezifische am Verhalten und am Selbstbewußtsein der heutigen deutschen Arbeiterjugend vom neunzehnten Jahrhundert und der Zeit nach dem ersten Weltkrieg abzuheben. Die Thesen sind abermals die bekannten: an erster Stelle die von der Absenz des Klassenbewußtseins. Der Wunsch, sozial als Individuum, nicht als Mitglied einer Klasse oder Gruppe aufzusteigen, ändere wesentlich das Verhältnis zur Gesamtgesellschaft, zum Beruf und zur freien Zeit. Daher die »Nüchternheit« und »Realitätsnähe« der heutigen Jugend – auch ihre Abneigung gegen politische Ideologien, deren Begriff in all diesen Untersuchungen umstandslos auf jene Theorie ausgedehnt wird, die ihrerseits den Begriff der Ideologie und deren Kritik konzipierte. Gebunden wüßten sich die Jugendlichen an ihre jeweilige Beschäftigung. Dadurch zerfielen sie in zahlreiche untereinander frem-

de Gruppen, die wenig Gemeinsames verspürten, außer etwa ihre Differenz von den Angestellten. »Die Hierarchie der Berufe ist heute vielleicht das einzige Ordnungsbild, das die Gesellschaft den Jugendlichen für die Verwirklichung ihres Bedürfnisses nach sozialem Ansehen als verhältnismäßig allgemeinverbindlich anbieten kann.« Diese Einstellung dürfe jedoch nicht mit »berufsständischer Mentalität« verwechselt werden; Abneigung gegen Betriebswechsel gründe nicht in sogenannter Betriebsverbundenheit, sondern in Opportunismus. Die dabei geltenden Wertvorstellungen seien wesentlich vom Kleinbürgertum übernommen.
Die im gleichen Band enthaltene Untersuchung von Ulrich Lohmar »Die arbeitende Jugend im Spannungsfeld der Organisation in Gesellschaft und Staat« weicht von Schelsky einigermaßen ab: Lohmar zufolge suche der Jugendliche in seiner Gruppe kein »Gemeinschaftserlebnis«, sondern wolle »als Individuum angesprochen werden«. Das Phänomen der Entfremdung bezeichnet Lohmar als »Labyrinthcharakter« der modernen Gesellschaft, der ein »inneres Verhältnis« zum Staat erschwere. Anzumelden wäre gegenüber dieser fast die gesamte Literatur durchziehenden These wenigstens die Frage, ob denn die moderne Gesellschaft objektiv so undurchsichtig sei, wie sie den von der Soziologie Erfaßten, vor allem aber offenbar den Soziologen selbst dünkt; ob nicht etwa durch die Tendenz zur Beseitigung komplizierter gesellschaftlicher Vermittlungsmechanismen im Zeitalter der großen Organisationen vieles sehr viel einfacher geworden ist als während des Hochliberalismus; ob es demnach nicht Verhüllungsmechanismen eigener Art gibt, welche den Menschen die Gesellschaft so unverständlich erscheinen lassen, und die es selber erst einmal zu studieren gälte. Wohl ließe sich der Labyrinthcharakter der Gesellschaft als eine Projektion der Ohnmächtigen verstehen, die in ihr nicht mehr das vermögen, was man einmal »seinen eigenen Weg machen« nannte.
Rudolf Tartler schließlich bestimmt in seinem Text »Die soziale Gestalt der heutigen Jugend und das Generationsverhältnis der Gegenwart« Generationskonflikte – mit allem Recht – als Ausdruck spezifischer gesellschaftlicher Situationen. Die heutige Jugend besitze kein »Generationsbewußtsein«; eine Feststellung, die sich deckt mit der gerade in Deutschland vielfach auch im

Rahmen der empirischen Sozialforschung gemachten Beobachtung eines Bruchs im Bewußtsein der historischen Kontinuität, wenn nicht im geschichtlichen Bewußtsein insgesamt; darin wie in vielen anderen Momenten dürfte die jüngere deutsche Generation amerikanischen Strukturen sich annähern.

Über Jugendprobleme gibt es nun in Deutschland auch eine Reihe von Repräsentativbefragungen, deren theoretische Reflexion offenbar erst nach Abschluß der Feldarbeit begonnen wurde und die daher schwerlich differenziert genug geriet, ohne daß darum das umfangreiche Zahlenmaterial entwertet würde.

Der NWDR hat in seinem Sendebereich im Frühjahr 1953 eine Forschung durchgeführt, die 1955 unter dem Titel »Jugendliche heute« in München erschien. Gerhard Schröter untersucht darin das »Interesse an den publizistischen Mitteln«, mit dem bemerkenswerten Hauptresultat, daß der Geschmack der Jugendlichen sich kaum von dem der Erwachsenen unterscheide. Das Interesse an Büchern ist größer, als man leicht annimmt; freilich konzentriert es sich auf ein durch Namen wie Ganghofer und Knittel definiertes Niveau. Die Medien der Massenkommunikation scheinen nicht miteinander zu konkurrieren, sondern eher sich in die Hände zu arbeiten; jedenfalls gäbe es keinen Jugendlichen, der nicht von einem der großen Massenkommunikationsmittel erreicht wird. – Georg Gramse berichtet über die »Einstellung der Jugendlichen zur Politik«. Die Ergebnisse bestätigen im wesentlichen die aus anderen bekannten Untersuchungen: die Jugendlichen stünden distanziert und mißtrauisch zu den politischen Parteien, ohne doch darin von den Erwachsenen prinzipiell sich zu unterscheiden. Gramse wählt für seinen Befund die Formel: eine gewisse allgemeine Dumpfheit höheren Belangen gegenüber, nicht aber bewußte oppositionelle Einstellung in politischen Fragen. – Helga Ruscheweyk behandelt die »Einstellung der Jugendlichen zu Glaubensfragen« und will eine »innere glaubensmäßige Bindung« bei der Hälfte der Jugendlichen feststellen. Besonders stark sei diese in Klein- und Mittelstädten – wie übrigens auch das Interesse an Politik.

Das Markt- und Meinungsforschungsinstitut EMNID legt drei Umfragen vor, die 1953, 1954 und 1955 durchgeführt wurden (»Jugend zwischen 15 und 24«, drei Untersuchungen, Bielefeld

1954, 1955, 1956; die letzte trägt den Titel »Wie stark sind die Halbstarken?«). Im letzten, von Rolf Fröhner und Mitarbeitern verfaßten Bericht sind die Resultate der beiden vorausgehenden mitaufgenommen. Nachgewiesen werden soll vor allem die sogenannte »Normalität« der heutigen Jugend, eine Kategorie, die offensichtlich schon der Konstruktion der Fragebogen zugrunde lag. Sehr ausführlich wird nach Vorbildern gefragt. Die meisten Jugendlichen nennen Personen aus ihrem engeren Lebenskreis. Als Vorbilder aus der deutschen Vergangenheit tauchen vor allem Staatsmänner und kriegerische Gestalten auf; man möchte danach auch hier wiederum auf eine starke Komponente von Autoritätsgebundenheit in der gegenwärtigen deutschen Jugend schließen, der die so viel beredeten kollektiven Exzesse nur scheinbar widersprechen. Die meisten Jugendlichen, etwa drei Viertel, billigen die Erziehungsmaßnahmen ihrer Eltern. Der Satz »Jugendliche sollen Vorschriften nicht kritisieren, sondern befolgen«, wird von 55 Prozent bejaht. Symptome von Generationskonflikten fehlen auch hier. Berufswahl und Berufswünsche lassen wiederum die starke Tendenz zum sozialen Aufstieg erkennen (47 %), aber als »Phasenwanderung über Generationen, man steckt sich jeweils nur näherliegende Ziele«. Beruflich werden kleinere und mittlere Betriebe bevorzugt, wegen der besseren »menschlichen Beziehungen«, die dort erwartet werden; die in Kleinbetrieben Beschäftigten freilich erhoffen sie sich gerade vom Großbetrieb. Immer wieder erhärtet wird die These von der Ernüchterung und Sachlichkeit der Jugend: materielle Wünsche überwiegen bei 41 Prozent; das politische Interesse sei stärker als bisher vermutet. 57 bis 62 Prozent allerdings seien politisch desinteressiert. Der gegenwärtige demokratische Staat werde von 39 Prozent bejaht, von 19 Prozent abgelehnt, 42 Prozent seien unentschieden. Nur 50 Prozent fühlten sich politisch mitverantwortlich: wiederum ein Index der Zunahme autoritätsgebundener Haltung. Fragen nach Hitler und dem Nationalsozialismus weicht ein Drittel der Stichprobe aus. Allgemeine Konsolidierungstendenzen liefen parallel zur wirtschaftlichen Entwicklung. Eine große Rolle spielten die Massenkommunikationsmittel: Radio hören 82 Prozent, Zeitung lesen 72 Prozent, Illustrierte usw. 70 Prozent, Kino besuchen 62 Prozent. In den letzten vier Wo-

chen vor der Befragung wollen 52 Prozent ein Buch oder Bücher gelesen haben.
Einen anregenden Arbeitsbericht legt die DIVO vor, »Zur ideologischen und politischen Orientierung der deutschen Jugend und ihrer Führer« (Bad Godesberg 1957). Interviewt wurden 1579 Jugendliche im Bundesgebiet, etwa gleich viele »Jugendführer«, dazu ein repräsentativer Querschnitt von Erwachsenen. Die Mitglieder von Jugendorganisationen leben vor allem in kleineren Gemeinden, sind oft kirchlich orientiert, meist noch in der Ausbildung, haben niedriges Einkommen, aber qualifiziertere Berufe, beziehungsweise höhere Schulbildung. 25 Prozent aller Befragten sind organisiert – andere Untersuchungen wie die von Reigrotzki »Soziale Verflechtungen in der Bundesrepublik« kamen freilich zu weit höheren Resultaten. Das Verhältnis der Befragten zur Politik hänge mehr ab von ihrer Beurteilung der ökonomischen Lage als von demokratischen Momenten und sogenannten persönlichen Variablen. Antidemokratische Einstellungen und Sympathien mit dem Faschismus sind korreliert, doch reichen jene weiter als diese. Der Satz »Wir sollten wieder eine einzige starke Partei haben, die wirklich die Interessen aller Schichten unseres Volkes vertritt«, wird von 41 Prozent bejaht, von 42 Prozent abgelehnt, 17 Prozent sind unentschieden; ein Ergebnis, das seinen Stellenwert erst im Vergleich mit den entsprechenden Zahlen für die Gesamtbevölkerung findet: 25 Prozent – 47 Prozent – 28 Prozent. Den Satz »Wir brauchen einen Führer mit einer starken Hand« bejahen 21 Prozent, 62 Prozent lehnen ihn ab, 17 Prozent sind unentschieden (Gesamtbevölkerung: 16 Prozent – 55 Prozent – 29 Prozent). Im übrigen beziehen sich die Sympathien mit dem Nationalsozialismus nicht auf Militarismus und Imperialismus, sondern auf soziale Maßnahmen, denen man nachtrauert; sie werden auch am Kommunismus gelobt, der sonst – vorab als antigeistig – äußerst unpopulär ist. Auch die DIVO-Untersuchung führt, wie die meisten Jugenduntersuchungen, auf die Beziehung zwischen Autoritätsgebundenheit und sozialem Sicherheitsstreben, dem Bedürfnis nach »Betreuung«. – Die Skala der Toleranz gegenüber Minoritätsgruppen in der Gesellschaft zeigt, daß unter den von der DIVO Befragten der Affekt gegen Kommunisten weitaus am

stärksten ist, dann folgen Nazis, Juden und Großindustrielle. Relativ groß ist der Anteil an Meinungslosen; besonders die Fragen nach der Einstellung zu Nazis und Juden wurden als unangenehm empfunden.
Helmut Schelskys Werk »Die skeptische Generation. Eine Soziologie der deutschen Jugend« (Düsseldorf/Köln 1957) interpretiert empirische Untersuchungen im Sinne der Ernüchterungsthese. Unter Skepsis wird Absage an romantische Freiheit und Naturschwärmerei und an vagen Idealismus – Züge etwa der Jugendbewegung – verstanden; an deren Stelle wird Hinwendung zum Praktischen, Naheliegenden konstatiert, ein Denken und Verhalten im Interesse von Selbstbehauptung und sozialer Sicherheit, das mit Planungs- und Ordnungssucht zusammengehe. Dieser Befund, der wohl allen gegenwärtigen jugendsoziologischen Arbeiten gemeinsam ist, wird nun aber – und das ist das Spezifische des Werkes – weniger theoretischer Kritik unterworfen als »gerettet«. »Hinter der kaltschnäuzig wirkenden skeptischen Weltklugheit steckt ein durchaus lebendiges Bedürfnis, das Substantielle und im normativen Sinne Verbindliche an den Dingen und den Menschen zu erkennen und ihm zu folgen, aber zugleich die tiefe Scheu, sich durch Phrasen, ja durch Worte überhaupt, täuschen zu lassen.« (S. 60) Man braucht den Wahrheitsgehalt dieser Beobachtung nicht zu verkennen und wird doch zögern, solcher Scham Schlüsselcharakter fürs Verständnis des Konkretismus zuzumessen. Während auch Schelsky die negativen Aspekte jener Skepsis nicht unterschlägt, tröstet er sich doch damit, daß die politische Apathie die Jugend jedenfalls davor bewahre, auf Illusionen hereinzufallen. »Es ist die Frage, ob die moderne Massendemokratie großorganisatorischer Struktur ... nicht diesen Verhaltenstyp des unpolitisch Zustimmenden geradezu hervorruft und als tragende Schicht des Systems auf die Dauer auch bejahend zur Kenntnis nehmen muß.« Die Neigung der Jugendlichen, politische Verantwortung abzuwälzen, nennt Schelsky »unpolitisch-demokratisches« Verhalten; es schärfe den Blick für die Forderungen des Tages: das Suchen nach »Verhaltenssicherheit« sei das »anthropologisch und sozial begründete Grundbedürfnis« der heutigen Jugend. Dem aus der Notwendigkeit, eine wirtschaftliche Existenz aufzubauen, abgeleiteten, frei-

lich keineswegs die Gegenwart vor anderen Perioden auszeichnenden Wunsch nach »Festigung der privaten Lebensverhältnisse« entspreche die extreme Anpassung der Jugendlichen an die Welt der Erwachsenen. Das erkläre das empirische Resultat von der Absenz einer spezifischen Jugendmentalität. Eine »eigenständige und daher positiv bestimmbare Rolle der Jugend in der Gesellschaft« sei »nicht mehr vorhanden«, sondern wir seien »gezwungen, diese soziale Rolle der Jugend heute nur als eine Übergangsphase von der eigenständiger gebliebenen Rolle des Kindes zu der heute weitgehend als sozial generell und endgültig gedachten Rolle der Erwachsenen zu bestimmen«. Es fehle an soziologischen Unterscheidungsmerkmalen des Jugendverhaltens gegenüber dem der Erwachsenen, wolle man nicht den höheren Grad der Anpassung an die objektiven gesellschaftlichen Gegebenheiten als charakteristische Eigenschaft der Jugend gelten lassen: äquivalent seien die Begriffe »erwachsene Jugend«, »angepaßte Jugend«, »skeptische Jugend«. Oft freilich bliebe diese Anpassung vordergründig und erschöpfe sich in Abwehr- und Erledigungsreaktionen, welche eine konstitutive Verhaltensunsicherheit verdeckten, nicht beseitigten. Auch Schelsky gewahrt an der Pseudo-Erwachsenheit jene Züge von Deformation, auf welche der Ausdruck Konkretismus anspielt. Aber er hält inne vor der Diagnose des konkretistischen Haftens am Nächstliegend-Realen als eines Pathogenen, der durch Kindheitsbeschädigungen bedingten Ich-Schwäche. Das erlaubt ihm die Bejahung. Er verteidigt die gegenwärtige Jugend gegen die Vorwürfe des Autoritätsgebundenen und potentiell Antidemokratischen; vielmehr sei sie privatistisch und durchaus tolerant. Demonstriert werden diese Thesen vorab an jungen Arbeitern und Angestellten, nicht an Ober- und Hochschülern: jene stellten die »strukturleitende und verhaltenprägende Figur« der jungen Generation dar; doch neige auch die Universitätsjugend zur »berufs- und examensbezogenen« Verhaltensweise. Dem Staat gegenüber walte die »Haltung des Verbrauchers« vor. All das jedoch sei als den veränderten gesellschaftlichen Bedingungen adäquat zu begrüßen.
In manchem weichen Gerhard Wurzbacher und seine Mitarbeiter in dem Buch »Die junge Arbeiterin. Beiträge zur Sozialkunde und Jugendarbeit« (München 1958) von Schelsky ab. In den

Reaktionsformen junger ungelernter Arbeiterinnen ebenso wie in den Normen und Institutionen, die auf sie einwirken, werden mit Rücksicht auf Arbeit, Freizeit und Familie vor- und frühindustrielle Rudimente bemerkbar, während gleichzeitig die Verhaltensschemata der Industriegesellschaft weitgehend rezipiert sind. Der Konflikt führt ebenso zu Retardierungsphänomenen wie zu krampfhaften Übertreibungen. Unabhängig von dem Gesamtkomplex der von Schelsky interpretierten empirischen Untersuchungen sind zwei sozialpsychologische Arbeiten, deren Resultate den in der deutschen Soziologie vorherrschenden Meinungen opponieren. Ernst Lichtenstein legt im »Handbuch für Sozialkunde«, Abteilung A II, S. 1–111 (Berlin und München 1955) die Umrisse einer soziologischen Jugendkunde vor. Er sieht scharf, daß Pubertät kein bloßes Naturphänomen, sondern wesentlich ein geschichtliches ist, verflochten in die gesellschaftliche Dynamik. Heute werde tendentiell die Reifezeit auf Kosten der Kindheit verkürzt; zugleich werde der Übergang zur Reife verzögert, der jugendliche Zwischenzustand verlängert. Dem korrespondiere eine Veränderung des Sozialstatus der Jugend. Der Zwang zur Anpassung, zu heteronomem Verhalten, auf den auch Lichtenstein stößt, bewirkt jedoch ihm zufolge nicht Realitätsgerechtigkeit, sondern häufig geradezu eine »Schizophrenie der Lebensführung«. Arbeitswelt und Freizeit klaffen auseinander. Der durch seine Arbeitsleistung disziplinierte Mensch bleibt außerhalb des Leistungsbereichs auf einer infantilen Entwicklungsstufe fixiert; die Konzentration auf sachgemäßes Verhalten im Betrieb lasse den Erfahrungshorizont, die Fähigkeit zur Abstraktion, zur Differenzierung, die Sprache schrumpfen, und dadurch werde die Jugend anfällig für die »Magie des Bildes«, die von den Massenmedien gelieferten sozialpsychologischen Schnittmuster. Der Konformismus verfrühten Funktionierens im sozialen Gefüge macht anfällig für Massensuggestionen und geistig-seelische Kurzschlüsse verschiedenster Art.

Alexander Mitscherlich entwickelt in der Arbeit »Pubertät und Tradition« (in: »Verhandlungen des 13. Deutschen Soziologentages«, Köln 1957), daß die traditionellen Verhaltensschemata, welche die Gesellschaft übermittelt, nicht mehr zur Bewältigung der Realität ausreichen und deshalb ihre verbindliche Kraft

verlieren. Der dadurch gesetzte Konflikt ebenso wie die viel beobachtete Akzeleration des Pubertätsprozesses resultiere in »perpetuiertem Infantilismus«: der Preis der Anpassung ist also, Mitscherlich zufolge, nicht nur weit höher, als Schelsky und König ihn veranschlagen, sondern das scheinbar gesunde Verhalten selber, die krampfhaft sich übertreibende Normalität, enthüllt sich als neurotisch. Diese Theorie sucht die Beobachtungen über den realitätsgerechten Charakter der neuen Jugend mit den Symptomen ihres Beschädigtseins dynamisch zu vereinen. Die Welt des Jugendlichen sei gekennzeichnet durch Reizüberflutung und die Tendenz, unlustvolle Zustände, die Triebverzichte, denen die Jugendlichen durch die überstarke soziale Ordnung ausgesetzt sind, durch Ersatzbefriedigungen auszugleichen. Die Absenz schützender Tradition beeinträchtigt den psychologischen Prozeß der Ich-Bildung. Mitscherlich macht ernst mit der tiefenpsychologischen Interpretation von Phänomenen, die nur solange harmlos erscheinen, wie man bei ihrer Deskription verharrt.
In Arbeiten, wie denen von Lichtenstein und Mitscherlich, rückt das Autoritätsproblem ins Zentrum. Ihm gilt ein Projekt der UNESCO vom Jahre 1954, das zum Produktivsten rechnet, was über die deutsche Nachkriegsjugend geschrieben wurde: Knut Pipping und Mitarbeiter, »Gespräche mit der deutschen Jugend. Ein Beitrag zum Autoritätsproblem« (Helsinki 1954). Nach den Ergebnissen Pippings nimmt das Vaterbild stets noch eine exponierte Stellung in der Psyche der deutschen Jugendlichen ein, obwohl es zunächst weniger offenbar wird als das Mutterbild; sowohl Jungen wie Mädchen seien stärker an den Vater als an die Mutter gebunden; jener werde meist als liebevoller empfunden. Auch insofern sei die Psychodynamik der Jugendlichen nicht so »fortgeschritten« wie die vorwaltende Ansicht es wahrhaben will, als der deutschen Jugend Erziehung und Strafe Synonyma sind. Der im Forschungsinstrument enthaltene Satz: »Im Alter ist man dankbar für die Schläge, die man als Kind empfangen hat«, wurde nur von 12 Prozent der 444 befragten Jugendlichen abgelehnt. Öffentliche Angelegenheiten spielen, auch dieser Studie zufolge, für die ganz im Privatbereich aufgehenden Jugendlichen nur eine geringe Rolle. »Eine wirkliche Identifizierung mit der Macht finden wir öfter da, wo der Vater als liberaler, warm-

herziger Kamerad, die Mutter aber als relativ kalt und dominierend geschildert wird.« (S. 421)
Die deutsche Jugendsoziologie spitzt zur Kontroverse sich zu: ob man die überwältigend starke Anpassungstendenz der gegenwärtigen Jugend im doppelten Sinn positiv registriert, oder ob man die regressiven Momente, über deren Existenz kaum ein Zweifel herrscht, belastet, nicht bloß als pathogene Symptome der Einzelnen, sondern auch als Ausdruck eines pathogenen gesellschaftlichen Gesamtzustands, der in den Narben der Einzelnen sich reproduziert.

1959

Meinungsforschung und Öffentlichkeit

Meinungsforschung wird im allgemeinen nach praktischen Bedürfnissen betrieben. Man will etwa den Ausgang einer Wahl zuverlässig voraussagen. Die dabei verwendeten Techniken sind an den Markterhebungen gebildet. Unreflektierte, praktische Soziologie kommt damit aus. Gemessen an dem freilich, womit Soziologie ehedem sich befaßte, dünkt das leicht äußerlich und oberflächlich. Gleichwohl eignet der Entwicklung der neuen Teildisziplin, welche gern über das Ganze sozialwissenschaftlicher Erkenntnis sich ausdehnen möchte, ein Moment von Notwendigkeit.

Das deutsche Wort Meinungsforschung unterdrückt, wohl der Kürze zuliebe, ein Adjektiv, das allein sie als das charakterisierte, was sie will: Erforschung der öffentlichen Meinung. Das verweist auf den Begriff der Öffentlichkeit. Aus deren eigener Geschichte wäre abzuleiten, warum es zu etwas wie Meinungsforschung kam. Öffentlichkeit, Sichtbarwerden von Handlungen innerhalb des sozialen Umkreises, reicht historisch unabsehbar weit zurück. Eigens nachgedacht jedoch wird über Öffentlichkeit erst mit dem Beginn des bürgerlichen Zeitalters, etwa im siebzehnten Jahrhundert. Seitdem ist in dem Begriff das Öffentlichsein aller möglichen Denkweisen, Verhaltensweisen und Handlungen sich seiner selbst bewußt und wird gefordert. Öffentlichkeit ist, wie Jürgen Habermas in seinem grundlegenden Buch über deren Strukturwandel, dem ich sehr verpflichtet bin, prägnant es formulierte, eine bürgerliche Kategorie. Er hebt hervor, daß John Locke, einer der ersten bedeutenden Staatsphilosophen bürgerlich-demokratischer Gesellschaft, »neben dem göttlichen und dem staatlichen Gesetz das ›law of opinion‹ als eine Kategorie gleichen Ranges« darstellt[1], als ein Gesetz, nach dem Tugenden

1 Jürgen Habermas, Strukturwandel der Öffentlichkeit, Neuwied 1962, S. 106.

und Laster überhaupt erst sich bestimmen. Die Vagheit indessen, mit der schon bei Locke die Begriffe Öffentlichkeit und öffentliche Meinung behaftet sind, ist nicht durch exakte Verbaldefinition zu berichtigen. Öffentlichkeit ist nichts fest Umrissenes, sondern polemischen Wesens: was einmal nicht öffentlich war, soll es werden. Nur in dieser Relation ist der Begriff zu verstehen, als Kritik der absolutistischen Kabinettspolitik, so wie umgekehrt aristokratische Ordnungen der Geheimhaltung bedürfen und bis zu gegenwärtigen Elitetheorien das Geheimnis verherrlichen.
Nie konnte Öffentlichkeit, und kann es auch jetzt nicht, als ein bereits Gegebenes betrachtet werden. Sie ist ein Herzustellendes nach der politischen Konzeption von Demokratie, die mündige und über ihre wesentlichen Interessen gut unterrichtete Bürger voraussetzt. Öffentlichkeit und Demokratie sind miteinander verklammert. Nur unter der Garantie des demokratischen Rechts auf freie Meinungsäußerung kann Öffentlichkeit sich bilden; nur wenn öffentlich ist, worüber die Staatsbürger abzustimmen haben, ist Demokratie denkbar. Öffentlichkeit selbst aber wird in ihrer realen Entwicklung eingefangen von den wirtschaftlichen Formen der bürgerlichen Gesellschaft; wird zur geschäftlichen Branche, die aus den Informationen, die sie den Bevölkerungen zuführt, ihren Profit zieht. Dadurch wird dem theoretischen allgemeinen Begriff der Öffentlichkeit in der Praxis von Anbeginn ein Moment des Beschränkenden, Partikularen beigemischt. Sie gehorcht weitgehend den materiellen Interessen der Institutionen, die von ihr leben. Das erklärt die bekannten Schwierigkeiten, den Begriff Öffentlichkeit zu fassen. Ein gesellschaftlicher Teilsektor monopolisiert die Information und färbt sie nach seinen Interessen. Der Begriff Öffentlichkeit verschiebt sich von den Bevölkerungen auf jene Institutionen. Daß man, wenn man von öffentlicher Meinung redete, vielfach an das dachte, was in den Zeitungen stand; daß vor allem Widerstände der sogenannten öffentlichen Meinung gegen irgendwelche politischen oder sozialen Tatsachen nach ihrem Widerhall in den Kommunikationsmitteln bewertet wurden, die dabei weniger spiegeln mochten, was die Bevölkerungen dachten, als es steuern, rührt daher. Der Verselbständigung und Vergegenständlichung aller Kategorien in der bürgerlichen Gesellschaft unterliegt auch öffentliche Meinung

und Öffentlichkeit. Sie spaltet sich ab von den lebendigen Subjekten, welche die Substanz des Begriffs von Öffentlichkeit ausmachen. Das entstellt, was die bürgerliche Geschichte hindurch als progressiv und demokratisch galt. Öffentlichkeit wurde als das, was sie sein wollte und sollte, als öffentliches Bewußtsein der Massen, desto unbestimmter, je weniger mehr die demokratisch politische Willensbildung auf den alten Umkreis sogenannter Honoratioren und Gebildeter sich beschränkte. Das Volk wurde zum Anhängsel der Maschinerie öffentlicher Meinung, ihrem wesentlich als passiv vorgestellten Publikum, das zu den ihm übermittelten Nachrichten, auch den objektiv wichtigsten politischen, gar nicht soviel anders sich verhalte wie das Publikum eines Theaters, das verlangt, daß ihm etwas geboten wird. Insofern ziehen die heutigen Boulevardblätter und Illustrierten mit ihren Tratschgeschichten über das höchst gleichgültige Privatleben von Filmstars und Potentaten die Konsequenz aus der Entwicklung bürgerlicher Öffentlichkeit. Verfilzt mit dem Privatinteresse, war sie stets von privaten Elementen begleitet, die ihr widersprechen. Öffentlichkeit heute serviert den Menschen, was sie nichts angeht, und enthält ihnen vor, oder rüstet es ideologisch zu, was sie ja etwas anginge. Habermas hat diese Entwicklung als Zerfall der Öffentlichkeit zusammengefaßt. Vielleicht war Öffentlichkeit in Wahrheit überhaupt nie verwirklicht. Zu Anfang wäre sie, als nicht vorhandene, erst zu schaffen gewesen, dann hat sie in zunehmendem Maß die Mündigkeit verhindert, die sie meint. Das Recht der Menschen auf Öffentlichkeit hat sich verkehrt in ihre Belieferung mit Öffentlichkeit; während sie deren Subjekte sein sollten, werden sie zu deren Objekten. Ihre Autonomie, die der öffentlichen Information als eines Mediums bedarf, wird von der Öffentlichkeit gemindert. Wer nicht vom Ideal wissenschaftlicher Genauigkeit sich den einfachsten Menschenverstand verkümmern läßt, wird sich nicht ausreden lassen, daß der Inhalt dessen, womit die Organe der öffentlichen Meinung, gerade unter Berufung auf die Massen, diese überfluten, kaum etwas anderes bewirken könne als Verdummung. Nicht aber ist darum der Öffentlichkeit selbst, als einem an sich Scheinhaften, Schlechten, den Menschen Entwürdigenden zur Last zu legen, wozu sie einzig vermöge ihrer gesellschaftlichen Funktion unter den herrschenden Bedingungen ausartet. Die Unversöhntheit von Gesamtinteresse und Privatinteresse offenbart sich auch im Widerspruch zwischen dem Öffentlichen und Privaten. Ihn hebt die institutionalisierte öffentliche Meinung falsch auf: das Private wird ihr öffentlich, das Öffentliche privat. Schlecht ist die Öffentlichkeit nicht als ein Zuviel, sondern als ein Zuwenig; wäre sie vollständig, würde nicht durch das, was gesagt wird, vom Wesentlichen abgelenkt, das nicht gesagt wird, so käme sie an ihre rechte Stelle.

Solche Problematik der öffentlichen Meinung bestimmt den Stellenwert von Meinungsforschung. Auf der einen Seite herrscht, angesichts des Ersatzes der öffentlichen Meinung durch die Organe ihrer Herstellung, bei diesen ein Interesse daran, zu kontrollieren, ob und wie weit die von ihr ausgestrahlten Meinungen tatsächlich auch die der Bevölkerungen werden oder ausgewählt und abgewandelt; ob gar Widerstand und Selbständigkeit der Massen gegen den Oktroi sich regt. Im Sinne der Zusammenballung und Rationalisierung großer ökonomischer und administrativer Einheiten liegt die Planung ihres Erfolgs, die vorwegnehmende wissenschaftliche Kontrolle des Marktes. Der Aufschwung der Meinungsforschung entspricht dieser Tendenz; sie ist angewandte Marktforschung, überträgt deren Verfahrungsweise auf kommunizierte geistige Gebilde. Der von P. F. Lazarsfeld eingeführte Begriff des administrative social research, der empirischen Sozialforschung für Verwaltungszwecke, beschreibt diesen Sachverhalt recht angemessen; übrigens ist die Marktforschung nur die eine Wurzel der Meinungsforschung, die andere die Sozialenquete, deren Vorgeschichte in Deutschland auch mit dem Namen Max Webers verknüpft ist. Die gegenwärtige Identität von Markt- und Meinungsforschung in Amerika, die ja in Deutschland terminologisch zusammengefaßt werden, ist durchaus im Sinne der Beobachtung des gesunden Menschenverstandes, daß zwischen den Präferenzen für den Namen eines politischen Kandidaten und für den einer Warenmarke keineswegs ein so radikaler Unterschied waltet, wie nach der theoretischen Unterscheidung zwischen dem autonomen und mündigen Volk und dem Umkreis der Kundenschaft von Massenprodukten zu erwarten wäre. Unter diesem Aspekt wäre Meinungsforschung nicht bloß eine Technik, sondern ebensosehr auch ein Gegenstand von Soziologie als der Wissenschaft, die den objektiven Strukturgesetzen der Gesellschaft nachfragt.

Aber darin braucht ihre Bedeutung nicht sich zu erschöpfen. Sie tritt genau in die Lücke, welche durch den Übergang des Begriffs der öffentlichen Meinung an deren Herstellung und Kontrolle entstanden ist: sie könnte, ihrer Möglichkeit nach, zeigen, in wieweit die Meinungen der Bevölkerungen manipuliert, in wieweit die tatsächliche öffentliche Meinung ein Reflex der usurpatorischen ist. Aus den Grenzen der Manipulation ließe das Potential eines Besseren sich ablesen. Um nur das Drastischeste zu nennen, das die Voraussetzung einer jeden nicht naiven Erhebung zur politischen Soziologie abgibt: überprüfbar ist, ob die Bevölkerungen über die Informationen tatsächlich verfügen, von denen ihre vernünftigen politischen Entscheidungen zu allererst abhängen. Wo das nicht der Fall ist, wird Meinungsforschung, ohne alle sozialkritischen Absichten, unwillkürlich zur Sozialkritik. Sie kann die Gründe mangelnder Vertrautheit mit Informationen ermitteln, durch Analyse der Informationsquellen und dessen, womit sie die Bevölkerungen versorgen, ebenso wie des Bewußtseinsstandes der Befragten, der seinerseits wieder durch die gesamten gesellschaftlichen Bedingungen, zumal solche der Bewußtseinsindustrie, gemodelt ist, unter denen sie leben. Sinnvolle Erforschung der öffentlichen Meinung, wie man in Amerika sagt, on the other side of the fence, auf der andern Seite des Zauns, nämlich bei den Massen selbst, vermag weiter darzutun, ob die sogenannten Organe der öffentlichen Meinung diese wirklich repräsentieren, und umgekehrt, ob diese Meinungen spontan und vernünftig sind oder ob sie gesellschaftlichen Zwangsmechanismen sich fügen. Die Erforschung der öffentlichen Meinung könnte etwas von dem wiedergutmachen, was der Ersatz dieser Meinung durch deren auf dem Markt sich durchsetzende Organe frevelt, seit der Begriff der Publizität im politischen Leben aktuell ward. Das freilich schließt die Forderung ein, daß die Meinungsforschung sich nicht verabsolutiert, daß sie die Daten, auf die sie stößt, nicht als letzte unmittelbare Wahrheit verkennt, sondern ihres eigenen Vermitteltseins durch die gesellschaftliche Struktur und durch die Institutionen der Meinungsbildung sich bewußt bleibt, deren Macht einstweilen immer mehr zunimmt. Erfüllen könnte Meinungsforschung ihr Versprechen nur, wenn sie ihre Befunde und bereits die Fragestellungen ihrer Untersuchungen auf die objektiven sozialen Gegebenheiten bezieht. Haben einmal objektive gesellschaftliche Institutionen wie die Presse das demokratische Recht der öffentlichen Meinung an sich gerissen, ist die öffentliche Meinung also zentralisiert und dadurch in Gegensatz gerückt zur Idee der lebendigen Subjekte, deren vielfältige Meinung sie erfassen sollte, so gerät dafür die Meinungsforschung in Versuchung, gleichermaßen abstrakt, isoliert, das bloß subjektive Moment der Meinung, das Meinen der einzelnen Personen, die das statistische Universum bilden, zu isolieren und das, was bloß Reflex objektiver gesellschaftlicher Gesetzmäßigkeiten ist, mit der Basis des gesellschaftlichen Prozesses zu verwechseln. Dann wird Meinungsforschung zur Ideologie, kennbar etwa am Anspruch, daß Organe der öffentlichen Meinung wie die Massenmedien der Meinung der Bevölkerungen sich anzupassen hätten, die ihrerseits auf die Manipulation der öffentlichen Meinung zurückgeht. Leicht steht Meinungsforschung der Manipulation des Bewußtseins auf Kosten der objektiven Wahrheit bei. Aber sie zeigt dabei dieselbe Dialektik wie die Sphäre des Politischen, in der der Begriff der Meinung beheimatet war und dem sie nach wie vor zurechnet. Auch sie ist eine Ideologie, die, einmal kritisch gewandt, Ideologie zu durchschlagen und in ihren Folgerungen Bestehendes zu ändern vermöchte.

1964

Gesellschaftstheorie und empirische Forschung

Seit 1957 hat sich mit zunehmender Intensität in der deutschen Soziologie eine Kontroverse entwickelt, die einstweilen auf dem 16. Deutschen Soziologentag in Frankfurt kulminierte. Dokumente dazu sind in dem Band »Der Positivismusstreit in der deutschen Soziologie«[1] erschienen. Die beiden Richtungen, die miteinander diskutieren, mögen schlagworthaft als »kritische Gesellschaftstheorie« und »Positivismus« bezeichnet werden, obwohl das nicht ganz exakt ist. Von den summarisch als Positivisten bezeichneten Soziologen wollen einige der Aktivsten sich selbst nicht als Positivisten verstanden wissen. Ich möchte heute nicht auf die Grundsatzdebatte eingehen, wohl aber auf ihre wissenschaftspraktische Konsequenz. Verbreitet ist nämlich die Ansicht, die Vertreter der kritischen Richtung, für die der Name »Frankfurter Schule« sich eingebürgert hat, stünden der empirischen Sozialforschung fremd, wenn nicht ablehnend gegenüber, obwohl diese Schule seit mehr als 30 Jahren durch empirische Untersuchungen sich qualifiziert hat. René König, der zwar unmittelbar in die Kontroverse noch nicht eingegriffen hat, aber fraglos zur positivistischen Seite gezählt werden darf, schlug eine Terminologie vor, derzufolge man, was er »Sozialphilosophie« nennt und was sich weithin mit »kritischer Gesellschaftstheorie« deckt, überhaupt von Soziologie trennen müßte. Das mag dem unbefangenen Leser wie eine bloße Nomenklaturangelegenheit vorkommen; aber es stehen sehr reale Interessen dahinter. Wird die »kritische Gesellschaftstheorie« aus der Soziologie herausgegliedert, so erlangt in dieser die empirische Richtung ein Monopol; da umfangreichere soziologische Untersuchungen, soweit sie auf Meinungen, Verhaltensweisen, Motivationen breiter Bevölkerungskreise abzielen, meist auf Teamwork angewiesen sind,

1 Vgl. Theodor W. Adorno u. a., Der Positivismusstreit in der deutschen Soziologie, Neuwied, Berlin 1969.

werden die Kosten solcher Untersuchungen, im Gegensatz zur Arbeit des Gelehrten alten Stils am Schreibtisch, erheblich. Die Vertreter einer kritischen Soziologie jedoch möchten keineswegs, wie ihnen gern unterstellt wird, bei der Schreibtischarbeit sich bescheiden; auch sie bedürfen der sogenannten »Feldforschung«. Zöge man aus jener Trennung organisatorisch-finanzielle Folgerungen, so drohte der kritischen Richtung schwerster Nachteil. Empirische Untersuchungen würden zum Vorrecht der Empiristen. Demgegenüber kann nicht deutlich genug hervorgehoben werden, daß es bei dem Streit nicht um empirische Forschung oder deren Unterbleiben geht, sondern um ihre Interpretation, um die Stellung, die ihr innerhalb der Soziologie zugewiesen wird. Kein besonnener Sozialwissenschaftler kann der empirischen Forschung entraten; nicht nur, weil in Deutschland die losgelassene Spekulation – jene geistige Verhaltensweise, von der eine große Repräsentantin kritischer Theorie sagte: »was bringt ein starker Denker nicht alles fertig«, – durch Lehren wie die von der Rasse als dem entscheidenden Faktor des gesellschaftlichen Lebensprozesses aufs schwerste kompromittiert wurde. Darüber hinaus hat sich seit dem Zusammenbruch des deutschen Idealismus und seiner mehr oder minder verkappten Nachfolgerichtungen das Verhältnis zu den Fakten von grundauf verändert. Sagte Walter Benjamin, gewiß kein Positivist, einmal, daß die Gewalt des Daseins heute mehr bei Fakten als bei Überzeugungen liege, so hat er dem Bewußtsein jener heute allgegenwärtigen Übermacht des Seienden Ausdruck verliehen, der der Geist nicht anders sich gewachsen zeigt, als indem er mit Seiendem, mit Fakten sich sättigt. Galten diese einmal als blind und geistfremd, so kann heute der Geist, der einmal sich souverän dünkte, einzig daran sich bewähren, daß er die Fakten zum Sprechen bringt. Ist er aber auf Empirie verwiesen, so kann er nicht den Methoden kontrollierter empirischer Forschung sich verschließen, die sich herauskristallisiert haben, wie wenig er auch diese Methoden, die quantitativen, als letztes Ziel ansehen wird; denn Methoden sind es, Wege, nicht Selbstzweck. Fruchtbare Erkenntnis, die aus quantitativen Untersuchungen herausspringt, muß notwendig ihrerseits ein Qualitatives sein, sonst erschöpft tatsächlich Soziologie sich in jener stumpfen Präsentation von Zahlen, die so viele

Publikationen über Erhebungen, wie man heute in der ganzen Welt weiß, zur Sterilität verurteilen. Nie jedoch haben bedeutende Theoretiker der Gesellschaft empirische Untersuchungen verschmäht. In der Antike führte Aristoteles eine Studie über die Verfassungen griechischer Städte durch, die eigentlich schon dem gegenwärtigen Begriff des survey entspricht. Marx, der für den soziologischen Positivismus Auguste Comtes nichts als Verachtung hegte, wandte viel Energie an eine empirische Arbeiteruntersuchung, die »Enquête ouvrier«. »Das Kapital«, nicht weniger als »Die Lage der arbeitenden Klasse in England« von Engels, sind angefüllt mit empirischem Material, das allerdings durchweg dem Beleg der theoretischen Konstruktion dient. Aber auch der auf Wertfreiheit dringende und solcher Konstruktion abgeneigte, gleichwohl ums Verständnis der großen, gesellschaftlichen Tendenzen bemühte Max Weber hat weitschichtige empirisch-soziologische Forschungen angestellt und sich nicht mit sozialhistorischem Material begnügt.

Ich erwähnte, daß die Frankfurter Schule von Anbeginn mit den Mitteln der empirischen Sozialforschung arbeitete. Sie wurden in dem Band »Autorität und Familie« ebenso benutzt, wie in den amerikanischen Untersuchungen der »Authoritarian Personality«, den späteren Gruppenuntersuchungen über das politische Bewußtsein der deutschen Bevölkerung, dem Werk »Student und Politik« und jüngst den Studien über eine Skala zur Ermittlung des autoritären Potentials im nachhitlerschen Deutschland. Das Frankfurter Institut sieht eine wesentliche Aufgabe darin, seine theoretischen Konzeptionen in empirische Untersuchungen umzusetzen, um die Konzeptionen zu kontrollieren, aber auch um der empirischen Forschung Impulse zu erteilen, ihr sinnvollere Forschungsaufgaben zu stellen als das sonst häufig der Fall ist. Dabei ist allerdings nicht zu verkennen, daß von jenen theoretischen Impulsen bis heute nur ein Bruchteil tatsächlich in empirische Forschungsprobleme transformiert worden ist. Teilweise liegt das gewiß am Widerstand vieler Empiriker gegen theoretische Ansätze überhaupt. Man konnte vor noch nicht langer Zeit die ernstgemeinte Äußerung hören, daß, pumpe man in eine Untersuchung gar zu viel Gedanken hinein, diese zum Vorurteil würden, welches die Objektivität der Untersuchung hemmte.

Mittlerweile dürfte allerdings offenbar geworden sein, daß bei Untersuchungen, die nicht von Ideen geleitet werden, auch nichts herauskommt. Recht verstanden kann keine Untersuchung mehr an Resultaten abwerfen, als geistig in sie investiert war; nur will das nicht etwa sagen, daß die investierten Ideen auch als Resultate herauskommen müßten. Das wäre Dogmatismus. Das Forschungsinstrument mag zum Beispiel versagen, die Theoreme mögen mit den allgemein gebräuchlichen Methoden überhaupt unverifizierbar sein und vor allem, sie mögen sich als falsch erweisen. Aber wo es die Theoreme nicht gibt, wo sie fehlen, geschieht überhaupt nichts. Allenfalls werden technisch für irgendwelche Stellen verwertbare Informationen beigebracht. Daß die Soziologie darauf, auf den von Paul Lazarsfeld sogenannten administry research, sich beschränken muß, wird kaum der fanatischste Positivist mehr verlangen.

Damit indessen ist der Grund für das fortwährende Mißverhältnis von Theorie und Empirie nicht zureichend charakterisiert. Man darf es nicht verharmlosen. Soziologie tut sich, obwohl sie in ihrer neueren Gestalt, läßt man sie mit Saint-Simon beginnen, bald 200 Jahre alt ist, etwas zugute auf ihre Jugend und benutzt diese dazu, den Riß zwischen einer angeblich allwissend sich dünkenden Theorie und einem empirischen Betrieb, der unverhältnismäßig wenig an die Theorie heranreicht, als Ausdruck der im Vergleich zu den Naturwissenschaften noch nicht erlangten Reife zu erklären. In Wahrheit ist der Riß wohl davon bedingt, daß unter dem Namen Soziologie höchst Ungleichnamiges zusammengefaßt wird. Ihre Verfahrungsweisen, schrieb ich im Jahre 1957, sind miteinander verbunden nur in einem höchst abstrakten Sinn dadurch, daß sie allesamt in irgendeiner Weise Gesellschaftliches behandeln. Manche gelten der gesellschaftlichen Totalität und ihren Bewegungsgesetzen, andere im pointierten Gegensatz dazu einzelnen sozialen Phänomenen, welche auf einen Begriff der Gesellschaft zu beziehen dann als Metaphysik verfemt wird. Offensichtlich lassen derart verschiedene Interessenrichtungen und Modelle sich nicht auf den gleichen Nenner bringen. Je nachdem, ob empirische Forschung im Dienst dieser oder jener Konzeption steht, muß sie auch in sich anders geartet sein. Damit will ich keinen starren und anachronistischen Gegensatz von Gesellschaftstheorie und empirischer Forschung behaupten, allenfalls den Blick darauf lenken, was einer empirischen Forschung eigentümlich ist, die an Theorie sich orientiert und sich in theoretischem Kontext versteht. Eben daß sie das tut, entscheidet und wirkt bis in die technische Anlage theoretisch inspirierter und gesteuerter Untersuchungen hinein, auch in solche, die an die etablierten, teils statistischen, teils anderweitigen Spielregeln der empirischen Sozialforschung sich halten. Vielleicht darf ich das an Untersuchungen erläutern, an denen ich selbst wesentlich beteiligt war, einfach deshalb, weil ich ihren inneren Mechanismus am genauesten kenne. Die 1950 veröffentlichte »Authoritarian Personality« hat auf die empirische Sozialforschung in Amerika und auch in Deutschland nachhaltigen, vielfach bestätigten Einfluß ausgeübt. Eine mir längst unabsehbar gewordene Literatur hat sich an das Werk angeschlossen. Andererseits hat es, nach den üblichen Maßstäben empirischer Sozialforschung, fraglos seine schweren Mängel. Die Stichprobe, die, wie häufig in Studien, die an Universitäten ihr Zentrum haben, primär auf Studenten angewiesen war, ist alles andere als repräsentativ. Wir haben das auch nie behauptet. Die verwendeten Skalen, die sich um ein höchstes Maß qualitativer Ergiebigkeit bemühen, entsprechen nicht den äußerst strengen Kriterien der Skalierung, wie sie unterdessen seit Goodman sich herausgebildet haben. Sogar das Prinzip der indirekten Feststellung und Messung autoritärer Tendenzen hat sich der Kritik ausgesetzt; es sei zirkelschlüssig, weil man bereits wissen müßte, ob die indirekten Fragen über die Sachverhalte, auf die sie sich richten, etwas ausmachen, und weil man das nur durch direkte Fragen wissen könne, welche die indirekte Methode gerade zu vermeiden sucht. Daß trotzdem das Buch nicht nur anregte, sondern die Richtungstendenz der empirischen Sozialforschung einigermaßen änderte, liegt daran, daß es zwischen dem theoretischen Komplex einer an Freud orientierten Sozialpsychologie und den empirischen Forschungsmethoden eine konkrete Beziehung herstellte. Nicht daß es sich angemaßt hätte, Freud empirisch zu beweisen oder zu widerlegen. Angesichts des introspektiven Charakters der Psychoanalyse ist das quantitativ kaum möglich, obwohl es unterdessen auch an Versuchen dazu nicht fehlt. Wohl aber stecken die Fragen der sogenannten F-Skala, von der seinerzeit die Forschung am meisten hatte, ein Licht auf. Es werden nicht einfach Meinungen ermittelt und statistisch aufbereitet, sondern jede Frage, die auf Meinungen zielt, schließt zugleich Folgerungen für Charakterstruktur und latente Neigungen ein, die sich politisch auswirken mögen. Da in der »Authoritarian Personality« nicht nur Fragebogen nach der sogenannten Klassenzimmermethode verwendet wurden, sondern eine ganze Reihe anderer Tests sowie klinische Interviews, die in denselben Zusammenhängen ihr Zentrum hatten, und da die Resultate zusammenstimmten, so hat sich die Produktivität des Ansatzes trotz der technischen Mängel erwiesen, die man der Studie vorwerfen kann. Derlei Mängel sind übrigens gerade bei soziologischen Untersuchungen, denen Einsicht in wesentliche Sachverhalte wichtiger ist als die bloße Korrektheit des Verfahrens, schwerlich ganz zu vermeiden. Wer im Bereich der empirischen Sozialforschung intensiv gearbeitet hat, wird bestätigen, daß man unablässig vor der Wahl steht zwischen absolut hieb- und stichfesten Befunden, die sich verallgemeinern lassen, aber vielfach trivial sind, und solchen, bei denen im Ernst etwas herausschaut, die aber nicht ebenso rigoros den Spielregeln folgen. Erwähnt werden mag, daß die Übersetzungen von Theoremen in empirische Fragestellungen, die auch ich anstrebe, für die Theorie ebenfalls schwere Probleme mit sich bringen. Theoreme als solche sind nicht, wozu sie in empirischen Untersuchungen werden, Hypothesen, nicht Voraussagen über faktisch Eintretendes. Sie schießen ihrem Gehalt nach über das Faktische hinaus, halten fest an dem Unterschied von Wesen und Erscheinung, den gerade der Empirismus nicht Wort haben möchte. Einem strengen Psychoanalytiker würde es so wenig schwer fallen, quantitative Untersuchungen anzugreifen, die selbst naturgemäß keine ausgeführten Psychoanalysen sein können, wie der orthodoxe Sozialforscher an ihnen eben die Momente beanstandenswert finden mag, die – vielleicht – sich produktiv zeigten. Wir haben trotzdem jene Verbindung gesucht und suchen sie weiter. Sehr grundsätzliche gesellschaftstheoretische Erwägungen veranlassen uns dazu, an jenem Unterschied von Wesen und Erscheinung festzuhalten, der für den offiziellen Empirismus tabu ist. Wir vermuten ihn in der Differenz der einfachen, geäußerten Meinung von

dem, was darunterliegt. Wesen und Erscheinung sind kein Märchen aus alten Zeiten, sondern bedingt von der Grundstruktur einer Gesellschaft, die notwendig ihren eigenen Schleier zeitigt.
Ich habe damit den Begriff einer objektiven Gesellschaftsstruktur ins Spiel gebracht. Wenigstens andeuten möchte ich, wie jener Begriff in der Konzeption empirischer Forschung sich geltend macht, um die es uns geht. Der orthodoxe social research, der zwar zuweilen Lippenbekenntnisse für die Theorie ablegt, diese aber doch eigentlich als notwendiges Übel betrachtet, geht, wie der Erzvater des Empirismus, John Locke, von der Vorstellung einer tabula rasa, einer leeren Tafel aus. Der Sozialforscher habe sich an die Äußerungen der Befragten nach dem Modell des Plebiszits oder der Marktforschung zu halten, ohne daß er dabei um das sich kümmere, worauf die Meinungen sich beziehen. Diese sind ihm die letzte Rechtsquelle der Erkenntnis. Daß sie ihrerseits gesellschaftlich vermittelt sind, wird er zwar selten schlankweg leugnen, aber im allgemeinen damit zufrieden sein, dieser Vermittlung durch sogenannte Motivationsuntersuchungen nachzugehen, also festzustellen, auf welche Weise Probanden zu ihrer Meinung gekommen sind. Damit bleibt selbstverständlich der Schwerpunkt der Untersuchung die bloße Subjektivität der Probanden. Die Konzeption nun, durch welche wir Theorie und empirische Forschung einander durchdringen lassen möchten, bescheidet sich nicht bei den Subjekten, ebensowenig aber auch bei allgemeinen Aussagen über die Gesellschaft. Diese freilich, der allesdurchdringende Äther dessen, was die übliche Soziologie »zwischenmenschliche Beziehungen« nennt, ist ihrerseits ein Abstraktes, nicht in einzelnen Fakten dingfest zu Machendes. Am vernünftigsten scheint es uns, quantitativ empirische Untersuchungen zu beziehen auf Analysen der objektiven gesellschaftlichen Institutionen, mit denen die zu ermittelnden Meinungen und Verhaltensweisen etwas zu tun haben. Im Bereich der Soziologie der Verbände etwa studieren wir nicht nur deren Ideologie, wie sie in Äußerungen der Verbandsangehörigen sich spiegelt, sondern, soweit es uns möglich ist, die Organisation selber. Wir analysieren die Publikationen, mit denen sie auf ihre Mitglieder einwirkt, vor allem jedoch ihre eigene Struktur, zumal die Frage, ob die Organisation tatsächlich eine Funktion hat und den Kom-

plex, der seit Max Weber und Robert Michels als der der Bürokratisierung, Verfestigung und Verselbständigung wichtig wurde. Die Gegenüberstellung der subjektiven Meinungen mit jenen objektiven Momenten ergibt wesentlicheres als die tabula-rasa-Methode, für die die Meinung König ist, wie angeblich der Käufer auf dem Markt. Halten Verbandsangehörige an ihrem Verband fest, obwohl er, wie man im soziologischen Jargon sagt, dysfunktional, also nicht mehr notwendig, überflüssig geworden ist, so hat man daran einen objektiven Maßstab für die Kritik falschen Bewußtseins, die Kritik von Ideologie. Selbstverständlich sind auch der orthodoxen Sozialforschung solche Momente nicht fremd. Sie werden aber als background information, als zusätzliche Auskünfte über den Hintergrund der subjektiv gerichteten Erhebung präsentiert, in der unbestimmten Hoffnung, man lerne dadurch die subjektiven Reaktionsweisen besser verstehen, ohne daß der entscheidende Schritt, die Konfrontation der subjektiven und objektiven Momente, im Ernst vollzogen wäre. Unter diesem Aspekt mag die so gern spekulativ gescholtene Frankfurter Schule realistischer sein als ihre Kontrahenten. Denn das an Subjekten Ermittelte ist zu einem Grad, der seinerseits der wissenschaftlichen Feststellung nicht sich entzieht, Funktion der objektiven Gegebenheiten.

Ich habe nicht systematisch das Programm dessen entwickelt, was man vielleicht einmal kritische oder dialektische Sozialforschung nennen wird, sondern lieber ein paar Nervenpunkte berührt, Modelle gegeben, an denen flagrant wird, worauf die vielberedeten Differenzen eigentlich hinauslaufen. Die kritische Sozialforschung möchte die Empirie durch ihre theoretische Entschlüsselung erst ganz produktiv machen. Zum Schluß darf ich auf ein Paradoxon aufmerksam machen. Der Empirismus ist, seinem Begriff nach, eine Philosophie, welche der Erfahrung in Erkenntnis den Vorrang zuerkannt hat; in Wahrheit aber wurde, wie ich meine, wegen eines Mangels an Selbstreflexion des Empirismus, Erfahrung im empiristisch kontrollierten Wissenschaftsdenken nicht sowohl befreit und entbunden, als gegängelt und gefesselt. Uns lockt es, die Erfahrung gegen den Empirismus zu verteidigen, einen minder eingeschränkten, minder engen und verdinglichten Begriff von Erfahrung der Wissenschaft zuzubringen. Ziel der Kontroverse ist nicht ein Ja oder Nein zur Empirie, sondern die Interpretation von Empirie selber, zumal der sogenannten empirischen Methoden. Solche Interpretation ist philosophisch bei uns nicht weniger als bei den Empiristen. Der Empirismus ebenso wie die Dialektik ist einmal Philosophie gewesen. Gesteht man das jedoch zu, so verliert das Wort »Philosophie«, das man uns entgegenhält, als wäre es eine Schande, seinen Schrecken und enthüllt sich als Bedingung ebenso wie als Ziel einer Wissenschaft, die mehr sein will denn bloß Technik und die technokratischer Herrschaft nicht sich beugt.

1969

Zur Logik der Sozialwissenschaften

Der Korreferent hat im allgemeinen die Wahl, als Pedant sich zu verhalten oder als Parasit. Herrn Popper möchte ich zunächst dafür danken, daß er jener peinlichen Situation mich enthebt. An das von ihm Gesagte* vermag ich anzuknüpfen, ohne mit Adam und Eva anzufangen, ohne aber auch so dicht an den Wortlaut seines Referats mich zu heften, daß ich davon mich abhängig machen müßte. Das ist, bei Autoren so verschiedener geistiger Herkunft, nicht weniger überraschend als die zahlreichen sachlichen Übereinstimmungen. Oft muß ich nicht seinen Thesen die Antithesis gegenüberstellen, sondern kann das von ihm Gesagte aufnehmen und versuchen, weiterzureflektieren. Den Begriff Logik freilich fasse ich weiter als er; mir schwebt dabei mehr die konkrete Verfahrensweise der Soziologie vor als allgemeine Denkregeln, die deduktive Disziplin. Deren eigene Problematik in der Soziologie möchte ich hier nicht anschneiden.

Statt dessen gehe ich aus von Poppers Unterscheidung zwischen der Fülle von Wissen und grenzenloser Unwissenheit. Sie ist plausibel genug, ganz gewiß in der Soziologie. Jedenfalls wird diese unablässig daran gemahnt, daß sie es bis heute nicht zu einem den Naturwissenschaften vergleichbaren Corpus anerkannter Gesetze gebracht habe. Doch enthält jene Unterscheidung ein fragwürdiges Potential, das einer gängigen Ansicht, die sicherlich nicht in Poppers Sinn liegt. Ihr zufolge soll die Soziologie, wegen ihrer eklatanten Zurückgebliebenheit hinter den exakten Wissenschaften, zunächst einmal sich bescheiden, Fakten sammeln, Methoden klären, ehe sie den Anspruch auf verbindliches und zugleich relevantes Wissen erhebt. Theoretische Erwä-

* *Vgl. Karl R. Popper, Die Logik der Sozialwissenschaften, in: Kölner Zeitschrift für Soziologie und Sozialpsychologie 14 (1962), S. 233 ff.; auch in: Theodor W. Adorno u. a., Der Positivismusstreit in der deutschen Soziologie, Neuwied, Berlin 1969, S. 103 ff. (Anm. d. Hrsg.)*

gungen über die Gesellschaft und ihre Struktur werden dann häufig als ein unerlaubter Vorgriff auf die Zukunft verpönt. Aber läßt man die Soziologie mit Saint-Simon und nicht erst mit ihrem Taufvater Comte beginnen, so ist sie mehr als 160 Jahre alt. Sie sollte nicht länger verschämt mit ihrer Jugend kokettieren. Was in ihr als einstweiliges Nichtwissen erscheint, ist nicht in fortschreitender Forschung und Methodologie schlicht abzulösen durch das, was ein fataler und unangemessener Terminus Synthese nennt. Sondern die Sache widersteht der blanken systematischen Einheit verbundener Sätze. Ich ziele nicht auf die herkömmlichen Unterscheidungen zwischen Natur- und Geisteswissenschaften, wie die Rickertsche zwischen nomothetischer und ideographischer Methode, die Popper positiver sieht als ich. Aber das Erkenntnisideal der einstimmigen, möglichst einfachen, mathematisch eleganten Erklärung versagt, wo die Sache selbst: die Gesellschaft nicht einstimmig, nicht einfach ist, auch nicht neutral dem Belieben kategorialer Formung anheimgegeben, sondern anders, als das Kategoriensystem der diskursiven Logik von seinen Objekten vorweg erwartet. Die Gesellschaft ist widerspruchsvoll und doch bestimmbar; rational und irrational in eins, System und brüchig, blinde Natur und durch Bewußtsein vermittelt. Dem muß die Verfahrensweise der Soziologie sich beugen. Sonst gerät sie, aus puristischem Eifer gegen den Widerspruch, in den verhängnisvollsten: den zwischen ihrer Struktur und der ihres Objekts. So wenig die Gesellschaft der rationalen Erkenntnis sich entzieht; so einsichtig ihre Widersprüche und deren Bedingungen sind, so wenig sind sie doch zu eskamotieren durch Denkpostulate, die von einem der Erkenntnis gegenüber gleichsam indifferenten Material abgezogen sind, das keine Widerstände setzt gegen die szientifischen Gebräuche, welche dem erkennenden Bewußtsein geläufig sich anbequemen. Der sozialwissenschaftliche Betrieb wird permanent davon bedroht, daß er, aus Liebe zu Klarheit und Exaktheit, verfehlt, was er erkennen will. Popper wendet sich gegen das Cliché, Erkenntnis durchlaufe einen Stufengang von der Beobachtung zur Ordnung, Aufbereitung und Systematisierung ihres Materials. Dies Cliché ist darum so absurd in der Soziologie, weil sie nicht über unqualifizierte Daten verfügt, sondern einzig über solche, die durch den Zusammenhang der gesellschaftlichen Totalität strukturiert sind. Das angebliche soziologische Nichtwissen bezeichnet in weitem Maß bloß die Divergenz zwischen der Gesellschaft als Gegenstand und der traditionellen Methode; darum ist es auch kaum einzuholen von einem Wissen, das die Struktur seines Gegenstandes der eigenen Methodologie zuliebe verleugnete. Andererseits ist dann aber auch – und Popper würde das fraglos ebenfalls konzedieren – die übliche empiristische Askese der Theorie gegenüber nicht durchzuhalten. Ohne die Antezipation jenes strukturellen Moments, des Ganzen, das in Einzelbeobachtungen kaum je adäquat sich umsetzen läßt, fände keine einzelne Beobachtung ihren Stellenwert. Damit ist nichts Ähnliches verfochten wie die Tendenz der cultural anthropology, den zentralistischen und totalen Charakter mancher primitiven Gesellschaften durchs gewählte Koordinatensystem auf die abendländische Zivilisation zu übertragen. Selbst wenn man über deren Gravitation zu totalen Formen und über den Verfall des Individuums so wenig Illusionen hegt wie ich, entscheiden immer noch die Differenzen zwischen einer prä-individuellen und einer post-individuellen Gesellschaft. Totalität ist in den demokratisch verwalteten Ländern der industriellen Gesellschaft eine Kategorie der Vermittlung, keine unmittelbarer Herrschaft und Unterwerfung. Das schließt ein, daß in der industriellen Tauschgesellschaft keineswegs alles Gesellschaftliche ohne weiteres aus ihrem Prinzip zu deduzieren ist. Sie enthält in sich ungezählte nicht-kapitalistische Enklaven. Zur Erwägung steht, ob sie nicht unter den gegenwärtigen Produktionsverhältnissen solcher Enklaven, wie etwa der der Familie, zur eigenen Perpetuierung notwendig bedarf. Deren partikulare Irrationalität ergänzt gleichsam die der Struktur im Großen. Die gesellschaftliche Totalität führt kein Eigenleben oberhalb des von ihr Zusammengefaßten, aus dem sie selbst besteht. Sie produziert und reproduziert sich durch ihre einzelnen Momente hindurch. Viele von diesen bewahren eine relative Selbständigkeit, welche die primitiv-totalen Gesellschaften sei es nicht kennen, sei es nicht dulden. So wenig aber jenes Ganze vom Leben, von der Kooperation und dem Antagonismus seiner Elemente abzusondern ist, so wenig kann irgendein Element auch bloß in seinem Funktionieren verstanden werden ohne Einsicht in das Ganze, das an der Bewegung des Einzelnen selbst sein Wesen hat. System und Einzelheit sind reziprok und nur in ihrer Reziprozität zu erkennen. Selbst jene Enklaven, die ungleichzeitigen Sozialgebilde, Favoriten einer Soziologie, die des Begriffs der Gesellschaft gleichwie eines allzu spektakulären Philosophems sich entledigen möchte, werden, was sie sind, nicht an sich, sondern erst in der Relation zu der herrschenden Totale, von der sie abweichen. Das dürfte in der heute beliebtesten soziologischen Konzeption, der der middle range theory, arg unterschätzt sein.

Gegenüber der seit Comte eingebürgerten Ansicht vertritt Popper den Vorrang der Probleme als der Spannung zwischen Wissen und Nichtwissen. Mit allem, was Popper gegen die falsche Transposition naturwissenschaftlicher Methoden, gegen den »verfehlten und mißverständlichen methodologischen Naturalismus oder Szientismus« sagt, bin ich einverstanden. Wirft er jenem sozialanthropologischen Gelehrten vor, daß er durch die vermeintlich höhere Objektivität dessen, der soziale Phänomene von außen betrachtet, der Frage nach Wahrheit und Unwahrheit sich entziehe, so ist das guter Hegel; in der Vorrede zur Phänomenologie des Geistes werden diejenigen verspottet, die nur deshalb über den Dingen sind, weil sie nicht in den Dingen sind. Ich hoffe, Herr König zürnt mir nicht und wirft nun auch dem Gespräch mit Popper vor, es sei Philosophie und nicht Soziologie. Mir scheint doch erwähnenswert, daß ein Gelehrter, dem die Dialektik anathema ist, zu Formulierungen sich gedrängt sieht, die im dialektischen Denken beheimatet sind. Die von Popper visierte Problematik der social anthropology dürfte übrigens eng zusammenhängen mit der Verselbständigung der Methode gegenüber der Sache. Sicherlich hat es, wie die Veblensche Theorie einer barbarischen Kultur, seine Meriten, die eingeschliffenen mores eines hochkapitalistischen Landes mit den Riten der vermutlich nachgerade übertesteten Trobriander zu vergleichen; aber die vermeintliche Freiheit in der Wahl des Koordinatensystems schlägt um in die Verfälschung des Objekts, weil über jedes Mitglied des modernen Landes seine Zugehörigkeit zu dessen Wirtschaftssystem real unvergleichlich viel mehr besagt als die schönsten Analogien zu Totem und Tabu.

In meiner Zustimmung zu Poppers Kritik am Szientismus und

seiner These vom Primat des Problems muß ich vielleicht weitergehen, als er es billigt. Denn der Gegenstand der Soziologie selbst, Gesellschaft, die sich und ihre Mitglieder am Leben erhält und zugleich mit dem Untergang bedroht, ist Problem im emphatischen Sinn. Das besagt aber, daß die Probleme der Soziologie nicht stets durch die Entdeckung entstehen, »daß etwas in unserem vermeintlichen Wissen nicht in Ordnung ist, ... in der Entwicklung eines inneren Widerspruchs in unserem vermeintlichen Wissen«. Der Widerspruch muß nicht, wie Popper hier wenigstens supponiert, ein bloß »anscheinender« zwischen Subjekt und Objekt sein, der dem Subjekt allein als Insuffizienz des Urteils aufzubürden wäre. Vielmehr kann er höchst real in der Sache seinen Ort haben und keineswegs durch vermehrte Kenntnis und klarere Formulierung aus der Welt sich schaffen lassen. Das älteste soziologische Modell eines solchen notwendig in der Sache sich entfaltenden Widerspruchs ist der berühmt gewordene § 243 aus Hegels Rechtsphilosophie: »Durch die Verallgemeinerung des Zusammenhangs der Menschen durch ihre Bedürfnisse und der Weisen, die Mittel für diese zu bereiten und herbeizubringen, vermehrt sich die Anhäufung der Reichthümer, – denn aus dieser gedoppelten Allgemeinheit wird der größte Gewinn gezogen, – auf der einen Seite, wie auf der anderen Seite die Vereinzelung und Beschränktheit der besonderen Arbeit und damit die Abhängigkeit und Noth der an diese Arbeit gebundenen Klasse.«[1] Leicht wäre mir eine Äquivokation vorzuwerfen: Problem sei bei Popper etwas lediglich Erkenntnistheoretisches und bei mir zugleich etwas Praktisches, am Ende gar ein problematischer Zustand der Welt. Aber es geht ums Recht eben dieser Distinktion. Man würde die Wissenschaft fetischisieren, trennte man ihre immanenten Probleme radikal ab von den realen, die in ihren Formalismen blaß widerscheinen. Keine Lehre vom logischen Absolutismus, die Tarskische so wenig wie einst die Husserlsche, vermöchte zu dekretieren, daß die Fakten logischen Prinzipien gehorchen, die ihren Geltungsanspruch aus der Reinigung von allem Sachhaltigen herleiten. Ich muß mich damit begnügen, an die Kritik des logischen Absolutismus in der »Meta-

1 Hegel, Sämtliche Werke, ed. Glockner, Bd. 7: Grundlinien der Philosophie des Rechts, Stuttgart 1927, S. 318.

kritik der Erkenntnistheorie« zu erinnern, die dort einer Kritik des soziologischen Relativismus sich verbindet, in der ich mit Herrn Popper mich einig weiß. Daß im übrigen die Konzeption von der Widersprüchlichkeit der gesellschaftlichen Realität deren Erkenntnis nicht sabotiert und dem Zufall ausliefert, liegt in der Möglichkeit, noch den Widerspruch als notwendig zu begreifen und damit Rationalität auf ihn auszudehnen.

Methoden hängen nicht vom methodologischen Ideal ab, sondern von der Sache. Popper trägt dem implizit Rechnung in der These vom Vorrang des Problems. Konstatiert er, die Qualität der sozialwissenschaftlichen Leistung stünde in genauem Verhältnis zur Bedeutung oder zum Interesse ihrer Probleme, so steht dahinter fraglos das Bewußtsein jener Irrelevanz, zu der ungezählte soziologische Untersuchungen dadurch verurteilt sind, daß sie dem Primat der Methode gehorchen und nicht dem des Gegenstandes; sei es, daß sie Methoden um ihrer selbst willen weiterentwickeln wollen, sei es, daß sie die Gegenstände von vornherein so auswählen, daß sie mit bereits verfügbaren Methoden behandelt werden können. In Poppers Rede von Bedeutung oder Interesse meldet das Gewicht der zu behandelnden Sache sich an. Zu qualifizieren wäre sie einzig dadurch, daß auch über die Relevanz der Gegenstände nicht stets a priori zu urteilen ist. Wo das kategoriale Netz so dicht gesponnen ist, daß es manches darunter Liegende durch Konventionen der Meinung, auch der wissenschaftlichen, verdeckt, nehmen exzentrische Phänomene, die von jenem Netz noch nicht erfaßt sind, zuweilen ungeahntes Gewicht an. Die Einsicht in ihre Beschaffenheit wirft Licht auch über das, was als Kernbereich gilt, und es gar nicht stets ist. An Freuds Entschluß, mit dem »Abhub der Erscheinungswelt« sich zu beschäftigen, mag dies wissenschaftstheoretische Motiv nicht unbeteiligt gewesen sein; in der Soziologie Simmels hat es ebenfalls als fruchtbar sich erwiesen, als er, mißtrauisch gegen die systematische Totale, in soziale Spezifikationen wie den Fremden oder den Schauspieler sich versenkte. Auch die Forderung der Relevanz des Problems wird man nicht dogmatisieren dürfen; die Auswahl der Forschungsgegenstände legitimiert in weitem Maß sich danach, was der Soziologe an dem von ihm gewählten Objekt ablesen kann; ohne daß das im übrigen eine Ausrede für jene zahllosen, lediglich der akademischen Karriere zuliebe durchgeführten Projekte liefern dürfte, bei denen die Irrelevanz des Objekts mit dem Stumpfsinn des Researchtechnikers glücklich sich verbindet. Zu einiger Vorsicht möchte ich auch bei den Attributen raten, die Popper, neben der Relevanz des Problems, der wahren Methode zuerteilt. Ehrlichkeit, also daß man nicht schwindelt; daß man ohne taktische Rücksicht das einmal Erkannte ausdrückt, sollte von selbst sich verstehen. Im tatsächlichen Wissenschaftsgang jedoch wird diese Norm häufig terroristisch mißbraucht. Daß einer rein der Sache sich überlasse, heißt dann soviel, wie daß er nichts Eigenes an diese heranbringe, sondern sich einer registrierenden Apparatur gleichmache; der Verzicht auf Phantasie oder der Mangel an Produktivität wird als wissenschaftliches Ethos unterschoben. Man sollte nicht vergessen, was Cantril und Allport zur Kritik des Ideals der sincerity in Amerika beigebracht haben; als ehrlich gilt, auch in Wissenschaften, vielfach der, welcher denkt, was alle denken, bar der vorgeblichen Eitelkeit, etwas Besonderes erblicken zu wollen, und darum bereit, mitzublöken. Ebenso sind Geradlinigkeit und Einfachheit keine unbedenklichen Ideale dort, wo die Sache komplex ist. Die Antworten des gesunden Menschenverstands beziehen ihre Kategorien in solchem Umfang vom gerade Bestehenden, daß sie dazu tendieren, dessen Schleier zu verstärken, anstatt ihn zu durchdringen; was die Geradlinigkeit anlangt, so ist der Weg, auf dem man zu einer Erkenntnis gelangt, schwerlich zu antezipieren. Angesichts des gegenwärtigen Standes der Soziologie würde ich, unter den von Popper genannten Kriterien wissenschaftlicher Qualität, auf die Kühnheit und Eigenart der vorgeschlagenen Lösung – die freilich selbst gewiß stets wiederum zu kritisieren bleibt – den schwersten Akzent legen. Schließlich ist auch die Kategorie des Problems nicht zu hypostasieren. Wer einigermaßen unbefangen die eigene Arbeit kontrolliert, wird auf einen Sachverhalt stoßen, den zuzugestehen nur die Tabus angeblicher Voraussetzungslosigkeit erschweren. Nicht selten hat man Lösungen; es geht einem etwas auf, und nachträglich konstruiert man dann die Frage. Das aber ist kein Zufall: der Vorrang der Gesellschaft als eines Übergreifenden und Zusammengeschlossenen über ihre einzelnen Manifestationen drückt in der gesellschaftlichen Erkenntnis durch Einsichten sich aus, die aus dem Begriff der Gesellschaft stammen und die in soziologische Einzelprobleme erst durch die nachträgliche Konfrontation des Vorweggenommenen mit dem besonderen Material sich verwandeln. Etwas allgemeiner gesagt: die Erkenntnistheorien, wie sie von der großen Philosophie seit Bacon und Descartes in einiger Selbständigkeit entwickelt und überliefert wurden, sind, auch bei den Empiristen, von oben her konzipiert. Der lebendig vollzogenen Erkenntnis blieben sie vielfach unangemessen; sie haben diese nach einem ihr fremden und äußerlichen Entwurf von Wissenschaft als induktivem oder deduktivem Kontinuum zurechtgestutzt. Unter den fälligen Aufgaben von Erkenntnistheorie wäre nicht die letzte – Bergson hat das geahnt –, darauf zu reflektieren, wie denn nun eigentlich erkannt werde, anstatt die Erkenntnisleistung vorab nach einem logischen oder szientifischen Modell zu beschreiben, dem produktive Erkenntnis in Wahrheit gar nicht entspricht.

Dem Problembegriff ist in Poppers kategorialem Gefüge der der Lösung zugeordnet. Lösungen würden vorgeschlagen und kritisiert. Mit dem Schlüsselcharakter der Kritik ist gegenüber der primitiven und erkenntnisfremden Lehre vom Primat der Beobachtung ein Entscheidendes getroffen. Soziologische Erkenntnis ist tatsächlich Kritik. Aber es kommt dabei auf Nuancen an, wie denn die entscheidenden Unterschiede wissenschaftlicher Positionen oft eher in der Nuance sich verstecken, als daß sie auf grandiose weltanschauliche Begriffe zu bringen wären. Wenn ein Lösungsversuch, sagt Popper, der sachlichen Kritik nicht zugänglich ist, so wird er eben deshalb als unwissenschaftlich ausgeschaltet, wenn auch vielleicht nur vorläufig. Das ist zumindest zweideutig. Meint solche Kritik die Reduktion auf sogenannte Fakten, die vollkommene Einlösung des Gedankens durch Beobachtetes, so nivellierte dies Desiderat den Gedanken zur Hypothese und beraubte die Soziologie jenes Moments der Antezipation, das zu ihr wesentlich gehört. Es gibt soziologische Theoreme, die, als Einsichten über die hinter der Fassade waltenden Mechanismen der Gesellschaft, prinzipiell, aus selbst gesellschaftlichen Gründen, den Erscheinungen so sehr widersprechen, daß sie von diesen her gar nicht zureichend kritisiert werden können. Ihre Kritik obliegt der konsequenten Theorie, dem Weiterdenken, nicht etwa (wie übrigens Herr Popper auch nicht formuliert hat) der Konfrontation mit Protokollsätzen. Fakten sind in der Gesellschaft darum nicht das letzte, daran Erkenntnis ihren Haftpunkt fände, weil sie selber vermittelt sind durch die Gesellschaft. Nicht alle Theoreme sind Hypothesen; Theorie ist das telos, kein Vehikel von Soziologie.

Auch bei der Gleichsetzung von Kritik und Widerlegungsversuch wäre zu verweilen. Widerlegung ist fruchtbar nur als immanente Kritik. Das wußte schon Hegel. Über das »Urteil des Begriffs« bringt der zweite Band der großen Logik Sätze, die zugleich das meiste aufwiegen dürften, was seitdem über die Werte orakelt ward: »Die Prädikate gut, schlecht, wahr, schön, richtig u. s. f. drücken aus, daß die Sache an ihrem allgemeinen Begriffe, als dem schlechthin vorausgesetzten Sollen gemessen, und in Übereinstimmung mit demselben ist, oder nicht.«[2] Von außen her ist alles und nichts widerleglich. Skepsis gebührt dem Diskussionsspiel. Es bezeugt ein Vertrauen auf die organisierte Wissenschaft als Instanz von Wahrheit, gegen das der Soziologe sich spröde machen sollte. Angesichts der wissenschaftlichen thought control, deren Bedingungen Soziologie selbst nennt, hat besonderes Gewicht, daß Popper der Kategorie der Kritik eine zentrale Stellung einräumt. Der kritische Impuls ist eins mit dem Widerstand gegen die starre Konformität der je herrschenden Meinung. Dies Motiv kommt auch bei Popper vor. In seiner zwölften These setzt er wissenschaftliche Objektivität streng gleich mit der kritischen Tradition, die es »trotz aller Widerstände so oft ermöglicht, ein herrschendes Dogma zu kritisieren«. Er appelliert, ähnlich wie in der jüngeren Vergangenheit Dewey und einst Hegel, an offenes, nicht fixiertes, nicht verdinglichtes Denken. Diesem ist ein experimentierendes, um nicht zu sagen spielerisches Moment unabdingbar. Zögern würde ich allerdings, es mit dem Begriff des Versuchs ohne weiteres gleichzusetzen und gar den Grundsatz trial and error zu adoptieren. In dem Klima, dem dieser entstammt, ist das Wort Versuch zweideutig; gerade er schleppt naturwissenschaftliche Assoziationen mit sich und kehrt seine Spitze wider die Selbständigkeit jeglichen Gedankens, der sich nicht

2 Hegel, a. a. O., Bd. 5: Wissenschaft der Logik, 2. Teil, Stuttgart 1928, S. 110 f.

testen läßt. Aber manche Gedanken, und am Ende die essentiellen, entziehen sich dem Test und haben doch Wahrheitsgehalt: auch damit ist Popper einig. Kein Experiment wohl könnte die Abhängigkeit eines jeglichen sozialen Phänomens von der Totalität bündig dartun, weil das Ganze, das die greifbaren Phänomene präformiert, selbst niemals in partikulare Versuchsanordnungen eingeht. Dennoch ist jene Abhängigkeit des sozial zu Beobachtenden von der Gesamtstruktur real gültiger als irgendwelche am Einzelnen unwiderleglich verifizierbaren Befunde, und alles eher denn bloßes Gedankengespinst. Will man nicht doch schließlich die Soziologie mit naturwissenschaftlichen Modellen vermengen, so muß der Begriff des Versuchs auch auf den Gedanken sich erstrecken, der, gesättigt mit der Kraft von Erfahrung, über diese hinausschießt, um sie zu begreifen. Versuche im engeren Sinn sind ohnehin in der Soziologie, anders als in der Psychologie, meist wenig produktiv. – Das spekulative Moment ist keine Not der gesellschaftlichen Erkenntnis, sondern ihr als Moment unentbehrlich, mag immer die idealistische Philosophie, die einmal die Spekulation glorifizierte, vergangen sein. Dem wäre auch die Wendung zu geben, daß Kritik und Lösung überhaupt nicht voneinander zu trennen sind. Lösungen sind gelegentlich primär, unmittelbar und zeitigen erst die Kritik, durch die sie zum Fortgang des Erkenntnisprozesses vermittelt werden; vor allem aber mag umgekehrt die Figur der Kritik, wenn sie nur prägnant gelungen ist, die Lösung bereits implizieren; kaum je tritt sie von außen hinzu. Darauf bezog sich der philosophische Begriff der bestimmten Negation, dem Popper überhaupt nicht fernsteht, so wenig Liebe er auch für Hegel hegt. Indem er die Objektivität der Wissenschaft mit der der kritischen Methode identifiziert, erhebt er diese zum Organon der Wahrheit. Kein Dialektiker heute hätte mehr zu verlangen.

Daraus freilich zöge ich eine Konsequenz, die in Poppers Referat nicht genannt ist und von der ich nicht weiß, ob er sie akzeptiert. Er nennt seinen Standpunkt, in einem sehr unkantischen Sinn, kritizistisch. Nimmt man aber einmal die Abhängigkeit der Methode von der Sache so schwer, wie es einigen der Popperschen Bestimmungen wie der der Relevanz und des Interesses als Maßstäben für die gesellschaftliche Erkenntnis innewohnt, so wäre die kritische Arbeit der Soziologie nicht auf Selbstkritik, auf Reflexion über ihre Sätze, Theoreme, Begriffsapparaturen und Methoden zu beschränken. Sie ist zugleich auch Kritik an dem Gegenstand, von dem ja alle diese auf der subjektiven Seite, der der zur organisierten Wissenschaft zusammengeschlossenen Subjekte, lokalisierten Momente abhängen. Mögen die Momente der Verfahrungsweise noch so instrumentell definiert sein – ihre Adäquanz ans Objekt bleibt dabei stets noch gefordert, sei's auch versteckt. Unproduktiv sind Verfahren dann, wenn sie solcher Adäquanz ermangeln. Die Sache muß in der Methode ihrem eigenen Gewicht nach zur Geltung kommen, sonst ist die geschliffenste Methode schlecht. Das involviert aber nicht weniger, als daß in der Gestalt der Theorie die der Sache erscheinen muß. Wann die Kritik der soziologischen Kategorien nur die der Methode ist und wann die Diskrepanz von Begriff und Sache zu Lasten der Sache geht, die das nicht ist, was sie zu sein beansprucht, darüber entscheidet der Inhalt des zur Kritik stehenden Theorems. Der kritische Weg ist nicht bloß formal, sondern auch material; kritische Soziologie ist, wenn ihre Begriffe wahr sein sollen, der eigenen Idee nach notwendig zugleich Kritik der Gesellschaft, wie Horkheimer in der Abhandlung über traditionelle und kritische Theorie es entfaltete. Etwas davon hatte auch der Kantische Kritizismus. Was er gegen wissenschaftliche Urteile über Gott, Freiheit und Unsterblichkeit vorbrachte, opponierte einem Zustand, in dem man diese Ideen, nachdem sie ihre theologische Verbindlichkeit eingebüßt hatten, durch Subreption für die Rationalität zu erretten trachtete. Jener Kantische Terminus, Erschleichung, trifft im Denkfehler die apologetische Lüge. Kritizismus war militante Aufklärung. Kritische Gesinnung jedoch, welche vor der Realität haltmacht und sich bei der Arbeit an sich selbst bescheidet, wäre als Aufklärung demgegenüber schwerlich fortgeschritten. Indem sie deren Motive beschneidet, müßte sie auch in sich so verkümmern, wie es der Vergleich des administrative research mit kritischen Theorien der Gesellschaft schlagend zeigt. An der Zeit wäre es, daß Soziologie solcher Verkümmerung widerstände, die hinter der intangiblen Methode sich verschanzt. Denn Erkenntnis lebt von der Beziehung auf das, was sie nicht selber ist, auf ihr Anderes. Dieser Beziehung aber genügt sie nicht, solange diese bloß indirekt, in kritischer Selbstreflexion sich durchsetzt; sie muß übergehen zur Kritik des soziologischen Objekts. Wenn die Sozialwissenschaft – und ich präjudiziere im Augenblick nichts Inhaltliches über solche Sätze – einerseits den Begriff einer liberalen Gesellschaft als Freiheit und Gleichheit faßt, andererseits den Wahrheitsgehalt dieser Kategorien unterm Liberalismus wegen der Ungleichheit der die Verhältnisse zwischen den Menschen determinierenden sozialen Macht prinzipiell bestreitet, so handelt es sich nicht um logische Widersprüche, die durch korrektere Definitionen wegzuräumen wären, oder um nachträglich hinzutretende empirische Einschränkungen, Differenzierungen einer Ausgangsdefinition, sondern um die strukturelle Beschaffenheit der Gesellschaft als solcher. Dann heißt aber Kritik nicht nur, die kontradiktorischen Sätze um der Einstimmigkeit des wissenschaftlichen Zusammenhangs willen umformulieren. Solche Logizität kann durch Verschiebung der realen Gewichte falsch werden. Hinzufügen möchte ich, daß diese Wendung die begrifflichen Mittel der soziologischen Erkenntnis ebenfalls affiziert; eine kritische Theorie der Gesellschaft lenkt die permanente Selbstkritik der soziologischen Erkenntnis in eine andere Dimension. Ich erinnere nur an das, was ich über das naive Vertrauen in die organisierte Sozialwissenschaft als Garanten der Wahrheit andeutete.

All das setzt allerdings die Unterscheidung von Wahrheit und Unwahrheit voraus, an der Popper so streng festhält. Als Kritiker des skeptischen Relativismus polemisiert er gegen die Wissenssoziologie insbesondere Paretoschen und Mannheimschen Gepräges so scharf, wie ich es wiederholt getan habe. Aber der sogenannte totale Ideologiebegriff, und die Verwischung des Unterschieds von wahr und unwahr, liegt nicht im Sinn der, wenn man so sagen darf, klassischen Ideologienlehre. Er stellt deren Verfallsform dar. Sie verbindet sich mit dem Versuch, jener Lehre die kritische Schärfe zu nehmen und sie zu einer Branche im Wissenschaftsbetrieb zu neutralisieren. Einmal hieß Ideologie gesellschaftlich notwendiger Schein. Ideologiekritik war an den konkreten Nachweis der Unwahrheit eines Theorems oder einer Doktrin gebunden; der bloße Ideologieverdacht, wie Mannheim es nannte, genügte nicht. Marx hätte ihn, im Geist Hegels, als abstrakte Negation verhöhnt. Die Deduktion von Ideologien aus gesellschaftlicher Notwendigkeit hat das Urteil über ihre Unwahrheit nicht gemildert. Ihre Ableitung aus Strukturgesetzen wie dem Fetischcharakter der Ware, die das πρῶτον ψεῦδος benennt, wollte sie eben jenem Maßstab wissenschaftlicher Objektivität unterstellen, den auch Popper anlegt. Die eingebürgerte Rede von Überbau und Unterbau verflacht das bereits. Während die Wissenssoziologie, welche den Unterschied von richtigem und falschem Bewußtsein aufweicht, sich gebärdet, als wäre sie Fortschritt im Sinn von wissenschaftlicher Objektivität, ist sie durch jene Aufweichung hinter den bei Marx durchaus objektiv verstandenen Begriff von Wissenschaft zurückgefallen. Nur durch Brimborium und Neologismen wie Perspektivismus, nicht durch sachhaltige Bestimmungen kann der totale Ideologiebegriff vom weltanschaulich-phrasenhaften Vulgärrelativismus sich distanzieren. Daher der offene oder versteckte Subjektivismus der Wissenssoziologie, den Popper mit Recht denunziert und in dessen Kritik die große Philosophie einig ist mit der konkreten wissenschaftlichen Arbeit. Diese hat von der Generalklausel der Relativität aller menschlichen Erkenntnis im Ernst niemals sich beirren lassen. Kritisiert Popper die Kontamination der Objektivität der Wissenschaft mit der Objektivität des Wissenschaftlers, so trifft er damit den zum totalen degradierten Ideologiebegriff, nicht aber dessen authentische Konzeption. Diese meinte die objektive, von den Einzelsubjekten und ihrem vielberufenen Standort weithin unabhängige, in der Analyse der Gesellschaftsstruktur ausweisbare Determination falschen Bewußtseins; ein Gedanke übrigens, der bis auf Helvétius, wenn nicht bis auf Bacon, zurückdatiert. Die eifrige Sorge wegen der Standortgebundenheit der einzelnen Denker entspringt der Ohnmacht, jene einmal erreichte Einsicht in die objektive Verzerrung der Wahrheit festzuhalten. Mit den Denkern und vollends ihrer Psychologie hat sie nicht allzuviel zu tun. Kurz, ich bin einig mit Herrn Poppers Kritik der Wissenssoziologie. Einig damit ist jedoch auch die unverwässerte Ideologienlehre.

Die Frage nach der sozialwissenschaftlichen Objektivität verbindet sich bei Popper, wie einst in Max Webers berühmtem Aufsatz, mit der nach der Wertfreiheit. Ihm ist nicht entgangen, daß diese mittlerweile dogmatisierte Kategorie, die mit dem pragmatistischen Wissenschaftsbetrieb nur allzu gut sich verständigt, neu durchdacht werden muß. Die Disjunktion von Objektivität und Wert ist nicht so bündig, wie es bei Max Weber sich liest, in dessen Texten sie freilich mehr qualifiziert wird, als sein Schlachtruf es erwarten ließ. Nennt Popper die Forderung unbedingter Wertfreiheit paradox, weil wissenschaftliche Objektivität und Wertfreiheit selbst Werte seien, so ist diese Einsicht indessen kaum so unwichtig, wie Popper sie einschätzt. Aus ihr wären wissenschaftstheoretische Konsequenzen zu ziehen. Popper unterstreicht, es könnten dem Wissenschaftler seine Wertungen nicht verboten oder zerstört werden, ohne ihn als Menschen und auch als Wissenschaftler zu zerstören. Damit aber ist mehr als etwas bloß Erkenntnispraktisches gesagt; »ihn als Wissenschaftler zerstören« involviert den objektiven Begriff von Wissenschaft als solcher. Die Trennung von wertendem und wertfreiem Verhalten ist falsch, insofern Wert, und damit Wertfreiheit, Verdinglichungen sind; richtig, insofern das Verhalten des Geistes dem Stand von Verdinglichung nicht nach Belieben sich entziehen kann. Was Wertproblem genannt wird, konstituiert sich überhaupt erst in einer Phase, in der Mittel und Zwecke um reibungsloser Naturbeherrschung willen auseinandergerissen wurden; in der Rationalität der Mittel fortschreitet bei ungeminderter oder womöglich anwachsender Irrationalität der Zwecke. Noch Kant und Hegel verwenden den in der politischen Ökonomie beheimateten Wertbegriff nicht. Er ist wohl erst bei Lotze in die philosophische Terminologie eingedrungen; Kants Unterscheidung von Würde und Preis in der praktischen Vernunft wäre mit ihm inkompatibel. Der Wertbegriff ist am Tauschverhältnis gebildet, ein Sein für anderes. In einer Gesellschaft, in der alles zu einem solchen, fungibel geworden ist – die von Popper konstatierte Verleugnung der Wahrheit offenbart denselben Sachverhalt –, hat sich dies »Für anderes« in ein »An sich«, ein Substantielles, verhext, als welches es dann unwahr wurde und sich dazu schickte, das empfindliche Vakuum nach dem Gefallen herrschender Interessen auszufüllen. Was man nachträglich als Wert sanktionierte, verhält sich nicht äußerlich zur Sache, steht ihr nicht χωρίς gegenüber, sondern ist ihr immanent. Die Sache, der Gegenstand gesellschaftlicher Erkenntnis, ist so wenig ein Sollensfreies, bloß Daseiendes – dazu wird sie erst durch die Schnitte der Abstraktion –, wie die Werte jenseits an einem Ideenhimmel anzunageln sind. Das Urteil über eine Sache, das gewiß der subjektiven Spontaneität bedarf, wird immer zugleich von der Sache vorgezeichnet und erschöpft sich nicht in subjektiv irrationaler Entscheidung wie nach Webers Vorstellung. Jenes Urteil ist, in der Sprache der Philosophie, eines der Sache über sich selbst; ihre Brüchigkeit zitiert es herbei. Es konstituiert sich aber in ihrer Beziehung zu jenem Ganzen, das in ihr steckt, ohne unmittelbar gegeben, ohne Faktizität zu sein; darauf will der Satz hinaus, die Sache sei an ihrem Begriff zu messen. Das gesamte Wertproblem, welches die Soziologie und andere Disziplinen wie einen Ballast mitschleppen, ist demnach falsch gestellt. Wissenschaftliches Bewußtsein von der Gesellschaft, das sich wertfrei aufspielt, versäumt die Sache ebenso wie eines, das sich auf mehr oder minder verordnete und willkürlich statuierte Werte beruft; beugt man sich der Alternative, so gerät man in Antinomien. Auch der Positivismus hat ihnen nicht sich entwinden können; Durkheim, dessen Chosisme sonst an positivistischer Gesinnung Weber übertraf – dieser hatte ja in der Religionssoziologie selber sein thema probandum –, erkannte die Wertfreiheit nicht an. Popper zollt der Antinomie insofern den Tribut, als er einerseits die Trennung von Wert und Erkenntnis ablehnt, andererseits möchte, daß die Selbstreflexion der Erkenntnis der ihr impliziten Werte innewerde; will sagen, ihren Wahrheitsgehalt nicht verfälsche, um etwas zu beweisen. Beide Desiderate sind legitim. Nur wäre das Bewußtsein ihrer Antinomie in die Soziologie hineinzunehmen. Die Dichotomie von Sein und Sollen ist so falsch wie geschichtlich zwangshaft; darum nicht schlicht zu ignorieren. Durchsichtig wird sie erst der Einsicht in ihre Zwangsläufigkeit durch gesellschaftliche Kritik. Tatsächlich verbietet wertfreies Verhalten sich nicht bloß psychologisch, sondern sachlich. Die Gesellschaft, auf deren Erkenntnis Soziologie schließlich abzielt, wenn sie mehr sein will als eine bloße Technik, kristallisiert sich überhaupt nur um eine Konzeption von richtiger Gesellschaft. Diese ist aber nicht der bestehenden abstrakt, eben als vorgeblicher Wert, zu kontrastieren, sondern entspringt aus der Kritik, also dem Bewußtsein der Gesellschaft von ihren Widersprüchen und ihrer Notwendigkeit. Sagt Popper: »Denn obwohl wir unsere Theorien nicht rational rechtfertigen und nicht einmal als wahrscheinlich erweisen können, so können wir sie rational kritisieren«, so gilt das nicht minder für die Gesellschaft als für die Theorien über sie. Daraus resultierte ein Verhalten, das weder sich verbeißt in Wertfreiheit, die gegen das wesentliche Interesse der Soziologie verblendet, noch vom abstrakten und statischen Wertdogmatismus sich leiten läßt.

Popper durchschaut den latenten Subjektivismus jener wertfreien Wissenssoziologie, die auf ihre szientifische Vorurteilslosigkeit besonders viel zugute sich tut. Folgerecht attackiert er dabei den soziologischen Psychologismus. Auch darin teile ich seine Ansicht und darf vielleicht auf meine Arbeit in der Horkheimer-Festschrift verweisen, in der die Diskontinuität der beiden unter dem dünnen Oberbegriff der Wissenschaft vom Menschen zusammengefaßten Disziplinen entwickelt wird. Doch sind die Motive, die Popper und mich zum selben Ergebnis bringen, nicht dieselben. Die Trennung zwischen dem Menschen und der sozialen Umwelt scheint mir doch etwas äußerlich, allzu sehr an der nun einmal gegebenen Landkarte der Wissenschaften orientiert, deren Hypostasis Popper grundsätzlich ablehnt. Die Subjekte, welche die Psychologie zu untersuchen sich anheischig macht, werden nicht bloß, wie man das so nennt, von der Gesellschaft beeinflußt, sondern sind bis ins Innerste durch sie geformt. Das Substrat eines Menschen an sich, der der Umwelt entgegenstünde – es ist im Existentialismus wiederbelebt –, bliebe ein leeres Abstraktum. Umgekehrt ist die sozial wirksame Umwelt, sei's noch so mittelbar und unkenntlich, von Menschen, von der organisierten Gesellschaft produziert. Trotzdem darf die Psychologie nicht als Grundwissenschaft der Sozialwissenschaften angesehen werden. Ich würde einfach daran erinnern, daß die Formen der Vergesellschaftung, das, was im angelsächsischen Sprachgebrauch Institutionen heißt, kraft ihrer immanenten Dynamik sich gegenüber den lebenden Menschen und ihrer Psychologie derart verselbständigt haben, ihnen als ein so Fremdes und zugleich Übermächtiges entgegentreten, daß die Reduktion auf primäre Verhaltensweisen der Menschen, wie die Psychologie sie studiert, selbst auf typische und plausibel zu verallgemeinernde behavior patterns, an die gesellschaftlichen Prozesse, die über den Köpfen der Menschen stattfinden, nicht heranreicht. Allerdings würde ich aus dem Vorrang der Gesellschaft vor der Psychologie keine so radikale Unabhängigkeit der beiden Wissenschaften voneinander folgern wie Popper. Die Gesellschaft ist ein Gesamtprozeß, in dem die von der Objektivität umfangenen, gelenkten und geformten Menschen doch auch wiederum auf jene zurückwirken; Psychologie geht ihrerseits so wenig in Soziologie auf wie das Einzelwesen in der biologischen Art und deren Naturgeschichte. Ganz gewiß ist der Faschismus nicht sozialpsychologisch zu erklären, so wie man die »Authoritarian Personality« gelegentlich mißverstanden hat; aber wäre nicht der autoritätsgebundene Charakter aus ihrerseits soziologisch einsichtigen Gründen so weit verbreitet, so hätte der Faschismus jedenfalls nicht die Massenbasis gefunden, ohne die er in einer Gesellschaft wie der Weimarer Demokratie kaum zur Macht gelangt wäre. Die Autonomie der Sozialprozesse ist selber kein An sich, sondern gründet in Verdinglichung; auch die den Menschen entfremdeten Prozesse bleiben menschlich. Darum ist die Grenze zwischen beiden Wissenschaften so wenig absolut wie die zwischen Soziologie und Ökonomie, oder Soziologie und Geschichte. Die Einsicht in Gesellschaft als Totalität impliziert auch, daß alle in dieser Totalität wirksamen, und keineswegs ohne Rest aufeinander reduktiblen Momente in die Erkenntnis eingehen müssen; sie darf sich nicht von der wissenschaftlichen Arbeitsteilung terrorisieren lassen. Der Vorrang des Gesellschaftlichen vorm Einzelmenschlichen erklärt sich aus der Sache, jener Ohnmacht des Individuums der Gesellschaft gegenüber, die für Durkheim geradezu das Kriterium der faits sociaux war; die Selbstreflexion der Soziologie aber muß wachsam sein auch gegen die wissenschaftshistorische Erbschaft, welche dazu verleitet, die Autarkie der späten und in Europa immer noch von der universitas litterarum nicht als gleichberechtigt akzeptierten Wissenschaft zu überspannen.

Meine Damen und Herren, Herr Popper hat in einer Korrespondenz, die der Formulierung meines Korreferats vorausging, die Verschiedenheit unserer Positionen so bezeichnet, daß er glaubte, wir lebten in der besten Welt, die je existierte, und ich glaubte es nicht. Was ihn anlangt, so hat er wohl, um der Drastik der Diskussion willen, ein wenig übertrieben. Vergleiche zwischen der Schlechtigkeit von Gesellschaften verschiedener Epochen sind prekär; daß keine soll besser gewesen sein als die, welche Auschwitz ausbrütete, fällt mir schwer anzunehmen, und insofern hat Popper fraglos mich richtig charakterisiert. Nur betrachte ich den Gegensatz als keinen bloßer Standpunkte, sondern als entscheidbar; wir beide dürften gleichermaßen negativ zur Standpunktsphilosophie stehen und damit auch zur Standpunktssoziologie. Die Erfahrung vom widerspruchsvollen Charakter der gesellschaftlichen Realität ist kein beliebiger Ausgangspunkt, sondern das Motiv, das die Möglichkeit von Soziologie überhaupt erst konstituiert. Nur dem, der Gesellschaft als eine andere denken kann denn die existierende, wird sie, nach Poppers Sprache, zum Problem; nur durch das, was sie nicht ist, wird sie sich enthüllen als das, was sie ist, und darauf käme es doch wohl in einer Soziologie an, die nicht, wie freilich die Mehrzahl ihrer Projekte, bei Zwecken öffentlicher und privater Verwaltung sich bescheidet. Vielleicht ist damit genau der Grund genannt, warum in Soziologie, als einzelwissenschaftlicher Befund, die Gesellschaft keinen Raum hat. War bei Comte der Entwurf der neuen Disziplin getragen von dem Willen, die produktiven Tendenzen seiner Epoche, die Entfesselung der Produktivkräfte, vor dem zerstörenden Potential zu beschützen, das damals bereits in ihnen heranreifte, so hat an dieser Ausgangssituation der Soziologie seitdem nichts sich geändert, es sei denn, daß sie zum Extrem sich zuspitzte, und das sollte die Soziologie in Evidenz halten. Der Erzpositivist Comte war jenes antagonistischen Charakters der Gesellschaft als des Entscheidenden sich bewußt, den die Entwicklung des späteren Positivismus als metaphysische Spekulation eskamotieren wollte, und daher rühren die Narreteien seiner Spätphase, die dann wiederum erwiesen haben, wie sehr die gesellschaftliche Realität der Ansprüche derer spottet, deren Beruf es ist, sie zu erkennen. Unterdessen ist die Krisis, der die Soziologie sich gewachsen zeigen muß, nicht mehr die der bürgerlichen Ordnung allein, sondern bedroht buchstäblich den physischen Fortbestand der Gesellschaft insgesamt. Angesichts der nackt hervortretenden Übergewalt der Verhältnisse enthüllt Comtes Hoffnung, Soziologie könne die soziale Macht steuern, sich als naiv, es sei denn, sie liefere Pläne für totalitäre Machthaber. Der Verzicht der Soziologie auf eine kritische Theorie der Gesellschaft ist resignativ: man wagt das Ganze nicht mehr zu denken, weil man daran verzweifeln muß, es zu verändern. Wollte aber darum die Soziologie auf die Erkenntnis von facts und figures im Dienst des Bestehenden sich vereidigen lassen, so müßte solcher Fortschritt in der Unfreiheit zunehmend auch jene Detaileinsichten beeinträchtigen und vollends zur Irrelevanz verdammen, mit denen sie über Theorie zu triumphieren wähnt. Poppers Referat hat mit einem Zitat des Xenophanes geschlossen, Symptom dessen, daß er so wenig wie ich bei der Scheidung von Philosophie und Soziologie sich bescheidet, die dieser heute zum Seelenfrieden verhilft. Aber auch Xenophanes war, trotz der eleatischen Ontologie, ein Aufklärer; nicht umsonst findet sich schon bei ihm die noch bei Anatole France wiederkehrende Idee, daß, hätte eine Tiergattung die Vorstellung von einer Gottheit, diese ihrem eigenen Bild gliche. Solcher Typus Kritik ist von der gesamten europäischen Aufklärung seit der Antike tradiert. Heute ist ihr Erbe in weitem Maß der Sozialwissenschaft zugefallen. Sie meint Entmythologisierung. Die jedoch ist kein bloß theoretischer Begriff und keiner von wahlloser Bilderstürmerei, die mit dem Unterschied von Wahr und Unwahr auch den des Rechten und Falschen zerschlüge. Was immer Aufklärung an Entzauberung vollbringt, will dem eigenen Sinn nach die Menschen vom Bann befreien; von dem der Dämonen einst, heute von dem, welchen die menschlichen Verhältnisse über sie ausüben. Aufklärung, die das vergißt, desinteressiert es beim Bann beläßt und sich in der Herstellung brauchbarer begrifflicher Apparaturen erschöpft, sabotiert sich selbst samt jenem Begriff der Wahrheit, den Popper der Wissenssoziologie entgegenhält. Im emphatischen Begriff der Wahrheit ist die richtige Einrichtung der Gesellschaft mitgedacht, so wenig sie auch als Zukunftsbild auszupinseln ist. Die reductio ad hominem, die alle kritische Aufklärung inspiriert, hat zur Substanz jenen Menschen, der erst herzustellen wäre in einer ihrer selbst mächtigen Gesellschaft. In der gegenwärtigen jedoch ist ihr einziger Index das gesellschaftliche Unwahre.

1962

Anhang

Einleitung zum Vortrag »Gesellschaft«

Die folgenden Bemerkungen stellte Adorno dem Text »Gesellschaft« voran, den er am 14. Oktober 1966 in Rom als Vortrag hielt.

Die Erwägungen über Gesellschaft, die ich Ihnen vorlege, bedürfen einleitender Worte. Meine Formulierungen sind schwer zu trennen von ihrem Anlaß. Ich schrieb sie für das Evangelische Staatslexikon nieder. Als mich die Einladung erreichte, das Stichwort Gesellschaft dort zu behandeln, erschrak ich zunächst ordnungsgemäß angesichts der offenbaren Unmöglichkeit, einem Gegenstand, von dem nur in einem Buch einigermaßen verantwortlich geredet werden könnte, in genau begrenztem, sehr knappem Umfang gerecht zu werden. Die Aufgabe konnte ich nur als tour de force, auf einem Bein stehend, anfassen. Eben das jedoch reizte mich. Ich sah die Chance, Gedanken zwar arg verkürzt, dafür aber ohne hemmende Rücksicht auszudrücken. Nicht nur habe ich auf die üblichen Verweise und den gelehrten Apparat fast gänzlich verzichtet sondern auch auf die Begründungszusammenhänge, die man billigerweise erwarten kann. Versucht wurde, die Ergebnisse von Überlegungen zu verdichten, nicht die Überlegungen selbst zu geben. Eine Rechtfertigung des Verfahrens ist allein zu erwarten, wenn die Relevanz der Fragestellungen und mancher Antworten für sich selber spricht. Dogmatisch gleichsam, wie es nach wissenschaftlichen Gepflogenheiten anstößig ist, habe ich riskiert, etwas wie die Quintessenz meiner theoretischen Vorstellungen von Gesellschaft vorzubringen.

Derlei ungedeckte Gedanken provozieren den Einwand des Subjektivismus. Man äußere, was man sich ausgedacht hat, ohne es durch Fakten oder auch nur durch hinlängliche geistesgeschichtliche Bezüge zu stützen. Was aber, nach diesem Cliché, subjektivistisch scheint, halte ich für das Gegenteil. Die heute herrschende Sozialwissenschaft geht, im Namen der strengen Objektivität empirischer Methoden, auf subjektive Befunde zurück, nämlich auf jeweils erhobene Meinungen, Ansichten, Attitüden von Subjekten, die statistisch verallgemeinert werden. Demgegenüber ist das Interesse, das ich verfolge, das an der gesellschaftlichen Objektivität. Sie erst konstituiert die subjektiven Verhaltensweisen. Gerade jene Objektivität bedarf des subjektiven Gedankens, der sie konstruiert: sie ist nicht unmittelbar vorfindlich. Den vergegenständlichenden wissenschaftlichen Methoden entzieht sie sich weithin. Einzig innerhalb der gesellschaftlichen Objektivität gewinnen diese ihren Stellenwert, mögen dann freilich auch die objektiv gemeinten theoretischen Konstruktionen ihrerseits verändern. Beabsichtigt ist daher nicht, ein Darstellungsschema zu entwerfen, in dem alles Gesellschaftliche, alle erdenklichen Forschungsresultate ihren Platz finden, und das Schema als Theorie der Gesellschaft zu präsentieren; ebensowenig, eine Methodologie zwischen den Erkennenden und die Sache zu schieben und sie womöglich für die Sache zu nehmen. Nicht mehr will ich, als einiges zur Sache selbst, eben Gesellschaft, sagen.

Der Versuch dazu entspricht genau dem, was für die Verhaltensweise des Intellektuellen gilt. Dessen Diffamierung, die im Augenblick wieder ihre Wellen schlägt, wird dem Versuch fraglos widerfahren; fehlt es doch bereits in der akademischen Diskussion über die Soziologie nicht an Stimmen, die mehr oder minder ausdrücklich den Intellektuellen durch den Forschungstechniker ersetzen möchten. Zugrunde liegt diesen Bestrebungen ein Modell von subjektiver Vernunft: Überlegungen werden allein am Typus des Denkenden gemessen, nicht am Gedachten. Diejenigen, die den Intellektuellen und seine Haltung abwerten, stellen sich, ohne daß sie es wohl ganz realisierten, mehrerlei Wahrheit vor: eine für vernünftige Leute mit gesundem Menschenverstand; eine für die Massen, die man zu verachten pflegt; und eine für die Intellektuellen, die im allgemeinen nun einmal unfreundliche Dinge sagen, für die sich bietenden sogenannten positiven Aufgaben nicht recht zur Verfügung stehen und Antipathie erregen. Es kommt aber auf die Objektivität der Erkennt-

nis an, nicht auf die soziale oder psychologische Beschaffenheit der Erkennenden; heute vor allem darauf, ob etwas Wesentliches berührt wird, oder ob der gesunde Menschenverstand und auch die Wissenschaftsapparatur davon abhält. Angesichts der mittlerweile allgegenwärtigen vorgeformten Meinungen und Verfahrungsweisen dürfte das Verhalten des Intellektuellen, das weder mit Fakten noch mit Beiträgen sich abspeisen läßt, seine spezifische Funktion haben, die der Weigerung, bei der Fassade sich zu bescheiden, einer gewissen Hartnäckigkeit, der die Frage, wie es nun eigentlich sei, mehr gilt als das Approbierte.
Einstweilen wird man gegen die Intellektuellen selten mehr offen so argumentieren wie in der Zeit des Vorfaschismus und Faschismus; schwerlich sie zersetzend schelten. Das wäre nicht nur taktisch unklug, sondern verginge sich auch gegen das gepriesene Ideal wissenschaftlicher Wertfreiheit. Beliebter ist es, die Intellektuellen, verglichen mit denjenigen, die sich damit begnügen, sozialwissenschaftliche Tatsachen zu ermitteln, als überholt zu erledigen. Man folgt dabei insgeheim dem Sozialdarwinismus. Die Intellektuellen stürben aus, weil für ihre Arbeit kein Bedürfnis innerhalb der vorwaltenden Praxis mehr vorliegt; sie seien nicht mehr verwertbar, es erginge ihnen etwa so wie in paläontologischen Zeitspannen mit Organen und Lebewesen, denen die Anpassung mißlingt. In der Ideologie des Hitler spielten die Intellektuellen die Rolle der Hyänen; heute eher die von Dinosauriern. Man läßt sie sogar ihr Wesen treiben, darauf vertrauend, daß wenige ihnen nachfolgen, weil das, was man bei ihnen lernen kann, nicht unmittelbar berufliche Chancen eröffnet, vielleicht gar am beruflichen Funktionieren hindert. Diese Prognose datiert auf Max Weber zurück. Er hatte sie freilich noch kritisch gemeint; sah voraus, daß der Typus des gebildeten Menschen, entsprungen in absolutistischen Zeiten und früher, durch den des Fachmenschen ersetzt werde. Während ihm jene Entwicklung so zwingend erschien wie die fortschreitende Bürokratisierung der Welt, sann er über Korrektive nach. Seine Gedanken über das Charisma, die ihre verhängnisvollen Folgen hatten, waren nicht zuletzt um solcher Korrektur willen entstanden. In den mehr als vierzig Jahren seit der ersten Veröffentlichung von »Wirtschaft und Gesellschaft« aber hat das herrschende Bewußtsein den Sach-

verhalt umgekehrt. Die soziologische Selbstreflexion hat sich auf die Seite jener Entwicklung gestellt, vor der Max Weber noch schauderte. Aus seiner Beschreibung einer geschichtlichen Tendenz wird ein frischfröhlicher Defaitismus des Gedankens, getragen von einer höchst äußerlichen Ansicht von Geschichte. Der Fortschritt des Geistes soll nicht in der Kraft, der Folgerichtigkeit seiner Einsicht bestehen. Zum Kriterium des Fortschritts wird die Angemessenheit des Bewußtseins an die von außen, heteronom ihm sich stellenden Aufgaben. Ähnlich profund sind die Ansichten derer, die den Jazz, weil er einer bestimmten Art gesellschaftlich-psychologisch bedingter Bedürfnisse entspricht, für moderner halten als die qualitativ moderne Musik. Vergessen wird, daß das Zeitgemäße in der Gestalt der Sache selbst liegt. Es gibt eine immanente Fortgeschrittenheit, die mit der Anpassung an das, was angeblich gerade benötigt wird, zuweilen wenig zu tun hat, und im Augenblick deren Gegenteil ist. Gegenüber der Universalität der Anpassungsmechanismen heute dürften die Gedanken die fortgeschritteneren sein, welche jenen Mechanismen nicht sich unterwerfen und sich weigern, nach ihren Spielregeln zu verfahren. Der Weg des Fortschritts über die Anpassung des Denkens an die Maschinen, die es erfunden hat, ist keiner sondern regressiv. Er endet im Schwachsinn. Je mehr der Gedanke ans Wesentliche durch die Technifizierung des Denkens verstümmelt wird, desto mehr bedarf es dessen, was diesem Prozeß zum Opfer fällt und wonach auf dem Markt, auch dem geistigen, kein Bedürfnis besteht. Dies Interesse wird aber vertreten vom Intellektuellen; demjenigen, der nicht sich einschüchtern läßt, unabhängig genug, die Gedankenkontrolle zu erkennen, anstatt ihr zu parieren. Was ich Ihnen also vortrage, ist gesagt aus der ausdrücklichen, ihrer selbst bewußten Position des Intellektuellen, die sich auch das Recht auf die heute verfemte Spekulation nicht verkümmern läßt. Selbst nach dem Maß der herrschenden Anschauung, die vom Geist die Anpassung verlangt, deren Gegenteil er dem eigenen Begriff nach ist, läßt der chronologischen Diffamierung des Intellektuellen sich antworten. Die Menschen wenden in Wahrheit keineswegs vom unreglementierten Gedanken so sich ab, wie die Verwalter des reglementierten es gern möchten. Eher atmen sie auf, wo das nicht zugerichtete, das nicht verdinglichte Bewußtsein noch sich zu regen wagt. Im Vertrauen darauf teile ich Ihnen einige meiner Spekulationen über Gesellschaft mit, und wäre Ihnen dankbar, wenn Sie sie so aufnehmen wollten, wie es in dieser Konzeption gelegen ist.

Einleitung zu einer Diskussion über die »Theorie der Halbbildung«

Der Text wurde im Oktober 1960 für eine Rundfunkdiskussion geschrieben, in dieser aber nicht benutzt.

Der Vortrag, den wir unserer Diskussion zugrunde legen, basiert auf keiner empirischen Untersuchung zur Bildungssoziologie. Er ist theoretischer Art, freilich nicht ohne die Absicht formuliert, auch gewisse Fragestellungen zu fördern, die empirisch sich beantworten lassen. Erschienen ist der Text im Heft 132 des »Monats« und auch in den Akten der Berliner Tagung der Deutschen Gesellschaft für Soziologie vom Jahr 1959. Da wir jedoch nicht voraussetzen können, daß diese Publikationen Ihnen bekannt sind, möchte ich in aller Kürze ein paar Gedanken daraus wiedergeben; nicht etwa, wie man so sagt, den Vortrag selbst referieren. Die Möglichkeit des Resümees verantwortlich formulierter Dinge bezweifle ich. Was ich schreibe, opponiert geradezu der Resümierbarkeit. Sie setzt eine Trennung von Form der Darstellung und Inhalt voraus, die ich ungebrochen nicht anerkennen kann. Ließe ein Text angemessen sich resümieren, so bedürfte es nicht des Textes, sondern das Resümee wäre die Sache selbst. Darum sind die Motive, die ich andeute, fragmentarisch und unzulänglich. Sie wollen nicht für sich selbst genommen werden sondern lediglich als Rohmaterial der Diskussion.

Ausgegangen wird von der These, daß Bildung heute zur sozialisierten Halbbildung geworden ist. Das aber wird nicht auf ihre eigene Geschichte oder etwa die der Pädagogik zurückgeführt, sondern gesellschaftlich begriffen. Kultur selbst hat Doppelcharakter: als Geisteskultur auf der einen Seite, als sich anpassende Naturbeherrschung auf der anderen. Bildung auf ihrer Höhe, wie sie vom Humanitätsbegriff gemeint war, enthielt beide Momente in sich. Unterdessen ist die Spannung zwischen ihnen weithin zergangen. Geistige Kultur wird, außer von den beruflich mit ihr Befaßten, kaum mehr als etwas Substantielles erfahren, Anpassung im Netz einer universal vergesellschafteten Gesellschaft wird allherrschend und läßt kaum mehr die Erinnerung an ein geistig Selbständiges übrig.

Geist, im Sinn jener freilich stets auch problematischen Selbständigkeit, beginnt zu veralten. Wo er sich unreflektiert diesem Prozeß entgegenstellt, droht ihm die Unwahrhaftigkeit: er wird zum Fetisch. Nicht anders aber auch die Anpassung, als Vorrang universal organisierter Mittel über jeglichen vernünftigen Zweck des gesellschaftlichen Ganzen.

Bildung allein hat nie, wie sie es wähnte, eine vernünftige Gesellschaft herbeigeführt oder garantiert. In ihrem Ideal, das Kultur absolut setzt, schlägt die Fragwürdigkeit von Kultur selber durch. Während an dem die ganze Geschichte hindurch wirkenden Widerspruch wirtschaftlicher Macht und Ohnmacht, und damit an der den Ohnmächtigen objektiv aufgezwungenen Grenze von Bildung, nichts Entscheidendes sich änderte, wandelte sich die Ideologie um so gründlicher. Sie macht es heute auch denen möglich, die gesellschaftliche Spaltung zu erkennen, welche die Last zu tragen haben. Das Bewußtsein oben und unten gleicht sich an. Subjektiv werden die sozialen Unterschiede immer mehr verflüssigt. Die Massen werden durch ungezählte Kanäle mit Bildungsgütern beliefert, die früher der Oberschicht reserviert waren. Die Voraussetzung zur Bildung selbst, zur lebendigen Erfahrung des unterdessen zum Bildungsgut Geronnenen jedoch bleibt fragwürdig. Von den Arbeitsprozessen her zerfällt überhaupt jener Begriff von Erfahrung, der all das trägt, was einmal Bildung hieß. Die Entwicklung ist nicht zufällig, auch nicht etwa dem bösen Willen der über die Kulturindustrie Verfügenden zuzuschreiben, sondern gründet objektiv in der Tendenz der Gesellschaft und läßt sich auch durch den guten Willen nicht beliebig widerrufen.

Das Resultat dieser Tendenz ist einstweilen die universale Halbbildung, die Verwandlung aller geistigen Gehalte in Konsumgüter. Weder sind diese mehr verbindlich, noch auch nur eigentlich verstanden. Statt dessen informiert man sich über sie, um an der Kultur teilzuhaben. In Wahrheit taugen sie nur noch dazu, die tragenden gesellschaftlichen Vorgänge zu verschleiern. Halbbildung ist die Verbreitung von Geistigem ohne lebendige Beziehung zu lebendigen Subjekten, nivelliert auf Anschauungen, die herrschenden Interessen sich anpassen. Die Kulturindustrie, die zu einem durch alle Medien hindurch sich erstreckenden System geworden ist, gehorcht nicht nur der ökonomischen Notwendigkeit der Konzentration und der technischen Standardisierung, sondern produziert zugleich Kultur ausdrücklich für jene, welche Kultur von sich stieß. Halbbildung ist der manipulierte Geist der Ausgeschlossenen.

Anstatt daß Geist kritisch erfahren und selbst zum kritischen Element würde, wird er zu Leitbildern verarbeitet, die den Menschen Ersatz bieten im trostlosen Stand der Bilderlosigkeit, in den sie hineingeraten sind. Was, noch bis in die Zeit des Expressionismus hinein, mit einem selbst schon eitlen und fragwürdigen Ausdruck der Geistige Mensch hieß, stirbt ab. Sein Erbe, der Versierte, der sich realistisch dünkt, ist aber nicht näher zu den Sachen, sondern einzig bereit, alles ohne Anstrengung zu schlucken, was in ihn hineingestopft wird.

Geist an sich kann von all dem nicht sich rein erhalten. Es berührt ihn in seiner innersten Zusammensetzung, daß Bildung nicht mehr im Ernst erwartet, nicht mehr gesellschaftlich honoriert wird. Gesellschaftlich nützlicher, verwertbarer ist die Halbbildung, der vom Fetischcharakter der Ware ergriffene Geist. Er hat auch, was einmal oben war, in sich hineingerissen. Nichts ist zu gut und zu teuer, aber nichts bleibt unverschandelt, alles wird von der Produktionsseite her auf die zugeschnitten, die man als Konsumenten einkalkuliert.

Zweifel werden gehegt an dem unbedingt aufklärerischen Weg der Popularisierung von Bildung unter den gegenwärtigen Bedingungen, so wenig auch dieser Prozeß sich stornieren läßt, so gewiß er sein Fruchtbares hat. Vielfach verändert das verbreitete Bildungsgut durch seine Verarbeitung genau jenen Sinn, den zu verbreiten man sich rühmt. Es gibt in geistigen Dingen keinen Approximationswert der Wahrheit. Das halb Verstandene und halb Erfahrene ist nicht Vorstufe der Bildung sondern ihr Todfeind. Die Vorstellung, das Geniale und Große zeuge unmittelbar für sich selbst und mache sich verständlich, ist illusionär.

Nichts, was mit Fug Bildung heißen darf, kann voraussetzungslos ergriffen werden. Halbbildung jedoch hat das geheime Königreich, von dem zu Unrecht die Vielen ausgeschlossen waren und das allein schon deshalb kein rechtes war, zu dem Aller gemacht; alle können mitreden, alle gehören dazu, aber bloß als Konformierende, nicht in jener Autonomie, jener Freiheit, die an der Beziehung zur Sache wächst, so wie es einmal die Idee von Bildung selber gewesen ist.

Solche Überlegungen hatte ich in jenem Vortrag angestellt. Ehe nun Herr Hellmut Becker das Wort ergreift, darf ich Sie vielleicht noch darauf aufmerksam machen, daß diese Überlegungen, im Sinne einer kritischen Theorie der Gesellschaft und ihrer Zurückgebliebenheit hinter ihrem eigenen Potential, genau jene Anschauungen verletzen, die mit dem landläufigen Begriff von Fortschrittlichkeit verbunden werden. Dieser Widerspruch ist eigentlich das Medium, in dem unsere Diskussion sich zuträgt.

Diskussionsbeitrag zu »Spätkapitalismus oder Industriegesellschaft?«

Auf Adornos Einleitungsvortrag zum 16. Deutschen Soziologentag in Frankfurt a. M., »Spätkapitalismus oder Industriegesellschaft?«, der am 8. April 1968 gehalten wurde, reagierte Ralf Dahrendorf am folgenden Tag in seinem Referat »Herrschaft, Klassenverhältnis und Schichtung« (vgl. Spätkapitalismus oder Industriegesellschaft? Verhandlungen des 16. Deutschen Soziologentages, hrsg. von Theodor W. Adorno, Stuttgart 1969, S. 88ff.). Die anschließende Diskussion wurde von Adorno mit dem folgenden Beitrag eröffnet, der, obwohl frei formuliert und Adornos prinzipiellen Vorbehalten gegenüber seinen gesprochenen Worten exponiert, um seiner sachlichen Relevanz willen abgedruckt wird.

Ich habe mich zunächst bei Ihnen dafür zu entschuldigen, daß ich schon wieder hier auftrete. Aber da es gestern zu der projektierten Diskussion meines Referats nicht gekommen ist, und da Herr Dahrendorf in seinem Referat explizit darauf Bezug genommen hat, würde ich es als Kneifen empfinden, wenn ich ihm nicht antwortete, und zwar genauso dezidiert, wie er zu meinem Referat sich stellte; selbstverständlich ohne daß ich dabei die Punkte präjudizieren möchte, die sich auf das von Herrn Brandt verlesene Referat der Arbeitsgruppe beziehen, die anstelle von Herrn Teschner eingesprungen ist.

Ich möchte zunächst wenigstens ein Wort sagen zum Komplex Theorie und Praxis. Mich hat gewundert, daß gerade von Herrn Dahrendorf der Vorwurf erhoben wurde, die Dinge, die ich vertreten habe und die auch von der Arbeitsgruppe vertreten worden sind, seien von der Praxis allzuweit entfernt gewesen. Ich bin eigentlich auf diesen Vorwurf bisher sonst eher von ganz anderer Seite her gefaßt. Ich kann nicht den ganzen Komplex aufrollen und möchte mich bescheiden zu einer immanenten Kritik dessen, was Herr Dahrendorf über diesen Punkt gesagt hat. Der Kern seines Argumentes war doch wohl der, daß eine sogenannte gesamtgesellschaftliche Konzeption notwendig auch einen Begriff gesamtgesellschaftlicher Praxis involviere, während diejenige Praxis, die erfolgversprechend ist, bei der man also wirklich etwas Reales bessern kann, etwa die ist, daß man der berühmten Forderung des Tages genügt, also in konkreten Einzelheiten sich bewährt. Nun, ich glaube in der Tat, daß der ganze Zusammenhang von Theorie und Praxis durchaus neu und radikal durchdacht werden muß und vor allem, daß man nicht in einer klappernden und mechanischen Weise einen Zusammenhang von Theorie und Praxis postulieren darf. Ich bin mir auch der Gefahr bewußt und meine, das in meinen Arbeiten reichlich zum Ausdruck gebracht zu haben, daß die Forderung der Einheit von Theorie und Praxis sehr leicht zu einer Art von Zensur der Theorie durch die Praxis führt. Dadurch unterbleibt unter Umständen gerade die für eine sinnvolle Praxis notwendige gesellschaftliche Analyse. Aber ich denke doch, daß die Begriffskombination zwischen den Kategorien Theorie und Praxis und gesamtgesellschaftlicher oder empirischer Einzelanalyse, so wie sie dem Konstrukt von Herrn Dahrendorf zugrunde liegt, nicht zu halten ist. Und zwar möchte ich dabei auf eine ganz simple Tatsache verweisen. Nämlich, daß man, wenn man in einem beschränkten sogenannten konkreten Bereich – und wer möchte heutzutage nicht konkret sein – etwas zu ändern versucht, fast mit abstrakter Notwendigkeit, mit einer Regelhaftigkeit, die den Charakter der lähmenden Stereotypie hat, auf Grenzen einer solchen partikularen Praxis stößt. Ich bedaure es in diesem Zusammenhang ganz besonders, daß mein Kollege Teschner nicht unter uns ist, der in seinen Untersuchungen über politischen Unterricht außerordentlich konkret und zwingend nachgewiesen hat, daß die Reform- und Besserungsvorschläge, die in diesem für die Zukunft einer freien Gesellschaft so außerordentlich wichtigen Sektor gemacht werden, sofort auf Grenzen stoßen, die man nur als durch das System gegebene Grenzen bezeichnen kann. Ohne daß ich den Riesenaspekt Theorie und Praxis jetzt aufrollen möchte, dürfte das doch genügend rechtfertigen, daß Praxis nicht an den einzelnen konkreten Notsituationen primär sich entfaltet, sondern daß sie das, was das Ganze meint, in sich einbezieht. Selbstverständlich ist das gesellschaftliche Substrat schließlich die konkrete Situation: was geändert werden muß, ist das reale Leben der einzelnen Menschen. Aber eine solche Veränderung ist jetzt und hier nicht notwendig eine des Lebens der Menschen unmittelbar, weil ihr Leben kein unmittelbares ist, sondern längst durch jene gesamtgesellschaftlichen Momente determiniert. Die zu erkennen, ihre in jedem Augenblick zu erfahrende, aber außerordentlich schwer nun wieder ihrerseits in Tatsachen zu übersetzende Beschaffenheit, das macht die oberste Aufgabe einer aktuellen Soziologie aus. Herr Dahrendorf hat mich in diesem Zusammenhang attackiert deswegen, weil ich so etwas wie einen neuen Jargon der Eigentlichkeit verbreiten würde. Ich möchte annehmen, daß sich das auf die Terminologie der theoretisch orientierten Arbeiten der Frankfurter Schule bezieht. Herr Dahrendorf, ich bitte Sie zu verzeihen, wenn ich hier sehr drastisch rede. Aber ihr Einwand ist eine Retourkutsche, und zwar eine, die mich nicht mitnimmt. Keine Wissenschaft, gleichgültig welcher Art, kommt ohne eine gewisse Terminologie aus. Diejenigen, die den Jargon der Eigentlichkeit gelesen haben, wissen, daß ich dabei nicht etwa das Terminologische jener Sprache angegriffen habe, sondern eine Terminologie, die sich gebärdet, als ob sie keine wäre. Oder anders gesprochen: den Ausdruck von gesellschaftlich vermittelten Verhältnissen, der sich benimmt, als ob er der Ausdruck menschlicher Urerfahrungen wäre. Der Jargon der Eigentlichkeit ist ein Stück Ideologiekritik und nur als solches zu verstehen, deshalb auch kritisierbar nur an seinem spezifischen Inhalt. Es gehört zum elementaren Verständnis einer solchen Ideologiekritik, daß man nicht etwa den Begriff Jargon, wie er darin vorkommt, einfach nach wissenschaftlichen Spielregeln behandelt und fragt, ist das nun wirklich ein Jargon, sondern daß man das kritisch-parodische Moment daran mitdenkt. Und dazu allerdings stehe ich und bilde mir ein, daß diese Arbeit immerhin ein wenig zur Entideologisierung der deutschen Atmosphäre beigetragen hat. Der sogenannte Jargon, wie er mir und meinen nächsten Freunden vorgeworfen wird, wenn der sich dadurch auszeichnen soll, daß er sich dem leichten Verständnis entzieht, dann kommt das genau davon, daß hier der Versuch gemacht wird, durch einen sehr strengen Ausdruck der Sache selbst sich jener Schlamperei der allgemeinen Kommunikation zu entziehen, die, so wie die Gesellschaft heute geartet ist, selber nur dazu hilft, die Wahrheit durch den Schein eines allgemeinen Einverständnisses zu verdunkeln.

Weiter hat Herr Dahrendorf mir einen – er drückte sich sehr diskret und rücksichtsvoll aus –, aber doch: einen nicht ganz verantwortungsvollen Gebrauch der Kategorien objektiv und subjektiv vorgeworfen. Ich möchte diese Begriffe klarstellen, obwohl Sie wissen, daß die Anschauungen, für die auch ich einstehe, mit dem Prinzip der Definition nicht so rückhaltlos einverstanden sind wie die, welche die Gegenposition vertreten. Aber immerhin: gemeint ist hier mit einer *objektiven* Soziologie eine, die glaubt, auf Strukturen der Gesellschaft rekurrieren zu können, die, wie ich es gestern ausgedrückt habe, dem System der Gesellschaft selber entnommen sind oder das System der Gesellschaft selber treffen, und die nicht etwa durch das szientifische Bedürfnis und die szientifische Organisation hervorgebrachte Systematisierungen oder Ordnungsschemata sind. Demgegenüber habe ich mit *subjektiv* zweierlei bezeichnet.

Einmal den szientifischen Subjektivismus: daß die Ordnungskategorien der klassifikatorischen Wissenschaft die eigentlichen Medien der Erkenntnis abgeben sollen auf Kosten einer Struktur der Sache selbst. Dann aber, und das war wohl mehr die Bedeutung, die Herr Dahrendorf im Auge hatte, den Subjektivismus, der darin besteht, daß auf subjektive Daten, also zum Beispiel auf Einkommensgruppen oder auf Standesbewußtsein, auf Rollenbewußtsein oder gar auf die bekannten Indices, wie die amerikanische Schichtensoziologie sie benutzt, rekurriert wird dort, wo es sich in Wirklichkeit um die objektiv vorgezeichnete Stellung der einzelnen Menschen im Produktionsprozeß handelt.

Herr Dahrendorf hat sehr effektvoll darauf hingewiesen, daß schließlich eine soziale Tatsache wie die weit unterrepräsentative Beteiligung von Arbeiterkindern an den sogenannten höheren Bildungsinstitutionen doch weiß Gott ein konkretes Problem sei, das aber nach den Kategorien, die ich verwende, der Vergleichgültigung verfiele. Ich möchte kein Mißverständnis aufkommen lassen; ich bin der letzte, der diese Dinge unterschätzt, und das ist noch viel zu schwach und armselig gesprochen. Natürlich ist der letzte Angriffspunkt einer kritischen Theorie der Gesellschaft das reale Leben der einzelnen Menschen. Aber der Unterschied besteht darin, ob man dabei von Einzelsektoren ausgeht, oder ob man die Einzelsektoren, die Einzelerfahrungen sieht in einem Strukturzusammenhang mit der Gesellschaft als solcher. Wie weit man an Einzelphänomenen auch unabhängig davon etwas ändern kann, das muß im Augenblick auf sich beruhen; die Grenzen sehe ich als sehr eng an. Aber ich meine etwas, was sicherlich Herrn Dahrendorf als einem genauen Kenner von Marx ebenfalls gegenwärtig ist, nämlich, daß dieser und Engels den Gebrauch der beiden Begriffe arm und reich, wie er etwa bei den Utopisten, schon bei dem alten Morus vorliegt, aufs allerschärfste kritisiert hat. Nicht deshalb, versteht sich, weil er die Tatsache der Armut hat bagatellisieren wollen, sondern weil er glaubte, daß die allerrealste und dringlichste, die reale Armut der Menschen, gleichzeitig von der Struktur her nicht das Erste, sondern ein Abgeleitetes und Sekundäres ist, das man in seiner Vermittlung erkennen muß. Geht man auch hier wirklich auf die Wurzeln, so setzt man sich dadurch auch noch dem Vorwurf der Unmenschlichkeit aus, weil man nicht unmittelbar an die Menschen denkt. Aber ich halte auch das für einen Teil des Verblendungszusammenhangs. Die Unmenschlichkeit, um die es geht, ist gerade die, daß die Menschen in ihrem lebendigen Schicksal zu Objekten geworden sind, und es ist nicht die Unmenschlichkeit der Soziologie, die versucht, das auszusprechen.

Nun, was die Zurückhaltung in bezug auf die Zukunft anlangt, so kann ich dazu nur wiederholen, was ich gestern sagte; daß der Sinn emphatischer Theorie nicht die Prognose ist. Das gehörte eigentlich in den Zusammenhang einer Positivismus-Debatte, denn im Positivismus sind die Bewährungskriterien für die Wahrheit allesamt prognostischer Art. Herr Dahrendorf hat so viele Fragen aufgeworfen, daß ich zum Thema Prognose vielleicht mit einer Frage antworten darf. Es könnte ja möglich sein – Horkheimer hat in einer alten Arbeit einmal dies Problem sehr eindringlich verfolgt –, daß es zu den Eigentümlichkeiten gerade der Irrationalität der Gesellschaft gehört, daß Prognosen

zumal gesamtgesellschaftlicher Art, und zwar gerade wegen der systemfremden Faktoren, auf die die Arbeitsgruppe hingewiesen hat, nicht mehr möglich sind.
Was den Begriff der Anarchie anlangt, so glaube ich – es tut mir leid –, daß Herr Dahrendorf an dieser Stelle ein bißchen undialektisch gedacht hat. Natürlich ist das weiter kein Wunder, aber man darf es vielleicht doch sagen. Es sieht aus, als ob der Begriff der Anarchie bei Marx in einem durchaus kritischen Sinn verwandt wurde, das wissen wir alle. Aber dahinter steht die Vorstellung von der Anarchie der Warenproduktion, also von einem Zustand, in dem die Menschen den über sie ergehenden gesellschaftlichen Gesamtprozeß als ein für jeden Einzelnen Blindes und Zufälliges erfahren. Die Idee hinter der Kritik einer solchen Anarchie ist die einer Kritik an dem über die Menschen herrschenden System, keineswegs die an der Idee einer Freiheit von Herrschaft insgesamt. Solange man diesen Doppelcharakter der Kritik an der Anarchie, der Stellung zu ihr überhaupt, nicht einbegreift, sieht man den gesamten Komplex zu kurz. Marx hat während der Jahre seines Lebens, die er darauf verwandte, den Anarchismus zu kritisieren, nicht etwa einen herrschaftslosen Zustand hintertreiben wollen, sondern meinte, daß durch bestimmte kurzschlüssige Aktionen das, was ihm vorschwebte, hintertrieben werde.
Der zentrale Punkt ist die Frage nach der Herrschaft. Es will mir scheinen, als ob die Wiederaufnahme der Kategorie der Herrschaft, die ja bekanntlich in schroffem Gegensatz zu dem Anti-Dühring von Engels steht, auf die Dialektik der Aufklärung von Horkheimer und mir zurückgeht. Dabei hat schwerlich die Theorie bloß sich zurückgebildet, wie man es uns gelegentlich vorgeworfen hat. Vielmehr drückt darin sich etwas sehr Reales und Ernstes aus, das im übrigen ja in den bisherigen Beiträgen immer wieder zur Sprache gekommen ist; die Tendenz – ich spreche ausdrücklich von Tendenz –, daß die gegenwärtige Gesellschaft, wenn ihre politischen Formen sich unter Zwang radikal an die ökonomischen anschließen sollten, unmittelbar im prägnanten Sinn meta-ökonomischen, nämlich nicht mehr durch den klassischen Tauschmechanismus definierten Formen zusteuert. Daß derartige Tendenzen bestehen, darüber dürfte wenig

Kontroverse unter uns herrschen. Dann gewinnt aber tatsächlich der Begriff der Herrschaft erneut eine gewisse Präponderanz gegenüber den rein ökonomischen Prozessen. Strukturell scheinen durch eine immanente sozial-ökonomische Bewegung Formen gezeitigt zu werden oder sich abzuzeichnen, die dann ihrerseits aus dem Determinationszusammenhang der reinen Ökonomie und der reinen immanenten gesellschaftlichen Dialektik heraustreten und bis zu einem gewissen Grad sich verselbständigen, und keineswegs zum Guten. Hegel hat das mit satanischer Unschuld prognostiziert an der Stelle der Rechtsphilosophie, wo er sagt, daß die bürgerliche Gesellschaft, damit sie nicht in Stücke bricht, damit sie einigermaßen intakt weiter funktioniert, aus sich heraus Kräfte evoziert, die sogenannten Korporationen und die Polizei, die ihrerseits nun wieder von dem rein gesellschaftlichen Kräftespiel ausgenommen sein sollen. Er hat das als ein Positives gesehen, während wir unterdessen durch den Faschismus – und ich glaube, was Faschismus ist, das wissen wir – aufs gründlichste darüber belehrt worden sind, was der erneute Übergang in unmittelbare Herrschaft bedeuten kann.

Weiter bin ich der Ansicht, daß die Streittheorie, wie sie von Simmel entwickelt worden ist, und wie ihr Herr Dahrendorf zumindest zeitweise angehängt hat, nicht hypostasiert werden kann, jedenfalls nicht der Streit an sich. In der gegenwärtigen Situation ist das, ich möchte sagen, durchsichtige Telos legitimen Streites die Herstellung des Friedens. Das elementare Bedürfnis der Menschen, das jedem anderen vorgängig ist – das kam sowohl in dem Referat der Gruppe wie ganz unabhängig davon gestern in meinem eigenen zum Ausdruck –, hat seinen Primat darum, weil man alle anderen Bedürfnisse überhaupt – verzeihen Sie bitte die schreckliche Banalität, Herr Dahrendorf – nur dann haben kann, wenn man lebt. Daß auf die gegenwärtige zerrissene, antagonistische Gesellschaft mit Mitteln des gesellschaftlichen Kampfes zu antworten ist, darf nicht dazu führen, daß man die Kategorie des Streites selber als eine Invariante der menschlichen Natur absolut setzt. Ich finde, das ist ein allzu kostspieliger anthropologischer Sport; real sind die Formen des Streites, die heute aktuell sind, die gleichen, die buchstäblich das Leben der Menschen auszulöschen drohen. Die Vorstellung, der

Streit oder die Lebensnot seien produktiv, hat sicherlich einmal ihr Wahrheitsmoment gehabt. Angesichts der destruktiven Potentiale der gegenwärtigen Technik, andererseits auch der Absehbarkeit eines wirklich radikal friedlichen Zustands glaube ich nicht, daß jene Vorstellung von der beflügelten Kraft des Streites noch gilt. Sie stammt eben wirklich aus einer relativ harmlosen Konkurrenzphase, die ihre Harmlosigkeit verloren hat. Wir haben ja verschiedentlich gehört, daß die Struktur unserer Gesellschaft längst nicht mehr die einer eigentlichen Konkurrenzstruktur ist. Ich bekenne mich lieber zu der Kantischen Idee des ewigen Friedens als zum Idealismus von Fichte, bei dem die Dynamik Selbstzweck wird, wenn nur die freie Tathandlung der Menschen sich fessellos entfaltet. Antwortet man darauf mit der Sorge, ob denn nun wirklich eine friedliche Gesellschaft nicht einschlafen, nicht stagnieren würde und sonst was, dann würde ich zunächst einmal ganz einfach sagen, das sind curae posteriores. Die Möglichkeit, daß die Welt zu schön werde, ist für mich so arg schreckhaft nicht. Wenn im übrigen irgend etwas nach einem wieder aufgewärmten Liberalismus aus dem neunzehnten Jahrhundert klingt, dann ist es genau diese zarte Sorge.

Meine Damen und Herren, lassen Sie mich noch ein paar Worte sagen über die Kategorie der Utopie. Auch sie unterliegt einer historischen Dynamik. Ich sehe von der Marxschen Problematik des Kampfes gegen den anarchistischen Utopismus im Augenblick einmal ab. Aber die Produktivkräfte, die materiellen Produktivkräfte haben sich heute derart entwickelt, daß bei einer rationalen Einrichtung der Gesellschaft die materielle Not nicht mehr nötig wäre. Daß ein solcher Zustand, und zwar auf der ganzen Erde, in tellurischem Maßstab sich herstellen ließe, das wäre im neunzehnten Jahrhundert als kraß utopistisch verfemt worden; noch in dem Beispiel von dem Kaviar und den Heringen schwang etwas davon mit. Dadurch, daß die objektiven Möglichkeiten so unendlich erweitert sind, besitzt jedenfalls die Art Kritik am Utopiebegriff, die an der Perpetuierung des Mangels orientiert war, eigentlich keine Aktualität mehr.

Was nun die Herrschaft anlangt – wenn ich dazu noch eine Bemerkung machen darf –, so glaube ich, daß auch hier die Interpretation von Herrn Dahrendorf angesichts der heute bestehenden Potentialien allzu unschuldig war. Herrschaft hatte schon immer das Moment des Furchtbaren in sich. Muß man heute zu einer radikalen Kritik von Herrschaft schreiten, so ist der Grund davon nicht der Kindertraum eines seligen Zustands unter Palmen, sondern einfach der, daß die Herrschaft in sich selbst heute, um sich als Herrschaft zu erhalten, die Tendenz zur Totalität ausbrütet. Und was totalitäre Herrschaft bedeutet, das wissen wir. Das ist der Grund, warum wir mit dem Begriff der Herrschaft nicht so zimperlich umgehen, nicht auch an ihre guten Seiten denken sollten, die sie sicherlich zuzeiten gehabt hat. Gegenüber dem Potential des absoluten Grauens, dem wir nach meiner Überzeugung nach wie vor gegenüberstehen, können sie ernsthaft nicht ins Gewicht fallen.

Weiter etwas zu Totalität und Konkretion. Es sieht in der bisherigen Diskussion dieses Kongresses leicht so aus, als ob da auf der einen Seite eine Gruppe von besonnenen Wissenschaftlern stünde, die sich mit dem Konkreten beschäftigen, die nach der Formel songez au solide handeln, während auf der anderen Seite ausschweifende Denker, Windbeutel, nichts anderes im Kopf haben als die abstrakte Totalität. Ich hoffe, gerade ich muß nicht sagen, daß ich mir der Komplexität des Zusammenhangs von Totale und Einzelnem sehr bewußt bin. Auch der Primat der Totale darf nicht hypostasiert werden. Die Totale reproduziert sich selber immer wieder aus den Einzelheiten des gesellschaftlichen Lebens, letztlich den Individuen. Wenn wir auf die Totalität der Gesellschaft einen solchen Wert legen, dann geschieht das nicht deshalb, Herr Dahrendorf, weil wir uns an den großen Begriffen, an der Macht und Herrlichkeit der Totale berauschten, sondern im Gegenteil, weil wir in ihr das Verhängnis sehen, darin, wenn ich mich selber zitieren darf, »daß das Ganze das Unwahre ist«. Wird demgegenüber heute von Pluralismus geredet, dann ist zu argwöhnen, daß dieser Pluralismus unter der ansteigenden Herrschaft des Gesamtsystems zur Ideologie wurde. Es käme darauf an, die Vormacht der Totale zu brechen, anstatt so zu tun, als ob Pluralität bereits existent wäre. Es ist darauf hinzuarbeiten, daß so etwas wie Pluralität, eine Assoziation freier einzelner Menschen doch einmal möglich wird. Dabei ist allerdings die ganze Dialektik auch im Verhältnis von Individuum und Gesellschaft mitzudenken.

Zum Schluß möchte ich nur noch sagen, daß auch in der Konzeption von der Gesellschaftslehre, für die ich im Augenblick ohne alle Autorität spreche, der schwerste Nachdruck auf das Konkrete, Einzelne fällt, aber in einem anderen Sinn, nämlich dem, daß die Vormacht der Totale, die zwar abstrakt ist, aber dem allgemeinen Begriff in einem gewissen Sinn sich auch entzieht, nur in der Erfahrung des Einzelnen und in der Deutung dieser Erfahrung des Einzelnen getroffen werden kann. Abgesehen davon ist, wo es dem Denken überhaupt noch möglich ist, Einzelnes und Konkretes zu ergreifen. Darin gerade überwintert das Potential einer besseren Einrichtung der Gesellschaft, die eine wäre, in der das Viele ungefährdet und friedlich miteinander existieren könnte. Nicht etwa ist die Totalität das Interesse einer kritischen Theorie der Gesellschaft derart, daß sie jene herstellen möchte. Was mir zum Vortrag von Herrn Dahrendorf einfiel, ist rhapsodisch genug, und ich danke Ihnen, daß Sie mir so viel Aufmerksamkeit gewidmet haben.

Theodor W. Adorno im Suhrkamp Verlag

Gesammelte Schriften

1–20 Herausgegeben von Gretel Adorno und Rolf Tiedemann.

Band 1: Philosophische Frühschriften
Band 2: Kierkegaard (in Vorbereitung)
Band 3: Dialektik der Aufklärung (in Vorbereitung)
Band 4: Minima Moralia (in Vorbereitung)
Band 5: Zur Metakritik der Erkenntnistheorie; Drei Studien zu Hegel
Band 6: Negative Dialektik; Jargon der Eigentlichkeit
Band 7: Ästhetische Theorie
Band 8: Soziologische Schriften I
Band 9: Soziologische Schriften II
Band 10: Prismen; Ohne Leitbild; Kritische Modelle: Eingriffe, Stichworte
Band 11: Noten zur Literatur
Band 12: Philosophie der neuen Musik
Band 13: Die musikalischen Monographien: Versuch über Wagner; Mahler; Berg
Band 14: Dissonanzen; Einleitung in die Musiksoziologie
Band 15: Komposition für den Film; Der getreue Korrepetitor
Band 16: Klangfiguren; Quasi una fantasia; Moments Musicaux; Impromptus
Band 17: Aufsätze zur Musik I (in Vorbereitung)
Band 18: Aufsätze zur Musik II (in Vorbereitung)
Band 19: Aufsätze zur Musik III (in Vorbereitung)
Band 20: Miszellen (in Vorbereitung)

Supplementbände

Band 21: Fragmente I: Beethoven (in Vorbereitung)
Band 22: Fragmente II: Theorie der musikalischen Reproduktion (in Vorbereitung)

edition suhrkamp

Eingriffe. Neun kritische Modelle. 1963. es 10
Drei Studien zu Hegel. 1963. es 38
Moments Musicaux. 1964. es 54
Jargon der Eigentlichkeit. Zur deutschen Ideologie. 1964. es 91

Ohne Leitbild. Parva aesthetica. 1967. es 201
Impromptus. Zweite Folge neu gedruckter musikalischer Aufsätze. 1968. es 267
Stichworte. Kritische Modelle 2. 1969. es 347
Kritik. Kleine Schriften zur Gesellschaft. 1971. es 469
Zur Metakritik der Erkenntnistheorie. 1972. es 590
Über Th. W. Adorno. Mit Beiträgen von Kurt Oppens, Hans Kudszus, Jürgen Habermas, Bernd Willms, Hermann Schweppenhäuser und Ulrich Sonnemann. 1968. es 249
Gesellschaftstheorie und Kulturkritik. 1975. es 772

Bibliothek Suhrkamp
Mahler. Eine musikalische Physiognomik. 1960. BS 61
Noten zur Literatur I. 1958. BS 47
Noten zur Literatur II. 1961. BS 71
Noten zur Literatur III. 1965. BS 146
Noten zur Literatur IV. 1974. BS 395
Minima Moralia. 1969. BS 236
Über Walter Benjamin. Herausgegeben von Rolf Tiedemann. 1970. BS 260

suhrkamp taschenbücher
Erziehung zur Mündigkeit. 1971. st 11
Versuch das »Endspiel« zu verstehen. Aufsätze zur Literatur des 20. Jahrhunderts I. 1973. st 72
Studien zum autoritären Charakter. 1973. st 107
Zur Dialektik des Engagements. Aufsätze zur Literatur des 20. Jahrhunderts II. 1973. st 134
Versuch über Wagner. 1974. st 177

suhrkamp taschenbücher wissenschaft
Ästhetische Theorie. 1973. stw 2
Philosophische Terminologie I. 1973. stw 23
Philosophische Terminologie II. 1974. stw 50
Kierkegaard. 1974. stw 74
Negative Dialektik. 1975. stw 113
Einleitung in die Musiksoziologie. Zwölf theoretische Vorlesungen. (1962) 1977. stw 142
Prismen. Kulturkritik und Gesellschaft. (1955) 1976. stw 178
Philosophie der neuen Musik. 1978. stw 239

Alphabetisches Verzeichnis der suhrkamp taschenbücher wissenschaft

Materialien zu Kants ›Rechtsphilosophie‹ 171
Kenny, Wittgenstein 69
Keupp/Zaumseil, Gesellschaftliche Organisierung psychischen Leidens 246
Kierkegaard, Philosophische Brocken 147
– Über den Begriff der Ironie 127
Koch, Die juristische Methode im Staatsrecht 198
Körner, Erfahrung und Theorie 197
Kohut, Die Zukunft der Psychoanalyse 125
– Introspektion, Empathie und Psychoanalyse 207
– Narzißmus 157
Kojève, Hegel. Kommentar zur ›Phänomenologie des Geistes‹ 97
Koselleck, Kritik und Krise 36
Kracauer, Geschichte – Vor den letzten Dingen 11
Kuhn, Die Entstehung des Neuen 236
– Die Struktur wissenschaftlicher Revolutionen 25
Lacan, Schriften 1 137
Lange, Geschichte des Materialismus 70
Laplanche/Pontalis, Das Vokabular der Psychoanalyse 7
Leach, Kultur und Kommunikation 212
Leclaire, Der psychoanalytische Prozeß 119
Lenneberg, Biologische Grundlagen der Sprache 217
Lenski, Macht und Privileg 183
Lepenies, Das Ende d. Naturgeschichte 227
Lévi-Strauss, Das wilde Denken 14
– Mythologica I, Das Rohe und das Gekochte 167
– Mythologica II, Vom Honig zur Asche 168
– Mythologica III, Der Ursprung der Tischsitten 169
– Mythologica IV, Der nackte Mensch. 2 Bde. 170
– Strukturale Anthropologie 1 226
– Traurige Tropen 240
Locke, Zwei Abhandlungen 213
Lorenzen, Konstruktive Wissenschaftstheorie 93
– Methodisches Denken 73
Lorenzer, Die Wahrheit der psychoanalytischen Erkenntnis 173
– Sprachspiel und Interaktionsformen 81
– Sprachzerstörung und Rekonstruktion 31
Lüderssen, Autor und Täter 261
Lugowski, Die Form der Individualität im Roman 151
Luhmann, Theorie, Technik und Moral 206
– Zweckbegriff und Systemrationalität 12
Lukács, Der junge Hegel 33
Macpherson, Politische Theorie des Besitzindividualismus 41
Malinowski, Eine wissenschaftliche Theorie der Kultur 104
Marxismus und Ethik 75
Mead, Geist, Identität und Gesellschaft 28
Menninger, Selbstzerstörung 249
Merleau-Ponty, Die Abenteuer der Dialektik 105
Miliband, Der Staat in der kapitalistischen Gesellschaft 112
Minder, Glaube, Skepsis und Rationalismus 43
Mittelstraß, Die Möglichkeit von Wissenschaft 62
Mommsen, Max Weber 53
Moore, Soziale Ursprünge von Diktatur und Demokratie 54
Morris, Pragmatische Semiotik und Handlungstheorie 179
Needham, Wissenschaftlicher Universalismus 264
O'Connor, Die Finanzkrise des Staates 83
Oelmüller, Unbefriedigte Aufklärung 263
Oppitz, Notwendige Beziehungen 101
Parin/Morgenthaler, Fürchte deinen Nächsten 235
Parsons, Gesellschaften 106
Parsons/Schütz, Briefwechsel 202
Peukert, Wissenschaftstheorie 231
Phänomenologie und Marxismus, Bd. 3 232
Piaget, Das moralische Urteil beim Kinde 27
– Die Bildung des Zeitbegriffs beim Kinde 77
– Einführung in die genetische Erkenntnistheorie 6
Plessner, Die verspätete Nation 66
Polanyi, Transformation 260
Pontalis, Nach Freud 108
Pontalis/Laplanche, Das Vokabular der Psychoanalyse 7
Propp, Morphologie des Märchens 131
Quine, Grundzüge der Logik 65
Rawls, Eine Theorie der Gerechtigkeit 271
Redlich/Freedman, Theorie und Praxis der Psychiatrie. 2 Bde. 148
Ricœur, Die Interpretation 76
Ritter, Metaphysik und Politik 199
v. Savigny, Die Philosophie der normalen Sprache 29
Schadewaldt, Anfänge der Philosophie 218
Schelling, Philosophie der Offenbarung 181
– Über das Wesen der menschlichen Freiheit 138
Materialien zu Schellings philosophischen Anfängen 139
Schleiermacher, Hermeneutik und Kritik 211
Schlick, Allgemeine Erkenntnislehre 269
Scholem, Von der mystischen Gestalt der Gottheit 209
– Zur Kabbala und ihrer Symbolik 13
Schütz, Der sinnhafte Aufbau der sozialen Welt 92
Schumann, Handel mit Gerechtigkeit 214
Seminar: Abweichendes Verhalten I 84
– Abweichendes Verhalten II 85
– Abweichendes Verhalten III 86
– Angewandte Sozialforschung 153
– Dialektik, Bd. 1 234
– Entstehung der antiken Klassengesellschaft 130
– Entstehung von Klassengesellschaften 30
– Familie und Familienrecht Bd. 1 102
– Familie und Familienrecht Bd. 2 103
– Familie und Gesellschaftsstrukturen 244
– Freies Handeln und Determinismus 257
– Geschichte und Theorie 98
– Gesellschaft und Homosexualität 200
– Hermeneutik und die Wissenschaften 238
– Kommunikation, Interaktion, Identität 156
– Literatur und Kunstsoziologie 245
– Medizin, Gesellschaft, Geschichte 67
– Philosophische Hermeneutik 144
– Politische Ökonomie 22
– Regelbegriff in der praktischen Semantik 94
– Religion und gesellschaftliche Entwicklung 38
– Sprache und Ethik 91
– Theorien der künstlerischen Produktivität 166
Skirbekk, Wahrheitstheorien 210
Solla Price, Little Science – Big Science 48
Spinner, Pluralismus als Erkenntnismodell 32
Sprachanalyse und Soziologie 123
Sprache, Denken, Kultur 120
Strauss, Anselm, Spiegel und Masken 109
Strauss, Leo, Naturrecht und Geschichte 216
Szondi, Das lyrische Drama des Fin de siècle 90
– Einführung in die literarische Hermeneutik 124
– Poetik und Geschichtsphilosophie I 40
– Poetik und Geschichtsphilosophie II 72
– Schriften 1 219